Monika Helfer

Wie die Welt weiterging

Geschichten für jeden Tag

Hanser

1. Auflage 2024

ISBN 978-3-446-27750-2
© 2024 Carl Hanser Verlag GmbH & Co. KG, München
Wir behalten uns auch eine Nutzung des Werks für Zwecke des
Text und Data Mining nach § 44b UrhG ausdrücklich vor.
Umschlag: Designbüro Lübbeke Naumann Thoben, Köln
Motiv: © ZhiCheng Zhang/Pexels
Satz: Gaby Michel, Hamburg
Druck und Bindung: CPI books GmbH, Leck
Printed in Germany

MIX
Papier | Fördert
gute Waldnutzung
FSC® C083411

Meinem Mann gewidmet

1 Der Ohrring

Ich traf eine Journalistin, und als Erstes fiel mir auf, dass sie die gleichen Ohrringe trug wie ich, was ich ungewöhnlich fand, hatte ich sie mir doch selber aus zwei Korallen von einer Kette machen lassen.

Sie sagte: »Sie haben ja die gleichen Ohrringe wie ich, wie kommt das, habe ich sie mir doch selber aus zwei Korallen von der Kette meiner Mutter anfertigen lassen?«

»Zufall«, sagte ich, aber irgendwie kam dadurch eine für mich untypische Vertrautheit zustande. Wir verstanden uns gut und führten ein vernünftiges Interview. Danach gingen wir mit dem Veranstalter zum Essen, aßen beide Beef Tatar und tranken beide Rosé.

Ich schlief schlecht in meinem Hotelbett, wachte auf, sah mir im Fernsehen eine Dokumentation über Janis Joplin an – sie sang aus voller Kehle »Oh lord, won't you buy me a Mercedes Benz«. Die Haare fielen ihr dabei ins Gesicht, sie wankte und schwankte, konnte sich kaum gerade halten. Ich erinnerte mich an die Zeit, in der ich meinen kleinen Kindern dieses Lied immer vorgesungen hatte.

Ich schlief dann wieder ein und fror und schlief bis zum Morgen. Es regnete, ich schloss das Fenster, griff an mein Ohr und dachte an den Abend. Ein Ohrring fehlte. Ich suchte das Bett ab, warf die Decke auf den Boden und das Kissen, kein Ohrring auf dem Leintuch. Ich fragte, was ich immer bei Verlorenem tue, den zuständigen Patron, den heiligen Antonius, bückte mich und sah auf dem Teppich einen Teil des Ohrrings liegen. Nur die Koralle fehlte. Ein schlechtes Zeichen?

Ich legte mich flach auf den Boden und schaute unter das Bett. Kein Staub. Keine Koralle.

Ich ging vor die Tür und suchte das Zimmermädchen. Der Gang war leer. Ich schaute in eine offene Tür, sagte: »Hallo?« Ein junges Mädchen schüttelte gerade ein Kissen auf. Sie erschrak, als sie mich sah. Ich brachte mein Anliegen vor. Sie verstand mich nicht.

»Ich Portugal«, sagte sie. Mein Sohn war ein Jahr in Portugal gewesen, er hatte dort gemalt und studiert. Er war einsam gewesen und hatte sich eine Katze aus dem Tierheim geholt, die bald sehr krank wurde. Ihr Schlafplatz war seine Computertasche. Er pflegte sie bis in den Tod und war danach noch einsamer und sehr traurig.

Ich deutete vor dem portugiesischen Zimmermädchen auf meinen Ohrring und führte sie in mein Zimmer. Sie wusste, was ich meinte, holte einen langen Besen, legte sich flach auf den Boden, ihr Körper war schmal wie der eines Kindes, sie fand die Koralle und reichte sie mir. Dabei lächelte sie. Ihre Augen waren dunkel und verlassen. Ich gab ihr einen Schein, den sie nicht nehmen wollte. Ich steckte ihn in ihre Schürzentasche, was ich immer albern gefunden hatte, und jetzt tat ich es selber.

Ich dankte dem Patron und bekreuzigte mich.

2   Das Feuer

Ein altes Ehepaar lebte in Einigkeit und Ruhe in einem Haus. Keine Wünsche blieben offen. Der Mann war Professor im Ruhestand wie seine Frau, eine Übersetzerin. Ihre vier Mädchen waren längst ausgezogen. Sie konnten sich an keinen Streit ihrer Eltern erinnern. Die alte Frau rauchte seit ihrem siebzehnten Lebensjahr Kette, ihr Mann nur nach dem Essen. Er wünschte sich innerlich, seine Frau möge aufhören, aber sie schaffte es nicht. Einmal hatte er schüchtern gefragt, ob es eine Überlegung wert wäre, von den Zigaretten zu lassen, wegen der Gesundheit, gleichzeitig wusste er, dass sie es nicht konnte. So ließ er es eben.

Selten war der Professor außer Haus, seine Frau liebte es, zu nähen, obwohl sie es nicht besonders gut konnte. Ihr gefiel, wenn die Stoffe bei jedem Stich über ihre Knie rutschten. Sie nähte nur von Hand, mit der rechten. In der linken hielt sie ihre Zigarette. Ihr Nähzimmer war zugenebelt, denn sie hatte es nicht gern, wenn das Fenster offen stand.

An dem unglücklichen Tag saß sie wieder nähend und rauchend in ihrem Zimmer, da hörte sie das Telefon läuten. Die Schranktür stand offen, und sie stopfte den Stoff hinein und lief die Treppen hinunter. Es war ihr Mann, der mitteilte, er käme heute etwas später, er habe einen Freund getroffen. Als die Frau in ihr Nähzimmer zurückkam, sah sie, dass es aus dem Schrank rauchte, sie hatte aus Versehen ihre Zigarette mit dem Stoff in den Schrank gestopft. Sie holte den Bettvorleger und warf ihn in das Feuer, aber da brannte es nur umso mehr, weil wahrscheinlich Synthetik dabei war. Sie rief die Feuerwehr und wartete am Fenster. Lange kam sie nicht, so dass sie ein zweites Mal telefonierte. Im Nähzimmer brannte es lichterloh. Vor der Feuerwehr kam die Polizei, die den Rauch gemeldet bekommen hatte. Gleichzeitig fuhr das Taxi mit ihrem Mann vor.

Er wusste es sofort. Seine Frau saß zitternd vor den Stufen des Hauses. Der Mann nahm sie an seine Schulter, und gemeinsam schauten sie auf den brennenden Dachstuhl. Er mahnte nicht, er weinte ein wenig.

»Bitte sag es!«, flehte seine Frau. »Sag es, damit ich mich nicht so schuldig fühlen muss!«

Der Professor mahnte nicht.

Sie hörte mit dem Rauchen auf, aber ihr Mann wusste, dass sie wie ein Schulmädchen in die Waschküche ging, um eben doch zu rauchen.

Ihre vier Mädchen trafen sich zum Tee und konnten sich nicht darüber einigen, ob das Schweigen des Vaters edelmütig war oder eine Strafe.

»Was ist mit ihrem Schmuck?«, fragte die Jüngste.

»Ich wette, den hat sie ins Feuer geworfen, um Sühne zu tun«, sagte die Zweite.

Die Dritte: »Auch den Rubin?«

Die Vierte: »Da gibt es nichts mehr, was glänzt.«

3 Das Vögelchen

Ein chinesischer Herr von ziemlicher Berühmtheit besuchte in offizieller Mission einen Kollegen in Europa. Der hatte ihn in seine vornehme Wohnung im siebten Stock zu einem feierlichen Essen eingeladen. Da passierte dieses Missgeschick mit dem Lift. Er streikte. So mussten schnellstens zwei starke Männer gefunden werden, die den zarten alten Chinesen in den siebten Stock trugen. Geschenke folgten. Es waren sieben Pakete, in Seidenpapier gewickelt. Auch diese trugen die starken Männer in die gemütliche Wohnung, in der es fabelhaft nach Essen roch. Die Gattin des bekannten Gastgebers hatte sich im Auswärtigen Amt kundig gemacht, was denn so ein zarter Staatsmann für Vorlieben habe. Ihr wurde mitgeteilt, er bevorzuge die jeweiligen Speisen des Gastlandes. Daraufhin beschloss die Dame des Hauses, selbst zu kochen, zusammen mit einer Kochgehilfin, wobei sie die eigentliche Spezialistin war, eine Hausfrau mit fünf Kindern, berühmt für ihre Hausmannskost. Zur ersten Vorspeise war eine klare Rindssuppe mit frischen Frittaten vorgesehen, zur zweiten Vorspeise ein knackiger Vogerlsalat, zur Hauptspeise Zwiebelrostbraten mit Erdäpfelrösti.

Die Kochhilfe fragte:»Mag er denn Zwiebeln, der fremde Herr?«

Die Dame des Hauses hatte extra nachgefragt – Zwiebeln liebe der feine Herr.

»Sind Sie denn nicht wunderig, was in den vielen Geschenkpaketen drinnen ist?«, fragte die Kochhilfe weiter.

Die Dame des Hauses sagte:»Und ob! Aber ich weiß nicht, wie es sich mit Geschenken von berühmten Chinesen gehört, man darf den feinen Herrn nicht vor den Kopf stoßen, versteh das, Berta!«

»Ja, aber wenn wir es kaum aushalten und nur das kleinste öffnen, das wird nicht auffallen.«

Die Dame des Hauses ließ sich überreden, und so reichte sie Berta das mit Seidenpapier eingepackte, kleinste Paket. Es war so leicht! Berta rieb ihre Hände an der Schürze ab. Derweil saßen der Hausherr und sein feiner Gast im besten Zimmer. Man lauschte zu leiser Mozartmusik.

Berta öffnete das Geschenk, und da hörten die beiden Frauen ein Piepsen, und ein Vögelchen, klein wie ein Kolibri, flog auf.

»Mein Gott!«, stöhnte die Dame des Hauses. »Was machen wir jetzt, Berta, du musst es einfangen!«

Beide Frauen schwirrten um das Vögelchen, so dass es Angst bekam und aus dem Fenster flog.

»Das werden Sie mir nie verzeihen!«, klagte Berta. »Wir müssen so tun, als wäre das kleinste Geschenk nie da gewesen.«

Und eifrig begannen die beiden Frauen, den Kuchen zu rühren, er sollte eine Sensation sein, sollte das schlechte Gewissen aufwiegen, diese Sachertorte mit dem samtenen Schokoladeüberzug.

Wenn gesagt wird, das Essen schmeckte über alle Maßen köstlich, ist es nicht übertrieben. Nach Kaffee und Whiskey zeigte der zarte Chinese auf die Geschenke und sagte – verdolmetscht:

»Zuerst das Größte.«

Die Hände zitterten, als die Dame das Silberpapier abschälte, und ein wunderfeiner Vogelkäfig zum Vorschein kam.

»Und jetzt das kleinste im Goldpapier.«

Das war aber nicht da. Verschwunden. Verloren. Der zarte Herr war darüber untröstlich. Er senkte seinen greisen Kopf, und eben in diesem Augenblick flog ein winziges Vögelchen draußen am Fenster vorbei.

4 Wie alt ist Ihre Seele?

»Wie alt ist Ihre Seele?«, fragte der Psychiater den jungen Mann, der mit den Händen an seinen Oberschenkeln rieb, als wollte er sie präparieren. »Antworten Sie mir spontan!«
Der junge Mann hörte auf zu reiben und starrte geradeaus. »Als ich drei war, so ungefähr, oder vier, man neigt ja dazu, sich in seinen Erlebnissen jünger zu machen ...«
»Sie neigen dazu«, fiel der Psychiater ein, »Sie.«
»... da liebte ich Kühe mehr, als ich meine Mutter liebte, mehr als den Vater und die Schwester. Die Kühe schauten mich einfach nur an mit ihren seelenlosen Augen, und das machte mich ganz ruhig. Jeden Tag ging ich in den Stall von unserem Nachbarn und hielt mich bei meinen Kühen auf. Ich sage ›meine Kühe‹, weil ich dachte, dass sie zu mir gehörten und nur zufällig bei den Nachbarn wohnten. Also, und da begab es sich, dass sie auf einmal nicht mehr da waren. Die Kühe waren auf der Alpe. Das hatte mir niemand gesagt. Ich ging meinen Eltern und meiner Schwester mit meinem Gejammer auf die Nerven, die alte Nachbarin hatte Mitleid mit mir. Sie versprach mir, alles dafür zu tun, dass ich beim Alpabtrieb dabei sein darf. Meine Eltern erlaubten es ungern. Die Kühe wurden mit Blumenkränzen geschmückt, ihre großen Schellen dröhnten. Sie marschierten wie eine Schulklasse beim Ausflug auf das Dorf zu, ich mitten unter ihnen. Ich sah nur ihre Beine, träumte vor mich hin, trat in warme Kuhfladen. Und plötzlich war ich allein. Ich hatte wohl so getrödelt, die Kühe waren vorausgelaufen, die Hirten hatten nicht nach mir gesehen. Ich stand auf einem Hügel und schaute ins Tal. Unter mir hörte ich die Kuhglocken, aber ich sah niemanden. Ich war in die falsche Richtung gegangen, es war dunkel geworden, ich setzte mich auf den feuchten Boden und rief, so laut ich konnte. Keiner hörte mich. Ich fing an zu weinen, stand auf, stolperte, fiel hin. Ich wusste nur, ich muss abwärts gehen. Im Dorf vermisste man mich. Meine Eltern wurden informiert. Meine

Mutter habe geschrien und die Nachbarn verflucht, mein Vater ging augenblicklich los, um mich zu suchen. Die Schwester beachtete niemand. Sie saß in ihrer Ecke und zeichnete.«

»Offensichtlich ein Trauma«, sagte der Psychiater. »Und Sie meinen, dass damals Ihre Seele stehen geblieben ist?«

»Darauf erwarte ich von Ihnen eine Antwort«, sagte der junge Mann.

Man hatte den Buben in der Nacht noch gefunden, unterkühlt mit vollgeschissenen Hosen. Er wurde von da an gehätschelt wie niemals zuvor. Seine Schwester wurde vernachlässigt. Alle Sorge galt ihm.

»Wohnen Sie immer noch zu Hause?«, fragte der Psychiater. »Und wenn, sollten Sie rasch ein eigenes Leben beginnen.«

»Das sagt sich so leicht«, sagte der Patient. »Ich habe nichts gelernt und wüsste nicht, womit ich mein Geld verdienen sollte.«

»Wie, denken Sie, kann das weitergehen?«, fragte der Psychiater.

»Das beantwortet zu bekommen, bin ich hier.«

5   Ein Schwarm

Mit sieben Jahren schwärmte ich für einen Bauarbeiter, der um den Hals ein goldenes Kettchen mit einer Madonna trug. Auf dieses Kettchen starrte ich in der Mittagssonne. Ich sah auf ihn nieder, der im Straßengraben schaufelte. Er hob den Blick, schwarz seine Augen, ein Mann aus dem Trentino.

»Hättest wohl auch gern so ein Kettchen?«, sagte er. Er schaute nur.

»Kann dir meines aber nicht schenken, weil es ein Geschenk von meiner Mama ist, du verstehst.«

Ich verstand nicht.

»Du willst es haben und traust dich nicht, zu fragen.«

Ich wollte es nicht besitzen, ich wollte es nur anschauen, wie es so an seinem braungebrannten Hals baumelte.

Oft stand ich über ihm und schaute in den Graben. Einmal nahm er einen großen Schritt aufwarts, warf die Schaufel aus der Hand und stellte sich neben mich. Er war kein großer Mann. Ich fand ihn schön, sein Körper war schmal und glänzte. Er hatte keine Haare auf der Brust, wahrscheinlich weil er noch kein richtiger Mann war. Haare auf der Brust fand ich ekelhaft, so als wäre noch ein Stück Tier an dem Mann.

»Ich heiße Rocco«, sagte er, »und wie heißt du?«

Ich sagte meinen Namen nicht.

»Wenn du willst, leg ich dir das Kettchen einmal um deinen Hals, für fünf Minuten, möchtest du?«

Ich wollte gar nicht, stand einfach nur da. Er öffnete sein Kettchen, nahm es von seinem Hals. Als er es um meinen Hals legte, war es warm, und ich dachte, vielleicht fühlt sich eine Schlange so an, wenn sie in der Sonne gelegen hat.

Sein Vorarbeiter kam und schimpfte mit ihm, weil er eine Pause eingelegt hatte. Rocco sprang in den Graben zurück und schaufelte weiter. Ich hatte sein Kettchen um den Hals. Ich schaute wieder auf ihn hinunter und befahl seinen Gedanken, zu mir aufzuschauen. Es funktionierte nicht. Ich hatte schon drei Mal Gedanken befohlen. Einmal bei meiner Schwester, die auf mich beleidigt gewesen war, ich befahl ihren Gedanken, mich anzulächeln, und es geschah. Ein zweites Mal befahl ich den Gedanken meines Vaters, die Tante, seine Schwägerin, bös anzufunkeln. Er tat es, und sie verfluchte ihn. Ein drittes Mal probierte ich es bei meiner Mutter, ich hatte sie gefragt, ob ich Pudding kochen dürfe, und sie hatte genickt. Normalerweise erlaubte sie das nicht. Sie hatte Angst, das Holzhaus könnte brennen, weil ich vergessen würde, die Herdplatte auszuschalten.

Jedenfalls funktionierte es bei Rocco nicht. Ich drehte mich um und ging davon. Unterm Gehen nahm ich das Kettchen ab und steckte es in meine Hosentasche.

6   Kleiner Mann in leerem Zimmer

»Es brennt noch Licht«, sagte Frau Petrow, die Chefsekretärin, zu ihrer Untergebenen Oxana. »Wir warten, bis wir ihn weggehen sehen.«
»Oder hören«, sagte Oxana. »Sein Sohlengeräusch kenne ich.«
»Also, dann pass auf, setz dich auf die Treppe, zieh deine Schuhe aus, und wenn du hörst, wie er sein Zimmer abschließt, fliehe in Socken!«
Beide Frauen warteten. Es rührte sich nichts im Zimmer des kleinen Mannes.
»Hat er heute schon mit Ihnen gesprochen?«, fragte schüchtern Oxana.
»Er hat zwei Mal gehustet. Also, Oxana, ich muss jetzt kurz weg, um Depeschen aufzugeben. Rühr dich nicht von der Stelle!«
»Zu Befehl, Frau Petrow.«
Oxana saß über eine Stunde auf der Treppe, Schuhe und Strümpfe in ihrer Tasche. Zehen eiskalt, es war nämlich im eisigen März. Kaum hielt sie es mehr aus – sie hatte heute noch nichts gegessen, nichts getrunken. Sie schlich auf Zehenspitzen zur Tür des kleinen Mannes, und eben in diesem Augenblick flog die Tür auf, und der kleine Mann trat heraus. Schnellen Schritts ging er in Richtung Lift, bald würden Sicherheitskräfte bei ihm sein und ihn begleiten. Oxana war an die Wand gedrückt, kaum traute sie sich zu atmen. Zwei Schritte vor, und der Blick ins leere Zimmer tat sich auf. Der kleine Mann hatte die Tür nämlich nicht wie sonst zugeknallt. Sie sah auf dem Tisch einen Wasserkrug stehen. Mit großer Angst tappte sie auf den Schreibtisch zu, nahm den Krug in die zittrigen Hände und trank. Was sie trank, war, wie ihr schien, mit Wodka vermischt, es tat ihr so gut, und sie trank und trank, bis der Krug leer war. Selbstvergessen stand sie einen Augenblick, und da hörte sie Schritte. Sollte sie aus dem Büro flüchten? Es gab schwere billardgrüne Vorhänge, die über den Boden reichten. Sie schlüpfte dahinter und verbarg sich in den Falten. Es roch schrecklich, wie sie fand, es roch nach Angst und Schrecken und böser Macht. Sie sah niemanden, hörte nur die Tür, zum

Glück wurde nicht abgesperrt. Erlösung, aber für wie lange? So verharrte sie eine Zeitlang, sie wusste nicht, wie lange, dann schlich sie sich aus dem Büro und verschwand in der Toilette. Sie hörte Geschrei, Gemurmel, schwere Stiefelschritte, Befehlsstimmen. Türen wurden aufgerissen, wieder zugeschmettert. Oxana zitterte am ganzen Leib. Der Wodka in dem Wasser war ihre Rettung. Er besänftigte sie und machte ihr Mut. Wenn die Gefahr vorbei wäre, könnte sie verschwinden. Aber wohin? Wir wissen es nicht.

7 Schimmel und Rappe

Da war ein Schimmel, selten schön, so dass ihn jeder haben wollte. Es gab einen jungen Mann, der besaß einen Rappen und war besessen davon, den Schimmel zu holen und ihn mit seinem Rappen zu paaren. Er war nicht der Einzige, der von der Schimmelstute träumte. Auch war sie der Traum einer jungen Frau. Sie dachte sich, gehörte sie mir, ich würde sie immer ein Mädchen sein lassen, würde sie mit Bedacht reiten und ihr nur das beste Futter geben. Sie wäre mir lieber als ein Kind, so ich eines hätte haben können. Die Frau lebte allein, sie war allen Tieren zugetan, fütterte herrenlose Hunde und Katzen, und man nannte sie Amme. Sie wusste, würde sie die Schimmelstute nicht retten, würde diese vom Rappen bestiegen.

Nie hatte die Frau einen Mann gehabt.

Es ergab sich der Zufall, dass beide, Mann und Frau, in derselben Nacht nach der Schimmelstute Ausschau hielten. Sie sahen einander aber nicht, bis eine Lampe aufblitzte.

Der Schimmel war bereits vom Mann losgebunden worden. Er wollte sich auf das Tier schwingen, doch die Frau kam ihm zuvor. Im Galopp floh sie. Der Mann stieg auf seinen Rappen. Er sah die reitende Frau vor sich, kam ihr immer näher, überholte sie, da drehte sie um und ritt in den Wald hinein. Der Mann folgte ihr. Er war schneller als sie, konnte sie aber nicht erreichen.

Die Frau redete auf den Schimmel ein: Du bist mein Mädchen, mein braves Mädchen, meine Freundin, immer werden wir zusammenbleiben. Sie nahm ihren Zeigefinger in den Mund, und dann berührte sie das Samtmaul des Schimmels. Das war ihre Liebkosung.

Es war im November, Schnee fiel. Der Mann auf dem Rappen wütete und schrie und hieb auf sein Pferd ein. Einmal bildete er sich ein, den Schweif des Schimmels zu sehen, ein anderes Mal loderte die Haarfarbe der Frau.

Lang ritt sie, die Frau, die Amme genannt wurde, sie kannte den Wald und freute sich auf das Bett aus Stroh. Darauf wollte sie mit dem Pferdemädchen liegen jede Nacht und jeden Tag bis zum Tod. Der Mann trieb seinen Rappen voran, so schnell er konnte. Es schneite immer stärker und dunkelte ein. Der Mann sah sich um, und alles erschien ihm fremd, als hätte er es nie gesehen. Es schneite so stark, dass er die Hand vor den Augen nicht sehen konnte. Es wurde Nacht und kälter. Der Mann fror, das Pferd weigerte sich, weiterzustapfen. Es stand einfach still und rührte sich nicht. Die Hände des Mannes waren schon fühllos, und er dachte, er würde erfrieren. So nahm er sein Jagdmesser und rammte es in die Stelle des Pferdes, an der er das Herz vermutete. Das Pferd blutete und färbte den Schnee rot. Immer größer riss der Mann die Wunde auf. Er langte in das Pferd und holte die Eingeweide heraus. Zuerst steckte er seine Hände in den Rumpf des Pferdes, aber weil ihm immer kälter wurde, schlüpfte er hinein in das Pferd. So lebte er noch zwei Tage, dann starb er.

8 Doktor

Der Doktor saß an seinem Schreibtisch und hörte, wie die Sprechstundenhilfe sagte:»Der Nächste bitte!«

Er streckte sich und legte die Hände flach auf die Tischplatte. Die Patientin war eine Frau in den mittleren Jahren. Sie trat zu ihm und wollte ihm die Hand reichen. Er schreckte zurück.

Die Patientin war irritiert und fragte:»Geht es Ihnen heute nicht gut, Herr Doktor? Sie sehen erschöpft aus.«

»Ausgelaugt, so als hätte man mich zu heiß gebadet, ich glaube, ich kann Sie nicht behandeln«, sagte der Doktor.

Tränen liefen ihm aus den Augen.

Er war versucht, seine Träume zu erzählen, so, als wären sie echt, als wäre sein Leben durch einen reißenden Fluss getrennt, den er jeden Tag überqueren müsse, um in die Ordination zu gelangen. Die Schwierigkeit bestehe darin, ein Boot zur Beförderung zu finden. Im Winter, wenn Eis auf dem Fluss sei, könne er versuchen, sich zu Fuß auf den Weg zu machen, immer mit der grausamen Angst, einzubrechen. Seine liebe Familie wohne auf der Gegenseite. Also jeden Abend habe er das Verlangen, zu seiner Familie zurückzukehren, müsse über den zugefrorenen Fluss. Er habe seiner Frau verboten, mit den Kindern über den Fluss zu gehen, viel zu riskant. Sie warten jeden Abend mit dampfendem Essen auf ihn, sein Bett sei gewärmt, seine Kinder und seine Frau seien immer nur liebevoll mit ihm, besorgt. Er sei heute auf dem Eis über den Fluss gerutscht, hinein in die kalte Ordination, vorbei an einer großen Anzahl von kranken Menschen, die sich von ihm Hilfe erhofften, Rezepte mit gesundmachenden Pillen. Er habe schreckliche Angst, zu versagen.

Ob sie, die eigentliche Patientin, das verstehe. Was ihr überhaupt fehle. Sie solle ihm ihre Krankengeschichte erzählen.

»Nicht ich«, sagte die Patientin, »bin hier die Hauptperson, Sie sind der bedürftige Mann. Sagen Sie, wie kann ich Ihnen helfen?«

»Ach, gute Frau«, sagte der Doktor, gerührt von der Anteilnahme, »wenn Sie mir nur zuhören, bin ich schon halb gerettet. Vor allen Dingen sollten Sie mir Ihre Krankengeschichte erzählen, und ich suche mir eine Lösung für Sie aus.«

Der Doktor beugte sich vor und nahm jetzt die Hand der Frau.

»Wenn Sie wüssten, wie gut mir das Gespräch mit Ihnen tut, beinahe habe ich das Gefühl, dass ich wieder ordinieren kann.«

»Es wäre zum Wohle der Patienten. Man spricht nur in den höchsten Tönen über Ihr medizinisches Können«, sagte die Frau.

9 Eisige Sonne

Sie liebte ihn, weil er bald sterben würde. Er wollte nämlich in den Krieg, um dort Feinde zu erschießen, die er nicht kannte. Er würde ihre Gesichter nicht sehen, nur die eisige Erde und die eisige Sonne. Er würde eine Schutzhaltung einnehmen, die Ohren mit dem Daumen zuhalten, das Gesicht abschirmen, und trotzdem würde er alles mitbekommen.

So war es geschehen im eisigen Winter, als die Pferde im Stehen erfroren.

Die Frau erfuhr vom Tod des Mannes, bei dem sie nicht sie selbst sein konnte – so hatte sie immer gedacht.

Es gab eine Bestattung mit seiner Asche. Asche, dachte sie, ist, als hätte er, wie er war, nie existiert.

Sie lebte weiter, sein Geruch verschwand aus ihrem Schlafzimmer. Seine wenigen Kleider verschenkte sie an eine Hilfsorganisation. Sie dachte, wie wird es sein, wenn ein Fremder seinen besten Anzug trägt. Sie hatte neue Knöpfe drangenäht, weil die alten so schäbig aussahen. Durch die schönen Knöpfe bekam der Anzug ein Gesicht. Er sollte, wäre er begraben worden, diesen Anzug tragen. Lange hatte sie sich überlegt, ob sie ihn nicht behalten sollte. Als letzten Gedanken an ihn, den Krieger. Sie hatte ihn auf ihrem Bett ausgebreitet, hatte ihn angezogen, aber die Hose war zu eng.

Das hieß, er war mager gewesen und sie zu dick. Also packte sie den Anzug in eine Schachtel und fragte den Nachbarn, ob er ihn haben wollte. Die Nachbarin hätte ihn gern für ihren Mann gehabt, aber der Mann sagte: »Er riecht nach Tod, ich will ihn nicht.«

Also warf ihn die Frau in einen Kleidercontainer.

Einmal sah sie auf dem Markt, als sie gerade Suppengemüse gekauft hatte, einen Mann, der diesen Anzug trug. Sie war sich sicher. Genau schaute sie hin. Solche Knöpfe an einem Anzug gab es nicht zweimal.

Sie nahm sich ein Herz und sprach den Mann an. Er war jung, jünger als der ihre gewesen war. Sie sagte: »Ich wollte Ihnen sagen, dass dieser Anzug einmal meinem Mann gehört hat. Er ist gestorben.«

»Und?«, fragte der Mann. »Tut es Ihnen leid um den Anzug, bin ich seiner nicht wert?«

Die Frau wurde sehr verlegen und sagte: »Im Gegenteil. Sie füllen ihn vornehmer aus, als ihn mein Mann je hätte ausfüllen können. Ihre Figur passt perfekt in ihn.«

»Dann ist es gut«, sagte der Mann. »Die Knöpfe gefallen mir besonders, sie sind außergewöhnlich. Wenn ich genug Geld hätte, würde ich Sie zum Essen einladen.«

»Ich mache eine gute Suppe«, sagte die Frau, »ich bin bekannt für meine starken Suppen, schnell hole ich mir noch Suppenfleisch und Tafelspitz, dann bereite ich noch die großen Grießknödel zu. Wenn wir das gegessen haben, werden wir glücklich sein.«

»Danke«, sagte der Mann, »ich nehme gerne an.«

10 *Schnarchender Mann*

Ein dicker Mann setzte sich auf seinen Platz im Zugabteil, und bald war er eingeschlafen. In Abständen schreckte er auf und schnarchte, dann ließ er sich wieder zurücksinken und blieb für einige Minuten still, bis er wieder zu schnarchen anfing. Wie Unwetter. Ich muss es wiederholen: Unwetter, weil ein Unwetter ja auch nicht aufhört.

Der Zug war voll bis auf den letzten Platz. Unser Wagen war eiskalt, konnte wegen eines unauffindbaren Defekts nicht geheizt werden. Die Leute zogen ihre Mützen und Schals an, legten die Mäntel über sich. Eine Familie aus der Ukraine war mit ihren zwei Buben im Zug, die Mutter, eine duftige Frau, sehr blass, saß mit dem Kleinen auf dem Schoß, der Mann mit dem größeren Kind hinter ihr. Auch sie hatten ihre warmen Sachen übergezogen. Die Leute verhielten sich diszipliniert. Nur wenn der dicke Mann schnarchte, lachten die beiden Buben lauthals, das erheiterte uns, und wir vergaßen zu frieren. Die Frau redete leise auf das kleine Kind ein, das hörte nicht zu und fiel bei jedem Schnarcher wieder in lautes Gelächter. Sein Lachen klang glockenhell, und es gefiel den Leuten. Immer wieder zog die Frau ihr Handy aus dem Ärmel, so als erwarte sie eine Nachricht. Ihr Mann saß stoisch in seiner Winterjacke. Kurz vor Salzburg stand die Frau auf, packte ihren Kleinen und zog ihn fort. Sie deutete ihrem Mann, der Kleine müsse dringend. Der Zug hielt. Fuhr wieder ab. Die Frau mit dem Kind kam nicht zurück. Ihr Mann rüttelte an der Toilettentür. Als sie geöffnet wurde, war da ein anderer Fahrgast. Der größere Bub war aufgesprungen, gemeinsam mit dem Vater suchte er nach der Mutter und seinem Bruder. Wir wurden unruhig, der Schaffner kam. Die Waggons wurden durchsucht. Die Frau war nicht da. Das Kind war nicht da. Ihr Mann fing an herumzuschreien, riss sich die Kappe vom Kopf, der Bub machte Fäuste und weinte. Der Mann verlangte, dass die Notbremse gezogen würde. Der Schnarcher war aufgewacht. Er kannte sich nicht aus.

Alles wurde versucht. Die Polizei verständigt. Es musste bis zur nächsten Haltestelle gewartet werden. In Linz stiegen Polizisten ein, und es wurde verhandelt, ob es klug wäre, dass der Mann mit seinem Kind aussteige. Er entschied sich dagegen. Er war außer sich, der weinende Bub war außer sich, uns allen taten die beiden leid. Es war ganz still im Waggon, und es wurde wieder gefroren.

Meine Fantasie galoppierte, und ich stellte mir vor, dass sich die Frau in Salzburg mit ihrem Liebhaber verabredet hatte, deshalb war sie mit dem Kind verschwunden. Sie wollte weg von ihrem Mann. Aber hatte sie denn keine Sorge um ihr größeres Kind?

11 Das Amselweibchen

Ein Amselweibchen hat sich in meinen Urwald verirrt und Böses angerichtet, Blätter zerfetzt, ist verzweifelt gegen die Scheibe gejagt, voller Panik. Ich öffnete Türen und Fenster, versuchte, die Amsel herauszulocken, einmal fast hatte ich einen Flügel gefasst, aber nur eine Sekunde lang. Gleich ist sie mir entwischt und zickzack zwischen den Schlingpflanzen verschwunden. Ich holte den Besen, versuchte, ihr einen Weg zu bahnen, vergebens. Ich drehte das Radio laut, dachte, Musik könnte sie vertreiben. Gerade lief Mozart, der zart war und das Amselweibchen beruhigen sollte. Ich, bereits erschöpft, ließ mich auf den Teppich fallen. Dachte an den Gesang der Amseln. Nur die Amselmänner singen. Die Frauen rufen. Fiepsen.

Ich begann, die Pflanzen auszuräumen, zur Fensterscheibe vorzudringen, an die das Amselweibchen immer wieder schlug. Es war ein Albtraum. Ich träumte nicht. Ich fror. Die Luft war kalt, Wind bauschte die Vorhänge. Ich ging in die Küche und trank zwei Gläser Wasser in einem Zug. Was, wenn das Amselweibchen nicht herausfindet? Ich rief meinen Mann an und erreichte ihn nicht. Rief meine Söhne an und erreichte sie nicht, die Tochter versuchte mich zu beruhigen. »Mama, geh aus dem Zimmer, schließ die Tür und leg dich eine Stunde ins Bett. Wenn du dann aufstehst, wird sie nicht mehr da sein. Sie kann doch nicht so dumm sein und die Freiheit nicht finden.«

Aber wie ist das, wenn man Angst hat? Sieht man den Ausweg nicht?

Braungrau ist ihr Gefieder, gesprenkelt die Brust, ihr Schnabel unauffällig. Sie trägt ein Tarnkleid. So oft habe ich schon ihren Mann vom Apfelbaum heruntersingen hören.

Könnte er ihr nicht beistehen, der schöne, mit dem orangen Schnabel, dem Ring um die Augen, seinem tiefschwarzen Gefieder. Sein Weibchen trägt ein Tarnkleid, singt nicht. Könnte er sie nicht befreien, als ob's im Märchen wäre?

Nach einer Stunde endlich rief mich mein Mann zurück – er war zum Pizzaessen in einem Restaurant gewesen.

»Sei ganz ruhig«, sagte er, »steh auf, geh leise an den Rand des Urwalds und rede dem Amselweibchen gut zu. Du wirst sehen, es funktioniert.«

Ich hörte ihr Flügelschlagen schon vor der Tür, leise öffnete ich, ging auf Zehenspitzen. Gerade zappelte sie an einem Kaktus, sie hatte sich verfangen und war verletzt. Ich holte meine Lederhandschuhe und versuchte, nach ihr zu greifen, ganz vorsichtig. Sie ließ mich nicht heran.

Dann ging ich wieder vor die Tür, es regnete jetzt, ich atmete tief durch, fror in meinem Nachthemd. Es war ja schon spät inzwischen und dunkel.

Wieder stand ich vor dem Eingang des Urwalds, und da war sie nicht mehr. War davongeflogen. Aber wie? Sie hatte sich ja verletzt. Ich nahm die Taschenlampe, zog die Gummistiefel an und suchte sie im Garten. Sie war nicht mehr da.

12   *Aller Augen warten auf dich*

»Bitte nicht auf mich, o Herr, ich bin noch nicht fertig!«

Der kleine Mann stand auf einem Stuhl, der wackelte. Er stieg wieder herab, faltete ein Stück Papier und legte es unter das kürzere Stuhlbein. Er stellte sich wieder auf den Stuhl, reckte die Arme in die Höhe. Da fiel ihm ein, dass er das Licht vergessen hatte, die Glühbirne. Also bewegte er sich wieder nach unten, nahm die Glühbirne aus der Schachtel, stieg wieder auf den Stuhl, reckte erneut die Arme und tastete mit der rechten Hand nach der leeren Fassung, versuchte zitternd, die Glühbirne einzuschrauben. Gleich gelang es ihm nicht. Er drehte, rutschte ab und drehte erneut. Dann kam er wieder auf dem Boden zu stehen, betätigte den Lichtschalter. Es leuchtete. Es leuchtete! Der kleine Mann stieß einen tiefen Seufzer aus und hielt sich an der Stuhllehne fest.

Also dann. Er konnte mit der Aufgabe beginnen, die ihm aufgetragen worden war. Als Probe sozusagen. Würde er sie bestehen, könnte er Arbeit gefunden haben. Endlich. Es war nämlich mühsam für den kleinen Mann, Arbeit zu finden.

Ihm war aufgetragen worden, sämtliche Glühbirnen nach Größe zu ordnen. Es gab viele Größen verschiedenster Art, die musste er aussuchen und zuordnen. Wie sollte er anfangen? Womit? Er leerte eine Schachtel aus, verpackte Glühbirnen landeten auf dem Boden. So viele. Die zweite Schachtel leerte er aus. Nein. So ging das nicht.

Er nahm von der Wand Kartons und versuchte, daraus Schachteln zu formen, es gelang. Zehn an der Zahl wollte er gestalten. Dazu brauchte er einen ganzen Tag. Er arbeitete aber noch weiter, bis in die Nacht hinein. Er würde sich in diesem Raum in einer Schachtel einrollen und die Nacht verbringen. Am nächsten Morgen ordnete er die Glühbirnen nach Größe und legte sie brav in die leeren Kartons. In eine Reihe passten zehn Stück. Sechs Reihen, sechzig Stück, dann aufeinandergestapelt in zehn Lagen, sechshundert Stück, eine Schachtel war fertig. So ging es weiter, bis zehn

Schachteln voll waren, nach Größe, nach Form geordnet. Gleich käme der Herr und würde entscheiden, ob der kleine Mann ein fähiger Mann war. Der kleine Mann flatterte vor Aufregung. Das Hemd war ihm aus der Hose gerutscht. Er strich es glatt, schlüpfte in seine Sandalen, die hatte er ausgezogen, um besseren Halt zu haben. Er fuhr sich über die Haare, ging zum Wasserhahn, wusch sich das Gesicht und die Hände, benetzte seine Augen, die brannten. Er ging rückwärts zur Wand und betrachtete sein Werk mit den aufgeräumten Glühbirnen. Der kleine Mann glaubte sich am Ziel.

13 *Unberechenbarkeit*

Unberechenbar waren Vater und Mutter. Das Kind wusste nicht, würde es heute gelobt oder getadelt. Es konnte sein, dass der Vater lobte, die Mutter tadelte. Es konnte umgekehrt sein, und es konnte sein, dass beide lobten und beide tadelten. So nahm das Kind sein Leben als Risiko wahr. Es wurde älter und beobachtete scharf. Hatte das Verhalten der Mutter Einfluss auf das Verhalten des Vaters und wieder umgekehrt?

Es ist ein Brunnen ohne Boden, führt letztendlich dazu, dass der fertige Mensch misstrauisch wird und nur strategisch handelt. Das Gefühl bleibt verschollen. Es sei denn, er hat das Glück, einem Menschen zu begegnen, der sich ihm verlässlich nähert.

Ein Mann hatte genau das Gegenteil erfahren, Verlässlichkeit von früher Jugend an, er war von keinem Kummer getrübt, und deshalb gelang es ihm auch, die Frau für sich einzunehmen. Erst gab sie sich verschlossen und störrisch. Er hielt ihre Verabredungen auf die Minute ein, sagte er etwas, glaubte sie ihm. Sie wurde biegsam und bereit für die Welt, bald kannte sie den Ton der Tannenmeise, hoch und dünn: siffi siffi siffi. Bald dachte sie an den Mann als ihren Geliebten.

Besonders glücklich war sie, wenn er einen Vogelnamen nicht wusste und sie ihr Wissen ausbreiten konnte.

Der Freund ihres Geliebten, ein beinahe lächerlich gut aussehender Kerl, wollte die beiden auseinanderbringen. Was sein Grund war, wissen wir nicht. Er passte die Frau vor der Haustür ab und sagte ihr, der Mann würde sich verspäten. Die Frau ging noch einmal in die Stadt und kam erst am Abend zurück. Ihr Geliebter saß im Wohnzimmer und hatte sich die Frau herbeigesehnt. So lange, bis seine Ungeduld zu ticken begann. Sie erzählte ihm von dem Freund, und er glaubte ihr nicht. Er dachte, sie wird sich zu dem Kerl hingezogen fühlen, weil er sie geblendet hat. Da war schon Gift gestreut. Sie versicherte, dass sie die Wahrheit sage, er nickte und glaubte ihr wieder nicht. Die beiden waren noch nicht verheiratet und würden auch nicht mehr heiraten. Die Frau verließ den Mann, weil sie ihm nicht traute, und der Mann verließ die Frau, weil sie nicht die Wahrheit sagte.

Als der Mann den Freund zur Rede stellte und ihm klar wurde, dass er der Frau unrecht getan hatte, wollte er alles tun, um sie zurückzugewinnen.

Er fand sie in einer kleinen Wohnung, sie hatte die Tür geöffnet, und als er vor ihr stand, weinte sie. Sie wischte sich über ihr Gesicht und sagte: »Schade, dass auch du unberechenbar bist.«

Er nahm sie an der Hand:

»Wir tun so, als wäre das ein neuer Anfang.«

14 Kreaturen

Als ich ein Kind war und geschichtensüchtig, erzählte mir eine Großmutter – sie sagte, alles sei wahr, was sie mir berichte –, sie habe es mit eigenen Augen gesehen, und ich glaubte ihr. »Es geschah im eisigen Winter«, begann sie. »Ich liebte einen Hund, der gehörte meiner Tante, der sah wie ein Schaf aus, und der Hund liebte mich. Er sprang an mir hoch und schleckte mein Gesicht ab. Ich war noch kein Schulkind, als meine Tante starb. Ich hatte gehofft, dass mir jetzt ihr Hund gehöre, aber meine Eltern baten einen Verwandten, den Hund in ein Tierheim zu bringen, schließlich war er auch schon alt und würde nicht mehr lange leben. Wie du dir denken kannst, war ich darüber unglücklich, ich wollte so lange trotzig sein und nichts sprechen, bis sie mir erlaubten, den Hund zu behalten. Alle um mich herum waren beschäftigt, den billigsten Sarg auszusuchen für meine Tante, einen aus Holz, schließlich waren wir arme Leute. Niemand fiel auf, dass ich verweint dasaß und kein Essen hinunterbrachte.

Der alte Hund saß dann vor dem ausgeschaufelten Grab und jaulte. Seine Herrin lag unten im zugenagelten Sarg, meine Tante. Er schmiegte sich an mich, und ich streichelte seinen Rücken. Schon standen die schwarzen Männer mit Schaufeln bereit. Der alte Hund gab sich einen Ruck und hüpfte in die Grube. Er rolle sich ein. Ich rief leise seinen Namen: »Sami, Sami!«, rief ich. »Sami, Sami«, flüsterte ich. Der Hund rührte sich nicht. Die schwarzen Männer versuchten, ihn mit Zureden aus dem Grab zu locken. Einer nahm die Wurst aus seiner Semmel und warf sie hinunter. Der alte Hund rührte sich wieder nicht.

Die Trauergäste schmausten schon an den Tischen, keinem außer mir fiel auf, dass der Hund gestorben war, und auf meine Fragen hörte keiner. Ich dachte, der alte Hund gehört keinem und mich hat man auch vergessen. Ich könnte genauso gut da unten liegen.

Die schwarzen Männer standen ratlos vor dem ausgeschaufelten Grab.

Einer hatte die Idee, Münzen zu werfen, und der mit der Zahl sollte hinuntersteigen und den Hund holen. Bei zweien ergab sich die Zahl, also warfen sie weiter, bis einer übrig blieb. Der hatte schon einige Gläser Schnaps getrunken und stand unsicher auf den Beinen. Er sagte, er wolle jetzt nach Hause gehen und seinen Rausch ausschlafen, dann würde er wiederkommen, den Hund holen und das Grab zuschaufeln. So sollte es geschehen.

Gegen Abend ging der schwarze Mann, Totengräber von Beruf, auf den Friedhof. Er ließ sich ins Grab fallen. Über Nacht lag der schwarze Mann auf dem Sarg neben dem alten toten Hund. Die Luft war eisig, eisig der Wind und bald auch eisig der schwarze Mann.«

15 Von sterbenden Kreaturen

»Wenn du mich fragst?«, sagte der Mann, der ein Alkoholiker war.»Also wenn du mich fragst ...«

Ich hatte ihn aber gar nicht gefragt.

»Also wenn du mich fragst, ich war im Krankenhaus und dachte, jetzt kommt es, jetzt kommt der Tod, also, wenn du mich fragst, zum Sterben war ich nicht aufgelegt. Der Tod kam näher, und ich wusste, bald würde der letzte Buchstabe ein ›t‹ sein, also *tot*.«

»Erzähl einfach weiter, tu so, als ob ich dich gefragt hätte«, sagte ich. »Wenn du großzügig sein willst, schenk mir deine Geschichte, damit ich sie aufschreiben kann.«

»Kann nicht sein«, sagte der Mann, der ein Alkoholiker war,»denn dann werde ich bereits tot sein.«

Er stand im Krankenhauslift vor der Intensivstation im vierten Stock und drückte den Knopf, er wollte nach unten, in die Trafik, dort ein paar Underbergs kaufen.

»Tu das nicht!«, sagte ich zu ihm.»Bleib hier oben! Ich hole dir einen Saft. Was für einen magst du?«

»Einen Underbergsaft«, sagte der Mann, kaum konnte er stehen, so wenig Leben war noch in ihm. Ich sah ihn zurück in sein Zimmer wanken.

Ich kam mir so dumm vor mit dem Vitaminsaft in der Hand, ich wollte den Mann nicht beschämen und ihm sagen, was für ihn gut wäre, jetzt, wo er dem Tod so nah war. Ich legte mich in mein Spitalsbett, und doch ließ es mir keine Ruhe. Leise bewegte ich mich aus dem Zimmer, schlich zur Intensivstation und öffnete die Tür einen Spalt. Gleich wurde ich vertrieben. Ich hatte eine Bahre gesehen, ein geöffnetes Fenster und das leere Bett des Mannes.

Ich erinnerte mich, als ich ihn noch lebend an unserem Haus vorbeitappen sah, schwarz gekleidet, er hatte sich auf seine Gehhilfe gestützt, machte einen Schritt, blieb stehen und machte wieder einen Schritt. Wie hatte er es nur in den Krankenhauslift geschafft?

Er war tot, und das war es ja auch, was er sich gewünscht hatte, tot zu sein und das Leben nicht mehr aushalten zu müssen.

Hatte er es denn nie schön gehabt?

Draußen vor meinem Zimmer lärmte es, und ich hörte, wie eine Frau hysterisch nach dem Stationsarzt verlangte. Ihr Hund sei totgefahren worden, und sie habe herausgefunden, dass dieser Arzt, ja, dieser, Schuld hatte.»Mein Liebling«, jammerte sie,»dein Mörder wird nicht heil davonkommen!«

Der tote Mann war in der Kapelle aufgebahrt, ich besuchte ihn dort. Er lag ganz friedlich, und wie mir schien, hatte er ein wenig Spott um den Mund, so als wollte er sagen, ich bin der, der es besser haben wird als ihr, denn ihr habt es schon auf Erden gut gehabt. Vor dem Eingang standen entsorgte Grünlilien, tot, und ich dachte: Menschen, Tiere, Pflanzen – hört denn das Sterben nie auf!

16 Erbärmliche Rache

Es gibt Dinge, über die man nicht sprechen sollte oder will, einfach weil es nicht sein muss. Das sagen mir oft Leute, die der heilen Welt frönen. Sie würden nie zugeben, dass sich in ihren Häusern zugesperrte Türen befinden, die sie nicht öffnen wollen. Dabei wissen sie, was sich hinter diesen Türen befindet, es ist unschön und soll nicht nach außen dringen. Dazu kommt, dass private Dinge nicht in die Öffentlichkeit gehören. Ich sehe das genauso. Gibt es wüste Schlagzeilen in Zeitungen, lesen wir sie mit Interesse, umso mehr, wenn uns die Menschen, die sich dahinter befinden, bekannt sind. Es ist, als wollten wir das Unausgesprochene in unseren Wänden ungeschehen machen.

Eine sehr alte Frau, die bereits den Tod vor sich sah, hatte das Verlangen, eine Last von sich abzuschütteln, die viele Jahre ein Geheimnis geblieben war.

Ich sagte zu ihr:»Wollen Sie mir das wirklich erzählen, wissend, dass ich darüber eine Geschichte schreiben werde?«

Sie wollte es, nur sollte ich damit warten, bis sie unter der Erde läge. Sie wollte es sogar unbedingt.»Zur Abschreckung und als Lehre«, sagte sie.

Sie war eine junge Frau aus bescheidenen Verhältnissen gewesen, recht hübsch, als sie einen sehr gut situierten Mann kennenlernte, zwanzig Jahre älter als sie. Er umschwärmte sie, und sie wurden ein Paar. Ihre Eltern waren hocherfreut über diese Partie, hieß es nämlich auch für sie, dass Zuwendungen von seiner Seite zu erwarten waren. Die Frau bekam alles von ihrem Mann. Alles. Es konnte nicht wertvoll genug sein, es musste nur ausgesprochen werden, und sie würde es bekommen. Jeder, der sie sah, bewunderte ihre Eleganz, ihren Schmuck und die Pelze. Einmal sprühte ihr eine tierschützende Halbwüchsige Farbe auf den Pelz, da tröstete sie ihr Mann und kaufte ihr einen neuen.

»Aber da war etwas«, sagte die sehr alte Frau zu mir,»das erbärmlich ist und wofür ich mich schäme. Jahrelang habe ich es für mich behalten. Mein Mann wollte nämlich, dass ich vor unserem Bett auf dem Boden schlafe, wie ein Hund, zugedeckt mit einer Wolldecke. Kaum war er aus dem Haus, schlüpfte ich in sein Ehebett und wickelte mich in die Daunendecke. Warum mein Mann das wollte, weiß ich nicht. Er war sonst normal. Ich wehrte mich am Anfang, und er sagte, würde ich ihm nicht gehorchen, müsste er mich fortschicken. Das hätte für mich bedeutet, in mein karges Leben zurück. Ich übte den Widerstand, indem ich ihm in sein Essen spuckte.«

Ihr Mann starb vor dreißig Jahren, sie erbte sein Vermögen und schlief in seinen Federn. Aber ihr Gewissen plagte sie, und je älter sie wurde, umso elender fühlte sie sich. Keine Achtung vor sich zu haben, ist erbärmlich.

17 Der Mann mit der Narbe

Ich schleppte die Tasche zum Busbahnhof, ließ mich auf die Bank fallen und atmete aus. Neben mir saß ein Mann, Hut tief in die Stirn gezogen. Seine Stimme war die von Udo Lindenberg.

»Pardon«, sagte der Mann, »stört es Sie, wenn ich Sie anspreche?«

»Bitte«, sagte ich, »dann wird die kleine Reise kurzweiliger.«

Er stützte sich auf einen Stock, die Stufen machten ihm Mühe.

»Wie Sie sehen«, sagte er, »bin ich ein Krüppel.«

»Man ist doch kein Krüppel«, sagte ich und zog meine Stiefel aus, »nur weil man einen Stock benützt, da wäre die Welt ja voller Krüppel.«

»Ist sie auch«, sagte der Mann. »Sie sehen meiner ehemaligen Lebensgefährtin ähnlich«, sprach er weiter, »dieselbe Lebhaftigkeit.«

»Ehemalige?«, fragte ich.

Und so erzählte er: Seine Stimme war Beruf, er war Synchronsprecher bei Wenzel Lüdecke gewesen. Die Stimme von Sylvester Stallone. »Mein Problem, ich vergesse viel. Ich wurde am Odeonsplatz von einem Raser überfahren, ein Jahr lag ich im Koma. Gleich werden Sie mich nach meinem Nahtoderlebnis fragen. Ja, so ähnlich, ein Tunnel, eine Schneise im Eis. Als ich wieder unter den Lebenden war, torkelte ich und dachte, man wird denken, ich sei betrunken.«

Der Mann zog den Hut und zeigte mir seine Narbe. Ich stellte mir vor, wie sein Kopf aufgeschnitten und dann wieder zugenäht worden war.

»Ja, meine Lebensgefährtin. Sie hatte Zwillinge, zwei Mädchen, eine war das Aschenputtel, die andere die Diva, jeder Pickel ein Weltuntergang. Ihre Mutter hatte eine tolle Figur. *Love is blind.* Darf ich weitererzählen?«

»Bitte!«

»Ich war ein lediges Kind, kam in ein Heim, meine Mutter heiratete einen guten Mann, der mich adoptierte und der beste Vater war. *What you deserve is what you get.* Ich kannte wichtige Menschen, liebe die Musik, singe aber nicht. Ich vergesse so viel. Habe ich Ihnen schon erzählt, dass ich Zwillinge aufgezogen habe, zwei Mädchen, die eine ein Aschenputtel? Sie hat einen Koch geheiratet. Die andere, die Diva, wollte Model werden. Ich weiß nicht, was mit ihr ist. Wir treffen uns nicht mehr. Seit zehn Jahren habe ich keinen Kontakt mehr mit der gut gebauten Frau. Habe ich das schon gesagt? Ein Spatz in der Hand ist besser als eine Taube auf dem Dach. Und Sie?«

»Ich schreibe, was ich sehe und höre«, sagte ich. »Auf Fotos sehe ich nur die Menschen. Ja, die Natur liebe ich auch. Ich rieche die modrige Erde und liebe den Stamm der Buche …«

Der Bus hielt. Zwei Polizisten kontrollierten die Ausweise. Ein kleines türkisches Mädchen spielte mit seinem Tablet und lärmte dabei, ihre Brüder ohrfeigten einander. Tumult, wo man hinsah, das Leben eben.

18 *Mein Wald*

Jeden Tag betrete ich den Wald, als wär er mein Zimmer. Ich kenne die Steine, Sträucher und Bäume. Je nach Jahreszeit verändern sie sich, die Gerüche sind mir vertraut. Betritt ein anderer Mensch mein Zimmer, verstecke ich mich im Gebüsch und warte, bis er vorübergegangen ist. Der Weg durch den Wald führt hinauf auf einen Hügel zu einer Ritterburg, 740 Meter über dem Meer. Unsere Tochter Paula ist vor Jahren mit ihrer Freundin diesen Weg gegangen, ist auf den Felsen geklettert und abgestürzt. Ein Stein trat aus dem Berg. Der Stein hat sie erschlagen. Ich gehe an dieser Stelle vorbei, er befindet sich abwärts. Ich bekreuzige mich und bleibe vor dem Bild stehen, das mein Mann an den Baumstamm genagelt hat. Darauf ist das liebe Gesicht unserer Tochter Paula zu sehen, gerade zwanzig Jahre ist sie. Sie hat diesen innigen Blick, der sagt, ich schau in dich hinein, Mama, schau dir bis auf den Grund. Jeden Tag bringe ich ihr frische Blumen, aus meinem Garten die Rosen, aus dem Wald den Farn und die Hirschzungen. Blaue Glockenblumen auch, wenn sie mir gestatten, dass ich sie pflücke. Alles hat eine Seele. Die Alpensalamander an Regentagen paaren sich auf dem Weg. Sie sehen nachtschwarz glänzend aus und blank geputzt. Es sind Lebendgebärende, und ich muss mir die winzigen Salamanderchen vorstellen. Achte darauf, sie niemals aus Versehen zu zertreten. Immer den Blick auf den Boden gerichtet. Hirschkäfer klettern mir über die Turnschuhe.

Eine Bank steht vor dem Bild. Darauf sitzt zur Mittagszeit eine sehr alte Frau. Sie winkt mich zu sich, und ich sage ihr, dass ich einmal so werden will wie sie, so abgeklärt, gütig auch zu den Bösen. Einmal überraschte sie ein Einbrecher. Er kam durch das Küchenfenster am Abend und bedrohte sie mit einem Schraubenzieher. Die alte Frau sagte zu ihm: »Ich brühe Kaffee für Sie auf, dann gehen Sie wieder, armer Mann. Ich habe nur wenige Euros in meiner Geldbörse. Wollen Sie die haben?« Der Mann schämte sich und kletterte wieder durch das Küchenfenster hinaus ins hohe Gras. Am nächsten Tag kam er vorbei, diesmal stand er vor der Haustür und brachte der alten Frau ein Stück Marillenkuchen. Er bekreuzigte sich und verschwand.

Sie schaut mich ein wenig verwirrt an. Kaum mehr auf dieser Welt. Einmal hat sie mir versprochen, dass sie Paula von mir grüßen will, wenn sie im Jenseits ist.

Als ich eine Woche später mit frischen Blumen an Paulas Bild trete, sehe ich die alte Frau. Sie liegt auf der Bank. Sie ist verdorrt. Ich berühre sie, und sie wird zu Staub.

19 Was wissen wir schon!

Freundin sagt:»Nichts. Wir wissen nichts. Ich sehe die Frau noch lächeln und in die Sonne blinzeln, und dann lese ich die Todesanzeige.«
»Du kannst nicht in ein Herz schauen«, sage ich.
Freundin:»Man hat sie doch geliebt! Hast du die vielen Autos gesehen, die vor der Kirche, vor dem Laden, auf dem Gehsteig, hinunter bis zur Hauptstraße geparkt haben? Alle haben sie gekannt.«
»Ihr Name wird ewig leben«, sage ich.»Ihre Schuhe können ewig leben. Ihre Silberbrosche. Einmal hat sie mir eine Schachtel für meinen Siebenjährigen mitgegeben. Sie hatte Rahmdeckeli für ihn gesammelt. Abgelöst, gewaschen und getrocknet, weil sie sonst bald schlecht riechen.«
Freundin: »Was glaubst du? Kannst du glauben, dass sie ewig leben wird? Sie sieht so hübsch aus auf dem Todesbild, hergerichtet wie für ein Fest, mit einer Silberbrosche am Kragen.«
»Wir wissen ja nichts«, sage ich.»Wir wollen, dass die so traurig Fortgegangenen auf uns herniederschauen, uns gar beschützen, und wenn wir dann selber gestorben sind, wollen wir von ihnen begrüßt werden.«
Freundin:»Alles, was wir sagen, ist schon tausend Mal gesagt worden. Der Satz über die armen Angehörigen. Und: gerade im Winter, wo es so kalt ist, und gerade im Sommer, wo es so heiß ist. Und: Hätten sie, die so traurig fortgegangen sind, nicht noch eine Weile warten können! Aber: Gibt es einen günstigen Zeitpunkt? Und auch schon hunderttausend Mal ist gesagt worden: Dort, wo sie jetzt sind, haben sie es gut. Glaub doch einfach!«
Gleich, ich wette, kommt der Freund zur Tür herein und sagt, könnt ihr nicht von etwas anderem sprechen? Wer hat Lust auf ein Lachsbrötchen?
Freund: »Was sitzt ihr da so trübsinnig und redet über den Tod? Das Leben dauert länger als der Tod. Reden wir vom Leben. Wer hat Lust auf ein Gläschen Sekt?«

Freundin: »Arbeitest du heute nicht?«

Freund: »Unfreiwilliger Firmenurlaub heißt das, was ich gerade genieße. Hat auch was Gutes. Es gibt nichts Schlechtes, das nichts Gutes hat.«

»Wir sollten einmal wenigstens versuchen, wenn wir reden, über Dinge zu reden, die nicht schon vorformuliert worden sind«, sage ich.

Freundin: »Wie soll das gehen? Wir sind Menschen!«

»Jeder Mensch denkt doch«, sage ich. »Ein Gedanke kommt, ein anderer legt sich darüber. Sag genau, worüber du nachgedacht hast. Mit deinen Worten, ohne die Einleitung. Weißt du, was mich an dir besonders aufregt? Dass du, immer wenn du etwas Banales sagst, zuerst sagst: Was ich jetzt sage, ist wirklich banal. Sag doch einfach, was du denkst! Das fällt uns am schwersten.«

Freund: »Ich zum Beispiel finde nie die richtigen Worte. Mein Wortschatz ist nicht der größte.«

»Sag einfach, was du siehst«, belehre ich. »Da wird ein Loch ausgehoben, die Erde ist lehmig, der Sarg wird in die Tiefe gesenkt, Schnee fällt darüber. Aus. Den Toten im Sarg, wenn es kalt ist, haben wir warm angezogen, weil es uns Lebende friert. Aus. Wenn es heiß ist, tragen die Toten leichte Sachen, tote Mädchen tragen Sommerkleider und sind barfuß. Aus. Im Winter denken wir Lebenden darüber nach, wie die Toten im Sarg frieren, so leicht bekleidet. Im Sommer denken wir, sie werden es nicht aushalten vor Hitze. Aus. Was müssen Tote aushalten? Entweder sie werden verbrannt, oder sie verwesen wie Küchenabfälle auf dem Kompost. Aus. Das will ich sagen. Das sage ich. Aus.«

Freundin: »Grashalme sind zweischneidig wie das Leben. Werfe zwei Schuhe auf den Boden und schau dir an, wie sie liegen, falls du denkst, alles verlaufe in eine Richtung. Richtig so?«

»Es gibt keine Wahrheit«, belehre ich weiter. »Tabus bedeuten nichts. Lass jedem seine Sünde! Eine Frau putzt den sauberen Boden, bis er verschwindet. Kannst du dich an den Tag erinnern, als dein Kind das erste Mal einen kleinen Schritt machte? Ich war glücklich an diesem Tag.«

Der Freund zeigt auf, aber dann drückt er den Finger gegen die Lippen.

20 *Was einmal aus mir werden wird*

Als Lucy zehn Jahre alt war, lernte ich sie kennen. Sie schaute in den Sternenhimmel und sagte zu sich selbst:»Was wohl einmal aus mir werden wird?«
»Alle Türen stehen offen für dich«, sagte ich.
Sie hatte mich groß angesehen.
Als Lucy zwölf war, sah ich sie zum zweiten Mal. Sie saß auf der Gartenmauer und hatte ein weißes Kätzchen auf ihren Knien.
»Und«, sagte ich,»weißt du schon, was du werden willst?«
»Ich will Tierpflegerin werden«, sagte sie.»Dann werde ich in einem Tierheim arbeiten. Hast du gewusst, dass es Leute gibt, die ihre Tiere einfach aussetzen? Zum Beispiel, wenn sie in den Urlaub fahren, machen sie die Autotür auf und schubsen den Hund auf die Straße. Dieser Hund wird dann auch bei uns landen. Ich will dafür sorgen, dass er sich bei uns richtig wohlfühlt.«
»Und ob du Tierärztin werden könntest, hast du dir das auch überlegt?«
»Tierärztin? Ich? Ich weiß nicht.«
Lucy lebte allein mit ihrer Mama. Die Mama arbeitete im Krankenhaus. Hatte sie Tagdienst, wärmte Lucy das vorgekochte Essen auf. Hatte die Mama Nachtdienst, schaute Lucy oft fern bis nach Mitternacht und schlief im Wohnzimmer ein. Sie fürchtete sich allein in ihrem Bett.
»Türen haben auch eine Rückseite«, sagte sie.»Wie kann ich wissen, wer dort steht und einbrechen will? Ich hätte so gern einen Hund, wenigstens eine Katze, aber wir dürfen im Haus keine Tiere halten. Auch nicht heimlich.«
»Wenn sie heimlich gehalten werden, weiß das ja niemand«, sagte ich.
»Die Mama weiß es, und die Mama will, dass man die Regeln einhält.«
Lange habe ich Lucy nicht gesehen. Dann saß sie im Regionalzug am

Fenster. Es waren ihr helles Gesicht, ihre spitzen Knie, ihre wasserblauen Augen, ihre aschblonden Haare, die sie mit gelber Farbe gefärbt hatte.

»Erinnerst du dich an mich?«, fragte ich.

Lucy: »Lange her.«

Sie zog den Mantel um ihren Bauch, und als sie merkte, dass ich sie dabei beobachtete, wurde ihr Gesicht finster, und sie zog den Mantel noch fester um ihren Bauch. Sie war schwanger.

»Freust du dich auf das Baby?«, fragte ich.

Lucy: »Irgendwie schon und irgendwie nicht.«

»Wohnst du noch bei deiner Mama?«

Lucy: »Nicht mehr lange. Sobald ich etwas gefunden habe, ziehe ich aus. Weißt du jemand, der ein Zimmer vermietet?«

»Ich höre mich um«, sagte ich. »Freut sich der Papa auf das Baby?«

Lucy: »Es gibt keinen Papa.«

Sie stand auf und lief zum Ausgang.

Ich war unsicher. Ihre Mutter wollte ich nicht anrufen, und Lucys Handynummer kannte ich nicht. Ich strickte mit weicher Wolle ein Jäckchen.

Als ich Lucy endlich wiedersah, schob sie einen Gebrauchtkinderwagen und wollte mich nicht sehen. Sie tat so, als kennte sie mich nicht. Ich ging ihr nach.

»Ich hab überhaupt keine Zeit«, sagte sie.

»Darf ich dein Kind anschauen?«, fragte ich.

Sie schob das Wagendach zurück. Das Baby war bis zum Hals zugedeckt, trug eine Mütze, tief in die Stirn gezogen. Was vom Gesichtchen übrig blieb, war hell, und die Augen waren geschlossen, der Mund war rund wie ein Kleinbuchstabe.

»Ein Mädchen?«, fragte ich.

»Mhm.«

»Und wie heißt sie?«

»Emma.«

»Das ist ein guter Name, der gefällt mir.«

»Wenn sie groß ist, kann sie Tierärztin werden.«

»Ich kenne ein Indianer-Wiegenlied«, sagte ich. »Willst du es hören?

Der Käfer ist blind
Der Käfer ist blind
Der Käfer ist blind

So lange singen die Indianerfrauen, bis die Kinder einschlafen.«

21 Rede an die Deckenlampe

Er war ja immer ein braves Kind gewesen, das habe ich auch zu den Polizisten gesagt, hat sich immer aus allem ein Gewissen gemacht. Vor seiner Erstkommunion hat er mich gefragt, er wisse nicht, was er beichten solle. »Mir fällt nur Mülltrennung ein«, hat er gesagt, »ich hab oft, wenn du mich zu den Containern geschickt hast, alles in einen einzigen geschmissen.«

Das hab ich den Polizisten dann nicht erzählt.

Es war ihm oft langweilig. Schuld an allem war sein Umgang. Schlechte Freunde. Das hat mein Lebensgefährte auch gesagt. Er habe ihm Geld geklaut, und als ich das nicht glauben wollte, haben wir uns gestritten. Immer öfter war das der Fall. Eine Mutter muss zu ihrem Sohn halten. Auch wenn er die ganze Welt verwüstet. War nicht ernst gemeint – eine Redewendung.

Mein Lebensgefährte ist ausgezogen, und leider muss ich meinem Sohn die Schuld dafür geben.

Ich meine, habe ich zu den Polizisten gesagt, wenn er am Wochenende einen Papierkorb aus den Angeln hebt, ist er noch lange kein Verbrecher. Und einen über den Durst trinken, das macht jeder einmal. Wie sollen sie das Leben kennenlernen, wenn sie sich vor dem Leben verschließen. Ich habe mit meinem Sohn jeden Morgen ein ernstes Wort reden wollen. Er hat mir nicht zugehört.

Wie ich schon sagte. Er war immer ein gutes Kind gewesen, vor der Zeit mit diesem Umgang. Dieser Umgang hat ihn verdorben. »Bring deine Freunde mit«, hab ich ihm gesagt, »ich will sie kennenlernen.« Einmal hat er sie mitgebracht, und es war alles so verkrampft, da bin ich zu meiner Freundin gefahren, noch um zehn Uhr in der Nacht. Als ich am nächsten Tag nach Hause gekommen bin, sind sie alle herumgelegen, Mädchen und Burschen. Auf den guten Teppich ist gekotzt worden. Alkohol ist verschüttet worden. Ich bin ja keine, die herumschreit. Ich bin spazieren gegangen und hab ihnen eine Chance gegeben, alles wieder in Ordnung zu bringen. Nichts wurde in Ordnung gebracht. Die Sauerei war da, die Kinder waren weg. Kinder sind das ja keine mehr. Jugendliche. Vom Mädchen, das in meinem Bett gelegen ist, habe ich ein Stück von den verfilzten Haaren gefunden. Da wird jetzt alles voller Läuse sein, hab ich gedacht. Dann war mein Sohn zwei Tage verschwunden. Am dritten Tag war ich so froh, dass er nicht tot ist, dass ich wieder nichts gesagt habe. Hab ihm ein Bad einlaufen lassen und ihm dann die nassen Haare geschnitten. Er hat noch einen Nacken wie ein Kind.

»Hättest nicht aufzuräumen brauchen«, hat gesagt, »hätte ich alles allein gemacht.« So ist er.

Die Polizisten hatten keine Zeit, mir zuzuhören. Sie haben sein Zimmer durchsucht und das Marihuana gefunden. Das haben die halt. Das baut einer von seinen Freunden an. Sicher nicht zum Verkaufen. Nur zum Eigenbedarf. Das hat jeder von denen.

Mein Sohn ist das Einzige, was mir noch geblieben ist. Da will ich doch nicht den Kontakt mit ihm abbrechen.

Dann hat er die Freundin gehabt, die mit den verfilzten Haaren. Die waren absichtlich verfilzt. Irgendwie hatte ich sie gern. Sie hat mir die Zwiebeln zum Fleisch geschnitten und dabei einen Schluck Wasser im Mund gehabt. Sie hat gesagt, wenn man das macht, tränen die Augen nicht. Ich hab ihr meine roten Stiefel geschenkt, die sie dann bunt besprüht hat.

Ich schwöre dir, er ist unschuldig, sage ich zu unserer Deckenlampe, weil ich ja jetzt niemanden mehr habe – meine Freundin hat sich distanziert.

Mein Sohn hat zum Spaß die Strumpfhose seiner Freundin über den Kopf gezogen. Er wollte die Frau im Supermarkt doch nur erschrecken. Er hat ja nichts gestohlen, hat keine Waffe gehabt, nicht einmal eine Spielzeugpistole. Wie ich meinen Sohn kenne, wollte er vor seiner Freundin cool sein.

Das versteht wahrscheinlich nur ein Ding wie du, das nicht zurückreden kann, habe ich zur Deckenlampe gesagt.

22   *Die kleine Frau in mir*

Die kleine Frau in mir sagt oft Dinge, die ich nicht hören will. Ich weiß aber, dass sie recht hat. Man sieht sie nicht, und sie sieht weit mehr als ich. Ihre Wahrnehmung ist gerechter als die meine. Manchmal setzt sie sich durch und macht mich mutig. Gestern zum Beispiel:

Gestern beim Einkaufen. Eine Frau mit vollgefülltem Einkaufswagen geht zum Auto. Ich schließe gerade mein Fahrrad auf.

Der Mann steigt aus dem Auto und kommt ihr entgegen. »Sag einmal, bist du gehirnamputiert, wir sind zu zweit, und du kaufst für eine Mannschaft ein. Wer soll das essen? Schau dich an, du bist fett und wirst immer noch fetter. Du gehst jetzt zurück und stellst die Sachen wieder an ihren Platz. Dann lässt du dir das Geld zurückgeben. Ich warte so lange im Auto.«

»Das kann man nicht«, sagt die Frau, »eingekauft ist eingekauft.«

Die beiden drängen sich aneinander, Bauch an Bauch (der Mann wiegt auch viel zu viel), sie schreien einander an, und der Mann stößt die Frau von sich weg. Sie verliert ihr Gleichgewicht, kippt (trägt Stiefel mit Absätzen), fällt hin. Der gefüllte Einkaufswagen fährt gegen mein Fahrrad. Die Frau liegt am Boden. Der Mann setzt sich in sein Auto. Ich helfe der Frau, aufzustehen. Sie ist ziemlich schwer und flucht und schwitzt.

»Das dürfen Sie sich nicht gefallen lassen«, sage ich.

Sie sagt: »Er wird sich schon wieder beruhigen.«

Da sagt die kleine Frau in mir: Geh zum Auto und red mit diesem Trampel.

Ich klopfe ans Autofenster. Er öffnet einen Spalt.

Ich sage: »Was Sie da mit Ihrer Frau gemacht haben, ist strafbar.«

Er öffnet den Mund und schließt ihn wieder.

Die Frau steht hinter mir und sagt: »Mischen Sie sich da nicht ein! Er hat das nicht mit Absicht gemacht. Wir sind beide fett, das geht Sie überhaupt nichts an. Und wenn er mich totschlägt, ist das meine Sache.«

»Dass Sie Übergewicht haben, ist Ihre Sache, aber dass er sie, nachdem Sie hingefallen sind, einfach liegen lässt, ist eine öffentliche Angelegenheit, das ist unterlassene Hilfeleistung.«

Der Mann sagt: »Haben Sie noch nie etwas von Privatsphäre gehört? Dass wir nicht in Ihr Scheißbild passen, ist uns scheißegal. Seien Sie nicht klüger als Salomons Katz!«

Da stehen sie plötzlich beide vor mir, und ich gehe rückwärts zu meinem Fahrrad. Ich muss mich anstrengen, um den Einkaufswagen von meinem Fahrrad wegzubringen. Er hat sich verkeilt. Die beiden schauen mir nur zu. Dann fahre ich, ohne eingekauft zu haben, davon. Eine Empörung ist in mir, und als ich Kinder an unserem Briefkasten sehe, die Papier hineinstopfen, gerate ich aus der Fassung und brülle: »Verschwindet auf der Stelle, das könnt ihr bei euch zu Hause machen!«

Die Kinder rennen davon, sie sind noch klein, wahrscheinlich noch keine Schulkinder.

Es hat zwar ausgesehen wie Papier, aber es waren Briefe, zusammengefaltete Zettel mit Gekritzel und mit Namen: Patrick, Robert. Die Schrift sah aus, als wäre sie ihnen mühsam beigebracht worden. Ich faltete die Zettel auf, und da waren mit Kuli gezeichnete Menschen: Kopf, kein Leib und Arme und Beine, Hunde mit Ohren, ohne Leib, Schwanz und Beine, ein Haus. – Post, für mich gemacht. Ich schämte mich. Ich holte aus meiner Sammlung Schokolade und legte sie in den Briefkasten.

Tags darauf war die Schokolade immer noch da. Nass vom Regen.

23   Im Zug

Im Zug von Wien nach Neulengbach stiegen eine Frau und ein Mann ein. Ich saß allein in dem Abteil. Die beiden steuerten auf den Sitz mir gegenüber zu, und ich dachte, das gibt es doch nicht, alles ist leer, und sie setzen sich mir vis-à-vis. Die Frau ließ sich auf dem Fensterplatz nieder und hielt die Tasche auf ihrem Schoß, eine weiche übergewichtige Frau mit hohen Wangenknochen, eine Polin, dachte ich. Der Mann neben ihr, mager mit ausgemergeltem Gesicht, eine Alkoholikerfigur, die Haare strähnig und die Augen blutunterlaufen. Er schwang seine Beine auf den Sitz neben mir. Die Frau zog ihm die Schuhe aus. Der Geruch seiner Füße war mir eine Belastung, und ich überlegte, wie ich es anstellen könnte, aufzustehen, so dass es nicht wie eine Kränkung aussähe, um mich auf einen freien Platz zu setzen. Etwas hielt mich davon ab, ich nehme an, es war der Blick der Frau. So blieb ich, wo ich war, und schrieb in mein Notizbuch, was gerade passiert war, das mache ich immer, weil ich, was geschieht, für eine Geschichte verwenden kann.

Die Frau las in einem kleinen Buch, das Geschriebene sah strophenartig aus, ich nehme an, es war ein Gebetbuch. Der Mann summte vor sich hin, sein Kopf bewegte sich auf die Brust der Frau zu, er ließ sich in ihren Schoß fallen. Sie streichelte seine Haare zurück, zeichnete mit einem Finger zart seinen Mund nach. Er sagte etwas, was ich nicht verstand, es hatte drei Worte, und es könnte geheißen haben: Ich brauche dich. Ich liebe dich. Bleib bei mir. Geh nicht fort. Wiederum zart schloss sie mit zwei Fingern seine Augenlider und widmete sich erneut ihrem kleinen Buch. In der Plastiktüte vor ihren Füßen und somit auch vor meinen, sah ich Weinflaschen und Bierflaschen und einen großen Bund Koriander. Die Frau wirkte nicht so, als trinke sie übermäßig. Der Mann war auf ihrem Schoß eingeschlafen und rutschte zu ihren Knien hinunter. Sie hob ihre Beine und platzierte sie auf dem schmalen Heizkörper, das hatte zur Folge, dass ich mich eingeklemmt fühlte. Was sollte ich tun? Ich musste ausharren. Länger als eine halbe Stunde würde die Fahrt nach Neuleng-bach nicht mehr dauern.

An einer Haltestelle blieb der Zug ruckartig stehen, der Mann fiel von den Knien der Frau direkt vor meine Füße. Ich sah Speichel aus seinem Mund rinnen. Es roch säuerlich.

Ich suchte in meiner Tasche das Probefläschchen Parfum, ich hatte es in einer Parfümerie geschenkt bekommen, es war der neue Frühlingsduft. Ich sprühte verstohlen in meine Handflächen. Das Parfum verbreitete einen ekelhaft süßen Geruch, nie in meinem Leben würde ich mir so ein Parfum kaufen.

Die Frau sagte:»Ist Problem für Sie?«, und zeigte auf ihren Mann, der inzwischen wieder neben ihr saß, seinen Kopf auf der Brust, die Haare wie ein Vorhang über seinem Gesicht.

Ich schüttelte den Kopf.

»Ist Problem für mich«, sagte sie und:»Ist guter Mann, ist viel krank, wird bald von mir gehen.«

Sie wollte nicht sagen, dass der Mann bald sterben würde, aber ich glaubte ihr aufs Wort. Es sah aus, als würde der Sargdeckel gleich zu-klappen.

Eine Station vor Neulengbach packte sie ihr kleines Buch in die Tasche, zog einen Kamm heraus, nahm den Kopf ihres Mannes vorsichtig in einen Arm und kämmte ihm die Haare. Dabei summte sie. Dabei summte er. Er sagte wieder die drei Worte.

24 Iron Man

Der Mann, den ich Iron Man nenne, hat Schweres durchgemacht. Er wachte auf und konnte sich nicht bewegen, seine linke Seite fühlte sich taub an. Er rollte sich aus dem Bett und griff nach dem Telefonbuch. Nervenarzt, dachte er sich, wird das Richtige sein. Er ließ sich einen Termin geben. »In zwei Wochen«, sagte die Sprechstundenhilfe.

»Das geht nicht«, sagte er, »ich brauche sofort einen Termin, ich kann mich nicht mehr bewegen.« Er schleppte sich in die Garage zu seinem Auto und fuhr zum Nervenarzt. Fuhr halb im Liegen, grad, dass er durch die Windschutzscheibe sehen konnte.

»Wie ich das geschafft habe? Frage nicht! Aber es ging. Der Mensch ist zäh und kann unmenschlich viel aushalten. So gesehen ist der Mensch ein Unmensch.«

»Oberer Halswirbel«, stellte der Nervenarzt fest und bohrte mit langen dünnen Nadeln in den linken Arm des eisernen Mannes, in entspanntem und in angespanntem Zustand.

»Frage nicht!«, sagte Iron Man. »Wie das zum Beispiel eine kleine Frau aushalten könnte. Frage nicht!« Er schließlich war groß und stattlich.

Nach dieser Folter ging es ihm besser. Halbwegs. Er konnte nicht schlafen und ging in der Wohnung auf und ab. Er wollte sich ausruhen, legte sich ins Bett, nickte kurz ein und dachte, er habe stundenlang geschlafen.

Es war im Dezember und knapp vor Weihnachten. Iron Man hatte keine Frau, er hatte Frauen gehabt, er hatte für vier Kinder zu bezahlen, er wollte keine fixe Frau mehr haben.

Er bekam hohes Fieber und schwitzte das Bett durch. Wenn ich gesund bin, werde ich das alles entsorgen, dachte er, die Wäsche samt dem Bett. Er schleppte sich zum Arzt, und der diagnostizierte Lungenentzündung und wollte ihn ins Krankenhaus einweisen.

Iron Man ging nicht ins Krankenhaus. Er besorgte sich in der Apotheke Medikamente und legte sich auf das frisch überzogene Sofa. Einen Tag vor Weihnachten rief seine Schwester an. Sie wollte ihn für den Heiligen Abend einladen. Iron Man hasste Familienfeiern und ließ sich für diese Nacht ins Spital einweisen. Am nächsten Tag marschierte er auf eigene Gefahr aus dem Spital hinaus und legte sich zu Hause wieder in das klamme Bett. Das Sofa war noch klammer. Die Medikamente senkten sein Fieber, aber der Körper schmerzte. An Silvester zog er sich über den Pyjama den Wintermantel an und gönnte sich aus seiner Spirituosensammlung den besten Champagner. Der wäre dafür bestimmt gewesen, falls doch eine Frau … Er trank die Flasche in großer Eile, war aber leider nicht betrunken. Er war schließlich ein starker Mann und das Trinken gewohnt. Er zog eine Hose an und stieg barfuß in die Winterstiefel. Er wollte ein Lokal aufsuchen und sich betrinken, fand aber keines, das geöffnet hatte, und merkte schon, dass ihn die Schwäche niederdrückte. Er schaffte es bis nach Hause und wartete die Genesung ab. Nach zwei Wochen fühlte er sich halbwegs wie ein Mensch und schwor sich, nächstes Jahr – ich – dieselbe Zeit – ich – in ein warmes Land fliegen und erst wieder zurückkommen – wenn alles vorbei ist. I am the Iron Man!

25 »*Ich hab Schlangen in den Schuhen*«

Wenn er das sagte, wusste sie, was er meinte. Er meinte nämlich, dass er dringend etwas zu trinken brauchte. Alkohol. Weil sonst das Leben für ihn viel zu kompliziert sei. Immer die gleiche Diskussion. Abgesegnet von Therapeuten und Ärzten.

»Ich hab Schlangen in den Schuhen«, sagte er an diesem Morgen, das war, als er ein ganzes heiliges Jahr nichts getrunken hatte, und sie sagte: »Ich hör wohl nicht recht! Willst du die ganze Arbeit an dir und mit dir und in dir und mit mir vergessen, diese nervenaufreibende Arbeit? Wenn du wieder anfängst, alles hinzuschmeißen, verlasse ich dich.«

»Du verlässt mich nicht, weil du mich liebst«, sagte der Mann, der immer noch verdammt gut aussah und der ihr immer noch verdammt gut gefiel. Aber das Äußere ist eben nur das Äußere.

»Diesmal verlasse ich dich.«

»Und wo gehst du hin? Doch nicht in ein Frauenhaus, wo du behaupten kannst, dein Mann sei ein Alkoholiker und hätte dich geschlagen.«

»Du weißt, dass ich nicht etwas behaupte, was nicht stimmt. Du hast mich nicht mit der Hand geschlagen, nicht mit dem Fuß, aber du hast in mein Leben hineingeprügelt und mir schon viel kaputtgemacht.«

»Was zum Beispiel?«

»Meine Weltanschauung. Ich schau die Welt, wenn du trinkst, nicht mehr an, wie ich sie einmal angeschaut habe, voller Neugier und Bewunderung. Du hast mich bereits beschädigt.«

»Nur ein Glas Bier«, sagte er.

»Es ist kein Bier da«, sagte sie.

»Ich habe Bier gekauft. Acht Stück Kellerbier, schmeckt wohltuend, ist gesund.«

»Das heißt, du hast dir vorgenommen, dich zu betrinken! Wie schlimm ist denn das! Das ist wie geplanter Mord. Kein Totschlag.«

»Das heißt, wäre ein Bier da gewesen, könnte man von Totschlag sprechen?« Er hatte sich bereits gefährlich dem Bier genähert.

»Schnaps hast du auch gekauft?«, fragte sie.

»Nein, das habe ich nicht. Ich gebe zu, ich war in Versuchung, der Wodka hat mich böse angegrinst, da konnte ich aber widerstehen. Rechne mir das bitte an.«

»Warum hängst du dich nicht gleich an einen Baum und wartest auf das Ende?« Schon tat es ihr leid, dass sie das gesagt hatte. Er hatte sich das Bier geschnappt und war verschwunden. Eine Woche lang war er verschwunden.

Sie riefen sie an. Er lag im Krankenhaus, ein Auto hatte ihn angefahren.

»Leider nicht tot«, sagte er, als sie vor dem Krankenbett stand. »Vier Tage nichts getrunken. Nimmst du mich wieder?«

Als sie ihn so im Bett liegen sah, mit dem Kopfverband, hätte sie ihm am liebsten verziehen und ihn umarmt. Sie hatte ihm in Wirklichkeit schon verziehen, wollte es sich aber noch nicht anmerken lassen. Er sollte zweifeln. Und vielleicht würde eines Tages doch alles wie früher. Aber wann war eigentlich früher gewesen?

26 Wirkliche Träume

Es soll weitab unserer Zivilisation Menschen geben, die Träume für wirklich halten, genau so, als wären sie gelebt. Das beschäftigt mich, bin ich doch eine, die mehr träumt als lebt, nur weiß ich, was wirklich ist. Was aber, wenn ich es nicht wüsste? Wenn ich für einen Mord, den ich im Traum begangen habe, büßen müsste? Da nur ich es wäre, die davon wüsste und die das Gewissen plagt, müsste ich die Justiz überzeugen, dass ich eine Verbrecherin bin. Ich käme ins Irrenhaus.

Träumte ich doch gestern von einem Säugling, dem die Zunge am Daumen zu verdorren drohte, weil er nichts zu trinken hatte. Ich tunkte einen Fetzen ins Wasser und steckte ihn dem Kind in die Mundhöhle. Ich rettete es aber nur im Traum. Träume von frischem Brot und süßer Milch. Als gäbe es frisches Brot und süße Milch nach dem Erwachen.

27 Der Bücherdieb

Ein Buchhändler erzählte mir von einem Bücherdieb. Der hat ihm sein Lieblingswerk, *Die Cantos* von Ezra Pound, gestohlen. Hundertachtundzwanzig Euro kostet dieser Klotz (zweisprachige Ausgabe, Arche Verlag, übersetzt von Eva Hesse), nicht fadengeheftet, was bei 1400 Seiten unverantwortlich ist, liest man oft in dem Buch, wird es auseinanderfallen. Der Dieb jedenfalls hatte guten Geschmack – oder war er nur einer, der auf das Teuerste aus war? Die wertvollen Bücher waren im obersten Regal verstaut. Mehr für sich als für eventuelle Käufer hatte sie der Buchhändler hingestellt. Manchmal nahm er *Die Cantos* an sich wie einen Freund und blätterte darin.

Ein schwarzer Wind wirft sich gegen den Wald und brennt tief.

Dann war das Buch verschwunden. Es wurmte den Buchhändler, gleichzeitig wollte er keine große Geschichte daraus machen, es wäre ihm peinlich gewesen, vor seiner Angestellten als kleinlich dazustehen. Oft dachte er an das verschwundene Buch, verbot sich aber, darüber zu reden. Seine Angestellte hingegen erzählte oft und gern von dem verschwundenen Werk, und das führte zwischen den beiden zu einer dünnhäutigen Angelegenheit. Einmal sagte die Angestellte, sie hätte gelesen, dass die Polizei in der Wohnung eines Diebes ein Schwert gefunden habe. Es war aus einem Museum gestohlen worden. Bei diesem Dieb wurden noch viele andere Gegenstände sichergestellt, vornehmlich Bücher, alle eingeschweißt. »Also nicht einmal ein Leser«, dachte der Buchhändler und verständigte die Polizei, um sein gestohlenes Werk zu melden. In der Wohnung des Diebes stapelte sich Diebesgut. Es stellte sich heraus, dass noch viel mehr bei dem Buchhändler gestohlen worden war, alles in allem kein Buch unter dreißig Euro, und er hatte es nicht bemerkt. Es wäre frühestens bei der Inventur herausgekommen. Der Buchhändler fand es problematisch, dass sie von den Diebstählen nichts mitbekommen hatten. Und so wurde die Sache zwischen ihm und seiner Angestellten noch dünnhäutiger, so dass sie an manchen Stellen einriss, gar riss und ein großes Geschrei entstand. Das war umso trauriger, als die beiden eine verstohlene Zuneigung zueinander gespürt hatten, was jetzt alles kaputt war.

Der Buchhändler besichtigte die gestohlenen Exemplare, samt und sonders wurden sie ihm rückerstattet.

Es kam der Bücherdieb und schlug die Augen nieder. Er war nachlässig gekleidet, verbeugte sich vor der Angestellten und bat um Vergebung. Sie verwies ihn an ihren Chef, der nickte nur und hoffte, der Bücherdieb würde verschwinden. Weit gefehlt. Nachdem seine Entschuldigung angenommen worden war, kam er jeden Tag und blieb die längste Zeit vor den Regalen stehen. Er stahl nichts mehr.

Das hatte der Buchhändler sich erhofft: Dass er ihn beim abermaligen Stehlen erwischen würde, dann nämlich wäre es ein Leichtes gewesen, ihm den Zutritt zu der Buchhandlung zu verbieten.

28 Das staubige Klavier

»Er hat dir einen Brief geschrieben?«, sagte die Frau zu ihrem Mann. »Magst du ihn mir vorlesen?«
Der Mann rückte den Stuhl an den Tisch, und es sah aus, als wollte er sich dran festhalten. Er las mit leiser Stimme:

»Lieber Papa,
gerade ist mir eingefallen, wie ich in der ersten Klasse jeden Morgen das Klavier abgestaubt habe. Die Mitschüler machten ihre Späße, und ich glänzte und wischte. Erinnerst Du Dich noch, dass ich Euch eines Tages am Mittagstisch davon erzählt und gesagt habe, dass ich das nicht mehr machen will, und Ihr mich dafür gelobt habt? Du hast gesagt, man muss Stellung beziehen. Damals wusste ich nicht, was Du damit meinst. Die Musiklehrerin mochte mich allerdings nicht mehr, als ich ihr sagte, dass ich nicht länger ihr Klavier abstauben will. Als Klavierabstauber kam ich mir nämlich schäbig vor, und deshalb wollte ich das aufgeben. Ab diesem Zeitpunkt hat sie mich schikaniert, wo sie nur konnte, das allerdingst habt Ihr nie erfahren.
Diese Geschichte hat mit meinem Leben zu tun. Noch immer studiere ich, sollte längst fertig sein und nicht mehr von Euch abhängig sein. Ich hätte kein schlechtes Gewissen, wenn ich – im übertragenen Sinn – Euer Klavier nicht mehr abstauben müsste. Ihr wisst, die wirtschaftliche Lage ist nicht gut, und nach meinem Studium einen Job zu finden, halte ich beinahe für aussichtslos. Was ich mir schon alles habe durch den Kopf gehen lassen – in ein Krisengebiet zu gehen, für eine Hilfsorganisation zu arbeiten. Dann höre ich Eure Stimme in meinem Kopf, und die sagt: War Dein Studium denn umsonst? Ich will nicht undankbar sein, und deshalb bitte ich Euch, mir ab sofort kein Geld mehr zu schicken. Ich arbeite zurzeit als Kellner, und es gefällt mir nicht schlecht. Ich lerne fremde Leute kennen, die mir vielleicht weiterhelfen können. Nur merke ich, dass so

viele Jugendliche ähnlich leben und verzweifeln wie ich. Als mir heute die Geschichte mit dem Klavier wieder eingefallen ist, habe ich zu mir gesagt: Schluss jetzt! Ich will kein altes Kind sein. Ich will nicht der Mann sein, dessen Beziehungen zur Welt scheitern. Die Spannung, die ich in mir spüre, sagt mir, dass ich es schaffe. Ich will auch nicht mehr denken, dass die Welt ein einziger Unsinn ist, dem man nur mit Lässigkeit begegnen kann. Ich weiß, und Ihr wisst das auch, dass ich keinen anderen Menschen aus mir herausschneiden kann, aber trotzdem will ich das Beste versuchen. Ihr seid mir immer lieb und wert, und ich will Euch nicht enttäuschen.

Euer Sohn«

29 Die Schamanin

»Was ist eine Schamanin?«, fragte ich die verhüllte Frau. Sie wohnte in dem Heustadel, nahe am Wald, kein Heu lag darin. Der Raum war mit einem Bett ausgefüllt. Man konnte sich, wenn die Tür nach außen aufgegangen war, einfach ins Weiche fallen lassen. Mir wurde es erlaubt. Die verhüllte Frau hatte mich an der Hand genommen und mich geführt. Ich war noch nicht einmal eine Schülerin.

»Hör zu, mein Küken«, sagte sie zu mir, »was ich dir jetzt zeige, habe ich noch keiner Seele gezeigt.«

»Bist du ein Gespenst?«, fragte ich.

»Als ich geboren wurde, hat mir eine Frau, so eine, wie ich eine bin, aus dem Rücken einen Knochen herausgeschnitten und durch einen anderen ersetzt, und so wurde ich zu dem, was ich jetzt bin.«

Ich drehte mich um und rannte davon. Wollte mir die verhüllte Frau einen Knochen herausschneiden, und welchen? Sie holte mich ein und zerrte mich zurück.

»Hab doch keine Angst, mein Küken«, sagte sie, »dir geschieht nichts. Ich habe dich ausgewählt, weil aus dir etwas werden könnte.«

»Was denn?«, fragte ich. »Ich bin doch schon etwas.«

Ich war ein Stein und schaute zu, wie die verhüllte Frau Decke um Decke, geblümte, gestreifte, hellrote, smaragdgrüne, pelzige, vom Bett zog. In dem Bettgestell war eine Kiste, und in dieser Kiste sammelten sich Schätze verschiedenster Sorten. Bindfäden aus Gold, Tierfelle, Hasenohren, Katzenpfoten, Scheren, Messer, Scherben ...

»Was ist das?«, fragte ich.

»Das sind meine Werkzeuge. Die hast du jetzt gesehen.« Sie zog die Decken wieder übereinander. »Komm, setz dich zu mir«, sagte sie. Sie roch nach Heu, was ich sehr gern mag. »Willst du deine Eltern verlassen und bei mir wohnen?«

»Nein, nie, nie!«, rief ich. »Ich will wieder zurück zu meiner Mama!«

Gleichzeitig aber, ohne einen Grund, wollte ich in der Nähe dieser Frau sein.

»Ich habe nie eine Mama gehabt«, sagte die Frau.

»Das ist aber traurig«, sagte ich.

»Ist es gar nicht. Traurig sind andere Dinge. Könntest du dir vorstellen, mich einmal am Tag zu besuchen?«

»Nein«, sagte ich laut oder leise, »ich kann nicht einfach weggehen.«

»Du bist doch auch jetzt weggegangen?«

»Ja, aber nur, weil ich beleidigt war.«

»Warum warst du beleidigt?«

»Weil ich beschuldigt worden bin, für etwas, das ich nicht getan habe.«

»Erzähl es mir!«

»Ich habe das Mikroskop von meinem Papa ausgeliehen, um wichtige Dinge zu beobachten. Dann habe ich es unter dem Bett versteckt. Ich habe es nicht gestohlen. Ich wollte es nachher wieder an den Platz stellen.«

»Was wolltest du denn beobachten?«

»Schatten, die sich bewegten und wieder nicht bewegten. Vielleicht Geister.«

»Siehst du«, sagte die verhüllte Frau. »Passiert dir das oft, dass du gekränkt bist?«

»Ja, leider.«

»Siehst du, mein Küken, und jedes Mal, wenn dir das passiert, kommst du zu mir, und wir reden nichts, wir schließen die Tür, werfen uns auf das Bett und halten den Mund und uns die Hand.«

»Danke«, sagte ich. »Ich überleg es mir.«

Und schon war ich weg über drei Hügel, zwei Wiesen und einen Bach.

Da war eine Frau, die nicht wusste, wie sie aussah, weil sie sich nie im Spiegel betrachtete. Sie hatte dafür keine Zeit. Ihr Kopf war übervoll mit Begabungen, so dass sie sich nicht entscheiden konnte. Einmal nahm sie den Pinsel und kleckste einen blauen Punkt auf die Leinwand. Sie war so aufgeregt, dass sie die Leinwand an eine andere Stelle tragen musste, um dort den zweiten blauen Punkt zu machen. So war das auch mit dem dritten blauen Punkt. Die Frau zitterte am ganzen Leib. Sie schrieb auf ein kleines Blatt, es solle sich zu einem großen aufrollen, und sie fing ganz oben am Rand an, Buchstaben zu setzen, daraus wurden Wörter und klare Sätze. So lange schrieb sie, bis der unterste Teil nichts mehr aufnehmen konnte. Erschöpft hetzte sie zu der Leinwand und pinselte mit Gelb, tupfte mit Rot, sachte und immer eifriger. Sie konnte das Bild nicht ansehen, weil es so sehr leuchtete. Deshalb rannte sie hinaus in den Garten, stach in die Erde und umsiedelte Blumen, reihte sie zu einem Kreis, so dass wieder eine neue Form entstand. Sie schaute hinauf in die Bäume, die den Himmel zerrissen, und begann zu singen. Ihre Stimme war spitz und gleichzeitig dumpf. Die Vögel versammelten sich auf einem Ast und wunderten sich.

Weiters schuf die Frau an diesem Tag noch Pläne einer Kathedrale, bis sie dann auf den Boden niedersank.

Bei all diesen Arbeiten hatte sie viele Begabungen verloren, sie lagen auf dem Steinboden, zwischen Holzleisten, auf dem Leintuch, im Gras. Ein Mann hatte sie die ganze Zeit beobachtet. Er sammelte, ohne dass die Frau es bemerkte, Teile der Begabungen ein und versuchte sich damit unter einem Apfelbaum. Es entstand eine neue Form. Der Mann würde nicht ruhen, bis er es zur Vollendung gebracht hätte.

Man konnte nicht sagen, dass die Frau schlief, sie warf sich im Schlaf hin und her, und am Morgen war ihr Gesicht heiß und die Haare nass von Schweiß.

Sie klopfte im Irrenhaus an und bat, aufgenommen zu werden. Dort wurde sie gewaschen und mit Tabletten beruhigt, sie schlief drei Tage durch, und als sie erwachte, war ihre Haut glatt und rosig wie in einem Kindergesicht. Sie liebte fortan das Essen, es wurde zu ihrer Lieblingsbeschäftigung, und bald war sie eine fettleibige Frau.

Der Mann, der ihre Begabungen aufgesammelt hatte, arbeitete von der Früh bis in die Nacht.

Einmal sah er die fettleibige Frau unter seinem Apfelbaum. Ihre Füße brannten, da zog ihr der Mann die engen Schuhe aus. Er setzte sich nah zu ihr hin, und sie teilten sich eine Zigarette.

31   *Der Mann mit dem Wohnmobil*

Es war da ein Mann in abgetragenen Hosen und einem alten Parka, der saß in seinem Wohnmobil und dachte, gleich werde ich mir vier Eier braten und sie dann mit Weißbrot essen. Zu trinken hatte er gerade noch ein Bier. Das würde nicht reichen. Also dachte der Mann, erst gehe ich Bier einkaufen, und dann esse ich die Eier. Einkaufen, aber wo? Er war in einem Gebiet, das er nicht kannte, an der kanadischen Grenze irgendwo, man hatte ihn vor Bären gewarnt. Er würde zu Fuß gehen, das Wohnmobil absperren. Lange ging er, er sah Licht und ging dem Licht nach, über eine Wiese, da merkte er, dass der Boden weich wurde. Sumpf. Er hörte Geschrei. »Hilfe. Hilfe!« Ein Wohnmobil stand zehn Meter entfernt. Es war im Sumpf stecken geblieben. »Hilfe«, rief die Frau, die mit einem Fuß im Sumpf steckte.

Der Mann rief zurück in seinem gebrochenen Englisch: »Warten Sie! Ich komme mit meinem Wohnmobil und ziehe Sie heraus. Ich habe alles, was man dazu braucht.«

Er war stolz, dass er immer an alles dachte. Auf dem Rückweg beeilte er sich. Er hatte seinen Hunger vergessen, startete sein Wohnmobil und fuhr zur Stelle, wo Hilfe gebraucht wurde. Er holte sein Abschleppseil und warf es der Frau zu. Eine andere Frau saß am Steuer. Er befestigte das Ende des Seils an einem Haken unter der Stoßstange, die Frau tat dasselbe mit dem anderen Ende. Der Mann fuhr vorsichtig, bis das Seil sich spannte, er legte den ersten Gang ein und ließ die Kupplung schleifen, ganz vorsichtig, ganz vorsichtig. Es war gelungen. Als beide Wohnmobile auf der trockenen Straße standen, stieg der Mann aus seinem Gefährt und ging zu den Frauen. Sie waren bewaffnet. »Jetzt, wo ich Ihnen geholfen habe, wollen Sie mich erschießen?«, rief der Mann in Schulenglisch und lachte.

Also zwei Frauen, eine ältere, eine jüngere, die ältere gefiel ihm besser, sie war drall, und das mochte er. Zwei Amerikanerinnen. Sie trugen beide

lange Röcke mit Stiefeln und Fransenjacken und perlenbestickte Stirnbänder. Der Mann war nervös und versuchte seine lässige Tour. Er probierte alle Späße durch, die er kannte, erzählte seinen besten Witz:
»Zwei Männer beschließen, Hitler zu ermorden.«
»Wer ist Hitler«, unterbrach ihn die jüngere Frau.
»Blamier mich nicht«, sagte die ältere Frau, »lass ihn erzählen.«
»Aber warum sagt mir keiner, wer Hitler ist«, sagte die Jüngere.
»Hitler war ein Massenmörder«, sagte der Mann.
»Also lebt er nicht mehr«, sagte die Jüngere.
»Lass ihn den Witz erzählen«, sagte die Ältere.

Der Mann fürchtete um seine Pointe. Wenn die eine so blöd war und nicht einmal Hitler kannte, was sollte er da weitererzählen.

Also sagte er: »Die Attentäter warteten mit geladenen Pistolen auf Hitler, und er kam nicht. Er kam einfach nicht. Da sagte der eine Attentäter zu dem anderen: Es wird ihm doch hoffentlich nichts passiert sein. Der Witz ist fertig«, sagte der Mann, weil die Frauen nicht lachten.

»Wollen Sie einen Whiskey?«, sagte die Ältere. »Wir müssen auf unseren Retter anstoßen.«

»Vielleicht will er etwas?«, sagte die Jüngere.

»Was soll ich wollen?«, sagte der Mann.

»Mit dir rede ich nicht«, sagte die Jüngere.

»Ich habe auch dich gerettet. Sag du etwas!«, wandte er sich an die Ältere, die er eh die ganze Zeit angeschaut hatte.

»Vielleicht willst du ja wirklich etwas«, sagte die Ältere.

»Jeder will etwas«, sagte der Mann. »Was willst du zum Beispiel?«

»Dich könnte ich wollen.«

»Und?«

»Verschwinde!«, sagte die Jüngere.

Da drehte sich der Mann um, setzte sich in sein Wohnmobil und fuhr ab und hielt nach ein paar Meilen an und briet sich zwei Spiegeleier und trank ein Bier. Für Whiskey war ihm der Tag zu jung.

Träumerische Menschen besitzen einen Talisman. Er soll sie vor Bösem bewahren und Glück bringen.

Ein alter Mann erzählte mir, sein Talisman sei ein kaputter Rosenkranz gewesen. Als er ihn von seiner Mutter geschenkt bekam, nahm er ihn mit auf seine Reise. Er war noch wie neu, eine Bernsteinperle an der anderen, glänzend und warm in der Handmulde. Er wollte ihn zuunterst in seinen Rucksack stecken, aber er vergaß es. Auf einem seiner Abenteuer dachte er erst wieder daran, als er im Krankenhaus lag. Er war von einem Hund gebissen und dabei schwer verletzt worden. Hätte ich den Talisman bei mir gehabt, wäre mir das nicht passiert.

Was könnte das heißen? Wäre dann der Hund zahm gewesen wie ein Reh? Jedenfalls suchte er, sobald er wieder zu Hause war, seinen Talisman und steckte ihn tief in seinen Rucksack. Und nahm ihn überallhin mit. Die Perlen wurden matt.

Viele Jahre später lieh sein Enkel den Rucksack bei ihm aus. Er stellte ihn auf den Kopf, und die Rosenkranzperlen fielen auf den Boden. Er bückte sich und hob sie auf. Er nahm ein Taschentuch aus Stoff, wickelte die Perlen ein und verstaute sie unter seinem Kopfkissen, denn er dachte, Glück brauche ich in der Nacht, wenn meine Liebste neben mir liegt. Wenn wir zum Beispiel am Tag wegen Geld gestritten haben und uns versöhnen sollten. Er glaubte an die Zauberkraft der Perlen.

Einmal ging der Enkel, da war er schon ein richtiger Mann und ein Vater, mit seiner Tochter spazieren. Sie redete wie ein Buch, so sagt man doch, dabei hatte sie eine Rotznase. Er zog sein Taschentuch aus seinem Hosensack, dabei fielen die Perlen vom Talisman in die Wiese. Das Mädchen sammelte sie auf.

»Schenkst du sie mir, weil ich sie gerettet habe?«

Er erzählte ihr die Geschichte vom Talisman, übertrieb, machte aus dem Hund einen Löwen, aus der Krankheit eine Katastrophe.

»Und wie ist der Talisman zu dir gekommen?«, fragte die Tochter.

»Er hat mich gefunden«, sagte der Mann. »Er lag unter meinem Kopfkissen, als wir frisch verheiratet waren, deine Mama und ich, und als wir uns ein Mädchen wünschten, funktionierte das gleich.«

»Du meinst wegen dem Talisman?«, fragte das Mädchen.

Sie wollte die Perlen und sich daraus ein Armband basteln, dann hätte sie es immer bei sich und würde sich wünschen, dass sie einmal eine berühmte Schauspielerin wird, weltberühmt, und dass sie dann die Eltern zur Oscar-Verleihung einladen würde und dass sie dann in der Rede die Geschichte vom Talisman erzählen würde …

»Die wäre zu lang«, sagte der Vater, »die müsstest du ordentlich kürzen. Mehr als drei Minuten ist in Hollywood nicht erlaubt. Außerdem ist es eine Geschichte, die hinten und vorne nicht stimmt. Nie könnte einer ein Drehbuch daraus machen.«

»So wenig ist in Hollywood erlaubt?«

»Ja, so wenig«, sagte der Vater.

33 Fragwürdige Beziehungen

Der Künstler war mit einer Frau liiert, Rebecca, und die führte seine genialen Pläne aus. Das lief ziemlich gut. Rebecca verzichtete darauf, zu signieren, sie sah sich in einer dienenden Rolle. In ihrem Herzen wünschte sie sich jedoch, dass, wenn sie schon alles dem Zampano überließ, er sie irgendwann heiraten würde. Dann wären sie eine kleine Fabrik, und alles Erschaffene käme in eine einzige, eine gemeinsame Schublade. Wenn sie dann seinen Namen trüge und noch ein Kind von ihm hätte, gäbe es nur mehr Dankbarkeit für sie, und Dankbarkeit ist eine Form von Glück, fand Rebecca.

Die beiden waren mit einem Ehepaar befreundet. Dem Künstler gefiel die Frau, die Linda hieß, sie hatte perfekte Arme, und überhaupt beinahe alles an ihr war gut. Linda fixierte den Künstler, und er fixierte sie. Es begann eine Liebesbeziehung. Im Nachhinein ist gewiss, dass den beiden nur das Geheimnis gefiel, das heiße Spiel. Lindas Mann hatte einen Verdacht, und an einem Morgen, als die beiden aus dem Hotel kamen, stellte er sein Auto quer über die Fahrbahn. Der Künstler stoppte.

»Steig aus, Linda«, sagte der Mann, »bevor es kompliziert wird.«

So endete die Affäre. Es war für beide zu verkraften.

Rebecca hatte davon gewusst, sich aber still verhalten, sie wollte ihren Plan nicht aufs Spiel setzen, und sie war sich gewiss gewesen, diese Affäre würde nicht lange dauern.

So schien alles wieder wie eh und je. Rebecca wurde die Taufpatin von Lindas Sohn.

Der Künstler war viel unterwegs. Rebecca erfuhr über Umwege, dass er eine Frau mit Doktortitel kennengelernt habe und sie heiraten wolle. Das zu glauben, weigerte sie sich, bis sie eine Karte mit ineinander verschlungenen Händen bekam, die ihr Unglück besiegelte.

Ihr Herz wurde frostig. Sie weinte viel. Auch betete sie Vaterunser. Linda gab ihr Trost und Tabletten.

Rebecca war eine unattraktive Frau. Außer ihren Haaren, die eine Hälfte des Gesichts verdeckten und kastanienbraun waren, blieb nichts in Erinnerung. Ihr Gesicht sah gerötet aus, als wäre sie zu lange in der Sonne gelegen, ihre Zähne standen ein wenig vor, und ihr Profil war kein ideales. Trotzdem lernte sie einen Mann kennen, der nichts Adonisches an sich hatte, und sie heirateten nach einem halben Jahr. Jeder, der Rebecca kannte, wunderte sich.

Sie schmückte die Wohnung und ging mit ihren großen Füßen durch die Zimmer, es war wie der Besuch einer Kunstausstellung.

Und wieder schlug die Peitsche zu. Sie erfuhr, dass ihr Mann eine Blondine als seine Ehefrau ausgab. Bald gebar diese ein blondes Kind. Rebecca ließ sich nicht scheiden, sie strickte weiche Schühchen mit Schleifen in Rosa.

Einmal unternahm sie ganz allein eine Schiffsreise. Sie erhielt ein Telefonat. Linda rief an und weinte ins Telefon. Sie hatte gerade erfahren, dass ihr einziger Sohn gestorben war.

»Dein Patenkind, Rebecca«, klagte sie.

Rebecca stand auf dem Oberdeck mit dem Handy, sah auf das graphitblaue Meer und war erschreckend mitleidlos.

34   *Alles ungünstig*

Alles ungünstig. Die ganze Gestalt. Busen, Magen, Bauch – eine einzige Masse. Die Beine in einer ausgeleierten Jogginghose. Sie schiebt den Einkaufswagen, ist unsicher auf den Beinen. Im Einkaufswagen viel Süßigkeiten. Nichts Grünes. Keine Orangen. Sie war doch auch einmal ein kleines Mädchen, das springen konnte wie ein Rehlein. Was ist geschehen? Ich darf sie nicht anstarren. Aber der Blick quält mich. Sie war doch auch einmal ein Kind mit Wollfäden in der Hand, die sie zu einem Muster spannte. Was ist geschehen? Hat denn niemand Erbarmen mit dieser Frau? Wo wohnt sie? Hat sie Kinder? Einen Mann? Nein, ich glaube, sie hat keinen Mann. Ich denke, sie hat ein paar Kinder, die nicht mehr zu Hause wohnen. Einen Nachzügler vielleicht, der unbedingt sein Zimmer aufräumen sollte. Ich frage mich, wer steht dieser Frau bei? Ihre Haare verfilzt. Die Lippen angemalt. Ist das ein gutes Zeichen? Dass sie sich die Lippen anmalt, bevor sie einkaufen geht? Sie war doch auch einmal eine junge Frau, die gern getanzt hat. Wie, wenn ich sie retten könnte? Zu ihr in die Wohnung käme. Natürlich würde sie mich niemals in ihre Wohnung lassen, weil die Tür gar nicht richtig aufgeht. Weil die Tür klemmt. Hinter der Tür so viel Unrat. Kleider liegen herum. Bitte, lass sie in einer aufgeräumten Wohnung leben, die nach Zitronen riecht! Lass sie ein frisch bezogenes Bett haben. Ein geöffnetes Fenster. Weiche Vorhänge aus Batist am Fenster. Lass sie vom Wind bewegen. Lass sie ein halbwüchsiges Kind haben, das ihr frischen Kaffee aufbrüht. Die Wohnung riecht nach Kaffee und warmem Brot. Ich soll mich nicht einmischen. Ich soll meine Gedanken in eine andere Richtung lenken. In welche? Zu dem jungen Mann, der seiner Freundin gerade ein Stück Schokolade in den Mund schiebt?

Ich habe gar nicht bemerkt, dass die Frau in der Jogginghose bezahlt hat und weggegangen ist. Wie sie den Einkaufswagen zu ihrem Auto geschoben hat. Ich kann mir gar nicht vorstellen, dass sie in ein Auto gestiegen ist, dass sie Auto fahren kann. Ist sie mit dem Einkaufswagen vor ihr Haus gefahren, hat ihn bei den Fahrradständern abgestellt, die Waren in Taschen gepackt und sie nacheinander in die Wohnung geschleppt? Ist sie von Nachbarn gegrüßt worden?

Nichts weiß ich. Der Einkaufswagen steht noch eine Woche vor dem Haus. Einmal saß ein Hund darin. Ich sah, wie ein Kind dem Einkaufswagen einen Schubs gab und er auf die Straße zu rollte. Ich müsste ihn auffangen. Was, wenn ein Auto kommt und der Einkaufswagen die Straße blockiert?

35 Der Krieger

Der Kopf eines Mannes erhob sich aus der Warteschlange. Als er an die Reihe kam, sah die kleine Frau am Schreibtisch zu ihm auf wie zu einer Tanne.

»Was können Sie?«, fragte sie leise, denn er schüchterte sie ein, nicht nur durch seine Größe, auch durch seinen entschlossenen Gesichtsausdruck, die schmalen Augen, den kleinen Mund, das vorgeschobene Kinn.

»Ich bin ein Krieger«, sagte er. »Ich komme aus Tschetschenien.«

»Und was waren Sie, bevor Sie Krieger wurden?«, fragte die Frau.

»Ich war immer nur ein Krieger«, sagte der Mann. Sein Deutsch war gut. Seit drei Jahren lebte er in diesem Land und hatte sich fleißig um die neue Sprache gekümmert.

»Wir hätten Arbeiten am Bau und in der Altenpflege. Haben Sie Empathie für alte kranke Menschen?«

»Bitte«, sagte der Riese, »dieses Wort ist mir nicht bekannt, ist das ein deutsches Wort?«

»Ich glaube, es ist griechisch«, sagte die kleine Frau. »Es bedeutet so etwas wie Mitfühlen. Mit anderen Menschen mitfühlen.«

»Schwierige Frage«, sagte der Mann. »Wenn ich ehrlich sein will, müsste ich wissen, wie der Mensch ist, mit dem ich mitfühlen soll.«

Die kleine Frau sah den Mann lange an. Gerade waren ihre Eltern gestorben, und sie hatte das Haus geerbt, sie wollte ihre Wohnung aufgeben und ins Elternhaus ziehen. Sie war allein, und ihr graute vor dem Umzug. Zuerst auch müsste das Haus leergeräumt werden, ihre Eltern waren beide Sammler gewesen, schwere Möbel standen dort, die sie nicht wollte, ein Klavier, das würde sie übernehmen. Sie schrieb ihren Namen und ihre Adresse, die Handy-Nummer auf einen Zettel und reichte ihn dem Krieger hinüber.

»Kann ich dort vorsprechen?«, fragte er.

Sie nickte. »Aber erst ab neunzehn Uhr.«

Am nächsten Tag stand der Riese vor ihrer Haustür, und sie erklärte, was zu machen sei. Er erkundigte sich nach dem Stundenlohn, und sie nannte ihm einen angemessenen Preis. Gleich fing er mit dem Arbeiten an. Er war so schnell und so geschickt, dass in einer Woche alles geschafft war.

»Und jetzt?«, fragte der Riese.

Er hatte jeden Abend mit ihr gegessen, sie hatten es gemütlich gehabt, distanziert, aber gemütlich. Nichts hatte er von sich erzählt, nur einmal sah sie seine tiefen Narben, als er mit bloßem Oberkörper aus der Dusche gekommen war.

Die Leute in der Straße beneideten die kleine Frau um diesen Mann, der so vieles in so kurzer Zeit erledigen konnte.

Der kleinen Frau bangte davor, dass er nun fertig sein würde, sie wagte aber nicht, ihn zu fragen, ob er bei ihr einziehen wolle. Sie hatte in dem Haus viel Platz und wusste, er wohnte in einem Asylantenheim.

Einmal läutete es an der Tür, und die Nachbarin stand davor: »Kannst du uns deinen Riesen ausleihen, wir hätten ein paar schwere Arbeiten.«

Der Mann hatte es gehört und scharf gesagt. »Ich bin ein Krieger, man kann mich nicht ausleihen.«

36   Der dicke Mann

Es war ein dicker Mann, der außer dick noch seltsam war. Irgendwie verloren wie ein Teil, das nirgendwo dazugehört. Er atmete schwer und mit Ton, und der Ton war der eines Tieres. Niemand kannte ihn. Er ging, immer ging er, schwerfällig, aber wie es schien, ohne lange Pausen zu machen. Wo er hintrat, hinterließ er seinen breiten Fußabdruck. Keiner kannte seinen Namen. Er war nicht hier geboren. Kam auch nicht aus der Nachbarschaft. Seine Haare sahen strähnig aus, sein Bart verdeckte einen Großteil seines Gesichts. Er trug eine Felljacke und einen Rucksack. Der Rucksack schien nicht schwer zu sein. Sahen ihn Kinder, rannten sie ihm hinterher, aber waren sie auf seiner Höhe, kehrten sie rasch um. Es war, als hätte sie der Mann mit seinem Blick fortgejagt. Es war auch schon vorgekommen, dass Polizisten ihm folgten, aber auch sie wagten es nicht, ihn auszufragen. Er tat nichts Böses, er tat nichts Gutes, also, warum hätte man ihn festnageln wollen?

Einmal wurde er in einem Gasthof am Waldrand gesichtet, weit außerhalb eines Dorfes. Es sprach sich rasch herum. Er setzte sich auf die Bank, weil ihm der Stuhl zu zart vorkam, und er wollte ihn nicht zerbrechen. Die Wirtin brachte ihm eine Kuttelsuppe, die schlürfte der Mann ohne Pause, er aß eine zweite und eine dritte, gar eine vierte, bis der Suppentopf der Frau leer war. Dazu trank er fünf Krüge Bier. Die Wirtin wagte nicht, ihm eine Rechnung zu kredenzen. Lange blieb er im Wirtshaus sitzen, kippte um und schlief ein. Sein Schnarchen schüchterte die Gäste ein. Sie verhielten sich, als seien sie gar nicht anwesend. Die Wirtin deckte ihn mit einer Strickdecke zu. Irgendwie rührte sie dieser massige Mann. Ihr kleiner Sohn schaute auf ihn nieder und war begeistert. So ein richtiger Mann, und er fragte die Mutter: »Werde ich auch so einer?« Dabei glühten seine Wangen. Er hatte keine Furcht, er kroch vor keinem.

Als der massige Mann aufwachte und sich erhob, kippte der Tisch. Das Blumenwasser, in dem die Hausfrau einen Tannenzapfen mit blauem Enzian eingewässert hatte, rollte auf den Boden. Der kleine Junge schaute, er sah aus, als würde er beten. Und als der Mann Anstalten machte, fortzugehen, folgte ihm der Junge. Seine Mutter war in der Küche und bemerkte es nicht. Auf der Bank lag ein Goldklumpen. Die Wirtin brachte ihn ihrem Mann, und der bestätigte, dass er echt sei.

Der kleine Junge hatte Mühe, mit dem dicken Mann Schritt zu halten, er bemühte sich tapfer, hüpfte und sprang neben ihm wie ein Fohlen.

Einmal drehte sich der Mann nach dem Kind um und sagte:»Das ist eine Freude für mich, dich zum Begleiter zu haben.«

Die Ausdauer des Kindes war ein Wunder. Sie marschierten Kilometer um Kilometer. Da kam es, dass der dicke Mann ohne Vorzeichen auf die Erde fiel.

Der Junge kniete vor ihm.»Was ist mit dir?«, fragte er.»Soll ich Hilfe holen?«

»Bleib und dann geh zu dem Bauern und entwende ihm eine Schaufel. Mit der Schaufel grabe unter der Eiche da« – er zeigte auf den Baum –, »grabe ein Loch, so tief es dir möglich ist, dann lege mich hinein und schaufle wieder zu. Dann bringst du die Schaufel zurück und kehrst zu deiner Mutter heim. Dir soll es nie an Gutem fehlen.«

Und so geschah es.

37 Das schlechte Kind

Das Kind war schlecht. Nämlich ließ es ihm keine Ruhe, den dicken Mann mitsamt seinem Rucksack in der Grube zu wissen. Nämlich, weil es wusste, dass im Rucksack noch ein paar Goldklumpen waren. Ihn lebendig begraben zu haben, kostete den Jungen keinen Gedanken. Schließlich hatte er nur getan, was der dicke Mann von ihm verlangt hatte.

Der Junge lag auf seinem Strohsack, und es plagte ihn:

»Was wirfst du dich ständig hin und her«, fragte sein Vater, und auch seine Mutter fragte ihn, warum er nicht mehr schlafen könne.

Da überlegte der Junge, ob er von den Goldklumpen erzählen sollte, aber dann erzählte er nur von dem Mann in der Grube. Er wollte das Gold nicht mit den Eltern teilen. Ganz allein sollte es ihm gehören.

Die Mutter sagte: »Schlaf, mein Kind, der dicke Mann hat jetzt seinen Frieden.«

Als die Eltern noch schliefen, schlich der Junge aus dem Haus, versuchte die Route zu gehen, die er mit dem dicken Mann gegangen war. Irrwege gab es einige. Schließlich fand er doch auf den Weg, er erinnerte sich an die roten Dächer, an die versteppten Felder, an den Waldrand, den Bach und die Lichtung, auf der die Eiche stand. Er sah das Haus des Bauern, aus dem er die Schaufel entwendet hatte. Wieder lieh er sie aus, ohne gesehen zu werden. Er begann zu graben. Den ganzen Tag grub er, bis er den Scheitel des dicken Mannes sah. Der Mann stand in der Grube, stand tatsächlich in der Grube, wo er doch flach gelegen war und Erde ihn zugedeckt hatte.

Der Junge hörte die Stimme des dicken Mannes: »Also bist du doch schlecht und willst nur meine Goldklumpen. Die wirst du aber nicht bekommen, weil ich sie bereits weggegeben habe.«

Der Junge zitterte, hatte plötzlich Angst, war aber doch frech genug für eine Frage: »Warum stehst du aufrecht, und warum lebst du, seit zehn Tagen liegst du bereits unter der Erde?«

»Um dich festzunageln, Junge«, sagte der dicke Mann. »Auch du hast nicht entsprochen, obwohl ich anfangs gedacht hatte, du könntest einer von den Guten sein. Du bist schlecht.«

Und sein Arm langte aus der Grube und zog am Hosenbein des Kindes. Das konnte sich losreißen, die Hose blieb in der Hand des Mannes, der Junge rannte mit seinem Unterzeug, so schnell er konnte, auf und davon.

38 Das gute Kind

Ein anderes Kind war gut. Es kam mit dem Leiterwagen zu der Eiche und sah aus der Grube einen Kopf herausragen. Der Mann hatte es nämlich geschafft, sich auf seinen Rucksack zu stellen, so dass seine Augen über das Steppengras schweifen konnten. So sah auch er das Mädchen im Wollrock, in Kniestrümpfen und derben Schuhen. Es trug die Haare zu einer strengen Frisur. Er rief nach ihm, und es kam zu ihm.

»Hilf mir heraus«, sagte er.

Das Mädchen überlegte. Sein Verstand war scharf. Auf der Wiese, nahe dem Gehöft weidete ein Pferd.

»Habt Geduld«, sagte es, »ich bin gleich wieder zurück.«

Es sprach mit dem Pferd, wie es mit einem vernünftigen Menschen gesprochen hätte, und das Tier folgte ihm. Es band es mit dem Zaumzeug an seinen Leiterwagen. Der Mann in der Grube hob seine Arme und krallte sich an die Stäbe des Wagens. Wieder sprach das Mädchen mit dem Pferd, das sodann einen Satz machte und wegrannte, hinter ihm der Leiterwagen. Durch die Kraft und den Sprung des Pferdes wurde der Mann aus der Grube geschleift. Das Mädchen befahl dem Pferd, stillzustehen. Es beugte sich zu dem Mann nieder, er war mager bis auf die Knochen geworden, hatte nur Erde und Wurzeln gegessen. Sein Gesicht war schwarz vor Dreck. Er war zu schwach, um zu gehen. Das Mädchen half ihm auf die Beine und in den Leiterwagen. Der so dünne Mann krümmte sich zu einer Schnecke, so hatte er Platz auf der kleinen Ladefläche.

»Halt!«, rief der Mann, »Ich habe meinen Rucksack vergessen. Hol ihn mir, er liegt noch in der Grube.«

Das Mädchen lief zurück zur Eiche, sah in der tiefen Grube den Rucksack liegen und dachte bei sich: Nie im Leben schaffe ich es, den herauszuholen. Aber weil es über alle Maßen klug war, rannte sie auf das Gehöft zu, kletterte über den Zaun und riss aus dem Gemüsegarten eine Bohnenstange aus. Bereits rankten sich die Bohnentriebe samt den orangeroten Blüten darum. Es warf die Stange über den Zaun und lief zurück zur Eiche.

Die Bauersfrau schickte dem Mädchen mit den Worten: »Fass, fass!« den Hund nach.

Als der Hund das Mädchen erreicht hatte, ging er gemächlich neben ihm her und begleitete es zur Grube. Er wartete brav und sah ihm zu, wie es die Bohnenstange in die Grube senkte und den Rucksack angeln wollte. Es beugte sich vor und beugte sich noch weiter vor und fiel vornüber in die Grube.

Der Mann hatte sich auf dem Leiterwagen aufgerichtet, und der Wagen war umgekippt. Er hatte keine Kraft, sich zu erheben, so blieb er liegen und schaute schimpfend Richtung Eiche.

Der Hund aber war gewitzt und rannte zum Pferd. Man sah den Pferdekopf gesenkt, den Hundekopf aufgerichtet, die beiden verständigten sich. Dann trabte das Pferd neben dem Hund zur Grube. Es schüttelte sich so, dass sein Zaumzeug sich löste, und ließ es in die Grube hinuntergleiten. Der Hund biss mit den Zähnen auf das Leder, schnürte das Ende um den Pferdehals. Das Mädchen in der Grube klammerte sich am Zaumzeug fest, das Pferd sprang und galoppierte. So wurde das Mädchen aus der Grube gezerrt, Knie aufgeschlagen, Gesicht zerkratzt, Handflächen blutig, Rucksack auf dem Rücken.

Es gab sich Mühe und transportierte den Mann wieder zurück in den Leiterwagen, warf ihm den Rucksack zu, etwas ungeduldig, das muss gesagt sein. Denn, so dachte sie sich, wäre es zu viel verlangt, wenn er sich bei mir bedanken würde? Aber, nichts. Kein Wort.

Pferd und Hund begleiteten sie. Irgendwann zog das Pferd den Wagen, der Hund schmeichelte um die Mädchenbeine. Durch den Wald ging es, über Wiesen, sie passierten rot geschindelte Häuser, eine Zwiebelturmkirche. Endlich erreichten sie ihr Quartier.

Da wohnte das Mädchen ganz allein. Vater und Mutter hatten es verlassen, um Geld zu verdienen. Im Quartier gab es eine Feuerstelle und auf dem Boden einen Schlafplatz. Darauf ruhte der so dünne Mann. Sein Rucksack lag neben ihm. Pferd und Hund durften auch ins Innere.

Das Mädchen bereitete ein Feuer, und darauf kochte es Wasser, in das

Wasser schüttete es Haferflocken und Prisen von Salz, rührte mit einem Holzlöffel, bis es einen dicken Brei gab. Diesen fütterte sie dem so dünnen Mann. Er selber wäre zu schwach gewesen, den Löffel an den Mund zu führen. Die Tiere wurden satt, das Pferd schlief im Stehen, der Hund auf seinem Rücken.

»Heirate mich«, sagte der so dünne Mann zu dem Mädchen. »Heirate mich, obwohl ich dein Vater, gar dein Großvater sein könnte. Es muss sein. Nur so kann ich dich beschützen.«

Das Mädchen nickte, zog den Wollrock und die Kniestrümpfe aus, die derben Schuhe, öffnete die strenge Frisur und legte sich zu dem Mann ins Bett.

39 Böse Zeichen

Angefangen hat mein Unglück mit dem Tod meines Rosenbäumchens. Mein Mann hat es mir zum dreißigsten Geburtstag geschenkt. Das war ein Fest! Von ewiger Liebe war die Rede gewesen. Fünf Jahre später hab ich meine Nachbarin beobachtet, wie sie dampfendes Putzwasser auf mein Rosenbäumchen gegossen hat. Sie hat das böse Zeichen gesetzt und hat selber nicht gewusst, wohin das führt. Ich weiß auch nicht, warum sie mich verhext hat. Von da an ging es jedenfalls steil bergab. Ich habe verdächtige Zettel gefunden. In der Jacke meines Mannes. Restaurantrechnungen für zwei Personen, Übernachtungen in Hotels. Mein Mann hat sich herausgeredet – Geschäftsessen, Geschäftsreisen. Das kannst du der Katz erzählen, hab ich ihm gesagt. Er hat angefangen, auf seine Figur zu achten. Hat vor dem Frühstück geturnt und jeden Tag ein frisch gebügeltes Hemd angezogen. Ich habe ihm aufgelauert. Habe Laurie zu meiner Mutter gebracht, das Kind sollte nicht wissen, dass sein Papa ein Schuft ist. Habe mich vor seiner Firma hinter einem Eichenstamm versteckt. Viele Male, vergebens. Bei solchen Operationen muss man Geduld haben, das weiß man ja aus Filmen. Dann, endlich, es war wie eine Erlösung für mich, kam er mit einer blond gefärbten Frau, und beide stiegen sie in sein Auto ein. Er hat ihr die Tür aufgehalten. Wann hat er mir zum letzten Mal die Tür aufgehalten? Ich war mit dem Fahrrad unterwegs, und eine Verfolgungsjagd mit dem Rad hab ich nicht einmal in einem Film schon gesehen. Er kam an diesem Abend nicht nach Hause, der Schuft. Sein Handy war tot. Ich hatte meine Laurie auf dem Schoß, und beide sahen wir auf das verreckte Rosenbäumchen. Nur gelogen hat der Schuft. Gelogen, gelogen, gelogen. Meine Freundin, eine pragmatische Natur durch und durch, hat mir geraten, mit der Blondgefärbten zu reden. Habe ich mich also mit der Blondgefärbten in einem Café verabredet. Sie wollte nicht, dass der Schuft es erfährt. Sie hatte Tschicks auf dem Tisch, obwohl Rauchverbot war. Fast hätte sie mich erbarmt. Meine Freundin hat mir geraten, mich mit der Blondgefärbten gut zu stellen. Hab ich also meine rosarote Farbe ausgeschüttet. Und den Honigblick aufgesetzt. Sie hat geweint. Und, um ehrlich zu sein, echte Tränen. Kein Theater. Das spürt die meine. Hat mich erbarmt, die Blondgefärbte, die Rosmarie heißt. Rosmarie liebt den Schuft. Ich hab zu Rosmarie gesagt, es wird dir genauso ergehen wie mir. Ein böser Mensch wird kommen, so einer wie meine Nachbarin, der wird etwas vernichten, was du liebst. Rosmarie hatte kein Rosenbäumchen, hat nur in einer kleinen Wohnung in einem Block gewohnt. Könnte ja sein, Rosmarie, hab ich gesagt, dass ein böser Mensch, so einer wie meine Nachbarin, dir eine Krankheit anwirft. Ich hab ihre Hand genommen, die kalt war wie tot. Rosmarie, hab ich gesagt, vergiss ihn. Und: Sie hat sich von ihm losgesagt. Im Caféhaus noch. Vor meinen Augen. Ich hab ihn wieder, meinen Walter, hab ich gedacht, und heute bin ich schwanger im vierten Monat.

Aber verflucht ist verflucht.

Stellen Sie sich vor: Er hat die Scheidung eingereicht, hat doch tatsächlich die Scheidung eingereicht! Will sich von einer werdenden Mutter trennen, von Laurie ganz zu schweigen. Er zahlt für uns, hat er gesagt, er zahlt für das Ungeborene und für Laurie, nur will er mit mir nichts mehr zu tun haben, und wenn er am Hungertuch nagt. Wohnt mit der Blondgefärbten im Block und hat sein Auto verkauft. Sie fahren mit Rädern in die Firma und tun glücklich. Aber!

40 *Friedhof*

Der kleine Mann steht vor mir und breitet seine Arme aus. Wir kennen einander.

»Halt! Nicht weiterfahren! Die Blumen da auf deinem Rad, wie lange halten die?«

»Ein, zwei Tage. Pfingstrosen sind empfindlich.«

»Wir haben in der Werkstunde Filzblumen gemacht. Ich könnte dir eine verkaufen oder zwei. Filzblumen halten ganz bestimmt ewig.«

Der kleine Mann nimmt aus seiner Tasche zwei Filzblumen, eine orange, eine rot.

»Geb ich dir beide um zwei Euro.«

»Ich hab aber kein Geld bei mir.«

»Dann schenke ich dir die Blumen für deine tote Tochter, bis du sie mir bezahlt hast.«

»Ich weiß nicht, ob sie zur Paula aufs Grab passen.«

»Filz ist zeitlos«, sagt der kleine Mann. »Außerdem musst du sie nie einwässern.«

»Gut, dann nehme ich sie.«

»Also, kannst der Paula sagen, sie sind ein Geschenk von mir, so lange, bis du sie mir bezahlt hast. Ab dann sind sie ein Geschenk von dir.«

Ich halte die beiden Filzblumen gegen die Sonne.

»Gefallen mir sehr gut, deine Filzblumen, hast du schön gemacht. Basteln alle aus deiner Gruppe Filzblumen oder auch andere Sachen?«

»Nur Blumen«, sagt der kleine Mann, »weil Frühling ist.«

41 Die Verhandlung

Vor der Verhandlung war Maya aufgeregt, ihr Schlaf wurde unterbrochen von heftigen Angstattacken, aber sie wusste, sie musste es tun. Sie hatte es ihrem Mann geschworen, und zwar auf ihren zweijährigen Sohn, der friedlich neben ihr im Gitterbettchen träumte. Seine Stirnhaare ringelten sich, sie waren feucht. Maya schüttelte seine Decke auf und streichelte über sein Köpfchen. Ja, ich werde es tun, sagte sie sich. Ihr Mann war im Nachtdienst, er würde sie am Tag ablösen, und sie würde das vereinbarte Gespräch mit ihrem Chef führen. Eine Gehaltsverhandlung. Maya hatte einen guten Job, sie war weitsichtig und sehr geschätzt, aber sie verdiente viel zu wenig für das, was sie tat. Das sagte ihr Mann. Jeden Tag hielt er es ihr vor – dass sie überqualifiziert sei und er sich nur wundern könne. Sie verdiente, was sie bereits vor fünf Jahren verdient hatte. »Du glaubst doch nicht wirklich«, sagte er, »dass die dich von sich aus aufwerten wollen, sie freuen sich über deine Zufriedenheit!« Mayas Mann war Pfleger im Krankenhaus, ein viriler Typ, den sie vergötterte. Gut, einen Menschen zu vergöttern, war ein wenig einfältig. Sie wusste, sie war gescheiter als er, hatte mehr studiert, er aber strahlte Sicherheit aus. Oft war sie von Eifersucht geplagt, ob berechtigt oder nicht, sie wusste es nicht. Jedenfalls wollte sie ihn nicht enttäuschen.

Heute würde es geschehen. Maya, die sich Selbstbewusstsein einredete, zog ihren dunkelblauen Hosenanzug an, eine weiße Bluse, seine Krawatte zur Respekteinflößung. Aber sie hatte Angst. Sie rieb sich ihre kalten Hände, befahl sich Disziplin, und wie von ihrem Mann befohlen, war sie es, die das Gespräch eröffnete. Ihr Chef flätze in seinem Sessel.

»Es ist«, sagte sie und wurde bereits unterbrochen:

»Kaffee? Tee? Haben Sie schon gefrühstückt? Sie sehen blass aus.«

Maya überging sein Geplänkel. »Es ist wegen des Gehalts. Ich brauche mehr. Was ich leiste, wird nicht gebührend honoriert.« Das waren die Worte ihres Mannes.

Der Chef sah sie mit müden Augen an. »Erst einmal trinken wir einen Kafi-fertig.« Seine Spezialität, starker Kaffee mit Schnaps, eine Schweizer Spezialität.

Sie schüttete das Getränk hinunter und verbrannte sich die Zunge.

»Was stellen Sie sich vor, Maya?«

Seit wann wurde sie von ihm mit ihrem Vornamen angesprochen? Sie dachte, ich sage: Das Doppelte, aber sie sagte: »Ein Drittel mehr.«

»Okay«, sagte der Chef, »gebongt!«, und schüttelte ihre kalte Hand.

42 Das Schwimmbecken

Als die Ehefrau mit dem roten Porsche auf ihr Haus zufuhr, auf dem Rücksitz Tüten vornehmer Labels, vollgesteckt mit Unnötigem, sah sie ihren Mann im leeren Schwimmbecken stehen. Sie hatte ihm aufgetragen, er solle Handwerker bestellen, um das Becken zu warten und dann wieder mit Wasser zu füllen. Sie bremste und stieg aus. Ihre Tüten blieben auf dem Rücksitz.

»Und«, fragte sie, »wann kommen die Männer für die Wartung?«

»Ich habe sie abbestellt«, sagte der Mann. »Ich will es selber versuchen.«

Es wäre nicht nötig gewesen, sie waren reiche Leute und hatten für lästige Arbeiten Personal. Aber der Mann hatte eine Anwandlung, in der Nacht träumte er, er würde für seinen Reichtum bestraft, weil er nämlich nicht mit rechten Dingen erworben worden war. Zollvergehen, Straftaten, die lange nicht bemerkt werden und die lukrativ waren. Vor zehn Jahren noch hatten sie in einem Wohnblock gewohnt, und die Frau hatte vor dem Frühstück die Sonderangebote studiert, um dann günstig einzukaufen. Sie hatten keine Kinder. Vielleicht weil sie keine Kinder hatten, war die Frau von Langeweile geplagt, sie kaufte Dinge, die sie nicht brauchte, manche packte sie erst gar nicht aus und stapelte sie in einem leeren Zimmer. Einmal kam ihr die Vorstellung, die Polizei würde erscheinen, das vollbeladene Zimmer inspizieren und sie als Diebin verhaften. Sie warf ihre Belege sofort weg, weil sie sich doch für den Luxus schämte.

Sie trat aus dem Haus und sah ihren Mann immer noch im leeren Schwimmbecken stehen. »Weißt du«, fragte sie ihn, »was du genau machen willst?« Sie stellte sich an seine Seite. »Putzen und dann einfüllen?«, fragte sie, und ihr Mann, mit traurigem Gesicht: »Oder einfach so lassen.«

Er sehnte sich nach der Zeit zurück, als sie noch arm gewesen waren, wusste aber gleichzeitig, das war die pure Sentimentalität. Er würde so weitermachen. Irgendwann würden seine Unregelmäßigkeiten entdeckt werden und alles aus sein. Nicht die schlechteste Lösung, fand er.

Die Frau breitete nacheinander ihre Einkäufe aus, zählte zusammen, was sie ausgegeben hatte, stopfte die Dinge in einen orangen Sack und knotete ihn zu. Sie war zu alt, um Kinder zu gebären. Im Spiegel fand sie sich, geschminkt, wie sie war, unangemessen für ihr Alter, die Haare zu blond, die Lippen zu rot. Ach, könnte sie nur von vorne anfangen! Sie würde einen sozialen Beruf ergreifen und damit glücklich sein.

Was für eine dumme Sentimentalität, dachte sie, ich würde erst gar nicht geboren sein.

43   Ihr Freund zitierte einen russischen Dichter

Ihr Freund zitierte den russischen Dichter Tschechow, der sagte, was nützt eine Waffe, wenn du sie nie verwendest.

»Was heißt das«, sagte sie.

»Das heißt, entweder verwende ich meine Pistole, oder ich entsorge sie.«

»Wo willst du eine Waffe entsorgen?«, fragte sie.

»Das heißt, ich sollte sie abschießen. Leerschießen. Alle Patronen hintereinander. Peng! Peng! Peng!«

Wieder so ein sinnloses Gespräch.

Er besaß eine Waffe ohne Waffenschein, hantierte damit herum wie ein Pubertierender. Sie hatte sich eingebildet, sie liebe ihn, aber jetzt …

»Wir trennen uns besser«, sagte sie. »Ich habe mit meinem Leben Besseres vor.«

»Besseres vor?«

»Ich gehe und komme nicht wieder.«

Sie stellte sich auf ihre Zehenspitzen, weil der Mann doch einiges größer war als sie, und küsste ihn auf den Mund. Sie trat einen Schritt zurück und sah ihn an. Er zückte seine Pistole, es war wie in einem Film, er richtete die Waffe auf ihre Brust.

»Die ist doch nicht geladen«, sagte sie. »Ich habe keine Angst. Willst du mich ohne Patronen erschießen?«

Der Freund griff nach hinten und zog die Schublade seines Schreibtisches auf. Mit dem Gesicht war er immer noch nahe bei ihr. Er hantierte blind und fand die Munition. Er setzte sich auf den Boden und schaute zu ihr auf. Begann die Waffe zu laden. Sie drehte sich blitzschnell um, schlug die Tür zu und rannte die Treppe hinunter zum Ausgang.

Der war doch nicht normal! Warum bemerkte sie das erst jetzt? Ich habe alles falsch gemacht, sagte sie sich. Nur in schlechten Romanen sagen die Menschen immer das Richtige. Was sollte sie jetzt tun? Sie hatte ihre Wohnung für ihn aufgegeben. Zu wem konnte sie gehen? Zur Polizei? Es war nichts geschehen, er hatte sie nicht wirklich bedroht, nur mit der Waffe gespielt. Gut. Er hatte keinen Waffenschein. Das war sein Vergehen. Nein. Sie würde nicht zur Polizei gehen. Stattdessen setzte sie sich in ein Lokal und bestellte ein hartes Getränk. Mit einem Schluck leerte sie das Glas, bestellte ein zweites, ein drittes. Sie zahlte und ging in die Wohnung zurück. Sie schloss die Tür auf und fand den Freund schlafend auf dem Sofa.

Die Pistole lag auf dem Tisch. Sie nahm die Waffe und versteckte sie in einem ihrer Winterstiefel. Dann legte sie sich neben ihren Freund. Weil das Sofa sehr schmal war, musste sie sich an ihn drücken, um nicht herauszufallen.

Er wachte auf und sagte: »Bilde ich mir das ein, oder stinkst du nach Alkohol?«

»Du bildest dir das ein«, sagte sie. »Wir haben beide tief geschlafen. Ich habe geträumt, du wolltest mich erschießen.«

»Ja, wenn ich eine Waffe hätte.« Er zog sie an sich: »Dich erschießen, nie in meinem Leben!«

44   *Ihr Slip*

»Warum hängt über der Stuhllehne ein Slip?«, fragte der Freund. »Bist du wieder liiert?«

»Es ist nur die Erinnerung. Den Slip hat sie als einziges Kleidungsstück zurückgelassen, er lag bei der Dreckwäsche.«

»Und? Hast du ihn gewaschen?«

»Dumme Frage, hätte ich ihn gewaschen, wäre es irgendein Slip, so ist das immer noch ihrer.«

»Aber das ist ein halbes Jahr her, seit sie dich verlassen hat.«

»Du sagst es.«

»Und, riecht er immer noch nach ihr?«

»Können wir von etwas anderem reden?«

»Und wovon würdest du gern reden?«

»Über dich. Was gibt es Neues, wie geht es deiner Frau und deinem Sohn?«

»Wenn ich das wüsste«, sagte der Freund. »Sie sind in den Urlaub gefahren und nicht mehr zurückgekommen. Meine Frau hat eine Karte geschrieben, von einer interessanten Bekanntschaft ist die Rede, mein Sohn hat ein Herz darunter gezeichnet. Ich fragte mich, ist das Herz jetzt für mich, weil es in einer neuen Zeile steht, oder gehört es zu der interessanten Bekanntschaft.«

»Die hat Nerven! Sagt sie, wann sie zurückkommt?«

»Keine Ahnung, ich nehme an, wenn ihr das Geld ausgeht. Im Gegensatz zu dir hätte ich nicht nur einen einzigen Slip von ihr, sondern massenweise Kleider, Schuhe, Strümpfe, Kosmetikartikel, Parfums. Ich habe gestern Abend, als mir elend war, zusammengerechnet, was das alles gekostet hat. Bin, flott überschlagen, auf zwanzigtausend Euro gekommen, obwohl das garantiert zu wenig ist, meine Frau kauft schließlich nicht bei H&M ein. Alles italienische Ware, im Internet gekauft, nehme ich an. Dazu kommen Spielsachen für meinen Sohn, ein Lego-Set um achthundert Euro! Als ich mich aufgeregt habe … Spielzeug für einen Siebenjährigen, das für einen Sechzehnjährigen gedacht ist? Sie sagte, das fördert seine Intelligenz, außerdem ist es eine Wertanlage.«

»Zeigst du mir das Teil? Das interessiert mich.«

»Es ist der Millenniums-Falke«, sagte er, »mein Sohn hat ihn noch gar nicht ausgepackt. Ich glaube, er fürchtet sich davor. Stell dir vor, das Teil besteht aus 7.541 Teilen, allein die Gebrauchsanleitung hat beinahe hundert Seiten. Er tut mir so leid, mein Kleiner, ist total überfordert. Obwohl er überdurchschnittlich geschickt ist, aber dieses Teil allein zusammenzubauen … Er hat ja schon einiges von *Star Wars* zusammengebaut, aber das da …«

»Weißt du was, das bauen wir zwei jetzt zusammen. Erst hole ich eine Flasche Wein, und dann geht's los.«

»Eine Flasche Wein wird nicht genügen«, sagte der Freund.

Sie bauten und tranken, vergaßen die Nacht und den Tag, und schließlich schliefen die beiden inmitten der Legoteile ein.

45 Zwei Witwen

Ihre Männer waren knapp hintereinander verstorben, Herzinfarkt, beide. Die Witwen trauerten und trafen einander gelegentlich.

»Sind wir nicht Zwillinge in fast allem?«

»Und waren es unsere Männer nicht auch?«

»Soll denn unser Leben jetzt ebenfalls zu Ende sein?«, sagte Felicitas, und Imelda zuckte mit den Schultern.

»Zuck nicht mit den Schultern«, sagte Felicitas, »unser Leben beginnt neu.«

Die beiden Witwen hatten Kinder, die schon ausgezogen waren, sie wohnten also allein. Sie waren durch ihre Männer wohlhabend, hatten also Spielraum – für Abenteuer.

»Aber so knapp nach ihrem Tod«, sagte Imelda, »das könnte uns falsch ausgelegt werden.«

»Merke dir«, dies die Antwort von Felicitas, laut und überzeugend, »wir sind niemandem Rechenschaft schuldig, und trauern können wir auch, indem wir fröhlich sind. Das geht.«

Also flogen die beiden nach NY, nächtigten in einem guten Hotel, und nach dem Frühstück studierten sie den Stadtplan.

Felicitas, die Mutige, sagte, wie immer mit Nachdruck: »Wir dürfen uns nicht wie Touristen benehmen, ich schlage vor, wir fahren mit dem Bus in Stadtteile, wo auch keine Taxis mehr hinfahren, wir sehen uns einfach alles an.« Sie war mit ihrem Mann schon ein paar Mal in NY gewesen, ihr Englisch war relativ gut. Imelda dagegen improvisierte.

»Wichtig also«, sagte Felicitas, »wir dürfen uns nicht kleiden wie Touristinnen.«

So zogen sie sich an wie Missionarinnen, langer Rock, adrette Bluse, schwere Schuhe, graue Strümpfe. Sie fuhren tief nach Harlem hinein, schwarze Frauen stiegen zu, die hatten pompöse Kopfbedeckungen und rochen nach scharfem Parfum. Je weiter sie in die ominösen Stadtbezirke eindrangen, umso ärmlicher sah es aus, am Ende waren die beiden die einzigen Weißen.

Prompt fragte eine schwarze Frau:»Are you missionaries?«

Die Witwen nickten eifrig. Sie wurden eingeladen, eine Messe zu besuchen.

In der Kirche wurde gesungen und getanzt, die Witwen bewegten sich erst verhalten, dann ließen sie, wie Felicitas ihrer Freundin ins Ohr flüsterte,»die Sau raus«. Sie verdrehten sich und sangen mit, und als Essen gereicht wurde, aßen sie und fühlten sich heimisch und, hungrig, wie sie waren, erlöst.

Ihre nächste Reise mit dem NY-Bus brachte sie tief hinein in die Bronx. Sie schauten aus dem Fenster auf die abgefackelten Häuser. Schüler stiegen ein, und einer spielte mit seinem Butterfly-Messer. Imelda wurde es unbehaglich, Felicitas genauso, aber sie gab die Souveräne. Nichts passierte, nichts war passiert. Am Abend aßen sie in einem afrikanischen Restaurant, wieder waren sie die einzigen Weißen. Das Essen schmeckte scheußlich, der Wein war schwer, sie taten zufrieden. Sie waren das Trinken nicht gewohnt und waren besoffen, als sie auf die Straße traten.

Da sagte Imelda, die Ängstliche:»Würdest du dich trauen, dich auf die Straße zu legen und abzuwarten, was geschieht, ob du überfahren oder ob du gerettet wirst?«

»Du spinnst«, sagte Felicitas, und schon lag Imelda quer über der Straße, den langen Rock eng um ihren Körper geschlungen, die Arme weit ausgebreitet.

»Du riskierst, überfahren zu werden«, rief Felicitas.

»Das ist mir eine Wette wert«, sagte Imelda.

Felicitas stellte sich an den Straßenrand und winkte heftig einem heranfahrenden Auto.

Der Fahrer hielt nicht und überrollte Imelda.

46   Der Körper ist der Idiot der Seele

Die Frau saß auf der Treppe und fädelte neue Bänder in ihre Joggingschuhe. Der Mann stand über ihr und sagte:»Der Körper ist der Idiot der Seele.« Die Frau hielt inne und schaute ihn an:»Ist das ein Zitat?«
»Von mir«, sagte der Mann.»Aber frag nicht, was ich damit meine, ich weiß es nämlich nicht.«

»Und warum ist dir gerade jetzt dieser Satz eingefallen? Weil ich gerade jetzt in meine gewaschenen Joggingschuhe, die wie neu aussehen, neue Schnürsenkel einspanne? Soll das heißen, dass du meinen Sport für überflüssig hältst?«

Sie hatte schon beim Reden bemerkt, wie der Ärger in ihr hochstieg, es gab dafür gar keinen Grund, aber manchmal ist das einfach so.

Der Mann spürte, wie ungehalten sie war, und tröstete sie:»Es ist nur ein Satz, weiter nichts, vergiss ihn.«

»Ich soll diesen Satz, den ich nicht vergessen kann, vergessen? Du solltest dir einfach vorher überlegen, was du sagst. Ich zwinge mich oft zum Joggen, ich mache das, weil ich nicht zunehmen will, und du weißt, wie schwer mir das alles fällt. Und ich mache das auch wegen dir.«

»Das glaube ich nicht«, sagte der Mann.»Schön sein will man wegen sich selber. Kein Zitat, kommt auch von dir.«

Die Frau war fertig mit den Schuhen, sie gab die neuen Sohlen hinein, roch daran und stellte sie ins Schuhregal.

»Komm, trink mit mir eine Tasse Kaffee«, bat der Mann. Er deckte ihre Lieblingstasse auf, legte zwei von ihren Lieblingskeksen auf den Teller, für sich nahm er nur Kaffee.

Die Frau setzte sich an den Tisch, legte die Schokoladenkekse auf seinen Teller und trank den Kaffee, ohne abzusetzen, dann stand sie auf.

»Kein Gespräch?«, fragte der Mann.

»Worüber soll ich mit einem Philosophen, der den Körper für unwichtig hält, reden«, sagte sie.

Sie lief aus der Küche und telefonierte mit ihrer Freundin. Die kam gerade vom Yoga.

»Einfach himmlisch«, sagte sie, »das musst du unbedingt auch machen, ich fühle mich leicht wie Staub. Du weißt, mein Problem ist die Konzentration, mein Geist ist so schwer zu zügeln wie der Wind, aber mit Yoga schaffe ich das.«

Die Frau glaubte ihr kein Wort. – »Himmlisch.« – »Schwer zu zügeln.« – »Wie der Wind.« – Zu welchem Ziel musste sich die Freundin konzentrieren? Sie war kein Geistesmensch.

Beim Wort »Geistesmensch« erschrak sie und kam sich schäbig vor. Ich bin Hausfrau wie meine Freundin, beide wollen wir nicht fett werden und betreiben deshalb Sport. Vielleicht wäre Yoga wirklich ideal, auch für mich, vielleicht würde ich meine Reizbarkeit damit besiegen.

Sie ließ sich den Satz ihres Mannes noch einmal durch den Kopf gehen und nahm sich vor, etwas für ihre Seele zu tun. Aber was? Himmel, was!

47 Was der Mann mir erzählt

Er sitzt mir gegenüber, sein Gesicht ist zerfurcht und grau, die Hände liegen auf dem Tisch. Er wollte, dass wir uns in einem Gastgarten treffen, damit er rauchen kann. Er muss viel rauchen, um seine Hände zu beschäftigen. Er könne auch besser denken, wenn er raucht. Er erinnert sich. Vor zwei Jahren hat er mit dem Trinken aufgehört, nach vielen gescheiterten Versuchen. Wurde dann an einen Psychiater verwiesen, der ihm schwierige Aufgaben stellte. Er sollte seine Sünden an den dazu passenden Orten abbüßen ...

»Sünden?«, fragte ich. »Sagte er wirklich Sünden?«

Der Psychiater hatte ein anderes Wort verwendet, der Mann aber hatte »Sünde« herausgehört. Er sagte, wenn man trocken ist, wird man empfindlich wie eine Raupe, bevor sie zum Schmetterling wird. »Ich befand mich in der Vorhölle. Ich musste mich mehrmals häuten.«

Er habe sich nach zwanzig Jahren Alkoholismus schon so weit von der Gesellschaft entfernt gehabt, dass er sich nur mehr am Rand bewegte. Am Rand entlang. Am Abgrund entlang. Seine vielen Bekanntschaften mit Frauen hielten meistens nur eine Nacht.

Die erste Station seiner Buße führte ihn in einen Supermarkt. Dort hatte er ein Jahr lang jeden Morgen aus den Kisten Butter gestohlen und in seinem Rucksack verstaut. Für die Butter fand er Abnehmer, die bar den halben Preis bezahlten. So hatte er Geld, um einen Tag durchzusaufen. Am frühen Nachmittag überfiel ihn die Schläfrigkeit, und er ließ sich auf sein schäbiges Bett in seinem schäbigen Zimmer fallen, nur war ihm gar nicht bewusst, wie schäbig das alles war.

Der Weg in den Supermarkt fiel ihm schwer. Er kannte den Geschäftsführer vom Sehen und dachte sich, er wird mich auch kennen, was stimmte. Er entschuldigte sich, schämte sich, seine Überwindung war riesig, dann aber merkte er, dass der Geschäftsführer noch viel verlegener war. Sein Gesicht war vergittert. Er sagte nur: »Wir vergessen es.«

Der Mann aber wollte eine Verzeihung mit Handschlag und erwirkte es mit Bitten. Der Geschäftsführer schlug die Augen nieder und nahm die Entschuldigung an.

Eine weitere Station seiner Buße sollte die Wachstube bei der Polizei sein. Dort hatte er einmal alles kurz und klein geschlagen und wurde dann in Gewahrsam genommen. Diese Reue wollte der Mann nicht vollziehen, er sagte, schließlich habe er abgebüßt und sein Stolz verbiete ihm, noch einmal vorzusprechen. Der Psychiater wendete eine ganze Sitzung auf, um ihn davon zu überzeugen.

»Was ist das für ein Stolz?«, hatte er gesagt.

Der Mann wusste daraufhin keine Antwort.

48 Der Lastwagenfahrer

Da war ein Lastwagen, und der streikte. Der Fahrer kroch unter das schwere Gefährt, um den Fehler zu finden. Man sah nur seine Beine. Eine junge Frau mit zwei Kleinkindern an der Hand ging an ihm vorbei. Die Kinder wollten den Kopf des Fahrers sehen. Sie bückten sich unter den Lastwagen und riefen, er solle herauskommen. Sie zerrten an der Mutter. Die mahnte die Kinder. Ihre Stimme, fand der Mann, klang angenehm in seinen Ohren. Er kroch hervor, stellte sich aufrecht, rieb die Hände an seiner Brust und grüßte, erst die Frau, dann die Kinder. Sein Hemd war ölverschmiert. Die Frau musterte ihn. Er fand sie ziemlich süß, fast ein Mädchen mit gezopften Haaren und kurzem Rock.

Sie fragte, ob er mit ihr einen Kaffee trinken wolle, bei ihr zu Hause, sie nämlich habe Lust auf einen Kaffee. Der Mann begleitete sie. Bei ihr zu Hause dann fiel ihm auf, dass die Frau oft auf die Uhr schaute. Die Kinder saßen bereits auf seinem Schoß, seine Beine hüpften mit ihnen auf und ab. Er brummte wie sein Lastwagen, bremste wie sein Lastwagen, beschleunigte und überholte. Dabei hob er seine Stimme, und sie klang wie eine Sirene.

Da sagte die Frau: »Wenn ich jetzt zwei, drei Stündchen weggehe, könnte ich die Kinder bei Ihnen lassen?« Der Mann nämlich hatte, wie die Frau fand, ein gutmütiges Gesicht, das sie an den Pfarrer erinnerte, und sie vertraute ihm.

Der Mann sagte ja, obwohl er sich wunderte und eigentlich keine Zeit hatte. Er suchte nach Gegenständen, die auf einen Ehemann schließen ließen, fand aber keine. Er sagte fragend zu den Kindern: »Wo ist euer Papa?« Aber sie schauten nur ungläubig. Anzunehmen, dass ihnen keiner in Erinnerung ist, dachte der Mann und malte sich aus, wie es sein könnte, käme die Frau nach Hause und würde anstelle der Kinder auf seinem Schoß sitzen. Er kochte Milchreis, das Mädchen brachte ihm Brombeermarmelade.

In diesen Stunden lag die junge Frau mit einem Mann im Bett. Für den war sie nur ein Abenteuer, und sie fing bereits an, ihm auf die Nerven zu gehen, nämlich weil sie viel von ihren Kindern sprach und wie schön es wäre, für sie einen Vater zu haben.

Am Abend zu Hause bedankte sie sich bei dem Fremden für seine Hilfe, die Kinder wollten nicht, dass er weggeht. »Er kann doch bei uns schlafen, Mama, er kann bei dir im Bett schlafen, da haben zwei Platz.«

Der Fremde verabschiedete sich, und als sein Wagen wieder fahrtüchtig war, fuhr er auf die Autobahn. Er dachte an die beiden Kinder und nahm sich vor, eine eigene Familie zu gründen. Das konnte doch nicht so schwer sein, und er war noch nicht fünfzig.

49 Ewiges Leben

»Haben Hunde ein ewiges Leben?«, fragte Frida. Da war sie gerade in der ersten Klasse und schrieb das B verkehrt herum. Ihr Hund war unheilbar krank, und der Arzt wollte ihn einschläfern. Eine Woche Wartezeit erbat sich Frida. Sie wurde auch krank, nämlich vor lauter Kummer, und sie wollte nicht weiterleben ohne ihren Hund. Sie bildete sich ein, sie wäre sterbenskrank, bekam tatsächlich hohes Fieber, Halsweh, eben eine Grippe.

»Wenn ich vor dem Hund sterben muss«, sagte sie im Fieber, »würde ich wollen, dass er nachkommt. Zu den Toten würde ich sagen: Ich komme. Und zu den Lebenden: Bringt mir meinen Hund mit, wenn ihr gestorben seid! Geht das? Darf man das dann?«

Die Fragen können nicht beantwortet werden und hängen stumm in der Luft.

Frida fühlte sich immer noch sterbenskrank. Sie wollte, dass ihr Hund auf dem Bettvorleger liegt, dass sie ihn noch atmen hören könnte. Manchmal griff sie mit ihrer heißen Hand auf sein Fell und summte leise. Sie flüsterte, sie wolle gemeinsam mit ihm sterben. Ich tröstete sie und sagte ihr, dass sie noch lange leben wird, länger als ein Hund, ein Mensch wird immer älter werden als ein Hund, es sei denn, dass ein Unglück geschieht.

»Eben«, sagte Frida, »an ein Unglück habe ich gedacht. Aber könnte nicht auch ein Wunder geschehen?«

Was sollte ich sagen?

Sie jammerte: »Das kommt, weil wir nie in die Kirche gehen und nicht beten.«

Ihr Hund wurde eingeschläfert, und Frida war erschüttert. Tief, tief erschüttert. Mehr, als wenn ein fremder Mensch gestorben wäre. Sie drückte ihre Fäuste auf die Augen, und durch die Fäuste tropften Tränen. Sie versteckte sich, und die längste Zeit fand ich sie nicht.

Schließlich, als ich Wäsche aus der Waschmaschine holen wollte, sah ich sie. Sie saß mit einem dicken Kissen im Arm auf der Waschmaschine. »Es ist gut, wenn der Schleudergang kommt«, sagte Frida, »da wackelt es, und ich fühle mich lebendig.«

»Etwas war dem Hund im Bauch geplatzt, er sollte keine Schmerzen haben, und deshalb schläferte man ihn ein«, sagte ich.

Was »etwas« sei, wollte Frida wissen. Ich sagte ihr, das sei jetzt nicht mehr wichtig, weil es keine Rolle mehr spielt. So ein dummer Ausdruck, dachte ich – »keine Rolle mehr spielt« –, als wäre der Tierdarm ein Schauspieler.

Der Hund kam in die Tierkörperverwertungsanlage. Frida wollte nicht, dass ihr Hund verwertet wird. Ihr Bruder fotografierte die Hundeleiche mit seinem Handy, druckte das Foto aus und gab es Frida verkehrt herum in die Hand, damit es aussah, als stehe der Hund auf zwei Beinen, mit geschlossenen Augen und herabhängenden Tatzen.

Herzflimmern danach bei Frida. Zum Glück nur kurz.

Es waren zwei Kinder, Vater und Mutter, eine Familie wie kaputte Zähne. Die Eltern tranken Wodka, den billigsten, als wäre er Brunnenwasser. Sie lagen auf dem Sofa, unter ihnen Kleiderhaufen. Das Mädchen Miriam war sieben, ihr Bruder drei Jahre alt. Sie nannte ihn Bendel, warum gerade Bendel, einfach so. Für den Geruch finde ich kein passendes Wort. Suchte Miriam nach Wäsche für Bendel, wälzte sie die Mutter an die Wand. Die murrte, schlief aber gleich wieder ein. Bendel war ein Hosenscheißer, es war ein Gestank und ein Jammer. Manchmal war das Auswaschen von so viel Dreck einfach zu viel für Miriam, und sie warf Bendels Hosen in den Müll. Wenig Geld war da. Am Dienstag kam die Fürsorgefrau immer um die ähnliche Zeit, da setzte sich der Vater schon am Vormittag mit Wodka in einer Milchflasche auf den Spielplatz, und man konnte sagen, er sei auf dem Arbeitsamt. Es war der einzige Tag in der Woche, an dem die Mutter ziemlich viel Brot aß und weniger Wodka trank. Am Montag schon war geputzt worden. Das heißt, die Wäsche wurde, ob schwarz oder weiß, in die Waschmaschine gestopft und mit Haarshampoo gewaschen, nämlich weil das so gut roch. Leider schäumte es oft, aber das sah gerade nach mehr Sauberkeit aus. Am Montag auch kaufte die Mutter im Billigladen Schnittblumen aus Afrika, die stellte sie in zwei goldenen Vasen auf den Tisch. Wodka kaufte sie. Am Montag auch entsorgte die Mutter einen Haufen leere Wodkaflaschen. Sie beförderte die Flaschen im Kinderwagen. Dienstagmorgen war die einzige Zeit, in der die Mutter Miriam an ihre knochige Brust drückte und sie über den Klee lobte. Dabei schluchzte sie, und ihr Oberkörper war eine Maschine mit Auf- und Abbewegung. Miriam schluchzte nicht. Es war lästig, sie hatte in der linken Hand ja den Besen und musste gleich weiterkehren. Am Montagvormittag beeilte sich Miriam auf dem Schulweg, sie drehte sich einmal um und sah ihren Vater. Auf keinen Fall wollte sie mit ihm gesehen werden. Er rief ihren Namen, und sie rannte. Die Lehrerin hatte Miriam zu ihrem Liebling auserkoren, jeden Tag brachte sie ihr eine feine Jause mit, die Hälfte davon aß Miriam, die andere brachte sie Bendel mit. Sie hatte Bendel wie jeden Morgen vor der Schule frisch gemacht und gefüttert. Er hatte einen Hungerbauch, wog gerade sieben Kilo und brachte nur Vorgekautes hinunter. Miriam kaute ihm vor, Bendel war ihr Tierchen. Miriam hoffte wie jeden Montag, ihre Mutter würde den Boden glänzen. Steh nur auf einem Wolllumpen, wenn du gehst, und dann glänzt es, hatte Miriam ihr befohlen. Ja, befohlen, denn befahl man der Mutter nicht, geschah nichts, überhaupt nichts. Heute würde sie der Mutter die ganze Nussschnecke mitbringen, aber nur, wenn geglänzt sein würde.

Die Fürsorgefrau war die mit den bunten Leggings und darüber dem kurzen Stretchrock. Sie hatte nie viel Zeit. Saß am Küchentisch, ließ die Mutter unterschreiben, gab ihr das Geld und ging dann wieder. Sie schaute Bendel nicht einmal an.

51 Du suchst den Bären und stehst vor ihm

Als die Zwillinge noch im Bauch der Bärin waren, hatten sie es gut. Sie hielten sich an den weichen Krallen fest und wollten niemals voneinander getrennt werden. Als dann die Niederkunft gekommen war, sperrten sich die Zwillinge gegen das Bauchfell und bereiteten der Bärenmutter große Schmerzen, so dass sie nach der Geburt verstarb.

Der Vater war darüber so traurig, dass er aus Versehen den Honigtopf umleerte, den er mit viel Mühe für seine Frau aufgespart hatte. Gleich nach der Geburt wollte er sie davon schlecken lassen. Die blutigen Bären lagen neben der Mutter und schrien. Der Vater löste sie von der Nabelschnur und setzte seine Zwillinge mit der Schnauze auf den versickernden Honig. Selber dann leckte er gierig Süßes vom Boden, alles, was noch übrig geblieben war.

Bald standen die Zwillinge auf eigenen Pfoten, und der Hunger plagte sie. Der Vater ließ sie in einer bemoosten Höhle zurück und ging auf die Jagd. Er hatte sich vorgenommen, gut für seine Kinder zu sorgen. Erst fraß er zwei Nachtarbeiter, die gerade aus der Möbelfabrik kamen, Vater und Sohn, und als sein eigener Hunger gestillt war, konzentrierte er sich auf Hühner. Er riss aber auch Kälber und schleppte, was er schleppen konnte.

In seiner Abwesenheit schlich ein Jäger zu der Höhle und schoss auf das Bärenmädchen, gleich legte er erneut an, um auch den Bärenjungen zu töten, der aber bäumte sich auf, und jeder weiß, wie schnell Bären laufen können, und mögen sie auch noch so klein sein, er lief so lange, bis er den Jäger, einen Stinkenden mit Vollbart, eingeholt hatte, er riss ihm durch die Kleider die Brust auf und verschlang sein Herz. Das Übrige ließ er liegen. Er fand nicht gleich in die Höhle zurück.

Was dann der arme Vater vorfand, als er die Höhle betrat, war entsetzlich. In zwei Teile geteilt lag das Bärenmädchen da, mitten durchgeschossen. Wie war das möglich? Es sah aus, als wäre es für ein Festessen vorbereitet worden.

»Erbarmt sich denn keiner!«, jammerte der Vater.

Da sagte eine Stimme über den Wolken: »Geh und besorge dir saubere Tücher, einen starken Faden und eine Nadel mit großer Öse. Du sollst mit ruhiger Hand die offenen Stellen der Bärenteile zusammenfügen. Mach aus einer Toten zwei Lebende. Dann hast du zwei. Und mit dem Buben sogar drei.«

Dies alles geschah.

Die Teile wuchsen zu kleinen Bären heran. Sie waren jetzt wieder eine vierköpfige Familie, wie zu der Zeit, als die Bärenmutter noch lebte. Es gab reichlich zu fressen, weil der Bärenvater gute Plätze wusste, wo Fleisch zu organisieren war. Manchmal strömte ein schrecklicher Gestank in die Mooshöhle, das war, wenn der Wind sich gedreht hatte, und es kam von den Leichenteilen des Stinkenden. So zog die Bärenfamilie an einen anderen Ort. Und sie lebten glücklich, alle miteinander, die zwei Mädchenhälften, der Bub und der Vater. Aber nicht alle bis zu ihrem natürlichen Ende.

Der Bärenvater würde eines gewaltsamen Todes sterben, bald nachdem er seine drei Kinder alles Gute und Kluge gelehrt hatte. Seine Kinder dann würden ein Schrecken sein für die Menschen in dieser Gegend. Jäger würden ausgeschickt.

Es gab einen Mann, der kam aus einer bedürftigen Familie. Sie wohnte in einer Hütte, zusammen mit zwei Hasen und einer mageren Katze. Der Vater war früh verstorben. Die fünf Kinder und die Mutter lebten von der Halbwaisen- und der Witwenrente. Es kam vor, dass Leute aus der Nachbarschaft sich ihrer erbarmten und am Sonntag die Reste vom Festmahl auf einem Porzellanteller vor ihre Tür legten. Das war dann jedes Mal ein Gerangel, und der Stärkste der Geschwister bekam am meisten ab, dafür musste er den Teller gewaschen zurückbringen und sich mit einer Verbeugung bedanken. Andreas, der Kleinste, putzte mit seinen Fingern die Reste vom Teller, wenn er Glück hatte, war etwas von Torte verschmiert. Andreas' lange Haare waren das Schönste in der ganzen Familie, auch waren sie schöner als die seiner zwei Schwestern, lockig und dicht von einer glänzend braunen Farbe.

Je älter Andreas wurde, umso mehr war er sich seiner schönen Haare bewusst, er kämmte sie eifrig, stellte sich in die Sonne und warf sie theatralisch in den Nacken, sobald ihm ein wichtiger Mensch unter die Augen trat. Es gab einen Frisör, der für diese Pracht einiges gezahlt hätte, aber Andreas wehrte ab. Einmal in der Nacht hatte der Frisör seinen Gesellen mit einer Schere losgeschickt, mit der sollte er Andreas' Haare abschneiden, wenn dieser schlief. Die lockigen Haare hatte die vornehmste Dame für eine Perücke bestellt.

Das Vorhaben misslang, der Geselle wurde von Andreas in die Hand gebissen, so tief, dass es eine Blutvergiftung auslöste, an der der Geselle verstarb. Der Frisör war sich sicher, das kam von dem verunreinigten Elendsmund.

Als Andreas zu einem Mann heranwuchs – sein Körper war immer noch schmächtig, seine Haare schöner denn je –, hatte er die fixe Idee, eine reiche Frau zu heiraten, sehr reich sollte sie sein, damit das Elend endlich ein Ende fände. Es kam nicht nach seiner Vorstellung, weil er sich in ein Mädchen verliebte, das sehr ansehnlich war, leider besaß sie nichts. Die Liebesnächte waren innig für beide, sie lag auf seinen Haaren, die er wie einen Teppich auf dem Kissen ausgebreitet hatte. Andreas versuchte, seine Liebste davon zu überzeugen, dass er eine reiche Frau heiraten müsse, dann könnten sie es herrlich haben, allerdings nur heimlich. Das beleidigte das Mädchen, und sie wollte mit Andreas nichts mehr im Sinn haben.

Die Frau, die Andreas dann ehelichte, war überaus reich, ihre Eltern schockiert über den armen Bräutigam. Sie stellten ihm eine Bedingung: Er müsse sich die Haare abschneiden, um wie ein ordentlicher Herr auszusehen. Das tat er dann auch. Der Frisör zahlte ihm einen ordentlichen Preis. Aus den Haaren wurde eine Perücke gefertigt, und die trug Andreas' reiche Frau, wenn sie unter die Leute ging. Er rächte sich auf seine Weise dafür mit hohen Ausgaben für schnelle Autos und einem heimlich sündigen Lebenswandel.

Schreibe ich von der Frau, die sich den Plastiksack über den Kopf gezogen hat, weil sie nicht mehr leben wollte, kann es sein, dass ich eine Notiz darüber gelesen habe, oder aber, dass ich die Geschichte einfach erfinde.

Aber ich würde von der armen Frau, die sterben wollte, ihr Leben nicht kennen.

Die arme Frau war krank, und ihr wurde mitgeteilt, sie habe noch drei Monate zu leben. Wie sollte sie diese drei Monate hinter sich bringen? Fromm werden, was sie nie war? Keinem davon erzählen? Den engsten Freunden davon erzählen? Sie räumte auf. Alles Geschriebene vernichtete sie, wollte doch nicht, dass jemand die Briefe an ihren Liebhaber fände. Den, der schon gestorben war. Vielleicht würde sie ihn ja wiedersehen. Wäre es dann so schlimm zu sterben? Immerhin hatten sie es gut miteinander gehabt. Sie ordnete ihre Garderobe, stapelte sie in Türmchen auf und heftete daran Zettel mit Namen. Sie besaß viele schöne Dinge. Schmuck legte sie dazu, Taschen, und was an Geld da war, verteilte sie unter den Türmchen. Die Sparbücher steckte sie in ein Kuvert und schrieb den Namen ihres Sohnes darauf.

Sie wünschte sich ein stilles Begräbnis, aber doch mit den letzten Rosen, die sie immer geliebt hatte, weil sie stark dufteten. Dann ging sie in die Speisekammer, rollte von den festen Plastiksäcken zehn Stück herunter, steckte sie ineinander und machte eine kurze Probe. Sie waren groß genug. Sie nahm aus der Nähschatulle ein starkes Gummiband. Aus dem Medikamentenschrank holte sie Schlaftabletten, löste sie in Holdersaft auf, ging ins Schlafzimmer, legte sich auf die tannengrüne Tagesdecke, wartete eine halbe Stunde, sah dabei auf die Uhr. Sie bat um Verzeihung, sah dabei zur Decke, stülpte sich den Plastiksack über den Kopf und band ihn zu. Gleich holte sie die Panik, sie riss den Sack vom Gummiband, vom Kopf. Sie rollte vom Bett, fand endlich das Handy und rief die Rettung. Sie schämte sich so sehr.

54　Der Bergkristall

Zum Zeichen seiner Liebe schenkte er ihr den Bergkristall, er würde sie vor schädlichen Strahlen bewahren, ihre Migräne lindern und ihre Leber reinigen. Sie hielt nichts von heiligen Steinen, aber seine Bekundung machte sie glücklich, weil sie den Mann liebte. Sie zog in sein Elternhaus, von Kindern wurde gesprochen und einer Zukunft. Die Eltern des Mannes waren esoterisch erleuchtet, überall lagen Steine in der Wohnung herum, die Heil bringen sollten, das befremdete die Frau, sie ließ sich aber nichts anmerken. Sie hielt sich auch zurück, als ihre zukünftigen Schwiegereltern ihre neue Mercedes A-Klasse abstießen, weil sie überzeugt waren, dass sich darin böse Geister aufhalten.

Sie tat alles für diesen Mann, später sagte sie dazu, sie sei devot gewesen und sie würde sich dafür verachten. Weil er arbeitslos war, schrieb sie seine Bewerbungen, sie war klüger als er, sie lernte mit ihm Englisch und versuchte, ihn von seiner Sucht zu befreien.

Nach drei Jahren sagte der Mann zu ihr, es sei jetzt Schluss, er habe eine neue Frau kennengelernt, der er gleich einen Bergkristall schenkte. Der Guru, bei dem sich die gesamte Familie Tipps geben ließ, gab ihnen viele und verlangte viel dafür.

Die Frau konnte es nicht verkraften, dass der Mann sie durch eine andere ersetzt hatte. Sie zog wieder zu ihren Eltern und weinte die Nacht durch, bis in den Morgen hinein. Da war ihr Gesicht angeschwollen, und so konnte sie schlecht zur Arbeit gehen. Nie hat ein Mensch um einen anderen so geweint, dachte sie sich, als sie wieder ihr Kopfkissen nass fand. Nie mehr würde sie jemandem so nahe sein. Sie hatte ihm so gern beim Schlafen zugesehen, seinen schönen Kopf angeschaut und war stolz gewesen, dass das ihr Mann war.

Ihre Freunde sagten, sei froh, dass du ihn los bist, vergaßen, dass sie sich einmal nichts Besseres für sie hatten vorstellen können. Das war vorbei. Sie sagten, stell dir nur einmal vor, wie viele Bergkristalle er verschenkt hat seit seinem fünfzehnten Lebensjahr, denn ab diesem Zeitpunkt war er nie mehr ohne Freundin gewesen.

Kann man eine Verzweifelte trösten? Man kann ihr raten, sich zu besinnen, keinen Alkohol zum Vergessen mehr zu trinken, die Arbeiten zu erledigen, sich die Haare zu waschen, sich wieder hübsch herzurichten – denn sie war hübsch.

Jeder hatte sich gedacht, dass die Frau selbstbewusst sei, das Gegenteil war jetzt der Fall. Sie erzählte, einmal als der Mann mit ihr schlafen wollte, habe sie es nicht zugelassen, nicht weil sie so schüchtern war, wie er es auslegte, sondern weil sie Angst gehabt hatte, er könnte ihre unrasierten Beine sehen. Sie brauchte dringend eine Pyjamahose.

55 Wie das einmal gewesen war

Wie das einmal gewesen war, vor gar nicht so langer Zeit. Er war stolz auf seine Konzentration, auf sein geregeltes Leben gewesen, es war ohne jeden Firlefanz, keine unnötigen Bekanntschaften hatte er gepflegt, bei denen man sich beinahe zerreißt, alles war nur Sinn und Zweck gewesen.

Und jetzt sah er sich im Keller stehen, vor dem Tiefkühlschrank. Verzweifelt dachte er nach, warum er hier stand. Wollte er sich etwas zum Auftauen holen, ein Essen zubereiten? Seine Frau, die ihn in seinem Leben nie gestört hatte, die ihn begleitet hatte, ohne selber etwas zu wollen, war vor zwei Jahren gestorben. Ja, er vermisste sie. Er merkte erst jetzt, wie sehr sie zu seinem guten Leben beigetragen hatte. Und dann will er seine Schuhe binden, er weiß nicht mehr, wie eine Schleife funktioniert. Was ist los mit ihm? Herrgott! Beginnt mein Hirn sich zu zerfressen? Habe ich Maden in meinem Hirn? Er kam die Treppen zum Keller herauf in die Küche und ließ sich auf einen Stuhl fallen. Weiß ich, ob ich Hunger habe, will ich etwas trinken?

Er verließ das Haus, da war es noch nicht hell und regennass auf den Straßen. Er trug seinen besten Anzug, seine Krawatte hatte er weggelassen, weil er den Knoten nicht zustande brachte, er hatte Stiefel angezogen, die waren nur zum Hineinschlüpfen und bedurften keines Gedankens. Er kaute an einem Stück altem Schwarzbrot. Er ging und ging, erst gerade auf asphaltierten Straßen, über Schotter, auf Wiesen, bergauf, steil bergauf. Auf einer Seite ging es steil hinunter, auf der anderen war es felsig. Er hielt sich mit beiden Händen am Stein und führte seinen Weg fort. Welchen Weg denn, welches Ziel? Kein Mensch begegnete ihm, er sah eine tote Maus daliegen, zwei Alpensalamander wälzten sich, eine Katze rannte ihm über die Stiefel. Wirklich eine Katze, eine, die fortgejagt worden war und die jetzt wild war? Tollwütig?

Er ließ sich auf die Erde nieder und lehnte am Felsen, sah in den Abgrund. Es war ganz still. Warum zwitscherten keine Vögel? Es war warm und sicher schon nach Mittag. Ja, doch, es zwitscherte ein Vogel, erst jetzt nahm er es wahr. Aber keiner seiner Art antwortete ihm. Was ist mit mir? Was ist mit mir?, dachte sich der Mann im Anzug. Er erhob sich, wanderte weiter, unterdrückte ein starkes Hungergefühl, sein Magen schmerzte, er hätte trinken sollen. Sein Mund war trocken, seine Zunge wie ein Stück Holz. Er wunderte sich über seine Ausdauer, wanderte weiter, tatsächlich bis zu einem Gipfelkreuz. Wie hieß dieser Berg? Was für Namen trugen die umliegenden Berge? Waren es Schweizer Berge? Er suchte eine weiche Stelle, sah Moos, ließ sich fallen, rollte auf die Seite und ließ sich den Hang hinunterrollen, wie damals als Bub.

56   Verschwörung

Als die Wörter sich nicht mehr so fügten, wie die Schriftstellerin es wollte, bekam sie Panik und dachte an eine Verschwörung. Sobald sie sich an ihren Schreibtisch setzte, fielen ihr nur banale Dinge ein. Da ging sie jedes Mal ins Schlafzimmer, legte sich auf ihr Bett und wartete auf eine Eingebung. Einmal schien ihr eine Idee gnädig, sie tippte und hörte gleichzeitig Radio, verwebte das Gehörte mit dem, was ihr gerade in den Kopf kam, und fand das ideal. Sie schrieb von einem Erdbeben und vom großen Regen, dem die Opfer ausgesetzt waren, weil sie nicht zurück in ihre Häuser durften. Sie nahm eine Frau an der Hand, weil diese so um ihre geerbte Kette weinte, und ging mit ihr verbotenerweise in das Haus. Gleich fand die Frau das geliebte Stück und legte es sich um den Hals. Das sahen dann die anderen Menschen, und sie rissen ihr die Kette vom Hals, es entwickelte sich eine bedrohliche Szene. Die Schriftstellerin wusste, dass sie daran schuld war. Sogleich legte sie die Kette wieder in das Haus zurück. Ein Ziegel hatte sich gelöst und war auf ihren Fuß gefallen. Sie blutete und hinkte an ihren Schreibtisch. Sie wollte am nächsten Tag zur Bank gehen und eine Einzahlung für die Erdbebenopfer tätigen. Sie holte Verbandszeug, um den Fuß zu verarzten, aber der hatte sich von selbst schon geheilt. Auf dem Weg zur Bank begegnete ihr ein Mann, der sie ansprach und von ihr eine Entschuldigung verlangte.

»Wofür?«, fragte die Schriftstellerin, sie wusste nicht, was sie getan hatte, der Mann aber sagte: »Du weißt ganz genau, wovon ich spreche. Du kannst es aber auch gutmachen, indem du mir einen Hunderter gibst, dann ist es vergessen.«

Die Schriftstellerin nahm in ihrer Verwirrung den Hunderter aus der Tasche, der für die Erdbebenopfer bestimmt war, und gab ihn dem Mann. »Der wäre für die Erdbebenopfer gewesen«, sagte sie. »Was soll ich jetzt machen?«

»Holen Sie einen neuen Hunderter, da gibt es sicher noch mehr.«

Die Schriftstellerin machte kehrt und holte einen zweiten Hunderter aus ihrer Schatulle, viel war nicht mehr darin. Am Eingang der Bank stand ein Kind und weinte, und die Schriftstellerin fragte: »Warum weinst du?« Da sagte das Kind: »Mein Vater hat mich losgeschickt, um Zigaretten zu holen, er hat mir einen Hunderter gegeben, und ich habe ihn verloren. Wenn ich jetzt ohne Geld und Zigaretten nach Hause komme, wird er mich totschlagen.«

»Doch nicht gleich totschlagen«, sagte die Schriftstellerin. »Übertreibst du nicht etwas?«

Das Kind konnte nicht sprechen, so sehr weinte es.

Da kaufte die Schriftstellerin Zigaretten und gab dem Kind das Restgeld. »Aber es wäre für die Erdbebenopfer gewesen«, sagte sie. »Was soll ich jetzt tun?«

57 *Ihr Tagebuch*

Lange Zeit hatte die Mutter es sich verboten, im Tagebuch der Tochter zu lesen. Immer wieder nahm sie es aus der Schublade, wendete es in ihren Händen, probierte das Schlüsselchen aus, es passte, schlug es auf, blätterte, ohne darin zu lesen. Sie wusste, es war nicht anständig, ein Versprechen zu brechen, sie hatte nämlich ihrer Tochter versprochen, es niemals aufzusperren, um darin zu lesen. Das war lange her. Die Tochter und ihr Sohn lebten nicht mehr zu Hause. Warum hatte die Tochter das Tagebuch nicht mitgenommen?

An einem Winterabend holte die Mutter ihre Lesebrille und las. Sie war allein, machte es sich auf dem Sofa gemütlich. Was es im Tagebuch zu lesen gab, war harmlos, Gedanken einer Jugendlichen, Beschwerden über Ungerechtigkeit, Liebesschwüre an den Kunstlehrer.

In der Mitte des Tagebuchs waren zwei Seiten rot eingefärbt und darauf stand mit schwarzem Filzstift:

»Jetzt ist es geschehen und nicht mehr rückgängig zu machen.«

Was war geschehen? Die Mutter schaute auf das Datum der Eintragung, versuchte zurückzurechnen und kam auf ein Alter ihrer Tochter von dreizehn Jahren. Ihr Bruder war zwei Jahre jünger. Die beiden hatten sich recht gut verstanden, waren viel unterwegs am See, im Wald. Sie versuchte sich zu erinnern, was um diese Zeit hätte geschehen sein können. Sie blätterte weiter. Auf der vorletzten Seite war eine Todesanzeige eingeklebt, es handelte sich um ihren Kunstlehrer, er war dreißig Jahre alt geworden. Sie konnte sich nicht erinnern, dass ihre Tochter je erzählt hätte, dass ihr Lehrer gestorben war. Hatte nicht irgendwann das Haus des Lehrers gebrannt?

Weiters erinnerte sie sich, wie ihre Kinder immer wieder im Spätherbst an den Fluss gingen und dort Schilf anzündeten, obwohl es bei Strafe verboten war. Einmal wurden sie erwischt. Dann war es lange still. Manchmal ein Zündholzfeuer mit Rauch. Nicht der Rede wert.

Die Mutter blätterte weiter.

Wieder ein Blatt eingefärbt, diesmal blau.

Da stand: »Wir haben es getan. Niemand denkt im Traum, dass wir es waren. Tanzen durch die Wiese und den Wald, mit rußigen Fingern ins Bett.«

Der Kunstlehrer war nicht zu Hause gewesen, hieß es. Leider seine zwei Katzen. Es hieß, der Kunstlehrer habe leichtsinnig seine Malutensilien aufbewahrt. Leinöl kann sich entzünden. Das predigte der Lehrer zwar in der Schule, selber ließ er seine Mallappen liegen.

Die Mutter schlug die Hände vor ihr Gesicht.

»Solange ich für dich nicht alles bin, bist du für mich nichts.«

»Was soll das heißen?«, sagte der Rechtsanwalt, der gewohnt war, zu lügen.

»Wir sind hier im Leben, Edgar, du bist nicht Tarzan, und ich bin nicht Jane.«

Er wusste es, sie wusste es. Sie machten sich etwas vor. So gern wären sie ein echtes Liebespaar gewesen. Aber sie waren es nicht. Er war verheiratet, sie wäre es gern gewesen. Sie war nur seine Sekretärin.

Eine Affäre war es auch nicht. Es war ja noch gar nichts gewesen. Ein Beginn. Nur Versprechungen. Ein Flirt. Sie müsste nur ihren Weekender packen und in sein Auto steigen. Einen Kleinwagen. Erst würde er für diesen Spaß eine Limousine mieten wollen, aber sie wäre dann doch zu kostspielig. Spiel war es keines. Außer ihrem Körper interessierte ihn noch ihr Humor. Ihre Phantasie. Sie konnte ihn von null auf hundert in einen anderen verwandeln. Er spürte, dass sie noch nicht zu allem bereit war. Leider. Sie hätte etwas Ernstes gewollt. Irgendwie hatte sie Angst, dass er seine Gewohnheiten nicht aufgeben würde, vor allen Dingen, weil es Kinder gab. Er hatte zwei, den Bub und den Säugling. Seine Gewohnheit war, immer wieder, wenn sie zusammen waren, seine Frau anzurufen.

Also was? Sich abseilen, so tun, als wäre nichts gewesen? Einen kleinen Ausflug mit dem Kleinwagen, Zungenküsse. Sie wollten beide nicht, dass es schäbig wird und noch schäbiger endet. In der Welt passiert so viel Scheiße. Bei ihnen nicht, weil noch nichts passiert war, nicht geschossen worden ist, niemand verhaftet wurde.

»Komm zurück zu mir«, sagte seine Frau. Simon hatte seinen fünften Geburtstag. »Du wolltest ihm doch einen Kran schenken. Ich hab ihn vorsorglich gekauft. Das Geld musst du mir zurückgeben, sonst stimmt meine Haushaltskasse nicht. Ich backe einen Marmorkuchen, mehr Weiß als Schokolade. Wenn du so lieb wärst und noch für das Sugo Hackfleisch mitbringst. Tomaten nehme ich aus der Dose. Wo setzt du deine Sekretärin ab? Sie ist hübsch, ich hab sie auf der Post getroffen. Ein paar Jahre jünger als ich, aber ich weiß, sie ist nicht dein Typ. Du bist nie auf Blonde abgefahren. Aber was, wenn die Haare nur gefärbt sind, und in Wirklichkeit ist sie eine Dunkle. Muss ich Angst haben? Wir haben den Bub und das Baby, schau dir das Foto an, es klebt an der Scheibe. Also beeil dich! Simons Freunde haben ihre Schuhe schon auf den Abstreifer gestellt. Drei Buben, ein Mädchen. So süß! Sie sitzen im Wohnzimmer und trinken Limonade. Vielleicht will deine Sekretärin ja auch ein Stück Kuchen. Bring sie mit! Dann kann sie sehen, wie wir es gemütlich haben. Meines Wissens ist sie eine Single, die Arme, in ihrem Alter.«

»Mama«, rief Simon, »die Limonade ist umgekippt, alles auf deinen heiligen Teppich. Yvonne wollte es nicht. Sie weint, bitte schimpf nicht! Sie sagt, ihre Mama würde zum Putzen Glasreiniger nehmen. Haben wir das?«

»Ich hatte Todesangst, spürte ein Engegefühl in der Brust, Atemnot, diesen Vernichtungsschmerz, Schweißausbruch, Übelkeit – ich war nicht mehr ich selbst.«

»*Broken-Heart-Syndrom*«, diagnostizierte der Arzt. »Sie können ein Unglück nicht ertragen.«

»Aber ich muss es ertragen!«, sagte die Frau. »Was bleibt mir anderes übrig? Ich muss weiterleben, obwohl mir das Liebste genommen wurde.«

»Ich schreibe Ihnen eine Adresse auf. Dort treffen sich Betroffene, solche, die Ihr Leid kennen. Die werden Ihnen helfen.«

»Das schaffe ich nicht«, sagte die Frau, »niemals schaffe ich es, vor Fremden meinen Kummer auszubreiten.«

»Nehmen Sie eine Begleitung mit, hören Sie einfach nur zu, wie Fremde erzählen, das allein wird Sie beruhigen.«

So ging die Frau mit ihrer Tochter zu der Adresse, ließ sich vorstellen, setzte sich auf den bereitgestellten Stuhl und legte ihre Hände in den Schoß. Die Tochter würde draußen warten, sollte sie gebraucht werden.

Gleich wurde die Tochter gerufen, denn als ein Mann sein Leid klagte, fiel die Frau von ihrem Stuhl. »Es war noch zu früh für dich, Mama«, sagte die Tochter. »Komm zu mir, bis du über den Berg bist, die Kinder werden dich ablenken.«

Zu ihrer Enkelin sagte die Frau: »Ich muss über den Berg, erst wenn ich wieder unten sein werde, habe ich es geschafft.«

»Über welchen Berg denn?«, fragte das Kind. »Kenne ich den, hat er einen Namen?«

»Es ist der Schicksalsberg, und der steht überall.«

»Nie davon gehört«, sagte die Enkelin. »Warst du schon einmal auf diesem Berg, Oma?«

»Ja, da war ich so alt wie du. Ich hatte eine Freundin mit dicken Zöpfen, der ich alles erzählte und sie mir auch. Ihr Stiefvater war eifersüchtig auf sie, und jedes Mal wenn ihre Mutter lieb zu ihr war, wurde er grob und strafte sie. Immer wenn er sie an ihren Zöpfen zerrte und ihr androhte, sie ihr vom Kopf zu reißen, floh sie aus dem Haus. Sie wollte Gefährliches tun, das Schicksal herausfordern. Sie stellte sich vor, würde sie tot sein, stünde der Stiefvater an ihrem Grab und würde sie um Verzeihung bitten. Sie schaukelte so hoch, dass sich die Schaukel überschlug und sie auf einen Stein fiel. Sie war sofort tot. Ihr Stiefvater wurde magenkrank. Er machte sich Vorwürfe, weil er wusste, das war auch seine Schuld. Wäre er nur gut mit ihr gewesen!«

»Und der musste auch über den Schicksalsberg?«, fragte die Enkelin.

Die Frau blieb ein Jahr lang bei ihrer Tochter und war schon halb über den Berg, da entgleiste der Zug, in dem sie auf der Heimfahrt war, und sie wurde hinausgeschleudert. Wie durch ein Wunder überlebte sie.

60 »Wie weiß ich, wer ich bin?«

Als Kind sah sie den Mond hinter sich herlaufen. War sie ein Vogel, der sich verflogen hatte?

»Du bist mein Kind«, sagte der Vater, »und du reichst mir gerade bis an die Knie, also bist du noch klein und weißt wenig. Aber jeden Tag wirst du mehr wissen. Im Kopf sitzt dein Verstand, der ist noch weiß wie ein Blatt Papier, aber wirst du erst älter, an jedem Tag steht darauf etwas geschrieben. Es ist, wie wenn du mit dem Malen anfängst. Erst ist da nichts, und dann wird etwas daraus.«

»Ein Vogel«, sagte das Kind, »ich bin ein Vogel.«

»Bald wird die Welt zu deinem Freund. Wenn du erst deine Schuhe binden kannst«, sagte der Vater.

»Wie kommt es, Vater«, fragte das Kind, »dass Schnee fällt und die Blumen blühen?«

»Alles hat seine Zeit. Aber das ist ein großes Wort, das erkläre ich dir heute Abend. Jetzt muss ich zur Arbeit.«

Als das Kind zur Frau wurde, wusste sie immer noch nicht recht, wohin sie gehören sollte. Sie glaubte an das, was sie sah. Sie schaute in die Gesichter der Menschen und ahmte sie nach. Einmal hatte sie starkes Zahnweh, und da heiratete sie ihren Zahnarzt, weil er so zart zu ihr war. Sie bekam zwei Söhne, das geschah im Laufe der Jahre. Die Söhne waren andere Kinder, als sie eines gewesen war. Sie standen mit ihren strammen Beinen auf der Erde. Dem Zahnarzt wurde sie zu mühsam, sie verstand nicht, warum. Sie tat doch nichts? »Eben«, sagte der Zahnarzt. »Du tust nichts.« Da setzte sie sich mit seiner alten Schreibmaschine in die Küche und schrieb nieder, was ihr einfiel. Das gab ein Gedicht oder eine Geschichte.

»So viel ist Spekulation«, sagte der Zahnarzt am Abend, und sie wusste nicht, was er damit meinte. Er ging am Morgen in seine Ordination und kam am Abend nicht wieder. Sie suchte ihn mit ihren Söhnen an der Hand, einer zog stärker an ihr als der andere.

»Dann müssen wir halt bleiben, wo wir sind, und auf den Vater warten.«

Die Buben kamen in die Schule und wussten über die Beschaffenheit des Mondes Bescheid, sie zählten zusammen und weg und turnten, der eine Handstand, der andere Kopfstand.

Der im Handstand sagte zu dem im Kopfstand: »Dir rinnt alles ins Hirn, und du wirst blöd davon.«

Die Mutter hackte weiter in die Schreibmaschine in der Küche, während die Kartoffeln kochten und das Haus danach roch. Sie waren arm, mussten aber keinen Hunger leiden. Der Vater schickte ihnen Geld in einem Kuvert ohne Absender. Manchmal fragten die Buben noch: »Kommt er wieder?« Bald vermissten sie ihn nicht mehr. Die Mutter ondulierte sich die Haare, und die Buben lobten ihre Frisur.

61 Bubi

»Bubi« wurde er gerufen, und das blieb ihm, bis er gestorben war.
Ich traf seine Frau auf dem Friedhof, und sie sagte:»Gerade haben wir
Bubi begraben, du kommst zwei Stunden zu spät. Alle Trauermücken
sind schon verschwunden, nur ich bin geblieben. Sag, wo ich dich grad
treffe, bist du zufällig hier, oder wusstest du von Bubis Unfall und Tod?«
»Nein«, sagte ich.»Erzähl, was ist passiert!«

»Ja, eben«, sagte sie, schwarzgekleidet wie ein Schatten,»er ist vom
Apfelbaum gestürzt, wollte gerade die Blaumeisen füttern. Gleich war er
tot. Ich war gerade mit seinem Volvo beim Einkaufen, vollgepackt mit
Wochenration, und da sah ich ihn liegen. Glaub es oder glaub nicht: Eine
Blaumeise ist auf seiner Brust gesessen. Er liebte die Vögel. Mein Problem:
Das Auto ist immer noch voll beladen. Die vielen Lebensmittel. Seit Ta-
gen! Sag, kann ich dir davon abgeben?«

Ich begleitete sie zu ihrem Haus. Der Volvo stand immer noch vollgepackt in der Einfahrt. Zum Glück war es sehr kalt, so dass die Lebensmittel nicht verdorben waren. Sie wollte, dass ich alles mitnehme.

»Jetzt, nach seinem Tod, kann ich nichts mehr essen, krieg gerade noch
Joghurt hinunter!«

Sie packte mir eine Tasche voll. Die anderen Lebensmittel stellten wir
vor die Einfahrt. Ich schrieb einen Zettel, darauf stand.»Alles frisch –
bitte bedienen Sie sich. Nehmen Sie alles mit.«

Ich ging mit der Witwe ins Haus, und wir schauten aus seinem Arbeits-
zimmerfenster und sahen, wie Vorübergehende sich über die Lebensmittel beugten, sie begutachteten und einiges mitnahmen. Manche öffneten
ihre Taschen. Bald lag nur mehr ein Badreiniger da.

»Das hätte Bubi gefallen«, sagte sie.

»Und den Volvo«, fragte sie,»kann ich dir den verkaufen? Ich will ihn
nicht mehr, so sehr erinnert er mich an Bubi. Bei Nebel sind wir in die
Sonne gefahren und haben uns an ihr gewärmt. Jetzt ist alles vorbei.«

Sie überlege sich, sagte sie, dass sie langsam mit dem Essen aufhöre, trinken würde sie wenig, und dann nach sechs Wochen könnte sie auch tot sein. Sie fragte mich, ob ich manchmal nach ihr schaue. Sie gab mir den Haustürschlüssel. Ich müsse ihr versprechen, dass ich ihr nicht zum Essen zurede.

Nach einer Woche schloss ich die Tür ihres Hauses auf und fand sie nicht. Ich suchte in allen Räumen, fünf gab es, suchte im Keller, im Dachboden, schlussendlich fand ich sie auf dem Friedhof. Da saß sie auf dem Stein und schlief.

Um mein Gewissen zu beruhigen, schließlich will ich alles richtig machen, rief ich meinen Arzt an, der schickte einen Krankenwagen. Sie wurde eingeladen und weggefahren.

62   Besondere Kennzeichen

Er schlief in einem Auto, das nicht mehr fahren konnte, weil es keine Zündkerzen mehr hatte. Ein Polizist klopfte ans Fenster und verlangte seine Papiere. Der Mann griff sich an die Stirn und sagte: »Ich schlief, ich schlief, aus tiefem Traum bin ich erwacht.« Das war eine Zeile von Nietzsche, die er oft zitierte. Der Polizist schaute ihn gleichmütig an. »Deinen Pass«, sagte er, und der Mann fragte: »Duzen wir uns?«

Er zeigte seinen abgegriffenen Pass. Bei den besonderen Kennzeichen stand, mit Hand geschrieben: »Kein Geld.«

Das hatte ein Freund getan. »Nicht ich habe das getan«, sagte der Mann, »ein Freund, der schon lange tot ist. War ein Spaß. Verstehen Sie keinen Spaß? Ihr Polizisten erzählt euch doch ständig Witze.«

Der Polizist hatte in seinem Register nachgeschaut und eine offene Strafe gefunden: Unbefugtes Benützen eines Feuerlöschers mit Folgen – offene Geldstrafe oder eine Woche Haft.

»Eine Woche Haft«, sagte gleichmütig der Mann. »Die Welt ist tief, und tiefer als der Tag gedacht.« Wieder ein Nietzsche-Zitat.

Der Mann sah abgerissen aus, keine Frage, er trug bei null Grad nur ein T-Shirt, seine Haare klebten ungewaschen an seinem Kopf. Er drehte sich eine Zigarette, sehr geschickt, nur mit einer Hand, bot sie dem Polizisten an, der lehnte sie ab.

Später erzählte der Mann, in Bludenz im Gefängnis habe man ihn zuvorkommend behandelt – er könne nicht klagen. Man fragte ihn, welches sein Lieblingsessen sei. Er sagte, man müsse wissen, ihn interessieren nur aufgestuhlte Festsäle. Das Essen sei Nebensache.

Ob ich wissen wolle, wie es zu der Geschichte gekommen sei.

Es war vor dem Haus gewesen, in dem er ein Zimmer hatte, noch einen Schlüssel besaß, aber selten dort wohnte. Er war davorgestanden, war in einem denkwürdigen Zustand gewesen und hatte gefunden, dass es so nach möglichem Brand aussah, irgendwie.

»Da habe ich weiß gesehen«, sagte er.

»Weiß gesehen? Was soll das heißen?«, fragte ich. »Man sagt doch eher ›rotsehen‹.«

»Ich aber habe weiß gesehen«, beharrte der Mann. »Der Feuerlöscherschaum ist weiß. Ich habe ihn heftig in Betrieb genommen. Das Haus war nach der falschen Behandlung in ziemlich schlechtem Zustand und musste renoviert werden.«

»Ich glaube«, sagte ich vorsichtig, »du bist verrückt.«

»Ein wahres Wort«, sagte er. »›Energie an‹ bedeutet, es passiert etwas. ›Energie aus‹ bedeutet, dass nichts passiert. Hinter allem, was Lebewesen antreibt, kann man das Bedürfnis nach positiven Gefühlen entdecken. Das ist das Geheimnis der Welt. Nicht die Höhe, der Abgang ist das Furchtbare.«

»Das ist mir eindeutig zu hoch«, sagte ich, spendierte dem Mann ein Bier und fragte, ob ich ihn von nun an ›Philosoph‹ nennen solle.

»Nicht nötig«, sagte er und ging auf der rutschigen Straße Richtung Bahnhof.

Kennen Sie das? Sie öffnen einen Brief, und darin werden Sie beleidigt. Keine Unterschrift. Wie soll man das verstehen? Versteckt sich der Schreiber aus Feigheit? Er will mich treffen, und verdammt, es gelingt ihm. Den ganzen Tag bin ich niedergeschlagen. Hat er sein Ziel erreicht? Natürlich würde ich lieber über den Dingen stehen. Einen Tag habe ich dem Feigling geopfert. Das muss genügen. Wer sagt mir überhaupt, dass es ein Mann ist, sind Frauen nicht gemein?

»Zeigen Sie sich«, möchte ich sagen, »verstecken Sie sich nicht hinter Ihren Bosheiten!«

Zu dieser Begebenheit ist mir folgende Geschichte wieder eingefallen:

Die Mädchen standen in einem kleinen Kreis, und als ich mich zu ihnen stellen wollte, rückten sie von mir ab, als würde ich stinken. Ich wusste nicht, was ich getan hatte. Einen Tag lang waren sie freundlich zu mir, den anderen wieder kalt. Eine, wie ich glaubte, Freundin sagte, dass ich mir das alles einbilde und dass ich selber schuld sei. Warum bist du überhaupt so komisch? Deine Stimme klingt irgendwie daneben.

War ich irgendwie daneben und wusste es nicht? Ich wollte sein wie alle. Ich wollte Schnürlsamthosen wie sie und gestreifte Matrosenpullover. Meine Garderobe bestand aus Faltenröcken und hellen Blusen. Aber das war es nicht. Vielmehr hatte es mit meiner eigenen Dunkelkammer zu tun, ich meine damit mein Inneres. Sahen die Mädchen mein Inneres? Wussten sie, dass ich ja nicht wirklich sein wollte wie sie? Ich war nicht hässlich. Ich toupierte meine Haare vor dem Spiegel und frisierte sie zu einer Brigitte-Bardot-Frisur. Das sah ziemlich gut aus. Aber so in die Schule zu gehen, traute ich mich nicht.

Einmal hatte ich in der Turnstunde laut aufgeschrien, eigentlich schon im Ankleideraum. Ich war in meine Turnhose geschlüpft und hatte etwas Weiches gespürt. Es war eine tote Feldmaus. Die Turnlehrerin ließ alle

Mädchen antreten und fragte jede Einzelne, wer das gewesen sei und wer den Täter kenne. Die Hexen waren unschuldig.

Ich war in einen Buben verliebt, und meine Freundin wusste das. Ich hatte ihm schon einige Briefe geschrieben und keine Antwort erhalten. Einmal sagte meine Freundin zu mir, er warte im Park auf mich und ich solle nur nicht zu spät kommen. Ich zog über den Faltenrock den Staubmantel meiner Cousine an und schnürte ihn eng um die Taille, ich türmte mir die Bardot-Frisur. Im Park dann stand ich unter der Blutbuche und hörte nur das Kichern der Hexen.

Euch werde ich es noch zeigen, dachte ich und rannte durch die Unterführung, an der Hauptstraße entlang, nach Hause.

Als meine Schwester und ich das erste Mal zu unserer Tante kamen, nahmen wir vom Bahnhof weg ein Taxi. Es kostete zwölf Schilling, und meine Schwester gab dem Fahrer einen Zwanziger (den einzigen) und sagte: »Passt schon.« Das war ein gutes Gefühl, so als ob wir auserwählt wären. Mindestens für fünf Minuten.

64 *Stinkender Bär*

Ich bin von zu Hause weggegangen und kann nun nicht mehr zurückkehren. Mein Stolz verbietet es mir. Ich fand meine Frau zu alt und habe ihr das auch gesagt. Da hat sie mir einen Koffer mit dem Nötigsten vor die Tür gestellt. Ich habe keine junge Frau gefunden, es wird daran liegen, dass ich selber schon ein stinkender Bär bin. Ich setze mich nach der Arbeit auf den Spielplatz. Ganz hinten hin, wo mich keiner bemerkt.

Ich beobachtete eine junge Mutter, die gemächlich in die Hocke ging, um mit ihrem Kind auf Augenhöhe zu sein, sie hob den abgekauten Schnuller auf, schleckte ihn ab und steckte ihn dann wieder zurück in den Kinderschnabel. Ein größeres Kind kam angelaufen mit einem Blumenstrauß, es trug ihn vor sich her wie eine Fackel. Die Mutter achtete nicht gleich darauf, da warf das Kind die Blumen hinter sich und lief zurück zur Schaukel. Türkinnen saßen zu dritt auf einer Bank, ihre Kopftücher tief im Gesicht, ihre Kinder auf den Knien. Ich höre sie sprechen. Nie in meinem bisherigen Leben habe ich Menschen beachtet. Jetzt fällt mir auf, wie verschieden sie sind.

Ich stand auf, sammelte die Blumen ein und brachte sie der Frau mit den zwei Kindern. Ich gebe zu, ich hatte Hintergedanken. Ich wollte ein Gespräch anfangen, ganz unverkrampft, sie würde mich sympathisch finden, wenn ich Glück hätte, wäre da kein Mann, und sie würde mich zu sich einladen. Weit gefehlt. Sie schaute mich kurz an und sagte, ich solle verschwinden. Ich sagte:»Warum sind Sie denn so abweisend, mögen Sie keine Blumen?« Und sie:»Wenn Sie nicht augenblicklich verschwinden, rufe ich die Polizei.« Und schon griff sie in ihrer Tasche nach dem Handy.

Ich sitze in diesem Computercafé und überlege, wem ich schreiben könnte. Wer von meinen Freunden wird mich verstehen, mich ein paar Tage bei sich aufnehmen. Ich sollte dringend duschen und mich sammeln. Wie fange ich ein neues Leben an?

Folgendes schrieb ich schlussendlich an die Mailadresse meiner Frau:

»Liebes Kübele, was auch immer geschehen ist, es tut mir von Herzen leid. Nimm mich wieder bei Dir auf. Dein Essen fehlt mir. Ich finde Deine frisch gewaschenen Haare sehr schön, und wenn Du das violette Kleid anhast, siehst Du hübsch aus. Wir sind beide alt. Verzeih mir. Ich gestatte Dir auch einen Fehler, wenn Du mir meinen vergibst. Soll ich Spargel mitbringen? Ich komme am Mittwoch um 19 Uhr. Ich hoffe, Du freust Dich auf mich, wie ich mich auf Dich freue.

Dein Dich liebender Mann«

65   Der Mammutbaum

Es gab eine Frau, Julia Hill mit Namen, die beeindruckte den Reisenden so sehr, dass er ihr Bild aus der Zeitung ausschnitt und es in sein Tagebuch klebte. Er wollte ihr ein kleines Denkmal errichten. Die Frau auf dem Bild hat ein städtisches Äußeres, feine Gesichtszüge, lange rötliche Haare, man könnte sie sich auf der Fifth Avenue in Manhattan vorstellen oder in einer Modezeitschrift. Weit gefehlt. Frau Hill kletterte (ihr Bewunderer schreibt: »im zarten Alter von 24 Jahren«) auf einen 80 Meter hohen und 1000 Jahre alten Mammutbaum, um ihn vor der Vernichtung zu schützen. Eine Holzfirma war beauftragt worden, den Baumriesen zu fällen. Ganze zwei Jahre verbrachte die Frau auf dem Mammutbaum.

Sie hatte einen schweren Autounfall erlitten und war danach auf der Suche nach dem Sinn des Lebens. Erst war sie mit einer Gruppe von Umweltschützern aus Nordkalifornien unterwegs. Einmal war sie wieder aus Protest auf einen Mammutbaum geklettert und beschloss auch gleich, oben zu bleiben, bis sie die Zusicherung hätte, dass wenigstens dieser Baum nicht gefällt würde. Zuerst dachte sie nur an ein paar Tage, dann an ein paar Wochen, doch die Holzgesellschaft gab nicht nach. Sie sandten Holzfäller zu ihr hinauf, um sie herunterzuholen. Als dies fehlschlug, versuchte man sie auszuhungern. Ein großer Helikopter flog über sie hinweg, so nahe, dass ihre Nylonplane, mit der sie sich vor Regen und Wind geschützt hatte, weggerissen wurde. Weihnachten feierte sie, indem sie die Sterne über sich anschaute. (War sie mit einem Kältehauch zugedeckt? – Ich schaue wieder auf das Zeitungsbild und versuche, ein Gefühl in ihrem Gesicht zu finden.)

Die ersten Monate waren die schlimmsten für sie gewesen. Sie hatte von Nüssen und Dörrobst gelebt. Regenwasser nahm sie zum Trinken und Waschen. In einen kleinen Kübel verrichtete sie ihre Notdurft. Ein zweites Kübelchen ließ sie an einem Seil herunter, um die Nahrung hinaufzuziehen, die ihr immer wieder Freunde brachten.

Die kleine Plattform, auf der diese »großartige Frau« (Zitat aus dem Tagebuch des Reisenden) ausharrte, hatte nur die Größe eines Bettes. Ein Schmetterlingsbild war das einzige Schmuckstück in ihrer Behausung. »So stark kann nur eine Frau sein.«

Leider berichtet der Reisende in seinem Tagebuch nicht mehr, wie diese Geschichte geendet hat, ob der Mammutbaum gefällt wurde und mit ihm die tapfere Julia Hill.

66   *Kenne ich Sie?*

Ich bin ein Gewohnheitsmensch. Benütze immer die gleichen Wege. Es
kann vorkommen, dass sich die Wege verändert haben – neu gekiest, ver-
breitert –, aber ich gehe nach wie vor auf denselben. Ein sehr alter Mann
auf einer Bank spricht mich an:

»Kenne ich Sie?«

Ich kannte ihn nicht, schüttelte den Kopf und ging weiter.

»Hallo«, rief er mir nach mit seiner Altmännerstimme, »hallo!«

Ich blieb stehen, er winkte mich zu sich. Soll er, er ist ein sehr alter
Mann, und ich will vor dem Alter ehrfürchtig sein.

»Nein«, sagte er, als ich vor ihm stand, »ich kenne Sie doch nicht. Sie
sehen nur aus wie jemand, den ich einmal gekannt habe.«

»Das tut mir leid«, sage ich und wende mich ab.

»Halt!«, rief er. »Nicht so eilig. Ich bin ein sehr alter Mann und werde
nicht mehr lange leben.«

Erpressung, denke ich. Als hätte er Krebs im letzten Stadium.

Er bietet mir einen Platz an. Ich setze mich.

»Jemand, den ich gekannt habe, hat so ausgesehen wie Sie, ich habe sie
verehrt, und sie war ungerecht zu mir.« Er schaut mir ins Gesicht: »Verzeihen Sie mir, aber sie war einiges schöner als Sie.«

»Noch etwas?«, frage ich.

»Bleiben Sie!«, sagte der sehr alte Mann. »Wie Sie sehen, bin ich ein
sehr alter Mann, und dem Alter gebührt Ehrfurcht.«

Hat er meine Gedanken gelesen?

»Es geht mir schlecht«, sagt der sehr alte Mann.

»Sie sitzen im Schatten«, sage ich. »Setzen Sie sich doch in die Sonne,
da wird es gleich besser.«

»Sind Sie Ärztin?«, fragt er. »Wegen dem Vitamin-D-Wissen?«

Er hat teure Schuhe an, denke ich, sieht gepflegt aus, als würde jemand
auf seine Erscheinung achten.

»Hören Sie«, sagt der sehr alte Mann, »haben Sie mir nichts zu erzählen?«

»Was wollen Sie denn hören?«, frage ich.

»Etwas Schmeichelhaftes. Sie müssen wissen, ich war einmal ein stattlicher Kerl.«

Dass er »Kerl« sagt, finde ich etwas merkwürdig, das gibt ihm einen unseriösen Touch.

»Ja und?«, frage ich.

»Fangen Sie mit Ihrer Geschichte an«, sagt der sehr alte Mann.

»Es war einmal ein Kerl, der sich vor nichts fürchtete«, begann ich, »er sammelte die Frauen wie Briefmarken und tauschte sie untereinander aus, wenn ihm danach war. Aber mit der Zeit merkte er, dass ihn das nicht glücklich machte, ein Don Juan zu sein. Er kaprizierte sich auf eine Dame, die ihm gefiel, und machte ihr den Hof.« Die altmodische Formulierung extra für den sehr alten Mann.

»Sie drücken sich etwas sonderbar aus«, sagte er. »Wollen Sie mir weismachen, dass Sie mich verstehen?«

»Ich verstehe keinen Mann«, sagte ich launig, »der Frauen nicht versteht.«

»Ich bitte Sie«, sagte der sehr alte Mann, »das ist lange her, und ich bin geläutert.«

67   Der Urgroßvater

Großmutter, Mutter, Vater und Kind fuhren in die Stadt, der Einjährige schlief, und so bat man den Urgroßvater, auf das Kind aufzupassen. Er müsse nur ab und zu ins Kinderzimmer schauen. Drei Mal tat das der Urgroßvater, und beim dritten Mal lag der Kleine nicht mehr in seinem Bett. Der Urgroßvater zog die Decke, das Kissen weg, er war nicht da. Der Kleine konnte sich nur kriechend fortbewegen, rutschend auf seinem Windelpaket, doch gehen konnte er noch nicht. Also hatte ihn jemand gestohlen? Der Urgroßvater kannte sich mit dem Handy nicht aus, und so gelang es ihm auch nicht, die Eltern des Kindes zu verständigen, die jetzt sicher in der Stadt fröhlich beim Eisessen waren, oder in einem Restaurant beim Mittagessen oder im Park auf einem Spielplatz. Der Urgroßvater ging auf die Terrasse und rief um Hilfe. Er hatte den Namen des Kindes vergessen. Die Nachbarn würden ihn hören. Aber anscheinend waren die Nachbarn auch nicht da, die zur Rechten nicht und die zur Linken nicht. Er sah auf den großen Pool im Garten, der mit einem Zaun abgesperrt war. Er sah auf die Büsche, den geschorenen Rasen und die wenigen Bäume. Es war kein Durcheinander im Garten, also müsste der Kleine, so er sich im Garten aufgehalten hätte, gesehen werden. Der Urgroßvater zog seine Lesebrille aus und ging hinauf in sein Schlafzimmer im ersten Geschoss, um die Tagesbrille zu holen. Mit der konnte er weiter sehen.

Er schaute noch einmal konzentriert ins Grüne, und da sah er den Kleinen. Wie ein Tierchen kroch er auf den Zaun zu. Dann griff er nach den Holzstäben und richtete sich auf. Der Urgroßvater ging zur Treppe, und so schnell es ihm seine alten Füße erlaubten, glitt er die Stufen hinab. Aber weil es ihm nicht schnell genug war, setzte er sich auf seinen Hosenboden und rutschte ins Erdgeschoss. Er raffte sich auf, tappte zur offenen Tür und sah im Garten den Kleinen. Der krabbelte auf den Fliesen zum Pool. Dort richtete er sich wieder auf. Dem Urgroßvater schlug das Herz bis zum Hals, und er dachte, dass er das nicht überleben werde und wahrscheinlich vor dem Ertrinken des Kleinen sterben würde.

Mit all seinen Kräften ging er, wieder laut rufend, auf den Pool zu. In dem Moment sah er Wasser aufspritzen, der Kleine hatte etwas in den Pool geworfen. Er ist erst ein Jahr alt, fiel es dem Urgroßvater ein, und Panik erfasste ihn. Der Urgroßvater fiel auf die Fliesen, sah wieder Wasser aufspritzen, robbte zum Unfallort, sah gerade noch die Beinchen des Kindes, bekam sie irgendwie zu fassen, laut betend und weinend, gelang es ihm, die Beine des Kleinen zu fassen. Er zog mit aller Kraft, und es gelang ihm, ihn zu retten. Der Kleine schrie lauthals, der Urgroßvater weinte, er drückte ihn so fest an sich. Er saß auf den Fliesen, und er war zu erschöpft aufzustehen. So saßen sie lang, bis endlich ein Auto zu hören war. Aber anstatt den Urgroßvater zu loben, schimpften sie und rissen ihm den Kleinen aus dem Arm.

Nun wollte der Urgroßvater nur mehr sterben.

Es dauerte eine Zeit, bis sich alles geklärt hatte, bis der Urgroßvater mit zitternder Stimme den Vorfall erzählt hatte. Da mussten die Eltern um Verzeihung bitten. Im Nachhinein waren alle voll des Lobes für den alten Mann.

Am nächsten Tag wurde ein neues Gitter vor dem Pool angebracht.

Der Urgroßvater wurde beschenkt, aber er wies alles von sich und sagte, er wolle nur in Ruhe gelassen werden.

Ich liebe es, auf den Wiener Flohmarkt zu gehen. Lange schon kenne ich dort eine Frau aus Nigeria, die kunstvolle Figuren aus ihrer Heimat verkauft. Sie sind wunderschön und zu teuer für mich. So schaue ich sie nur an. Die Frau nennt mich ihren »Darling« und fragt spöttisch, ob ich wieder zum Schauen komme.

An einem anderen Stand traf ich einen Mann, er stammte aus Ghana. Auch er verkaufte Figuren. Ich fand einen zarten Knaben aus poliertem, schwarzem Holz. Ich handelte den Mann um ein Drittel herunter und dachte, der Knabe ist der ideale Geist für mich. Ich brauche nämlich in meinem Leben einen hölzernen Geist. Einen, der es gut mit mir meint, der auf mich aufpasst. Ich hatte einen gehabt, der bei mir schlief, und als ich einmal mein Federbett ausschüttelte, war er aus dem Fenster ins Gebüsch gefallen, und ich hatte ihn nicht gefunden. Das ist ein schlechter Zustand. In so einem Zustand wenden sich die Menschen von mir ab, sogar mein Sohn ging auf Distanz, worüber ich sehr traurig war.

Bei der Frau aus Nigeria hätte ich um diesen Preis nichts bekommen. Als ich sie bald wieder traf, drohte sie mir mit der Faust und zischte, ich dürfe nie wieder ihre Sachen anschauen.

»Ik weiß«, sagte sie in ihrem abgehackten Tonfall, »du kaufst bei meinem Feind!« Ich solle gehen, sie verbiete mir, ihre Figuren anzusehen. Ich solle die Figuren gefälligst mit Respekt behandeln. Man schaue jemandem nicht in die Augen, den man nicht kennt. Das gelte auch für ihre Figuren.

Ihr Feind, der Mann aus Ghana, zog mich am Mantelärmel und sagte: »Schwester, geh nie wieder zu der Witch! Es könnte sein, dass sie dir Böses tut.«

»Was meinst du mit Böses, Bruder?«, fragte ich.

»Sie wird dich und die Deinen verwünschen.«

»Wer sind die Meinen?«, fragte ich und sagte auch, dass ich ihm nicht glaubte. Ich traute ihm nicht. Ich dachte sogar, es könnte sein, dass das Gegenteil eintritt und mein Sohn sich mir wieder zuwendet, wenn ich mich mit der Witch versöhne. Das hätte bedeutet, dass er mich zu seinem Vater führt und dass der mir verzeiht, worüber ich aber nicht sprechen will.

Und keine halbe Stunde später, bei den frischen Zitronen am Naschmarkt, sah ich den Mann aus Ghana und die Witch. Sie beugte sich über ihn und schlug auf ihn ein. Der Mann ist schmächtig, die Witch ist eine Riesin mit einer Turmfrisur. Sie bemerkte mich und rannte mir nach. Ich war schneller. Sie ist alt und breit in den Hüften.

Ich lief nach Hause. Winter war. Sehr kalt. Schnee war angekündigt. Meine Hände fühlten sich eisig an, und ich fand meinen Hausschlüssel nicht, und mein Herz fühlte sich auch eisig an. Ein Mann trat heraus, von dem ich wusste, dass er ein Komiker ist und als Komiker riesige Erfolge feiert, aber gar kein Komikergesicht hat. Er trug eine Fellmütze, und ich dachte, auch ich muss mir eine Fellmütze kaufen, will ich mir die Ohren nicht abfrieren.

In dem Haus ist unten ein kleiner chinesischer Supermarkt, die Besitzer lagern ihr Gemüse in den Kellerräumen. Oft riecht es faulig. Eine Chinesin kam mir entgegen. Sie zog einen Handwagen, darauf waren Kisten voll mit Ingwer. Ich nahm mir schnell ein Stück, so groß wie meine Faust. Dieser Ingwer steht mir zu, dachte ich, fraglos, schließlich benutzt sie unseren Kellerraum, das hatte ich ihr vor Jahren erlaubt. Ich wartete auf den Lift. Als er endlich da war, herauf von den Kellerräumen, trat ein kleiner Chinesenknabe heraus. Er grüßte mich mit einer feinen Verbeugung. Der Ingwer beulte meine Manteltasche aus. Er blickte darauf.

»Darf ich fragen?«, sagte er. »Kann ich bei Ihnen einen heißen Tee bekommen?«

»Ja, gern«, sagte ich.

Er folgte mir in die Wohnung und setzte sich auf das Sofa. Ich sah, dass seine Schuhsohlen dreckig waren, faulige Salatblätter klebten daran. Ich sagte nichts, ärgerte mich aber. Ich liebe Sauberkeit.

»Meine Mutter«, sagte er, und ich wunderte mich über sein gutes Deutsch, »will, dass ich die Treppen mit Seife putze, danach mit klarem

Wasser spüle. Ich will aber nicht. Es ist so kalt. Wenn sie mich sucht und nicht findet, wird sie vergessen, was sie mir aufgetragen hat.«

»Bitte«, sagte ich und fragte nach seinem Namen, konnte und kann ihn aber nicht wiederholen, »bitte, zieh die Schuhe aus!«

Auch die Socken starrten vor Schmutz.

»Zieh auch deine Socken aus«, sagte ich, »ich gebe dir neue.«

Ich holte aus der Schublade Wollsocken von meinem Sohn. Oder waren es die von meinem Mann?

Das Teewasser kochte. Ich hatte die Figur, die ich bei dem Mann aus Ghana gekauft hatte, auf den Eisschrank gelegt. Als ich Milch und Butter herausnahm, rutschte sie und fiel auf den Boden. Die Augen starrten mich mit Vorwurf an.

Der Knabe sagte: »Chinesen verzehren keine Milchprodukte.«

Ich hob die Figur auf, küsste auf das lackierte Holz und zeigte sie dem Knaben. Er fand sie hässlich und sagte, ich solle sie vernichten, sie rieche nach Unglück.

»Wie kommst du darauf?«, fragte ich.

»Ich rieche es«, sagte er. »Sie riecht nach Unglück.«

Er zog die Wollsocken an, jetzt wusste ich, sie waren die von meinem Mann, die ich ihm gestrickt hatte. Er nippte an seinem Tee, wie es vornehme Frauen tun. »Ich weiß«, sagte er, »Sie haben ein Stück Ingwer gestohlen. Es ist in Ihrer Manteltasche.«

»Ich gebe es zu«, sagte ich. »Aber ihr habt dafür mein Kellerabteil.«

»Sie hätten wenigstens fragen sollen. Er kennt sich jetzt nicht aus.«

»Wer kennt sich nicht aus?«

»Auch die Dinge verdienen Respekt«, sagte er. »Das müssen Sie lernen!«

»Ich bin eine Diebin, und du bist frech«, sagte ich.

Wir hörten im Flur Schreie. Eine hohe Frauenstimme.

»Verraten Sie mich nicht«, sagte der Knabe. »Es ist meine Mutter. Ich bin noch nicht zu Ende aufgewärmt.«

»Baihu!«, schrie die Stimme.

Der Knabe flüsterte: »Baihu heißt weißer Tiger.« Und er fragte: »Haben Sie wenigstens Respekt vor mächtigen Tieren?«

»Angst habe ich, Angst ist aber kein Respekt.«

»Baihu!«, schrie die Mutter.

»Sie wird erst aufhören, wenn sie mich gefunden hat«, sagte der Knabe. Ich öffnete die Wohnungstür einen Spalt. Die Mutter wischte den Boden vor meiner Tür. Sie roch nach Schweiß und funkelte mich an, als ob sie alles wüsste. Wirklich alles.

Irgendwann stand der Knabe vom Sofa auf und ging in den Wollsocken meines Mannes aus der Wohnung, blieb aber im Flur stehen. Wir hörten seine Mutter, die jetzt im Untergeschoss putzte. Sie sang wütend. Ich soll ihr berichten, sagte er, dass auf meinem Fußabstreifer ein ohnmächtiger Chinesenknabe liege. Ich solle sagen, es könnte womöglich der ihre sein. Dann legte er sich vor meiner Tür nieder. Ich rief.

Die Mutter stürmte die Treppen herauf, und als sie ihren Sohn da liegen sah, weinte sie bitterlich. Sie trug ihn in den Lift und fuhr mit ihm nach unten.

In der Wohnung stank es nach faulem Gemüse. Ich öffnete alle Fenster. Obwohl es zu schneien angefangen hatte und ein Eiswind hereinwehte. Ich nahm die Figur aus Ghana und besprühte sie mit meinem Parfum. Ich zog mich aus und legte mich mit meiner Figur ins Bett. Die Decke war flauschig und warm. Ich bin gerettet, dachte ich. Ich musste mir eingestehen, dass die Chinesin eine gute Mutter war, denn sie hatte ihren Sohn zu sich geholt. Ich schlief bei offenem Fenster, es schneite auf die Fensterbank, und Schnee fiel auf das Parkett.

Weil ich mich so einsam fühlte, redete ich mit meiner Figur, befühlte sie mit meinen Fingern, als wäre sie lebendig. »Du bist aus Holz«, sagte ich, »aus schönem Holz. Ich entschuldige mich, dass wir Menschen vor Holz so wenig Respekt haben. Verzeih mir, bitte. Sag es allem Holz in deiner Sprache weiter! Danke.«

69   Versöhnung

Mit fünf sang sie dem schwedischen König vor. Ihr Vater war der Reichsmarschall. Er hatte es arrangiert, widerwillig. Seine Frau, die Emporgekommene, wollte es. Das Kind zitterte. Das Kleidchen war dünn und von blassblauer Farbe, die weißblonden Haare waren so straff gekämmt, dass sie sich wie Zement anfühlten. Der König trank Kaffee mit der Familie. »Sie kann auch malen«, sagte die Mutter. »Soll sie etwas malen? Sie kann malen, als wär's eine Fotografie.« Die Mutter war aufdringlich, der Vater schämte sich. Er liebte seine Frau, weil sie so gut lieben konnte. Deshalb ließ er sich nichts anmerken. Er hatte Angst vor ihr, das wusste das Mädchen. Sie hatte den Vater viel mehr lieb als die Mutter. Die Mutter war Frisörin gewesen, und der Vater, der aus einem sehr vornehmen Haus stammte, hatte sich von ihr die Haare schneiden lassen. Dabei verliebte er sich in ihr Gesicht, vor allem in ihren Mund, den sie sich bald von ihm küssen ließ. Die Heirat mit diesem Mann war eindeutig ein Aufstieg. Später verleugnete sie ihre Herkunft, die war nicht zum Herzeigen, der Vater Bahnarbeiter, die Mutter Stickerin. Dabei war ihr Mann alles andere als eingebildet. Die Tochter wurde angehalten zu singen, was sie sehr gut konnte, zu malen, was sie liebte, Ballett zu tanzen und jeden Tag einen klugen Satz in ihr Tagebuch zu schreiben. Sie hatte keine Zeit und keine Freundinnen. Manchmal fiel sie ihrem Vater im Flur um den Hals und weinte. Er flüsterte ihr liebe Sachen ins Haar. Das sah die Mutter nicht gern.

Als das Mädchen zur Frau wurde, mischte sich die Mutter immer noch in ihr Leben ein. Die Tochter war sehr schön geworden, ihr Haar ließ sie fallen, es lockte sich, was die Mutter ärgerte. Die Taille der jungen Frau war zierlich, sie wollte diese Schönheit mit einem roten Gürtel betonen. Die Mutter zerschnitt den Gürtel, das Kleid fiel nun fahl vom Körper.

Als Sängerin hatte die junge Frau Erfolg, sie schloss das Konservatorium als Beste ab. Weil sie wusste, dass ihr Vater die Oper liebte, entschied sie sich für dieses Fach. Die Mutter hasste die Oper, tat aber so, als sei sie ihr das Liebste, hatte keine Ahnung. Die Tochter verliebte sich in einen Opernsänger, der schon einen großen Namen hatte. Er bemühte sich, Verträge zu unterschreiben, bei denen seine junge Frau auch eine Rolle bekam. Bald wurde sie bekannt, und die Leute konnten nicht genug von ihr kriegen. Sie habe etwas an sich, das sie besonders wirken ließ, das zerbrochene Mädchen in ihr, dagegen kämpfte sie an. Sie bemerkte, dass ihr Mann vor den Auftritten nervös war und sich mit Whiskey beruhigte. Das machte ihr Sorgen, aber sie sagte nichts. Sie zogen von Stadt zu Stadt, immer den Auftritten voraus.

Die junge Sängerin wurde schwanger, und nichts freute sie mehr. Als ein Mädchen auf die Welt kam, beschlossen sie und ihr Mann, ein Haus zu mieten und dort zu wohnen. Sie wolle das Singen aufgeben, bis ihr Kind drei Jahre alt sei. Ihr Mann fuhr zu Gastspielen nach Amerika, sie blieb zu Hause. Sie bekam einen Buben, den nannte sie nach ihrem Vater. Ihre Eltern besuchten sie, und der Vater war so gerührt von dem Kleinen, der seinen Namen trug. Ihre Mutter machte sich bei den Kindern nicht beliebt. Sie korrigierte sie, wenn sie aßen. Ihr gefiel nicht, wie das Mädchen ging. Es tanzte nämlich Ballett, und ihre Füße waren beim Gehen leicht nach außen gedreht. Bald wachte die Feindschaft zu ihrer Tochter wieder auf, in Heftigkeit, was den Vater unglücklich machte. Nichts lieber hätte er sich gewünscht, als dass sich die beiden versöhnen.

»Siehst du denn nicht«, sagte die Tochter zu ihm, »dass eine Versöhnung unmöglich ist, sie hasst mich, so traurig das auch ist.«

»Dann tu so, als wärst du versöhnt«, bat der Vater.

Die Tochter spielte Versöhnen, sie kaufte ihrer Mutter einen Ring mit einem Smaragd.

Die Mutter sagte: »Sehr wohl weiß ich, dass du Versöhnung nur spielst. Was soll ein Ring in meinem Alter! Ich wünsche mir ein Lifting von einem Schweizer Spezialisten! Du könntest es dir leisten.«

Dies alles sah der Vater, und er verzweifelte darüber, er fühlte sich krank und dachte ans Sterben. Die Tochter wollte auf keinen Fall, dass die Eltern abreisten. Würde der Vater krank werden, könnte sie nicht bei ihm sein.

Die beiden Kinder waren ihre Freude, das hellte die Tage auf. Sogar die Großmutter, die nicht wollte, dass man sie so nannte, war manchmal angerührt von den sanften Kindern. Zeigen wollte sie es nicht.

Der Sänger kam aus Amerika zurück, er hatte Erfolg gefeiert, aber er war müde. Er trank viel, und die Lust zum Singen war ihm verleidet. Er hatte genug Geld verdient. Geld würde nie zum Problem werden. Sie kauften eine Villa am See. Für die Großeltern wurde ein Nebengebäude errichtet. Mit der Gesundheit des alten Herrn stand es schlecht. Die Tochter saß in jeder freien Minute an seinem Bett.

Der Vater ließ seine Frau holen und sagte, er wünsche sich, dass sich Mutter und Tochter die Hand zur Versöhnung reichen. Dann wolle er in Ruhe sterben. Es sah aus, als könnte es bald gelungen sein.

Der Vater starb im Schlaf. Da versank die Tochter in einem großen Elend. Jetzt hatte sie drei Sorgen: Vater, Mutter, Mann.

Der schwedische Haushalt sollte aufgelöst werden. Die Tochter fuhr mit ihrer Mutter nach Stockholm. Der Sänger blieb mit den Kindern zu Hause. Das kleine Mädchen versteckte den Whiskey. Es gab Unwillen, Geschrei und Unglück. Der Bub saß im Keller und schaute zu, wie die Waschmaschine sich drehte.

Ich mag mir gar nicht vorstellen, wie die Auflösung des schwedischen Haushalts vonstattenging! Die Tochter hatte nicht im Testament stehen wollen, nur die beiden Kinder sollten darin vermerkt sein. Die Großmutter überlegte, doch in Stockholm zu bleiben. Die Tochter fuhr allein zurück. Sie war so erleichtert, wieder bei den Kindern und ihrem Mann zu sein, dass sie nicht bemerken wollte, wie es um ihre eigene Familie stand.

»Er trinkt«, sagte das Mädchen.

»Das stimmt«, sagte der Bub.

Und sie, sie mit den Sorgen am Buckel, sie sagte: »Es wird alles gut werden.«

Bald reiste die Großmutter wieder an. Sie hatte es allein nicht ausgehalten. Gemeinsam besuchten sie das Grab und weinten. War das schon Versöhnung?

Die Sängerin, die schon lange keine mehr war, bemühte sich um gemeinsame Auftritte. Sie nahmen die Kinder mit, wenn sie ein Engagement gefunden hatten. Sie übten das Duett in Giuseppe Verdis *Il trovatore*. Sie sagte zu ihrem Mann:»Du singst so gut wie damals Enrico Caruso.« Das belebte den Sänger. Er wollte seine Frau nicht enttäuschen. Die Kinder hüpften in den Hotelbetten. Er lutschte Pfefferminzbonbons, um den Whiskeygeruch zu vertuschen. Beim Liebesduett verschluckte er sich und musste neu ansetzen.

In einer Kritik hieß es, er singe den Troubadour beinahe so innig und verzweifelt wie Enrico Caruso.

Hatte das seine Frau dem Rezensenten nahegelegt? Kannten sich die beiden? Hatten die beiden ein Verhältnis?

Der Sänger war außer sich. Er fühlte sich verfolgt. Er hatte sich gedacht, das wird meine letzte Oper sein, dann werde ich abtreten. So war es …

Nach der Vorstellung verschwand er, man fand ihn Wochen später auf einer Baustelle, erfroren. Neben sich den Alkohol. Er hatte seiner Frau versprochen aufzuhören.

»Ich werde mich bemühen, dass du mir glaubst! Ich will es doch! Ich will es doch!!«

Dann starb auch die Mutter.

Die Sängerin sagte zu mir:»Ich bin versöhnt. Mit allen bin ich versöhnt. Auch mit dem Schicksal. Ich glaube nicht an das Schicksal, aber ich bin mit ihm versöhnt.«

70 Sieben junge Männer

Sieben junge Männer begrüßten sich mit Handschlag, schwangen sich nacheinander auf die Mauer und redeten durcheinander.

»Du bist der Maler«, sagte einer zum anderen, und der Maler fragte: »Und du?«

»Ich bin Schweißer.«

»Zeig mir, was du machst«, sagte ein Dritter zum Maler. Der zog sein Handy und scrollte durch seine Bilder. Das Handy ging von Hand zu Hand.

»Was soll das sein?«, fragte einer, der arbeitslos war, einer mit kurz geschorenen Haaren und Schlangen auf dem Oberarm.

»Was siehst du darin?«, fragte einer, der Musiker war.

»In den Farben kann alles sein«, sagte der Sechste, »zum Beispiel sehe ich eine Frau, die ich gern hätte.«

»Du meinst die Ella«, sagte der Siebte und lachte laut.

»Die Ella hatte ich schon«, sagte der Fünfte, »die rentiert sich.«

»Was meinst du mit rentieren«, fragte der Vierte.

»Rentieren heißt, dass es Spaß mit ihr macht.«

»Kannst du mir die Ella vermitteln?«, fragte der Schweißer. »Ist das die, die schielt?«

»Schielen ist zu viel gesagt«, sagte der Maler. »Gerade ihr schielendes Auge gefällt mir.«

»Typisch Künstler«, sagte der Schweißer. »Was kann an einem schielenden Auge sexy sein?«

»Wenn du das nicht siehst, liegt es an dir. Hat eine Frau kein besonderes Merkmal, interessiert sie mich nicht«, sagte der Maler.

»Ich war schon mal im Luver«, sagte der Musiker. »Das war Klasse, alles außer der Mona Lisa hat mir gefallen. Die ist nicht mein Typ.«

»Das heißt Louvre, das ist französisch. Das heißt auf Deutsch Schalosine. Ich weiß aber nicht, wie sich das schreibt.«

»Schlaumeier«, sagte der Arbeitslose. »Ich war schon im Kunsthistorischen Museum in Wien. Das rentiert sich auch.«

»Geh doch mit der Ella dahin«, sagte der Schweißer.

Sie tranken Bier, dann sangen sie kreuz und quer, ein Lied setzte sich durch, das brüllten sie gemeinsam. Es war Mitternacht. Sternschnuppen am Himmel. Sie wünschten sich Wünsche, die sich erfüllen. Zwei Polizistinnen saßen im Polizeiauto. Sie stiegen aus und mahnten die sieben zur Ruhe.

»Mitternachtsruhe«, sagten sie, »ab mit euch!«

Die sieben lärmten weiter, und lärmend sprangen sie von der Mauer und warfen den Polizistinnen Kusshände zu.

»War eine mit einem Makel dabei?«, fragte der Schweißer.

Das Polizeiauto fuhr hinter ihnen her, bis die sieben in einer Sackgasse verschwanden. Sie liefen zum See, zum Bootshafen. Dort suchten sie sich eine günstige Stelle und sprangen ins Wasser. Zwei blieben draußen, weil sie nicht schwimmen konnten. Die Zeit lief davon.

»Ist der Morgenstern die Venus?«, fragte der Schweißer den Maler.

»Die Venus glänzt.«

»Du sagst es, Freund«, sagte der Maler. »Die glänzt für uns.«

Aus heiterem Himmel fragte mich meine Freundin, ob ich wisse, dass Elsa in der Psychiatrie sei. Gerade heute Morgen hatte ich an sie gedacht. »Und?«, fragte ich. »Hast du sie schon besucht?« Elsa lehnte Besuche ab. Sie arbeitete in der Anstaltsküche, und ihre Spezialität waren Zopfmäuse. Die stellte sie mit so einer Geschwindigkeit her, dass man sich nur wundern konnte, und sie schmeckten vorzüglich. Man fühlte sich wie ein Kind, wenn man sie aß. Es hieß, an ihr sei eine Bäckerin verloren gegangen.

So wie ich mich an Elsa erinnere, war sie mir immer ein wenig unheimlich gewesen. Nämlich, weil sie etwas wusste, bevor es geschehen war. Sie sagte, ich hätte einen Engel in der Familie. Erst später wurde mir klar, was sie damit gemeint hatte, als ein Kind von uns gestorben war. Sie wusste, dass Krieg sein würde, irgendwo auf der Welt.

Ich sagte, das weiß jeder, Krieg ist immer und überall auf der Welt. Aber sie meinte den Krieg in der Ukraine, der in zehn Jahren stattfinden würde, zehn Jahre ungefähr. »Nagle mich nicht fest«, sagte sie.

Sie war uns nicht geheuer. Ich fragte, wann lerne ich einen Mann kennen, für den es sich lohnt. Und sie sagte: »Zuerst wirst du einen Mann haben, für den es sich nicht lohnt, erst dann findest du den zweiten, für den es sich lohnt.« Wieder hatte sie recht.

Als sie ihrem Freund, der sie heiraten wollte, sagte, sie würde im Irrenhaus landen und es lohne sich nicht, sie zu ehelichen, zog er sich zurück. Nur Schwierigkeiten. »Sich lohnen« war ihre Lieblingsformulierung. Ich merke an mir, dass ich das auch oft sage, so als ob es eine Belohnung gebe. Es war eine Zeit, da sprach sich herum, Elsa könne Krankheiten voraussagen und ob man sie überleben werde. Autos hielten vor dem Block, in dem sie wohnte. Menschen, die sie nicht kannten, stiegen aus, um etwas zu erfahren. Sie wollten nur Gutes hören. Da fing Elsa an, wie sie mir einmal sagte, Gutes zu erfinden, wenn sie Schlechtes sah. Sie werden es nicht ahnen, aber das hatte einen Placebo-Effekt. Die Krankheiten, die sie bei diesem und jenem gesehen hatte, verzögerten sich. Schlussendlich passierte doch, was passieren musste. Sie starben, aber zumindest hatten sie nicht gewusst, dass sie sterben würden, so bald. Meiner Freundin prophezeite sie einen Mann, der sie vergöttern würde, in Wirklichkeit hatte sie einen, der sie betrog.

Das ist die Geschichte von Elsa, und ob Sie es mir glauben oder nicht, sie bäckt nach wie vor ihre Teigmäuse und weiß von sich, dass sie hundert Jahre alt werden wird.

Gerade dachte der Mann, ich rufe meine Frau an, um zu hören, ob sie gut angekommen ist. Ihr Telefon war besetzt, weil sie eben auch in diesem Augenblick ihren Mann anrufen wollte. Solches passierte oft. Lange waren sie schon zusammen, und einer kannte den anderen, glaubte zumindest, den anderen zu kennen.

»Weißt du, was ich gerade gelesen habe«, fragte die Frau. Sie saß im Zug, und ihr Mann, der zu Hause ebenfalls die Zeitung las, sagte:

»Du wirst es nicht glauben, aber gerade das habe ich auch gelesen. Ich lese diese Schreckensnachricht und trinke dabei Kaffee. Da ist ein Bild dabei – das beste Pressefoto des Jahres – Bergung einer hochschwangeren Frau im zerstörten ukrainischen Mariupol – man sieht eine Bahre, von fünf Männern getragen, eine rote Decke mit schwarzen Punkten liegt darüber und darauf die hochschwangere Frau. Sie und das Kind sind gestorben.«

»Neun Monate«, sagte die Frau, »trägt sie ihr Kind im Bauch, sie freut sich darauf, obwohl Krieg ist, denkt sie sich, wir beide, ich und mein Kind, werden es gut haben, wir werden aus dem Kriegsgebiet flüchten …«

»Wir haben es gut«, sagte der Mann.

»Wir haben es gut«, sagte die Frau.

»Die Züge streiken«, sagte der Mann.

»Die größte Rakete will zum Mars fliegen.«

»Wenige Minuten nach dem Start ist sie abgestürzt.«

»Glaubst du«, fragt die Frau, »glaubst du, der Mann der verstorbenen Frau, der Vater des toten Kindes, weiß von dem Unglück? Am liebsten würde ich bei der nächsten Haltestelle aussteigen.«

»Du hast dich doch auf die Reise gefreut«, sagt der Mann, »stell dir nur vor, wie deine Freundin entzückt sein wird, dich zu sehen.«

»Kein Vergleich mit zu Hause«, sagt die Frau. »Wir könnten uns aufs Sofa legen und den bösen Tag verschlafen.«

»Ein Tag kann nicht böse sein«, sagt der Mann.

»Du weißt schon, wie ich es meine.«

»Wenn du kommst, koche ich etwas Süßes. Was schwebt dir vor?«

»Vor mir schwebt ein Kaiserschmarren im Zugabteil, aber ich kann ihn nicht angreifen.«

»Wenn du kommst«, sagt der Mann, der die Zeitung zerknüllt und zum Altpapier wirft, »mache ich dir den luftigsten Kaiserschmarren, Staubzucker darüber, heiße Himbeeren dazu.«

»Weißt du was«, sagt die Frau, die jetzt ihren Koffer von der Ablage nimmt und den Mantel anzieht, den Schal umbindet, »ich steige bei der nächsten Haltestelle aus und fahre mit dem nächsten Zug wieder zurück.«

Sie geht durch die Unterführung und kauft eine Retourfahrkarte. Eine Frau bittet sie nach einer Spende. Es ist Abend. Die Sonne geht unter.

Jedes Mal wenn sie in dem Lift zu ihrer Wohnung stand, sprach sie zu ihm, als könnte er sie hören: »Bitte fahr und bleib nicht stehen.« Sie musste diesen Lift nehmen, weil sie im achten Stock wohnte, und das hätte sie mit ihren müden Knien kaum geschafft. Der Lift war alt und wurde nie gewartet. Einmal hatte ihr ein alter Herr, den sie vom Sehen kannte, erzählt, er sei im Lift stecken geblieben, ganze zwei Stunden, bis er dann vom Hausmeister befreit worden war. Sie hatte einen Hausmeister nie gesehen. Dann geschah es. Sie hatte für das Wochenende eingekauft, mehr als sonst – sie erwartete ihre Tochter, ihre Tasche war übervoll, so dass sie sie kaum tragen konnte. Der Lift blieb stecken. In welchem Stockwerk, wusste sie nicht. Er blieb zwischen den Stockwerken stecken, was besonders beunruhigend war. Sie drückte auf den Alarmknopf und wartete. Sie starrte den Knopf an. Nichts geschah. Lange stand sie, maß die Zelle aus, setzte sich in eine Ecke und schloss die Augen. Sie bekam Durst und trank aus der Milchflasche. Sie bekam Hunger und aß von der Fenchelsalami. Sie brach ein Stück vom Brot. Sie war ruhig. Es würde etwas geschehen. Immer wird etwas geschehen, auch wenn man schon tot ist. Dann wird der Leichnam weggeschafft und begraben. Aber sie lebte. Sie wühlte in der Tasche und versuchte, den Verschluss von der Grappa-Flasche zu öffnen. Grappa nach einem guten italienischen Essen, das mochte auch ihre Tochter. Sie biss mit den Zähnen am Plastik. Sie schaffte es nicht, steckte die Flasche zurück und merkte, dass sie unruhig wurde. Im rechten Fuß bekam sie einen Krampf, sie versuchte, ihn zu strecken, es tat weh. Sie drückte sich noch näher in die Liftecke und schaute auf die Decke. Dreckig war es im Lift. Es roch schlecht. Wonach? Nach Männerschweiß. Ein Mann hatte vor ihr den Lift benutzt, und er hatte sein Ziel erreicht. Sie schaute auf ihr Handy. Eine gute Stunde war verstrichen. Sie stemmte sich hoch und drückte noch einmal auf den Knopf, nichts rührte sich. Sie versuchte es noch einmal mit der Grappa-Flasche. Sie trank einen kräftigen Schluck, dann noch einen. Sie war Alkohol nicht gewohnt. Ihr wurde übel, und sie ließ sich wieder in der Ecke nieder. Was, wenn sie nicht erlöst würde. Niemals erlöst. Auch nicht von ihren Sünden. Welchen denn? Sie nickte ein, erschrak, fuhr auf, drückte wieder den Knopf und ließ sich fallen. Sie war nicht panisch. Ich bin nicht panisch, sagte sie sich, ich bin nicht panisch. Ich bin nicht panisch … und den Lift bat sie um Bewegung. »Bitte fahrt, bitte fahr«, sagte sie. Da bewegte er sich nach oben.

74 *Der Mittagstisch*

Jeder Tag begann mit einer Prüfung, die der Sohn nicht bestehen würde. Er wusste es, und trotzdem war es ihm nicht gestattet, sich davor zu drücken. Der Tisch war gedeckt, weißes gestärktes Tischtuch, Servietten, Suppenteller, Besteck. Seine drei Schwestern saßen bereits auf ihren Stühlen, die Mutter hantierte noch in der Küche. Auf den Vater wurde gewartet. Der Sohn starrte geradeaus, bemüht, ein neutrales Gesicht zu machen. Seine Schwestern wussten, dass sie kein Problem für den Vater waren, ihm war es gleichgültig, wohin sie sich bewegten, jetzt und in der Zukunft, nur auf seinem fünfzehnjährigen Sohn lastete die gesamte Erziehung. Der Sohn konnte nur alles falsch machen. Mittlerweile bewegte er sich automatisch, war nicht mehr so penibel darauf bedacht, alles richtig zu machen. Er war die funktionierende Maschine. Die Mutter schöpfte die Suppe. Der Vater schlürfte, sagte aber zu seinem Sohn, er solle es nicht wagen zu schlürfen. Er bröselte mit dem Brot. Die Mutter hatte es sich längst abgewöhnt, Kommentare abzugeben. Es war einfach so. Ihr Sohn gehörte nicht zu ihrem Aufgabenbereich. Sie nahm die Suppenteller weg, tischte Fleisch, Gemüse und Salat auf, und der Vater aß wieder so ungehörig, wie er es seinem Sohn vorhielt. Die Mädchen kauten gelangweilt. Der Vater stand auf, schlug mit der Faust auf den Tisch und schrie, dass das Maß jetzt voll sei. Sein Sohn solle verschwinden. Er hatte nichts getan, sein Fleisch sauber geschnitten, lautlos geschluckt.

Der Sohn erhob sich, sein Gesicht zitterte, er wusste, sein Vater würde nicht handgreiflich werden, das war er nie geworden, und fast wünschte sich der Sohn, dass er es würde. Er ging rückwärts, der Stuhl kippte, er rannte zur Veranda hinaus, noch mit Hausschuhen, rannte durch die Nachbarswiese, hinauf auf den Hügel, hinunter zur Straße, hinein in ein Feld, in dem Kühe weideten. Er ließ sich ins Gras fallen.

Zu Hause ging der Vater aus dem Esszimmer. Die Mutter und die Mädchen räumten den Tisch ab, eine kehrte unter dem Sitzplatz des Vaters, dort lag der meiste Unrat. Der Vater war in seinem Arbeitszimmer verschwunden. Er nahm ein Blatt Papier und begann, einen Brief an seinen Sohn zu schreiben:

»Lieber Sohn, nichts mehr liebe ich auf der Welt als Dich. Sei Dir gewiss, mein Sohn, meine Erziehung soll Dir zu einem guten Leben verhelfen. Du musst mir vertrauen. Magst Du es auch nicht verstehen, es ist zu Deinem Nutzen ...«

Er griff um sich, und Gegenstände fielen zu Boden. Er erschrak. Könnte es sein, dass etwas mit ihm nicht stimmte. Dass er seine Bewegungen nicht mehr kontrollieren konnte?

Wenn dem so wäre, müsste er sich aus dem Weg schaffen. Das wäre dann alles gewesen. Ein Segen für die Familie.

75 Der zerbrochene Mann

Einem Mann mit einem Intelligenzquotienten wie Leonardo da Vinci geschah ein Unglück.

Er war verheiratet mit einem Mann, der nannte ihn »Darling«, und bald sagten viele Darling zu ihm. Sein Fluch war das Essen. Alles schmeckte ihm. Er wog in seinen schlechtesten Zeiten 147 Kilo.

Darling saß auf der Toilette seines Hotelzimmers, und als er aufstehen wollte, warf es ihn auf den Klinkerboden, gerade, dass seine massige Gestalt den Raum ausfüllte wie ein hoch aufgequollener Teppich. Er verlor das Bewusstsein. Als er wieder die Augen aufschlug, sah er den Feuermelder an der Decke. Er würde sterben und seinen Mann nie wiedersehen. Sie waren seit siebzehn Jahren zusammen, seit drei Jahren verheiratet, und nie war einer fremdgegangen. Dann wurde er wieder ohnmächtig.

Die Putzfrau fand Darling. Sie kniete sich vor ihn nieder und fühlte seinen Puls und rief nach Hilfe, zwei Männer kamen. Er konnte nicht aufgehoben werden, wie man normale Bewusstlose aufhebt. Die Sanitäter bemühten sich mit einer Spezialliege, die wurde unter seinen massigen Körper gepresst. Er wird es nicht überleben, sagte der eine. In Darlings Hosentasche fanden sie die Telefonnummer seines Mannes. Den riefen sie an, und Stunden später stand er in der Intensivstation des Spitals.

Darling war zu dieser Tagung gereist und konnte jetzt durch keinen ebenbürtigen Teilnehmer ersetzt werden. Sein Mann nahm seine schlaffe Hand. Mehr durfte er nicht. Der Monitor über dem Bett war dunkel. Schalten sie die Monitore ab, wenn der Mensch im Sterben liegt? Der Mann fing das Wort Tracheostoma auf, und sogleich suchte er auf seinem Handy den Begriff: Luftröhrenschnitt, das klang gefährlich, dann lieber das lateinische Wort.

Darlings Mann wurde fortgeschickt. Draußen warten, bitte. Was, wenn mein einziger Mensch nicht mehr ist, dann ist meine Welt leer. Er saß im Warteraum und betete sein einziges Kindergebet. Ein alter Vogel fällt erfroren von einem Ast. Darlings Pyjamas sind noch in der Reinigung. Da war doch auch noch ein Nachthemd, groß wie ein Leintuch. Wird Nachtwäsche vom Spital bereitgestellt? Haben die so große Stücke? Gibt es Näherinnen, die so ein Teil rasch nähen? Lesen wird er nichts können. Was für eine Musik will er hören? Seinen Brahms? Wie ist das nach der OP mit dem Hören? Ich weiß überhaupt nichts, dachte Darlings Mann.

Darling lag auf dem Tisch. »Wir wissen noch nicht, in welche Richtung es geht«, sagte einer der Chirurgen. »Ein Weichteilhämatom rechts wurde diagnostiziert, Zeichen einer akuten Blutung.«

Er denke, sagte der jüngste der drei Chirurgen draußen zu Darlings Mann, der Patient komme gleich vom Tisch. Was das heiße? »Das heißt: Operation abgeschlossen.«

Hatte er genügend Erfahrung, um das zu beurteilen? Lieber wäre Darlings Mann gewesen, ein erfahrener Chirurg, der mit dem grauen Bart und der Glatze, hätte diese Mitteilung gemacht.

Geduld. Geduld.

76   Der Zwilling

Als sein Zwilling gestorben war, der bescheidene, blasse, war der Übrig-
gebliebene erschüttert, so sehr, er hätte es sich nicht träumen lassen. Er
sah in den Spiegel und sah seinen Zwilling, den gerade verstorbenen, der
in einem Eichensarg ins Loch versenkt worden war. Der große Bruder,
zwei Jahre älter als die Zwillinge, einer, der mit Messebau sehr reich geworden war, besorgte diesen Eichensarg, ein Prestige, mit rotem Samt ausgelegt wie für einen Fürsten. Der Verstorbene war klein gewesen und mit
dem Alter noch geschrumpft, vom vielen Arbeiten. Er war Bäcker gewesen, hatte viele Mehlsäcke geschleppt, später war er Koch geworden, einer,
der delikate Speisen zubereiten konnte, Erfindungen in Sachen Soßen
machte und im Dessertsektor ein Meister war. Denke ich nur an seine Va-
nillespeisen, wird mir ganz angenehm. Ich habe ihn sehr gerngehabt, und
er mich auch. Einmal, auf einem Spaziergang im Herbst, gestand er mir,
dass er immer in mich verliebt gewesen war, aber weil sein Bruder mich
dann genommen hatte, resignierte er und heiratete eine Buchhändlerin,
die ihn zum Lesen verleitete.

Der übrig gebliebene Zwilling sah sich jeden Morgen im Spiegel an
und sah in sich seinen Bruder, den Verstorbenen. Tränen tropften aus seinen Augen. Er musste sich auf die Bettkante setzen, und trockene Schluch-
zer schüttelten seinen Körper.

Was habe ich alles nicht getan, warum habe ich mich nicht mehr um
ihn bemüht, warf er sich vor und vergrub sein Gesicht in dem Kissen, das
immer noch nach seiner Freundin roch, die ihn verlassen hatte.

Er hatte an seinen toten Zwilling die traurigsten Gedanken, er redete
mit seinen Freunden von den herrlichen Soßen, den Desserts. Er sagte
auch, mein Zwilling war ein tiefer Mensch, damit meinte er, dass er selber
nie so richtig tief gewesen war. So einer wollte er jetzt werden, um näher
bei ihm zu sein. Er tröstete die Witwe, die nach dem Tod ihres Mannes
aus dem echten Leben getreten war und nur mehr mit ihrer Katze redete.

Die Tigerkatze saß am Fenster und wartete auf ihre Leute. Den Herrn, der ihr von Weitem schon zuwinkte, wenn er vom Parkplatz auf sein Haus zuging. Kam er dann die Stiege hinauf, tapste sie ihm entgegen und schnurrte ihn an. Seine Frau gesellte sich dazu. Und da standen sie, die Familie: Mann, Frau, Katze.

Jetzt war er tot. Dieser gute Mann.

77 Die erste Lüge

Mann und Frau hatten ein Kind, Rosa. Sie war fünf Jahre alt und ein Zauber für die Eltern.

Es geschah, dass die Mutter an ihrer heiligen Zimmerlinde abgebrochene Blätter in der Erde fand. Wie das? Hatte ihre Rosa die Blätter abgezwickt?

»Rosa«, rief sie, »komm zur Mama!« Sie führte das Kind zur Zimmerlinde und fragte: »Warst du das?«

»Nein«, sagte Rosa, »war ich nicht.«

»Du kannst ruhig zugeben, dass du es warst. Sonst ist das eine Lüge. Ich bin zwar traurig wegen der Pflanze, aber ich verstehe dich. Jeder lügt einmal. Also, Rosa?«

»Nein!«

»Gib es zu! Wer soll das denn sonst gewesen sein?«

»Die Katze«, sagte Rosa.

»Mach es nicht noch schlimmer.« Die Mutter unterdrückte ihren Zorn. Das Kind hatte ihr noch nie Anlass zu Ärger gegeben. »Rosa!«

»Nein, nein!« Rosa stampfte auf und rannte weg.

Am Abend erzählte die Frau ihrem Mann von der Lüge. Der lachte nur und sagte: »Jeder lügt ein erstes Mal. Das ist ein Zeichen von Selbständigkeit. Eigentlich müsstest du sie loben!«

Die Mutter hatte sich so verrannt, dass sie jedes Mal, wenn ihr Rosa unter die Augen trat, wieder davon anfing.

Der Mann legte ihr die Hand auf die Stirn.

»Wann war deine erste Lüge?«, fragte er.

Die Frau dachte nach, und es fiel ihr nicht ein. Natürlich hatte sie gelogen, es hieß ja, jeder Mensch lügt mindestens drei Mal am Tag, aber an das erste Mal konnte sie sich nicht erinnern.

»Sie könnte es doch zugeben«, sagte sie. »Sie weiß, ihr wird nichts geschehen.«

Da erzählte ihr der Mann, warum es nicht mehr möglich ist, nach ein paar Lügen die Wahrheit zu sagen. »Ich war zum Babysitten bei Bekannten, damals vierzehn, ich rauchte heimlich. Das Baby schlief, und ich setzte mich vor den Fernseher, zündete mir eine an und fühlte mich wie ein Mann. Da schrie das Kind, ich muss wohl die Zigarette schief in den Aschenbecher auf dem Tischchen gelegt haben, denn als ich mit dem Baby im Arm zurückkam, war die Zigarette herausgefallen und hatte eine markante Brandwunde in den Tisch gesengt. Ich legte das Baby auf das Sofa und suchte nach Möbelpolitur und einem Lappen, rieb dann wie verrückt am Brandfleck herum, vergebens. Ich stellte den geputzten Aschenbecher darauf. Am nächsten Tag rief die Frau des Bekannten bei meiner Mutter an und fragte, ob mir dieses Missgeschick passiert sei. Meine Mutter war empört und sagte, der Emil raucht nicht. Der Bekannte traf mich auf dem Schulweg und sagte: Du kannst es ruhig zugeben, Emil, dass du das warst, ist ja auch nicht so schlimm, du kennst ja die Frauen, die sich über jeden Fleck aufregen. Nein, sagte ich, war ich nicht, ich rauch ja nicht einmal. Jedes Mal wenn ich nach dem Brandloch gefragt wurde, und das war oft, log ich es weg. Einmal steckte mir der Bekannte eine Schachtel Marlboro zu und sagte: Ich hab's zugegeben, ich war's.«

78   Die Haarspange

Was so eine Haarspange anrichten kann! Sie ist aus Horn, braun und gelb gesprenkelt, ein Leopard. Sie gehörte meiner Frau, und als sie verschwunden war, fand ich diese Spange in einer Bettritze. Meine Frau wurde zu meinem Gespenst. Ich muss dazusagen, sie verschwand ohne einen mir bekannten Anlass. Sie verschwand vom Nachtbett hinein in den Morgen und kam nie mehr zurück. Acht Jahre ist es her. Wir haben zum Glück keine Kinder, obwohl, hätten wir Kinder, sie hätten mich getröstet, und es ist nicht anzunehmen, dass eines davon mit ihr verschwunden wäre. Ich lebe in Trauer, so als wäre sie gestorben. Ihr Grab liegt auf unserer rechten Ehebetthälfte. Sie verstehen, dass ich hier nicht mehr schlafen kann. Ich betrete das Schlafzimmer nur mehr für Grabbesuche, lege Blumen nieder und bete in meinen Worten. Manchmal geraten mir aber die Worte so böse und zynisch, dass sie ein Gebet an den Teufel sind. Ich bin religiös, und das macht es mir besonders schwer, kann ich doch niemals verstehen, dass der liebe Gott mir so etwas hatte antun können. Trotzdem schwöre ich nicht ab. Ich hoffe. Mein einziger Bruder hat mir geraten, eine neue Frau zu suchen. Ich sage ihm, ich kann ja nicht wissen, ob sie noch lebt. Ich bin kein Betrüger. Gewiss, ich war bei der Polizei, habe ihr Verschwinden gemeldet. Ich musste ein Bild von meiner Frau dalassen. Der Beamte sah es sich genau an und grinste, sagte, sind Sie sicher, dass sie nicht mit einem anderen Mann davon ist, ich meine, wenn ich sie mir so ansehe, reizend, eine besonders anziehende Frau. Ich war gekränkt. Das war sie, eine besondere Frau. Ich weiß, sie war mir treu, und mein Bruder sagt mir, wie kannst du das wissen, du warst ja nicht an ihr festgeklebt. Sie hatte viel Zeit, wenn du durch den Wald gegangen bist …

Ich habe Ihnen noch nicht erzählt, dass ich von Beruf Waldaufseher bin, eine wunderbare Tätigkeit. Die Bäume sind meine Freunde, und stirbt einer ab, gebe ich ihm eine Gedenkminute.

Du hast sie ja kaum gekannt, sage ich zu meinem Bruder.

Und da sagt mein Bruder dieses kleine Wort »eben«, und ich sage zu ihm in fürchterlichem Zorn: Erklär mir dieses kleine Wort!

Da wiederholt mein Bruder das Wort »eben«, und er geht. Ich bin allein mit meiner Verzweiflung. Er weiß etwas, was ich nicht weiß. Ich halte die Haarspange in meiner Faust, ich drücke sie und spüre, wie ich sie kaputtgemacht habe. Zerdrückt. Ich habe keine Kraft, die Splitter aufzukehren. Ich gehe durch den Wald, der jetzt meine einzige Freude ist – mit meinem Bruder habe ich gebrochen –, und fühle mich so allein, so unendlich allein.

79 Verweilen

»Was meint man mit ›verweilen‹?«, fragt meine schwedische Freundin.

»Du kannst auch ›Muße‹ dazu sagen«, rate ich ihr.

Wir sitzen auf dem Campo San Giacomo in einem Straßencafé und beobachten die Leute.

»Wir zwei«, sage ich, »wir manifestieren die Muße.«

»Und auf lange Sicht«, fragt meine Freundin, »für ein Jahr zum Beispiel, kann ich das Wort ›Muße‹ auch verwenden? So dass der Frühling für mich länger dauert, bis in den Sommer hinein, weil ich das Frühlingsgefühl noch nicht abgeben will? Der Sommer ist so heiß. Im Herbst dann möchte ich bis in den Winter hinein noch diese Herbstlaune haben, auch wenn ich schon mit Stiefeln im Schneematsch spaziere.«

»Ich glaube«, sage ich, »da müssen wir wohl ein neues Wort dafür erfinden. Was hältst du von: ›pfoten‹? «

»›Pfoten‹, wie kommst du auf ›pfoten‹?«

»Weil du doch die Katzen so liebst, und die sitzen und liegen, so lang sie wollen, auf einem Platz. Da lag doch gestern diese scheckige Katze in dem verwunschenen Garten mit den zerbrochenen Krügen.«

»Und die hat ›gepfotet‹?«

»Das nehme ich wohl an«, sage ich.

Gerade schiebt ein alter Mann einen Margeritenbusch in einem Kinderwagen vorbei. Er geht vorsichtig, als wäre er barfuß auf Kieselsteinen. Die Wagenstange ist seine Gehhilfe. Ein Fußball fliegt, ein kleiner Bub rennt. Ein Mann mit Anzug nimmt den Ball auf, spielt weiter zu einem anderen Mann, der seine Frau loslässt und weiterspielt, der Ball hüpft in den Kinderwagen des alten Mannes auf den Margeritenbusch. Ein Mädchen mit Hochfrisur und Glitzerspangen holt den Ball aus dem Wagen, wirft ihn in hohem Bogen weg, tröstet den fluchenden, alten Mann. Der kleine Ballbesitzer weint und lässt sich zornig auf den Boden fallen.

Afrikaner verkaufen falsche Designertaschen, die wie echte aussehen.

Ein Carabiniere tritt auf und verfolgt die Afrikaner. Als sie ihn bemerken, schreien sie, und das ist der Warnruf für ihre Kollegen. In verschiedene Richtungen stürmen sie davon, ihre Taschen in Tücher eingewickelt.

Ein müder Mann bietet Aufziehhunde feil – sie laufen auf den Platz, Kinder wollen stehen bleiben und die Tiere geschenkt bekommen, die Eltern zerren sie fort. Lebendige Hunde bellen die Aufziehhunde an.

Ich stelle mir vor, wie der müde Mann am Abend heimkommt, und die Frau wird fragen: »Wie viel?« Er wird eine Zahl unter zehn nennen. Die Frau wird ihm stumm einen gefüllten Suppenteller hinstellen.

Meine Freundin und ich sitzen im Vaporetto, vor uns eine Familie, der Vater mit Schildkappe, mächtig breit, die Frau in einem Pullover mit Designermottenlöchern, das blonde Mädchen mit lockigen Haaren in einem federleichten Kleid. Sie sehen wie Amerikaner aus. Aber dann liest das Mädchen in einem italienischen Stadtplan – sie erinnert mich an P., wahrscheinlich wegen ihrer Blässe, ihrer zarten Gelenke.

Der Vater küsst die Mutter, die Mutter küsst das Mädchen. Eine Intimität zwischen den dreien entsteht wie in einer kleinen Schatulle. Ich traue mich kaum, hinzuschauen.

Dann läuten die Glocken, weil Sonntag ist.

Der Mann tat so, als kennte er mich, als wüsste er über mich Bescheid, was mir Angst machte, ich nämlich kannte ihn gar nicht.

Er sagte, als ich ihn im Zug traf: »Wir sind es so gewöhnt, uns vor anderen zu verstellen, dass wir es zuletzt selber glauben.«

»Ich kenne Sie wirklich nicht«, sagte ich mit Nachdruck. »Sie müssen sich irren.«

Ich setzte mich weit weg von ihm, so dass er mich nicht im Blick haben konnte, packte meinen Computer aus und begann zu schreiben. Nichts wollte mir gelingen.

Bald darauf kam der Schaffner und sagte, der Mann in der vordersten Sitzreihe lasse mir ausrichten, dass er mir das Geld zurückgeben wolle, das ich ihm vor Jahren geliehen hätte.

»Sagen Sie ihm«, bat ich den Schaffner, »er müsse mich mit jemand verwechseln, und er soll mich in Ruhe lassen.«

Ich packte meine Sachen und ging ins nächste Abteil. Wird es so werden, dass dieser Mensch meinen Tag kaputtmacht? Ein neuer Fahrgast setzte sich mir gegenüber, eine Frau um die vierzig, und bald sagte sie, im vorderen Abteil sitze ein Mann, dem ich etwas schuldig sei. Ich erklärte die Situation, und zu mir habe er gesagt, er schulde mir etwas.

»Das ist wahrscheinlich ein neuer Trick«, sagte sie, die Frau mit dem vielen Gepäck. Sie fahre nach Wien und von da aus nach Warschau, dort wohne ihre Mutter.

»Sind Sie Polin?«, fragte ich.

Die Frau hatte eine polnische Mutter und einen österreichischen Vater, die beiden hätten sich nach ihrer Geburt getrennt. Sie fahre jeden zweiten Monat zu ihrer Mutter und bringe ihr alles, was auf der Liste steht.

»Die Liste«, sagte sie, »gibt sie mir mit, wenn ich von Warschau wegfahre. Unsinnige Sachen stehen darauf, auch solche, die sie in Warschau kaufen könnte. Zum Beispiel will sie wiederholt Herrenhemden, Größe XL, Herrenunterwäsche und Socken. Die Frage, ob sie einen Freund habe, verneint sie. Sie könnte einen haben, sagt sie, nämlich den Mann vom Erdgeschoss, der schaue sie immer so freundlich an. Sie ist verwirrt, meine Mutter, aber ich bringe ihr die Herrensachen, die mein Mann nicht mehr tragen will. Ich bringe sie in die Reinigung und verpacke sie sorgfältig, man könnte meinen, sie seien neu.«

»Und was macht sie mit den Herrensachen?«, fragte ich.

Sie staple die Sachen übereinander, ein Turm sei das inzwischen. Er stehe vor ihrem Bett, und manchmal falle er um.

»Diesmal«, sagte die Frau und zeigte auf ihr großes Gepäck, »wird das meine letzte Fracht sein, ich will ihren Wahn nicht mehr unterstützen.«

»Das klingt schwer nach Einsamkeit«, sagte ich.

Da sehe ich den Mann vom vorderen Waggon, und er kommt direkt auf mich zu.

Die Frau schaut ihn an und sagt:»Mein Herr, nehmen Sie Ihre Sachen gleich mit, sie sind gereinigt und gewaschen, es ist Ihre Größe: sieben Herrenhemden, Socken, neue Unterwäsche. Alles ist in dieser Tasche. Zugegeben, die Tasche sieht schäbig aus, aber das lässt nicht auf den Inhalt schließen.«

Da verbeugt sich der fremde Mann vor ihr, nimmt die Tasche und geht davon. Mich würdigt er keines Blickes.

»Meister, gib uns Arbeit an!«, riefen die Kinder. Sie standen in einer Reihe und schauten auf eines vor ihnen, das den Meister spielte. »Was für eine Arbeit?«, fragte der kleine Meister, und die Kinder riefen: »Schöne, schlanke, feine. Zeig sie einmal!« Dieses Spiel spielten die Kinder auf dem Spielplatz, unter den Kastanienbäumen in Regenmänteln, denn es regnete. Der kleine Meister trat vor die Kinder hin, zog seine Kapuze herunter, machte mit den Fingern eine Schere und fuhr durch seine Haare. »Frisör«, schrien die Kinder. Das war zu leicht gewesen.

Da sah der kleine Meister, als er gerade einem Mädchen das Leibchen aus der Jeans zog und mit der Hand – einem Skalpell – ihren Bauch aufschnitt, etwas, was ihn erschreckte. Er sah einen Mann. Der beobachtete die Kinder und ihr Spiel. Plötzlich öffnete er seinen Regenmantel, und darunter war er nackt. Der kleine Meister lief zur Kindergartentante und flüsterte ihr ins Ohr. Der Mann stand immer noch am Baum, sein Regenmantel war jetzt wieder geschlossen. Die Tante marschierte auf ihn zu, drohend, da drehte er sich um, packte sein Rennrad, das am Hexenhäuschen lehnte, und raste davon. Das war für sie der Beweis seiner Schuld. Sie erzählte die Begebenheit ihrer Vorgesetzten, und diese verfasste am selben Abend ein Mail an die Eltern.

Das Kind, das als einziges den Mann nackt gesehen hatte, der kleine Meister, flüsterte seiner Freundin ins Ohr, und diese wiederum ihrer Freundin, und bald waren die Lieblingswörter im Kindergarten »nackig« und »Zipfel«.

Das Mail lautete: »Es hat sich heute auf dem Spielplatz Folgendes zugetragen: Ein Bub aus meiner Gruppe, Kevin B., ein glaubwürdiges Kind, kam erschrocken zu der Kindergartentante Miriam Klocker und flüsterte ihr ins Ohr, er habe einen Exhibitionisten gesehen, Kevin sagte wörtlich: ›Ein Mann, wo nackig war, und den Zipfel hab ich auch gesehen.‹ Ich bin der Meinung, dass so etwas abträglich für die Entwicklung unserer Kinder ist, und bitte Sie deshalb, das beiliegende Schreiben zu unterzeichnen. Ich werde eine Anzeige einreichen.«

Die Mutter des Kevin B., eine alleinerziehende Frau, war im Zweifel, ob sie unterschreiben sollte, genierte sich aber, eine andere Mutter zu kontaktieren, um sich mit ihr zu beraten. Sie unterschrieb mit ungutem Gefühl und dachte bei sich: Der arme Mann, ist ja eigentlich harmlos, sagt jeder Experte, und vielleicht hat Kevin ja auch geschwindelt. Er schwindelt oft, weil er sich im Mittelpunkt sehen will. Das liegt daran, dass sein Vater uns verlassen hat. Das alles wissen die Frauen im Kindergarten nicht.

»Ich kann einfach nicht«, sagte die Frau, »bitte!« Es hatte an der Tür geläutet, und eine Freundin stand draußen.

»Ich kann einfach nicht«, sagte die Frau wieder.

»Jetzt hat sie dich schon gesehen, du kommst nicht aus, ist doch nicht so schlimm, sie will nur Gutes, ist doch deine Freundin, sei nicht so komisch«, sagte der Mann.

»Du weißt, dass ich das jetzt nicht kann«, sagte die Frau und zitterte ein wenig. »Wir haben oft schon darüber gesprochen.«

»Und, was soll ich ihr jetzt sagen?«

»Sag, dass ich nicht kann.«

»Das ist doch einfach lächerlich, geh jetzt an die Tür und erkläre dich. Das bist du deiner Freundin schuldig.«

Die Freundin stand immer noch an der Tür.

»Sie sagt, sie kann nicht«, sagte er, »sie wird sich wieder erholen.«

»Aber ich weiß nichts, ich mache mir Sorgen, was ist denn passiert, hat das mit mir zu tun?«

»Gewiss nicht«, antwortete der Mann, der bereits ungeduldig war. »Lassen wir es einfach vorläufig.«

Die Freundin wischte sich Tränen fort, und der Mann überlegte sich, ob er sie hereinbitten sollte, auf einen Whiskey vielleicht, aber dann würde die Sache noch viel komplizierter werden. So drehte er sich einfach um und schloss die Tür.

Seine Frau lag in der hintersten Ecke.

»Das kann nicht so weitergehen«, sagte er und versuchte, sie aufzuknöpfen, »aufknöpfen« ist das richtige Wort, denn sie hatte sich so in sich eingeigelt, dass man nur Beine, Knie und Haare sah. Sie wehrte sich.

»Dann eben nicht.« Der Mann ging zu seiner Arbeit zurück, konnte sich aber nicht mehr konzentrieren. Er rief bei seinem Arzt an und erzählte den Vorfall.

»Lass sie einfach«, sagte der Arzt, »sie wird sich schon wieder beruhigen.«

»Beruhigen weshalb, es gab keine Aufregung.«

»Sie soll regelmäßig ihre Tabletten nehmen, dann wird sich ihre Sache klären.«

»Und wird sich meine Sache klären?«, fragte der Mann. »Ich weiß bald nicht mehr, wie ich heiße.«

Seine Frau saß jetzt in der Küche und schälte Kartoffeln. Sie fühlte sich schlecht. Wenigstens wollte sie ihrem Mann Kartoffelpüree kochen, was er liebte. So als Zeichen ihres guten Willens. Dann aber legte sie den Schäler beiseite, ließ alles liegen und schrieb einen Brief an ihn, den wollte sie durch den Türspalt seines Arbeitszimmers stecken. Er würde den Brief nicht lesen, er kannte nämlich den Inhalt. Es war nicht der erste Brief, der ihn auf diese Art erreichte. Er würde sich heute Abend mit Freunden auf ein Bier treffen. Sie würde sich ins heiße Bad legen, sich hübsch machen und auf ihn warten. Alles schon gehabt.

In dem Brief stand aber diesmal etwas Abgeschriebenes: »Ein Raubtier, das sich von Adlern und Löwen ernährt, braucht eine Heimat von der Größe ganz Schottlands.«

83 Mädchen mit Handy

Auf einer Bank am Bahnhof – wir warteten auf den Zug. Ein junger Mann holte Erdbeeren aus seinem Rucksack; sie sahen nicht mehr frisch aus. Er hielt mir die Pappschale hin, und gerührt wegen seiner Höflichkeit nahm ich eine angefaulte Beere. Das Mädchen zu meiner Linken lehnte ab. Sie wirkte nervös und tippte in ihr Handy, es schien aber keine Verbindung zu klappen. Endlich dann – sie hatte eine Piepsstimme, und ich dachte mir, könnten Mäuse sprechen, hätten sie ihre Stimme, zudem hatte sie ein Mausgesicht, eine Stupsnase und schimmernde Knopfaugen.

»Nicht dein Ernst«, hörte ich sie sagen, dann lange nichts. Sie wischte sich über die Augen und krümmte ihren Oberkörper. Sehr leise sagte sie: »Aber warum denn, was habe ich dir getan?«

Lange Pause.

Dann: »Einfach so, einfach so, einfach so!«, schrie sie beim dritten Mal und schaute in meine Richtung. Ich versuchte, unsichtbar zu sein.

»Weil es so ist, weil es so ist.« Ein paar Mal wiederholte sie diese Wendung.

»Und das, was war zwischen uns?«, sehr leise, »Das Versprechen?«

Jetzt weinte das Mädchen. Sollte ich aufstehen, weggehen, meinen Koffer wegschieben, so als hätte ich gar kein Mitleid mit ihr? Es ging mich nichts an. Der Zug würde erst in neun Minuten eintreffen. Das Mädchen schluchzte in ihr Handy. Ich hätte ihr sagen wollen: Beenden Sie das Gespräch, Sie machen es nur noch schlimmer.

Sie würde sagen: Schlimmer als was? Schlimmer geht nicht. Er hat mit mir Schluss gemacht, er ist jetzt mit meiner besten Freundin zusammen. Oder: Er hat eine, die ich nicht kenne, ich bin ja auch so hässlich. Und ich dachte: arme Mäusefrau. Sie wird sich unter ihrem Sofa verkriechen und nicht mehr herauskommen.

Oder er hat ihr gesagt, dass er schwul ist, dann hätte sie wenigstens keine Konkurrenz, und schuld am Ende wäre sie auch nicht.

Bald klingelte das Handy. Sie erschrak. Lange sagte sie nichts. Dann: »Deinen Norwegerpulli? Es ist doch Sommer! Den hab ich für dich gestrickt. Er gehört jetzt nicht mehr zu dir. Den werde ich dir nicht geben!« Ihre Stimme klang fest und hart.

Ich würde ihr sicher nicht sagen, dass sie noch jung ist und alles Schlimme vergeht, wie Kopfschmerzen vergehen, ich würde mich daran erinnern, dass das erste Verlassensein das schlimmste ist. Ein Erinnerungsfetzen berührte mich. Ich hoffte für sie, dass sie nicht auf die Idee käme, sich das Leben zu nehmen. Sie sah so empfindlich aus. Aus Trotz womöglich.

Plötzlich warf sie ihr Handy auf die Schienen. Da lag es unten und war nicht zerschmettert.

Wir hatten beide nicht bemerkt, wie der Mann mit den Erdbeeren das Handy heraufgeholt hat. Es war dann einfach neben ihr auf der Bank gelegen. Sie hat es nicht angerührt. Der Zug ist eingefahren, und wir sind eingestiegen, haben uns auf verschiedene Plätze gesetzt, so als hätten wir nichts Gemeinsames erlebt.

84 Nachtwächter

Der Nachtwächter wollte alles richtig machen. Er arbeitete in einem Hotel und war darauf bedacht, nicht einzuschlafen. Von einer Kollegin war er schlecht instruiert worden. Sie hätte seine Enkelin sein können, sie erklärte schlampig und schnell und setzte voraus, dass der neue Nachtwächter bereits alles wusste. Er fragte ein paar Mal nach, wie das mit dem Weckruf funktioniere. »Drücken Sie auf das Display«, sagte die Frau, »das Weitere ist klar.«

War aber nicht klar.

Nach dem zweiten Fragen sagte die junge Kollegin in einem frechen Ton: »Ob Sie sich einmal von einem Arzt untersuchen lassen sollten, ob es mit dem Kapieren so seine Ordnung hätte?«

Das kränkte den Nachtwächter sehr. Er war beliebt bei den Gästen, konnte sich gut in Englisch verständigen, und jedem nahm er gern die Zeit ab.

Einmal kamen Gäste ins Haus, reiche Leute aus Kuwait, eine ganze Sippschaft mit Kindern. Der Nachtwächter zeigte ihnen die Zimmer, brachte, was er konnte und wusste, da verlangten die Gäste Decken und Kissen, Zusatzdecken und Zusatzkissen. Der Nachtwächter war überfragt. Niemand hatte ihm gesagt, wo diese Dinge gelagert werden. Er rief die junge Kollegin an – ihre Nummer hatte er für Notfälle – und fragte, wo sich Decken und Kissen befänden. Sie sagte ihm, in welchem Zimmer, aber weil es ein Haus mit vielen Zimmern und vielen Stockwerken war, gab sie ihm nicht ausreichend Bescheid. Als er noch einmal nachfragen wollte, hatte sie schon ausgeklickt.

Die Gäste aus Kuwait warteten. Er vertröstete sie, nahm aus seinem eigenen Zimmer Decke und Kissen. Die aber genügten nicht. Er rief die Kollegin ein zweites Mal an. Sie nahm nicht ab. Ließ ihn einfach hängen. So ging er gesenkten Hauptes zu den reichen Gästen aus Kuwait und sagte, dass er ihnen nicht entsprechen könne. Er redete lange mit den

Leuten, sein Englisch ermüdete ihn, und manches verstand er selbst nicht.

Als er in seinem Zimmer auf seinem decken- und kissenlosen Bett saß, überfiel ihn Zorn, und er empörte sich über den mangelnden Respekt. Er sprach beim Vorgesetzten vor und erzählte ihm von dem Missgeschick. Der beruhigte, das könne schließlich einmal vorkommen, er wolle mit der jungen Kollegin reden.

Die Kollegin tat eingeschnappt und konnte dem Nachwächter nicht ins Gesicht sehen. Auf dem Nachhauseweg fuhr er in Gedanken und ziemlich langsam. Die Polizei verfolgte ihn. Er musste ins Röhrchen blasen, umsonst, er hatte keinen Alkohol getrunken. »Wenn Sie so langsam fahren, behindern Sie den Verkehr«, sagte der Polizist.

Am nächsten Tag fuhr er in normalem Tempo, da kam aus dem Nichts ein Traktor mit seinen Riesenrädern, und hätte der Nachtwächter gerade in diesem Augenblick nicht seinen Schutzengel an der Seite gehabt, wäre er jetzt tot.

85   Fremde Liebesbriefe

Am Vormittag brachte mir ein Freund einen Korb voll mit Liebesbriefen aus vergangener Zeit.

»Material zum Schreiben«, sagte er.

Am Abend dann las ich. Drei Männer schreiben einer Frau. Alle drei sind in sie verliebt, ziemlich heftig. Die Frau würde mich interessieren. Wie sah sie aus? Wie alt war sie? Welchen Beruf übte sie aus? Was für Briefe hat sie den drei Männern zurückgeschrieben? Hat sie einen der drei erhört? Alle drei sprechen von Verlobung und Heirat, von Kindern sogar. Das Problem ist nur, dass die Briefe allesamt langweilig sind. Und da fragte ich mich, hat sie wirklich einen von denen genommen? Ich kann mir nicht vorstellen, dass man sich für einen Mann entscheidet, der mit so vielen Worten so wenig zu sagen hat. Sicher, Sie werden sagen, da gibt es ja noch andere Qualitäten. Gebe ich Ihnen recht, keine Frage. Die Briefe sind fehlerlos, orthografisch, grammatisch – aber der Inhalt! Ich werde ein Kunstwerk daraus machen, weil die Handschriften schön sind. Die eine sieht feminin aus, die andere kraftvoll, die dritte ist so schräg, dass sie auf den Zeilen liegt (könnte das Hingebung signalisieren, oder schrieb dieser Mann Amtsbriefe in gleicher Weise?).

Am Nachmittag vor dem Supermarkt sprach mich ein Mann an. Ich kenne ihn vom Sehen, sah ihn schon auf der Straße und am Friedhof. Er zieht ein Bein nach.

»Haben Sie eine Minute Zeit für mich?«

Ich stellte das Fahrrad neben mich. »Ja, bitte?«

»Es ist so«, sagte der Mann, »ich lebe seit langer Zeit allein, ich vermisse eine Frau, verstehen Sie mich nicht falsch, ich brauche die Frau nicht für die Hausarbeit, das kann ich alles selber machen. Ich wünsche mir eine Frau, die es gut mit mir meint, und ich würde es nicht minder mit ihr meinen. Ich kannte da ein Dirndl, sehr hübsch, sie zog zu mir und war auch zärtlich. Dann aber merkte ich, dass sie trank. Schon am Morgen begann sie mit dem Trinken. Das gefiel mir gar nicht, das machte mich traurig, und so musste ich sie wieder fortschicken. Verstehen Sie, ich will eine ganz normale Frau. Verstehen Sie das?«

Ich nickte und wollte schon wegfahren, da hielt er mein Rad fest.

»Empfinden Sie es als einen Mangel, dass ich ein Krüppel bin?«

»Sie haben doch nur ein kleines Handicap, das haben viele Menschen, das ist sicher kein Problem«, sagte ich.

Er bedankte sich. Er war sorgfältig gekleidet, und seine Fingernägel sahen maniküurt aus.

»Also dann«, sagte ich.

»Moment! Einen Augenblick noch! Sind Sie verheiratet?«

»Ja«, sagte ich schnell, »und ich habe einen guten Mann.«

»Das ist schade.«

»Wieso ist das schade?«

»Schade für mich«, sagte er und gab mir den Weg frei.

Einem, wie jeder glaubte, von allem Unheil verschonten Paar passierte Folgendes:

Der Mann, ein erfolgreicher Musiker, und seine Frau, seine Managerin, beide zwanzig Jahre verheiratet, waren unterwegs zu einem Konzert nach Prag. Die Frau erledigte Geschäftliches vom Hotelbett aus, der Mann verabschiedete sich in die Stadt. Sie wollten sich am alten Marktplatz im *Café Milena* zum Essen treffen.

Als die Frau, um Minuten verspätet, eintraf, sah sie ihren Mann an einem Ecktisch mit einer jungen Person sitzen, einer Musikstudentin, wahrscheinlich. Die Frau begrüßte ihren Mann und gab der Studentin die Hand. Die hatte ihre Beine übereinandergeschlagen, trug ein seidiges Sommerkleid und lächelte. Blond war sie mit einer helmartigen Frisur wie aus der *Vogue*.

»Elena«, sagte sie und machte tatsächlich einen Knicks wie eine Schülerin. Das fand die Frau schon ziemlich infantil, und sie schärfte ihre Sinne und beobachtete dabei ihren Mann. Obwohl sie sich noch nie gedacht hatte, dass er sie betrügen könnte, ging ihr das jetzt durch den Kopf. Und zwar in vielen Einzelheiten. Sie nahm Platz und befahl sich, vernünftig zu sein. Die Studentin huschte zur Toilette, sie war barfuß und hatte an beiden Fersen eine Tätowierung.

»Sie studiert Klavier«, sagte ihr Mann, »will sich einige Tipps bei mir holen.«

»Was denn für Tipps«, sagte die Frau, »findest du das nicht etwas merkwürdig?« Sie inspizierte seine Augen und sah auf seine nervösen Finger. Sie nahm ihren Terminkalender und las ihm mögliche Gigs vor.

»Können wir das nicht später machen«, sagte er, und er sagte auch noch »meine Brave«.

Da kam die Studentin zurück, sah aus, als hätte sie sich die Zähne geputzt. Unvermittelt stellte sich die Frau einen Zungenkuss vor.

Sie besiegte ihre Zweifel und verabschiedete sich. Dann im Hotel überfiel sie eine solche Unrast, dass sie nur auf und ab gehen konnte. Sie badete, legte sich ins Bett, nahm aus der Medikamententasche ihres Mannes eine Xanor und schluckte sie mit Whiskey aus der Minibar. Es hatte keinen Sinn. Sie kleidete sich an und ließ sich mit dem Taxi zum *Milena* fahren. Dort strich sie wie eine Katze um das Café, und als sie eintrat, sah sie ihren Mann vorgebeugt auf die Studentin einreden.

Sie festigte ihren Schritt, ihre Absätze klapperten, sie stand vor den beiden und sagte zu ihm: »Hast du schon gegessen, ich hätte nämlich Hunger«, und sie setzte sich. An der Studentin sah sie vorbei. Der Zungenkuss fiel ihr wieder ein, und die Speisekarte in ihrer Hand zitterte.

»Lass uns noch ein Weilchen«, sagte ihr Mann. »Ich kann jetzt nichts essen. Mach einen Spaziergang, oder schau dir die Kafka-Galerie im Erdgeschoss an.«

»Du weißt, dass ich diese Scheißgalerie im Schlaf kenne!« Sie klang ziemlich scharf, ja.

Die Studentin kippte beinahe ihren Stuhl um, als sie aufstand und davonlief.

Und was passierte dann? Der Musiker beeilte sich, sie einzuholen.

87 Filas Geburtstag

Frau Montebello war zum Ausgehen bereit, Regenmantel, Regenhut, rote Lippen.

»Guten Morgen, Fila, schön, dein liebes Gesicht zu sehen. Ich muss in die Apotheke, mein Mann liegt im Wohnzimmer auf dem Sofa, geh zu ihm und halte ihm die Hand.«

Herr Montebello war hinfällig und konnte weder gehen noch stehen, im Glücksfall konnte er kurz aufsitzen.

»Bitte«, sagte Fila, »können wir es nicht umgekehrt machen, ich gehe in die Apotheke, und Sie halten Ihrem Mann die Hand?«

»Das geht nicht, das geht nicht, ich muss einmal wieder an die Luft, sonst werde ich wahnsinnig.«

»Ich habe heute Geburtstag«, sagte Fila.

»Ich bring dir etwas Schönes mit.«

»Bitte nicht, Frau Montebello, gehen Sie nicht noch in ein anderes Geschäft, das dauert mir zu lange. Muss ich ihm die Hand halten?«

Frau Montebello beeilte sich wegzukommen. Fila stellte sich vor das Sofa und begrüßte Herrn Montebello. Sie setzte sich mit halbem Hintern auf Höhe von Herrn Montebellos Beinen, nämlich so, dass sie weit weg von seiner Hand war. Es roch nach Sterben. Eine Wolke um den Mann herum roch nach Sterben.

»Ich habe heute Geburtstag«, sagte sie.

»Wenn das so ist, Fila, öffne die obere Schublade der Kommode, da muss eine schwarze Geldbörse liegen. Wie alt bist du geworden?« Sprechen konnte Montebello noch tadellos, nur sehr leise, mehr Luft als Ton, aber die Sätze waren in Ordnung,

»Soso, also neun Jahre bist du alt. Nimm neun Zehner heraus, für jedes Jahr einen Zehner, an deinem zehnten Geburtstag bekommst du dann einen ganzen Hunderteuroschein.«

Fila zählte die Banknoten.

»Ich bekomme keine neun Zehner zusammen«, sagte sie.

»Dann nimm einen Hunderter, tun wir so, als wärst du schon zehn. Möchtest du schon zehn sein?«

»Ich möchte vierzehn sein«, sagte Fila.

Sie starrte auf die Wanduhr, siebzig Minuten waren bereits vergangen, und Frau Montebello war immer noch nicht da.

Endlich hörte sie den Schlüssel im Schloss. Sie hatte gar nicht bemerkt, dass sie eingeschlossen worden waren.

»Hallo, ihr Lieben«, sagte Frau Montebello gut gelaunt. »Ich muss euch etwas zeigen«, und Fila dachte, bin gespannt, was sie mir gekauft hat. Aber es war kein Geschenk für Fila. Frau Montebello zog aus einem Seidenpapier eine rosa Bluse mit Schleife und hielt sie sich vor den Regenmantel: »Und?«

»Führ sie uns vor«, sagte Herr Montebello.

»Ich werde dringend zu Hause erwartet«, sagte Fila.

Frau Montebello gab Fila einen Zehner.

»Ach ja«, sagte Fila, »den Zehner muss ich Ihrem Mann geben, er hat mir nämlich für jedes Jahr einen Zehner geschenkt, und ich bin erst neun.«

Sie legte den Zehner auf die braune Wolldecke und ging.

Sie war die Frau, die, wann immer sie auf einer Wiese stand und sich bückte, einen Glücksklee fand. Sie hatte weit über hundert in einer Zigarrenkiste ihres Mannes aufbewahrt. Man hätte meinen können, sie wäre überbeschenkt von Glück, was aber nicht stimmte. Sie war eine frustrierte Frau. Sooft es sich anbot, schenkte sie Bekannten einen ihrer Glücksklees. Die hatten wohl Glück, zumindest der eine oder andere, Wunschkinder wurden geboren und Ehemänner gefunden.

Es war in Sofia, Bulgarien, und ziemlich ungemütlich. Die meisten Leute plagten sich mit dem Überleben. Der Mann, ein Fremder, der seit zehn Jahren in der Stadt lebte, hatte sich noch immer nicht an den Machismo hier gewöhnt. Er liebte eine Frau, und sie hätte ihn geliebt, wäre er männlicher gewesen. Sie fand, ein Mann müsse den Ton angeben. Ihm, von emanzipierten Frauen geprägt, fiel es schwer, sich zu ändern, denn er wollte sich ändern. Ihr zuliebe. Das war leicht gesagt. Ihr Mann schlug sie, wann immer etwas nicht passte, und beinahe täglich passte etwas nicht, er prügelte auch seine Kinder, damit würde sich der Fremde nie abfinden. Sie war von zu Hause fortgeschlichen, um sich mit ihm zu treffen, immer und immer wieder. Sie genoss seine Zuwendung und Zärtlichkeit, besonders die kleinen Geschenke. Der Fremde wollte sie ganz für sich, gern hätte er auch ihre Kinder genommen und für sie gesorgt.

Jetzt sah er sie auf der anderen Seite der Straße. Sie winkte ihm mit etwas in der Hand. Er sah nicht, was es war, er wusste es. Glücksklee. Er blieb auf seiner Seite, sie blieb auf ihrer Seite und winkte und winkte, kam schließlich über die Straße gelaufen, ihr Gesicht gerötet, Locken hatten sich aus ihrer Frisur gelöst.

»Du kannst bei mir wohnen«, sagte sie. »Er ist weg.« Sie drehte sich, und da sah er, dass sie am Ohr verletzt war.

»Was ist mit den Kindern?«, fragte er.

»Die Kinder«, sagte sie, »freuen sich auf dich.«

Der Fremde wurde schwach und zog bei ihr ein. Er kochte und wusch ihr die Wäsche, weil sie ja arbeiten ging und er, freischaffend, wie er war, zu Hause arbeitete. Sie aß mit Genuss sein Essen und zog die gebügelten Blusen an. Die Kinder waren sehr zufrieden und pfiffen in der Wohnung. Die Frau war in der Liebe nicht bei der Sache. In vielen seiner Bücher lag gepresster vierblättriger Klee. Eines Nachts kam ihr Ehemann, ein selbstverliebter Säufer, der es nicht dulden konnte, dass seine Frau einen Andern hatte, so sein Scheitern sichtbar wurde und seine Kinder von einem Vater erzählen konnten, der nicht er war. Deshalb schlug er den Fremden halb tot. Dieser kroch aus der Wohnung. Kaum erholt, kaufte er sich ein Ticket und flog nach Wien. Ein hauchfeiner Film zog sich über sein Gemüt und blieb dort haften.

89 Königin des Augenblicks

Die Königin des Augenblicks zeigte mir, wie es hätte sein können. Ich sah Pfeile am Himmel, die auf mich zielten, aber anstatt mich zu fürchten, erhellte sich mein Gemüt auf so erstaunliche Weise, dass ich, depressiver Mensch, der ich bin, aus dem Haus lief und den Himmel anschrie. Das gefiel meinen Nachbarn nicht, und so wurde ich in eine Zwangsjacke gesteckt und weggesperrt. Ich tue niemandem etwas. Ich hätte so gern die Pfeile weiterverfolgt. Die Tabletten aus der Anstalt behalte ich kurz im Mund, um sie dann, kaum dass die Schwester weg ist, in eine gewisse Topfpflanze zu spucken und einzugraben. Ich beobachte die Pflanze stetig und meine, Veränderungen an ihr zu bemerken. Sie mutiert. Zweige schießen aus ihr heraus, wo keine sein sollten. Keiner außer mir scheint das zu bemerken. Ich bin gespannt auf die Blüte.

Ein Freund in der Anstalt kennt sie auch, die Königin des Augenblicks. Sie liegt, so sagt er mir, sekundenlang in seinem Bett, und wenn sie wieder fortfliegt, flüstert sie von der Decke. Ihn seinerseits haben Pfeile am Himmel noch nie gestört, allerdings waren sie auch nicht auf ihn gerichtet.

Wir beide gemeinsam fanden eine Insassin, eine figurbetonte Frau, der wir von unseren Geheimnissen erzählten. Sie glaubte uns nicht. Sie wird bald entlassen. Daran wird es liegen, sie will es sich am Ende mit niemandem mehr verderben. Mein Freund findet es abstoßend, dass die Frau sich ständig kratzt, da könnte sie noch so schön sein, sagte er, das törnt mich ab.

Ich wurde in der Küche eingeteilt, schälte Kartoffeln und Karotten. Mein Freund schnitt sie klein und warf sie in den Suppentopf. Wir arbeiten sehr gut zusammen. Man vermutet Böses, weil wir uns so gut vertragen, und deshalb will man uns trennen. Mich mit dem Besen in die Korridore, er kann in der Küche bleiben.

Er macht das genauso mit den Tabletten wie ich, seine Topfpflanze mutiert wie die meine. Das könnte eine Zucht werden, sage ich zu ihm.

Wie das auch passend ist, sagt er, Zuchtpflanzen in einer Zuchtanstalt, wo die Ordnung das Wichtigste ist. Übrigens, die Blüte ist orangerot, sensationell! Was gestern passierte, erstaunte uns beide. Die entlassene Frau kam freiwillig wieder zurück und redete laut über die Königin des Augenblicks. Sie schrie und biss den Pfleger. Da legte man sie in das Netzbett. Wir wollten versuchen, ihr die Tabletten abzunehmen, und sie dann in eine dritte Versuchspflanze einarbeiten. Meinem Freund gelang es. Aber was dann passierte, erschütterte uns. In einer einzigen Nacht gab diese Pflanze ihren Geist auf.

90 *Ein Faustschlag*

Mitten ins Gesicht traf ihn ein Faustschlag, zwischen die Augen auf die Nase. Er stürzte zu Boden.

Das geschah an einem Samstag, gerade als das Maß voll war. Die ganze Woche hatte sich der junge Mann mit elendem Liebeskummer herumgeschlagen und jetzt, symbolhaft, die Zerstörung, mitten ins Gesicht. Es waren zwei. Sprachen eine Sprache, die er nie gehört hatte. Das Wort »Handy« kannten sie. Sie wollten sein Handy, waren dann so frustriert, dass er nur ein altes hatte, und schmetterten es in hohem Bogen auf die Straße.

Es war beinahe das Ende der Nacht, vier Uhr früh. Er war auf dem Nachhauseweg von einem Freund. Hatte ihm sein Leid geklagt, der hatte geraten, sich abzulenken. »Auf dich«, hatte er gesagt, »warten Frauen, die ich namentlich kenne. Soll ich sie nacheinander anrufen, dass du sie ausprobieren kannst?« Der Freund hatte das gesagt, um ihn abzulenken. Fast wäre es zu einem Streit gekommen, weil der junge Mann sagte, schließlich habe er sie geliebt und keine andere Frau könne sie ersetzen, jedenfalls lange, lange nicht. Er war dann fortgegangen, den Kopf gesenkt, war schon eine halbe Stunde durch die feuchte Nacht marschiert, er fror, hatte keine Handschuhe, und seine Jacke war zu dünn. Da sah er zwei Männer auf sich zukommen, dachte sich, die sind betrunken. Und ehe er sich's versah, hatte ihm der eine schon die Faust mitten ins Gesicht gerammt. Der zweite sagte: Handy. Sie redeten diese Sprache, die er nie gehört hatte, Tschetschenisch, dachte er sich wie ein Blitz, ein Mensch ist nichts wert, sie werden mich töten. Er lag am Boden, aus seiner Nase spritzte Blut, versaute seine zu kalte Jacke, machte Flecken auf der Hose, in den Haaren, die Haare klebten an der Stirn. Er kroch in die Höhe und schaute nach allen Seiten, sah das zersprungene Handy, dachte, wenn sie mir weiter auflauern? Er fand eine Münze und rief bei seinen Eltern an. Es reichte nur für den Satz: Habe so Angst.

Der junge Mann läutete bei seinem Bruder, der schlief so tief und hörte nichts. Die Eltern hatten die Polizei verständigt und die Wohnadresse des jungen Mannes durchgegeben. Gleich waren die Polizisten zur Stelle, fanden den jungen Mann auf der Straße, leisteten Erste Hilfe, riefen die Rettung. Sie waren schwer in Ordnung, die Polizisten, und der junge Mann sagte zu sich, nie mehr ein blödes Wort über die Polizei. Er wurde ins Krankenhaus gefahren.

Sein Bruder holte ihn aus dem Krankenhaus, kümmerte sich um ihn, tröstete ihn mit einer Geschichte, die ihm passiert war, ähnlich, aber nicht ganz so brutal.

91 *Räuberbrüder*

Der Eine hatte beim Anderen Schulden, und er konnte sie nicht zurückzahlen, knapp hundert Euro. Der Andere sagte, du musst dir etwas einfallen lassen, ich brauche das Geld. Da hatte der Jüngere die Idee mit dem Überfall. Er kannte die Tankstelle, kaufte dort Zigaretten. Er war kein Neuling, vorbestraft in einigen Disziplinen, leider war er nicht wirklich schlau. Das ist ein Grundproblem, dass die meisten Verbrecher dumm sind. In Kriminalromanen ist oft von klugen Gaunern die Rede, das ist die pure Romantik. Früher oder später kriegt man euch.

Schwarze Kleidung für einen Räuber scheint ideal. Die Kassiererin in der Tankstelle wurde mit der Schusswaffe bedroht. Sie gab panisch, was sie in der Kasse hatte, nicht viel: fünfhundertzwanzig Euro. Der Besitzer sah auf einem Monitor im Hinterzimmer den Überfall, stürmte nach vorne und brüllte die Räuber an. Die fürchteten sich und flüchteten.

Schulden sind das Problem. Es ist ja nicht so, dass, hätten alle genug Geld, keine Räubereien mehr passierten. Hier handelt es sich um eine Charakterschwäche. Wenige haben sie, zum Glück. Der große Bruder hatte ziemlich Schulden. Wegen eines Unfalls und wegen seiner Hochzeit – merkwürdige Kombination. Gehört das eine zum anderen? Bei der Festnahme gab er an, er werde bald Vater, wollte Mitleid schinden bei den Polizisten. In diesem Zusammenhang fällt mir eine Taxifahrt ein, es ging um eine kleine Unkorrektheit. Als ich fragte, was ich schuldig sei, sagte der Fahrer: »Das sollen Sie entscheiden, ich überlasse es ganz allein Ihnen, meine Frau liegt in den Wehen, und das Kind kann jeden Augenblick kommen.« Dabei sah er mir erpresserisch ins Gesicht.

Dann gibt es noch den psychischen Druck. Was heißt das? »Ich kann einfach nicht mehr. Bin total überfordert«, sagte der große Bruder. »Ich auch«, sagte der kleine.

Außerdem sei das mit dem Raub einfach so passiert. Beide wissen auch nicht, wie. Sie hatten die Pistole, die Faschingsmaske – weiß – und Kleider zum Wechseln dabei. Sie kannten den Schleichweg für die Flucht, hatten schon erfolgreich geprobt. Mit dem Geld wollten sie Cannabis kaufen. Weil das Leben sonst einfach nicht mehr zum Aushalten war. Vor allem die Schulden.

Macht das einen Unterschied im Strafmaß, wer die Idee mit dem Raub hatte?

»Ja, es war wie ein böser Traum«, bekräftigte der große Bruder noch einmal und zeigte dabei seine Elendsmiene. »Sechseinhalb Jahre, das darf nicht wahr sein! Wir hätten doch nie geschossen, niemals, jeder, der uns kennt, kann das bestätigen. Die Pistole war ja gar nicht geladen! Haben Sie Mitleid mit uns. Wir können einfach nicht mehr, sind total überfordert.«

Die Frau saß unbequem da, Kopf vornübergebeugt. Ihr war übel, zu viel getrunken, zu wenig geschlafen. Der helle Tag erinnerte sie an ihr Unglück. Grund: Ihr Mann hatte sie verlassen. Sie wollte sterben. Das »kostbare Leben« lebten die anderen. Könnte sie sich nur für den Tod entscheiden! Aber da war die Angst. Was, wenn es nicht klappte, wenn der Sprung aus dem Fenster im Rollstuhl endete? Was schreibe ich in den Abschiedsbrief, wahre Worte für den Tod, adressiert an die Lebenden? Sie richtete sich auf und wägte ab: Was spricht für das Leben, was für den Tod?

Für das Leben: Könnte es sein, dass mein Mann zu mir zurückkommt, sich an der Seite der neuen Frau voll Sehnsucht an mich erinnert? – Eher unglaubwürdig.

Könnte es sein, dass sich in meinem Alter – sie war Mitte fünfzig – noch einmal ein Mann in mich verliebt? – Möglich. Ich könnte eine Partnervermittlung einschalten.

Was sprach für den Tod? Nichts. Weil man ja nicht weiß, was nachher kommt. Sollte sie sich das eigene Begräbnis vorstellen, die weinenden Kinder an ihrem Grab, den Mann mit seinem schlechten Gewissen? Sie sah ihn theatralisch auf Knien, den Kopf gesenkt wie die Roma in der Kärntnerstraße. Er könnte sie bitten, sie würde sich nicht erweichen lassen. Dieses Theater! Sich doch erweichen lassen? Stolz sein, aber nur, solange er noch kniet. Um Himmels willen! Verzeihen kann ich ihm nicht, könnte zwar so tun, als würde ich ihm verzeihen … Aber aus dem Jenseits?

Sie schloss die Augen. Sie wusste gar nicht mehr, ob sie ihren Mann überhaupt zurückhaben wollte. Verdammt! Allein bleiben wäre schließlich auch eine Option! Was brauchte sie einen neuen Mann!

Zur Trinkerin wollte sie nicht werden. Sie ließ sich auf das Sofa fallen und drückte ihr Gesicht in das Kissen. Eine Schlaftablette, zwei Schlaftabletten, dann zehn Stunden schlafen, dann weitersehen. Sich an den

Computer setzen, sich im Partnerportal einklinken, ein Profil erstellen. Da finge es wieder an. Sich zu geben, wie sie war, nicht flunkern? Sich jünger machen? Erst einmal schreiben.

Einer fand sich, er war in ihrem Alter, nicht mehr der Schönste, ein richtiger Mann mit Kulturinteressen, nicht zu dick, sie wollte tolerant sein. Und jetzt ihr Bild: Sie schaute in den Schlafzimmerspiegel und fand sich zum Vergessen. Also Haare färben. Gute Schminktechnik. Sie könnte sich an Äußerlichkeiten festkrallen, als wär's das Firmament. Aber sie war mutig. Sie stellte sich so, wie sie war.

Da blieb ein weiterer Kontakt mit dem richtigen Mann aus.

93 Im Sarg

Seit geraumer Zeit geht der Tod neben mir her, er überholt mich nicht, schleicht nicht hinter mir, ist einfach an meiner Seite, manchmal versucht er, die Hand nach mir auszustrecken, das erlaube ich nicht. Ich sage laut vor mich hin, solange du mich nur begleitest, sei es dir gestattet, obwohl, gern habe ich es nicht.

Als ich sieben Jahre alt war, gab es eine Kinderlähmungsepidemie. Wir wohnten damals auf der Tschengla, mein Vater verwaltete das Kriegsopfererholungsheim, in dem Invaliden gratis urlauben konnten. Zuerst erkrankten die Kinder der Bauernfamilie. Die Beine eines Vierjährigen wurden lahm, ein Kind starb. Die Frau, in deren Wohnzimmer ich ein einziges Mal gewesen war, und das zu Weihnachten, weinte viel. Beim Heuen weinte sie. Ihre Beine waren übersät von Krampfadern, sie war noch nicht alt und doch schon gezeichnet. Der Christbaum im Haus reichte bis zur Decke. Es muss gesagt werden, dass der Raum sehr niedrig war, mir als Kind erschien der Christbaum riesig. Die Kekse, die mir angeboten wurden, bildete ich mir ein, schmeckten nach Stall, und ich ließ sie im Schürzensack verschwinden. Als dann das eine Kind gestorben und das andere so aussichtslos krank geworden war, sprach die Frau nur mehr das Nötigste. Ich sah sie manchmal, wenn sie meinen Vater aufsuchte. Er verabreichte ihr Thrombose-Spritzen und versorgte sie mit Medikamenten, er war eine Art Arzt, obwohl er kein Arzt war. Es gab nämlich auf der Tschengla sonst keine medizinische Versorgung.

Als dann kurze Zeit später im Bürserberg ein weiteres Kind an der Kinderlähmung starb, gingen die Kinder unserer Klasse in das Totenhaus und schauten in den kleinen weißen Sarg. Was wir da sahen, war so schön und unschuldig, ein mit weißen Lilien umranktes Kind, das dalag, als schlafe es. Ich war so fasziniert von diesem Anblick, dass ich mir wünschte, der kleine Bub der Bauern hätte auch so einen wundervollen Sarg gehabt. Dieses Kind wurde still begraben. Das tote Kind vom Bürserberg sollte uns ermahnen, dass das Leben endlich sei, so sagte es der Pfarrer. Unsere Köchin band mir und meiner Schwester Knoblauchzehen um den Hals. Da sagte der Vater den Satz von der Idiotie des Landlebens. Ich verstand so vieles nicht, und das Unheimliche interessierte und ängstigte mich zugleich. Ich fand es schade, dass unsere Familie kein Grab besaß. Die anderen gingen nach der Sonntagsmesse auf den Friedhof und besuchten ihre Leute. Der grablose Zustand in unserer Familie änderte sich, als unsere Mutter starb. Zuvor hatte ich gesehen, wie ein Mann in die Gruft hinuntergeschrien hatte: Marile, kumm ussa, Marile, kumm ussa!

»Bitte, nur sterben«, sagte die Frau und schloss die Augen. Sie lag in der Palliativstation, die Ärzte und Schwestern kamen und gingen, sie waren wie Brüder und Schwestern, voller Empathie. »Bald werde ich ein Schmetterling sein«, sagte die Frau. »Ich will in einem kühnen Flug an dir vorbeischwingen. Du weißt dann, das kann nur ich sein.«

Nach zwei Tagen wollte die Frau nicht mehr augenblicklich sterben. Sie sagte: »Gerade war ich ganz vorn an der Grenze zum Jenseits, jetzt steh ich wieder ein Stück im Leben.«

Sie saß im Wintergarten, die Sonne schien auf ihr mageres Gesicht. Ihre Augen waren wach, glänzten blitzblau. Schwestern nahmen sich Zeit und saßen am Bettrand. Es gab keine Eile. Die Zeit stand beinahe still. Sie wurde gebadet wie ein Baby, ihre Haare frisiert, sehr vorsichtig, weil immer so viel im Kamm hängen blieb. Neben ihrem Bett stand ein Tisch, darauf lag, was der Frau wichtig war, Bücher, Fotos, Briefe. Ein Schmetterling baumelte an einer Schnur. Es gab eine Lampe, berührte man sie, leuchtete es.

»Vielleicht«, sagte die Frau, »sehe ich ja meine Wohnung noch einmal.«

Sie war mit Schläuchen verbunden, wie eine Flüssigkeitsmaschine, sogar in der Nase steckte eine Leitung. Sie war tapfer und trank mit dem Röhrchen gepressten Blutorangensaft. »Der schmeckt nach etwas, das ich einmal gerngehabt habe«, sagte sie. Die Astronautennahrung war einfach nur weiß.

Dann ging es der Frau wieder schlechter. Sie freute sich aufs Sterben wie auf ein Abenteuer. »Das ist alles so interessant, da kann ich noch einiges lernen«, sagte sie. Sie hatte bereits ihre Grabrede verfasst, sie sollte die Angehörigen und Freunde gut gelaunt zurücklassen. In vergnügten Worten verabschiedete sie sich von ihren Lieben, aber so, als finge für sie das wirklich Wahre erst an. Sie hatte Musik für die Feier ausgewählt.

Ihre Todesanzeige hatte sie entworfen. Den Text dazu und ein fröhliches Foto aus gesunden Zeiten.

Ihre beiden Kinder hatten bereits viel über den Tod gesprochen. Sie waren vorbereitet. Trotzdem liefen Tränen über die Gesichter, wenn sie allein waren.

Die Frau hatte verfügt, dass ihre zukünftigen Enkelkinder zu Geburtstagen und den Feiertagen kleine Geschenke bekommen sollten, aus dem Nachlass der Oma. Sie besaß tausend wunderbare Winzigkeiten. Die Geschenke würden die Kinder ein Leben lang begleiten.

»Wolltest du jetzt wieder schlafen?«, sagte ich.

»Hinüberschlafen?«, fragte sie. »Meintest du hinüberschlafen?«

»Ja, hinüberschlafen. Einfach so.«

95 Katzentafel

Es ist eine Kinderidee, Katzen um einen Tisch zu versammeln, Hunde auch, von mir aus noch Hasen, um sie zu bewirten. Das Tischtuch ist weiß, feierlich, wirft vornehme Falten, und alle schmatzen.

Mir ist das eingefallen, als ich in der Metzgerei eine alte Frau beobachtete, die 10 Dekagramm Lyoner Wurst kaufte und etwas für die Katzen. Wie viele Katzen sie denn habe, fragte die Verkäuferin, und sie sagte: »Fünf.« Sehr leise. So, als müsste sie sich dafür schämen.

»Da brauchen wir einiges«, sagte die Verkäuferin. »Haben die Katzen gern Herz, wir haben nämlich frisches Herz da, oder lieber Leber?«

»Nicht so viel«, sagte die alte Frau, sie hatte Angst, es könnte zu teuer werden. Aber die gute Verkäuferin schenkte ihr das Katzenfleisch und kassierte nur das Wenige für den Aufschnitt.

Die alte Frau war dünn wie eine Spinne, sie fingerte sich an der Wand entlang zur Eingangstür. Was, dachte ich, macht sie, wenn sie wieder Katzenfleisch braucht? Sie wird sich genieren, darum zu fragen, weil sie nicht betteln will.

Heute hörte ich im Radio, dass es in Wien eine Organisation gibt, die Tiernahrung sammelt und verteilt. Die bringen brave Leute dann zu bedürftigen Rentnern. So bleibt denen die Peinlichkeit erspart. Könnte man das nicht auch bei uns machen?

Ich füttere jede Katze, die bei mir herumstreicht, dafür schon, dass sie mir um die Beine schmeichelt. Dann stelle ich mir vor, wäre ich achtzig oder neunzig, hätte niemanden mehr, der mich lieb hat. Ich wäre froh, hätte ich dann ein Tier, das auf mich wartet. Wenn ich vom Einkaufen käme, mit dem Wenigen, was ich im Korb hätte. Zum Glück brauchen alte Menschen nicht mehr viel Nahrung.

Ich stand an der Kassa, vor mir eine Greisin, sie hatte abgelaufene Ware im Korb, Schwarzbrot und Salat zum halben Preis. Ich überlegte, sollte ich ihr aus meinem Wagen – ich hatte reichlich geladen – Himbeeren in ihren Korb legen, Bananen, Butter und Käse? Ich hatte Hemmungen. War dumm von mir. Nächstes Mal mache ich es einfach.

Einmal, vor Jahren, sah ich eine alte Frau unschlüssig auf dem Zebrastreifen stehen. Ich ging zu ihr hin und nahm sie am Arm. Sie riss sich los und schrie: »Diebin, Hilfe, eine Diebin.«

Der Schrecken vor dem Abgrund des Ichs wird überdeckt von den Beschwerden der Arthritis. »Solange ich noch halbwegs denken kann«, sagte ein alter Mann, »nehme ich Schmerzen in Kauf. Außerdem gibt es Ärzte, die mir helfen, Tabletten, die mich schlafen lassen.« Er kam gerade von der Stromtherapie, war auf dem Streckapparat gelegen und fühlte sich zufrieden. »Und wissen Sie, was ich jetzt tun werde?«, fragte er mich.

»Auf dem Sofa liegen?«, fragte ich.

»Aber erst, wenn ich mir ein Steak gebraten habe. Ich bin nämlich in Wahrheit ein Cowboy.«

»Kommen Sie unter das Bretterdach«, sagte der freundliche Security-Mann, »Sie werden ja nass bei diesem Sauwetter.«

Er sagte es zu den Wartenden am Hohenemser Bahnhof, der gerade umgebaut wird. Wir stellten uns auf die Treppe und warteten auf den Zug.

Ein bärtiger Mann, der mir bekannt vorkam, von früher – er war damals Alkoholiker gewesen und hatte nach dem Entzug eine steile Karriere hingelegt. Jetzt, wie es schien, war er wieder schwer rückfällig geworden. Ich war mir nicht sicher, ob es sich um denselben Mann handelte. Seine Frau drückte sich an seine Brust. Sie zog die Schultern ein und sagte zu ihm: »Wärm mich.«

»So viel Liebe«, sagte darauf ihr Mann und schaute in die Runde, »so viel Liebe, obwohl wir schon siebenunddreißig Jahre verheiratet sind.« Hatte ich den Mann also doch verwechselt. Er sah dem aus der Vergangenheit nur sehr ähnlich.

Der Security-Mann: »Gratulation, das gibt es nur mehr selten, die jungen Leute heutzutage trennen sich nach einem Jahr oder zwei.«

»Sobald es Schwierigkeiten gibt«, sagte eine Frau mit großer Tasche, »trennen sie sich. Wenn alles glatt läuft, geht es gut.«

Der Zug hielt, und wir stiegen ein. Neben mich, obwohl noch genügend Platz gewesen wäre, setzte sich eine junge Frau. Sie weinte, suchte in ihrer Tasche – ich dachte, ein Taschentuch wird sie brauchen, und reichte ihr eines. Sie dankte und weinte noch mehr.

Ich war still, dann fragte ich leise: »Kann ich Ihnen helfen?«

»Ich habe zwei Namen«, sagte sie, »deshalb bin ich an der Schweizer Grenze verhaftet worden. Ich wusste nicht, weshalb. Der Zöllner wollte meinen Pass sehen, dann meinen Führerschein. Da standen meine Namen, im Führerschein richtig, im Pass falsch geschrieben, Buchstaben verwechselt. Ich habe nämlich meinen Pass erneuern lassen. Ich stamme aus Kroatien. Komplizierte Namen dort. Sie haben bei der Behörde meinen Namen falsch übertragen, ich habe den neuen Pass unterschrieben und es nicht gemerkt. Das hat mir der Zöllner nicht geglaubt, und deshalb hat er die Polizei gerufen, und deshalb bin ich auf die Polizeistation mitgenommen worden. Ich arbeite in der Altenpflege. Sie haben dort angerufen, ich wurde richtiggestellt von der Chefin dort, und man hat mich gehen lassen.« – Sie sagte tatsächlich »richtiggestellt«. – »Jetzt muss ich wieder zur Bezirkshauptmannschaft, einen neuen Pass beantragen, und das kostet Geld, fünfundsiebzig Euro neunzig, die ich nicht habe.«

»Erzählen Sie, wie Ihnen geschehen ist«, sagte ich. »Soll ich Sie begleiten?«

»Würden Sie das machen?!«

»Aber ja«, sagte ich, »ich werde für Sie verhandeln.«

Als der Zug in Feldkirch stehen blieb, wandte mir die Frau ihr Gesicht zu und sagte. »Nein, ich kenne Sie überhaupt nicht.«

Folgenden Brief schreibt Frau Lotte K., neunundsiebzig Jahre alt, ihrer Tochter nach London. Die Tochter lebt in guten Verhältnissen und möchte für ihre Mutter ein sehr gutes Seniorenheim finden, mit eigener Wohnung, eigenen Möbeln, so dass sich die Mutter wie zu Hause fühlen kann. Sie ist nämlich in ihrer Sehkraft stark eingeschränkt, und die Tochter macht sich Sorgen. Sie hat ihren Besuch bereits angekündigt.

»Liebste Tochter!

Entschuldige meine große Blockschrift, aber Du weißt ja. Ich schreibe, so gut ich kann, dieser Brief ist wichtig, und Du sollst jedes Wort lesen können. Ich weiß Deine Großherzigkeit zu schätzen und war bis vor kurzem noch bereit, Dein Angebot anzunehmen. Jetzt hat sich aber bei mir Grundlegendes verändert. Ich bitte Dich sehr, mich nicht zu verurteilen. Auch für die neue Lebensweise, die ich gewählt habe, würde ich Deine finanzielle Hilfe benötigen.

Fang endlich an, sage ich zu mir, rede nicht um den heißen Brei. Aber es fällt mir so schwer.

Du weißt, ich bin oft im Park, sitze auf der Bank unter dem Ginkgobaum, den Du kennst, seit Du ein Kind warst. Sitze also da, schöner Vorfrühling, die Sonne scheint, ich habe mich adrett angezogen – Du weißt, dass ich immer großen Wert auf mein Äußeres lege –, habe sogar etwas Lippenstift aufgetragen. Ein älterer Herr fragt, ob er sich zu mir setzen darf. Wir kommen ins Gespräch. Er trägt feine Lederhandschuhe und sieht gepflegt aus. Er heißt Bruno. Es ist mir peinlich, Dir zu gestehen, dass ich mich in ihn verliebt habe, und was soll ich sagen, er sich in mich. Es scheint ja festgeschrieben zu sein, dass alte Leute und Liebe nicht zusammenpassen. Wir also treffen uns täglich. Er besitzt nur ein winziges Kabinett, und so erlaube ich ihm, dass er zu mir zieht. Er ist so entzückend, ich kann es Dir nicht beschreiben, so fürsorglich, liest mir die Zeitung vor, fragt nach meinen Lieblingsbüchern, liest sie mir vor, nimmt mich am Arm, wenn wir spazieren. Geht für mich einkaufen. Kocht, putzt mit mir zusammen. Denk ja nicht, dass er ein Dienstbote ist. Ich habe, seit Dein Papa und ich jung waren, und das ist sechzig Jahre her, kein solches Glück mehr erlebt.

Liebste Tochter, ich bin ein Feigling, auf die Frage, wer dieser reizende Herr sei, erklärte ich den Bekannten, er sei mein Bruder. Das hat Bruno wehgetan, aber er hat mir verziehen.

Mein einziges Kind, ich bitte Dich ohne Umschweife um Geld, damit wir umziehen können, Bruno und ich, in eine neue Wohnung, in eine Gegend, wo uns niemand kennt.«

98 Der Funkenprinz

Der Mann, der das Feuer so liebte, war gerade zwanzig Jahre alt geworden, und schon wurde er zum Funkenprinzen befördert. Das lag wohl daran, dass er Jahre bei der freiwilligen Feuerwehr gedient hatte. Bereits als Kind hatte ihn gar nichts so sehr fasziniert wie die lodernden Flammen. Als er das erste Mal verliebt war, überraschte er seine Freundin mit einem kleinen Funken im Garten. Sie wusste nicht so recht, ob ihr das gefallen sollte. Im Herbst fuhr er mit dem Fahrrad ins Ried und zündete das trockene Gras an. Sobald sich das Feuer ausbreitete, lief ihm ein Schauder über den Rücken. Er trieb es bis zum Äußersten. Das Feuer flammte und weitete sich aus. Er hatte die größte Mühe, es niederzutrampeln. Vor allem war es ja verboten, und keiner durfte es sehen.

An dem Tag voller Aufregung stand er um vier Uhr in der Früh auf, schnitt sich die Haare, rasierte sich, bügelte das weiße Hemd, das ihm seine Mutter schon gebügelt hatte, ein zweites Mal glatt bis auf die letzte Unebenheit. Die Falten in seinen Hosen waren messerscharf. Sein Wams war gebürstet und roch nach Rasierwasser. Er war eben ein Perfektionist. Heute würde man ihm die Krone aufsetzen. Er ging zu dem Platz, wo der Funken bereits stand, und inspizierte ihn. Er schien perfekt. In seiner Jackentasche wusste er das Feuerzeug. Er zitterte vor Aufregung. Nein, er würde nicht jetzt schon, nein, gewiss nicht, und er rannte nach Hause.

Er wusste ob seiner Verantwortung.

Er würde ein Lied anstimmen. Eine Rede halten:

»Liebe Freunde des Feuers«, nein, so durfte er nicht beginnen, es müsste doch heißen: »Liebe Freunde des Feuerlöschens«, das klang aber nicht gut, auf jeden Fall sollte seine Rede so sein, wie sie noch keiner vor ihm gehalten hätte.

»Liebe Lebensretter«, das war der richtige Einstieg. Denn retteten Feuerwehrmänner nicht oft das Leben von Menschen und Tieren? Sie waren unersetzbar, arbeiteten ohne Entgelt, nur zum Wohle der Menschen. Unser Mann hatte bereits einmal ein Pferd aus einem brennenden Stall gerettet.

Es war erst früher Nachmittag. Wieder ging er zum Funken, da wurden schon Stände aufgerichtet, und Neugierige standen herum. Auch gab es bereits Schnaps zu trinken. Ich schwöre, er wollte es nicht. Seine Hand, nur sie, bediente das Feuerzeug und hielt es an die Strohballen. Unser Mann stellte sich an den äußeren Rand der Absperrung und wartete. Plötzlich loderte der Funken und erhellte das Firmament. Es war zu früh, aber es war sensationell.

99   Mama hinuntergefallen

Stellen Sie sich ein vierjähriges Kerlchen vor, es schläft auf dem Strohsack mit seiner Mama, zwischen ihnen liegt sein Kasperl. Die Mutter ist im Sommer zum Geldverdienen auf der Alpe. Sie arbeitet als Sennerin. Das hat sie schon einmal gemacht, und sie liebt diese Arbeit. Die klare Luft, den Geruch von Kühen und gemähtem Gras. Sie kennt sich gut aus auf dieser Alpe. Überallhin darf ihr kleiner Sohn sie begleiten. Sie ist stolz, dass er schon so selbständig ist.

Einmal spazieren die zwei von einer Alpe zur anderen. Der Weg ist schmal. Der Bub geht hinter seiner Mama, ganz vorsichtig setzt er einen Fuß vor den anderen. Er trägt Bergschuhe mit roten Schuhbändern. Seinen Kasperl hat er in der Hand, schwenkt ihn hin und her. Die Mutter geht vor ihm. Beide tragen einen Rucksack. Sie hat ihm ein Überraschungsei versprochen, wenn er brav ist. Er ist brav, immer ist er brav, das bestätigt die Mutter, deshalb darf er auch überallhin mit. Der Bub schwenkt und schwenkt den Kasperl, da fliegt er ihm aus dem Arm und fällt den Abhang hinunter. Die Alpe liegt ziemlich hoch, es wachsen nur wenige Tannen. Gleich fängt der Bub zu weinen an, weil er den Kasperl so gernhat, und jetzt ist er weg. Die Mutter dreht sich nach ihm um, streichelt über sein heißes Gesicht und wischt die Tränen weg. Sein Hut verrutscht und fliegt vom Kopf, aber nur auf den Weg. Keiner bückt sich nach dem Hut. Es ist nur der Hut, aber das mit dem Kasperl ist eine Katastrophe, die Mutter weiß das. Sie befiehlt ihrem Sohn, auf einer sicheren Stelle Platz zu nehmen, sich nicht zu bewegen. Sie wird ihm den Kasperl holen. Vorsichtig steigt die Mutter nach unten, rückwärts, damit sie ihren Sohn noch im Auge hat und mit ihm reden kann.

»Gleich ist der Kasperl wieder bei dir.«

Sie hält sich an Wurzeln fest, winkt mit einer Hand dem Kerlchen zu, und dann hört man nur ein Geräusch, wie Rutschen. Rutschen oder Schleifen. Der Boden ist sehr trocken. Seit Tagen hat es nicht geregnet.

Der Bub schaut über den Waldweg nach unten und wartet. Lange wartet er. Die Mutter muss suchen und suchen. Der Kasperl kann ja nicht antworten, weil er nur ausgestopft ist, hat die Mama selber gemacht für ihn, mit Watte ausgestopft und dann zugenäht. Schöne rote Sachen trägt der Kasperl. Eine grüne Zipfelmütze.

Immer kommt die Mama noch nicht. Der Bub steht langsam auf, trippelt vorsichtig zum Abgrund und ruft:

»Kannst du ihn nicht finden? Wo seid ihr?«

Er macht eine Pause. Ruft wieder. Diesmal nur nach der Mama, trippelt weiter auf den Abgrund zu. Da sieht er, wie steil es ist. Er ruft, wird leiser und leiser, wimmert und geht den Weg zurück. Er atmet schwer. Wie ein alter Mann, und er schluckt heftig. Hält seine Händchen an den Rucksackriemen fest. Er stapft bergaufwärts. Findet die Hütte. Sie ist nicht abgesperrt. Er holt einen Stock, das macht er oft, und stößt die Tür auf. Es ist inwendig dunkel. Er kennt sich aus. Er geht ins Helle, zum kleinen Fenster, setzt sich auf die Bank, immer noch den Rucksack auf dem Rücken. Ein Stück Käse liegt auf einem Holzteller. Kein Messer. Er nimmt den Käse mit beiden Händen und schleckt ihn ab. Schleckt und schleckt. Man weiß nicht, wie lange das Kerlchen allein in der Hütte verbracht hat. Die Mutter ist tot gefunden worden. Gleich war sie nicht tot. Sie ist noch ein Stück gekrochen, hinauf.

100 Nach dem Frühstück

Nach dem Frühstück, aus dem Nichts, sagte die Frau zu ihrem Mann, sie werde jetzt gehen und nicht wiederkommen.

»Wie«, fragte er, »nicht wiederkommen?«

»Du hast richtig gehört«, sagte sie, ging zur Garderobe und schlüpfte in ihren karierten Mantel. Den Mantel hatte er immer gehasst, er sah so spießig aus. Zwei Koffer lehnten an der Wand, der geflochtene gehörte ihm, kurz überlegte er, ob er sie darauf ansprechen sollte.

»Gleich kommt das Taxi«, sagte sie. »Versuch nicht, mich anzurufen. Ich lasse mein Handy da, du kannst es entsorgen.«

Als sie gegangen war, nahm er die Notfalltropfen und goss aus dem Fläschchen in ein Glas, bis es leer war. Er spülte mit Whiskey nach. Nüchtern würde er das alles nicht überstehen. Er fand im Kühlschrank ein hart gekochtes Ei, das verschlang er und versuchte, tief durchzuatmen.

Wäre es nicht an ihm gewesen, zu gehen? Wenn schon einer gehen muss, dann wohl ich, dachte er sich.

Er saß auf dem Sofa, seine Armbanduhr war stehen geblieben. Durch die geschlossene Jalousie sah er, dass es draußen hell war, so als scheine die Sonne.

Hätte er sein Wesen verändern müssen, er, ein sechzigjähriger Mann? Wenn schon nicht inwendig, dann auswendig, sich einen Schnurrbart wachsen lassen, oder so einen Bart, den jetzt jeder Zweite hatte? Es würde nicht lange dauern, und sein Gesicht wäre halb zugewachsen.

Sicher war sie zu ihrer Schwester gefahren, immer schon war es die Schwester gewesen, die sich ihrer angenommen hatte. Kurz schoss ihm in den Kopf, ob sie einen anderen Mann kennengelernt hatte. Im Park vielleicht. Nichts lieber tat sie ja, als im Park zu flanieren, wenn alles blank geputzt war und in der Wohnung die Armaturen glänzten.

Sie war nicht mehr jung, aber nicht ganz verwelkt. Sie liebte Vögel. Er dachte sich in einen Mann hinein, der sie zum ersten Mal sah. Was würde er sich denken? Hätte er denn Lust, eine Frau wie sie anzusprechen, sie auf einen Kaffee einzuladen? Er wischte den Gedanken weg, nahm sich vor, Urlaub zu nehmen und einfach nur zu schlafen, bis er sich an ihre Abwesenheit gewöhnt hatte.

Im Grunde, dachte er sich, kann ich froh sein, dass sie weg ist, ich konnte ihr nichts recht machen, immer hat sie hinter mir hergewischt. Würde er sich ans Alleinsein gewöhnen? Warum nicht. Auf keinen Fall würde er sie suchen. Er warf ihr Handy in den Abfall und öffnete das Fenster, öffnete die Jalousie. Zwei Mädchen im Hof drehten sich im Hula-Hoop-Reif. Er würde sich abgewöhnen, seine Tabletten mit Alkohol einzunehmen. Er rückte einen Stuhl an den Schrank, stieg hinauf und holte seine Gitarre. Jederzeit könnte er spielen, Songs, die sie hasste, jederzeit, laut, und dazu singen und durchs Wohnzimmer steppen, eine Putzfrau suchen, womöglich eine hübsche, und mit ihr ein Verhältnis anfangen. Das war eine gute Vorstellung.

»Ich stand im Mondlicht und wartete auf die Stille«, erzählt der Jugendliche. »Ich wusste, ich hatte mich schlecht benommen, und deshalb war ich ein schlechter Mensch.

Aber ich muss von Anfang an erzählen. Ich bin das Kind aus der Babyklappe. Das klingt nach Klischee, entspricht aber leider der Wahrheit. Ein Ehepaar nahm mich auf. Sie hatten lange versucht, ein eigenes Kind zu bekommen, und es war nicht gelungen. Jetzt war ich ihr Kind. Sie verwöhnten mich, mir wurde zuteil, was einem Kind aus Fleisch und Blut zuteilwird. Ich wusste nicht, dass ich bei falschen Eltern aufwuchs, ich war kein Teddybär. Bis ich zwölf war, lebte ich im warmen Nest. Dann wurde meine Mutter, die nicht meine Mutter war, schwanger, und als das Kind geboren wurde, auch ein Junge, war ich nichts mehr wert. Ich wurde frech und vorlaut, stahl Geld aus der Brieftasche des falschen Vaters. Sie waren ein Mal nachsichtig mit mir, die folgenden Male nicht mehr. Sagten, dass sie mich aus der Babyklappe gerettet hatten. Ich wollte wissen, wer meine leibliche Mutter ist, aber sie hatten keine Ahnung.

Einmal rutschte mir mein falscher Bruder vom Wickeltisch auf den Fliesenboden, ich wünschte mir, er wäre tot. Es war ihm nichts geschehen.

Ich wurde schlecht in der Schule, die Lehrer beklagten sich über mich. Ich begann eine Lehre als Automechaniker. Die Stelle hatte mir mein falscher Vater beschafft, obwohl ich mich nicht für Autos interessierte. In der Berufsschule schloss ich mich den Starken an.

Die Eltern verreisten, und ich musste auf meinen kleinen Bruder, der keiner war, aufpassen. Es machte mir eine gemeine Freude, ihn zu kommandieren und gerade so zu behandeln, viel schlechter als meine falschen Eltern mich behandelten. Alles, worum er bat, verweigerte ich ihm. Ich gab ihm nur Brot zu essen und Wasser zu trinken, als hätte er ein Verbrechen begangen. Eigentlich mochte ich ihn ja, er hatte so ein liebes Gesicht, und wenn er lachte, klang es wie eine Tonleiter, und ich musste, ob ich wollte oder nicht, mitlachen. Auf einmal war er verschwunden, er musste wohl aus dem Haus geschlichen sein, als ich vor dem Computer gesessen war. Ich suchte ihn, überall, ich kannte ja die Plätze, wo er spielte. Er war nicht zu finden. Einen ganzen Tag suchte ich und rief seinen Namen, fragte Nachbarn, die riefen dann die Polizei.

Er wurde auf dem Spielplatz in einem Spielhäuschen gefunden, dort lag er und fürchtete sich. Ich bat ihn, nichts den Eltern zu erzählen, aber die erfuhren es von den Nachbarn. Mein kleiner Bruder verharmloste alles und lobte mich als seinen besten Freund.

Da ging ich beschämt hinaus in den Hof und schaute in den Himmel.«

Die schwarze Frau ist mein schlechtes Gewissen. Sie trägt keine Maske.
Ich gebe ihr eine Maske.

»Nein, keine Maske. Keine Luft in der Maske«, sagt sie.

»Du musst eine Maske anziehen, damit du nicht krank wirst und damit du nicht krank machst.«

Nachlässig zieht sie die Maske an.

Ich kenne die schwarze Frau schon lange. Jede Woche besucht sie mich, einmal, zweimal. Sie braucht Geld. Nicht viel. Sie muss das Geld abgeben.

Ihre Kleider werden immer größer, weil sie immer kleiner wird. Magerer. Sie wird bald verschwinden. Sie hat keinen Hunger mehr, weil sie das Essen vergisst. Die Zeit schiebt sie in den Tod.

»Alle Männer sind Verbrecher«, sagt sie. »Sie nehmen mir das Geld, und wenn ich kein Geld bringe, darf ich nicht schlafen.«

»Nicht alle Männer sind Verbrecher«, sage ich. »Mein Mann ist kein Verbrecher. Meine Söhne sind keine Verbrecher. Ich kenne keine Verbrecher.«

»Bei mir sind alle Verbrecher. Alle trinken. Alle schlecht.«

Sie fragt mich nach Schuhen, zeigt auf ihre löchrigen Sohlen, ob ich eine Decke habe, fragt sie. Sie friert, auch wenn die Sonne scheint. Ich gebe ihr die Decke, die früher die Kinder zum Baden mitgenommen haben, die blaue mit den Sternen. Sie legt sie sich um die Schultern. Sieht dann aus wie eine Indianerfrau auf fernen Bildern. Ich weiß nicht, wie alt sie ist. Meine Tochter sagt, die wird so alt sein wie du, aber durch das schlechte Leben stimmen die gelebten Jahre nicht mit ihrem Aussehen überein.

»Gib mir Brot. Gib mir Würfelzucker. Gib mir Schnaps. Wenn ich Schnaps trinke, werde ich nicht krank.«

»Setz dich auf die Treppe«, sage ich. »Ich mach dir einen Kaffee.«

Nur kurz will sie sich setzen, nur kurz ausruhen, Schuhe anprobieren, die ich von den Kindern noch habe. Bergschuhe meines Sohnes passen ihr.

Ich muss nicht glauben, was sie mir erzählt, von ihren toten Kindern, von Feuer. Kein Wasser ist in ihrem Haus, die Wäsche legt sie ungewaschen ins Gras.

»Glaubst du mir?«, fragt sie.

»Nein, ich glaube dir nicht. Es ist nicht notwendig, Katastrophen zu erfinden. Es genügt, dich zu sehen.«

Ich schaue ihr nach, wie sie in Richtung Bahnhof geht. Sie knickt ihre Knie und kann sie nicht mehr strecken. So schleicht sie bis zum nächsten Punkt und dann wieder zurück.

Ich lese die Zeitung. Ich lese von Kavalieren und ihren Delikten. Das Leben geht weiter. Vor fünf Minuten war der Himmel noch blassblau, jetzt ist er rosa, nur in der Ferne sieht man ein wenig Blau.

Das Leben geht weiter.

103 *Die Suppe*

Im ganzen Haus roch es nach Zwiebeln und nach der Suppe, die es gleich zu essen gäbe.

»In zehn Minuten?«, rief die Mutter, und Sofia dachte bei sich, das genügt, um mich mit Greta auszutauschen. Sie schloss leise die Haustür und rannte durch den Vorgarten. Ihre Freundin wartete schon.

Die Mädchen gaben sich die Faust.

»Wo ist er?«, fragte Sofia. »Hat deine Mutter etwas bemerkt?«

»Er ist im Heizungskeller, liegt da auf einer Decke. Mama geht nie in den Heizungskeller. Aber er kann nicht bleiben, Papa kommt am Abend.«

»Sofia«, rief die Mutter, »das Essen wird kalt!«

»Kann er zu dir ins Gartenhaus?«, fragte Greta.

Die Rede war von einem siebzehnjährigen Burschen. Er hatte die Mädchen am Bahnhof angesprochen und gesagt, nur sie könnten sein Leben retten. Er werde gesucht, und sie sollen nicht fragen.

Weil so wenig im Leben von Vierzehnjährigen passiert und weil der junge Mann so abenteuerlich gut aussah, hatte Greta angeboten: »Du kannst bei mir im Heizungskeller übernachten.«

Das war vor zwei Tagen gewesen. Greta hatte den jungen Mann, der Mischa hieß, mit Wurstbroten und Bier versorgt. Sofia war eifersüchtig. Sie wollte wissen, was die beiden miteinander redeten, ob Mischa ihr erzählt habe, warum er gesucht werde. Greta sagte, sie dürfe nichts weitererzählen, sie habe es versprochen.

Hastig aß Sofia die Suppe und verschwand dann im Gartenhaus, um das Nötige für Mischa zu arrangieren. Ihre weiche Zudecke, ihr Kopfpolster, selber würde sie die Gästedecke nehmen, als Unterlage eine durchsichtige Folie mit Bläschen, die ihr Papa in der Werkstatt hatte, drei Flaschen Bier, eine italienische Salami, ein Baguette, frisch aufgetaut. Sie kehrte den Boden, zündete Räucherstäbchen an, die sie in die Erde einer Topfpflanze steckte. Sie würde von ihrem Schlafzimmerfenster aus auf das Glashaus schauen und sehen, wann Mischa eintraf. Sie würde am Morgen nach dem Frühstück, frisch angezogen für die Schule, ins Glashaus gehen.

Vor Aufregung schlief sie unruhig, und als sie am Morgen das Glashaus betrat, sah sie nur die Decke und dachte, er wird noch schlafen, ich störe ihn nicht.

»Was hat er dir erzählt?«, fragte Greta in der Pause, und Sofia erfand eine Geschichte. Mischa werde verdächtigt, einen Mann ermordet zu haben, aber er sei unschuldig und müsse sich so lange verstecken, bis der echte Mörder gefasst werde.

»Das hast du erfunden«, sagte Greta. »Mir hat er eine andere Geschichte erzählt, noch viel brutaler, aber ich habe geschworen, nichts zu sagen.«

Sofia lief gleich nach der Schule ins Gartenhaus, Mischa war verschwunden, es war, als wäre er nie da gewesen. Sie hatte ihm eine Tasse Suppe bringen wollen.

Auch auf einer Baustelle wurde der Lockdown ausgerufen. Die Arbeiter aus Südosteuropa, raue Gesellen, langweilten sich. Sie saßen in ihren Büchsen, einer besuchte den anderen, sie tranken Bier und spannen Seemannsgarn auf dem Festland. Sie verständigten sich in einer Hilfssprache mit Händen und Augenrollen. Je näher der Abend kam, umso mehr wurden sie sentimental, sie sehnten sich ihre oder fremde Frauen herbei, zankten sich, schlugen sich, zeigten Kinderfotos und konnten lange nicht einschlafen.

Es ergab sich, dass zwei sich absentierten, Albaner, ein junger und ein älterer.

Adrian, der ältere, war befreundet mit Semir, ihm gefiel, wie schön geformt er war. »Schön geformt« hatte auch die Frau des Ingenieurs gesagt, als sie einmal auf der Baustelle gewesen war, um ihren Mann zu suchen.

Die beiden durchstreiften die Gegend.

»Weißt du, was Glimmkraut ist?«, fragte Adrian. »Weißt du, wie Blauschote riecht? Weißt du, wie Wacholder riecht? Was weißt du überhaupt?«

»Im Traum bin ich mit Tinte an den Fingern aufgewacht«, sagte Semir. »Dabei kann ich gar nicht schreiben.«

»Deinen Namen kannst du nicht schreiben?«

»Meinen Namen schon.«

Einmal hatte die Frau des Ingenieurs, als sie wieder nach ihrem Mann gesucht und ihn nicht gefunden hatte, Semir gefragt, ob er mit ihr einen Tee trinken wolle. Er sagte zu, und sie schenkte ihm den Tee ihres Mannes aus der Thermoskanne ein.

»Was ist mit der Ingenieursfrau?«, fragte Adrian. »Triffst du sie?«

»Sie ist nicht so vornehm, wie sie tut«, sagte Semir. »Der Sex mit ihr ist okay. Ihr hat er gefallen. Sie ist nicht verwöhnt. Du hast ja ihren Mann gesehen. Er wird bald sterben.«

Immer wieder hatten sich die Männer in der Lockdown-Zeit um die vielen Wildkatzen gekümmert, die um die Baustelle herumschlichen, sie hatten ihnen zu fressen gegeben, sie gestreichelt und dabei an ihre Kinder gedacht. Eine dünne Katzenmutter kam in der Nacht zu Semir und schlief neben ihm. Sie war mager, rot und schwarz gestreift. Beim Spaziergang lief sie neben ihm her. Er hob sie auf und drückte sie an seine Brust.

Die Männer kamen am Haus des Ingenieurs vorbei. Die Frau trat heraus, und als sie Semir sah, winkte sie ihm, blieb aber stehen. Wahrscheinlich, weil Adrian dabei war.

Semir ging auf die Frau zu und streckte ihr die Katze entgegen. »Sie ist wild«, sagte er. »Gefällt sie dir?«

»Wild wie du«, sagte die Frau.

Er wollte ihr die Katze in den Arm geben, da fuhr das Tier mit der Pfote aus und schlug der Frau über eine Gesichtshälfte. Die Frau schrie auf und rannte ins Haus.

»Und Mohnblumen kennst du auch nicht?«, fragte Adrian.

»Nein, nur Erdbeeren.«

»Weißt du«, sagte die Frau und schmiegte sich in die Achselhöhle ihres Mannes, »es muss ja keine Hochzeitsfeier geben, aber ich möchte, dass wir ein Hochzeitsfoto machen, darauf würde ich ein Brautkleid tragen und du einen festlichen Anzug mit schimmerndem Revers.«

»Warum das?«, fragte der Mann und setzte sich im Bett auf. »Du weißt doch, dass ich dich liebe und dass ich dich nie verlassen werde.«

»Wegen der Scham«, sagte die Frau. »Ich schäme mich vor meinen Leuten, wenn ich mit dir nur zusammenlebe, es ist, als würdest du mich nur vorübergehend benutzen.«

Das kränkte den Mann. Der alles für sie tat. Er stand vom Bett auf und schenkte sich ein Bier ein. Es war noch am Morgen, und sie wollte schon sagen, »Jetzt schon am Morgen Bier?«, verbot es sich aber.

»Ich will«, sagte sie – sie stand auf, stand zierlich an seiner Seite und streichelte den muskulösen Oberarm, »ich will, dass meine Leute sagen: Das ist die Frau dieses Mannes, sie hat das Brautkleid getragen und ihre Hand unter seinen Ellenbogen geschoben und auf seinen Unterarm gelegt, den Unterarm ihres Mannes.«

Einmal hatte man der Frau sehr wehgetan, da war sie erst zwölf gewesen. Ihre Eltern wollten sie verheiraten, der zukünftige Mann war über zwanzig, und er gefiel ihr. Sie war so unschuldig, hatte nur ihre Geschwister geküsst und ihre Mama. Sie sah bereits wie eine Frau aus. Sie fragte ihre Mutter, wann denn ihr Brautkleid gekauft würde.

»Warum gehen wir nicht zum Schneider?«

Sie hatte Angst, es könnte nicht rechtzeitig fertig genäht sein.

Tische wurden aufgestellt, die Bühne für die Musikanten, Fässer mit Wein, ein Ferkel drehte sich am Spieß. Die Mutter hatte ihr gesagt, ihr Mann müsse in die Kaserne, aber nach drei Jahren käme er zurück. Sie würde auf ihn warten, Aussteuer sammeln. Aber: keine Hochzeit, sondern Abschied. Abschied der Rekruten.

So war es gewesen.

»Es wurde festlich und laut gefeiert«, erzählte die Frau, »ich lief über den Festplatz und suchte meine Hochzeit. Ich hörte meinen Vater mit den Eltern meines zukünftigen Mannes fluchen, er sagte, niemals würde er seine Tochter an so arme Schlucker verschenken, sie hätten nichts zu bieten. Ich hörte das Fauchen des Akkordeons und die Rufe der Trompete, ich war wie gelähmt, ohne Hochzeit, ohne Brautkleid. Mein Verlobter war blasser als der Morgen, als er sich heimlich von mir verabschiedete. Ich habe ihn nie mehr gesehen. Ich ging zum Festplatz, die Tische sahen aus, als wäre der König gestorben. Ich dachte mir, niemals werde ich einen Besseren finden, und jetzt hab ich dich.«

Sie stand auf den Zehenspitzen und küsste ihn auf den Mund.

106 Die Narbe

Die Mama war nach einer schweren Bauchoperation wieder zu Hause. Die Kinder hatten vorher im Haus geputzt, der Kleinste hatte sogar das Kopfkissen ausgeschüttelt. Die Mutter war noch schwach. Alle wollten ihre Narbe sehen. Sie schälte den Verband ab. Der Papa putzte seine ölverschmierten Hände ans Geschirrtuch. Sie staunten. Die Narbe war schief, tief und lang, und das alles auf dem trainierten Waschbrettbauch von der Mama. Anton, der Fünfjährige, schaute kurz, lief davon und versteckte sich. Er fürchtete sich vor der Narbe. Hatte er früher jede Nacht bei der Mama geschlafen, so wollte er das nicht mehr. Er lag in seinem Gitterbett und weinte. Die Oma musste kommen und sich um ihn kümmern. Anton schlief bei ihr.

»Oma«, sagte er, »ich hab Stecker gesammelt, die will ich mit Acryl anmalen und sie dann der Mama schenken.«

Genau genommen waren es Prügel.

»Das heißt Stecken«, sagte die Oma, »nicht Stecker.«

»Meine heißen Stecker, und die will ich für die Mama anmalen, damit sie eine Freude hat.«

Die Oma lobte ihn und sagte, da werde die Mama glücklich sein.

Nach dem Kindergarten rannte Anton hinter das Haus, um die Stecken zu holen. Er suchte im Zimmer der Schwester die Acrylfarben. Eigentlich war es ihm verboten, da etwas wegzunehmen. Er fand keinen Pinsel. Als es still war im Haus, die Mama schlief, die Oma, die Geschwister, legte Anton die Prügel auf den Tisch. Man muss wissen, dass der Tisch neu war und der Stolz von der Mama, italienisches Design. Anton war so aufgeregt, dass er eine Unterlage vergaß. Er schraubte die Acrylfarbe auf und schmierte mit seinen Fingern auf die Stecken, erst gelb, dann rot, dann blau und schwarz. Mama liebte Kunstwerke. Er hörte sie im Badezimmer. Schnell packte er die Prügel und legte sie der Mama aufs Bett. Dann wartete er im Kinderzimmer. Gleich würde die Mama sich freuen.

Aber die Mama schrie, und die Oma schrie, und die Schwester schrie. Der Nachbar läutete an der Tür und beschwerte sich, dass Anton Stecken aus seinem Gemüsegarten gezogen habe, dabei sei alles zertrampelt worden. Er wolle ihn deshalb gleich jetzt an den Ohren ziehen. Anton kannte sich nicht mehr aus.

Er sah die Mama mit dem farbbekleksten Bettzeug die Treppe herunterkommen, sie hatte verweinte Augen und sah ihn nicht einmal an, dabei war er doch ihr Zwergenkönig. Sie verschwand in der Waschküche. Die Oma rieb am heiligen Küchentisch, die Schwester donnerte, sie brauche neue Farben, alles sei kaputt, die Verschlüsse nicht auf den Tuben, alles eingetrocknet.

Niemand tröstete den kleinen Anton, der verzweifelt an seinem Daumen lutschte.

»Ich höre sie lachen«, sagte der Mann zu seiner Frau, und er drückte sein Ohr an die Wand. Jedes Mal wenn er ihr Lachen hörte, durchfuhr ihn die Sehnsucht, und er dachte sich, was passiert gerade, wenn sie lacht. Er und seine Frau lachten selten.

»Sie lacht schon wieder«, sagte seine Frau. »Das ist doch penetrant, wahrscheinlich ist sie einfach gestrickt im Kopf.«

»Was soll das heißen!«, sagte ihr Mann. »Da müssten wir zwei, die wir fast nie lachen, geradezu Intellektuelle sein. Sind wir das?«

»Wir sehen die Welt und was darin passiert mit offenen Augen, und deshalb ist uns das Lachen vergangen«, antwortete seine Frau.

»Wann haben wir je gelacht?«, fragte der Mann.

»Über deine Witze, erinnerst du dich, du hattest drei Standardwitze, Kinderwitze, die du immer wieder erzählt hast, um die Leute zu amüsieren, harmlos und gut gelaunt.«

»Meinst du den: Wonach sehnt sich die Katze?«

»Nach dem Muskelkater.«

Mann und Frau sahen sich an, aber sie lachten nicht. Jeder schaute in einen Teil der Zeitung, sie las die Kultur, er die Politik.

Einmal, nur einmal, wollte der Mann die lachende Frau sehen, er kam gerade aus dem Keller, ging langsam die Treppe hinauf, dachte, jetzt ist Abend, da wird sie von der Arbeit kommen, denn um diese Zeit fängt ihr Lachen an. Ein Fremder überholte ihn und öffnete die Nachbarstür. Er war groß und bärtig, hatte derbe Schuhe an, und aus seiner Tasche ragte ein Stück Lauch.

»Guten Tag, Nachbar!«, sagte der Mann zu dem Fremden. »Wir kennen uns nicht.«

Er reichte ihm die Hand. Der Fremde stellte seine Tasche ab und grüßte.

»Verzeihen Sie«, sagte er, »mein Deutsch ist schlecht, ich bin Russe.«

»Sollten Sie etwas brauchen«, sagte der Mann und wies auf seine Tür, »Sie können jederzeit bei uns klingeln.«

Der Fremde lachte und salutierte zum Spaß.

»Oder wollen Sie einmal auf einen Schluck zu uns kommen? Meine Frau und ich würden uns freuen. Wohnen Sie allein?«

Scheinheilig hatte der Mann gefragt, und der Fremde sagte: »Ich habe Liv, meine Frau. Wir kommen. Danke. Gern.«

Tage vergingen, das Lachen am Abend wiederholte sich, aber die Nachbarn kamen nicht auf Besuch.

Der Mann hielt es nicht mehr aus, so sehr plagte ihn die Neugierde.

Er klingelte an der Nachbarstür. Er hörte langsame Schritte, dann öffnete sich die Tür, und eine Frau mit Krücken öffnete.

»Liv?«, fragte der Mann und sah in ihr reizendes Gesicht, es war das Gesicht einer dicken Frau mit Grübchen und weißer Haut. »Ich bin der Nachbar. Ich wollte Sie auf einen Tee einladen.«

»Wie süß«, sagte die Frau und verlegte ihr Gewicht auf eine Krücke. »Kommen Sie doch herein. Trinken wir erst bei mir einen Tee! Zucker?«

Als er in dem tiefen Sessel saß, hörte er ihr Lachen. Immer wollte ich hier sitzen, dachte sich der Mann. Nun sitze ich hier.

Der Mann saß im Ledersessel, wie eingesunken saß er, als schliefe er. Er hörte die Frau telefonieren und hörte ihr Lachen, wie er jeden Tag ihr Lachen durch die Wand gehört hatte. Er dachte, ich will, dass sie auch bei mir lacht.

Als sie auf ihren Krücken ins Wohnzimmer zurückkam und sich auf das Sofa fallen ließ, setzte er sich gerade und sagte:»Liv, wissen Sie, wo die Katze wohnt?«

»Ich verstehe Ihre Frage nicht«, sagte die Frau.»Wir haben keine Katze.«

»Es soll ein Witz sein, und Sie, Liv, müssen erraten, wo die Katze wohnt.«

»Ich verstehe Sie wieder nicht«, sagte die Frau und beugte sich vor.»Ich bin Schwedin, kann gut Deutsch, aber spezielle Sachen verstehe ich nicht. Manche Sprichwörter kann man nur verstehen, wenn man im fremden Land aufgewachsen ist.«

»Das war dumm von mir«, sagte der Mann.»Verzeihen Sie, Liv.«

»Nicht doch, nicht doch«, sagte die Frau und schaute ihn sehr freundlich an.»Sagen Sie mir, wo die Katze wohnt!«

»Im Miezhaus?«

Wieder verstand die Frau nicht, was er meinte, und es war für beide peinlich.

Die Frau stand mühsam auf und ging zur Küche.»Ich bringe den Tee«, sagte sie.

Er folgte ihr nach, um ihr zu helfen, nahm ihr die Teekanne aus der Hand, die zwei Teegläser, sie trug nur die Zuckerdose.

Er schenkte ihr ein.»Ich bin Ihr Nachbar«, sagte er,»ich höre Sie oft lachen, und das stimmt mich so fröhlich, ich wollte einmal sehen, wer die Frau ist, die so wunderbar lacht. Darum habe ich Sie besucht.«

Sie verzog den Mund, lachte aber nicht.»Wissen Sie, ich lache nur mit meinem Mann. Mein Mann ist Russe, und die Russen lachen gern und oft, sie lachen sogar, wenn sie Böses tun. Sie lachen immer und überall, auch in der Kirche, sogar im Beichtstuhl. Ich kann Russisch, verstehe aber viele Sachen nicht, wie er ebenso Sachen auf Schwedisch nicht versteht. Dann kitzelt er mich. Und ich muss mich fast totlachen. Er ist ein guter Mann, er hat mir das Leben gerettet. Er hat mir seine Niere gespendet. Ohne ihn wäre ich tot. Ich arbeite zu Hause, übersetze Verträge ins Russische, das habe ich gelernt. Mein Mann kommt am Abend, er kocht für uns. Ich bin sehr dankbar. Haben Sie eine Frau?«

»Ja, eine Frau, schon sehr lange, wir haben uns nicht mehr viel zu sagen, und wir lachen nie zusammen.«

»Ich habe Ihnen leider auch nichts zu sagen, weil ich ja gar nicht weiß, was Sie hören wollen.«

»Können Sie singen?«, fragte der Mann, es war ihm einfach so in den Sinn gekommen, dass die Frau sicher gut singen kann.

»Ein russisches Lied?«, fragte die Frau. Sie warf fünf Zuckerwürfel in die Tasse. Dann schüttete sie Tee vom Glas in die Untertasse und trank daraus. Der Tee war stark und heiß. »Russische Lieder sind wehmütig. Das kommt vom vielen Wodka. Mögen Sie einen Wodka? Ich meine, so zum Tee, einen kleinen Wodka? Ja?«

Sie stimmte ein Lied an und sang mit klarer Stimme und nicht leise, wie er es sich vorgestellt hatte, sondern sehr laut. Sicher hört das meine Frau drüben, dachte er sich.

Liv hatte laut gesungen, es hatte wie ein Arbeiterlied geklungen, und am Ende stemmte sie eine Krücke in die Höhe. Der Nachbar und sie hatten beide das Klingeln an der Tür überhört, und sie erschraken, als der bärtige Russe vor ihnen stand.

»Lyubimyy«, sagte er und küsste seine Frau.

»Er sagt Liebling zu mir«, übersetzte sie. Sie wies auf den Mann im Sessel. »Das ist unser Nachbar«, sagte sie auf Russisch mit lustigem Akzent. »Ich habe ihm ein Lied vorgesungen, weil ich nicht wusste, was ich mit ihm reden soll.«

»Ich kenne ihn bereits«, sagte der Russe auf Russisch. »Er hat sich mir vorgestellt, er will uns beide auf einen Drink einladen. Ich denke, er könnte ein guter Mensch sein.« Auf Deutsch sagte er: »Ich komme eben von der Arbeit im Außendienst.« Und auf Russische sagte er: »Du hättest ihm nicht aufmachen sollen, Lyubimyy. Vielleicht ist er doch kein guter Mensch.«

Der Nachbar erhob sich und ging zur Tür. »Ich will nicht stören. Wenn Sie einmal Verlangen haben, uns zu besuchen, melden Sie sich. Klopfen Sie einfach an die Wand.«

Er schloss leise die Tür hinter sich.

»Was heißt Verlangen?«, fragte der Russe. »Aber doch nichts Sexuelles?« Dann ging er in die Küche und rief ins Wohnzimmer: »Heute etwas Süßes! Soll ich etwas Süßes kochen? Etwas sehr Süßes? Sehr, sehr Süßes?«

»Oh ja«, sagte Liv. »Süße Wurst!«

»Wo sind die Butterkekse?«, rief der Mann aus der Küche. »Die brauche ich, Kakao und Butter sind da, aber ohne Butterkekse geht es nicht. Die billigen sind die besten.«

Bekam Antwort: »Die habe ich gegessen, heute Mittag. Ich war so hungrig, du warst nicht da, und meine Übersetzung ging schlecht. Ich muss Spezialausdrücke von dir wissen. Was heißt Gewährleistung? Ist das etwas mit Schießen?«

Der Russe kam zurück zu seiner Frau, er zog ihr die Bluse und den Büstenhalter aus und küsste ihre Brüste.

»Heute hungern wir beinahe. Heute essen wir nur Sardinen in Öl. Das alte Brot können wir aufbacken. Sehr, sehr Süßes gibt es morgen.« Livs Krücken lagen auf dem Boden, und die Nachbarn nebenan hörten ihr Lachen.

»Jetzt kitzelt er sie wieder«, sagte der Mann zu seiner Frau, und sie, ärgerlich: »Woher willst du das wissen?«

»Sie hat es mir gesagt.«

»Wann hat sie es dir gesagt?«, fragte die Frau. Gerade seifte sie ihre Hände ein, hielt sie unter kaltes Wasser und trocknete sie ab. Dann roch sie an den Innenflächen und wusch noch einmal.

»Du hast einen Waschzwang«, sagte der Mann. »Muss ich mir Sorgen machen?«

Und die Frau: »Es gibt Menschen, die waschen sich, und solche, die es nicht tun, wie diese Nachbarin, da möchte ich wetten.«

»Sie geht auf Krücken, sie ist eine Intellektuelle, sie übersetzt deutsche Verträge ins Russische, ist aber selbst eine Schwedin.«

»Das erfindest du jetzt, Verträge werden in Englisch verfasst und ins Englische übersetzt.«

»Und wenn die russischen Geschäftsleute kein Englisch verstehen?«

»Dann haben sie Untergebene, die es verstehen.«

Der Mann wandte sich von seiner Frau ab und legte sein Ohr an die Tapetenwand.

»Was für ein glückliches Lachen!«

Früh am Morgen ging der Mann aus dem Haus, seine Frau stellte sich schlafend, weil sie nicht mit ihm reden wollte. Kaum war die Tür ins Schloss gefallen, stand sie auf, ging zum Fenster und schaute ihm nach. Sie sah seine Gestalt von oben, den grauen Mantel, die gebeugten Schultern, und da kam sie sich schuldig vor. Sie war keine gute Frau. Hieß das, sie war eine schlechte Frau? Sie verrichtete ihre Morgenarbeiten, legte die Matte auf den Boden und begann mit ihren Yoga-Übungen.

Da hörte sie aus der Nachbarwohnung einen Knall, bald darauf einen Schrei.

Sie zog sich den Morgenmantel über, schlüpfte in die Hausschuhe und klingelte bei der Nachbarin. Niemand rührte sich. Noch einmal klingelte sie. Ihr kam die Idee, dass der Russe, den sie nur ein einziges Mal gesehen hatte, seine Frau zu Boden gestoßen haben könnte. War sie tot?

Noch einmal klingelte sie.

Sie hörte ein Stöhnen, dann endlich öffnete sich die Tür. Die Nachbarin, die so schön lachte, immer und immer, stand vor ihr, gleich sank sie in sich zusammen und fiel hin.

»Was um Himmels willen ist geschehen! Ich rufe die Rettung!«

»Nicht, nicht«, sagte die Nachbarin, die so schön lachte, immer und immer, »nicht, nicht. Ich bin gestürzt. Ich stürze nie. Aber jetzt bin ich gestürzt.«

Über ihre Stirn rann Blut.

Eine hielt die andere, Frau und Frau, und sie stellten sich einander vor: die Frau, die nie lachte, Gerti; die Frau, die immer lachte, Liv.

»Wo ist Ihr Mann?« fragte Gerti.

»Er arbeitet, und ich mache nur Probleme«, sagte Liv.

»Aber Sie lachen«, sagte Gerti und lief in ihre Wohnung und kam zurück mit dem Verbandskasten. »Sie lachen immer und immer. Wir hören Sie durch die Wand. Ich würde gern so lachen können wie Sie.«

»Sie müssen wissen, ich habe den besten Mann«, sagte Liv. »Er hat mich gerettet, hat mir seine Niere geschenkt, ihm verdanke ich mein Leben. Darum lache ich.«

Liv war dick und schwer, und Gerti gelang es nicht, sie vom Boden aufzuheben. Sie lief noch einmal in ihre Wohnung und brachte ein Kissen mit, das mit den Goldfäden, und legte es unter Livs Kopf. Liv hatte ein schönes Gesicht, wirklich ein schönes Gesicht, gewiss vom vielen Lachen, das weiß ja jeder, dass Lachen schön macht. Wenn ich so schön wäre, dachte Gerti, und so schön lachen könnte, dann würde es mich nicht stören, wenn ich so dick wäre. Noch einmal lief sie in ihre Wohnung, kam mit dem Handy zurück. Sie rief ihren Mann an, der im Büro an seinem Schreibtisch saß:

»Komm schnell«, sagte sie »die Frau, die abends immer so schön lacht, liegt auf dem Fußboden. Ich sitze neben ihr. Sie ist verletzt.«

Liv zeigte ihr an, dass sie auch etwas sagen wollte. Sie sagte ins Handy hinein: »Sie haben eine liebe Frau. Sie ist stark. Aber ich bin leider zu dick und zu schwer. Lassen Sie sich Zeit, wir beide sitzen gut.«

Die Krücken lagen auf dem Boden, eine vor der Küchentür, die andere vor der Wohnzimmertür. Ganz still war es. Man hörte einen Vogel singen.

»Eine Amsel«, sagte Liv, »ein Wunder, ihr Gesang!«

Die beiden Frauen sahen einander an, Liv und Gerti. Eine war verlegen wie die andere.

Liv nahm die Hand von Gerti und drückte sie:»Sie sind auch ein guter Mensch, Sie haben mich gerettet. Ich bin immer die, die gerettet werden muss. Immer und immer. Ich war jung und mit meinem schnellen Auto unterwegs. Ein Tanklaster lag auf der Straße. Dann der Unfall. Flammen schlugen aus dem Tanklaster. Ich wusste nichts mehr. Da kam dieser bärtige Mann, der ein Russe war und mich rettete. Er hob mich auf und brachte mich ins Krankenhaus. Dieser bärtige Russe hatte einen Strahlenglanz, lachen Sie nicht, Gerti! Er hatte wahrhaftig einen Strahlenglanz. Gewiss, es waren die Endorphine, die mich das glauben ließen, so viel Blut gab es. Ich sah mich auf einem fliegenden Teppich. Ich war zwei Mal, ein Mal im Beichtstuhl, ein anderes Mal im Krankenbett. Warum im Beichtstuhl? Das habe ich mich gefragt. Es ist so, glauben Sie mir, Gerti. Auch knapp vor dem Tod stellt man sich Fragen. Ich dachte, ja, gut, ich lebe in einem Krankenbett, ich bin im Spital, man hat mich ins Spital gebracht, der Mann mit dem Bart und dem Strahlenglanz hat mich ins Spital gebracht. Aber warum bin ich zugleich im Beichtstuhl? Der Mensch ist doch ein Rätsel, habe ich nicht recht? Sagen Sie, Gerti, habe ich eine tiefe Wunde an der Stirn?«

»Seien Sie unbesorgt, liebe Liv«, sagte Gerti.»Sie machen mich glücklich, dass ich Ihnen helfen darf. Ich will in Zukunft auch so viel lachen wie Sie.«

»Der Mann mit dem Bart und dem Strahlenglanz«, sagte Liv,»ist mein Mann geworden. Er hat mir eine Niere geschenkt. Morgen bringt er mich zum Frisör. Empfehlen Sie mir eine neue Haarfarbe? Weißblond vielleicht, das wäre eine Spur heller als meine Naturfarbe, würde zu seinem Strahlenglanz passen.«

Friedlich saßen die beiden Frauen am Boden.

»Hören Sie die Amsel?«, fragte Liv, »sie singt für mich.«

Da kam endlich Gertis Mann, er hob Liv auf und führte sie zum Sofa, deckte sie zu und brachte ihr einen Wodka und trank gleich auch einen.

Als die beiden wieder in ihrer Wohnung waren, sagte Gerti: »Mich hast du auf dem Boden sitzen lassen, hast mich nicht beachtet, so als wär ich ein Stück Nichts. Auch keinen Wodka hast du mir eingeschenkt. Nichts!«

Sie saßen auf ihren harten Stühlen und warteten auf den Abend. Wieder hörten sie durch die Wand Liv lachen.

»Sie lacht«, sagte Gerti.

»Sie lacht«, sagte ihr Mann. »Aber sie gehört mir.«

Natürlich wurde der Russe von Gerti über das kleine Unglück seiner Frau informiert. Wie sollte es anders sein. Er war nach Hause gekommen, hatte seine Frau auf dem Sofa liegend vorgefunden, schlafend mit einem Kopfverband. Gerti hatte kein geeignetes Pflaster gefunden und hatte, nachdem sie die Blutung gestillt hatte, einen Kopfverband angelegt. Man konnte ja nicht wissen, auch an der Stirn gibt es Adern, die unberechenbar sind und mir nichts, dir nichts zu bluten anfangen, wenn eine Verletzung vorliegt. Liv, die abends immer und immer lachte, hätte außerdem eine Gehirnerschütterung haben können. Und man weiß ja, wie gefährlich eine Vernachlässigung in so einem Fall sein kann. Also brach sie ihr Versprechen und informierte den Russen. Einen Strahlenglanz sah sie nicht.

Der bärtige Russe küsste Liv wach, sie hielten sich umschlungen, und Liv weinte, und der Russe weinte. Es war so schön, gemeinsam zu weinen.

»Dann ist die Nachbarin ja eine Gute«, sagte der Russe. »Wir müssen uns erkenntlich zeigen. Heute mache ich süße Wurst. Ich habe die billigen Kekse gekauft.«

»Ich traue der Nachbarin nicht«, sagte Liv. »Sie hat hinter der Stirn ein Misstrauen gegen mich. Dann kam noch ihr Mann mit seiner Fürsorge. Er ist in mich verliebt.«

»Ich werde ihnen zu Ehren ein Festessen kochen«, sagte der Russe. »Erst Kohlsuppe, dann Plov, zum Abschluss Rollkuchen?«

»Nein, keine Kohlsuppe«, sagte Liv. »Kohlsuppe ist ein Essen für arme Leute. Auch wenn sie gut schmeckt. Und deine schmeckt am besten. Aber ich müsste zu deiner Suppe eine Einleitung sprechen. Dass sie nicht als Speise für arme Leute gedacht ist, sondern die beste Kohlsuppe ist. Das wäre zu kompliziert.«

»Keine Suppe«, sagte der Russe mit dem Bart und dem Strahlenglanz. »Denkst du, die mögen Schweinefleisch?«

»Reden wir nach der süßen Wurst weiter«, sagte Liv.

Sie drehte sich zur Seite, und ihr Mann bereitete das Essen zu.

In der Nachbarwohnung saß das Ehepaar immer noch vor der Tapetenwand und lauschte. Nichts war zu hören.

»Es ist noch zu früh«, sagte die Frau, »sie lacht erst am Abend richtig. Lass uns Kaffee trinken. Sie wird schlafen. Sie hat mir erzählt, dass ihr Gehirn einmal so sehr erschüttert war, sie ist dem Tod von der Schaufel gerutscht.«

»Hat sie das so formuliert?«, fragte der Mann.

Da lachten beide auf einmal. Gerti schenkte Kaffee ein, sehr stark, schüttete Schnaps dazu. Sie tanken und warteten.

»Jetzt wäre drüben die Zeit zum Lachen«, sagte der Mann.

»Wahrscheinlich wird sie erst morgen wieder lachen«, sagte Gerti.

»Ja, wahrscheinlich«, sagte ihr Mann.

Das Ehepaar saß immer noch am Tisch, vom Schnaps beschwipst, und der Mann dachte sich, ich müsste mich aufraffen und sie küssen. Ich mache es.

Er beugte sich zu seiner Frau, die zurückgelehnt auf dem Stuhl saß, und küsste ihre Lippen, aber weil sie so spröd und schmal waren, beließ er es dabei.

Sie tat es ihm gleich und berührte seinen Mund. Sein Atem erschreckte sie. Das sind seine Brücken, dachte sie, er muss zum Zahnarzt.

Sie gingen auseinander.

Wenn sie nur, dachte der Mann weiter, ein wenig Polsterung an ihrem mageren Körper hätte, wenn sie nur ein wenig maßlos wäre, nicht mit Butter sparte, Sahnetorte essen würde, wenn sie sich nur ein wenig, nein, wenn sie sich nur total gehen lassen würde. Mir ist ihre Korrektheit eine Strafe. Er nahm sich vor, jeden Abend mit ihr Wein zu trinken. Zur Lockerung.

Sie nahm sich vor, einen Zahnarzttermin für ihn zu arrangieren, die Sprechstundenhilfe sollte ihn anrufen und an die Zahnreinigung erinnern. Das wäre doch vornehm. Sie käme in dieser Angelegenheit nicht vor. Sie sah an sich herab über die mageren Brüste auf ihre knochigen Knie. Andere Garderobe kaufen. Etwas Frisches. Neue Frisur, neue Farbe über die ergrauten Haare. Ein freundliches Braun.

»Dann setze ich mich an meine Lektüre«, sagte der Mann.

»Was liest du gerade?«

»Ich lese *Stoner* von John Williams, eine tragische Geschichte.«

»Hab ich auch schon gelesen«, sagte die Frau, »der Professor in der Geschichte ist gut gezeichnet, ein Mann ohne Haltung.«

»Bin ich ein Mann ohne Haltung?«, fragte er.

»Bezieh es nicht auf dich, es ist Literatur«, sagte sie. Dachte aber, genau so einer bist du, einer ohne Haltung.

Die Frau steckte ihre einzige Brosche an die Bluse, ein Anfang von Verbesserung, und verließ das Haus. Sie wollte den Frisör hinter sich bringen, sich neue Schuhe kaufen, solche mit Absätzen, ein Kleid, am Abend würde sie wieder zurück sein. Rechtzeitig, um das Lachen ihrer Nachbarin nicht zu versäumen.

Zu Hause dann zog sie das neue Kleid an und rief ihren Mann. Er sah sie an wie eine Erscheinung und dachte, wenn sie jetzt noch etwas zunehmen würde.

»Schönes Kleid, schöne Frisur, komm, setzen wir uns.«

Sie saßen an der Tapetenwand und warteten. Der Mann holte zwei Gläser und entkorkte den teuren Wein. Er hatte ihn am Nachmittag gekauft. Dazu belgische Pralinen.

Sie prosteten einander zu, und mit einer Praline im Mund sagte der Mann:»Auf unsere Abenteuer!«

So sagt er dazu, dachte sich seine Frau: Abenteuer. Sie wollte drei Gläser Wein trinken, was sie noch nie getan hatte, ihn an der Hand nehmen und ins Schlafzimmer führen.

Ihm kamen Filmszenen von Liebespaaren in den Sinn, auf Küchentischen und Teppichen.

Wieder hatte die Frau von nebenan nicht gelacht.

Das Ehepaar lag im Bett, jeder auf seiner Seite, der Frau drehte sich von dem vielen Wein der Kopf, ihr schmeckte Wein nicht, ihr war übel.

»Du liegst wie eine Tote«, sagte der Mann.

»Ja, weil mir schlecht ist, stockschlecht, ich vertrage keinen Wein.«

»Dann beweg dich nicht. Ich bring dir einen Kamillentee.«

Er ging in die Küche. Er fühlte sich angenehm beschwipst, schenkte sich noch ein Glas Rotwein ein und ließ sich in seinen Sessel fallen.

Er hatte *Krieg und Frieden* auf den Knien, las aber nicht, dachte vielmehr über sich nach und darüber, wie er sein Leben beeinflussen könnte, damit es besser würde. Lebenswerter. Er fand es traurig, dass sie keine Kinder hatten, keine Enkel, da fiel schon einiges an Freude weg. Worüber freuen?

Die Frau in der Nachbarswohnung, die abends gelacht hatte, immer und immer, jedenfalls bis vor wenigen Tagen, hatte sie ein besseres Leben? Sie ging auf Krücken, sie konnte allein das Haus nicht verlassen, sie war dick, war sie zufrieden?

Er schaute ins Schlafzimmer, seine Frau lag auf dem Rücken und schnarchte. Er überlegte sich, ob er bei den Nachbarn klingeln sollte.

Er zog seine Anzughose an, ein frisches Hemd, holte eine neue Flasche Wein und tat es.

Der Russe öffnete die Tür.

»Trinken Sie ein Glas mit mir?«, fragte der Mann. »Mir wäre danach.«

Sie hoben die Gläser, und der Russe erzählte, dass seine Frau im Krankenhaus liege, sie habe sich beim Sturz eine Gehirnerschütterung zugezogen, dann starke Schmerzen bekommen und so habe er sie in die Notaufnahme gefahren.

»Sie muss noch ein paar Tage bleiben, ich vermisse sie sehr, sie ist für mich mein Leben«, sagte der Russe.

»Kann man sie besuchen?«, fragte der Nachbar.

»Das würde sie nicht wollen«, sagte der Russe, sie bleibe lieber für sich. Nur auf ihn warte sie.

»Sie haben Glück«, sagte der Nachbar. »Das kann ich von mir nicht behaupten. Meine Frau ist mir so fremd wie nur irgendeine. Wir in unserer Wohnung, wir sind wie zwei Leichen auf Urlaub.«

»Warum verlassen Sie sie nicht?«, fragte der Russe. »Bevor Sie sich hassen, sollten Sie sich trennen.«

»Ich hasse sie nicht, sie ist mir nur gleichgültig.«

»Und wenn sie sterben würde?«

»Sie ist gesund und lebt gesund, sie wird nicht sterben.«

Der Russe sagte: »Meine liebe Liv war schon nicht mehr ganz bei den Lebenden und hat es dann doch geschafft. Sie hatte eine Nahtoderfahrung, von der sie gern spricht. Sie erzählte, sie stand auf einem Berg und schaute hinunter auf mich, sah meine Verzweiflung, sie wusste, sie musste zurück, aber was schrecklich für sie war, sie wollte nicht. Sie wollte bleiben, wo sie war. Sie schwamm durch einen See, obwohl sie gar nicht schwimmen kann, und schlug wieder die Augen auf. Ich gebe sie nicht mehr her«, sagte der Russe und schüttelte rote Weintropfen aus seinem Bart.

Gerti wachte auf, und ihr Mann lag nicht neben ihr. Normalerweise war sie die erste, die aufstand, dann bereitete sie das Frühstück zu. Er war auch nicht in der Wohnung. Der Kleiderschrank stand offen, und sie sah, dass zwei seiner Anzüge weg waren, einige Hemden, Unterwäsche, das Paar gute Schuhe. Der Koffer war auch weg. Ihr fiel kein einziger Mensch ein, zu dem er hätte gehen können. Er war einfach weg. Ohne ein Wort. Sie hatten keinen Streit gehabt, da war nichts gewesen. Sie machte sich fertig und fuhr mit dem Bus ins Büro. Keinem sagte sie etwas. Sie arbeitete bis zum Abend, dann fuhr sie wieder mit dem Bus nach Hause. Ihr Mann war immer noch nicht da. Sie deckte den Tisch, richtete eine kalte Platte. Saß dann vor dem Essen und starrte es nur an.

Aus der Nachbarwohnung hörte sie seit langem wieder das Lachen der Frau. Sie sprang auf und schob den schweren Kasten an die Wand. Sie ging ins Schlafzimmer und legte sich unter die Decke.

Wenn er sich etwas angetan hatte. Sie glaubte es nicht. Sie hatte bei seiner Arbeitsstelle angerufen. Es hieß, er habe Urlaub genommen, drei Wochen. Sie würde morgen wieder zur Arbeit gehen und anschließend zur Polizei, um sein Verschwinden zu melden.

In der Nacht schüttelte sie ein Weinkrampf.

Auf der Treppe dann begegnete ihr der Russe, er sah sie an, und da liefen ihr schon die Tränen in den Mantelkragen.

»Kommen Sie«, sagte er, »Sie reden mit Liv, und ich koche uns Blini.«

Liv lag auf dem Sofa, zugedeckt bis zur Nasenspitze, die Krücken lehnten an der Wand.

»Er kommt wieder«, tröstete sie Gerti, »lassen Sie ihm ein wenig Zeit, er wird sich nach seinen Gewohnheiten sehnen.«

»Als ich ihn kennenlernte, war ich sehr verliebt«, sagte Gerti. »Ich saß im Bus und hatte mein Buch vergessen, *Anna Karenina*, er lief mir nach und gab es mir. So fing es an. Wir beide leben richtig nur in Büchern, das wirkliche Leben ist für uns das falsche.«

»Und Ihr Mann wollte endlich ins wahre Leben zurück«, sagte Liv und fügte schnell hinzu, so denke sie es sich.

»Aber ich finde mich nicht mehr zurecht, es ist zu spät«, sagte Gerti.

Aus der Küche roch es nach Fett, und Musik klang ins Wohnzimmer.

»Lieben Sie Musik?«, fragte Liv. »Ich höre den ganzen Tag Radio, Wortsendungen, Klassik, Diskussionen, da habe ich das Gefühl, nicht allein zu sein.«

»Das muss ich mir angewöhnen. Kann man sich das einfach so angewöhnen?«, fragte Gerti.

Liv nahm Gertis Hand. »Wärme ist wichtig, Sie sollten nie frieren, sich satt essen ist wichtig.«

Der Russe brachte drei Teller, verteilte das Essen, und sie wünschten einander Guten Appetit.

»Sex ist auch wichtig«, sagte der Russe, und als er das Gesicht von Gerti ansah, das so traurig wirkte, sagte er: »Entschuldigung.«

Als der Mann aus heiterem Himmel seine Sachen gepackt und ohne eine Ankündigung die Wohnung verlassen hatte, fuhr er mit dem Taxi zum Bahnhof, schaute auf die Abfahrtszeiten und entschloss sich von einer Sekunde zur anderen, in den Zug nach Berlin einzusteigen. Er wehrte den Gedanken an seine Frau ab, die gehörte jetzt nicht in seinen Roman.

Er hatte als Student in Berlin gelebt, war viel in Literaturkreisen unterwegs gewesen, hatte es selber mit dem Schreiben versucht, was nicht so recht hatte gelingen wollen. Er blieb beim Lesen. Einmal sagte ein Professor zu ihm: »Sie sind der belesenste Mann, den ich kenne.«

Er wurde zu Diskussionen eingeladen, seine Rhetorik schulte sich. Nach einer dieser Veranstaltungen hatte er seine Frau kennengelernt, wie er eine Bücherbesessene. Das vereinte sie. Sie war seine erste Frau, er ihr erster Mann. Sie tauschten sich über Literatur aus, und kannte einer nicht, was der andere gerade las, holte er es eilig nach. Sie hatten bescheidenen Sex, weil jeder im Kopf in einer Romanszene liebte.

Da traf er auf einer Party eine dunkelhaarige Frau, die so schön war, dass er sich wunderte, von ihr wahrgenommen zu werden. Er war nur in seinem Roman begehrenswert. Sie hatte wenig übrig für Literatur, das saftige Leben war das Ihre. Bei jeder seiner Handlungen fragte er sich, ob sie wohl in ihrem Sinn wäre. Dann verlor er sie an einen anderen.

Beinahe wäre er vor Unglück gestorben, wieder ein Thema für einen Roman, den ich bald schreiben werde, hatte er sich gedacht. Wieder misslang es. Er war zu nichts imstande.

Da hatte er seine Literaturliebe wiedergetroffen und sie von der Stelle weg geheiratet. Er sehnte sich nach Sicherheit.

Jetzt, nach dreißig Jahren, stand er vor dem Haus, in dem er mit der Dunkelhaarigen ein halbes Jahr gelebt hatte. Er sah zu den Fenstern hoch, schaute bei den Klingeln auf die Namen, drückte sie alle nacheinander, bis endlich die Tür aufschnappte. Er betrat das Haus, lief die Treppen hinauf und hielt vor der Wohnung, in der er vor dreißig Jahren …

Ein fremder Name stand auf der Tür. Er klingelte, und ein Kind öffnete. Ein Mädchen mit schwarzen Locken und einem rosaroten Ballettröckchen.

»Wie heißt du?«, fragte er das Kind. »Ist deine Mutter da?«

»Ich heiße Tiffy, und meine Mutter ist tot.«

Der Vater erschien in der Tür, ein großer Mann in Unterhemd. »Wen suchen Sie«, fragte er.

»Eine dunkelhaarige Frau, die vor dreißig Jahren hier gewohnt hat.«

»Er meint wahrscheinlich die Oma«, sagte Tiffy, »die lebt, wo es immer so kalt ist.«

»Sie haben widerrechtlich einen Landbus in Betrieb genommen. Entspricht das den Tatsachen?«

»Haben Sie ein wenig Zeit?«

»Ich gebe Ihnen eine Viertelstunde.«

»So fängt es an. Zunächst zog nur meine Frau aus. Sie hat mir unseren Sohn zurückgelassen. Er geht noch in den Kindergarten. Jedes Mal wenn ich für ihn gekocht habe, hat er gesagt, das schmeckt falsch, das macht die Mama besser. Finden Sie, dass ich zu ausführlich erzähle?«

»Fahren Sie fort.«

»Als ich es dann endlich geschafft habe, dass ihm mein Scheiterhaufen schmeckt, wollte ihn seine Mutter zurück. Sie hat ihn vor dem Kindergarten abgefangen, und weil ich ihn nicht mit Gewalt von ihr wegreißen wollte, bin ich allein fortgegangen. Aber ich habe ihre neue Wohnung gefunden und habe sie gestellt. Sie hat den Bub im Schrank versteckt und ihm befohlen, still zu sein. Er hat mich an der Stimme erkannt und gerufen: Papa, hol mich! Wir haben dann so gestritten, meine Frau und ich, dass wir gar nicht gemerkt haben, wie der Bub aus der Wohnung gelaufen ist. Wir haben ihn gesucht, sie in der einen Richtung, ich in der anderen. Er hat sich im Heizungskeller versteckt. Hinter der Tür. Hat seinen Bär im Arm gehabt und in ihn hineingeweint. Ich kann mir keinen Anwalt leisten. Sie schon. Mein Vorwurf lautet: böswilliges Verlassen. Ihr Vorwurf lautet: mangelnde Verantwortung. Ich trinke nicht, ich habe meine Freunde aufgegeben. Sie hat die besseren Chancen, weil sie einen reichen Vater hat. Die Schwiegermutter wäre eigentlich auf meiner Seite, nur sagt sie das nicht laut.

»Dass Ihre Frau wieder zurückkommt, wäre das nicht das Klügste?«

»Klug vielleicht schon, aber für mich kommt das nicht in Frage.«

Der Busfahrer zieht ein Foto aus seiner Geldtasche und zeigt es dem Vorgesetzten. Ein heller Bub lehnt an einem Landbus.

»Das ist mein Fritz. Dass ich den Bus widerrechtlich gefahren habe, war sicher falsch, aber wenn ich sagen würde, es tut mir leid, wäre das gelogen. Fritz hat seinen Freunden erzählt, dass ich ihn mit dem Bus vom Kindergarten abhole. Ich habe ihm das nie versprochen. Er hat es seiner Mutter erzählt, und die hat nur gelacht. Immer wenn ich Fritz heimlich auf dem Spielplatz getroffen habe, wo er mit meiner Schwiegermutter war, hat er mich angefleht, ihn doch endlich mit dem Bus abzuholen, sonst würden ihn alle im Kindergarten für einen Schmähbauch halten. Es war gerade keine Fahrt offen, da habe ich den Bus genommen und habe vor dem Kindergarten gewartet. Alle sind auf den Bus losgestürmt, alle wollten hineinsitzen. Ich habe meinen Buben auf den Arm genommen und gesagt, die Fahrt ist allein für Fritz, und habe dann noch diesen Riesenfehler gemacht zu sagen, ihr kommt, versprochen, ein andermal dran. Fritz ist auf meinem Schoß gesessen, und wir sind losgefahren, nur Nebenstraßen. Eine halbe Stunde hat die Fahrt gedauert. Auf die Anzeige habe ich das Schild ›Sonderfahrt‹ gelegt. Ich kann mich nur entschuldigen, mehr nicht.«

»Grob gesehen, handelt es sich bei der Sache um eine innerbetriebliche Angelegenheit. Ich werde versuchen, Ihnen für den Ehestreit einen Anwalt zu besorgen. Es muss ja nicht öffentlich werden, dass wir da nachhelfen, nicht, dass man das dann in der Zeitung lesen kann. Ich glaube, jetzt ist die Viertelstunde vorbei. Kopf hoch.«

»Ich möchte Ihnen das Foto von Fritz dalassen, wenn es Ihnen recht ist.«

»Er könnte ja direkt mein Enkel sein.« Der Vorgesetzte greift sich auf die Glatze. »So einen Blondschopf wie er habe ich auch einmal gehabt.«

Bevor die Mutter aus der Wohnung gegangen war, hatte sie die Zwillinge im Kinderwagen festgebunden und diesen am schweren Holztisch fixiert, so dass er sich nicht wegbewegen konnte. Der Fernseher lief. Ja, sie liebte ihre Kinder. Jedem, der sie nach den Kindern fragte, sagte sie, wie sehr sie ihre Kinder liebe.

Aber da war dieser Mann, der sie auf der Straße angesprochen hatte. Sie war sofort in ihn verliebt. Alles an ihm gefiel ihr. Sie wollte nichts von ihm wissen. Fragte man sie, nachdem er bei ihr eingezogen war, wie heißt er mit Nachnamen, wusste sie es nicht. Sie wusste nichts. Er interessierte sich nicht für ihre Kinder, aber das muss man auch verstehen, es waren ja nicht seine. Was hat er für einen Beruf, was hatte er für einen Beruf, hat er überhaupt etwas gelernt, warum ist er arbeitslos, war er immer arbeitslos, warum ist er arbeitslos, ist er überhaupt arbeitslos?

»Lasst mich in Ruhe«, schrie die junge Mutter und hielt sich die Ohren zu. »Er findet mich schön, und deshalb liebe ich ihn, nie hat das einer zu mir gesagt. Ihr seid doch alle nur neidisch!«

Ja und dann wollte er, Roman, so hieß der Mann, eben manchmal am Abend einen trinken gehen und sie mitnehmen, das kann man ihm nicht verkehren, wer hält es denn schon in diesen vier Sozialwohnungswänden aus, wo nichts ist, was schön ist. Nichts, überhaupt nichts. Nur der SPAR-Kalender mit abgebildetem Essen an der Wand. Am schlimmsten ist der Geruch von den Windeln. Ja, es sind Zwillinge. Keiner mit nur einem Kind kann wissen, wie es ist, wenn man Zwillinge zu betreuen hat. Sie schreien doppelt, sie wollen gleichzeitig essen oder nicht gleichzeitig, die Windeln sind voll, gleichzeitig oder nicht gleichzeitig. Die Waschmaschine ist kaputt.

Ja, natürlich Wegwerfwindeln. Sie rennt doch nicht wegen jeder vollen Windel zur Mülltonne. Sie wirft sie in den Eimer, und der Eimer steht im Bad. Roman sagt, wenn der Gestank aus dem Eimer das Bad verpestet, kann er sich nicht waschen. Dann stellt sie den Eimer vor die Tür. Die Nachbarn versammeln sich und regen sich auf. Das ganze Haus stinkt. Warum schreien die Kinder immer? Werden sie geschlagen? »Was fällt den Leuten überhaupt ein, ich liebe meine Kinder. Klar, Roman sind sie egal, aber er greift sie nicht an. Und einmal ist es genug. Wir müssen an die Luft. Wir müssen Leute treffen und einen trinken. Da mache ich die Kinder am Wagen fest und den Wagen am Tisch. Sie sagen dazu fesseln, ich sage nicht fesseln, ich liebe meine Kinder!«

Dann ist es einmal gut gegangen, zweimal, dreimal, nach ein paar Stunden waren sie wieder bei den Zwillingen, sie sind im Wagen eingeschlafen.

»Ich hab sie abgeschmust und ins Bett getragen. Zugegeben, manchmal habe ich vergessen, die Windeln zu wechseln. Roman hat ihnen einmal, nur einmal, ich schwöre, eine halbe Beruhigungstablette gegeben. Dieser Mann braucht doch auch seinen Schlaf.«

Dann sind die zwei eine Woche lang weg und haben die Kinder irgendwie aus den Augen verloren. So, und jetzt sind sie verdurstet.

»Ich glaube sowieso, dass es die Zwillinge im Himmel besser haben.«

Der Mann kaufte sich einen Anzug, was schwierig war, denn er war sehr klein und sehr zart. Seine Mutter hatte ihm geraten, in einer Kinderabteilung nachzuschauen. »Eventuell ein Firmanzug«, hatte sie gesagt, »das sieht immer feierlich aus.« Der gekaufte Anzug war tatsächlich ein Firmanzug, dunkelblau, das Hemd dazu schneeweiß, die Schuhe zurückhaltend schwarz. Gerne hätte er Schuhe mit Plateausohlen gekauft, aber allein die Fragerei wäre ihm so peinlich gewesen, dass er es lieber bleiben ließ. Er war fünfundzwanzig Jahre alt, hatte mit sechzehn maturiert und war in der Studienzeit durch seine außerordentliche Intelligenz aufgefallen. Er hatte Jus und BWL studiert, vor Tagen war er zu einem Kamingespräch mit der Firmenleitung eingeladen worden.

»Das klingt so intim«, sagte seine Mutter, »was kann ich mir darunter vorstellen? Da wird aber kein Kamin mit gemütlichem Feuer sein, es ist ja Frühling.«

»Auf jeden Fall ist es eine Herausforderung für mich«, sagte der Mann. »Sie werden mich in Sachen einweihen, weil sie mir vertrauen.«

Er schrieb sich eine Liste zusammen mit eventuellen Antworten, mit Fragen und Vorschlägen. Gut gewappnet traf er im Kaminzimmer ein.

»Fruchtbare Gespräche in persönlicher Atmosphäre«, sagte er am Telefon zu seiner Mutter. Er stand an seinem Hotelfenster und schaute auf Mercedes-Autodächer. »Das Zimmer ist sehr vornehm. Sie haben mir auf Tisch Nummer eins einen Platz reserviert. Du willst sicher fragen, wie viele Tische es gibt, sieben an der Zahl, am siebten sind die, die nur zuhören. Morgen, gleich als Erster, werde ich meinen Vortrag halten. ›Forschung ist Investition‹.«

»Sind da auch Frauen?«, fragte die Mutter.

»Keine, die mir gefällt«, antwortete der Mann.

Und die Mutter konnte es sich nicht verkneifen zu sagen: »Du tust gerade so, als könntest du es dir aussuchen.«

»Werde ich auch«, sagte der Mann.

Den letzten Vortrag mit dem Titel »215 Millionen Kinder werden ausgebeutet« hielt eine Frau Doktor aus Hamburg. Was sie sagte, passte nicht in das Gesamtkonzept. Ihre Stimme war sehr leise, das Mikrofon rutsche ihr ein paar Mal weg. Sie kam vom Tisch Nummer zwei. Als sie vom Podium ging, sah der kleine Mann, dass sie auf einem Schemel gestanden hatte. Das gefiel ihm.

Seine Kollegen redeten über Wertschöpfung, dass diese generiert werden muss, um so die Landflucht zu stoppen. Alles Geschichten, die man längst weiß, dachte der kleine Mann und machte sich beim Buffet auf die Suche nach der winzigen Frau Doktor.

»Wer ist für diese Einladung verantwortlich?«, fragte einer aus der ersten Reihe. »Wohl wegen der Quote.«

Der kleine Mann fand die Frau Doktor an der Garderobe, man suchte dort ihren Staubmantel und fand ihn nicht. Der kleine Mann beteiligte sich an der Suche, er ging in die Knie. Der kürzeste würde der ihre sein. Zusammen verließen sie das Seminargebäude.

Sie wollte sich frisch machen, er sich duschen und das zweite schneeweiße Hemd anziehen. Er verwendete ein Aftershave mit dem Namen *Pour Monsieur*. Sie roch dann später an seinem Hals und fand den Duft hinreißend.

Er rief seine Mutter an und sagte: »Eine produktive Tätigkeit hier, Transformation vorhandener Güter, ich bin glücklich, Mama.«

Im Krieg fuhr die überfüllte Eisenbahn bis nach Kiew. Es war noch die verlässlichste Art der Fortbewegung. So viele Menschen saßen in den Waggons, kaum, dass sich ein Knochenmann hätte dazwischenzwängen können. Der Zugführer und die Zugbegleiter waren tapfere Männer, die fest an den Sieg glaubten. Es gab jedoch manchmal Schwierigkeiten, weil die Feinde die Geleise bombardiert hatten. Die Eisenbahn fuhr nur in der Nacht, und nur wenige notwendige Lichter brannten.

Zur Hauptsache saßen Frauen mit Kindern im Zug, die Männer mussten das Land verteidigen. Die Frauen beteten und hatten ihren Männern Kerzen mitgegeben, die sollten sie vor dem Schlafengehen anzünden und an ihre Familien denken. Beten wäre von Vorteil.

Zwei kleine Mädchen, die sich nicht kannten, saßen auf fremden Knien und unterhielten sich.

Alina und Daria. Alina fand die Mütze von Daria so schön weich wie ein junges Kätzchen. Sie zog sie Daria vom Kopf und hielt sie sich an die Wange:

»Komm, tauschen wir«, sagte sie, und Daria zog ihr die blaue Mütze über die Haare.

»Und auch deinen Mantel«, fand Alina, »könnten wir tauschen, deiner ist so schön rot.«

Also zog ihn Daria aus und Alina den ihren, den blauen, und sie tauschten.

»Deine Handschuhe«, meinte Alina weiter, »gib mir deine Fäustlinge, ich geb dir meine mit den Fingern, von Babuschka gestrickt, rosarot.«

Als sich Alina ihr blaues Kleid mit dem Matrosenkragen über den Kopf zog und betonte, das sei aber ihr Lieblingskleid, freute sich Daria und schlüpfte aus ihren Jeans und gab sie Alina.

»Jetzt ist aber Schluss mit Ausziehen«, sagte Babuschka, »wir sind ja hier nicht in einer Modekabine.«

Die Ohrringe, katzengoldene, wurden noch getauscht, die Halsketten mit den Schutzengeln, die Stiefel, die an den Spitzen schwarz vor Nässe waren.

»Und wann geben wir uns die Sachen wieder zurück?«, fragte Daria, der es um ihr katzenweiches Käppchen schon leidtat.

»Wenn wir uns wiedersehen, wenn wir den Krieg gewonnen haben.«

»Und wenn wir den Krieg nicht gewonnen haben, was dann?«, fragte Daria.

»Dann sind wir tot«, sagte Alina, »und die Retter ziehen uns aus der Eisenbahn.«

»Das sind doch keine Retter, wenn wir nicht mehr gerettet werden konnten.«

»Dann werden sie uns in eine Grube werfen, und man wird uns vergessen.«

»Aber wir werden den Krieg gewinnen«, sagte der Zugbegleiter. »Wir werden siegen, und Frühling wird sein oder Sommer, und ihr werdet Blumenkränze in euren Haaren tragen. Köstlichkeiten werden serviert werden. Die Männer werden glückliche Räusche haben.«

»Und«, sagte Babuschka, »ihr werdet mit Orden dekoriert, man wird euch in der Zeitung sehen und im Fernsehen, ihr werdet unsere Helden sein!«

121 Soll ich Ihre Hand halten?

Ich saß im Zug, in Salzburg kam eine Frau und setzte sich mir gegenüber, dann eine zweite, jüngere, die begann im Stehen schon zu weinen. Die Frau mir gegenüber erhob sich und zog die jüngere Frau neben sich. Sie schauten einander an, die Jüngere drehte ihren Kopf weg, und ich rätselte: Kennen sich die zwei oder kennen sie sich nicht? Sie kannten sich nicht, erzählte mir gleich darauf die Frau, »aber man muss sich um sie kümmern, sie ist in Not, sie hat Sorgen, das ist doch offensichtlich«.

Es war für sie kein Problem, in Gegenwart der weinenden Frau so zu sprechen, sie dachte sich wohl, dass Grundlegendes mit ihr nicht stimmte. Ich war recht verlegen, wusste nicht, wie ich mich hätte verhalten sollen. Ich schaute auf die junge Frau und befahl mir Empathie, aber es ging nicht. Sie erwiderte meinen Blick nicht. Ihre Augen ruhten auf ihren roten Händen, und ihre Hände umklammerten eine billige Tasche. Sie sah elend arm aus, ihre Kleider zu groß, ein Pullover aus Kunstfaser reichte ihr bis zu den Knien, darunter schaute ein kariertes Kleid hervor und wieder darunter eine Jogginghose, sie trug Männerschuhe, ungeputzte. Ich an ihrer Stelle hätte mir wenigstens die Schuhe geputzt. Ich schämte mich, dass ich so schäbig dachte. Ich studierte ihr Gesicht: wasserblaue Augen, fahle Haut, um den Mund herum gelblich, um die Augen herum rot. Ich hätte mit ihr reden sollen, mich nach ihren Sorgen erkundigen. Nichts dergleichen tat ich.

»Soll ich Ihre Hand halten«, fragte die ältere Frau und wartete keine Antwort ab. Sie nahm die Hand der jungen Frau und streichelte sie, und die junge Frau ließ es mit sich geschehen, als sei die Hand irgendeine Hand, nur nicht die ihre. Ich empfand das Händehalten der älteren Frau als Übergriff, wusste aber wieder nicht, wie ich mich verhalten sollte. Die junge Frau ignorierte mich, trotzdem fühlte ich mich von ihr beobachtet. Ich wandte mich von ihr ab und tat, als läse ich. Der Schaffner kam, und die junge Frau stand schnell auf, legte die Tasche auf den Sitz und setzte sich darauf. Hände wurden losgelassen. Gern hätte ich mir einen anderen Platz gesucht, aber ich fand keine Gelegenheit. Bliebe der Zug stehen, könnte ich so tun, als würde ich aussteigen.

»Fahrkarten«, sagte der Schaffner, und wie ich erwartet hatte, war die Frau ohne Fahrkarte, man habe ihr die Tasche gestohlen, sagte sie in einem Tiroler Dialekt und schaute mich direkt an.

»Wohin fahren Sie?«, fragte der Schaffner. »Ich muss Ihre Personalien aufnehmen.« Die Frau begann wieder zu weinen, ich sagte: »Ich bezahle die Fahrkarte.« Ich wollte, dass die Szene ein Ende fände.

Dann lehnten wir uns alle drei zurück, als der Schaffner gegangen war, keiner sagte ein Wort, ich schaute wieder in mein Buch und konnte Linz kaum erwarten. Die junge Frau nahm aus ihrer Tasche einen Socken, spuckte darauf und putzte sich die Schuhe. Als sie ausstieg, fragte mich die ältere Frau:

»Warum haben Sie das getan?«

Wahrheitsgetreu sagte ich: »Weil ich die Spannung nicht mehr ausgehalten habe.«

»Wenn sie dich fragen«, sagte die alte Tochter zu ihrer uralten Mutter, »sag einfach nichts, bemüh dich nicht, gescheit zu sein. Wir sind auf ein Pflegegeld angewiesen, und wenn die Pflegestufe bestimmt wird, ist es besser, sich ein bisschen dumm zu stellen.«

»Das tu ich sicher nicht«, sagte die Mutter. »Ich bin froh, wenn ich helle Momente habe.«

»Aber eben«, sagte die Tochter, »du hast zwar helle Momente, aber wegen deinen dunklen Momenten kommst du in eine entsprechende Pflegestufe, und das ist für uns wichtig. Ich habe einfach nicht mehr die Kraft, dich den ganzen Tag zu versorgen. Mir selber tut der Rücken weh, du weißt, dass ich ohne Tabletten nicht über den Tag komme.«

»Als du ein Kind warst«, sagte die Mutter, »habe ich alles für dich gemacht, auch wenn ich krank war, ich hab mein Letztes für dich gegeben, vergiss nicht, wie das war, als du von zu Hause ausgerissen bist. Wer hat deine Wünsche erfüllt, die du aus dem Katalog ausgeschnitten hast? Ich hab immer zu dir gehalten, auch als es der Papa nicht mehr wollte. Dass du jetzt für mich sorgst, ist nur gerecht.«

»Gerecht ist das überhaupt nicht«, sagte die Tochter, »es ist einfach egoistisch von dir, nur an dich zu denken. Andere Frauen in deinem Alter sind längst in einem Pflegeheim. Oder willst du warten, bis ich mit dir dorthin muss?«

»Das wäre doch schön, dann könnten wir beide bis zu meinem Tod zusammen sein. Du könntest mir Geschichten vorlesen und mit mir Mühle spielen.«

»Hör auf, Mama, du provozierst mich! Merkst du nicht, dass mich das fertigmacht? Glaubst du, meine Kinder werden für mich sorgen wie ich für dich?«

»Ich habe dir immer gesagt, dass du sie zu sehr verwöhnst, alles hast du ihnen durchgehen lassen. Da brauchst du dich dann nicht zu wundern.«

»Mama, was haben wir heute für einen Tag?«

»Das muss ich nicht wissen, du bist mein Gedächtnis.«

»Das ist gut. Genau das sagst du, wenn sie dich fragen.«

»Gestern war der Erste, also muss heute der Zweite sein. So verblödet bin ich noch nicht.«

»Natürlich nicht. Aber wenn sie dich fragen, sag einfach nichts. Denk einfach, du bist beleidigt. Wenn du auf mich beleidigt bist, sagst du ja auch nichts.«

»Ich bin aber nicht auf den Arzt beleidigt. Er ist ein netter Mensch, der hört mir aufmerksamer zu als du.«

»Ich werde ihm von den angebrannten Töpfen erzählen, die du einfach in den Garten wirfst.«

»Das mit dem Herd ist mir ein einziges Mal passiert.«

»Dass du vergisst, die Platte abzudrehen, passiert dir jeden zweiten Tag! Wenn ich nicht so viel Geduld mit dir hätte, dann wäre das Haus schon längst abgebrannt.«

»Und wem gehört das Haus?«

»Weißt du was, Mama, ich geh jetzt ins Café und denk nicht mehr an dich.«

»Wenn du jetzt gehst, werde ich vielleicht tot sein, wenn du wieder kommst, und dann findest du keine Ruhe mehr.«

123 Aufsatzthema: Körper – Elmar, acht Jahre alt

Als ich den toten Körper von meinem Großvater gesehen habe, war er ein Leichnam.

Er war nicht mehr aufrecht.

Sein Gestell war nicht mehr beweglich.

Im Vergleich zu seinem Körper war sein Gehirn bis zum Ende sehr groß.

Er ist aus dem Bett gefallen und war tot.

Meine Mutter sagt, der Großvater war ein weiser Mann.

Er hat einmal beim Nachtmahl gesagt, durch seine Risse im Gehirn kann er den Nachthimmel sehen.

Der Großvater hatte für einen Menschen eine starke Behaarung.

Nur nicht auf dem Haupt.

Sein Körper hatte hundert Billionen Zellen.

Eine Billion hat zwölf Nullen.

Bei meinem toten Großvater sind die Zellen nicht mehr aktiv.

Er wird bald Staub sein.

Einmal war sein größter Körperteil seine Haut.

Jetzt ist sie zerknülltes Papier.

Sein Lebewesen bestand hauptsächlich aus Wasser.

Jetzt, wo er tot ist, wird es austrocknen.

Wie ich einmal im Sommer sehr viel Wasser aus dem Hahn getrunken habe, hat mein Großvater gesagt, dass es eine Wasservergiftung gibt, wenn man so viel Wasser in sich hineinrinnen lässt.

Ich kann mir gar nicht mehr vorstellen, dass er einmal sechshundert Muskeln gehabt hat.

Als sein Tod eingetreten ist, hat ihn meine Mutter gewaschen.

Er war ihr Vater.

Sie hat ihm den Hochzeitsanzug angezogen, der schon neunzig Jahre im Kasten gehängt ist.

Er hat ihm glatt noch gepasst.

Eine Zeit in seinem Leben hat er ihm nicht mehr gepasst, aber jetzt zum Schluss wieder.

Da war sein Gewicht gering.

Ein Körper ohne Kleider ist nackt.

Ich glaube, man legt nur angezogene Menschen in Särge.

124 Nach Tirolchen

Ich hatte mir vorgenommen, auf der Heimfahrt im Railjet zu arbeiten, aber kaum hatte ich begonnen, kam eine Frau mit einem kleinen Mädchen und setzte sich vis-à-vis.

Das Kind redete ohne Unterbrechung. Sogleich war ich verzaubert von ihrem Stimmchen.

Die Mutter mahnte es, mich nicht zu stören. »Du sollst diese Frau nicht stören«, sagte sie.

»Störst du dich, Frau?«, fragte das Kind und knickste ein wenig mit ihrem Knie. Es war, als hätte sie den richtigen Satz in einen Sack geworfen und dann kräftig geschüttelt. Sie hatte einen hellen Lockenkopf, wie der von unserer Paula gewesen war, auch ihr Mündchen erinnerte mich an sie. Das immer reden musste.

»Wie heißt du?«, fragte ich.

Sie hieß Isabella und wurde von ihrer Mutter gemahnt: »Komm, setz dich zu mir. Wir schauen uns ein Buch an.«

»Nein, sie stört mich ganz und gar nicht«, sagte ich zu der Frau hinüber. »Sie haben ein besonderes Kind.«

»Das trifft es genau«, sagte die Frau, »besonders.« Und sie zog ihr Kind zu sich und herzte es.

Ich war nahe den Tränen. Schluss jetzt, sagte ich zu mir. Die Wirklichkeit ist Montag, und Paula ist am 22. Juli 2003 schon gestorben.

Die Kleine hielt es nicht auf ihrem Sitz. Isabella stellte sich vor mich hin, sie trug ein rosarotes T-Shirt und rosa Leggings.

»Wir fahren nach Tirolchen«, sagte sie. »Geburtstagsoma Geburtstag. Du bist traurig? Wie heißt du? Warum bist du traurig? Soll ich dir Brösel zeigen?«

Sie bückte sich und holte unter dem Sitz eine Hundetasche hervor, die klein war, aber genau so aussah wie die großen. Sie legte sie in meinen Schoß und machte das Türchen auf. Sie blinzelte hinein und sagte:

»Ich glaube, er schläft noch. Schau, siehst du ihn? Er schnarcht schon wieder.«

Ich sah ein weißes Stoffhündchen.

Die Mutter mahnte und mahnte: »Isabella, setz dich jetzt zu mir!« Sie sah etwas streng aus, eine große Frau, sie hatte sich die schwarzen Ballerinas abgestreift, und man sah ihre beigen Halbsocken. Sie packte eine Dose aus, darin war eine Melone. Sie legte eine Serviette um den Kinderhals und eine auf die Kinderknie.

»Keine Melone«, sagte Isabella, »ich hab Lust auf Rindssuppe.«

Als die Bedienung vorbeikam, bestellte die Mutter eine Rindssuppe, und als die vor Isabella stand, schlürfte sie wie ein Greis.

»Suppe, mmhh«, sagte sie zu mir herüber. »Probieren?« Und sie hob den Löffel, dabei verschüttete sie Suppe.

»Also komm!«, sagte die Mutter.

Dann gab es Kirschen, aber Isabella wollte keine Kirschen. Sie fischte ein Paar heraus und kletterte zu mir. Die Mutter hatte es aufgegeben, zu mahnen. Das Kind schob meine Haare zurück und legte mir das Kirschenpaar um die Ohren.

»Gleich kommt das Nächste.«

Zuerst aber ließ sie sich von ihrer Mutter die Öhrchen schmücken, dabei lachte sie so heftig, dass die Kirschen hüpften.

Sie brachte mir das zweite Paar. »Vorsicht, kitzelt! Nach Tirolchen, nach Tirolchen!«, sang sie.

Dann sagte sie einen Reim auf, ich kannte ihn. Sie verschob dabei die Worte, machte aus »Hund« »Frau« und aus »Haus« »Gebäude«. »Maus kommt aus Gebäude.«

»Schluss jetzt!«, sagte die Mama. »Ich muss dir ein frisches Kleid anziehen, bald sind wir da.«

»Und der Papa trägt mich fort. Immer tragen die Papas fort.«

Ihr Kleid war geblümt, Blumen so groß wie ihr Mündchen. Sie winkte mit der kleinen Hand, dabei spreizte sie ihre Fingerchen und bewegte sie von links nach rechts.

125 Spielregeln

Ich war in ein Spiel geraten, ohne zu wissen, dass es sich um ein Spiel drehte. Ich hatte gedacht, es handle sich um den Teil einer Aufnahmeprüfung. Worin ich aufgenommen werden wollte, habe ich vergessen. Lange ist es her. Der Redner sprach in Rätseln. Ich hatte keine Ahnung, worauf das Ganze hinauslaufen sollte.

Ich kann mich nicht einmal mehr entsinnen, worüber in dem Vortrag geredet wurde. Ich saß am Ende der Stuhlreihe, direkt unter dem französischen Fenster. Der Blick lenkte mich ab. Ich sah einen Pfahl, der mitten in der Wiese stand, daran angebunden ein Kind, wie ich vermutete, ein Mädchen, wegen des langen Hemdes, das es trug.

Ich sah Halbwüchsige, die das Mädchen am Pfahl umringten und mit Dreck auf sie warfen. Schon wollte ich aufstehen, da informierte mich ein Teilnehmer, dass es sich bei dieser Szene um ein Begleitprojekt zur großen Veranstaltung handle. Ich verstand nichts. Ließ mir erklären, es gehe um zwischenmenschliches Verhalten. Was denn sonst?

In der Pause spazierte ich auf die Wiese. Das Mädchen war immer noch angebunden. Es war nicht älter als zehn Jahre, hatte südamerikanische Züge, einen etwas schweren Knochenbau, und der Kopf war groß wie der einer Frau. Mit ihren langen Haaren war sie an den Pfahl gefesselt. Die Halbwüchsigen hatten sich von dem Mädchen abgewandt, als hätten sie das Interesse verloren. Das Mädchen versuchte, sich zu befreien. Sie zerrte an ihren Haaren, und es gelang ihr nicht, sie zu lösen, weil sie zudem noch mit Schnüren befestigt waren.

Ich ging zu ihr hin und wollte behilflich sein. Nachdem sie befreit war, hüpfte sie wie ein Fohlen davon.

»Sie wird ausgetauscht«, sagte ein Teilnehmer. »Jetzt kommt ein helles Kind an die Reihe. Sie haben sich, ohne es zu wollen, in das Spiel eingemischt und sind jetzt automatisch zur Mitspielerin geworden«, sagte der Teilnehmer zu mir.

»Was muss ich tun?«, fragte ich.

»Das Spiel dauert so lange, bis jedes Kind an der Reihe war. Sie werden die Beobachterin sein, und wenn Sie sich wieder einmischen, muss es dokumentiert werden.«

Ich ging davon, lief über den heißen baumlosen Platz und fand die kleine Peruanerin. Sie lehnte mit geschlossenen Augen an einer Hauswand.

»Magst du ein Eis?«, fragte ich sie.

»Zuerst musst du mir die Haare durchkämmen, damit ich wieder schön bin«, sagte sie.

Beide wählten wir Erdbeere und Schokolade.

»Kann ich bei dir schlafen?«, fragte das Mädchen. »Ich kann dir etwas vorsingen. Soll ich?«

Sie saßen um einen Tisch, Teller mit Essensresten vor sich, Weingläser, halb volle, leere, man hörte ihr Lachen, dann war es still, eine Frau weinte, wurde getröstet.

»Du hast zu viel getrunken«, sagte Maria.

Edith, die traurige Frau, streifte die Stöckelschuhe von den Füßen und stöhnte kurz auf. Eine, die Rita hieß, hakte sich ihren engen BH auf. Isabella tunkte die Serviette in die Salatsoße und entfernte damit ihr Makeup. Sonja öffnete ihre Hochsteckfrisur, fuhr mit den Fingern durch die Haare und warf sie nach hinten.

Es war schon spät. Sie hörten eine ABBA-CD. Edith, in Strümpfen, war nun nicht mehr traurig, sie stand vom Tisch auf, rollte den Teppich zurück und begann zu tanzen. Die anderen Frauen folgten ihr nach, einzelne Schuhe lagen um den Esstisch herum, es sah aus, als ob ein Verbrechen geschehen wäre. Ein Weinglas war umgestoßen worden, Rotwein floss über das Tischtuch auf den Steinboden.

Die Frauen merkten selber nicht, dass sie laut geworden waren, sie sangen bei den Liedern mit. Der Mann der Hausfrau streckte den Kopf zur Tür herein, er wusste, hier hatte er keinen Platz, was er sah, war ein Geheimnis, weich und schwer.

Eigentlich wollte er gegen den Lärm protestieren. Er wusste, das würde zwecklos sein.

Leise schloss er wieder die Tür, kurz erfasste ihn die Vorstellung, dass er unter den Frauen wäre, und er sah sich verspottet, warum eigentlich. Er legte sich auf das Bett, schloss die Augen, bis alles um ihn herum schwarz war, wie in einem Schrank. Er hörte ein Auto bremsen, das Zuschlagen einer Autotür. Das war, dem Motor nach zu urteilen, der Mann von Edith. Hatte er tatsächlich den Mut, sie jetzt schon abzuholen, oder wollte er sich unter die Frauen mischen? Der Hausherr öffnete die Tür.

»Lassen wir sie unter sich«, sagte er zu Ediths Mann, »gehen wir auf ein Bier.«

Sie saßen in einem Wirtshaus und brachten kein ordentliches Gespräch zustande.

»Wenn sie nur nicht so viel trinkt«, sagte Ediths Mann, »da verliert sie schnell die Kontrolle.«

»Was soll passieren, sie sind ja unter sich in einem sicheren Raum, wenn sie umfallen, dann nur auf den Boden.«

»Was weißt du von deiner Frau?«, fragte Ediths Mann. »Ich weiß nichts von Edith.«

»Ich verstehe deine Frage nicht. Ihr seid doch schon zwanzig Jahre verheiratet. Du siehst sie jeden Tag, sie ist die Mutter deiner Kinder.«

»Ich habe keine Ahnung, was sie denkt«, sagte Ediths Mann. »Null Ahnung. Was reden die Frauen, wenn sie unter sich sind? Beklagen sie sich über uns?«

»Sie singen und tanzen, und wenn sie erschöpft sind, lassen sie sich auf das Sofa fallen.«

»Da müssen sie ziemlich eng zusammenrücken, dass sie Platz haben.«

»Die liegen halb aufeinander, und eine weint garantiert, weil immer eine weint, und die wird dann getröstet, und eine andere wärmt die Mitternachtssuppe auf. Davon werden sie nüchtern.«

So war es dann auch. Nach der heißen Suppe schlüpfte Edith in ihre Stöckelschuhe. Sonja zog die Haare zu einem Schwanz zusammen, Rita ließ ihren BH offen. Sie war schließlich hier zu Hause.

127 *Irgendwie*

»Sieht aus, als ob es gleich irgendwie zu regnen anfängt.«

Die Frau stand an der Kasse, vor ihr ein junger Türke mit definierten Muskeln. Er trug nur ein Unterleibchen, ähnlich wie vor Jahren ihr Opa in der Küche.

»Ich könnte Sie dann irgendwie nach Hause fahren«, sagte er. »Ich bin mit dem Auto da. Damit Sie nicht nass werden, irgendwie.«

Die Frau hatte sich schon gedacht, die Muskeln von diesem Mann, unglaublich. Cremt der sie ein? Die glänzen so.

Der junge Türke hatte beim Umdrehen blitzschnell abgecheckt, dass die Frau ziemlich gut gebaut war, bis zur Taille wenigstens, ihre Beine hatte er nicht gesehen.

Er hatte ihr geholfen, die Waren in die Tasche zu packen, sie hatte bezahlt.

Draußen dann regnete es nicht.

»Habe mich getäuscht, hat doch irgendwie nach Regen ausgeschaut«, sagte die Frau.

»Kann jederzeit wieder anfangen, irgendwie.«

Das Wort war ausgereizt.

Sie stieg zu ihm ins Auto; er verstaute ihre Waren im Kofferraum.

Er legte türkische Musik ein, Tarkan, ziemlich laut, und fuhr saftig los. Ihre Beine waren schwer in Ordnung. Glückstag heute.

Ihr gefiel das. Selbstbewusste Männer waren, was sie wollte.

»Tarkan«, sagte sie und wippte mit dem Knie.

»Tarkan«, sagte er, »spezial.«

Tarkan war der einzige türkische Sänger, den sie kannte. Vor ein paar Wochen hatte sie die Ankündigung eines Konzerts gesehen. Ausschnitte hatte sie auf Ö-Regional gehört.

»Wohin?«, fragte er.

Sie überlegte. Auf ihre kleine Tochter passte die Schwester auf.

»Wohin? Zu dir oder zu mir?«

»Wir könnten ein bisschen an den See fahren«, sagte sie. Er kam ihr ziemlich vif vor. »Die Sonne scheint ja wieder. Könnten uns ins Gras legen, und du könntest mir von dir erzählen.«

Das taten sie auch. Er bremste scharf. Sie fiel leicht auf seine Seite. Er roch ein wenig nach Schweiß, vermischt mit Deo, angenehm.

Er nahm die Decke aus dem Auto. Sie lehnte sich an seine Schulter. Als ob wir uns schon ewig kennen, dachte sie.

»Was machst du so?«, fragte sie.

»Gastronomie.«

»Arbeitnehmer oder Arbeitgeber?«

»Beides.«

»Aha.«

»Und du?«

»Gastronomie.«

»Arbeitgeberin oder Arbeitnehmerin?«

»Zurzeit arbeitslos.«

Es tröpfelte. Irgendwie.

128 Schwedenbombe

Herr Walter Niemetz arbeitete in Frankreich in der »süßen Branche«, so nannte er sein Betätigungsfeld gern und kostete die Wirkung bei seinen Zuhörern aus. Die dachten nämlich, er sei in einschlägigen Nachtlokalen beschäftigt, dabei war er einfach Konditor. Er liebte alles, was auf der Zunge zerging. Sein Kollege und bester Freund, der Schwede Zingo, war wie er. Sie wurden Herzensfreunde.

Nach einem Jahr kehrte Walter Niemetz nach Wien zurück, sein Freund fuhr wieder nach Stockholm. Bald vermisste ihn Walter aber sehr, es gab nämlich keinen, mit dem er so kompetent über Süßes plaudern konnte. So probierte er vieles und wünschte nichts mehr, als eine Erfindung zu machen, damit nämlich wollte er Zingo imponieren. Sie hatten in Frankreich von einer Süßigkeitenfabrik geträumt, zu zweit wollten sie zu Reichtum kommen und berühmt werden mit einer einzigen einzigartigen Spezialität.

Dann kündigte Zingo für ein Wochenende seinen Besuch an. Er komme mit einer Überraschung, schrieb er. Walter fabrizierte ein Sachersoufflé mit Vanillesahne, und es gelang ihm so vorzüglich, dass er einiges wegprobierte und dann ein neues dazubacken musste. Die Überraschung von Zingo war eine Frau: seine Ehefrau Rosel. Vor einer Woche erst hatten sie geheiratet. Die zwei Verliebten aßen unter wohligem Stöhnen das Sachersoufflé. Walter aber war niedergeschlagen, er wollte sich nicht eingestehen, dass ihm Zingos Ehe missfiel. So viel hatte er sich in Frankreich an der Seite von Zingo erträumt, und das alles war jetzt nichts.

Rosel hielt nicht viel von der Konditorbranche, da würde man nur unförmig werden und dann darüber unglücklich, so dass das Leben keine Freude mehr sei. Das war wahrscheinlich der Grund, warum Zingos Ehe gerade ein halbes Jahr hielt. Er kehrte zu Walter nach Wien zurück. Jeden Abend, wenn sie von der Arbeit aus einer Konditorei zurückkamen, arbeiteten sie gemeinsam an einem Rezept für eine Süßspeise. Sie sollte einfach, billig und einzigartig sein, so dass jeder, vom Kleinkind bis zum Greis, sie genießen konnte. »Du meinst, auch ohne Zähne?«, meinte Zingo, und da war beiden klar, dass sie eine Schaummasse herstellen mussten, eischneeartig, überzogen mit einer klassischen Glasur aus Schokolade. Vielleicht in Nusssplitter getaucht.

»Was hältst du von Kokos?«, fragte Walter. »Ich liebe Kokos.«

»Mir persönlich«, sagte Zingo und zeigte auf sich, damit kein anderer gemeint sein konnte, »wäre Schokolade ohne Kokos lieber.«

»Also eine schaumig feste Masse, in Schoko getaucht«, sagte Walter.

»Und dann für dich auch noch dazu in Kokos«, sagte Zingo. »Und das Ganze soll auf einer runden Waffel stehen.«

Das Gebilde sah wie eine Bombe aus. Walter umarmte Zingo und sagte: »Ich möchte, dass unsere Süßigkeit ›Schwedenbombe‹ heißt.«

Zingo und Walter meldeten ein Patent an. Das war weitsichtig gedacht, wenn man bedenkt, was für eine Erfolgsgeschichte die Schwedenbombe wurde. Behältnisse aus Plastik wurden gestanzt, mit sechs Ausbuchtungen, sechs Schwedenbomben kamen in ein Behältnis, drei davon mit Schokoüberzug, drei noch dazu in Kokos getaucht. Das Ganze kostete so wenig, dass es sich ein jeder leisten konnte. Damit wurden die beiden reich und glücklich.

Erst heute habe ich mir eine Packung gekauft und sie in einem Ratsch verspeist.

Eine Freundin erzählte mir mit Empörung in der Stimme von ihrer Schwägerin, sie nämlich verrate mit ihrer Sanftmut die Rechte der Frauen. »Wie das?«, fragte ich. »Geht es um Politik?«
»Im Gegenteil«, sagte sie.
»Was ist das Gegenteil von Politik?«, fragte ich.
»Moral.«
Die Schwägerin meiner Freundin, eine Frau um die fünfzig, ist verheiratet mit einem schweigsamen Mann, lange schon. Sie hat Temperament. Ein treues, von allen bewundertes Paar. Der Mann nimmt seinen Beruf als Psychiater sehr ernst. Oft kommt er spät nach Hause – Überstunden. Gerade in der Zeit der Pandemie brauchen ihn die Patienten. An einem Abend, es war kalt, Schneeregen, da beschloss die Frau, ihren Mann mit dem Auto abzuholen, er war nämlich mit dem Zug in die Praxis gefahren, und zum Bahnhof hatte er eine Viertelstunde zu gehen, was er gern tat. Aber bei diesem Wetter wäre er bestimmt froh, abgeholt zu werden. Dachte sie.

Die Praxis war leer, die Putzfrau wischte den Boden. Die Frau versuchte, ihren Mann zu erreichen, er nahm nicht ab. Also fuhr sie nach Hause und wartete dort auf ihn.

Er kam und war anders als sonst, fröhlich, wo er sonst erschöpft wirkte nach einem langen Tag.

»Was ist geschehen?«, fragte sie.

»Ich werde dich verlassen. Es hat keinen Sinn mehr, etwas anderes zu sagen.«

»Du wirst mich verlassen?« Sie zitterte, wartete auf einen Gefühlsausbruch, wartete darauf, dass sie gleich schreien würde, schreien und nie mehr aufhören. So war es doch ihre Art. Sie öffnete den Mund, und es kam kein Laut.

»Komm«, sagte der Mann, »wir reden bei einem Glas Wein darüber.«

Wieder konnte sie nicht sprechen. Sie ließ sich von ihm auf das Sofa drücken, er setzte sich daneben und nahm ihre Hand. Jetzt hätte sie, wie es ihre Art war, mit den Armen um sich schlagen, ihn beschimpfen sollen. Nichts. Sie zitterte nur.

Der Mann erzählte, dass er schon seit drei Jahren eine Beziehung mit einer ehemaligen Patientin habe, erst habe sie ihn gebraucht, er hatte sich gekümmert, und dann waren sie ein Liebespaar geworden.

Die Frau hörte ihm zu, und wie ihr Mann so redete, kam es ihr vor, als läse er aus einem Buch eine Geschichte mit traurigem Ausgang, beinahe hätte sie sich an seine Schulter gelehnt.

»Das kann nur der Schock sein«, sagte ich zu meiner Freundin. »Wann hat sie endlich ihr Temperament losgelassen?«

»Der Mann hat ihr das Temperament ausgeblasen, wie man eine Flamme löscht«, war die Antwort. »Mit Dynamit, wie man eine brennende Ölquelle löscht.«

Die Frau vergrub sich im Bett.

Auf Anfrage sagte der Mann, seiner Frau gehe es nicht gut, es hätte keinen Sinn, sie zu besuchen, sie wolle allein sein, sie werde nicht öffnen. Man solle sich nicht bemühen, seine Frau müsse die neue Situation erst begreifen.

»Bis heute«, erzählte mir meine Freundin, »hat sie noch nicht ein einziges Mal geschrien. Sie lässt ihn einfach. Verstehst du das?«

»Ja, das verstehe ich«, sagte ich. »Aber Sanftmut ist das nicht.«

»Es ist Verrat an der Frau an sich!«

»Ich«, sagte ich, »ich fühlte mich nicht von ihr verraten, ich nicht.«

130 *Es war kurz vor vier*

Es war kurz vor vier, als der Mann im Flanellanzug auf sie zuging und ihr sagte, dass er sie sehr hübsch finde. Die Frau hatte den Mann bereits die ganze Zeit beobachtet. Sie saß mit dem Koffer zu ihren Füßen in der Hotelhalle und wartete auf das Taxi. Sie war frisch geschieden und verwundet von der Untreue ihres Mannes. Sie ließ sich willenlos ihren Koffer abnehmen und stieg in das Auto des fremden Mannes. Was ihr dann passierte, war in einem Polizeibericht zu lesen.

Der Mann war mit ihr in ein Haus gefahren, die Treppen zu einem Zimmer hinaufgestiegen und hatte sie dort eingesperrt. Tagelang lag sie auf einem fremden Bett, das Fenster war vernagelt, die Tür zugesperrt. Auf ihre Rufe und Schreie reagierte niemand, anzunehmen, dass sie nicht gehört wurde. Am Anfang hatte sie nur geschlafen, wahrscheinlich, weil der Mann ihr ein Schlafmittel verabreicht hatte. Dann aber, als sie aufwachte, lag sie in einem schwarzen Zimmer, ganz ohne Licht, so schwarz, dass sie im Liegen kaum die Ecken des Zimmers ausmachen konnte. Sie war allein. Hunger hatte sie, Durst auch, das Bedürfnis, auf die Toilette zu gehen. Aber wie? Sie war an den Handgelenken und an den Fußgelenken an das Bett gefesselt. Sie wimmerte und schrie, wusste gleichzeitig, dass es sinnlos war. Sie schämte sich für das verunreinigte Bett, betete und fluchte. Wie lange sie gelegen hatte, konnte sie den Polizisten nicht sagen. Ihrem Fahrschein zufolge waren es fünf Tage.

Am fünften Tag muss es wohl gewesen sein, als der Mann zurückkehrte. Er schnitt die Fesseln durch, trug die Frau ins Badezimmer, legte sie in ein Duftbad, wusch ihr die Haare, cremte sie ein, desinfizierte die Wunden an Arm- und Fußgelenken, zog ihr frische Kleider an, aus ihrem Koffer, und kämmte sie sehr vorsichtig. Er servierte ihr ein Frühstück, sie aß, aber nach dem ersten Bissen musste sie sich übergeben. Sie war so schwach und konnte sich nur mit Mühe auf den Beinen halten. Der Täter redete kein Wort, vielmehr summte er eine versöhnliche

Melodie. Er gab ihr zur Stärkung zwei Tabletten, sie saßen noch eine Weile. Dann fuhr der Täter die Frau zum Bahnhof und öffnete ihr die Tür zum Aussteigen. Er händigte ihr Tasche und Koffer aus und verschwand. Die Frau war zu erschöpft, um ihren Koffer zu schieben. Sie winkte einem Security-Mann, der brachte sie zur Polizei. Dort wurde ein Protokoll aufgenommen. Die Polizisten sahen die Frau ungläubig an. Was sie erzählte, ergab nur eine lückenhafte Geschichte. Die Wundmale an Armen und Beinen jedenfalls ließen sie an ein Verbrechen glauben. Was wusste die Frau von dem Täter. Wie sah er aus?

»Er trug einen Flanellanzug«, sagte die Frau, gleichzeitig dachte sie, das ist die falsche Stoffbezeichnung für einen Anzug, aus Flanell wird Nachtwäsche gefertigt.

Gewöhnlich wird alles als Barbarei bezeichnet, was ungewöhnlich ist. Am liebsten lassen wir gelten, was wir schon kennen. Wir haben so lange veredelt, bis es unseren Vorstellungen entsprach. Kommen wir also in ein Land, in dem es so ist, wie es war, können wir uns damit schlecht abfinden, gleich wollen wir verbessern:

»Schlaft doch nicht nur auf gewebten Matten, wir zeigen euch, wie angenehm es sich in Betten liegt.«

Die Barbaren rasieren sich mit Messern aus Holz und Stein. Messer aus Holz? Ja, Messer aus Holz! Mit unseren Klingen schneiden sie sich, weil sie so etwas nicht kennen. Sie werden unruhig, wenn sie das Blut auf ihrer Haut sehen. Sie geben diesem Blut eine höhere Bedeutung. Sie denken gar, sie könnten daran sterben, was allerdings keine Katastrophe wäre, weil sie an die Unsterblichkeit ihrer Seele glauben. Die seligen Toten wohnen, wo die Sonne aufgeht, die verdammten müssen mit dem Sonnenuntergang vorliebnehmen.

Das erzählt mir alles ein Weltreisender, der kein Besserwisser sein will und bereit ist, Fremdes zu akzeptieren.

»Weise Männer«, so erzählt er, »sagen die Zukunft voraus. Sie wissen, wann und ob es günstig ist, Krieg zu führen. Ist ihre Prophezeiung falsch, wird der Prophet in Stücke zerhackt. Die Zukunft falsch vorauszusagen, ist ein schweres Verbrechen.«

Spaßeshalber sage ich zu dem Weltreisenden: »Da gäbe es bei uns so viele Menschenstücke, genug für kübelweise Gulasch.«

Er findet meinen Witz nicht komisch.

»Kennt man bei den Naturvölkern denn keine Ironie?«, frage ich ihn.

Er ignoriert meine Frage und erzählt weiter: »Die Barbaren, ich meine, die sogenannten Barbaren, ziehen nackt in den Krieg. Jeder Krieger bringt den Kopf seines Feindes, den er mit Pfeil und Bogen selbst getötet hat, und hängt ihn an den Eingang seiner Hütte.«

Weiter sagt der Weltreisende:»Gefangene fesseln sie mit Stricken, stechen sie tot, braten sie. Zum Festmahl laden sie Freunde ein. Folter kennen sie nicht.«

»Kostet es keine Überwindung«, frage ich,»Menschenfleisch zu essen und dazu noch von Feinden?«

»Das hat mit Geschmack und Genuss nichts zu tun«, sagt er streng und merklich ungeduldig.»Das Mahl ist lediglich ein Symbol, es soll eine Reinigung sein und alles Böse ungeschehen machen.«

»Haben Sie denn auch schon Menschenfleisch gegessen?«, frage ich den Weltreisenden.»Kann ja sein, dass man als Europäer in so eine Zeremonie gerät und dann nicht auskann …«

»Bei so einer intimen Zeremonie ist jeder Fremde falsch am Platz«, sagt er, und in seinen Augen steht, was er meint, nämlich dass ich eine ganz unmögliche Person bin.»Aber ich verstehe die sogenannten Barbaren, ich verstehe sie, ich kann Ihnen sagen, ich verstehe sie.«

Und ich:»Können wir Zivilisierte sie überhaupt verstehen?«

Der Weltreisende:»Man muss dem Fortschritt abschwören, wie ich es getan habe.«

»Und das«, sage ich,»mit Markenturnschuhen und einer neuen Generation von Superschlafsäcken?«

Der Weltreisende findet mich einfach nur dumm. Schade. Ich hätte gern weiterdiskutiert.

Wieder einmal stand ich vor dem Haus und bestaunte es. Es war ein gewöhnliches Haus, und kaum einer hätte es besonders gefunden. Auf mich aber strahlte es eine gemütliche Persönlichkeit aus. Lange stand es schon leer. Mir fiel auf, dass immer wieder das Aussehen der Fenster verändert wurde, ich meine, dass Vorhänge beiseitegeschoben waren oder zugezogen, Nachtvorhänge, dann wieder blanke Fenster. Man wollte den Anschein erwecken, als wäre das Haus bewohnt.

»Soll ich Ihnen eine Geschichte von diesem Haus erzählen?«, fragte mich ein alter Herr. Ich kannte ihn vom Sehen. Er wusste, wem das Haus gehörte, gehört hatte, an wen es vererbt worden war, dass sich die Erben nicht einigen konnten, was mit dem Haus geschehen sollte, und warum es deshalb leer stand.

»Die Besitzerin dieses Hauses war eine sehr liebe Dame«, erzählte mir der alte Herr, »sie ist vor ein paar Jahren gestorben. Vor ihrem Tod war sie im Altersheim und ließ sich immer wieder von einer Pflegerin vor das Haus schieben. Da saß sie dann in ihrem Rollstuhl und schaute.«

Sie hatte eine junge Pflegerin, Lilli mit Namen, die sich um sie kümmerte. Keine wie sie konnte so zart ihre Haare bürsten. Sie hatte Vertrauen, und so fragte sie Lilli, ob sie bereit wäre, ihr Haus so aussehen zu lassen, als wäre es bewohnt. Sie sollte nur jeden Abend hingehen und die Fenster verändern. Lilli tat das gern.

Lilli kannte einen Mann, der arbeitslos war und obdachlos und dem sie nach langem Zögern erlaubte, in dem Haus der alten Dame zu schlafen. Sie nahm ihm das Versprechen ab, sich am Tag nicht vor den Nachbarn zu zeigen und auf keinen Fall zu rauchen. Sie war vernarrt in diesen Fremden, von dem sie nichts wusste. Das Haus schenkt mir nur den Schlaf, sagte er. Sie konnte ihm keine Bitte abschlagen. Es ergab sich, dass sie beinahe jeden Abend im Dunkeln am Tisch saßen und sich ihre mitgebrachten Speisen teilten. Der Fremde erzählte ihr, er würde um vier

Uhr in der Früh das Haus verlassen und käme am Abend durch die Hintertür wieder in das Haus zurück. Es wurde eine Liebesbeziehung. Lilli achtete sehr darauf, dass nichts im Haus verändert wurde, und sie fand auch nie einen Grund zur Beanstandung. Einmal kam Lilli früher als sonst in das Haus, da fand sie ihn zeichnend am Boden. Er hatte ein großes Blatt vor sich. Was er gezeichnet hatte, gefiel ihr sehr, Bäume, Tannen, Palmen, große und kleine Sträucher, Büsche, und darunter stand: »Zu allem sagt man Baum.«

Weil Lilli den Mann ganz für sich haben wollte, sich wünschte, er würde für immer bei ihr bleiben, wollte sie bei der alten Dame ein Geständnis ablegen und sie gleichzeitig bitten, mit ihrem Geliebten in das Haus ziehen zu dürfen. Sie hätte gern Miete bezahlt und war überzeugt, die Dame würde ihren Wunsch erfüllen.

Aber es kam nicht so weit. Ein Nachbar hatte beobachtet, wie der Fremde abends in das Haus trat, des Morgens wieder heraus und so fort. Er verständigte die Polizei, und der Fremde wurde verhaftet.

»Wer war dieser Nachbar?«, fragte ich.

Da senkte der alte Herr den Kopf und zeigte auf sich.

»Warum nur haben Sie das gemacht?«, fragte ich ihn.

»Aus Langeweile.«

133　Herumtreiber

Der Bauer begab sich in den Wald, um Eicheln für seine fünf Schweine zu sammeln. Da sah er unter einer Eiche ein Etwas kauern. Das Etwas hatte einen dunklen Busch und war kein Pilz. Das Etwas war auch kein Tier. Er bückte sich nach dem Etwas, strich ihm über den dunklen Busch, aber es rührte sich nicht. Wahrscheinlich eine seltene Pflanze, vermutete der Bauer, eine Art Zaubergewächs. Vorsichtig hob er es auf und trug es im Arm nach Hause.

Dort angekommen, rief er nach seiner Frau und zeigte ihr das Etwas. Auch sie hatte niemals dergleichen gesehen. Sie rief nach der Magd, und die hatte ein Gefäß, gefüllt mit gesiebter Erde, zu bringen. Die Bauersfrau pflanzte das Etwas ein und goss es daraufhin mit einer Brennnesseljauche.

Am nächsten Morgen staunten der Bauer und seine Frau nicht wenig, weil das Etwas verschwunden war. Die Magd hatte nichts gesehen, aber man misstraute ihr und jagte sie fort.

Als der Bauer am Abend die fünf Schweine zum Trog trieb, sah er das Etwas mitten unter ihnen sitzen. Da dachte er sich, es wird ein Tier sein, ein so genanntes Zauberschwein. Bald vertrieben die gewöhnlichen Schweine das Zauberschwein.

Da beschlossen der Bauer und seine Frau, das Etwas in ihr Haus zu nehmen. Es gab auch Laute von sich und ging auf zwei Beinen, die Hände und die Finger waren fein ausgebildet. Die Frau des Bauern sah nun in dem Zauberschwein ein Wesen, ein so genanntes Zauberwesen. Weil ja die Magd nicht mehr im Haus war, beschloss der Bauer, das Zauberwesen für sie arbeiten zu lassen. Bald waren die Hände nicht mehr so fein.

Eines Tages wusch die Frau das Zauberwesen im geputzten Schweinezuber. Sie kämmte ihm die Haare, und da kam ein recht liebliches Gesicht zum Vorschein. Immer schöner wurde das Antlitz des Zauberwesens, so dass sich der Bauer aufs Tiefste darein verliebte. Er kaufte feine Kleider und Silbergeschmeide. Die Frau des Bauern traute ihren Augen nicht. Sie wurde sehr eifersüchtig und beschloss, das Zauberwesen zu töten. Aber als es so vor ihr stand, erbarmte sich die Bauersfrau, denn im Grund war ihr Herz nicht verdorben. Sie jagte das Zauberwesen fort und sah zu, wie es im Wald verschwand. Daraufhin wurden die Tage und Nächte unsagbar traurig. Der Bauer vermisste das Zauberwesen und auch die Frau wider Willen, und auch die fünf Schweine vermissten es, und nacheinander starben sie alle vor Kummer.

Gras überwucherte das Gehöft, und bald sah es aus, als wäre es nie da gewesen.

Das Zauberwesen war im Wald umhergeirrt, auf Feldern und Wegen. Ein Herumtreiberwagen hielt an und nahm es auf. Die alte Herumtreiberin rauchte aus der Nase. Sie wünschte sich, dass das Zauberwesen ihren Sohn heirate, denn der kam nicht nach ihrer Façon. Sie wollte aus ihm einen braven Herumtreiber machen, einen, der Geige spielt und sein Geld damit verdient.

Da sagte der Sohn: »Du bist mein Herumtreibermädchen, heirate mich, ich werde ein guter Mann für dich sein.«

Und so war es auch. Sie spielten auf Hochzeiten und Beerdigungen und wurden gerne gesehen. Mit ihrem Geld lebte die gesamte Sippe. Abends legten sich die beiden in den Wohnwagen und liebten sich. Weil aber das Glück ein lausiger Hund ist, hielt es nicht lange an.

Männer kamen und erschlugen sie.

134 Die moralische Verpflichtung

Ein Mann verließ sein Schlafzimmer durch das offene Fenster, er schwebte eine Weile im Freien, in der Höhe des zweiten Stockwerks, und kehrte dann wieder ins Zimmer zurück. Langsam. Lautlos. Seine Frau saß auf der Bettkante und zwickte sich in den Arm. Das schien ihr eine angemessene Reaktion. Wenn es nach ihr gegangen wäre, hätte sie einfach nur geschrien. Aber es ging nicht nur nach ihr. Nicht in so einem Fall. Bei etwas ganz und gar Unmöglichem, so glaubte sie sich zu erinnern, zwickte man sich den Arm. Endlich einmal handelte sie nach einer Redensart. Ihr Mann schwebte waagrecht, mit dem Kopf voran durch das Fenster herein, sein Körper war ganz steif, und er lächelte.

»Mach das bitte noch einmal«, sagte die Frau leise. »Ich kann es nämlich nicht glauben und halte es für etwas ganz und gar Unmögliches.«

»Das wundert mich nicht«, sagte der Mann. »Ich konnte es zuerst auch nicht glauben.«

»Können das andere auch?«, fragte die Frau.

»Nicht dass ich wüsste«, sagte der Mann.

»Das kannst also nur du?«

»Es scheint so.«

»Endlich«, sagte die Frau, und sie sagte es ohne Bitterkeit, ohne Sarkasmus oder gar Zynismus, sie sagte es voll Bewunderung, »endlich kannst etwas nur du«, und sie wollte, dass er es ihr noch einmal zeige.

Da schwebte der Mann zum zweiten Mal zum Fenster hinaus, blieb draußen auf Sichtweite in der Luft stehen, es war Nacht, und hätte er sich auch nur einen Meter in Richtung des Stadtparks weiterbewegt, die Dunkelheit hätte ihn verschluckt. Er lächelte seiner Frau zu.

Erst vor kurzem war er von einer Reise in den Orient zurückgekommen, über einen Monat war er geblieben. Er hatte einen unbezahlten Fortbildungsurlaub genommen, war aber der Meinung gewesen, ein Kurs in den vier Wänden irgendeines Instituts könne ihm nicht helfen,

helfen könne ihm nur das Vorbild des Lebens. Im Orient – nähere geografische Angaben machte er nicht – habe er sich diese übernatürliche Fähigkeit durch intensives Meditieren angeeignet. Eine »asketisch-psychologische Technik« nannte er es, eine »eigentlich unaussprechliche Leistung«. Nur mit seiner Frau sprach er darüber. Sie schlug vor, er solle dieses Schauspiel in Anwesenheit von Freunden wiederholen. Bei sich dachte sie nämlich: Es kann nicht sein, es ist ganz und gar unmöglich. Also braucht es Zeugen. Sonst ist es wahrscheinlicher, dass ich verrückt bin. Die Sorge um sich selbst geht vor. Wenn er tatsächlich schweben kann wie Jesus, halt eben waagrecht und nicht aufrecht wie dieser über den See Genezareth, dann gibt es keinen Grund zur Sorge, dann kann er es halt, und ich bin die Frau eines außergewöhnlichen Mannes, daran wäre nichts, was einem Sorgen bereiten müsste.

Das wollte der Mann aber nicht, seine Kunst vor anderen präsentieren wollte er nicht. Nur für sie allein wollte er es tun, nur für seine Frau. »Sag es keinem«, bat er. »Wenn du willst, mach ich es jeden Abend vor dem Einschlafen. Aber nur für dich. Nur du sollst sehen, was ich kann.«

»Besteht nicht eine Verpflichtung, der Welt zu zeigen, was man kann?«, fragte sie.

»Was für eine Verpflichtung denn?«, fragte er zurück.

»Eine moralische zum Beispiel«, sagte sie.

Die Frau konnte die Geschichte nicht für sich behalten, das ist verständlich, und sie erzählte ihrer Schwester davon, und die Schwester erzählte es ihrem Mann, auch das ist verständlich, finde ich. Die Frau kam in Bedrängnis, weil ihr weder Schwester noch Schwager glaubten, und so leistete sie einen Schwur auf ihr Leben, dass die Geschichte wahr sei, aber trotzdem glaubte man ihr nicht. Die Frau dachte: Wenn er es nicht kann, mein Mann, und ich mir alles nur einbilde, dann bin ich nachweislich verrückt, dann wird mich niemand für den geleisteten Schwur zur Verantwortung ziehen.

Sie sagte zu ihrem Mann: »Du machst mich unglücklich, weißt du das?«

»Warum mache ich dich unglücklich?«, fragte er.

»Weil ich nicht glauben kann, was ganz und gar unmöglich ist.«

»Wenn ich es dir jeden Abend vorführe, wirst du dich daran gewöhnen«, sagte er.

»An so etwas kann man sich nicht gewöhnen!«, rief sie. »Siehst du das nicht ein?«

Sie bat ihren Mann, wenigstens ihre Schwester als Zeugin einladen zu dürfen. So lange bat sie, bis er einwilligte.

»Ich verstehe dich ja«, sagte er schließlich. »Du glaubst, du könntest verrückt sein.«

»Danke«, sagte sie und schmiegte sich an ihn und dachte, ich habe einen Mann, der a) Verständnis hat und der b) imstande ist, etwas ganz und gar Unmögliches zu leisten.

Die Schwester brachte ihren Mann mit. Das war so nicht vereinbart. Der Schwager sollte im Wohnzimmer warten, er sollte nicht Zeuge sein, das gehe vorerst nur die unmittelbare Familie etwas an. Die Frau hatte ihr bestes Kleid angezogen, sie fühlte sich erhaben, und ihr Mann war ebenfalls fein gekleidet. Zu schwer allerdings durfte seine Kleidung nicht wiegen, deshalb trug er nur seinen Seidenmorgenmantel mit den aufgestickten Kreuzen. Die Schwestern saßen auf der Bettkante und flüsterten miteinander. Der Mann verlangte Stillschweigen. Er öffnete das Fenster, sprang hinaus, und die beiden hörten, wie er auf den Steinplatten aufschlug.

Der Schwager, der während der Vorführung im Wohnzimmer auf und ab gegangen war und mit sich gerungen hatte, rannte die Treppen hinunter und fand den Mann tot. Einen Meter von ihm entfernt lag seine Perücke. Der Schwager hatte gar nicht gewusst, dass er ein Glatzkopf gewesen war.

»Du bist schuld«, weinte die Frau und machte der Schwester Vorwürfe. »Wenn du mich nicht gezwungen hättest, würde mein lieber Mann noch leben.«

Was ist mit der Frau weiter geschehen? Sie hat sich gefasst und wieder geheiratet und wieder einen merkwürdigen Menschen. Der könne angeblich mit Tieren sprechen. Er habe tatsächlich behauptet, sein Hund sei in Wahrheit eine Persönlichkeit. Eine Persönlichkeit von Rang. In der Nacht, wenn die Bäume im Stadtpark sich in der Dunkelheit nicht mehr voneinander unterscheiden, werde er der Frau eine Vorstellung geben. Das heißt, der Hund werde sich ihr persönlich vorstellen, in klaren ganzen Sätzen.

»Wenn er das wirklich kann«, sagte die Frau zu ihrem Mann, »dann bist du moralisch verpflichtet, die Welt darüber in Kenntnis zu setzen.«

Der Mann versprach ihr, darüber nachzudenken.

135 *Auf dem Gehsteig*

Der junge Mann saß auf dem Gehsteig. Bereit zum Abholen. Er hatte bei sich zwei Gepäcksstücke, eine Bohrmaschine und in einem etwas größeren Koffer seine Habseligkeiten. Es war ihm nicht schwergefallen, sich von seiner Mutter zu verabschieden. Sie hatte ihm den Eindruck vermittelt, dass ihr sein Umzug nur recht wäre. Drei ihrer ausgewaschenen Handtücher hatte sie ihm gerichtet, ein Essbesteck, Teller, Tasse, nicht vom schönen Geschirr, ihm, dachte sie, sei das alles nicht wichtig. Als das Auto vor ihm stehen blieb, stand er auf und schaute auf sein Elternhaus zurück. Niemand winkte ihm. Seine Freundin war im Auto, eine kleine Zarte, und ihr Vater saß am Steuer.

»So wenig nur hast du?«, sagte die Freundin. »Du kannst dann viel von mir haben. Die Mama hat mir noch Marmelade mitgegeben. Fertig gekochtes indisches Huhn, tiefgefroren – wenn wir in Wien sein werden, ist es aufgetaut. Da mach ich nur noch Salat dazu. Isst du auch mit, Papa?«

»Wenn ich darf, gerne«, sagte ihr Vater, »aber vielleicht wollt ihr ja lieber allein sein.«

»Wollen wir lieber allein sein?«, sagte die junge Frau und küsste ihren Freund auf den Mund. »Hast du deine CD-Sammlung mitgenommen?«, fragte sie.

»Was für eine CD-Sammlung, ich habe doch keine CD-Sammlung. Ich habe lediglich gesagt, dass ich früher oder später eine CD-Sammlung haben werde.«

»Ach so«, sagte die junge Frau. »Magst du nicht reden, und rede ich dir zu viel?«, fragte sie weiter.

Er sagte: »No problem.«

Lange war es still im fahrenden Auto. Da fragte der Vater: »Ich habe gehört, dass du deine Ausbildung mit Auszeichnung bestanden hast.«

»Welche Ausbildung?«, fragte der junge Mann, und zu seiner Freundin, die auf ihre Lippen biss, sagte er:»He, Mann, was erzählst du für einen Scheiß!«

Das gefiel dem Vater nicht. Er liebte seine Tochter nämlich sehr, und das Herz tat ihm weh, wenn er sich vorstellte, dass so der künftige Ton sein würde.

Bei der Raststätte holte sich der junge Mann Zigaretten. Der Vater nützte die Zeit und sagte zu seiner Tochter:»Willst du denn wieder nach Hause kommen. Wir können ein halbes Jahr später fahren. Ich finde es nicht schön, wenn er dich so behandelt.«

»Misch dich da nicht ein«, sagte die Tochter,»vergiss nicht, dass ich erwachsen bin.«

»Und«, flüsterte der Vater,»bist du gar nicht mehr meine Königin Moos?«

»Aber sicher doch, Papschi, sicher doch.«

»Darf man rauchen im Auto«, fragte der junge Mann.

»Nicht gern«, sagte der Vater.

»Aber ja«, sagte die Tochter. Der junge Mann öffnete das Fenster und rauchte zum Fenster hinaus.»Ist das okay, Papa?«

Je näher Wien kam, umso schwerer wurde das Gemüt des Vaters. Er fuhr jetzt langsamer, als müsste er jede Minute noch auskosten.

»Fahr ein bisschen schneller«, bat die Tochter,»ich muss noch Salat kaufen und Putzmittel. Ich will in der Nacht gleich zu putzen anfangen. Wenn dann alles schön ist, Papa, kommst du mit der Mama, und wir machen uns einen schönen Abend. Ist das okay für dich?«

Josef K. war ein angesehener Erfinder. Jede seiner Erfindungen war von großem Nutzen für die Menschen, und jede seiner Erfindungen wurde von Mal zu Mal komplizierter, so dass seine Frau Charlotte Mühe hatte, die Zusammenhänge zu erkennen. Bald stellte sich heraus, dass er ohne das Beisein seiner Frau unfähig war zu denken. Charlotte war voll Bewunderung für ihren Mann, und so schlug sie ihm vor, immer in seiner Nähe zu sein, wenn er erfand. Man kann sich vorstellen, dass ihr Leben dadurch stark eingeschränkt war.

Josef K. lebte bescheiden mit seiner Frau in einem kleinen Haus, und die Sachen aus dem Zimmer des Erfinders wurden bald in die Küche befördert, weil er ja fortwährend erfinden wollte, und gekocht musste schließlich auch werden, und er wollte ja ständig bei ihr sein. Er stapelte seine fünf Kisten in der Speisekammer, benützte nur ein Drittel des Küchentischs und ermunterte seine Frau, doch beim Kochen Musik zu hören, ganz gleich, ob klassisch oder wild. Sogar während des Essens ließ er nicht davon ab, seine Schrauben zu ordnen oder in seinen karierten Block zu notieren.

Die Spaziergänge der beiden, die sie früher täglich unternommen hatten, fielen zusehends aus. Josef K. hatte die fixe Vorstellung, seine Frau könnte ihm währenddessen abhandenkommen, und dann wäre sein Kopf leer wie ein Platz um vier Uhr früh. Das allerdings ängstigte Charlotte, sie liebte nämlich die Natur und brauchte die Luft. Sie saßen bei geöffnetem Fenster in der Küche, was im Winter zum Problem wurde.

Charlotte riet ihrem Mann, einen Arzt aufzusuchen, so sehr sorgte sie sich um seinen Geisteszustand. Er lehnte ab. Kaum war eine Erfindung beendet, konzipierte er eine neue.

Die letzte und größte seiner Erfindungen fand nie ein Ende. Er konnte Charlotte nicht im Geringsten erklären, worum es sich dabei handelte, wofür diese Erfindung nützlich sein würde, die vielen Kabel und Stecker.

»Elektrisch?«, fragte Charlotte.

»Ja, durchaus auch elektrisch«, sagte er und war so begeistert, was sie rührte und was sie wieder spüren ließ, wie sehr sie ihn liebte. »Ja, elektrisch«, sagte er, »aber nicht nur, sozusagen die Überwindung des Elektrischen mit Hilfe des Elektrischen. Das Elektrische hat nur einen Zweck, nämlich das Elektrische für alle Zeit abzuschaffen.«

»Kann das jemand verstehen?«, fragte sie.

»Noch verstehe ich es selbst nicht«, sagte er. »Aber wenn ich es erst verstehe, wenn ich es erst verstehe, dann, dann!«

»Ja, wenn du es erst verstehst«, seufzte Charlotte. »Dann, dann.«

Um seine Frau von ihrem Trübsinn ohne frische Luft abzulenken, erzählte Josef K. Geschichten, er sang ihr Lieder vor und kitzelte sie unter den Armen. Als ihnen einmal die Lebensmittel ausgegangen waren, öffnete Josef K. das Fenster und rief einen Passanten zu sich und bat ihn, einkaufen zu gehen. Er gab ihm seine Autoschlüssel – das Auto hatte er schon lange nicht mehr benutzt –, gab ihm sogar seine Kreditkarte und schrieb einen langen Zettel. Den Mann, den er ja gar nicht gekannt hatte, sah er nie wieder. Das Auto auch nicht. Er fragte einen Buben, der brachte brav die gewünschten Sachen und stellte sie vor der Tür ab.

Ein Problem ergab sich, als Josef K. feststellen musste, dass sein Material zu Ende ging. Er musste zum *Hornbach*.

»Es ist leider notwendig«, sagte er zu seiner Frau und fesselte sie an den Stuhl. »Bald bin ich wieder zurück.«

Beim *Hornbach* gab es Schwierigkeiten, weil Josef K. kein Geld bei sich hatte, seinen Namen nicht mehr wusste und zu weinen anfing.

So endet diese Geschichte.

137 Die Greisin

Die Greisin saß in ihrem Ohrensessel und schaute auf den Apfelbaum vor dem Fenster. Dort, weit oben, saß ein Vogel, und sie dachte sich, der sitzt, als wäre er festgeklebt. Er ist schon gestern dort gesessen. Wahrscheinlich eine Amsel. Die Greisin schaute und wunderte sich, nahm ihre Brille ab und zog sie wieder an.

Sie hörte den Schlüssel im Schloss. Ihr Sohn stand vor ihr.

»Wer bist jetzt du?«, fragte sie. »Bist du ein Zehnerjahrgang?« Sie selber war ein Zwanzigerjahrgang.

»Ich könnte ja deine Mutter sein«, sagte sie, »so jung, wie du aussiehst.«

»Ich bin dein Sohn«, sagte er.

Sie schaute ihn ungläubig an. »Und woher kommst du?«

Sie hörte nicht auf seine Antwort. Sie nickte kurz ein und schreckte auf, als ihr Sohn sagte: »Die Maria ist gestorben?«

»Welche Maria?«

»Deine Schwester, die ist gestorben.«

»Du lieber Gott«, sagte die Greisin, »da muss ich gleich die Hilde anrufen.«

»Die Hilde ist vor zwei Jahren gestorben«, sagte ihr Sohn.

»Die Hilde ist gestorben? Da muss ich gleich die Maria anrufen.«

»Die Maria ist auch gestorben, zwei Jahre nach der Hilde«, sagte ihr Sohn geduldig.

»Was ist das für eine Sterberei«, sagte die Greisin, und ohne den Gedanken weiterzuführen, hob sie die Hand und zeigte auf den Apfelbaum, hob ihre Hand ein wenig höher und zeigte auf den Vogel auf dem Apfelbaum.

»Der ist immer da«, sagte sie. »Wenn ich aufstehe, wenn ich ins Bett gehe, der ist festgeklebt. Kannst du ihn herunterholen?«

»Mutter«, sagte der Sohn, »das ist eine Amsel, die sich ausruht, so wie du dich ausruhst vom langen Leben, sie ist einfach nur müde.«

»Hol sie mir«, sagte die Greisin, »ich will sie haben.«

Der Sohn öffnete die Terrassentür und ging hinaus in den Garten. Er schüttelte am Stamm, und der Vogel flog davon.

Die Greisin sagte: »Jetzt hast du alles kaputt gemacht. Du machst immer alles kaputt!«

»Weißt du noch, Mutter«, sagte der Sohn, »wie gern ich mit den kleinen Rennautos um die Tischbeine herumgefahren bin und mit dem Mund ein Autogeräusch gemacht habe? Bremsen und Beschleunigen.« Er wollte sie ablenken, aber es gelang ihm nicht.

»Hol sofort den Vogel und setz ihn wieder dorthin, wo er hingehört!«, befahl die Greisin. Ihre Stimme brach, weil sie nicht mehr laut sein konnte. Die Wolldecke rutschte ihr von den Knien. Der Sohn hob sie auf, nahm seiner Mutter die Brille ab, streichelte ihr über das wenige Haar und ging seiner Wege.

Bald darauf läutete sein Handy. Die Greisin rief ihn an. Das konnte sie also noch.

»Der Vogel sitzt wieder auf dem Apfelbaum«, sagte sie. »Du bist ein braves Kind.«

Den blauen Himmel hatte das Kind in den Augen und eine Haut wie Waldhonig. Es saß auf dem Asphalt und verarztete die Knie seiner Puppe. Es war unter vielen Kunstleuten, viele griffen ihm in die Locken, und das ärgerte das Kind, sein Papa war mit Kunst beschäftigt. Da machte sich das Mädchen davon. Lief um den Häuserblock, sein gestreiftes Strickkleidchen wippte. Es verlor eine Sandale, ließ sie auf dem Gehsteig liegen, schmiss die zweite von sich und lief barfuß weiter. Es war nicht gerade warm, kalt war es auch nicht, und weil das Mädchen so aufgeregt war, kam die Hitze aus ihrem kleinen Herzen.

Das Kind lief und lief, Leute fragten, wohin so eilig, hast du etwas verloren, deine Mama vielleicht, deinen Papa vielleicht? Wo musst du denn hin? Ein Mann streckte seinen Kopf aus dem BMW und fragte, soll ich dich irgendwo hinbringen? Das Mädchen achtete auf niemanden. Es lief bis zum Waldrand, hatte zwar nicht gewusst, wo der anfing und aufhörte, aber die Beine hatten sie zu ihm geführt. Sie zog mit ihren dünnen Ärmchen die Äste auseinander, und weil sie dann so müde war, ließ sie sich aufs Moos fallen und schlief augenblicklich ein.

Die Kunstmenschen und vor allem der Papa des Kindes suchten sie und fanden sie nicht. Wie denn auch. »Sie kommt wieder«, sagte der Vater, »sie ist ein kluges Kind und kann gut mit sich.« Das stimmte. Das Kind konnte gut mit sich. Als sie aufwachte, kroch eine Eidechse über einen Birkenast. Mit der redete es, fragte, wie es ihr so gehe, sprach auch mit dem Hirschkäfer, der sich auf seine winzigen Zehen gesetzt hatte. Es fand Himbeeren und aß sie, es fand Brombeeren und wühlte sich durch die Stacheln. Es blutete. Es bückte sich, um die Heidelbeeren zu essen. Der Bauch tat ihm weh, und es dachte, wenn ich jetzt einen großen Haufen scheiße, ist alles wieder gut. Das tat es auch.

Die Kunstmenschen waren losgezogen, um das Kind zu suchen, sie durchquerten Räume und öffneten Türen, aber sie fanden es nicht. Der

Vater sagte, so wie er das einschätze, sei es dorthin gegangen, wo es ganz still ist.

»Und wo ist es ganz still?«, fragte eine schwarze Frau.

Wie das so ist und weil alles eine Ordnung haben muss, wurde die Polizei verständigt, und weil man das Kind bis zum Abend nicht fand und Entführung befürchtete und der Vater schon Tränen weinte, wurden Hunde losgeschickt, und die fanden das Kind. Es war auf dem Moos eingeschlafen. Der Leithund hatte das Jäckchen des Kindes im Maul, den Geruch des Kindes in der Nase, und jeder weiß, wie viel besser Hunde riechen als Menschen.

So wurde das Kind geborgen, und es sagte, warum es da nicht bleiben könne, schließlich habe es hier und genau hier seine Freunde. Es meinte die Eidechse und den Hirschkäfer, die Eule und die Blindschleiche. Aber es durfte nicht, weil es verboten ist, ein Kind allein im Wald zu lassen.

139 *Ich bin noch nicht fertig*

»He, du, stehen bleiben! Ich bin noch nicht fertig«, rief mir der kleine Mann nach.

Ich bremste und schob mein Fahrrad zu ihm zurück. »Was wolltest du noch sagen?«

»Du bist mitten im Gespräch davongefahren, das ist unhöflich«, sagte der kleine Mann.

»Dann entschuldige ich mich bei dir.«

»Ich bin aber immer noch beleidigt. Das kann man nur mit mir machen.«

»Das ist doch Unsinn«, sagte ich, »das kann man mit jedem machen, und das passiert auch ständig. Gar nicht aus bösem Willen.«

»Manchmal aus bösem Willen«, sagte der kleine Mann.

»Das denkst du von mir? Das kann ich nicht glauben. Du kennst mich doch. Komm, sind wir wieder gut. Sag mir, wo waren wir stehen geblieben?«

»Bei den Filzblumen, die ewig leben«, sagte der kleine Mann. »Du hast mir nicht gesagt, wo sie hinkommen.«

»Auf Paulas Grab. Über Paulas Bild. Da stecke ich sie hin.«

»Ich habe schon einmal das Bild gesehen, wir sind nämlich mit der Gruppe auf den Friedhof spaziert und haben Gräber angeschaut. Ich habe zur Chefin gesagt, das ist Paula, Freundin von mir. Obwohl ich sie lebendig nicht gekannt habe. Das habe ich gesagt, weil ich dich kenne und weil die Paula von dir ist. Sie war eine Schönheit, hat die Chefin gesagt. Wie lange ist sie jetzt schon unter der Erde?«

»Heuer werden es sechs Jahre«, sagte ich zum kleinen Mann. Ich ließ mir nicht anmerken, dass ich über den Ausdruck ›unter der Erde‹ sehr erschrocken war. Das wird sich nie mehr ändern.

»Wie alt wäre sie jetzt«, fragte der kleine Mann.

»Rechne zu einundzwanzig sechs dazu. Was kommt dann heraus?«

Der kleine Mann nahm die Finger. »Fang ich mit was an?«

»Fang an mit zweiundzwanzig.«

»Aber kann man eigentlich weiterzählen bei Toten?«

»Du meinst, ob das Alter aufhört, wenn man nicht mehr lebt?«

»So ähnlich.«

»Ich glaube«, sagte ich, »Paula ist ewig jung. Also: einundzwanzig Jahre.«

»Ist ganz schön ein Vorteil«, sagte der kleine Mann. »Wenn man bedenkt, was für Beschwerden im Alter kommen. Kopfweh, Fußweh, Bauchweh, oft kann ich nicht schlafen.«

»Wenn man tot ist«, sagte ich, »schläft man für immer.«

»Wenn ich einmal tot bin, möchte ich manchmal aufwachen und schauen, wo ich bin. Die Chefin sagt, die Toten kommen in den Himmel und schauen auf die Erde. Ich schau dann zu dir hinunter, ich sehe dich dann mit dem Rad auf den Friedhof fahren und auf den Schlossberg gehen. Freu ich mich grad schon darauf.«

»Ich sterbe sicher vor dir, ich bin schließlich älter als du.«

»Mich könnte ein Blitz treffen. Ich weiß, was man tun muss, wenn es blitzt. Hat uns die Chefin erklärt. Füße eng zusammenstellen und sich ducken, ganz klein machen. So wird man nicht getroffen.«

»Wenn du das alles weißt, wird dich der Blitz nicht treffen«, sagte ich.

»Auch wieder wahr«, sagte der kleine Mann und gab mir den Weg frei. »Halt!«, rief er mir nach. »Eine Filzblume schenke ich der Paula, eine schenkst du ihr, ich schenke ihr die rote, du kannst ihr die orange schenken. Krieg ich dann von dir noch einen Euro. Was machst du mit den Pfingstrosen?«

»Die lege ich auf das Grab, und wenn sie welk sind, schmeiße ich sie zum Grünmüll.«

»Das passiert mit meinem Geschenk nicht«, sagte der kleine Mann. »Noch ein Vorteil.«

»Kann ich jetzt weiterfahren?«, fragte ich.

»Ich bin jetzt fertig«, sagte der kleine Mann. »Du kannst jetzt weiterfahren.«

»Weißt du«, sagte ich, »sollen wir das nicht beibehalten, dass du nach jedem Gespräch sagst: Ich bin fertig. Wenn du fertig bist. Dann gäbe es kein Missverständnis mehr.«

»Ich bin fertig«, sagte der kleine Mann.

»Ich weiß nicht, wer ich bin«, sagt der Patient zum Psychiater.

Psychiater:»Wussten Sie je, wer Sie sind?«

Patient:»Kann mich nicht erinnern. Ich kann nicht schlafen. Ich kann nur schlafen, wenn ich Tabletten nehme. Ich bin so getrieben. Meine Arbeiten sind fertig, aber keiner nimmt sie.«

Psychiater:»Sind Sie zufrieden mit Ihrer Leistung?«

Patient:»Ich für meinen Teil bin zufrieden, ich weiß nicht, was es da noch zu verbessern gibt. Die haben sich auf mich eingeschworen.«

Psychiater:»Wem außer Ihren Auftraggebern haben Sie die Arbeiten gezeigt?«

Patient:»Meiner Frau, meinen Kindern, meinen Freunden.«

Psychiater:»Würden Ihre Freunde Sie kritisieren?«

Patient:»Es gibt nichts zu kritisieren.«

Psychiater:»Würden Ihre Freunde Ihnen die Wahrheit sagen, auch wenn sie wüssten, dass Sie dabei verletzt werden?«

Patient:»Keine Ahnung.«

Psychiater:»Ziehen Sie in Betracht, dass Ihre Freunde Ihnen nicht die Wahrheit sagen. Wie steht es mit Ihrer Frau und Ihren Kindern?«

Patient:»Meine Frau findet gut, was ich gut finde. Meine Kinder ebenfalls.«

Psychiater:»Dann glauben Sie an sich?«

Patient:»Wie kann ich an mich glauben, wenn ich nicht weiß, wer ich bin. Ich habe viele Fähigkeiten, habe vieles schon ausprobiert.«

Psychiater:»Kann es sein, dass Sie Ihren Ausdruck noch nicht gefunden haben?«

Patient:»Ich bin nicht mehr jung. Ich kann nicht mehr von vorn anfangen. Ich biete alles an. Wenn ich zu Barfüßigen gehe, bin ich barfuß. Wenn ich zu Königs gehe, ziehe ich meine goldenen Stiefel an.«

Psychiater:»Wissen Sie denn, was Sie sein möchten?«

Patient: »Ich wollte alles sein: Nobelpreisträger für Physik, Hundertmeterläufer, Filmstar, Revolutionär, Adeliger.«

Psychiater: »Kann es sein, dass Sie als Kind zu wenig Liebe erfahren haben?«

Patient: »Das kann sein.«

Psychiater: »Sie wollen, dass Ihre Leute stolz auf Sie sind?«

Patient: »Ich will, dass mein Vater stolz auf mich ist.«

Psychiater: »Lebt Ihr Vater noch?«

Patient: »Halten Sie es für möglich, dass ich erlöst sein werde, wenn mein Vater gestorben sein wird?«

Psychiater: »Ob Sie dann wissen, wer Sie sind? Das glaube ich nicht. Das müssen wir zuerst noch herausfinden.«

Patient: »Sie können mir dabei helfen?«

Psychiater: »Das hoffe ich. Aber wir werden viel Zeit miteinander verbringen müssen.«

Patient: »Was soll ich jetzt machen? Ich muss in der Nacht schlafen können.«

Psychiater: »Wir werden eine geeignete Medikation finden, die nicht abhängig macht. Sonst kann ich Ihnen nur raten, bei sich selbst zu sein, sich nicht ablenken zu lassen. Sie müssen den Löwen nicht auch noch spielen. Gibt es etwas, was Ihnen Freude macht?«

Patient: »Träumen.«

Psychiater: »Interessieren Sie sich für Menschen?«

Patient: »Für die, die mit mir zu tun haben.«

Psychiater: »Für Menschen auf der Straße?«

Patient: »Für das Volk interessiere ich mich nicht. Das hat nur eine Stimme.«

Psychiater: »Was für ein Irrtum! Das Volk gibt es nicht. Es gibt nur Menschen. Allerdings viele.«

Patient: »Ich möchte nicht unter meinem Niveau behandelt werden. Der heutige Mensch interessiert mich nicht. Der heutige Mensch hat keine Ideale.«

Psychiater: »Interessieren Sie sich wenigstens für den heutigen Menschen in Ihnen? Man muss sich selbst erkennen. Wenn das nicht hilft, das

Wahre zu finden, so hilft es wenigstens dabei, sein Leben einzurichten. So tut man zumindest das Richtige.«

Patient: »Können Sie mir nicht einfach nur Tabletten verschreiben? Ich brauche Sie nicht als Therapeut.«

Psychiater: »Sie können nicht erwarten, dass wir bei unserer ersten Sitzung schon auf den grünen Zweig kommen.«

Gerade bin ich aufgewacht, am frühsten Morgen noch, nachtdunkel ist es draußen, keine Arbeitsmenschen auf der Straße. Der Zeitungsausträger war noch nicht da. Er ist der Erste. Ich konnte nicht mehr schlafen, weil Sprüche auf mich niedergeregnet sind, Schlagertexte, die ich als Kind vor mich hergesagt und gesungen habe. Ich tanzte dazu mit dem Besen die Brosamen unter dem Tisch hervor. Schreckliche Geschichten, die durch Melodien verharmlost sind. Die Einleitung ist mit tiefer Stimme gesprochen: »Das ist die Geschichte von Tom Dooley aus Tennessee und seinem Ende, er liebte die Frau eines anderen, und weil sie nichts von ihm wissen wollte, erdolchte er sie. Ich, der Sheriff, musste Tom Dooley zum Tode verurteilen, und morgen, ja, da muss er hängen.« Und dann mit fröhlichem Ton, zum Klatschen einladend: »Alles vorbei, Tom Dooley, noch vor dem Morgenrot wird es gescheh'n, Tom Dooley, morgen, dann bist du tot. Trink noch einen Whiskey, trink ihn mit dir allein, es ist ein harter Whiskey, und wird dein letzter sein. Nie mehr im Leben siehst du das Sonnenlicht, Gnade, die kann's nicht geben, Gnade, die gibt es nicht!«

Gleichzeitig sehe ich in der heutigen Wirklichkeit das Zeitungsbild einer Behörde vor mir. Dort wurde eine Frauenleiche abgelegt, eine junge Rumänin, die mit einem Baseballschläger erschlagen wurde. Abgelegt wie ein altes Brett, dieses Mädchen, das belogen, betrogen und erschlagen wurde. Ich sehe böse Männer, und der böseste befiehlt seinem Knecht, er solle die Leiche fortschaffen.

Ich sitze im Pyjama am Computer, es ist 4 Uhr 02, und dann fällt mir ohne eine Pause dieser harmlose Spruch ein, eine Radiowerbung, die ich auch vor mich hin gesagt hatte, als ich ein Schulkind war: »Vati, komm gut nach Hause, bei uns ist es so gemütlich, seit wir die neuen Elite-Möbel aus der Gumpendorfer Straße haben.«

Auf der Wiener Gumpendorfer Straße habe ich meiner Enkelin diesen Vers vorgesagt, sie wollte ihn immer wieder hören.

So viel Müll wurde in meinem langen Leben abgelagert, und ich bin bereit zum Aufräumen.

Noch einen Schlagertext habe ich parat: »Junge, gehe nicht zu den Indios, nein, gehe nicht hin! Junge, gehe nicht zu den Indios, schlag dir's aus dem Sinn!« – und warum soll er nicht hingehen? Weil er im »Indianerland«, Wasser holend, »ein Indianergirl« treffen wird, »so schön wie eine Fee«, die, ohne dass er es ahnt, seine Schwester ist.

Eine Frau mit verweinten Augen erzählte mir im Zug auf meine Frage hin, warum sie denn so traurig sei, folgende Traurigkeit:

»Sie müssen sich meine Freundin vorstellen, wie sie einmal war, voller Überraschungen, gegen den Strich gebürstet, alles an ihr war ungewöhnlich. Wir vertrauten uns. Oft sahen wir uns lange nicht, aber das störte keineswegs, weil wir ja in Gedanken beieinander waren. Ich wusste von ihr vieles, was sie niemandem sonst erzählte, und umgekehrt. Nein, nicht umgekehrt. Ich vertraute ihr nicht alles. Es war so, als wäre da ein Haken. Ich wusste nicht, wie ich mit ihr dran sein sollte. Sie hatte keinen Mann und vermisste manchmal einen. Sie hatte einen Hass auf Männer und hatte sich deshalb eine Pistole gekauft und schießen gelernt. Trotzdem. Als sie dann den Mann kennenlernte, der sie auf ihrer abenteuerlichen Fahrt anhielt – sie war viel zu schnell gefahren, und er fand, sie gefährde Mensch und Tier –, stellte sie verwundert fest, dass dieser Mann ihr gefiel, und zwar ganz besonders. Bald zog er bei ihr ein, und da begann unsere Lücke. Sie erzählte mir von ihm, wollte ihn aber nicht vorstellen. Als ich sie einmal einlud, gemeinsam essen zu gehen, hatte sie eine fadenscheinige Ausrede parat. Ich bin ja nicht blöd und wusste, sie will ihn nicht herzeigen, weil sie Angst hat, ich könnte ihn ihr wegnehmen. Ich hätte ihn ihr nie weggenommen, das können Sie mir glauben.«

Sie griff in ihre Tasche und kramte einen Spiegel hervor, fuhr sich durch die Haare und zog sich die Lippen nach.

»Soll ich weitererzählen? Also ich schrieb ihr, dass ich geträumt hätte, sie wäre auf ihrer Hochzeit, und anstelle von Hochzeitsgästen wären nur Tiere eingeladen. Sie antwortete mir nicht mehr auf meine Mails, was mich sehr traurig machte. Ich schrieb ihr zum Geburtstag, und sie schrieb nicht zurück. Sie hat mich ausradiert. Kann man das glauben? Ich muss es glauben. Wie finden Sie das?«, fragte sie mich. »Soll ich aufgeben? So tun, als hätte sie nie existiert? Ich schaue mir manchmal Fotos von ihr an. Warten Sie.«

Abermals griff sie in ihre Tasche und nahm aus einem Nebenfach ein Foto: eine blonde Frau, kräftig gebaut, auffallend die Mähne, in einem Badeanzug. Sie steht mit den Beinen bis zur Hüfte im Wasser.

»Sie war eine gute Schwimmerin«, sagte die Frau, »sie schwamm schneller als die meisten.«

»Wieso sagen Sie ›schwamm‹«, fragte ich. »Sie wird doch noch nicht gestorben sein?«

»Ich kann es nicht wissen«, sagte die Frau, »vielleicht will sie tun, als wäre sie schon nicht mehr im Leben.«

»Wie weit fahren Sie denn noch«, fragte ich.

Die Frau wusste es nicht. Sie fuhr ins Blaue.

143　Begegnung

Ein junger Mann aus gutem Haus, wie es hieß, wohlerzogen und nie auf Abwegen, suchte eine Frau, die zu ihm passen sollte. Er besuchte Vorträge und Ausstellungen, um die Richtige zu finden, eine Gebildete, eine zum Herzeigen. Aber es funktionierte nicht. Er begegnete etlichen Frauen, die vom Aussehen her in seine Familie gepasst hätten, zu seiner perfekten Mutter und dem soliden Vater. Blonde mit gutem Haarschnitt, Dunkelhaarige mit sportlicher Figur.

Er verliebte sich in eine etwas nachlässige Frau, die er auf den Stufen zur Post sitzen sah. Sie entsprach nicht seinen Vorgaben, und trotzdem ließ er sich von ihr anreden. Sie war auf ihn zugekommen, er mit einem Strohhalm im Mund, sie barfuß mit Sandalen in der Hand. Sie fragte ihn, ob er ihr helfen könne, der Riemen ihrer linken Sandale sei gerissen.

»Neue Schuhe kaufen«, riet er ihr, und dann im Übermut schlug er ihr vor, sie auf den Schuhkauf zu begleiten und auch zu bezahlen. Sie suchte sich die teuersten aus. Gleich zog sie die Pumps an. Sie hatten einen schrägen Absatz und waren spitz zulaufend. Nach einer Viertelstunde schon hatte sie Blasen an den Zehen. Sie zog die Schuhe aus und lief wieder barfuß an seiner Seite.

»Gehen wir zu dir?«, fragte sie. Er ließ sich gern duzen und überlegte sich sein weiteres Verhalten. Er würde sie in seine Wohnung mitnehmen. Er hatte noch kaltes Beef im Kühlschrank und vom Weißwein genug.

Sie wunderte sich nicht über die schicke Wohnung. Solche Männer hatten eben solche Wohnungen.

Er servierte auf dem feinen Wohnzimmertisch, und sie aß mit den Händen, wollte kein Besteck. Er überlegte, was er mit seinem Messer und der Gabel anstellen sollte, schließlich aß er auch mit den Händen. Sie hieß mit Taufnamen Henriette, wollte aber Jette genannt werden. Ihre Haare waren blau gefärbt, so blau wie die Blumen auf der Tapete.

»Sollen wir ins Bett miteinander?«, fragte sie. »Ich meine zum Aus-
gleich für die Schuhe.«

Sie zog das Kleid aus und legte sich nur mit dem Slip ins Bett, BH trug
sie keinen. Er behielt seine Unterwäsche an. Bald war sie eingeschlafen
und schnarchte auch ein wenig. Er starrte auf die Decke und überlegte
sich, wie es weitergehen könnte. Was würde geschehen, wenn sie aufwachte? War mit Sex zu rechnen? Es ging alles zu schnell. Sie wachte auf
und fragte, ob sie seine Zahnbürste benützen dürfe, sie habe einen komi-
schen Geschmack im Mund, nicht zum Küssen geeignet. Dann wollte sie
fort.

»Aber was geschieht mit uns in der Zukunft?«, fragte er.

»Ich weiß ja nicht einmal, wie du heißt«, sagte sie. »Wie willst du genannt werden?«

Die Schuhe ließ sie liegen.

Erzählte mir ein Mann:

Als meine Frau im Sterben lag, sagte sie mit letzter Stimme: »Versprichst du mir, dass ich in unserem Garten begraben werde. Versprichst du mir, dass du für mich einen Stein findest und für dich den gleichen, so dass wir dann beieinanderliegen?«

Ich dachte lange nach, welcher Stein zu ihr passt. Was zu ihr passte, passte auch für mich. Sie war ihr Leben lang mit einem vornehmen Wesen ausgestattet, nie war sie gewöhnlich gewesen. Da kam ich auf den weißen Quarz, der so fein durchädert ist. Ich kannte auf einem hohen Berg eine Stelle, wo Quarz zu finden war. Er hatte sich vor Jahren gelöst und war in den tiefen Schnee gefallen. Dort lagen große Brocken. Wäre er auf den Felsen gestürzt, er wäre zersplittert. Aber so konnte ich im schimmrigen Schnee zwei Stücke finden, einen mit 28 Kilo und einen mit 30 Kilo. Ich habe beide gewogen, als sie geborgen waren. Wie, hatte ich damals gedacht, bekomme ich die schweren Steine in unseren Garten. Ich habe einen besten Freund, dem erzählte ich davon. Er sann lange nach, sagte von 2.500 Metern ins Tal, das ist eine saftige Aufgabe, aber wir werden das schaffen. Und so zogen wir zwei Tragen hinauf, schnallten die Steine darauf, den schwereren für mich, den fast so schweren für meinen Freund. Es war eine Qual, mit diesem Gewicht von so großer Höhe ins Tal zu balancieren. Oft fielen wir um und lachten. Wir richteten uns viele Male auf, jedes Mal mit größerer Mühe. Wir lachten, die Bäuche taten uns weh, vom Rücken ganz zu schweigen. Ich dachte, wenn ich unten bin, habe ich alle meine Sünden abgebüßt, mein Freund sprach es aus. Also dann im Tal, sagte er zu mir: »Wir beiden haben jetzt eine reine Seele und können wieder aufs Neue sündigen.«

Als ich zu meiner Frau kam, lag sie schon tot, ihr Gesicht im Frieden, so war sie da, wie ich sie als junge Frau im Herzen getragen hatte.

Ich suchte die richtige Stelle im Garten, sie war zwischen zwei Kirschbäumen. Kirschen liebten wir beide. Ich hatte ihr die allerersten gepflückt und sie, wie es sonst bei Kindern der Brauch ist, an ihre Ohren gehängt. Sie baumelten, und dann aß ich sie herunter. Ich setzte die Steine nebeneinander, grub eine Grube und versenkte ihre Asche darin. Ich hatte zuvor einige Formalitäten zu erledigen. In der Schweiz wurde mir die Bewilligung erteilt. »Bald«, sagte ich zu ihr in die Asche, »lege ich mich neben dich. Ich nehme den schwereren Stein, der leichtere ist für dich. Zuvor aber will ich noch einige Gipfel besiegen, wenn du mir gestattest.«

Erzählte mir ein Mann.

»Das habe ich nur geträumt und nicht getan«, sagte der Koch. »Nicht getan, weil ich ein feiger Mensch bin.«

Er stand am Fenster seines warmen Lokals und sah hinunter in den Graben.

Er sah Menschen auf Fetzen sitzen, vor sich ein breites Brett, das sollte ihr Tisch sein. Darauf viele leere, einige volle Flaschen. Sie waren schlechter als schlecht gekleidet, hatten erfrorene Hände.

Einer war barfuß mit blauen Zehen. Einer Frau fehlten alle Zähne, ein Bursch trug einen gestohlenen Kamelhaarmantel, aber zum Zuknöpfen gab es keine Knöpfe, eine schlug mit dem Kopf auf den Tisch, und das Glas aus ihrer Hand fiel zu Boden und zersplitterte, daran verletzte sich ein anderer, dem der Speichel aus dem Mundwinkel rann, eine Kleine weinte um ihr verschwundenes Kind, ein viel zu junger Mann spielte mit dem Messer, einer mit Kunstpelz um die Hüften trank die Flasche in einem Zug aus und fiel in den Schlamm. Einer sang ein Lied, das keiner kannte, ein Kind hielt sich die Ohren zu, es gehörte niemandem, eine Russin schrie, riss sich die Kleider vom Leib und kippte das Brett um, Flaschen rollten.

Dünner Schnee rieselte, vermischt mit Regen, er deckte die Köpfe weiß, aber nur für kurze Zeit.

Es waren zwölf.

Allen wurden neue Worte geschenkt – und dabei erfroren sie.

Der Europäer lag wach auf seinem Lager. Er hatte Durst. Vor seinem Haus standen Wachen, und Stacheldraht spannte sich. Der Ort des Geschehens heißt Maputo. Es war Spätsommer und obwohl nachts, hatte es noch über fünfundzwanzig Grad. Der Mann stand auf, schlüpfte in seine weiten Hosen und knöpfte sein Hemd zu.

»Auf eigene Gefahr«, sagten die Wachen zu ihm, sie sprachen Makua und Portugiesisch, der Europäer verstand diese Sprachen, er lebte seit einem Jahr in Mosambik. Er grüßte und ging an den Männern vorbei. Es herrschte Finsternis draußen. Er schlug eine gewohnte Richtung ein, seine Schuhe traten sicher auf die Erde, bald aber wurde der Boden weich und wellig, weiter ging er, ihm schien, als sei er schon ziemlich lange unterwegs, da roch er Alkohol und sah glimmende Punkte. Glühende Zigaretten, afrikanische Stimmen nahm er wahr, im Näherkommen mischten sie sich mit mittleren und hohen Tönen. Er streifte ein Streichholz an und sah einen provisorischen Tisch. Aus Fässern wurde Bier und Schnaps ausgeschenkt. Er bestellte Bier und trank aus einer Tasse. Und bestellte Schnaps und trank aus einer Tasse. Und bestellte Bier und trank aus einer Tasse und bestellte Schnaps. Im Schein seiner Zigarette sah er, dass sein Gegenüber wahrscheinlich ein Chinese war.

Der Chinese sagte auf Portugiesisch: »Gut, dich zu sehen, gut, dein Gesicht zu sehen.«

»Gut, dich wiederzusehen«, sagte der Europäer.

Der Chinese trank Schnaps. »Morgen wird auch meine Schwester unter uns sein«, sagte er. »Ich hatte fast schon aufgegeben, da rief sie an, sie kommt. Sie wird in meiner Hütte schlafen, bis ich sie verheiratet habe. Kennst du einen Chinesen, der eine Frau sucht?«

»Ich suche eine Frau«, sagte ein Inder, er sprach Chewa. (Der Europäer kannte auch diese Sprache.) »Ist sie schön, deine Schwester?« Der Inder stank nach Schweiß und Schnaps.»Glaubt sie? Hat sie Religion? Sie soll nur an mich glauben. Ich glaube nichts. Sie muss mir dienen. Kann sie nur deine Sprache? Sie muss mich nicht verstehen und muss auch nicht reden. Wenn sie schön ist, genügt das. Wie alt? Sind ihre Haare lang und weich? Das ist euer Vorteil, dass eure Frisuren nicht unerotisch sind, das ist das Beste an euch.« Der Inder gab dem Chinesen einen Zettel.»Es gibt da diesen Fluss, der an eine Schlange erinnert ...«

Der Europäer spürte die Blicke, die über seinen Rücken krochen. Er drehte sich um und stolperte. Er fiel und fiel neben Männer, die auf dem Boden lagen und schnarchten.

Ein Schwarzer, der neben ihm lag, sagte in Swahili (auch diese Sprache verstand der Europäer):»Komm her, Weißer«, und er zog ihn zu sich heran und drückte ihm einen Kuss auf die Wange, küsste, wo er ihn gerade traf, auf den Hals, auf die Schläfen, und schlängelte seine Zunge in den Mund des Europäers.

»Bald wird das Gras aus deinem Rücken wachsen«, sagte der Europäer drohend und wandte sich ab. Mühsam erhob er sich auf seine Beine.

Eine Gruppe von Männern diskutierte auf Portugiesisch über den Fall der Berliner Mauer und den bevorstehenden Tod Fidel Castros, die grüne Farbe des Islam und die miese Qualität neuerer Kalaschnikows. Als sie den Europäer durch ihre Zigaretten erleuchtet sahen, wandte sich einer, ein fetter Schwarzer, ihm zu. Sein Hemd war steif wie Regenschirmstoff, auf dem Kopf trug er einen Schutzhelm.

»Du kannst mir einen Brief schreiben«, sagte er.»An eine Behörde. Einen Beschwerdebrief. An diese Schweine, die mich betrügen. Ich lade dich auf einen Schnaps ein.«

Der Europäer spürte den Alkohol.»Erzähl!«, sagte er zu dem Fetten, bereitwillig, denn er war bereit, er hatte kein Ziel, war bereit, eigentlich für alles, hatte sich vordem kurz gedacht, ob er sich für die angebotene Chinesin interessieren könnte.»Sprich!«, lallte er.

»Ich bin in eine Verschwörung hineingeraten, und du sollst mich da wieder herausholen«, sagte der Fette.»Mit einem Brief, meine ich. Einem Brief, so klug, wie ihn diese Schweine selber nie schreiben könnten. Du siehst aus, als wär das für dich ein Sekundenfick.«

Die Männer lachten.

»Dann sollte mir das auch Spaß machen«, sagte der Europäer in seinem fließenden Portugiesisch, diese Sprache liebte er, wie er Lissabon liebte, dort hatte er eine Frau gekannt, die schöner war als alle zusammen, klug, klüger als alle, und die ihm nie widersprochen hatte. Er konnte sich nicht mehr auf die Geschichte des Fetten konzentrieren, alles in seinem Körper floss ineinander, Schweiß trat ihm auf die Stirn, und er fiel abermals um.

Die Männer brüllten vor Lachen.

»Es war an einem Sonntag. Sie hat sich gekämmt und gepudert, es nützte nichts, sie war trotzdem noch hässlich«, hörte er jemanden auf Spanisch sagen. »Sie war nicht einmal vulgär, schade, denn das hätte mir gereicht. Ich musste sie wieder wegschicken.«

»Meine hatte blaue Augen«, sagte ein Schwarzer auf Chimakonde (auch diese Sprache verstand der Europäer). »Ich war neugierig auf sie, immer wieder, ich musste sie nicht anlügen, ihre Brüste waren hart und klein und die Hüften breit und schwer.«

»Blaue Augen?«, sagte sein Gegenüber. »Dann war sie eine Hexe.«

Der Europäer versuchte sich aufzurichten, erst nach Minuten schaffte er es. Er dachte sich, ich muss auf mein Lager, solange die Sterne noch nicht auf der Erde liegen. Aber er glitt aus und fiel wieder hin. Es ist so warm hier, dachte er, so warm zwischen den Beinen, die wie Baumstämme sind, ich bin im Wald, im Wald, im dunklen Wald.

»Erzählt, Brüder!«, sagte er. »Erzählt mir eure Tröstungen in der Dunkelheit!«

147   Mir ist gerade …

Mir ist gerade eingefallen, wie es war, als meine großen Kinder noch klein waren und sie zwischen Herd und Kühlschrank saßen, weil dort eine Lücke war. Ich schaute im kleinen Fernseher, der aussah wie eine Schachtel aus dem Quellekaufhaus, in der uns einmal Babyjäckchen zugeschickt worden waren, also aus dieser Schachtel kam der Russischkurs, den ich jeden Vormittag nicht versäumen wollte. Eine Lehrerin mit Schnurrbart führte durch die Stunde. Ich hatte einen Schreibblock auf den Knien und schrieb mit. Ich sprach nach, was sie vorsagte. Ich merkte mir, was ich mir erst gemerkt hatte, leider nicht lange. Russisch ist eine schwere Sprache, von der Schrift ganz zu schweigen, sagte ich zu meinen Kindern, die Herrin und Hund spielten. Die Herrin war meine Tochter, obwohl kleiner als ihr Bruder, der Hund ihr Bruder, ein treuherziger Kerl, der wie ein Hund schauen konnte und wie ein Hund aus dem Teller Wasser schlappte. Als es auf Mittag zuging, ging ich in den Garten und pflückte junge Löwenzahnblätter, um daraus Salat zu machen. Dazu kochte ich die kleinen Kartoffeln, die man mit der Schale essen konnte, weil sie erst frisch geerntet worden waren. Es war im Oktober. Dazu gab es Scheibchen von der gelben Butter, die wir tags zuvor, wir, alle drei, in der Molkerei gekauft hatten. Mein Sohn hielt sich die Nase zu, weil er den Geruch dort nicht aushielt. Die Frau mit der langen Wachsschürze und dem aufgesteckten Haarzopf hielt meiner Tochter die Kelle an den Mund, und sie trank den abgeschöpften Rahm. Sie hatte danach einen weißen Schnurrbart, den ich ihr aber nicht wegwischen sollte, weil sie mit dem die russische Lehrerin spielen wollte und mich in Russisch abfragte – »on rabotaet«.

Auf dem Nachhauseweg kaufte ich noch frische Salzstängel und Zopfbrot mit Hagelzucker. Mein Sohn fragte mich, warum heißt der Zucker Hagelzucker, kommt der von einem Unwetter, und ich sagte, da hast du recht. Wenn es stark regnet, fällt Zucker vom Himmel, und den nennt man dann so.

Einmal im Sommer war ich knapp mit der Zeit und sollte schon mit dem Essen fertig sein, da ließ ich meine beiden Kinder in der Badewanne und rannte ins Lebensmittelgeschäft. Ich kaufte Erbsen und Reis und rannte wieder zurück, ich hatte auf einmal Angst bekommen, in der Badewanne könnte ein Unglück geschehen sein. Als ich ins Badezimmer trat, seiften meine Kinder sich gegenseitig die Haare ein und beklagten, dass kein Shampoo da war, und Seife schäumt nicht gut. Ich rubbelte sie ab, und sie aßen, wie sie waren, aus der Packung die tiefgekühlten Erbsen, taten so, als wären es Bonbons. Das Reiswasser würde gleich kochen.

Vor meinem Bett stehen Menschen. Sie warten, bis ich endlich meine Augen aufmache. Zuvorderst eine Romni mit einem kleinen Mädchen an der Hand. Es hat einen Kopfverband, man sieht das durchgesickerte Blut.

Romni: »Ich warte bereits seit Mitternacht. Ich wollte die Erste sein. Wenn ich nicht die Erste bin, bin ich die Letzte. Man hat unser Haus niedergebrannt. Wir sind aus dem Haus geflohen. Da hat man hinter uns hergeschossen. Man hat meinen Mann und meinen Sohn erlegt. Wie man Tiere erlegt.«

»Setzen Sie sich!«, sage ich. »Ich rufe eine zuständige Stelle an.«

Romni: »Nicht anrufen! Du helfen!«

Ich sage: »Der Nächste, bitte!«

Eine Frau mit Föhnfrisur steht vor mir.

Frau: »Man hat mir meine Geldtasche gestohlen.«

»Wer ist ›man‹?«, frage ich.

Frau: »Da kommen viele in Frage, die mir nicht gefallen. In der Geldtasche war alles, ein Foto von meinem Lieblingskind, hundert Euro.«

»Da sind Sie bei mir falsch«, sage ich. »Gehen Sie zum Fundamt! Erst zum Fundamt, dann zur Polizei.«

Ein Mädchen mit einem roten Wintermantel steht vor mir. Es hält vier Finger in die Höhe, den Daumen nach innen gebogen. So haben wir vor fünfzig Jahren aufgezeigt.

Kind: »Ich muss aufs Klo. Warum hat das Mädchen da vorne einen Kopfverband?«

»Weil auf das Kind geschossen worden ist«, sage ich.

Kind: »Darf man eigentlich auf Kinder schießen?«

»Man darf auf gar nichts schießen, das lebt«, sage ich. »Wenn ich etwas zu sagen hätte, würde ich mit Strafe alle Gewehre verbieten.«

Kind: »Und die Polizei?« – Pause. – »Ich könnte dem angeschossenen Mädchen eine Puppe von mir schenken, ich hab nämlich siebzehn.«

»Der Nächste, bitte!«, sage ich.

Ein Hund steht vor mir. Er sieht elend abgemagert aus. »Wem gehört dieser Hund?«, frage ich. Keinem gehört dieser Hund. Und wie man weiß, können Hunde nicht sprechen.

Da steht ein Rom in einem Laden und will sieben Flaschen Coca-Cola kaufen. Er hat zu wenig Geld. Dann nimmt er vier Kilo Zucker.

Rom: »Was kosten vier Kilo Zucker?«

»Wofür brauchst du den Zucker?«, frage ich.

Rom: »Für Zuckerwasser. Coca-Cola ist zu teuer.«

»Wie viele Kinder hast du?«

Rom: »Sieben. Sieben Kinder habe ich, die alle wünschen sich Coca-Cola.«

Ein Mann steht hinter ihm. Er kauft vierzehn Coca-Cola-Dosen.

Rom: »Guter Mann, der zahlt.«

»Der Nächste, bitte!«

Eine Dame steht vor mir, sagt: »Ich habe Kleider zu verschenken. Keiner will sie haben. Gute einheimische Qualität. Keine Kinderarbeit aus Fernost. Dieser Kamelhaarmantel zum Beispiel, ein Stück von meinem verstorbenen Mann, kostet ein Vermögen.«

Ein Vermögen gerade nicht, will ich sagen, sage ich aber nicht. Ich sage: »Gehen Sie zur Caritas! Da ist man froh über Ihre Spende.«

Mein Mann sagt: »Willst du nicht aufstehen? Frühstück ist fertig. Es ist bereits zehn Uhr.«

»Was steht in der Zeitung?«, frage ich.

Mein Mann: »In Ungarn sind Faschisten durch ein Dorf gezogen und haben Häuser der Roma niedergebrannt, ein Mann und ein Kind wurden erschossen, ein Mädchen verletzt.«

»Erlegt«, sage ich. »Wie man Tiere erlegt.«

Mein Mann: »Das ist eine Schande. Das ist das erste Pogrom in Europa, seit wir bei der EU sind. Das kann man nicht so hinnehmen.«

»Glaubst du, die Sonne kommt heute noch durch?«, frage ich.

Mein Mann: »Mit Milch oder ohne Milch heute, dein Kaffee?«

»Ohne«, sage ich.

Eleonore erzählte mir vom schlimmsten Tag. Bis dahin hatte sie gedacht, das Leben gehöre ihr.

»Ich war ein Mädchen, immer zu Späßen aufgelegt. Ich ging noch in die Schule, und kam ich abends nach Hause, wartete meine Mama mit Innigkeit. Am Tisch wollten sie alle, meine Eltern, meine drei Brüder, dass ich ihnen erzähle. Sie wussten, ich würde Kleines groß machen, übertreiben, was unbedeutend war. Nie war mir und meiner Familie Schlimmes geschehn. So dachten wir, ist es uns gegeben. Zu meinem Studium fuhr ich in die Großstadt. Da musste ich schon Abstriche machen. Ich war nicht mehr wichtig. Es gab einfach zu viele Leute. Ich mühte mich mit meinem Studium ab, hatte wenig Freunde, was mich zweifeln ließ. Die Männer nahmen mich kaum wahr, obwohl man mir geheißen hatte, ich wäre eine Schönheit, feurige Augen. Solche gab es viele. Ich war zu dick. Zu Hause war immer meine Figur gelobt worden. Sooft es ging, fuhr ich zu meinen Eltern. Sie fanden, ich sähe schlecht aus, hätte abgenommen und sei so blass. Ob ich denn nichts esse? Es stimmte, ich schränkte mich ein, so gut ich es aushielt, hatte schon etliches an Gewicht verloren. Eine Kollegin zeigte mir, wie man sich vorteilhaft schminkt. Ich sah in den Spiegel und war mir fremd.

Einmal am Bahnhof – ich kam gerade von meinem Heimatdorf, war bepackt mit Essen, alles in einem Koffer – redete mich ein Mann an, er würde mir gern helfen, der Koffer sei zu schwer für mich. Er sah mich freundlich an, und mir wurde ganz heiß. Ich erlaubte ihm seine Begleitung. Wir gingen zügig zum Stadthaus, in dem ich eine kleine Wohnung hatte. An der Haustür bedankte ich mich. Er aber sagte, hier sieht es aus, als gäbe es keinen Lift. Er hatte recht. Das Haus war über hundert Jahre alt, ich wohnte im fünften Stock und musste zu Fuß die vielen Stufen hinauf. Er ging hinter mir die Treppen hinauf, mit meinem Koffer.

Wieder bedankte ich mich. Er stellte den Koffer ab und sah sich um. Er fand es hübsch, die Fenster, mit Blick auf den Dom. Ich reichte ihm meine heiße Hand. Da zog er mich an sich und ließ mich nicht mehr los. Ich schwitze, dachte, ich rieche nach Schweiß, so schämte ich mich. Erst dann fuhr die Angst in mich. Er warf mich aufs Bett, zerrte mich an den Haaren, ich wehrte mich. Der Mann war nicht schwer, und so gelang es mir, ihn vom Bett zu werfen. Ich rannte in ihn hinein, wie wir es als Kinder zum Spaß gemacht hatten. Verloren hatte, wer umgestoßen worden war. Es gelang mir, ihn vor die Tür zu treiben. Die Treppe war sehr steil, und mir ist es bis heute ein Rätsel, wie es mir beschieden war, ihn hinunterzustoßen. Ich hörte, wie er aufschlug. Mir tobte das Herz. Ich habe es nicht geschafft, nach unten zu gehen. Ich hörte nichts, schloss die Tür ab, setzte mich aufs Bett, und so blieb ich drei Tage. Was war mit dem Mann geschehen? War er tot? Nie habe ich es erfahren.

Immer wieder bilde ich mir ein, ich sehe ein Gesicht, und es ist das dieses Mannes.«

Was war in der Nacht geschehen?

Ich wünschte, ich wüsste das alles nicht, dachte sich der Mann. Es war noch früh am Morgen, gerade ein zarter Schimmer fiel durch die Vorhänge. Die Müllabfuhr leerte Kübel aus. Es klang wie Fasching. Er sah seine Frau neben sich liegen. Sie quälte sich in der Nacht mit Lockenwicklern, hatte eine Maske über den Augen, und ihr Gesicht glänzte von Nachtcreme. An den Händen trug sie Handschuhe, an den Füßen Socken, darunter Creme. So ging das seit Jahren. Obwohl seine Frau neben ihm schlief, wollte er sie nicht angreifen. Wie war das gewesen, als sie beide noch jung waren und sich jung fühlten? Sie waren dicht aneinandergelegen und hatten sich geliebt.

Der Mann sah seine Frau im Morgenlicht und wurde ärgerlich. »Wieso machst du das?«, hatte er sie gefragt, als das mit den Schönheitskuren angefangen hatte. Sie mache das nur für ihn, antwortete sie. Das glaubte er nicht, und das stimmte auch nicht.

Gewiss, man muss das verstehen, die Frau wurde jedes Jahr ein wenig älter, wie es der Natur entspricht, nur, sie konnte ihre kleinen Fältchen und Falten nicht akzeptieren, sie wollte dagegen ankämpfen. Sie lebte auf ihrem eigenen Stern, und der Mann, soll man es ihm verdenken, sehnte sich nach Zärtlichkeit.

Es nützte nichts, wenn er ihr versicherte, er liebe sie genauso, wie sie sei, er selber sei ja genauso alt. Er war kein Fremdgeher. War an sich zufrieden mit seiner Frau. Aber wie sich das alles entwickelt hatte, wollte ihm nicht gefallen. Das war eine Krise. Er wollte ihr getrennte Schlafzimmer vorschlagen. Platz war da. Sie könnte dann, wenn sie Lust hätte, ihn in der Nacht besuchen. So wie sie war, wie sie gewesen war. Allein zu schlafen, würde ihm nicht schwerfallen. Er würde allein nicht frieren und sich auch nicht fürchten. Er fragte sie, ob sie damit einverstanden wäre. Sie erschrak kurz. War das ihr Beziehungsende?

»Ich bin so an uns gewöhnt«, sagte sie. »Ich will mich nicht ändern.«

Ihm gefiel sein neues Schlafzimmer, und auch seine Frau machte es sich in ihrem gemütlich. Sie besuchten sich gegenseitig nicht. Der Mann dachte mit Sorge an seine Pensionierung. Er dachte an Frauen, die er kannte, und fragte sich, wie die so lebten mit ihren Partnern. An eine ganz bestimmte Frau dachte er beim Einschlafen und überlegte sich Strategien, wie er sie einladen könnte. Sie war geschieden, das könnte es ihm leicht machen, und einmal schon hatte sie zu ihm in der Tiefgarage gesagt, dass er ein sehr männlicher Typ sei, das gefalle ihr.

Der Vater war bei seiner Geliebten. Die Zwillinge wussten von ihr nur, dass sie eine Art Tante war, die die Mutter hasste. Als sie noch vier gewesen waren, gab es eine Geburtstagsparty für die Zwillinge, mit Kindergartenfreunden und viel gutem Kuchen, den die Mama gebacken hatte. Seit einem Jahr buk sie keinen Kuchen mehr, nämlich seit es die Tante gab. Es gab keine Pizza mehr und keine Suppen mit Buchstaben und keinen Kuchen. Alles was sie kochte, schmeckte den Zwillingen nicht mehr. Sie sahen, wie die Mutter eine Packung mit irgendetwas aufriss und in die Mikrowelle schob.

»Wir wünschen uns«, sagte der Zwilling, der siebzig Sekunden vor seinem Bruder aus der Mama herausgeflutscht war, »dass du uns eine Lieblingsspeise kochst. Kaiserschmarrn hätten wir gern.«

Die Mutter kaufte »Kaiserschmarrn to go«. Sie hatte ihn in einer Konditorei geholt, und er war bereits kalt, als sie ihn auf dem blanken Tisch servierte. Keine Tischdecke, kein Blumensträußchen wie noch vor einem Jahr.

»Ich erinnere mich an einen Schweinebraten in aller Herrlichkeit«, sagte der Mann und Vater. »Ich habe sogar von einem Schweinebraten geträumt, einem, wie du ihn früher so herrlich zubereiten konntest. Mit Semmelknödeln und lauwarmem Krautsalat. Darf ich mir das von dir wünschen? Ich bezahle auch dafür?«

Also, das hatten die Zwillinge gehört, der Papa wollte der Mama für eine Speise, die sie selber gekocht hatte, Geld geben. Bezahlen wie im Wirtshaus.

»Ist das normal?«, fragten die Zwillinge, die Mütter ihrer Freunde kochten alle umsonst.

Sie verstanden nur so viel, dass die Mama Rabauz wegen der Tante machte, die mit dem Vater herummachte. Das hatte nämlich die Mama auf ihre Frage gesagt, warum jetzt auf einmal alles so hässlich war: »Die machen miteinander herum.« Was aber hieß »herummachen«, was macht man, wenn man herummacht? Und die Mama sagte auch, wegen der Herummacherei müssen sie sich vom Papa scheiden lassen.

»Wir auch?«, fragten die Zwillinge.

Alles war dermaßen kompliziert geworden, wo es doch einmal so schön gewesen war.

Die Mama fuhr mit den Zwillingen in ein Tierheim und brachte zwei junge Hunde mit. Für ihren Trost. Für jedes Kind einen. Sie hatte nicht zugehört, als ihr die Tierpflegerin gesagt hatte, der eine Hund sei weiblich, der andere männlich und beide noch nicht geschnitten.

Jedenfalls trug es sich zu, dass nach einem halben Jahr das Weibchen in eine Ecke Kissen schleppte und dann drei Junge auf die Welt brachte. Das war ein Fest, aber nur für die Kinder.

Die Zwillinge waren fünf Jahre alt. Ihre Mutter war viel außer Haus, sie sagte dazu »auf den Wegen«. Was sie auf den Wegen machte, wussten die Zwillinge nicht, sie wussten nur, dass sie nichts anstellen durften, die Herdplatte nicht einschalten, nicht bügeln und keine fremden Menschen hereinlassen.

Ich stopfe meinen Müll in den Container, mein Fahrrad steht daneben. Ein kleiner Mann kommt zu mir. Ich kenne ihn. Er geht am Morgen zu der »Beschützenden Werkstätte«, und am Abend kehrt er zurück nach Hause.

Kleiner Mann: »Ich habe dich schon ein paar Mal da gesehen.«

»Ich dich auch.«

Kleiner Mann: »Warum schraubst du die Flasche auf?«

»Weil ich den Verschluss zum Metall schmeiße und die Flasche, weil sie weiß ist, zum weißen Glas.«

Kleiner Mann: »Die Flasche ist durchsichtig.«

»Das stimmt. Es gibt bunte Flaschen, braune, grüne, und es gibt durchsichtige Flaschen. Die durchsichtigen sind die weißen.«

Kleiner Mann: »Aha. Ich habe einen Schirm.«

»Schön, dein Schirm, schön groß.«

Kleiner Mann: »Es regnet aber nicht.«

»Stimmt. Du hast einen Schirm, weil es zu regnen anfangen könnte. Es sieht ganz danach aus. Schau, die dunklen Wolken!«

Kleiner Mann: »Wenn es regnet, spanne ich den Schirm nicht auf.«

»Warum das? Da wirst du doch nass, und der Schirm kann dich vor der Nässe schützen, und wenn man nass ist und durchnässt, kann man leicht krank werden.«

Kleiner Mann: »Ich spanne den Schirm nicht auf, weil er neu ist.«

»Hast du Angst, dass er kaputtgehen könnte?«

Kleiner Mann: »Wenn ich ihn nicht aufspanne, wird er nicht kaputt.«

»Da hast du recht. Dann könntest du ihn aber gleich zu Hause lassen.«

Kleiner Mann: »Wenn ich ihn zu Hause lasse, fragen mich die Leute, ob ich keinen Schirm habe.«

Es fängt zu regnen an. Ich gehe zu dem kleinen Mann und sage: »Komm, ich spanne dir den Schirm auf. Ich verspreche dir, er wird nicht kaputt. Ein Schirm ist dazu da, dass er aufgespannt wird, wenn es regnet, sonst bräuchte man ja keinen Schirm.«

Kleiner Mann: »Du hast ja auch keinen Schirm.«

»Ich habe mein Fahrrad.«

Kleiner Mann: »Das schützt dich nicht vor Regen.«

»Stimmt. Aber ich kann mit dem Schirm nicht gut Fahrrad fahren.«

Kleiner Mann: »Fahr einfach ganz schnell durch den Regen, dann wirst du auch nicht nass. Was machst du, wenn du hier fertig bist?«

»Ich fahre auf den Friedhof, und dann fahre ich zur Apotheke, dort stelle ich mein Rad ab, und dann gehe ich auf den Schlossberg.«

Kleiner Mann: »Warum auf den Friedhof?«

»Einen Grabbesuch machen.«

Kleiner Mann: »Bringst du etwas mit?«

»Ich wechsle die Kerzen aus. Die alten werfe ich weg, und die neuen zünde ich an.«

Kleiner Mann: »Hat es Schnee auf dem Schlossberg?«

»Nein. Da ist alles grün. Vorgestern haben noch Kühe auf der Wiese geweidet.«

Kleiner Mann: »Warum hast du dann deine Skistöcke auf dem Gepäckträger?«

»Das sind Wanderstöcke, die nehme ich, weil meine Knie nicht mehr so gut funktionieren.«

Kleiner Mann: »Weil du schon alt bist?«

»Ja, wahrscheinlich deshalb.«

Kleiner Mann: »Hast du eine Uhr?«

»Nur an der Wand in der Küche zu Hause, für das Handgelenk habe ich meine Firmuhr. Die ist zehn Jahre jünger als ich. Aber die zieh ich nie an.«

Kleiner Mann: »Tickt deine Uhr noch?«

»Das weiß ich gar nicht, weil sie nämlich in meiner Schreibtischschublade liegt. Heute hat man ja Uhren, die mit Batterie betrieben werden. Oder mit Sonne.«

Kleiner Mann: »Mit Sonne? Schenkst du mir deine Uhr, wenn du sie nicht brauchst?«

»Es ist eine Damenuhr.«

Kleiner Mann: «Dann nützt sie mir nichts. Gute Nacht.«

»Gehst du jetzt schon ins Bett?«

Kleiner Mann: »Nein, das nicht, aber wir sehen uns erst morgen wieder, und da liegt die Nacht dazwischen.«

153   Das andre Mädchen

Ein Mädchen wurde geboren, und es war anders. Anders als alle anderen. Es entwickelte sich langsam, was die Mama ungeduldig machte, es blieb klein und konnte lange nicht sprechen. Die Mutter saß an der Bettkante und formte ihre Lippen mit Bedacht.

Sie machte ein Oval aus ihrem Mund und sagte:»Sag O!« Sie formte ihre Lippen zu einem Strich und sagte:»Sag I!« Sie formte ihren Mund zu einem Schnabel und sagte:»Sag U!«

Es nützte nichts und dauerte eine lange Weile, bis die Mutter glauben konnte, dass ihr Mädchen anders war.

Nichts mehr liebte die Mutter, als die Haare ihres Mädchens zu bürsten. Die ausgezupften Haare verwahrte sie in einem Kuvert.

Weil das Mädchen für die Schule nicht taugte, wurde die Mutter von einer staatlichen Stelle unterstützt, die sich Fürsorge nennt.

Mutter und Tochter lebten billig, an den Werktagen von Brot und Milch, an den Sonntagen von roten Würsten und Sauerkraut. Wenn das Geld aus war, holten sie neues von der Sparkasse. Es gab keine Spielsachen, keine Stofftiere, keine Tellerchen und kein Puppenbesteck.

Die Mutter lehrte ihr Mädchen mit Geduld.

Bald stellte sich heraus, dass das Schreiben des Mädchens Lieblingsbeschäftigung war. Es saß im Kinderbett und schrieb in ein Heft. Kam die Mutter zur Tür herein, schlug es das Heft zu und schloss die Augen. War ein Heft vollgeschrieben, kaufte die Mutter ein neues, war ein Stift kurzgeschrieben, kaufte die Mutter einen neuen.

Sie musste dem Mädchen versprechen, dass sie niemals in den Heften lesen würde. Es war ein Geheimnis, und das Geheimnis machte das Mädchen zu einem Mädchen mit besonderen Fähigkeiten.

»Wenn ich schreibe«, sagte das Mädchen, »bin ich etwas Besonderes, und höre ich auf, bin ich weniger als gewöhnlich, ein Mädchen ohne Fähigkeiten.«

Mehr als hundert Hefte hatte das Mädchen schon vollgeschrieben, die standen auf einem Regal über dem Kinderbett. In der Nacht schlich sich die Mutter an die Hefte heran, und ihre Versuchung war so groß, dass sie schwitzte. Aber sie beherrschte sich. Verrat, Verrat, sagte sie leise und ging in ihr Bett zurück. Auch las sie nicht in den Heften, als das Mädchen an einer Lungenentzündung gestorben war. Sie wickelte die über hundert Hefte in Seidenpapier und brachte sie dem Totengräber. Der legte sie dem toten Mädchen zwischen die gefalteten Hände, wo normalerweise ein Rosenkranz hingehört. Das Mädchen trug ihr Nachthemd mit den aufgedruckten Hasen.

Jeden Tag besucht die Mutter den Erdhügel, unter dem ihre Tochter liegt. Sie legt Stift und Heft auf das Grab, und wenn die kleinen Tiere sie verunreinigt haben, bringt sie neue.

Das erzählte mir ein Freund:
»Als mein Urgroßvater starb, war er schon alt, und wie er selbst sagte, sei es höchste Zeit, abzutreten. Es schien, als wäre er gern gestorben. Er hatte sich von seinen Liebsten verabschiedet, wie wenn er auf eine Weltreise ginge. In seinem Leben war er Feuerwehrmann gewesen, und das seit seinem sechzehnten Jahr, er hatte es geliebt, Feuer zu löschen, und hatte sich insgeheim immer wieder Brände gewünscht, natürlich nur solche, bei denen keine Menschen zu Schaden kommen. Aber er konnte nichts dagegenhalten. Stand er vor einem flammenden Haus, wurde er geradezu fromm, wie ihn die Flammen bezauberten.

Deshalb beschloss seine Familie, ihn in seiner Uniform ins Grab zu legen, mit dem polierten Helm und mit allem, was einen Feuerwehrmann unvergleichlich macht. So lag er in seinem Sarg, mitten in einem schmalen Wohnzimmer, rechts und links Gummibäume, die beinahe so alt waren wie er. Es war so feierlich, dass sogar Katze und Hund Haltung einnahmen. Vor Mitternacht setzte sich seine greise Frau an seine Seite, mit einem Glas vom besten Wein, und prostete ihm zu.

Du hast mir viel geschenkt, sagte sie, viel Herzlichkeit, und von deinem Verstand hast du mich auch profitieren lassen. Du warst stolz auf unsere Kinder, und ich erinnere mich noch gut, wie du bei der Geburt von unserem Hans, gerade als er aus mir herausgeschwommen war, herzlich geweint hast. Das hat mich berührt. Mein Lieber. – Sie legte ihre Hand auf sein Herz. Als sie sich zum Gehen anschickte, verlangte sie von ihren Kindern, sich vom Verstorbenen in Würde zu verabschieden.

Hans konnte nicht reden, so sehr weinte er. Als dann seine Tränen versiegten, sagte er: Papa, immer wenn ich deine Arbeitsschuhe gesehen habe, war ich glücklich, weil ich wusste, du bist zu Hause.

Irene schaute auf ihren Vater nieder und sagte: Ich verzeihe dir, dass du so ungerecht zu mir warst, nur weil ich ein Mädchen war. Ich habe für dich trotzdem einen Platz in meinem Herzen. Sie zeigte mit dem Finger auf ihre Brust. Da drinnen bist du, Papa.

Emil, der Urenkel, fragte, ob er ihn hören könne, weil er nämlich so wach aussehe, gar nicht tot, obwohl die Augen zu waren. Und danke für das Messer. Jetzt, wo du tot bist, ist es kein Geheimnis mehr, dass du es mir geschenkt hast. Ich kann es allen zeigen. Also mach's gut, Uropa. Und ging.

Es kamen noch Brüder und Schwestern, seine Lieblingsschwester legte ihm ein Foto in den Sarg. Man sieht Bruder und Schwester im Winter auf einer Rodel sitzen. Das war noch schön, damals.

Sein Bruder humpelte an den Sarg und stellte nüchtern fest, dass er lieber an seiner statt gestorben wäre. Ich bin viel schlechter zu Weg und muss noch eine Ewigkeit warten, bis ich drankomme. Aber ich beschleunige es, indem ich kaum noch esse. Leg inzwischen ein Polster auf meinen Himmelsplatz!«

Drei Kinder lagen schlafend im Garten. Die Frau sah sie an und kannte sie nicht. Eines öffnete die Augen und sagte:»Wir sind die Nachbarskinder, die bei dir nur schlafen wollen. Unsere Mutter hat schlecht über dich gesprochen, und da wollten wir zu dir. Wir wussten nämlich, dass sie dir unrecht tut. Sie sagt, dass du deine Tür nie öffnest, wenn es draußen läutet, habe einen Grund, nämlich den, dass in deinem Haus schreckliche Sachen passieren. Dass du oft betrunken bist und es dann nicht bis zur Tür schaffst. Das Schimpfen der Mutter hat uns so erschöpft, dass wir vor Müdigkeit in deinem Garten umgefallen sind. Hast du etwas zu trinken? Ich verdurste gleich. Sobald du mit einem Getränk kommst, wecke ich meine Geschwister. Dann wollen wir zu dir ins Haus und uns umsehen. Erlaubst du uns das?«

Die Frau sagte:»Das ist aber wirklich ein wenig ungünstig, weil ich nämlich an meinem großen Werk arbeite.«

Das hatten die Kinder befürchtet. Das zweite schlug die Augen auf:»Wenn es nur ein wenig ungünstig ist, bitten wir dich, uns nur ein wenig einzulassen.«

Die Frau öffnete die Tür, und der Geruch des Hauses wehte den Kindern entgegen. Da fragte auch schon das dritte Kind:»Kann man krank werden von diesem Geruch?«

Die Frau zog die drei nacheinander ins Haus und suchte nach einem Getränk, fand aber keines. Sie drehte den Wasserhahn auf, kein Wasser kam. Sie wollte das Fenster öffnen, um ihren eigenen Geruch zu vertreiben, das Fenster klemmte.

»Äpfel«, sagte das erste Kind, »sicher hast du Äpfel, da können wir daran saugen, und das ist ein wenig wie trinken.«

»Ein wenig, ein wenig«, spottete das zweite Kind. »Ich befürchte, unsere Mutter hat recht.«

»Wir könnten uns alle mit dir zusammen in dein Bett legen und weiterschlafen«, schlug das dritte Kind vor, schon etwas verzagt in der Stimme.

Das Bett der Frau aber war gefüllt mit Wasser, da gingen die vier auf die Knie und tranken wie Kühe alles leer. Die Frau schleppte einen Heizstrahler heran, um das Bettzeug zu trocknen. Aber aus dem Strahler drang ein fürchterlicher Gestank, und sie machte ihn gleich wieder aus.

Die vier liefen in den Garten hinaus, dort kämpften Pflanzen um ihr Leben. »Das sieht ja aus wie ein Friedhof«, sagte das erste Kind, das mit den wasserblauen Augen.

Die Frau wurde nervös, sie hob das zweite Kind hoch, das nach Erbrochenem roch. »Wovon ist dir schlecht geworden?«, fragte die Frau.

»Du weißt ganz genau, dass es von deinem Geruch kommt«, sagte das Kind.

Sie stellte das Kind auf die Erde. Sie hatte vergessen, wie zerbrechlich Kinder sein können und wie schnell sie kaputtgehen. Sie ließ die drei im Garten zurück und ging ins Haus. Sie wollte keine Verantwortung mehr tragen.

Anna liebte Georg, und Georg liebte Anna nicht.

Georg liebte Susanna, aber Susanna liebte ihn nicht.

Die Welt hatte kein Erbarmen, und so begnügten sich Anna und Georg mit Ersatz.

Anna redete die meiste Zeit nur von Georg und ließ sich trösten. Georg redete die meiste Zeit von Susanna und ließ sich trösten.

So könnte das ewig weitergehen.

Nicht wiedergeliebt zu werden, ist kaum auszuhalten.

Georg verfiel in alkoholbedingte Traurigkeit. Anna traf sich mit ihrem Ersatz und dachte: Etwas ist besser als nichts.

»Was ist deine Methode bei Frauen?«, fragte Georg einen Freund, der sich problemlos mit Erfolg einwanzte. »Einwanzen«, dieses grausame Wort benützte er, und das verriet auch, dass er zu keiner Liebe fähig war.

Also sagte er zu Georg: »Meine Methode ist, keine Methode zu haben. Lass es laufen. Wenn du mit einer Frau auf dem Sofa sitzt, drück sie auf die Rückenlehne und denke nichts. Die Frau, wenn du sie noch nicht kennst, musst du einschätzen. Summe eine Melodie. Das kommt alles von allein. Die Frau, die du noch nicht kennst, ist jedenfalls mit dir auf dem Sofa gelandet. Das lässt auf Bereitwilligkeit schließen.«

»Und wenn sie auch so eiskalt ist wie du, was dann?«, fragte Georg.

»Wer sagt denn, dass ich gefühlskalt bin? Ich bin ein Probierer. Ich bin zu viel enttäuscht worden. Stellt sich heraus, dass es richtig ist, bleibe ich dabei, stellt sich das Gegenteil heraus, kann ich immer noch abspringen.«

»Ich bin nicht wie du«, sagte Georg, »und bin froh, dass ich nicht bin wie du. Ich weiß auch nicht, was ich will. Ich kann nicht wissen, was ich nicht weiß.«

Georg nahm sich vor, allein zu bleiben, so lange, bis sich etwas ergäbe. Aus Zufall. An Zufall kann man glauben. Man kann an Zufall glauben. Georg glaubte nicht an Zufall. Er zog sich die Decke über den Kopf und stellte sich Anna in Jogginghosen vor, mit einem alten Shirt, wie sie auf der Bank am Spielplatz sitzt und Chips in sich hineinstopft. Er bemühte sich, sie hässlich zu machen. Aber es gelang ihm nicht. Er würde sie auch hässlich lieben. Das ist die Unruhe, die mich quält, dachte er sich. Die große Unruhe.

Anna beging den Fehler, ihren Ersatzmann zu heiraten, und merkte dann, dass sie für ihn auch nicht die Richtige war. Sie blieben trotzdem zusammen, Kinder wurden gezeugt und geboren. Oft weinte sie.

Georg probierte Computerbekanntschaften aus. Er war nicht glücklich, aber unglücklich war er auch nicht. Zumindest wollte er anständig sein. Er dachte, wenn das Leben so sein soll, muss ich mich damit abfinden.

157 Kummer

Natürlich hatte die Frau Grund für Kummer, weil ihr Mann sie verlassen hatte, aber das rechtfertigte noch lange nicht, dass sie ihren Sohn, der jede zweite Woche bei ihr wohnte, so schikanierte. Die Schikane bestand darin, dass, wenn er nach einer Vaterwoche zu ihr in die Wohnung kam, sie ihn sofort ins Bad schob, von ihm verlangte, er solle alle seine Sachen ausziehen und auf einen extra Haufen werfen. Dann solle er die Sachen zusammen mit Waschpulver in die Trommel einfüllen und die Maschine einschalten und nach Beendigung des Waschgangs das Ganze noch einmal wiederholen, weil es der Frau so sehr vor ihrem ehemaligen Mann grauste. Der Sohn befolgte ihre Anweisungen, legte sich in die Badewanne, wusch sich zwei Mal die Haare und seifte sich zwei Mal kräftig ab. Die Mutter öffnete die Badezimmertür einen Spalt und warf ihm ein Handtuch und frische Wäsche hinein.

Die Woche bei seinem Vater war dem Sohn viel lieber. Der Vater gab ihm keine Anweisungen, der Sohn kaufte für ihn ein, und der Vater zählte das Geld nicht nach. Jedes Mal kaufte sich der Vierzehnjährige eine Flasche Wodka, die er in seiner Schultasche versteckte. Das brauchte er, sonst war sein Leben nicht auszuhalten. Die Lehrer in der Schule fanden ihn ein wenig seltsam, aber sie wussten nicht, warum. Sie kontaktierten die Mutter, und die sagte, sie habe nur die halbe Verantwortung, sie sollen mit seinem Vater reden. Zeit verging. Irgendwann kam der Bub wieder beim Vater an, lange öffnete er nicht, und dann erschien er im Pyjama, in der Wohnung war Chaos, überall Wäsche und dreckiges Geschirr. Der Vater hatte seinen Job verloren. Der Sohn traute sich nicht, seinen Vater um Geld zu fragen, er hatte ihm versprechen müssen, mit einem Schwur, dass er nichts über die Arbeitslosigkeit verraten werde.

Bei der Mutter dann sagte der Sohn, er brauche Geld für die Projektwoche, und die Mutter antwortete, sie habe nichts, da sei sein Vater zuständig.

Er flanierte im Park, und ein Obdachloser gab ihm aus seiner Schnapsflasche, das tat gut, er fror nicht mehr.

Eine Lehrerin sah ihn und ging zum Direktor, der wiederum suchte seine Mutter auf, die ihm die Adresse des Vaters gab. Der Vater reagierte nicht auf das Läuten. Da wurde die Tür aufgebrochen, und sie fanden den Vater abgemagert im Bett liegen, sie rissen die Fenster auf, um frische Luft hereinzulassen. Der Vater wurde in ein Krankenhaus eingeliefert.

Es blieb der Mutter nichts anderes übrig, als den Sohn ganz bei sich aufzunehmen. Wenigstens würde er jetzt nicht mehr nach seinem Vater riechen.

So erzählte mir eine Freundin, die ich aus den Augen verloren hatte. Ich traf sie beim Einkaufen. Sie war in Gedanken, und als sie mich sah, ließ sie das Honigglas fallen. Ich half ihr, und wir klebten beide.

Sie saß dann bei mir in der Küche, wir tranken Kakao, und unvermittelt fing sie zu weinen an, als ich sie fragte, wie es ihr gehe. Ich wusste nichts von ihr, wie auch sie wenig von mir wusste. Sie war nie verheiratet gewesen, hatte keine Kinder.

Wir verstanden uns gut, und wenn sie Probleme hatte, rief sie mich an und umgekehrt. Dann aber hörte ich nichts mehr.

Der Grund war eine Wahrsagerin. Sie war bei ihr gewesen, hatte sich nach der Zukunft erkundigt, wie es weitergehen könnte, da sie sich nicht mehr wohl in ihrer Haut fühle, freudlos sei, keinen Antrieb mehr habe. Die Wahrsagerin nahm Kuli und Papier und befahl der lieben Bekannten, sie solle die Augen schließen und alle ihre Freunde langsam und deutlich vor sich hersagen. Das tat sie, und als sie den Namen eines gewissen Mannes sagte, eines Mannes, mit dem sie sich treffen wollte, eine Bekanntschaft aus dem Internet, da flatterten ihre Hände, und die Wahrsagerin wertete das als Zeichen. Solchen Ausdruck, sagte sie, sehe man selten, und wenn, könne sie mit Gewissheit sagen, dass dieser Mensch, der hinter diesem Namen stehe, Schlechtes bedeute, und sie müsse ihr raten, die Freundschaft abzubrechen. Ob ein Dämon dahinterstecke? Ob dieser Mann ein Dämon sein könne?

»Das ist doch verrückt«, sagte ich. »Ich an deiner Stelle würde versuchen, das alles zu vergessen, vor allem die Wahrsagerin, nicht mehr daran zu denken. Und den Mann vergiss gleich mit. Es gibt viele andere, die du treffen könntest.«

»Aber ich habe eine Dating-Angst«, sagte sie – diesen Begriff hatte ich noch nie gehört –, »Angst, zu versagen, bevor sich überhaupt schon etwas angebahnt hat.«

Dahinter stecke, so vermute sie, ihr negatives Bild vom eigenen Körper. »Ich kann nicht allein sein, das ist mein Problem. Du kannst mir helfen«, sagte sie. »Als ich deinen Namen vor der Wahrsagerin ausgesprochen habe, waren meine Hände ganz ruhig.«

Ich fühlte mich in die Enge getrieben und gab an, in nächster Zeit zu verreisen, ich wollte keinen Kontakt.

»Puls und Hautspannung wären bei uns beiden ideal«, sagte sie. »Kann ich mich wieder bei dir melden? Ich will der Wahrsagerin erzählen, dass ich dich getroffen habe.«

Sie stand auf und drückte ihr die Hand, die noch ein wenig klebrig war.

Kaum war sie auf ihrem Weg, dachte ich, nein, ich will das nicht. Muss ich das wollen?

159 *Das Wägelchen*

Ein Arbeitsloser erzählt:
»Ein Mensch muss zu etwas nütze sein. Das sagte meine Frau beim Frühstück. Mir fiel die Tasse aus der Hand, der heiße Kaffee brannte. Meine Frau, arbeitslos wie ich, putzte mit einem Lappen und schaute mich dabei streng an. Sie arbeitete zwei Mal in der Woche als Putzfrau bei Künstlern, was schwierig war, weil so viel Zeug herumlag, kaum Platz, um Staub zu saugen. Ich entschuldigte mich und sah sie mit meinem Hundeblick an. Schau mich nicht so an, sagte sie. Ich mache dir keinen Vorwurf, dass du nichts zu tun hast, ich meine, für etwas belohnt wirst, was du nicht getan hast, sagte sie. Aber ich wünsche mir wohl, dass du aus eigenen Stücken etwas tust. Denk an unseren Enkel. Er ist drei Jahre alt, wir haben ihn erst einmal gesehen. Ich schluckte, ja, es stimmte, unser Enkel und unsere Tochter wohnten weit weg, bald würden wir sie nicht zu Gesicht bekommen. Bastle ihm etwas, sagte meine Frau, auch wenn er dein Geschenk erst sehen wird, wenn er es nicht mehr will.

Ich und basteln. Jemand, der so linke Hände hat wie ich.

Bastle ihm ein Wägelchen, das kann doch nicht so schwer sein, eine kleine Holzplatte, vier Räder, die du kaufen kannst, Nägel, einen Stab, um am Wägelchen zu ziehen. Fast hätte ich gesagt, warum machst du es nicht, wenn du weißt, wie das geht. Ich schwieg. Am Nachmittag ging ich in ein Bastelgeschäft und kaufte vier Räder, einen Stab und Nägel. Holzplatte, hieß es dort, könne ich im Abfall bei einem Schreiner bekommen.

Ich kaufte mir zwei Bier, eines trank ich auf dem Nachhauseweg, das andere steckte ich in den Sack mit den Bastelsachen.

Ich weiß, der Alkohol ist die Flamme, die im Herzen des Arbeitslosen brennt. Ich wollte nicht trinken, nur ab und zu ein Bier. Meiner Frau schmeckte der Rotwein. Wir wollten beide vernünftig sein. Weil wir Großeltern sind, sagte meine Frau. Was für ein Argument, wo wir unseren Enkel doch nur ein einziges Mal gesehen hatten, und das kurz nach der

Geburt. Unsere Tochter war eine zaghafte Frau, und der Vater des Kindes war ihr schon während der Schwangerschaft davongelaufen. Wir konnten sie nicht mit Geld unterstützen. Sie sagte, das wäre gar nicht nötig, sie habe einige Jobs. Ich fragte meine Frau, ob sie eine Ahnung habe, was sie damit meine. Sie wird hadern wie wir, sagte meine Frau.

Gerade zog sie ihre Stiefel an, um zu ihrem Putzjob zu gehen. Die Künstler, bei denen sie putzte, waren freundlich. Das Erste, bevor sie mit dem Putzen begann, war Kaffee und Kuchen und ein kleines Gespräch, was von ihr heute erwartet würde. Der Hausherr, der Dichter, sagte, am liebsten wäre ihm, sie würde von sich erzählen. Er stecke nämlich gerade in einem Roman fest und wäre dankbar für jede Ablenkung. Sie schreiben doch hoffentlich nicht über mich, sagte meine Frau, und er verneinte. Also erzählte sie ihm eine erfundene Geschichte, aus der Zeit, als sie und ihr Mann – also ich! – noch berufstätig gewesen waren.«

Das Leben ist schön, das darf nicht angezweifelt werden. Sie waren ohne Hunger, schliefen in einem warmen Bett und konnten einkaufen, was sie brauchten. Oft dachten sie mit schlechtem Gewissen an die Menschen unter den Brücken, die sich das alles nur erträumten. Manchmal gab es nichts zu schreiben, nichts zu sagen, es gab sie, die Tage ohne Worte. Ewige Wiederkehr des Gleichen. Um zwölf Uhr Mitternacht, als das neue Jahr mit Feuerwerk begrüßt wurde, waren Mann und Frau ganz still geworden. Jeder für sich dachte an das Leben davor, ließ es im Schnelllauf vorbeiziehen. Beiden fiel es schwer, sich die Zukunft vorzustellen. Was wird in einem Jahr sein, was in zwei? Was wird in zehn Jahren sein, wird eintreffen, was die Frau in Rom geweissagt hatte?

»Es war nur ein Spaß«, sagte der Sohn, »ich glaube nicht daran.« Die Frau aus Rom hatte ihm geweissagt, dass er ab vierzig ein erfolgreicher Künstler sein würde. Sein Erfolg wäre nicht mehr aufzuhalten.

Der Sohn wiederholte, es war nur ein Spaß in Rom, trotzdem glaubte er im Innersten, im kleinsten Teil seines Innersten daran. Das konnte nur gut sein. Es hieß, darauf müsste er hinarbeiten. Nichts fällt vom Himmel. Je näher sein vierzigster Geburtstag käme, umso unruhiger würde er sein.

»Du glaubst doch nicht im Ernst daran, Mama, dass ich daran glaube?«, sagte der Sohn.

An einem schwarzen Tag war der Hund eines Freundes, ein kleiner Mischling, von einem Kampfhund totgebissen worden. Sein kleines Mädchen war darüber untröstlich und wollte es nicht glauben. Es dachte, wenn ich am Abend einschlafe, wird mein lieber Hund am Morgen vor meinem Bett stehen und mich mit seinen wachen Augen anschauen. Am Morgen vertröstete sich das Kind auf den nächsten Tag, dann wieder auf den übernächsten und so weiter, bis das Unglück nur mehr ein Schatten war. Könnte es sein, dass sich die Nacht umstülpt und zum Tag wird? Dass der Tag in der Nacht stattfindet und man ihn nicht erlebt, weil man geschlafen hat? Dass der Traum das Kind an der Hand nimmt und in ein Haus führt, wo die verflossenen Dinge versteckt sind? Sie treten hervor und sammeln sich zu Geschichten. Die Geschichten dann werden aufgeschrieben und in einem Buch veröffentlicht. Das Buch wird gekauft, gelesen und verloren. Ein neuer Tag bricht an, bald endet das Jahr, und wieder fängt alles von vorne an. Die Epidemie verschwindet, ein Krieg bricht aus. Frische Kinder werden geboren. Die Alten sterben. Niemand kennt sich aus.

161 Es geschah am helllichten Nachmittag…

… da ging der männliche Zwilling in die Schreibstube und stellte sich vor. Sein Name: Mykyta Ivanov, von Beruf Musiker, siebzehn Jahre alt. Sein Anliegen: Er bittet um Hilfe bei der Nachforschung, betreffend seine Zwillingsschwester Natalia. Er habe die Ukraine verlassen und seine Schwester nicht mehr getroffen. Er hatte gedacht, sie sei schon über die Grenze. Er mache sich große Sorgen um sie, sie sei so zart und zerbrechlich. Der Beamte schaute ihm in die Augen: »Gerade die Zerbrechlichen sind es, die nicht kaputtgehen.«

Mykyta zeigte seinen Pass, man wies ihm eine Unterkunft in einem ehemaligen Hotel zu. Dort schliefen in einem Zimmer bereits acht Personen. Das Hotel war in schlechtem Zustand, und die Flüchtlinge wurden zur Renovierung herangezogen. Mykyta weißelte die Decken und Wände. Einen Meter vom Boden wurde eine Lackschicht aufgetragen. Er arbeitete von neun Uhr bis 18 Uhr, mit einer Mittagspause von zwei Stunden. Mit den anderen Geflüchteten freundete er sich nicht an. Es wurde ihm zu viel geweint und gejammert. Er hatte noch keine Ahnung vom Elend.

In den folgenden Tagen kamen immer mehr Flüchtlinge an, hauptsächlich Frauen und Kinder. Die Männer mussten Platz machen und schliefen auf den langen Fluren. Es war ein ehemals sehr vornehmes Hotel, aber wem nützte das jetzt.

Mykyta erschien in der Nacht das katzenhafte Gesicht von Natalia, die in Wirklichkeit gar nicht seine Schwester war, nur sein Schwarm, aber er hatte sich gedacht, wenn ich von meiner Schwester erzähle, wird mein Gesuch dringlicher.

Natalia versteckte sich bei ihren Großeltern auf dem Land. Mykyta hatte ihr eingeschärft, sollte man sie nach ihrem Namen fragen, wäre seiner der richtige, und sollte man sie weiter nach ihrem Pass fragen, sollte sie sagen, er sei verloren.

Jeden Morgen ging Mykyta in das Schreibbüro, um sich nach den Namen der neu eingetroffenen Geflüchteten zu erkundigen. Schon glaubte er nicht mehr daran, sie zu finden. Bereits waren fünf Wochen vergangen, da sah er ihren Vornamen mit seinem Nachnamen auf dem Aushängeblatt stehen. Auf die Fragen, wo sie untergebracht worden sei, sagte man ihm: Man wisse nichts, sie sei schließlich nicht die Einzige, nach der gesucht werde.

Was seine Beziehung zu Natalia anlangt, so war sie nicht so tief, wie er es sich einbildete – ein paar Mal hatten sie sich geküsst, mehr nicht. Aber war nicht auch das schon ein Versprechen?

Wieder einmal saß ich im Zug, diesmal fuhr ich nach Hamburg. Mit halboffenen Augen beobachtete ich ein Ehepaar, ich schätzte beide auf circa siebzig Jahre. Die Frau war sehr energisch und riss ihrem Mann den Mantel von den Schultern, kaum dass sie eingestiegen waren, um ihn dann langsam an seiner Seite aufzuhängen. Dann zog sie den ihren aus und hängte ihn auf ihre Seite. Der Mann ließ sich auf den Sitz fallen, er schien sehr erschöpft. Die Frau zog ihr Kreuzworträtselheft aus der Tasche und begann auszufüllen. Ich überlegte, ob der Mann nur müde oder ein wenig beeinträchtigt war. Er starrte so vor sich hin. Nach einer Zeit kam die Kellnerin, und die Frau bestellte für den Mann einen Tee und für sich Kaffee. Sie gab ihm nur ein Zuckerstück, das andere warf sie in ihre Tasche. Dann holte sie zwei eingepackte Brote und legte das eine vor ihn, das andere vor sich auf die Ablage. Der Mann wartete, bis sie das ihre auspackte. Er schaute genau. Endlich nahm sie es in die Hand, zerknüllte das Papier und biss von dem Schwarzbrot ab. Der Mann hatte genau das gleiche Brot, er entfernte das Papier, und indem er sie genau beobachtete, tat er wie sie. Er hatte dabei seine Maske abgenommen und legte sie vor sich auf seinen Oberschenkel. Nach einer Kaupause zog die Frau wieder ihre Maske an, der Mann nicht. Er trank seinen Tee und ließ sich viel Zeit. Die Frau schaute zum Fenster hinaus, sagte kein Wort. Der Mann redete auch nicht. Als die Kellnerin kam, um abzuräumen, holte der Mann seine Geldtasche aus dem Jackett und bezahlte mit einem Zwanzig-Euro-Schein – gekostet hatte der Konsum acht Euro.

»Stimmt schon«, sagte der Mann und hielt der Bedienung den Zwanzig-Euro-Schein hin. Sie schaute ihn an und bedankte sich, nachdem er »stimmt schon« wiederholt hatte.

Die Frau zupfte den Mann an der Jacke und wiederholte übel gelaunt: »Höre ich recht, hast du ›stimmt schon‹ gesagt?«

»Ja, habe ich«, sagte der Mann.«

»Das bezahlst du von deinem Geld«, sagte die Frau.

»Ja, von meinem Taschengeld.«

»Und du bekommst erst nächsten Monat wieder neues.«

»Ja, das passt schon.«

Der Mann war sehr gelassen. Das Gesicht der Frau fleckig rot.

Jetzt war es an mir, zu erfinden.

Zu Hause, wenn dem Mann das Geld ausgegangen ist, wird er warten, bis seine Frau kurz weg ist, und dann wird er aus der Schublade Nachschub holen. Wenn sie es dann merkt – sie wird es natürlich merken –, wird der Mann sagen: Das war notwendig für mich, ich hatte keines mehr, und an der Tür war ein Bettler. Der trug keine Handschuhe. Ich habe ihm meine gegeben. Und einen Zehner.

Was sollte die Frau machen?

Sie würde die Schublade absperren und den Schlüssel verstecken. Der Mann würde gesehen haben, wo sie den Schlüssel versteckt, und würde sich immer wieder bedienen. Er würde seine Frau nie anlügen. Aber genau, dass er immer die ärgerliche Wahrheit sagt, genau das macht sie verrückt. Würde er lügen, wäre es nicht so hart für sie.

Ich fahre mit dem Rad über die kleine Brücke. Vom Rosenplatz kommen mir drei Buben entgegen, Alter circa zehn bis zwölf Jahre. Oder auch jünger. Sie stellen sich vor mich hin.

Erster Bub:»Du fährst jeden Tag zu verschiedenen Zeiten über die Brücke.«

»Ja und?«

Zweiter Bub:»Dann fährst du zum Friedhof.«

»Ist das verboten?«

Dritter Bub:»Dann stellst du dein Rad bei der Apotheke ab und gehst auf den Schlossberg.«

»Ist das ein Verhör?«

Erster Bub:»Wir hätten nur ein paar Fragen an dich.«

»Was muss ich tun?«

Zweiter Bub:»Wir brauchen deinen Fingerabdruck.« Er zieht ein kleines Stempelkissen und ein Heft aus seinem Hosensack.

Dritter Bub:»Bitte, den Daumen einmal ins Stempelkissen und dann auf diese Seite hineindrücken.«

Ich tu, worum ich gebeten worden bin.»Was ist das für ein Heft?«, frage ich.

Erster Bub:»Das ist eine Verbrecherkartei.«

»Sind außer meinem auch noch andere Fingerabdrücke in dem Heft?«

Der dritte Bub blättert zurück. Ich sehe zwei Fotos, eines von vorne, eines von der Seite, darunter eine Unterschrift.»Wer ist das?«

Zweiter Bub:»Das ist mein Onkel. Ihn haben wir auch erfasst. Er heißt Serafettin Erbeyram.«

Erster Bub:»Meine Mama kommt auch noch dran.«

Dritter Bub:»Mein Papa auch und mein Taufpate auch.«

»Und dann sucht ihr auch Leute von der Straße, die ihr nicht kennt, wie mich zum Beispiel?«

Erster Bub: »Wir wissen, dass du Monika heißt und jeden Tag zu verschiedenen Zeiten über die Brücke fährst.«

»Das heißt dann für mich, dass ihr auch ein Foto von mir braucht, eines von vorne, eines von der Seite, also zwei?«

Dritter Bub: »Dann solltest du bitte deine Kapuze kurz herunterziehen.«

»Habt ihr den Fotoapparat dabei?«

Erster Bub: »In meiner Schultasche, die liegt auf der Bank beim Spielplatz. Ich hol sie schnell.«

Zweiter Bub: »Inzwischen könntest du deine Unterschrift unter deinen Fingerabdruck setzen. Da ist ein Kugelschreiber.«

»Warum fragt ihr nicht eure Schulkollegen und Freunde, ob sie mitspielen?«

Dritter Bub: »Kinder können keine Verbrecher sein. Es ist kein Spiel.«

Zweiter Bub: »Der Bürgermeister kommt auch noch dran. Ja, und auch die beiden Brüder, denen der Gemüseladen gehört. Die sind mit mir verwandt. Die kommen auch dran.«

»Wer hat die Idee gehabt zu dem Spiel?«

Ich habe mit richtigem Vornamen und falschem Nachnamen unterschrieben.

»Also«, wiederholte ich, »wer von euch hat die Idee gehabt zu dem Spiel?«

Der zweite Bub zeigt auf den ersten Bub, der mit seinem Schulrucksack daherkommt. Der zieht einen Fotoapparat heraus.

»Halt!«, rufe ich.

Zweiter Bub: »Sie hat unterschrieben. Drück ab!«

Erster Bub schaut auf meine Unterschrift: »Was heißt das?«

»Monika Schwalb«, antworte ich.

Erster Bub: »Der Familienname ist eindeutig falsch.«

»Woher wisst ihr das?«

»Er ist eindeutig falsch«, fährt er mich an und tritt gegen mein Vorderrad. »Er ist falsch, er ist falsch!«

Dritter Bub: »Wir haben Verbindungsleute. Und es ist kein Spiel!«

Erster Bub: »Wir brauchen den richtigen Familiennamen, sonst nützt das alles nichts. Würdest du jetzt bitte die Kapuze herunterziehen und uns deinen richtigen Familiennamen draufschreiben!«

»Ich ziehe meine Kapuze nicht herunter«, sage ich, »und ich schreibe auch nicht den richtigen Familiennamen.«

Zweiter Bub: »Es ist nicht richtig, wenn du alles falsch machst!«

Gestern hat jemand bei meinem Fahrrad die Reifen gestochen.

»Ich heiße Saba und stamme aus Marokko. Ein Student nahm mich aus Anstand zur Frau, so dass ich nun keine Illegale mehr bin. Er war der zweite gute Mensch, dem ich in der Fremde begegnet bin.

Sicher habe ich noch viele Fehler. Meine Haare wachsen dicht und kraus, und ich habe zu viele davon, die Hälfte würde mir genügen. Meine Eltern sind Berber, das tätowierte Gesicht meiner Mutter erscheint mir im Schlaf. Die kranken Augen meines Vaters sind ein finanzielles Problem. Ich habe vier Geschwister, zwei Brüder, die faul sind wie nasses Holz. Meine zwei Schwestern bedienen den Vater und die Brüder. Alle leben sie in einer provisorisch gezimmerten Hütte ohne Wasser und Strom. Ich wusste von einem Tag auf den andern, dass ich mein Dorf verlassen musste. Man sieht mir meine Willenskraft nicht an. Ich wirke eher scheu. Ich bin zurückhaltend, aber nicht ängstlich. Ich besuchte in Marokko nie die Schule, es hat keinen Sinn, zur Schule zu gehen. Besser, man liegt zu Hause herum und schaut in den Himmel. Man lernt nämlich in Wahrheit nichts. Die Lehrer sind tätig, ohne zu arbeiten. Sie spielen Karten. Ich kann in meiner Sprache weder schreiben noch lesen. Mit fünfzehn nahm mich eine Hebamme mit in die nächste Stadt und stellte mich einer Diplomatenfamilie vor.

Eine staatliche Überprüfung ist nicht auszuschließen. Es kann passieren, dass man schauen will, ob ich wirklich mit dem Studenten lebe, der jetzt übrigens ein praktischer Arzt geworden ist. Ich wohne mit zwei Freundinnen in einer Wohngemeinschaft, bin westlich gekleidet und habe zwei Paar Plateauschuhe, beide schwarz. Ein Paar ganz neu. Der Arzt wohnt mit einer Frau zusammen, die wiederum einem Illegalen zur Menschenwürde verholfen hat. Das sind zwei wirklich gute Menschen. Ich muss offiziell drei Jahre mit dem Arzt verheiratet sein, dann können wir uns scheiden lassen.

Der erste gute Mensch war die Schwester des Diplomaten. Sie sah mich in den herrschaftlichen Damastvorhang weinen. Gleich krempelte sie ihre Ärmel auf. Ihr habe ich einen Platz in einer Organisation zu verdanken, in der ich normal behandelt wurde. Mit normal meine ich, dass es mir erlaubt war, eigene Gedanken nicht nur zu denken, sondern auch auszuführen. Die Diplomaten nämlich hatten mir das Ausgehen verboten. Kost und Logis waren der Gegenwert für meine Arbeit auf dem Fußboden. In der Organisation ergab sich die Möglichkeit, eine deutsche Abendschule zu besuchen. Tagsüber arbeitete ich in der Post, Abteilung kleine Pakete. Mir gelang der Hauptschulabschluss, worauf ich stolz bin und das auch sein kann, weil es nämlich eine Schinderei war. Nie hatte ich meinen Kopf so angestrengt. Ich liebe dieses gescheite Gefühl. Ich kann jetzt in Deutsch schreiben, in meiner Heimatsprache nicht. Einen Großteil meines Geldes schicke ich an meine Eltern. Der Vater kann bald am grauen Star operiert werden, dann bin ich seine Wohltäterin. Gefällt mir gut, dieser Gedanke.

Als ich zum ersten Mal meine Eltern besuchte, wurde ich wie eine Königin empfangen. Sie legten mir einen Teppich vor die Füße, und mir war erlaubt zu tun, was sonst der Vater tat. Alle warteten auf meine Befehle.

In einem Monat vollende ich mein zwanzigstes Lebensjahr. Ich genieße mein Leben in vollen Zügen, das ist eine Redewendung, die ich gern verwende. Sie macht mir gute Laune.«

Ich kenne die alte Frau K. nur vom Sehen, vom Hören, wenn sie den Namen ihrer Katze ruft: »Miezle, Miezle!« Vor ein paar Tagen, als ich mit dem Rad an ihr vorbeigefahren bin, hat sie *mir* nachgerufen.

Alte Frau: »Bitte, stehen bleiben!«

»Kann ich etwas für Sie tun?«

Alte Frau: »Da!« Sie zeigte mit ihrer Hand auf ein zerknülltes Taschentuch am Straßenrand. »Helfen Sie ihm auf! Er ist verletzt und kann nicht mehr fliegen.«

Ich hob das Taschentuch auf, als wär's ein Vogel und warf es mit Schwung ins Gebüsch.

Alte Frau: »Jetzt ist er gerettet.«

Gestern saß sie am Straßenrand. Ich blieb stehen. »Sind Sie hingefallen?«

Alte Frau: »Hilf mir!«

Ich stellte mein Rad zur Seite und fasste sie an beiden Händen. Sie war so leicht und mein Schwung so heftig, dass wir beide beinahe umgekippt wären. Ich konnte uns gerade noch ausbalancieren. Ich führte sie zu ihrem Haus. Die Tür war nur angelehnt.

Alte Frau: »Ins Schlafzimmer, da!«

Ein Geruch schlug mir entgegen, dass ich mich sehr zusammennehmen musste. Ich hielt den Atem an.

Alte Frau: »Aufs Bett!«

Ich hob sie auf die Matratze, es war, als ob die Zeit stehen geblieben wäre, so langsam ging alles. Sie klopfte mit ihrer dürren Hand neben sich auf das Federbett. Also setzte ich mich neben sie. Sie zeigte mit ihrer dürren Hand auf ihre Haare, die zu einem Knoten gebunden waren.

Alte Frau: »Aufmachen!«

Ich löste ihr die Haare, sie fielen dünn über ihre Schultern, weit den Rücken hinunter. Sie jammerte.

»So lange Haare haben Sie«, sagte ich. Und dachte, wenn sie schon gestorben sein wird, werden ihre Haare noch eine Zeitlang weiterwachsen.

Alte Frau: »Sie kosten fünfzig Schilling, aber ich verkaufe sie nicht.«

»Will jemand Ihre Haare kaufen?«

Alte Frau: »Der Frisör, aber ich gebe sie nicht her.«

»Müssen Sie auch nicht.«

Ich schob die Vorhänge beiseite und öffnete beide Fensterflügel. Sehr kalte Luft strömte ins Zimmer. Ich legte der Frau die gelbe Wolldecke um die Schultern. Da hörte ich die Haustür. Eine Stimme rief: »Frau K., wo sind Sie?« Eine Krankenschwester stand vor uns.

Die Krankenschwester sagte zu mir: »Tut mir leid, ich habe mich ein wenig verspätet, gut, dass Sie schon da sind.«

Frau K. jammerte wieder.

Krankenschwester: »Ihr tut alles weh, und dann jammert sie, und wenn ihr nichts wehtut, jammert sie auch. Da haben Sie keinen leichten Job.«

»Ich glaube, Sie verwechseln mich«, sagte ich. »Ich habe Frau K. lediglich ins Haus begleitet.«

Krankenschwester: »Dann sind Sie gar nicht die neue Pflegerin? Die müsste nämlich jetzt hier sein. Ich habe mich schon gewundert über Sie. Eine Pflegerin in Militärhosen und Bergschuhen.«

»Ich wollte gerade meine Wanderung machen, da ist mir Frau K. dazwischengekommen«, sagte ich.

Krankenschwester: »Und was mache ich jetzt, wenn die Pflegerin nicht da ist, ich habe gleich einen wichtigen Termin. Können Sie nicht warten? Es wird sicher nicht lange dauern. Ich rufe einmal im Büro an.«

Sie telefonierte mit dem Handy. Ich schloss das Fenster und zog die Vorhänge vor. Sie waren braun und ließen das Zimmer ungepflegt erscheinen.

Krankenschwester: »Die Pflegerin ist schon auf dem Weg. Sie können gehen, danke.«

Ich verabschiedete mich ohne Händeschütteln, weil ich dachte, Frau K. tut das vielleicht, die Nerven, und der Krankenschwester wird es egal sein, wenn wir uns nicht berühren.

Die alte Frau rief mir nach: »Sie hat mein Kissen gestohlen!«

Es geschah an einem Vormittag gegen elf Uhr, als die Frau ihren Verstand verlor. Sie befand sich in der Küche und wusste nicht mehr, wer sie war, wusste nicht mehr, was sie vorgehabt hatte zu tun. Wusste überhaupt nichts mehr. Sie fuhr sich mit der Hand ins Gesicht und befühlte ihre Haut. Wie hieß das, was das eine mit dem anderen tat. Sie setzte sich auf den Holzboden, und die Dielen waren rau, aber sie kannte das Wort nicht dafür. Sie legte sich auf die Dielen, und was sie gerade tat, hatte keinen Namen. Sie rutschte nach hinten unter den Küchentisch, da fühlte sie sich geborgen. Also fühlen konnte sie. Fühlen, wie etwas für sie war. Der Mann kam nach Hause. Erst hatte er an der Tür geläutet, und normalerweise öffnete ihm seine Frau, und er liebte es, wie sie ihn empfing, mit einer Neuigkeit und einem Lächeln. Er fand die Frau unter dem Küchentisch, und die Katze saß auf ihrer Brust. Das geblümte Kleid war nach oben gerutscht, und man sah die schwarzen Strümpfe. Der Mann dachte an einen Unfall. Er wollte zu der Frau unter den Tisch kriechen, aber da wurde es eng, und so musste er die Frau an den Beinen nach vorne ziehen. Dabei ängstigte er sich, dass seine Frau sich einen Sprießen am Rücken einfangen könnte. Ihr Kleid war aus dünnem Stoff, der Boden alt und faserig. Die Katze lief davon. Er hob die Frau zu seiner Brust und streichelte über ihre weichen Haare.

»Was ist mit dir?«, fragte er. »Ist dir wieder einmal schwindlig geworden?«

Die Frau blinzelte ihn an. »Ich habe meinen Verstand verloren«, sagte sie.

Da lachte ihr Mann, er kannte den Humor seiner Frau, und es gefiel ihm, wie sie ihn passend einsetzte.

»Müssen wir ihn eben suchen, deinen Verstand«, sagte er, in der Annahme, dass er ihren Spaß weitertrieb. Bald aber merkte er, dass etwas nicht stimmte. Er bemühte sich, seine Frau auf das Sofa im Wohnzimmer zu legen. Er könnte den Arzt anrufen, instinktiv wusste er aber, dass dies keine Arbeit für den Arzt war. Das mussten sie beide, Mann und Frau, lösen, dieses unwürdige Problem. Er setzte sich zu ihr auf das Sofa und nahm ihre Hand.

»Überleg, mein Liebling«, sagte er mit seiner Brummstimme, »überleg genau, wo du ihn zuletzt noch gehabt hast.« Die Frau schüttelte den Kopf.

»Wo du ihn dann hingelegt hast.« Die Frau schüttelte den Kopf.

»Kann es sein, dass du im Garten warst?« Er wusste, sie schnitt in letzter Zeit so gern die Rosen und bündelte sie zu einem Strauß. Er sah aber nirgendwo einen Strauß liegen. Sie hatte eine außerordentliche Begabung für Sträuße, überhaupt viele Begabungen.

»Ja dann, mein Murmel, werde ich dir einen Kakao machen, der wird dich innerlich wärmen, und wir suchen gemeinsam, überall, in jedem Loch, in jeder Ecke, unten bei den Schuhen und oben bei den Büchern, bis dein Verstand gefunden ist.«

Sie nimmt Maß an der Katze, weil sie ihr Hosenträger stricken will. Zuerst die Träger, wegen der Hose wird sie die Mama fragen. Und warum sie das macht? Weil sie das noch nie gesehen hat, eine Katze mit Hosenträgern. Ihre Freundin sagt zu ihr, du bist doch plemplem. Sie hat einen Knäuel Wolle mitgebracht. Sie bindet um die einzelnen Finger der beiden Hände die Wolle, verbindet sie miteinander, und ihre Freundin soll das entstandene Gewebe abnehmen. Aber das da, sagt die Freundin, die ich Alice nenne, nützt überhaupt keinem. Da sind meine Hosenträger noch besser. Das ist auch nur ein Spiel, sagt Berta, und ein Spiel muss nichts nützen, das muss nur lustig sein. Sie lassen den Wollknäuel auf den Boden fallen, und die Katze freut sich.

Komm, gehen wir zum Spielplatz, Alice, dort gibt es ein kleines Häuschen, und da können wir uns hineinsetzen. Wir können so tun, als wohnten wir darin. Es gehört mir, sagt Alice, oder willst du lieber, dass es dir gehört. Jedenfalls, sagt Alice, kommt die, der das Häuschen nicht gehört, zu der Hausbesitzerin auf Besuch. Du hättest mich eingeladen. Weißt du, mit einer richtigen Briefeinladung, wo auf dem Kuvert ein Siegel von rotem Wachs ist. Was soll denn das sein, fragt Berta. Das macht man bei wichtigen Briefen so, sagt Alice, das weiß ich von meinem Bruder.

Ich will, dass mir das Haus gehört, sagt Berta. Da muss ich dir etwas mitbringen, sagt Alice, Blumen vielleicht, Kuchen vielleicht, vielleicht meinen Mann, wenn Sonntag ist. Ich hätte einen Mann, sagt Alice, aber der würde in Afrika arbeiten und käme nur einmal im Monat mit dem Flieger nach Hause. Der würde mir Gold und Silber in Ketten mitbringen, was da niemand hat. Das würde ich allerdings zu meinem Besuch nicht anziehen. Wegen der Angeberei und weil du dann neidisch auf mich wärst.

Wieso soll ich neidisch auf dich sein, sagt Berta, wo ich doch selber einen Mann habe, der ein riesengroßes Spielzeuggeschäft besitzt?

Oder müssen wir überhaupt verheiratet sein?, fragt Alice. Außerdem stinkt es in dem Haus. Ich glaube, das hat ein Bub als Klo verwendet. Die sind so grausig.

Ich weiß, was wir machen könnten, sagt Berta, wir spielen Kreuzzüge, ich bin eine Christin, und du bist eine Böse. Ich will dich bekehren. Ich weiß, wie das geht, das hab ich im Fernsehen gesehen. Du läufst weg, und ich muss dich fangen und einsperren. Langweilig, nur zu zweit, sagt Alice.

Traust du dich, ein Fahrrad in den Bach zu werfen, fragt Berta, ich hab gesehen, wie ein Bub ein fremdes Fahrrad in den Bach geworfen hat.

Trauen würde ich mich schon, sagt Alice, aber das macht mir keinen Spaß, das ist nur eine Sekunde lustig, solange das Rad in der Luft hängt. Ich will länger lustig sein.

Hast du Geld, fragt Berta. Ich hab von meiner Oma einen Zehner, sagt Alice, aber den hab ich zu Hause, mit dem will ich auf Ballerinas sparen.

Hast du denn gar keine Ballerinas? Ich hab zwei Paar Ballerinas, gelbe und rote.

Kannst mir dann ja ein Paar abgeben, sagt Alice.

Einfach so geschenkt, fragt Berta, du bist doch plemplem.

Hat dir schon einmal ein Bub ein Bussi gegeben?

Ein Bussi gegeben, sagt Berta, du redest ja wie ein Baby, ich weiß sogar, wie ein Zungenkuss geht.

Sag ich dir halt nicht, wer es war.

Sicher der Thomas, weil der alle abknutschen will.

Du bist so gemein, Berta!

Einmal hat mich ein Mann aus einem Autofenster heraus gefragt, ob ich einsteigen will, er will mir etwas zeigen.

Das erfindest du jetzt, sagt Berta. Genau diese Geschichte hat uns das Fräulein in der Schule als Beispiel erzählt und gesagt, dass wir das nie machen dürfen.

Ist aber wahr, sagt Alice.

Und bitte, was für eine Farbe hat das Auto gehabt, was für eine Marke, was für eine Autonummer?

Das Auto war silbrig, und mit Marken kenne ich mich nicht aus, sagt

Alice, aber ich weiß, dass der Mann einen Schnurrbart gehabt hat und ausländisch geredet hat.

Lügner, sagt Berta, du willst dich nur wichtigmachen.

Also gut, stimmt nicht. Der hat nicht ausländisch gesprochen, das Auto war blau, und überhaupt war es der Herr Direktor.

Wehe, du lügst, sagt Berta, ich frag ihn, und wenn du gelogen hast, stehst du blöd da.

Frag doch, traust dich eh nicht!, sagt Alice.

168   *Sag etwas!*

Mann und Frau begaben sich auf die Reise, sie hatten schlecht geträumt, von einem, der den anderen betrügt, es zog sich dieser Traum in den Tag hinein und so, als wäre das Geträumte Wirklichkeit. Sie saßen auf der Zugbank, schauten einander sekundenlang feindselig an. Die übrige Fahrt blieben sie stumm. Sie wanderten über Wiesen und Felder, ließen sich nieder, die Frau legte ihren Anorak aus und hoffte, der Mann würde es als Liebesbeweis werten und seine Wanderjacke auslegen, damit sie sich darauf niederlegen könnte. Nichts dergleichen geschah. Jeder schlief eine Viertelstunde auf seiner Überkleidung, rollte sie dann zusammen und verstaute sie im Rucksack. Auf der nächsten Rast packte der Mann Brote und zwei Äpfel aus. Er polierte einen Apfel und legte ihn auf die Seite der Frau, sie nahm ihn und biss hinein. Wieder geschah nichts. Dann, auf dem Gipfel, sahen sie sich an, und die Frau hätte gern ihre Arme um seinen Hals geschlungen, und der Mann hätte gern seinen Mund auf ihren gedrückt. Sie blieben jeder für sich allein, schauten in die Tiefe. Nebel lag, und auf einmal hatte die Frau den innigen Wunsch, einzutauchen, sie hob die Arme und schwang davon. Der Mann zögerte nicht und folgte ihr nach. Sie flogen durch den Nebel, Nebel, wieder Nebel, über Tannenwipfeln schwebten sie, ihre Blicke trafen sich über einem Kirchturm. Lächle, sagte die Frau zu sich, und der Mann sagte zu sich, lächle. Stattdessen lachten sie jeder für sich, sie schwebten über Krankenhäuser und Schwimmbäder, über endlos viel Wasser, über Paläste und Slums.

Eines war sicher: Beide wussten nicht, wo sie waren. Sie landeten auf ihren Füßen, ganz leicht, so als wären sie nur von einem Turnbock gesprungen. Der Mann bog in einen Tunnel ein, die Frau folgte ihm. Der Tunnel war düster und schier endlos.

Wieder im Licht, schaute der Mann zurück auf seine Frau und stieg dann eilig in einen Omnibus, der bis auf den letzten Platz besetzt war, zudem standen Leute und hielten sich an den Ledergriffen. Auch Ziegen und Hühner tummelten sich zwischen den Menschenbeinen. Der Mann zwängte sich gerade noch hinein, da fuhr das Gefährt los. Verzweifelt schaute die Frau und sah ihren Mann verzweifelt winken, aber es war zu spät. Der Omnibus fuhr und verschwand.

Ratlos stand die Frau auf ihren Füßen, ihre Arme hingen schlapp herunter, sie hielt die Tränen zurück, und das gab ihrem Gesicht einen verkrampften Ausdruck, so dass sie alles andere als schön anzusehen war. Sie winkte den Autos, aber keines hielt. Sie ging in ein Haus, in dem rote Lampen brannten, stieg eine steile Treppe hinauf und erreichte eine offen stehende Tür. Sie betrat den kleinen Raum mit dem zerwühlten Bett, das nach schlechter Liebe roch. Sie sah Paare, eng umschlungen, aus Zimmern kommen. Vor einem Spiegel lag Schminkzeug, das verwendete sie und schminkte übertrieben ihr Gesicht. Sie sah aus, als könnte man sie kaufen. Zudem zog sie ihre Wanderhose und auch die Schuhe aus und tauschte sie gegen ein enges Kleid, das schrie, nimm mich, und Schuhe, die Männer anlocken können.

Wieder auf der Straße, wurde sie angesprochen von zwielichtigen Gestalten, die sie einerseits kaufen, andererseits verwalten wollten. Da erinnerte sie sich an die nachgiebige Haut ihres Mannes, und eine Sehnsucht überfiel sie, so dass sie auf der Straße niederbrach wie ein gefällter Baum.

Sie wischte sich die Schminke aus dem Gesicht, streifte die Stöckelschuhe von den Füßen und trauerte ihrer Wanderhose und den Wanderschuhen nach. In dem engen Kleid fühlte sie sich schäbig. Sie machte sich nicht die Mühe, ihren Bauch einzuziehen, vielmehr dachte sie, mir ist alles gleichgültig. Zudem quälte sie der Hunger, denn sie hatte seit Stunden nichts gegessen.

Menschen, die sie nach dem Weg nach Hause fragte, sahen sie ratlos an, sie sprachen eine andere Sprache. So torkelte die Frau weiter wie eine Betrunkene und erreichte eine Anhöhe. Ein schmaler Pfad führte in eine Gegend, die lieblich aussah, den wollte sie beschreiten. So gelangte sie in ein Tal. Hier herrschte reges Treiben. Ein Staatsmann wurde erwartet, und alle fieberten dem Ereignis entgegen. Die Frau war wieder sich selbst überlassen. Weil sie so müde war, nichts als müde und wieder müde, setzte sie sich auf eine Bank. Ein kleines Mädchen trat zu ihr und fragte, ob sie bei ihr bleiben könne, seine Mutter nämlich müsse noch für den Staatsmann vorkochen. Die Frau hob das Mädchen auf ihren Schoß, und sie verschmolzen zu einer lustig-traurigen Einheit, so dass zum Schluss ein angenehmer Zustand übrig blieb.

»Ich muss meinen Mann anrufen, damit er mich abholt«, sagte die Frau, und das Mädchen versprach Verbindung. »Aber nur wenn du mir versprichst, mich dahin, wo du hingehst, mitzunehmen.«

So geschah es. Der Mann kam, unrasiert, denn er hatte sich seit dem Verschwinden seiner Frau vorgenommen, nie mehr den Bart zu schneiden. Er küsste die Frau auf den Mund. Sie zog zärtlich an seinem Bart und sagte: »Der aber muss weg.« Das Mädchen lief in ihrer Mitte, und es war, als hätte sie immer schon zu den beiden gehört.

»Also Glück«, sagt Andrea, sie ist nicht mehr jung, »Glück«, dann lacht sie und zeigt ihre schiefen Zähne. Sie hat Strahlen von Lachfalten in den Augenwinkeln. »Mein erstes Glück«, sagt sie, »hatte ich mit achtzehn. Es gab dann nämlich weitere Glücks, jedes für sich anders, immer wenn ich mich geliebt fühlte, das war zweimal, selber war ich nur unglücklich in Männer verliebt, die ich nicht haben konnte, weil sie verheiratet waren oder mich nicht beachteten. Zwei Mal also fühlte ich mich geborgen bei Männern, einer davon hat mich geheiratet. Ich bin zufrieden, weil er mich liebt. Er hat ein Nachsehen mit mir, wenn mir Speisen nicht gelingen, sagt sogar, dass sie ihm schmecken, ist eben ein guter Mensch. Ich zog mit achtzehn von der Kinderdorffamilie weg, war bereits als Baby dort hingebracht worden, weil meine Eltern mich nicht wollten. Zum Glück habe ich keine Erinnerung. Im Kinderdorf wuchs ich mit vier Geschwistern auf. Wir waren mit der fremden Mutter eine Familie. Ich sehe sie nur arbeitend, am Herd, im Garten, an der Nähmaschine. Sie war nicht gerecht und liebte ein Mädchen besonders, das leider nicht ich war. Aber es war okay. Mit meinen zwei fremden Brüdern verstehe ich mich heute noch gut. Sie hatten lange Zeit keine Frauen, weil sie traumatisiert waren. So sagten sie dazu, wenn ich sie hänselte. Sie brachten mir ihre Wäsche zum Waschen. Sie trainierten mit Gewichten und schwitzten viel. Meiner fremden Mutter kaufe ich zu Weihnachten Orchideen, immer noch, sie ist inzwischen eine alte Frau, geht so sorgsam damit um und hat inzwischen über dreißig Pflanzen. Wenn Besuch kommt, sagt sie, dass die Orchideen ein Geschenk von der dankbaren Andrea sind. Mein erstes Glück«, sagt Andrea, »wahrscheinlich das reinste Glück, war der erste Waschgang meiner ersten Waschmaschine, meines Eigentums. Sie war gefüllt mit meiner weißen Unterwäsche. Ich hatte mich auf meinem Schlafkissen davorgesetzt und das Drehen, Spülen, Schleudern, Endschleudern betrachtet. Ich war so stolz. Als der Waschgang fertig war, nahm ich die weißen Stücke und hängte sie auf die Wäscheleine in meiner Küche. Später wusch ich die verschwitzten Sachen meiner fremden Brüder, ich tat das mit Freude. Wir saßen in der Küche, redeten von früher und rauchten. Ach, das war gemütlich!«

Cighid heißt ein Dorf in Rumänien, und dort stand ein Waisenhaus. Ich habe darüber eine Dokumentation gesehen. Die Waisenkinder sind inzwischen erwachsen. Sie können nicht lesen, nicht schreiben, wissen erst jetzt, was Musik ist, dass Musik dazu da ist, um sie zu hören, um sich zu ihr zu drehen, sich zu drehen und mitzusingen.

Die jungen Männer und Frauen schauen in die Kamera, einige können sich schwer artikulieren, andere bringen einen Satz ohne Weinen nicht zum Ende. Über die Gespräche sieht man Bilder ihrer Kindheit eingeblendet. Da sitzen halb verhungerte Kinder in einem dunklen Raum, nur auf einer bloßen Matratze, zwanzig Kinder, eng aneinandergedrängt, wie Schweine bei einem Bauern. Die Kinder, die sich am Körper und auf dem Kopf kratzen, sind nackt. Sie sind halb erfroren. Es ist kalt in diesem Raum. Eine Frau kommt und teilt Essen aus, dunkle Patzen, wie Erde, direkt in die offenen Kinderhände. Die Kinder schlecken und schaben mit ihren Milchzähnen daran. Die Matratze ist feucht von Urin. Man sieht den Gestank.

Die Frauen und Männer wissen nicht, wie alt sie sind. Keiner hat es aufgeschrieben. Irgendwann wurden sie im Heim abgegeben. Fragt man ehemalige Pfleger, so können sie sich an nichts erinnern, lediglich daran, dass die Kinder nur zu zweit gewesen waren oder zu dritt, dass sie selbst keine Zeit hatten für die Betreuung, kein Geld, und außerdem seien die Kinder ja nicht bei Trost gewesen. Nicht sprechen, nicht weinen, nicht singen.

Eine Frau mit kurzen schwarzen Haaren und lebhaftem Ausdruck wünscht sich ein Kind. »Ich wünsche mir ein Kind«, sagt sie stockend in die Kamera, »und ich will, dass meine Mutter sieht, dass ich ein Kind habe, und ich will, dass sie sieht, wie ich das Kind küsse, weil ich es liebe.« Sie will auch einen Mann, sagt sie und lächelt einen Schüchternen an, der mit den Schultern zuckt. Sie geht zu ihm hin und drückt sich an ihn. »Der soll mein Mann sein«, sagt sie in die Kamera. Aber mit dem Kind sei es schwierig. »So oft schon probiert«, sagt sie, »ich weiß, wie es geht, aber es ging nicht, so oft schon probiert, auch schon mit einem anderen Mann.«

171 Mama, Mama

Zwei Männer um die fünfzig treffen einander auf dem Markt. Sie haben ein Thema – Mama, der eine, Mama, der andere.

»Ja«, sagt der eine, »seit sie gestorben ist, geht alles schief.«

»Du sagst es«, sagt der andere, »alles geht den Bach hinunter. Sie war sechsundneunzig, als ich sie auf dem Küchenboden gefunden habe. Ich habe gezittert, konnte kaum telefonieren. Sie war noch nicht ganz tot. Sofort ins Krankenhaus, da sagten sie, man kann nichts mehr machen, und haben sie wieder nach Hause gefahren.«

»Weil es sich nicht mehr rentiert«, sagte der andere. »Meine war vierundneunzig, und wenn sie hundert geworden wäre, hätte ich mich nicht weniger gegrämt. Sie lag im Bett und sagte, ihre Schwester rufe nach ihr, und ich sagte noch, die kann dich gar nicht rufen, die ist vor zwanzig Jahren schon gestorben. Eben, sagte sie, von oben ruft sie nach mir, und bald wird es aus sein. Ich hab sie noch aus dem Bett gehoben, hab versucht, mit ihr ans Fenster zu gehen, damit sie den Boskop-Apfelbaum sehen kann mit seinen braunen Äpfeln, die hat sie so gern gehabt. Wir haben es aber nicht bis zum Fenster geschafft. Sie ist bald darauf eingeschlafen, und alles habe ich machen müssen, niemand fühlte sich zuständig, meine Schwester nicht, niemand.«

»Wie bei mir«, sagte der eine, »alles selber, das ganze Leid, und dann, als sie gestorben war, hatte ich eine himmeltraurige Angst, ins Schlafzimmer zu gehen, weil da drinnen war ja der Tod.«

»Ja, da war der Tod, es war friedlich im Schlafzimmer, als ob die Schwester sie einfach fortgeführt hätte, durch die Decke hinauf, die Verstorbenen müssen ja keine Löcher schlagen, die kommen überall durch.«

»Und jetzt«, sagte der eine, »bei jedem abgerissenen Knopf fehlt sie mir, bei jedem Fleck, ich finde die Gallseife nicht, nämlich das hat sie mir beigebracht, Gallseife auf den Fleck, über Nacht einwirken lassen, und weg ist der Fleck.«

»Und ich, ich will mir nicht einmal mehr die Haare waschen, seit sie tot ist, weil sie mir mit ihren knochigen Fingern ja nicht mehr durchfahren wird. Was für ein Elend!«

»Betest du?«, fragte der eine.

»Du fragst Sachen!«, sagte der andere. »Natürlich bete ich, was könnte ich denn sonst tun?«

»Und was betest du?«

»Was ich noch weiß. Von früher. Als ich ein Kind war und sie mit mir das ›Jesuskindlein‹ gebetet hat.«

»Genau wie ich«, sagte der eine.

»Gut, dass uns niemand zuhört.«

»Und wenn schon.«

»Die Frau da, die eine da, die Schriftstellerin ist, wird alles aufschreiben.«

Wie schön ist es zu schlafen, wenn das Bett gut ist, die Zudecke weich und warm und dann der Traum kommt, der mich in den Orient führt, wo Musik aus Spieldosen tönt und es nach Weihrauch und Myrrhe riecht, wo es keine Kälte und keine Sorgen gibt.

Als Kind schlief ich mit meinen beiden Schwestern in einem schmalen Zimmer, unsere Betten waren an die Wand gedrückt, damit ein Gang zum Durchgehen blieb. Es gab ein Fenster. Unsere Tante hat viel gelüftet, sie fand, wenn man so eng lebe, müsse wenigstens frische Luft dazwischen sein. Die Vorstellung von Bettwanzen machte sie unglücklich. Das Schlafzimmer wurde nicht geheizt, auch im Winter nicht. Ich habe nie verstanden, warum sie es nicht gernhatte, wenn wir uns mitten am Tag im Schlafzimmer auf unsere Betten legten. Das Schlafzimmer sei allein zum Schlafen da. Wir saßen alle in der Küche, die Onkel, Cousins und Cousine, meine Schwestern, an der Wäscheleine hingen Socken und Küchentücher. Auf dem Kohlenherd dampfte eine Suppe.

Ich träumte mich weg in ein Zimmer, das nur mir allein gehörte, ich würde es als Schlafzimmer und auch als Wohnzimmer nutzen. Alles wäre weiß, die Vorhänge, die Bettdecke, das Schlafkissen, nur um das Bett wären Kissen aus roter Seide aufgestellt. Solches hatte ich nämlich einmal beim Frisör in einer Zeitung gesehen, und das hatte mich sehr beeindruckt.

Mit der Zeit hatte ich eine andere Sicht auf die Schlafzimmer, und jetzt gehe ich mit den Augen durch die Räume und stelle mir vor, dort eine Nacht zu schlafen. Der ungewöhnlichste Platz ist am Ende von zwei Treppen, die zueinanderführen. Eine Decke ausgebreitet, und dort schläft eine Frau, die die Miete für ihr Zimmer nicht mehr zahlen konnte. Sie hat es sich zwischen den Treppen gemütlich gemacht. Ich stelle mir vor, sie drückt ein paar Kissen in ihren Rücken und liest in einem Buch, sie schaut Kunstbilder an, hört Musik aus einem Kassettenrecorder, nicht zu laut, damit die Vermieterin nicht gestört wird, und ist recht zufrieden. Dabei weiß ich nicht, ob in anderen Zimmern Gemütlichkeit herrscht.

In einem stehen zwei Betten, getrennt durch ein Nachtkästchen, so dass sich der schlafende Mann und die schlafende Frau nicht berühren können. Ich kann mir nicht vorstellen, dass die Frau in der Nacht zum Mann kriecht, weil sie gestreichelt werden will, oder umgekehrt. Die Betten sind unfreundlich hoch, das Zimmer sieht kalt aus, obwohl man Kälte ja nicht sehen kann. Über dem Bett ist ein Heiligenbild, worauf die Gottesmutter auf der rechten Seite zur schlafenden Frau hinunterschaut, der Josef blickt auf den schlafenden Mann, und das heilige Kind wacht über das Nachtkästchen. Ich nehme an, in der Schublade liegt ein wenig feine Unterwäsche von der Frau, die sie gern einmal anziehen möchte, aber nie anzieht, ganz hinten im Eck eine Packung Präservative – hat die ihr Mann aus einem Automaten? – und Taschentücher aus Batist, die die Frau aus Langeweile mit Spitze umhäkelt hat. Kaum ist der Mann aus dem Haus, schüttelt die Frau die Betten am offenen Fenster aus, zieht die Leintücher glatt und formt aus den Zudecken spitzige Skulpturen, die wie schneebedeckte Bergspitzen aussehen. Sie schließt das Fenster, zieht die Vorhänge vor und betritt erst wieder zur Nacht das Zimmer.

Endlich ein zerwühltes Bett, das nach zwei Menschen aussieht, die sich lieb haben, oder nach einem, der viel träumt und sich herumwälzt. Er schläft, bis der Wecker klingelt, und tut sich schwer aufzustehen. Das Bett bleibt unaufgeräumt bis zur Nacht, wo sich der Mann wieder zum Schlafen legt.

Oder das Liebespaar. Die Frau schüttelt kurz die Kissen auf, streift das Leintuch, beträufelt mit ihrem Parfum die Decke, der Mann kommt aus dem Bad, die Frau war schon im Bad. Gute Nacht.

Ein Baldachin über dem Bett wie bei den Vornehmen, ein Spiegel in Form einer Sonne. Da kann man hineinschauen und sich prüfen. Bin ich schön genug? Gefalle ich ihm? Gefalle ich ihr? Die Brokatdecke als Überwurf, die alles verschweigt.

Kleine Betten für kleine Menschen, Neugeborene. Sie liegen nebeneinander und wissen nichts. Schneeweiß sind sie zugedeckt. Man sieht nur die kleinen Köpfchen mit Flaum, eines hat schon einen schwarzen

Pelz. Nichts wissen sie von der Welt und was einmal aus ihnen werden wird. Wir wünschen ihnen nur das Beste.

Etwas Heiliges hat so ein menschenleeres Schlafzimmer. Man kann nicht wissen, was in diesem Bett geschehen ist und geschieht. Es kann gut oder schlecht sein, einsam und grausam. Eine Frau hat geweint. Ein Mann fühlt sich verspottet. Das ist schwierig und meistens ungerecht. Am Morgen wird alles wieder aufgeräumt sein, so als wäre nichts geschehen.

Dagegen ist ein Ferienzimmer mit Dachschräge abenteuerlustig. Ich stelle mir vor, wie Ferienkinder sich balgen, und kommt der Aufseher, tun sie, als würden sie schlafen. Das Stubenmädchen räumt auf und riecht an den Kissen.

Ich sehe das Bett, zugedeckt mit dem Muster einer Flagge. Ich nehme an, darin schläft ein Jugendlicher. Er hat auf die Wand ein übergroßes Foto von seiner Traumfrau geklebt. Eine busenvolle Frau in einem winzigen Slip, Strümpfe an den Beinen, man sieht nur die Oberschenkel. Eine Dunkelhaarige. Ich stelle mir vor, dass der Jugendliche voller Sehnsucht auf das Bild schaut und sich vorstellt, es wäre die Seine. Er will gut vor ihr dastehen, deshalb onaniert er nicht, nicht in dieser Nacht. Er wird sie nie treffen, könnte sein, dass sie eine Fotomontage ist, aber seine Fantasie galoppiert. Wenn er sich dann später eine zu seiner Frau nähme, wäre es ihm sowieso lieber, sie würde nach außen nicht als Sexsymbol dastehen. Er möchte eine, die nur ihm gehört, ihm ganz allein.

173   *Susanna und die alten Männer*

Susanna war eine Frau um die dreißig, die man nicht vergisst. Sie hatte schon viele Jobs gehabt, in Firmen, die in Konkurs gegangen waren, jetzt arbeitete sie ohne Garantie in einem Altersheim. Ihr Name stand auf einer Liste, und jeder, der von ihr im Rollstuhl ausgeführt werden wollte, kreuzte ihren Namen an. Auf ihrem Blatt wimmelte es von Kreuzen, und sie kam nicht nach mit ihrer Arbeit. So spazierte sie auch bei Schlechtwetter. Sie kam an ihrer Arbeitsstelle an und ließ sich von der Schwester ihre Kunden zeigen. Ja, sie waren Kunden. Susanna bekam zwar ein Fixum, sehr wenig, das meiste aber zahlten ihr die alten Menschen, so sie etwas besaßen. Es waren Frauen und Männer, mehr Reiche als Arme, die von ihr geschoben werden wollten. Sie kümmerte sich um die weichste Wolldecke, war es kalt, gab sie darunter eine Wärmeflasche. Manche ihrer Kunden konnten kaum mehr sprechen, so dass sie sich niederbücken musste, um zu verstehen, und verstand sie nicht, tat sie, als würde sie verstehen, und zeigte ihr liebes Lachen.

Einen Mann gab es, der sich von den anderen unterschied. Er redete nicht, er sprach. Er war gut angezogen, immer Sakko und weißes Hemd, keine Krawatte, die engte ihn ein. Er sagte zu Susanna, sie sehe aus wie die blaue Blume unter den vielen gelben.

Alte Frauen suchten mit ihren zittrigen Händen in der Nachttischschublade nach der Schatulle, in der ihr Schmuck aufbewahrt wurde. Manchmal war es nur Plunder, Ringe aus dem Kaugummiautomaten von den Urenkeln, die sie bewunderte, als wären es Edelsteine. Hätte sie alles, was ihr gern geschenkt worden wäre, angenommen, für ihre aufgehaltenen Hände wäre es zu viel gewesen. Natürlich lehnte sie ab. Bei einem Rubin fiel es ihr schwer. Sie hatte ihn über ihren Ringfinger gestreift, war ans Fenster getreten, und das Licht hatte ihn schimmern lassen.

»Nein, das kann ich nicht annehmen«, sagte sie, »und das wissen Sie auch. Ich darf das nicht.«

»Aber«, sagte die alte Dame, »stecken Sie ihn schnell in Ihre Brusttasche, keiner wird es merken.«

»Aber ich weiß davon«, sagte Susanna, »und ich weiß, dass ich Unrecht tue.«

Da dachte die alte Dame, ich werde Susanna in meinem Testament eintragen lassen.

Kam der Frühling, trug Susanna gern Kleider und Röcke, ihre Beine waren perfekter als die einer Schönheitskönigin. Auf den Spaziergängen wehte ein Lüftchen, und das löste ein paar Locken aus ihrer Frisur. Ihr Schritt war beschwingt, sie lief mit dem Rollstuhl über Stock und Stein, und die alten Menschen jauchzten und dachten, sie seien vier Jahre alt. Es gab zwar einige, die Unebenheiten auf den Wegen nicht ertragen konnten, mit denen fuhr Susanna langsam, und sie summte dabei, blieb stehen, zeigte auf dies oder das, ein Rotkehlchen, erzählte von Raben, und dass es nur in ebendieser Gegend solche gäbe. Sie seien nämlich selten. Es gab Raben, die sie und den Mann im Rollstuhl wiedererkannten. Susanna blieb stehen, und auch der Rabe stand. Der alte Mann zerbröselte seine Frühstückssemmel, die drei Tage alt war, und fütterte die tiefschwarzen Vögel.

So bemühte sich Susanna, es jedem recht zu tun. Sie verwendete den Regenschirm als Sonnenschirm und umgekehrt. Passanten grüßten sie, Menschen kamen aus Häusern getreten, um zu winken. Zuweilen setzte sich Susanna auf eine Bank in den Schatten einer Trauerweide und wippte vorsichtig mit dem Rollstuhl. Sie fragte nach dem Wohlbefinden, und je nachdem öffnete sie eine Jacke oder zog Schuhbänder auf.

Es gab unter ihren Kunden einen Mann, der zweiundsiebzig war, der machte ihr einen Heiratsantrag. Er stelle sich vor, sagte er, sie würden in sein Haus ziehen, das hohe Zimmer habe wie ein Stadthaus und nicht so primitiv sei wie die meisten Häuser hier. Er habe Geld, und da würde eine Putzfrau sein, eine Köchin und ein tüchtiger Gärtner. Sein Garten müsse nämlich unbedingt wieder begehbar werden. Er drückte Susanne ein Auge und sagte, dass der Garten »befahrbar« werde, so dass es Plätzchen gäbe, wo sie liegen könnte, im weichen Gras, sozusagen zu seinen Füßen, denn er sitze ja leider im Rollstuhl. Sollte er ins Auto gesetzt werden, würde das der Gärtner tun. Und er fragte, ob sie einen Führerschein habe. Da sagte sie, nein leider, es hat sich bei mir nicht ergeben. So würde er die Fantasie von einem Chauffeur haben und sich Fahrten an den See und auf die Berge ausdenken. Oder wenn sie vielleicht einen Wunsch hätte. Was für ein Auto sie sich wünsche. Sie sagte, ihr sei das einerlei, sie kenne sich mit Autos nicht aus. Er sagte, er würde ihr einen Katalog zeigen, dann könne sie wählen. Die Innenausstattung sollte jedenfalls die feinste sein. Sitzheizung gäbe es inzwischen, habe er sich sagen lassen.

»Ach«, seufzte dann Susanna, »es ist gut, so wie es ist.« Sie streichelte seine erhitzte Wange und stimmte ein Lied an.

Als Susanna einmal von Fieber befallen wurde, kam sie einen Monat nicht zur Arbeit, da jammerten die Alten und Kranken, und das Personal war überfordert. Sie baten sie bald zurück, versprachen ihr eine Aufbesserung. Sie kam, und es wurde ein Fest für die Alten und Schwachen. Sie hatten sich ein Lied ausgedacht, Melodie und Text, alles nie da gewesen. Gut, die Melodie erinnerte ein wenig an eine bekannte Arie. Susanna weinte vor Ergriffenheit. In die offenen Fenster leuchtete das gute Wetter. Susanna war ein wenig mager geworden, schade, war doch ihre Weichheit eine Freude gewesen. Ihre Wangen waren blass, ihre Augen leuchteten noch mehr als in den guten Zeiten.

Oft wurde sie gefragt, wie viele Verehrer sie denn habe, da lachte sie nur und drehte den Kopf. Sie wollte nichts Privates preisgeben, nicht von ihrer winzigen Wohnung erzählen, von ihrem fünfjähren Mädchen, das bei Pflegeeltern untergebracht war. Es gab keinen bestimmten Vater für das Kind.

So war es nämlich gewesen, dass Susanna sich, als sie noch keine zwanzig war, in einen Mann verliebt hatte, von dem sie wusste, dass er verheiratet war. Nichtsdestotrotz hatte er für sie eine geheime Wohnung an der Hauptstraße gemietet. Alles hätte sie für ihn getan und tat es auch. Er brachte Bekannte mit und sie war entgegenkommend. Er wollte, dass sie sich mehr Mühe gäbe. Was er damit meine, fragte sie unschuldig. Sie war doch die Seine und wollte es bleiben, wollte nicht mit seinen Freunden poussieren. Weil er aber darauf bestand und damit drohte, sie zu verlassen, bemühte sie sich. Sie liebte ihn mehr als alles, was sie kannte, und deshalb tat sie, was sie nicht wollte. Sie war schwach. Es gab einen Apotheker, der zart war und es behutsam anging. Er würde sie heiraten, versprach er ihr, wenn seine kranke Frau gestorben wäre. Das sei nicht erforderlich, sagte Susanna.

Ein zweiter Bekannter, ein Reisender, der viel unterwegs war und immer Geschenke mitbrachte, die sie nicht wollte, erzählte ihr alles über den Mann, in den sie verliebt war, und das war nicht schmeichelhaft. Bald wollte ihn Susanna nicht mehr lieb haben, was ihr großes Leid verursachte.

Als Susanna schwanger wurde, war keiner der Männer bereit, das zu akzeptieren, und bald verschwanden sie. Sie zog in eine bescheidene Wohnung, übersetzte Briefe aus dem Französischen und wartete auf die Geburt ihres Kindes. Es wurde ein Mädchen. Sie schaute es an und dachte, es sieht dem Reisenden ähnlich, hat seine Augen.

Die Hebamme zerstreute ihr den Gedanken, sie stellte fest, dass alle Neugeborenen blaue Augen haben, weil die Melaninproduktion erst mit der Zeit ausgeprägt wird. Mein Mädchen braucht keinen Vater, dachte Susanna, sie hat mich.

Es geschah, dass eine Insassin des Heims verstarb, und Susanna wurde zu einer Testamentseröffnung gebeten. Als sie in den Saal eintrat, flogen Staubflocken durch die Luft. Sie sah die Angehörigen der Verstorbenen ihre Köpfe wenden. Susanna trug ein schwarzes Kleid, so schwarz wie Rabengefieder, ihre Haare waren straff gekämmt und glänzten am Scheitel. Sie hielt die Beine fest geschlossen. Ihre Schuhe glänzten, und sie hatte ihre Hände in zu kleine Handschuhe gezwängt. Ihre Taille war so schmal, ein Arbeiter mit großen Händen hätte sie spielend umfassen können.

Susanna hörte die Trauernden murmeln, ist es denn ein Gebet, dachte Susanna, oder reden sie über mich, weil sie befürchten, ich könnte ihnen etwas vom Erbe wegnehmen. Der Rubin fiel ihr ein. Und tatsächlich. Es hieß, so las der Beamte, Susanna K. sei die Alleinerbin, nachdem die Pflichtanteile verteilt worden wären. Es tönte gefährlich aus der ersten Reihe, Susanna bekam es mit der Angst und flüchtete aus dem Saal. Der Gerichtsdiener rannte ihr nach und beruhigte sie. Es sei alles ihr gutes Recht, und das müsse akzeptiert werden.

»Nein, nein«, rief Susanna, »sie werden mich verfolgen und unglücklich machen.«

»Ach, meine Liebe«, sagte der Mann, »ich weiß, Sie werden so viel erben, dass Sie getrost in ein anderes Land ziehen können und nie mehr in Ihrem Leben arbeiten müssen.«

Da seufzte Susanna und ließ sich in die Arme des Gerichtsdieners fallen, der muffig und auch ein wenig nach Schweiß roch.

Sie könnte dann für immer ihr kleines Mädchen zu sich holen. Der Gerichtsdiener führte sie in den Saal zurück. Die Erben standen in Grüppchen, manche schrien und rissen sich die Hüte vom Kopf. Susanna wurde in ein anderes Zimmer geführt, und der oberste Beamte las ihr vor, was sie nun besitzen könnte, sollte sie das Testament akzeptieren. Sie könne aber auch, meinte er, das Erbe ablehnen, da gäbe es da draußen, und er zeigte auf die Tür, nur lustige Gesichter.

Susanna erbat sich Bedenkzeit.

Sie saß dann in ihrer winzigen Wohnung und kroch unter ihre Bettdecke. War das gerade sehr gut, was geschah, oder war das gerade sehr schlecht. Ihr Leib zitterte. Alle Decken, die sie besaß, und es waren gerade fünf, legte sie auf ihr Bett. Sie zog den Wintermantel an. Es war im Mai, die Heizung längst abgedreht, die Sonne hinter den Wolken.

Ja, sie würde annehmen. Sie würde ihr Mädchen mit dem rabenschwarzen Gefieder abholen und nie mehr weggeben. Sie überlegte, von wem sie sich beraten lassen könnte. Der Mann mit dem schönen Haus kam ihr in den Sinn. Aber um ihn zu sprechen, müsste sie in das Heim gehen, und das traute sie sich nicht. Sie wusste, er hatte kein Handy, weil er nicht mehr telefonieren wollte. Warum, dachte sie sich, fühle ich mich wie eine Verbrecherin? Sie drückte ihr Mädchen ganz fest an sich, und so lagen sie unter den fünf Decken und fühlten sich beinahe erdrückt.

Mama, Mama, sagte das Mädchen, bekomme ich jetzt alles, was du mir versprochen hast? Das Lexikon mit den vielen Bildern und die drehbare Erdkugel?

Alles, alles, mein Liebling, flüsterte Susanna.

Es war einmal ein Kaufmann, der sein ansehnliches Vermögen mit Gewürzen und Seide verdient hatte. Er reiste viel in der Welt umher. Seine Frau hütete sein Vermögen und wartete auf ihn. Richtig glücklich waren sie erst, als die Frau ein Mädchen gebar, wie es schöner auf der Welt keines geben konnte. Von nun an versuchte der Kaufmann, nicht mehr so viel zu reisen. Er wollte das Gedeihen seines Schatzes schließlich mitansehen. Seine Frau war in feinste Seide gehüllt, und sein Schatz, der Nele getauft wurde, bekam nur das Weichste und Wohligste an den kleinen Körper. So wuchs Nele heran, und sie entwickelte sich, wie es besser nicht hätte gewünscht werden können. Sie war klug für ihr Alter und hatte viel Sinn für die schönen Dinge. Der Vater hatte ihr ein Spielhaus bauen lassen, ein Tulpengarten wurde für sie angelegt, Instrumentenbauer brachten die edelsten Geigen.

Manchmal ließ sich eine Fahrt in den Fernen Osten doch nicht vermeiden.

Als Nele dreizehn Jahre alt geworden war, veranstaltete der Vater ein Fest. Freundinnen wurden eingeladen, und die herrlichsten Speisen wurden aufgetragen. Die Blüten des Lindenbaumes schütteten ihre wunderbaren Gerüche aus. Alle waren versammelt, Getränke waren eingeschenkt, Speiseeis wurde gekühlt, die Kuchen hatten tadellose Glasuren aus Schokolade, Zitrone oder rosaroter Himbeere.

Aber Nele kam nicht. Sie hatte sich versteckt. Die Mutter suchte sie und fand sie unter ihrem Bett. Sie lag ausgestreckt wie eine Puppe, denn es war sehr wenig Platz.

»Was ist mit dir, Nele?«, fragte die Mutter. »Alle wollen dich sehen.«

Die Mutter versuchte, ebenfalls unter das Bett zu kriechen, was ihr nicht gelang. Sie streckte eine Hand nach Nele aus.

»Ich komme nicht«, sagte Nele, »diese Menschen im Garten sind nicht meine Freundinnen, ich habe überhaupt keine Freundinnen.«

»Aber Nele!«, rief die Mutter aus. Und sie zog mit aller Kraft Nele unter dem Bett hervor. Nele saß nun auf ihrem Schoß, und die Mutter wiegte sie, wie sie Nele als Kleines gewiegt hatte.

»Nele«, flüsterte die Mutter, »du bist doch mein Schatz und auch der Schatz vom Vater.«

Da sprang Nele herunter von Mutters Schoß, stellte sich gerade vor sie hin und sagte mit fester Stimme: »Ich bin niemandes Schatz.«

Das machte die Mutter so traurig, und auch den Vater machte es so traurig, denn sie hatte ihm am Abend davon erzählt.

So warteten die Eltern jeden Morgen bis zur Nacht und beobachteten Nele mit Sorge. Sie wussten sich keinen Rat.

Da schlug der Vater vor, Nele auf eine Reise nach Ägypten mitzunehmen, schließlich liebte Nele alles Ferne und Geheimnisvolle. Ungern willigte die Mutter ein. Sie wollte Nele zum Abschied fragen, ob sie noch ihr Schatz sein wollte, aber sie verbot es sich.

Im fernen Ägypten blühte Nele auf. Einmal fragte der Vater: »Nele, sag mir, von wem bist du der liebste Schatz?«

Und Nele sagte wieder: »Ich bin niemandes Schatz.«

Sie brachen die Reise ab. Die Mutter weinte von Herzen, als Nele vor ihr stand. Der Vater kehrte wieder nach Ägypten zurück. Nele verbrachte viel Zeit mit Lesen, nie sah man sie ohne Buch. Ihr Lieblingsplatz war unten am Fluss. Einmal hatte sie ihn ihrer Mutter gezeigt. Die Mutter war so glücklich über dieses Vertrauen gewesen und wollte damit umgehen wie mit einem, nein, dieses Wort wollte sie nicht einmal denken.

Es dämmerte schon an einem Sommerabend, und das war ziemlich spät, Nele war noch nicht zurück. Die Mutter lief zu Neles Platz, aber da fand sie nur ihr aufgeschlagenes Buch.

Nele war verschwunden. Alles Menschenmögliche wurde getan, um Nele zu finden. Der Vater schrie, als er davon erfuhr, und seine Frau dachte, er wird nie mehr aufhören.

Mann und Frau entfernten sich voneinander, obwohl sie sich so dringend gebraucht hätten. Ihre Gemüter verdunkelten sich.

Einmal in der Nacht kam Nele und weckte die Mutter. Der Vater war auf Reisen. Sie stand vor ihrem Bett, trug einen übergroßen Rucksack und sagte:

»Ich brauche Geld, Mutter, gib mir so viel, wie in diesen Rucksack passt. Dem Vater sag nichts.«

Die Mutter wollte fragen und fragen und fragen, hatte aber Angst, dass Nele dann verschwinden könnte. So beeilte sie sich und holte vom verwalteten Geld ein gutes Drittel, das stopfte sie in Neles Rucksack. Nele streckte die Hand aus, und die Mutter fühlte eine unberührte Berührung. Dann war Nele wieder verschwunden.

Ist es, dachte die verzweifelte Mutter, dass ich Nele erblickt habe, weil mein Gemüt inzwischen so zerfressen ist?

Drei Nächte später erschien wieder Nele, und die Mutter stopfte das zweite Drittel des Vermögens in den Rucksack.

Wieder streckte Nele die Hand aus. »Dem Vater sag nichts.«

Die Mutter saß auf der Bettkante und schaukelte mit dem Oberkörper vor und zurück und vor und zurück, sie konnte gar nicht damit aufhören.

Sie sehnte ihren Mann herbei, weil sie es mit dem Geheimnis nicht mehr aushalten konnte. Die Zähne fielen ihr aus dem Mund, die Haare, auf die sie immer so stolz gewesen war, blieben in der Bürste hängen, die Augen wurden trüb.

Ein drittes Mal kam Nele und verlangte den Rest des Vermögens. Der Mutter zitterten die Hände, aber sie holte es und stopfte es in den Rucksack. Und wieder berührte sie Nele.

Diesmal hatte Nele nicht gesagt, sie solle dem Vater nichts verraten, oder hatte sie es doch gesagt, und die Mutter hatte es nicht wahrgenommen. Sie grübelte und grübelte.

Endlich, als ihr Mann zurückgekehrt war, fiel sie ihm um den Hals. Er erkannte sie nicht, denn sie war hässlich geworden. Aber dann erkannte er sie doch, an ihrer Stimme, die wie Neles Stimme war. Sie zog ihren Mann auf das Bett und erzählte von Nele.

»Bist du mir böse«, fragte sie, »weil ich das ganze Vermögen weggegeben habe?«

»Wie könnte ich«, sagte der Mann, und gemeinsam weinten sie um Nele.

Aber was ist das Leben ohne Geld. Nichts. Ohne Liebe verhungert man nicht, aber ohne Geld.

Der Zimmermann kam und wollte sein Geld für Neles Spielhaus, der Gärtner kam und wollte das Geld für Neles Tulpengarten, eine einzige Tulpe kostete mehr, als sein Geselle im Jahr verdiente, die Instrumentenbauer kamen und wollten Geld für Neles Geigen.

Der Kaufmann verkaufte das Haus, es blieb wenig übrig. Und als alles verbraucht war, zog er mit seiner Frau in den Wald. Zum Glück war der Winter noch nicht da. Seine Frau trug ein Paket unter dem Arm, und der Mann fragte:»Was hast du mitgenommen? Uns gehört doch nichts mehr.«

»Es ist nur Neles Kissen und ihr Bettzeug.«

Sie bereiteten sich ein Bett auf dem Moos und legten sich darauf. Immer noch war Neles Geruch da.

Der Vater zog das Kissen ganz zu sich und sagte:»Das will ich ganz allein, schließlich hast du Nele mehr gehabt als ich.«

Das Käuzchen schrie.

Der Vater klammerte sich an das Kissen.

Das Käuzchen jammerte.

Es waren da eine Frau, ein Mann und ihr Kind. Sie fühlten sich auserwählt, weil sie schöne Gesichter hatten. Ihnen zur Seite wohnte eine Großfamilie in einem gebrechlichen Haus.

Das Kind, ein Mädchen von sieben Jahren, stützte ihre Ellbogen auf den Fenstersims. »Was schaust du auf dieses Chaos«, sagte ihre Mutter. »Ich verbiete dir, hinzuschauen, und verbiete dir, jemals dort hineinzugehen.«

Da antwortete das Mädchen, dem vor lauter Langeweile jeder Tag verloren war: »Dort drüben, Mutter, wird gelacht und gesungen, es fliegen Kugeln vom Dach, die glänzen.«

Die Frau schob die Vorhänge zu und diktierte ihre Tochter auf den harten Stuhl vor dem Klavier. »Übe jetzt«, sagte sie, »übe so lange, bis ich wiederkomme, und denk nicht, dass du aufhören kannst! Ich bin im Nebenzimmer.«

Das Mädchen setzte sich ans Klavier und klimperte auf den Tasten. Ihre Mutter hatte ja keine Ahnung von Musik. Sie rückte den Stuhl zum Fenster und spielte Klavier mit den Fußzehen. Es klang, wie es klingt, wenn das Herz flattert.

Das Mädchen – der Name muss jetzt endlich gesagt werden: Caracas; genannt nach einer Stadt, in der sie wohl gezeugt worden war. Ihr Vater nannte sie Cara, denn er liebte sie. Die Mutter war der Meinung, dass in vornehmen Familien nicht abgekürzt werden darf.

Also sah Caracas im Fenster des Nachbarhauses ein Gesicht, das lächelte, und eine Hand, die ihr winkte. Caracas winkte zurück, ihre Zehen spielten auf den Tasten, es war schwierig, das Gleichgewicht zu halten. Das Gesicht im Nachbarfenster sagte, und der Zeigefinger zeigte: »Komm, komm!« Caracas schlich sich aus dem Zimmer, sie sah ihre Mutter schlafend, schnell schlüpfte sie aus dem Haus und eilte durch den Garten und trat über eine zugewachsene Treppe in das Nachbarhaus. Dort empfingen sie drei Jungen und drei Mädchen, mit hässlichen Gesichtern alle, sie umkreisten sie und hoben sie in die Höhe wie eine Beute. Es roch sonderbar in diesem Haus, süßlich und so, dass ihr das Herz in Wehmut aufging. Die Frau erwachte, hörte das Klavierspiel ihrer Tochter nicht und trat in ihr Zimmer. Caracas war verschwunden. Da suchte sie in jeder Ritze nach ihr, ohne Erfolg. Später kam der Mann dazu und half ihr, die Tochter zu suchen. »Cara!«, rief er. »Cara, mein Liebling, wo bist du?« Seine Frau war darüber so schwach geworden, dass sie nur mehr Kuchen essen konnte. Sie schnürte sich den Leib und wurde ohnmächtig.

Da ging der Mann ins Nachbarhaus über die zugewachsene Treppe, und eine Frau mit hässlichem Gesicht in einem Pelzkleid trat zu ihm und führte ihn in ein Zimmer. Da lag Cara unter den drei Jungen und drei Mädchen und hatte so viel Spaß mit ihnen, dass es den Vater lebendig in die Seele traf. Die Frau im Pelzkleid gab dem Mann rutschige Speisen und Süßes zu trinken. Er wurde müde davon. Sie führte ihn auf ihr Lager und befreite ihn vom gewöhnlichen Leben. Bald schlich sie sich davon, band ihre Pelztiere los und wies ihnen den Weg in das Nachbarhaus.

Die Pelztiere fanden die Frau mit dem schönen Gesicht und teilten sie gerecht untereinander auf.

176 Liebling

Es begab sich, dass ein Mann von großer Gestalt viel in der Stadt herumflanierte, auf der Suche nach einem Liebling. Hie und da fand er einen, aber nur für kurze Zeit, und so war es dann auch kein echter Liebling. Doch an einem Regentag sah er ein mageres Mädchen auf sich zukommen, das tropfte vor Nässe. Die Haare hingen ihm ins Gesicht, so dass die Augen zugedeckt waren. Der Mann trat auf das Mädchen zu und sagte: »Was hältst du von der Idee, wenn ich dich auf einen Schirm einlade.« Das Mädchen strich die Haare aus der Stirn und schaute zu dem Mann auf, denn sie war einiges kleiner als er. Das war der Beginn ihrer Liebesgeschichte. Das Mädchen hatte niemals zuvor einen Mann gehabt und fand deshalb alles an ihm einzigartig. Der Mann dachte gar nicht darüber nach. Sie war ab sofort sein Liebling, und so nannte er sie dann auch.

Der Mann wohnte in einer anderen Stadt und führte ein zweites Leben mit Alkohol und Tristesse. Davon allerdings wollte er dem Liebling nichts erzählen. Sie sahen sich nur am Wochenende. Später würde sie erfahren, dass der Mann Kinder hatte und eine Frau, die ihn aber nicht mehr haben wollte. Oft stand er vor dem Schultor, um seine Töchter zu sehen. Ihre Mutter hatte ihnen verboten, mit ihm zu reden. Das Sorgerecht war ihm entzogen worden.

Der Liebling lebte nur für die Stunden mit dem Mann. Er konnte nichts anderes mehr denken als an seinen weichen Bauch, und seine Arbeit verrichtete er zerstreut. Oft fiel Porzellan auf den Boden und zerbrach. Am Wochenende erschien der Mann, flott angezogen und bereit für jede Schandtat, wie er sagte.

Er war etwas seltsam, das muss gesagt werden. Einmal bei einem Spaziergang warf er sich auf die grüne Wiese und begann, Gras zu fressen. Der Liebling erschrak darüber, fand aber gleich einen Grund, warum das nur ein Spaß gewesen sein konnte.

»Stell dir vor«, sagte sie zu ihrem Bruder, »nur für mich frisst er Gras und tut, als wäre er ein Tier.«

Der Mann öffnete fremde Türen, und wenn jemand da war, verteilte er Geldscheine, wenn niemand da war, setzte er sich an den Tisch, als wäre er hier der Herr. Einmal fand er ein Klavier vor, da spielten seine Hände virtuos darauf, und die Socken an seinen Füßen polierten den fremden Boden.

Wieder waren sie unterwegs und saßen in einem vornehmen Gasthaus. Ihnen gegenüber lärmte ein angetrunkenes Paar. Die beiden luden den Mann und den Liebling an ihren Tisch. Das Paar sah fremdländisch aus, sprach eine Sprache, die der Liebling nicht verstand, der Mann aber schon. Das Personal verbeugte sich ehrerbietig vor dem Paar, jedes Mal wenn es an dem Tisch vorbeikam.

Die fremde Frau zog den Liebling an ihre Seite, streifte sich einen Ring vom Finger und steckte ihn auf den Daumen des mageren Lieblings. Der Ring hatte einen leuchtenden Stein, und der Mann sagte zum Liebling: »Den behalten wir.«

Am nächsten Tag gingen sie zu einem Juwelier und ließen den Ring schätzen. Er war ziemlich wertvoll. Fortan trug der Liebling diesen Ring und leuchtete damit herum, bald verfluchte er ihn, weil er ihm Dinge sagte, die er nicht hören wollte. Und was ihm Angst machte: Der Ring war wie am Daumen festgewachsen.

Der Ring sagte: »Du wirst den Mann hundert Tage haben und mehr nicht. Er wird aus dir einen Menschen machen, dem es unmöglich ist, an anderes zu denken als an sich selber. Zuerst wird es dir Freude machen, aber bald kannst du es nicht mehr aushalten, und du kannst auch nicht von der Erde verschwinden, du musst noch achtzig Jahre leben, damit du hundert Jahre gelebt hast.«

Nach hundert Tagen verschwand der Mann, und man fand ihn erfroren auf einer Baustelle. Dem Liebling schliefen beide Füße ein, und so verbrachte der Liebling fortan sein Leben auf den Knien.

In einem Saal, groß wie ein Kirchenschiff, saß unter gut gekleideten Menschen eine Schriftstellerin in ihrem schwarzen Lesungskleid, grüne Stiefeletten an den Füßen. Was geredet wurde, interessierte sie null. Sie wusste zwar, diese Personen könnten ihr nützlich sein, für Erfolg und Berühmtheit, aber sie verbot es sich, Höflichkeit bis zur Unaufrichtigkeit zu üben. Sie wünschte sich kurz, ohne Bewusstsein, wie ein neugeborenes Kind zu sein. Oder die Seele eines Nesseltiers zu haben. Man richtete Worte an sie, sie aber war weggedriftet und hatte einen etwas blöden Ausdruck im Gesicht. Sie wusste, dass die Gründe, an die Unsterblichkeit der Seele zu glauben, nicht dem Streben nach Erkenntnis, sondern einem Bedürfnis des Gemüts entsprangen. Der Verlagschef, vor dem beinah alle auf dem Boden rutschten, sagte in ihr Gesicht hinein:

»Der Lektor wollte noch mit Ihnen über Ihr neues Buch reden, er wartet auf Sie.«

»Und?«, fragte die Schriftstellerin den Lektor. »Wie finden Sie es?«

»Es muss daran noch gearbeitet werden, es gibt da einige Ungereimtheiten.«

»Ja, denkt Gott so wie ich nur in erhabener Form?« Das hatte sie natürlich nicht gesagt. Ihr dümmlicher Gesichtsausdruck verflog, und sie fixierte den Verlagschef. Er wich ihrem Blick aus, wahrscheinlich spürte er, dass sie ihn einsperren wollte.

»Aber ja«, sagte sie, »ich gebe mich ganz in Ihre Gewalt.«

Sie sah in den Personenknäuel und dachte: Gott und Menschen sind zwei verschiedene Wesen.

Ein Bediener, schwarz gelockt, aus einem Pasolini-Film, bot ihr Getränke an. Unter seinen Achseln hatte sich ein eingetrockneter Teich von Schweiß gebildet. Sie leerte ein Glas Champagner, dann ein zweites, dann ein drittes, der Schwarzgelockte starrte sie an.

Ein berühmter Schriftsteller begrüßte sie, sein Händedruck war wie ein Schraubstock, so dass sie aufwachte. Sie liebte saftige Begrüßungen. Der Mann war gebrechlich, und seine Tränensäcke sahen wie alte Lumpen aus.

»Ja«, sagte sie, »eine Cortisonspritze, direkt in meinen Arsch.« Sie fand in ihrem Herzen keinen Grund zum Glücklichsein, und deshalb wartete sie die Rede des Verlagschefs erst gar nicht ab – er war in Socken auf den Sessel getreten und begann in russischem Englisch. Er hatte durchaus Charme: »Was uns rettet, ist die Tüchtigkeit ...«

Die Schriftstellerin schlüpfte aus der Tür, niemand sah ihr nach, sie verwechselte die Korridore und suchte, bis sie den Ausgang fand. Es war der für die Dienstboten. Ihre Füße waren heiß und tobten, sie zog ihre Stiefeletten aus und ging in ihren teuren Wolford-Strümpfen, bald zog sich eine fette Laufmasche bis über ihr Knie in den Oberschenkel. Sie ging und ging. Wo sie war, wusste sie nicht. Es wurde dunkel, Straßenlaternen gab es keine mehr. Lärm war auf der Straße, Musik aus Computern. Kinder saßen rauchend auf einer Mauer.

Sie überholte einen alten Mann.

»Bleib stehen«, rief er ihr nach. »Ich sehe erbärmlich aus, trotzdem bitte ich dich, mit mir zu gehen. Ich zeige dir einen Schlafplatz.«

Sie dachte, dem Bart nach zu schließen, könnte es Gott sein, und sie nickte freundlich.

»Wir bewegen uns, bis wir dort sind«, sagte er. Er würde sie an einen Ort der Finsternis führen. Aber da waren sie doch, kein Licht weit und breit! Wenn er Gott ist, dachte die Schriftstellerin, wird er gleich über die Unsterblichkeit referieren. Er war ein alter Mann, der vor sich hin murrte, dem Speichel aus dem Mundwinkel rann und seinen Bart nässte. Sie fühlte sich bewusstlos wie eine Pflanze, da waren sie angekommen. Ein hoher Stacheldraht türmte sich vor ihnen auf. Der alte Mann machte ihr die Räuberleiter, und sie stieg, ohne ihr Lesungskleid kaputt zu machen, darüber. Auf der anderen Seite waren die Wölfe. Der alte Mann stand unter ihnen und sagte:

»Legen wir uns schlafen, es ist schon spät.«

Es war ein Knabe, der hieß Samesch. Auf seiner Wanderschaft stach es ihm in den Fuß, und er dachte, es wird eine Schlange sein. Es war aber der Stachel einer giftigen Palme. Um den Stich herum wurde es sofort blau und lähmte seinen Fuß. Fortan bewegte er sich auf Knien. Weil er so niedrig geworden war, hielten ihn die Tiere für ihresgleichen und ließen ihn in Ruhe.

Einmal traf er auf Kannibalen, es war in Borneo. Sie werden mich töten, fürchtete sich der Knabe, was tun Kopfjäger anderes als töten und dann das Getötete verspeisen. Er schloss mit seinem Leben ab. Sie ließen ihm den Kopf, sie dachten, dieses Ding da für uns ist kein Mensch und kein Tier, deshalb wird es heilig sein. Aber weil diese Menschen keine Mimik zeigten, wusste der Knabe nicht, was in ihnen vorging.

Die Kannibalen gaben ihm zu essen, zu trinken und bereiteten ihm ein Lager. Das Leben verlangte Samesch viel Kraft ab. Schon am Morgen erschienen Frauen mit ihren kranken Kindern und legten sie auf seine Schlafmatte. Sie dachten, er könne sie heilen. Samesch war schlau, sah das viele Ungeziefer unter den Haaren der Kinder und rührte eine scharfe Lösung, mit der sollten die Mütter ihre Kinder waschen. Sie wurden gesund. Immer mehr Menschen kamen, um von Samesch Linderung zu erfahren. Das Essen war nährstoffarm, und Samesch hatte Hunger, der nie gestillt werden konnte. Er hatte sich an alles gewöhnt, an die Moskitos, die frühe Dunkelheit, die Dornen, aber nicht an den Hunger. Er träumte nur noch von Speisen. Er lenkte die Frauen ab und wartete, bis sie sich umdrehten. Dann stahl er ihnen den Proviant aus den Beuteln. Es war nie viel und nie genug, um satt zu werden. Er fraß fingergroße Ameisen, riss Blätter von knackenden Ästen, und wenn er Glück hatte, verfiel er von einem Kraut in einen Rauschzustand, der ihn alles vergessen ließ. Einmal wachte er auf und blickte direkt in die Augen eines Wildschweins. Da wurde es noch viel schlimmer mit seinem Verlangen nach Nahrung. Weil er sich auf seinen Knien fortbewegen musste, blieb ihm nur übrig, tote Sachen zu essen. Und einmal, als er es nicht mehr aushielt, aß er seinen eigenen Arm. Da fürchteten sich die Kannibalen vor ihm, ließen ihn auf seiner Schlafmatte zurück und zogen fort.

179 Im Erdenreich

Es war einmal ein kleiner Knabe, der von seiner Mutter und seinem Vater über alles verhätschelt wurde. Eines Morgens wachte er auf, und er rief, wie er es gewohnt war, nach seiner Mutter. Als diese keine Antwort gab und auch nicht erschien, rief er nach seinem Vater, aber auch dieser kam nicht. Da stand der Knabe von seinem Bett auf und suchte nach seinen Kleidern, die schön geordnet über der Stuhllehne hingen. Er fand in der Küche kein Brot, und die Milch war nicht an ihrem Platz. Da weinte der Knabe und begab sich vor das Haus. Die Straße war menschenleer, er klopfte an die Tür vom Nachbarhaus, aber niemand öffnete ihm. Wo er auch hinkam, fand er keine Menschenseele. Er sah Steine und wusste von seinem Vater, dass sie atmen können, aber nur im Mondschein. Er sah Bäume und wusste, dass sie weinen können, aber was nützte ihm das, es machte ihn nur noch trauriger.

Da sah er Käfer über die Straße kriechen, auch Würmer und Schnecken waren darunter. Weil er nichts anderes wusste und sich nicht auskannte, folgte er den Tieren. Es ging sehr langsam voran. Sie kamen zu einem großen Acker, da versammelten sich die Tiere. Der Knabe weinte nach seiner Mutter und seinem Vater. Auf einem Stein saß eine Eidechse, und das machte dem Knaben Mut. Seine Mutter hatte ihn nämlich gelehrt, dass Eidechsen mit ihren klugen Schwänzchen sprechen können.

Sie sagte: »Lass die Käfer, die Würmer und die Schnecken für dich arbeiten. Es braucht Geduld, aber am Ende wirst du wieder froh werden.«

Der Knabe setzte sich zu der Eidechse auf den Stein. Es wurde Mittag und Abend, der Mondschein schien durch die Bäume, und die Eidechse sagte:

»Hörst du, wie sie weinen? Hörst du unter dir den Stein atmen?«

Die Tiere arbeiteten derweil fleißig an einem Punkt und trugen Erde ab, immer weiter zogen sie ihre Kreise. Sie arbeiteten die ganze Nacht.

Der Knabe war neben der Eidechse eingeschlafen. Am Morgen weckte sie ihn. Sie zeigte auf eine blanke Stelle:

»Siehst du die Tür?«, fragte sie. »Versuch sie zu öffnen.«

Der Knabe gab alle Kraft, die er hatte, aber die Tür bewegte sich nicht. Er war schon verzweifelt und voller Zorn. Käfer, Würmer und Schnecken waren verschwunden. Er hob den Arm, und es sah aus, als wollte er die Eidechse erschlagen.

»Mach dich nicht noch unglücklicher«, sagte die Eidechse. »Sammle dich und hol das Gute aus dir.«

Der Knabe befolgte den Rat.

Da hörte er einen dumpfen Schlag aus dem Erdenreich und bald darauf ein Trommeln. Auf einmal öffnete sich die Tür, und der Knabe sah Hände und Arme. Bald darauf sah er Leiber und Beine und Füße, und er erkannte die Bundhose seines Vaters und die weiße Schürze seiner Mutter. Männer und Frauen erschienen, der Fleischer mit seiner Frau, der Schneider und der Leinenweber, der Totengräber wischte sich die Erde von seinem schwarzen Hemd. Er sah Bauernkinder, die er kannte. Sie alle kletterten aus dem Erdenreich und gingen dann, als sei es blanker Sonntag, ihrer Wege. Die Mutter und der Vater an der Seite des Knaben, so, als wäre nichts geschehen.

Am nächsten Morgen wieder rief der Knabe nach seiner Mutter. Er suchte seine Kleider, und sie lagen tatsächlich nicht über die Stuhllehne. Der Vater hatte keine Zeit mehr für Geschichten, und als der Knabe ihn bat, wieder von den atmenden Steinen zu erzählen und von der Tür im Erdenreich, sagte er nur: »Glaubst du das?«

Da war es, als sei die Kindheit zu Ende.

Mir war von einer sehr alten Dame berichtet worden, die in einem Tal im Montafon in Vorarlberg lebte und von der man behauptete, sie könne in die Zukunft schauen und sie könne Unheilbare heilen. Sie sei über neunzig Jahre alt und lebe allein, verfüge aber über ein Mobiltelefon. Ich erreichte sie nach einigen Versuchen, und sie sagte mit fester Stimme, dass sie mich »empfangen« wolle. Ich fuhr mit Zug und Autobus. Am Ende ging es beschwerlich und kurvenreich durch den Wald, und nachdem ich als Letzte an der letzten Haltestelle ausgestiegen war, musste ich noch eine halbe Stunde steil aufwärts gehen und war dann an der Baumgrenze.

Sie hatte mir am Telefon genau den Weg beschrieben und gesagt, dass die Tür offen stehe, weil sie schwer zu Fuß sei. Ich trat durch den niedrigen Eingang in einen Vorraum, so dunkel hier, dass ich blind war, rief, ich sei hier, und rief meinen Namen und den Namen der Frau. Eine Tür öffnete sich. Das Zimmer war mit Teppichen ausgelegt. Die Teppiche standen an den Wänden kniehoch nach oben, manche wölbten sich nach vorne. Auch an den Wänden hingen Teppiche, manche waren ein Stück weit auf die Decke genagelt. Eine Höhle war das. Die Frau saß in einem Lehnstuhl, sie hatte die Tür mit ihrem Stock aufgezogen, nun stieß sie sie wieder zu. Sie war zart, wirkte nervös, reichte mir ihre Spinnenfinger und sah mich scharf an. Ihr Körper war in eine bunte Decke gehüllt, auf der Decke glaubte ich Menschenköpfe zu erkennen. Ihr Haar war silberweiß und leuchtete. Wie auf alten Bildern, die von Hand koloriert waren und chinesische Opiumsüchtige zeigen, so war ihre Haut, glatt und gelb und makellos und ohne Leben. Man hatte mir erzählt, dass sie viel gereist sei und sich vor zehn Jahren in diesem Haus niedergelassen habe. Eine Frau aus dem Dorf brachte ihr jeden Donnerstag wenige Lebensmittel und versorgte sie mit Medikamenten, der Arzt besuchte sie einmal im Monat, aber er unterhalte sich nur mit ihr und lerne von ihr. Es kamen Einheimische, um sich bei ihr Rat zu holen, ob der nun Tiere oder Menschen betraf. Man sagte ihr Erfolge bei der Heilung der kompliziertesten Krankheiten nach. Außerdem hieß es, sie sei schon hundertmal gestorben.

Ich wollte nach unserem Gespräch ihren Arzt aufsuchen und ihn um seine Meinung bitten und ihn bitten, von seinen Erfahrungen mit ihr zu berichten. Ein Freund, ebenfalls Arzt, hatte mir einmal gesagt, mit der ärztlichen Schweigepflicht werde es bei Patienten über achtzig nicht mehr so genau genommen, über achtzig gehöre man sozusagen allen.

Die Frau war eine Dame. Am Land, noch strenger in den Bergen, wird genau unterschieden. Immer noch. Der Unterschied war deutlich zu erkennen. Ihre Lippen waren geschminkt, ihre Nägel lackiert, die Augen nachgezogen. Sie hatte einen kantigen Ton in der Stimme. Sie wies mich an, auf dem Schemel zu ihren Füßen Platz zu nehmen.

Während unseres Gesprächs begann es zu regnen, immer stärker, irgendwann fiel der Strom aus, und wir saßen im Dunkeln. Ich hatte vergessen, mein Handy aufzuladen. Wir waren ganz für uns, und mir war schaurig zumute. Sie zündete eine Kerze an, die verlöschte gleich wieder, sie versuchte es noch einmal, ohne Erfolg. Sie kommentierte weder den Regen noch den Stromausfall noch die widerspenstige Kerze noch die Dunkelheit.

Sie erzählte. Sie erzählte von ihrer Rückkehr nach Europa. Dass man Geister mit sich schleife von Kontinent zu Kontinent. Sie erzählte von ihren Reisen durch die Mongolei. Sie hatte dort siebenundzwanzig Jahre gelebt und die Kunst des Heilens erlernt und die Kunst bald besser beherrscht als ihre Lehrer und war am Ende wie eine Heilige behandelt worden.

Sie sagte: »Die Menschen haben mich wie eine Heilige verehrt, und ich habe es mir gefallen lassen.«

Ich fragte: »Was meinen Sie damit?«

»Ich habe wie eine Heilige gehandelt«, antwortete sie.

»Und wie handelt eine Heilige?«

»Sie tut Gutes, und sie ist manchmal grausam.«

»Grausam? Wie grausam?«

»Wenn ich nicht helfen konnte, habe ich zugesehen, wie der Tod kam. Ich habe die Augen nicht vor ihm verschlossen.«

»Das ist grausam?«

»Grausam ist, wer nie weint.«

»Und Sie haben nie geweint?«

Ihr Leben bei den Nomaden hatte sie widerstandsfähig gemacht, sie hatte extreme Kälte ertragen und extreme Hitze, sie hatte sich von Schafen ernährt und von Maden, die sich von Schafen ernährt hatten. Sie hatte manchmal zwanzig Stunden geschlafen und manchmal fünfzig Stunden nicht geschlafen. Sie konnte fünf Liter Wasser auf einmal trinken und zehn Tage lang gar nichts trinken.

»Mit der Zeit habe ich mich selbst wie eine Heilige gefühlt.«

»Wie fühlt es sich an, eine Heilige zu sein?«

»Man fühlt nichts. So fühlt es sich an. Man hängt an niemandem, man erinnert sich nicht an den vorangegangenen Tag und erinnert sich nicht, dass man ein Kind war, und man liebt niemanden. Und deshalb weint man nicht. Erst staunt man über sich selbst, dann nicht mehr. Man hat mit dem, der staunt, nichts mehr zu tun. Man hilft, aber man hat keine Freude daran. Das merken die Menschen, und das finden sie grausam. Sie denken, sie hilft, weil sie helfen muss, und nicht, weil sie helfen will, und darum dachten sie, ich sei eine Heilige.«

Das Leben hier in den Vorarlberger Bergen falle ihr leicht.

»Die Menschen essen, was lebendig ist oder lebendig war, aber alles, was lebendig ist oder lebendig war, essen sie nicht. Vieles essen sie nicht. Würden sie alles essen, es gäbe keinen Hunger. Ich esse alles.«

Sie erzählte mir die Geschichte, als sie dem Gobi-Bären begegnet war, dem Mazaalai. Es war ein männliches Tier und über zwei Meter lang. Es ist der Bruder des Braunbären, aber er ist größer und stärker und gefährlicher. Er sei einer, der alles frisst, alles, was lebendig ist oder lebendig gewesen ist. Dieser hatte Menschen gefressen und Hunde, er hatte kleine Kinder in der Mitte auseinandergerissen, er war an den Kugeln, die auf ihn abgefeuert worden waren, nicht gestorben, er hatte sich in die Träume der Jäger geschlichen, das waren die stärksten Männer gewesen.

»Er hat sich in ihren Gehirnen niedergelassen«, sagte sie.

»Wie soll das gehen?«, fragte ich.

»Es war so. Sie sind verrückt geworden vor Angst. Er hat in ihrem Gehirn Schaden angerichtet.«

»Sie meinen das im übertragenen Sinn.«

»Dort gibt es nichts im übertragenen Sinn. Nur bei uns gibt es etwas im übertragenen Sinn. Wenn wir etwas nicht glauben, sagen wir, es sei im übertragenen Sinn gemeint. Das Evangelium ist im übertragenen Sinn gemeint, Märchen sind im übertragenen Sinn gemeint. Wo steht das geschrieben? Ich sage: Er war in ihrem Gehirn.«

»Bin ich zu materialistisch, wenn ich mir nicht vorstellen kann, wie ein zwei Meter großer Braunbär im nicht übertragenen Sinn im Hirn eines Mannes sein Unwesen treibt?«

»Es war so«, antwortete sie. »Mehr kann ich dazu nicht sagen. Ich habe den Mazaalai aus dem Gehirn der Männer herausgeführt. Ich habe ihn gelockt, ich habe ihm geschmeichelt, habe ihm süßen Honig versprochen. Aber drei von ihnen wollten ihn schon nicht mehr hergeben. Sie sagten, er soll bleiben. Oder wenigstens etwas dalassen. Drei seiner Pfoten hat er gelassen. Der vierte wollte nichts von ihm haben.« Und kichernd fügte sie hinzu: »Ehe Sie fragen, junge Frau: Ja, er war gleichzeitig in den Gehirnen von vier starken Männern, Jägern, und ich habe ihn herausgeführt, und er ist mein Haustier geworden, mein hinkendes Haustier.«

Ich sagte nur: »Ich bin keine junge Frau.« Und ich sagte: »Ich glaube Ihnen.«

Ich konnte nicht mitschreiben, wie ich es mir vorgenommen hatte. Ich erzähle hier aus dem Gedächtnis. Ich sah nichts. Nicht einmal ihre Umrisse. Ich hörte sie aus dem Schwarzen heraus reden. Ich fuchtelte mit der Hand vor meinem Gesicht. Ich sah nichts.

»Was fühlen Sie, wenn Sie die Hand vor Ihrem Gesicht bewegen und sie nicht sehen?«, fragte sie.

»Können Sie Gedanken lesen?«, fragte ich.

»Nein«, sagte sie, »aber ich kann mich in andere Menschen hineinversetzen. Also: Was fühlen Sie?«

»Sagen Sie mir, was ich fühle!«

»Sie werden sich allmählich fremd. Ist es so?«

»Ja.«

»Sehen Sie, darum bewegen Sie die Hand nun nicht mehr vor ihrem Gesicht. Es ist, als gehöre die Hand nicht zu Ihnen. Sie fürchten, wenn Sie die Hand weiter vor dem Gesicht hin- und herbewegen, zieht diese Fremdheit über Ihren Arm, zu Ihrer Schulter und legt sich schließlich über Ihren ganzen Körper. Habe ich recht?«

Sie hatte recht.

»Besteht Ihre Heilkunst darin, sich in andere Menschen hineinzuversetzen?«, fragte ich.

»Jede Heilkunst besteht darin.«

»Oft besteht die Heilkunst im Verschreiben der richtigen Medizin.«

»Das ist das Gleiche.«

»Das verstehe ich nicht.«

»Manchmal nützen Tabletten, manchmal nicht. In sehr vielen Fällen nützen Placebos. Es genügt nicht, sich nur in Menschen hineinzuversetzen.«

»Sondern?«

»In alles.«

»Was heißt das?«

»Alles ist alles. Ich sehe in der Nacht, wenn ich mich in die Dunkelheit hineinversetze, ich lösche den Durst, wenn ich mich in das Wasser hineinversetze. Ich nehme den Kopfschmerz, wenn ich mich ins Aspirin hineinversetze. Man muss nichts können, man muss es nur wollen.«

»Das heißt, das kann jeder? Jeder, der es will?«, schlussfolgerte ich.

»Jeder kann es, aber manche können es besser und manche schlechter, manche können es bei wenigen Dingen, manche bei vielen. Und manche können es bei allen Dingen.«

»Sie können es bei allen Dingen?«

»Bei vielen.«

Ich wollte eine Frage stellen, traute mich aber nicht. Sie wartete auf meine Frage. Sie wusste, welche Frage ich stellen wollte. Aber sie wollte, dass ich sie stellte.

Lange war es still. Sehr lange. Ich hatte zu lange nichts gesagt und fürchtete, meine Stimme würde mir fremd sein und diese Fremdheit würde sich von meiner Stimme auf mein Gesicht ausbreiten und von dort auf meine Brust und auf mein Herz.

Dann fragte ich es doch, wusste aber nicht und weiß bis heute nicht, ob ich die Frage laut aussprach oder nur dachte: »Sie sind jetzt in meinem Kopf, wie der Mazaalai im Kopf der vier Männer war. Habe ich recht?«

Sie antwortete nicht. Ich nahm das als Zustimmung.

»Ich will das nicht«, sagte ich.

Sie antwortete wieder nicht.

»Ich weiß nicht genau, wie Hypnose funktioniert«, sagte ich, »und ich weiß vor allem nicht, wie sie funktioniert, wenn der Hypnotiseur nichts sieht und der Hypnotisierte ebenfalls nichts sieht, aber ich weiß, dass Hypnose nicht funktioniert, wenn sich einer nicht hypnotisieren lassen will. Ich will nicht, hören Sie, ich will nicht!«

Sie sagte nichts.

»Ich will nicht!«, wiederholte ich.

Ich spürte, wie sie in meinem Kopf herumging. Wie sie Türen öffnete. Wie sie über Stiegen hinauf- und über Stiegen hinunterging. Wie sie Kästen öffnete. Wie sie in meinem Schreibtisch nach etwas suchte. Wie sie in meinem Badezimmer an meiner Seife roch. Wie sie sich meine Kleider vor die Brust hielt. Wie sie in meiner Küche den Tisch aufräumte. Wie sie sich ein Glas Wein einschenkte. Wie sie meine Pflanzen goss. Wie sie meine Post durchsah. Wie sie meinen Laptop öffnete und meine Mails las.

»Ich will nicht«, sagte ich. Ich hörte meine Stimme, sie war schwach. »Ich will bitte nicht. Ich will bitte, bitte nicht.«

Dann war es wieder lange still.

Ich dachte, sie sei eingeschlafen. Ich beugte meinen Kopf an ihre Brust. Ich hörte keinen Atem. Ich griff ihren Puls, da war nichts mehr. Ihre Hände fühlten sich kalt und leer an. Ich tastete mich durch das Zimmer, versuchte vor dem Fenster etwas zu erkennen, hörte nur das Prasseln des Regens. Niemand wusste, wo ich war. Der Kopf der Dame war auf die Seite gerutscht. Sie atmete nicht, weil sie tot war.

Wenn ich als Kind Angst gehabt hatte, war dies meine Methode gewesen: laut reden. Jede meiner Bewegungen beschrieb ich laut:»Ich stehe jetzt von meinem Sessel auf. – Ich gehe jetzt in das andere Ende vom Zimmer. – Ich bin jetzt im anderen Ende vom Zimmer angekommen. – Ich lege meine Hand an die Wand, an der Wand hängt ein Teppich. – Ich taste mich an der Wand entlang, ich erinnere mich, dass in dieser Richtung ein Kamin ist. – Ich habe den Kamin erreicht. – Ich versuche, im Kamin ein Feuer zu machen. Ich habe in meiner Handtasche Zündhölzer, ich muss mich zu meinem Sessel tasten. – Ich habe meinen Sessel erreicht. – Ich weiß, wo meine Tasche ist, ich greife in die Tasche. – Ich halte die Schachtel mit den Zündhölzern in der Hand.«

Es gelang mir, den Kamin anzufeuern. Ich vermied es, die Dame anzusehen. Ich legte Scheite nach. Es wurde allmählich warm. Ich konnte meine Hand ansehen, ohne mich zu fürchten. Die Dame saß in meinem Rücken. Ich rieb meine Hände am Feuer, warf ein Schaffell um meine Schultern. Ich tat, als wäre ich allein. Ich versetzte mich in den Zustand des Alleinseins. Diese Frage hatte ich ihr stellen wollen: ob man sich nur in Menschen und Tiere und Dinge hineinversetzen kann oder auch in Zustände. Ich wollte sie fragen: Können Sie sich in den Zustand des Todes hineinversetzen? Ich war mir sicher, ihre Antwort wäre gewesen: Ja.

Ich drehte mich zu ihr um.

Sie sah aus wie eine Heilige. Wie die Figur einer Heiligen. Als wäre ihr Gesicht aus Wachs und ihr Körper aus einem Drahtgestänge.

Ich sagte:»Ich weiß, dass Sie nicht tot sind. Ich weiß, dass Sie sich nur in den Tod hineinversetzen. Sie wussten, dass ich Ihnen diese Frage stellen wollte. Und weil ich mich nicht getraut habe, sie zu stellen, führen Sie mir die Antwort vor. Aber jetzt ist es genug.«

Sie hatte davon erzählt, dass sie in Wien durch den Stadtpark gegangen war. Sie habe sich aufnahmefähig gefühlt wie ein junges Lexikon und habe alles aufgesaugt, was sie sah.

»Es ist wunderbar, nach so langer Zeit wieder nach Europa zu kommen«, hatte sie gesagt.

»Was ist daran wunderbar?«, hatte ich gefragt.

»Der schöne Unglaube.«

»Damit kann ich nichts anfangen.«

»Ebendas meine ich.«

»Erklären Sie es mir, bitte.«

»Ich landete in Wien«, erklärte sie es mir, »und ich fuhr mit der Schnellbahn in die Stadt, ich spazierte durch den Stadtpark, und ich wusste, meine Leute sind bei mir.«

»Wer sind Ihre Leute?«

»Sie waren bei mir«, sagte sie, beantwortete aber nicht meine Frage. »Sie versteckten sich vor mir. Nein, das ist nicht richtig«, korrigierte sie sich, »sie versteckten sich vor der Stadt. Sie fürchteten sich vor der Stadt.«

Auf den Bänken im Stadtpark seien Planen ausgebreitet gewesen, unter denen bewegte es sich. Menschen hatten sich dort Schlafplätze zurechtgemacht.

»Das waren Obdachlose«, sagte ich. »Das waren nicht Ihre Leute.«

Das hatte ich zu ihr gesagt.

Ich sah dieses Bild vor mir, die lange Reihe von Bänken im Wiener Stadtpark und die Planen darauf und wie sich die Planen bewegten. Ich tastete mich zu der Dame, um sie erneut anzugreifen.

»Du bist tot«, sagte ich laut, »jetzt glaube ich es, jetzt sehe ich es. Morgen werde ich dich auf den Tisch heben und aus dir einen richtigen Leichnam machen, einen europäischen.«

Dann legte ich mich zu ihren Füßen nieder und schlief ein.

Ich schlief zwei oder drei Stunden.

Dann trat ich durch den Vorraum, öffnete die Tür. Es schneite. Es war Juli, und es schneite. Der Schnee reichte mir bis zu den Knien. Und es schneite so dicht, wie ich es nie erlebt hatte. Ich lief ins Haus zurück. Beruhigte mich damit, dass die Frau aus dem Dorf kommen würde, um nach der alten Dame zu sehen. Es war Donnerstag. Aber ich wusste nicht, wie sie durch den Schnee hätte kommen sollen. Immer noch war kein Strom. Mein Handgelenk blutete, und gestocktes Blut sah ich auf der Decke der Dame. Unter den Teppichen an der Wand liegen keine Obdachlosen, dachte ich. Und dachte sogleich: Wie komme ich auf diesen Gedanken? Und ich wehrte mich gegen den Gedanken, dass ich in meinem Kopf ihre Schritte hörte. Hier bin nur ich mit einer Toten. Durch die Fenster sah ich Morgenlicht, Schneetreiben, bald dann reichte der Schnee bis an die Scheibe.

Ich stöberte im Besitz der Dame. Fand Medikamente, eine Bärentatze, kleine Bällchen von Harz, Stofffetzen, die klebrig waren, Nadeln in verschiedenen Größen. Ich stellte mich ans Fenster, las in dem wenigen Licht die Beipackzettel der Medikamente. Fand einige Ampullen Schmerzmittel. Schmerzpflaster. Ich klebte ein Schmerzpflaster an meine Stirn, ein anderes auf meinen Bauch. Ich nahm nervenberuhigende Tropfen und aß aus einem Glas blaue Pflaumen.

Die Tropfen machten mich müde, ich legte mich so weit wie möglich von der Dame entfernt auf den Teppich, deckte mich mit einem anderen Teppich zu und wachte nach einer Stunde fröstelnd auf. Das Feuer war erloschen.

Ich räumte den Tisch leer, die Bücher, die kleinen Figuren, Perlenschnüre, Kerzenhalter, alles legte ich der Reihe nach an die Wand. Es sah aus wie eine Schlange von Wartenden. In jedem Ding konnte sie sein. In jedem Ding war sie schon einmal gewesen. Ich hob die Dame hoch, sie war leichter, als ich dachte, und bettete sie auf den blanken Tisch. Rechts und links an ihren Seiten zündete ich Kerzen an. Ihr Gesicht war fahl. Ich bemerkte den Schmuck um ihren Hals und die Perlen an ihrem Gürtel. Ihre Haare sahen nicht mehr aus wie leuchtendes Silber. Sie waren verfilzt.

Ich kämmte sie. Die Haare reichten ihr bis zu den Oberschenkeln. Ich kämmte vorsichtig. Ich drapierte ein paar von den künstlichen Blumen in ihr Haar, es gab reichlich an den Wänden. Dann drückte ich ihr die Augen zu. Sie klappten nach hinten wie bei einer kaputten Puppe, bei der das Augenband gerissen ist.

Wenig hatte ich erfahren. Ich machte mir Notizen. Versuchte mich an den Wortlaut zu erinnern. Mir blieb nichts anderes übrig, als zu warten. Ich fand keine Schneeschaufel, und so war es mir nicht möglich, das Haus zu verlassen. Wohin hätte ich auch gehen sollen? Im Schnee hätte ich den Weg nicht gefunden. Es gab reichlich Essen in Gläsern. Eingemachtes Obst, von dem aß ich. Ich probierte, Hirse zu kochen, sie schmeckte nicht. Alle Töpfe, die ich fand, füllte ich mit Schnee und stellte sie aufs Feuer. Das heiße Wasser goss ich vor das Haus, so dass ich hinaustreten konnte, um in die Schneelandschaft zu schauen. Die Bäume hatten sich unter der Schneelast gebogen und sahen aus wie Laternen.

Ich durchsuchte das Zimmer. Ich wollte Aufzeichnungen finden. Ich fand unter einem Haufen kleiner Tannenzapfen und Samen in verschiedenen Größen ein vollgekritzeltes Heft. Ich konnte die Schrift nicht lesen. Einige Zeichnungen gab es darin. Menschen unter Planen. Hatte sie also gezeichnet, was ihr im Wiener Stadtpark begegnet war? In meinem Herzen wurde es finster, sobald der Abend einbrach, ich suchte nach Medikamenten zum Schlafen, und bald war auch in mir kein Licht mehr.

Der Mazaalai kam in der Nacht, er legte sich zu der Dame auf das Totenbett, drei seiner Beine waren verstümmelt, nur eine Tatze hatte er noch. Die Teppiche lösten sich von den Wänden, und die Menschen darunter traten hervor, sie waren geschrumpft und nur eine Handspanne groß. Sie reihten sich um das Totenbett auf. Ich hörte sie summen, sie sangen leise. Ich stellte mich schlafend, um die Feier nicht zu stören.

»Wenn der Frühling kommt, wird alles gewesen sein«, hörte ich mich sagen.

Man hat mich gefunden. Ich habe keine Fragen gestellt. Ich bin nicht gefragt worden. Man war froh, dass ich bald gehen wollte. Nichts von dem Meinen war verloren gegangen. Auch die Rückfahrkarte nicht.

Weil ich das Eigentum von meiner Mutter war, hat sie mit mir gemacht, was ihr gerade in den Sinn kam. Nichts Gutes. Nichts Schönes. Aß ich, ohne zu fragen, schlug sie mich mit dem Metallschuhlöffel. Er war schon ganz verbogen. Sie sagte mir ihre Gesetze auf, an die ich mich zu halten hatte. Heute erklärt man mir, dass meine Mutter psychisch krank war, ich aber sage: Sie ist böse, und ich will, dass sie dafür in der Hölle gequält wird, so wie sie mich gequält hat. Ob es da unten eine Badewanne gibt, bezweifle ich. Denen wird schon etwas einfallen. Sie hat mich nämlich als Kleinkind nackt in die leere Wanne gesetzt und gewusst, dass ich nicht herauskann. Ich habe mir bei den Bemühungen, über den Rand zu kommen, viele Beulen geholt. Die Tür war versperrt. Ich sah nur das kleine rote Licht vom Boiler. Dieses Licht war für mich das böse Auge, das mich bewacht. Ich war so oft eingesperrt, dass die Dinge, die mich umgaben, zu Lebewesen wurden. In dem Heizkörper erkannte ich eine Schlangenfamilie, die sich auf mich zu bewegte. Ich war ja gefangen, und sie würden sich um meinen Körper wickeln und mich zerquetschen.

Als ich in die Schule kam, begleitete mich meine Mutter. Die Sachen, die sie mir zum Anziehen gab, waren altmodisch. Die Kinder verspotteten mich. Sie verspotteten uns beide. Meine Mutter sah nicht aus wie die anderen Mütter. Meine Banknachbarin sagte, sie ist ein Alien. Ich wusste gar nicht, was das ist. In der Turnstunde versteckten die Kinder meine Turnhose und die Kleider und warfen sie in den Sautrog. Nur mit meiner Unterhose am Leib lief ich nach Hause und versteckte mich im Keller. Da waren aber wieder die Tiere, die mich packen wollten.

Als ich dann von Natascha Kampuschs Schicksal erfahren habe, dachte ich, die hat es jetzt geschafft und darf sogar ins Fernsehen. Ich war so mit mir beschäftigt, dass ich mir nicht vorstellen konnte, sie hätte es schlimmer gehabt als ich. Ich war direkt eifersüchtig auf sie.

Heute weiß ich, sie ist eine bemitleidenswerte Kreatur wie ich.

Meine Mutter lebt in der Psychiatrie, und einmal habe ich sie mit meinem Betreuer besucht. Er meinte, das könnte für mich befreiend sein. Sie saß vor ihrem Kakao und tunkte Weißbrotrinde ein. Ihre Haare waren grau und fettig. Es hat mich so gegraust vor ihr, dass ich aus dem Zimmer gerannt bin, sonst hätte ich sie ankotzen müssen.

Der Betreuer sagte zu mir: »Da liegt noch viel Arbeit vor uns.«

»Wieso vor uns?«, fragte ich ihn.

»Bis du begreifst«, sagte er, »dass sie dir nichts mehr anhaben kann.«

»Bis ich begreife, dass ich mein eigenes Eigentum bin?«

Die Frau war knapp über vierzig, zu groß für ihren Geschmack, das hatte zur Folge, dass sie nicht aufrecht ging und ihr Rücken sich leicht krümmte. Ihre Haare waren von einem guten Frisör gestylt, aber trotzdem gab die Frisur nichts her, die Haarfarbe wich vom Naturton um ein paar Nuancen ab. Sie trug teure Kleider, manche davon hingen wie Lumpen an ihr. Aber ihr Verstand war messerscharf. Wenn sie dasaß und diskutierte, fesselte sie eine ganze Männergesellschaft. Selten richtete sie ihr Wort an eine Frau, und wenn eine Frau antwortete, war sie schon wieder bei einem neuen Thema.

Aber kaum ging es zum Buffet, fiel alles von ihr ab. Ihre langen Beine, die in spitz zulaufenden Dreihundert-Euro-Schuhen steckten, sahen völlig unattraktiv aus. Trotzdem war es ihr gelungen, einen Mann an sich zu fesseln. Sie war auf einer Treppe gesessen und hatte in einem Buch gelesen. Der nämliche Mann war zu ihr gestoßen, und gleich hatte sie ein Gespräch begonnen, das sie so geschickt an sich zog, dass der Mann das Gefühl hatte, er selber wäre an Einfällen groß.

Sie war unendlich verliebt in ihn. Manchmal dachte sich der Mann, wie kann eine so gescheite Frau so hilflos und ungeschickt dastehen. Er erwiderte ihre Liebe ungefähr zu einem Fünftel, das wusste die Frau, und sie war zufrieden damit. Sie jagte keinen Phantomen nach. Sie dachte, wenn sie an ihn dachte, und das war sehr oft, sogar unter klügsten Diskussionen schoss es ihr durch den Kopf: »Mein Glück, mein Leben.«

Lag sie mit ihm im Bett, zog sie ihn an sich und flüsterte: »Mein Glück, mein Leben.« Es waren vier Worte aus einem Shakespeare-Sonett, das wusste ihr Mann natürlich nicht und sollte es auch nicht wissen. Er war im Vergleich zu ihr von gewöhnlicher Gescheitheit und ziemlich ungebildet.

Zwei Jahre lang war es ihr gelungen, ihm das Gefühl von erhabenem Verstand zu vermitteln, aber dann stumpfte er wieder ab. Sie sah ihn in einem Kaffeehaus mit einer übergewichtigen Frau sitzen, großer Busen, breites Becken, sie hielten einander an den Händen. Die Frau versteckte sich hinter dem Stamm einer Stadtlinde und schaute so lange auf die beiden, bis sie sich küssten.

Nur eines konnte die Frau sich denken: Es wird an mir liegen. Ich muss ihm mehr bieten. Vielleicht kann ich es über die Sexualität schaffen. Wenn ich ihm nur das Gefühl lasse, klüger als ich zu sein, ist es demütigend für ihn, ich kann mir nicht vorstellen, dass er das nicht spürt. Oder sollte sie versuchen, dicker zu werden? Aber das war auch so eine Sache. Wie sie sich kannte, nahm sie nur an den falschen Stellen zu.

Sie legte sich unter die Decke und flüsterte: »Mein Glück, mein Leben«, und dazu weinte sie hemmungslos, was sie nicht mehr gemacht hatte, seit sie ein Kind war. Hatte sie als Kind überhaupt je so geweint?

Bald verließ sie ihr »mein Glück, mein Leben«, sie war wieder allein und beschäftigte sich mit den Welträtseln.

»Alles, was ich habe, ist sie, meine Kleine, die gar nicht mehr klein ist und doch wie mein Kind. Sie ist, wie soll ich sagen, um korrekt zu sein, weil man ja korrekt sein muss in dieser Zeit, ja, ein wenig benachteiligt ist sie. Ich meine, von der Natur benachteiligt. Weil die Natur ungerecht ist. Kann die Natur gerecht sein, oder ist es Gott, der ungerecht ist, zumindest war, bei meiner Tochter, leider, ich muss das so sagen, da war Gott ungerecht. Sie war eine Frühgeburt, ich war keine junge Mutter, ich hab sie gehalten, bis man sie mir weggenommen hat. Sie lag dann auf dieser Frühchenstation und ist ins Koma gefallen. Ich denke, weil man mir sie weggenommen hat. Sie hat sich nicht entwickelt, wie man es erwartet. Sie war immer bei mir. Ich hab meine Arbeit zum Glück zu Hause, und jede freie Minute kümmere ich mich um sie. Ich bin Näherin. Ich liebe Stoffe. Meine Kleine greift auch gern Stoffe an. Besonders liebt sie den echten Samt. Sie kann reden, nicht perfekt, ich verstehe sie. Sie ist ungeschickt mit den Händen. Stellen Sie sich vor, sie kann irgendwie schreiben. Ich habe ihr das Schreiben beigebracht. Ich hab sie nie in eine Einrichtung geschickt, was mir viele Leute vorgeworfen haben. Als ob sie dort zufrieden hätte sein können.

Sie ist bald zwanzig Jahre alt, und Sie müssen mir glauben, sie ist richtig schön geworden. An einem Sonntag sagte sie zu mir, sie will jetzt unter die Leute und sie will einen Beruf haben. Ich bin erschrocken. Was könnte sie tun? Eine Bekannte meinte, als Abwaschhilfe in einer Schulküche könnte man sie anlernen. Meine Kleine, die nicht mehr will, dass ich Kleine zu ihr sage, sagte, sie will eine Abwaschhilfe werden. Sie will es versuchen. Ich nenne sie jetzt bei ihrem richtigen Namen. Sie duldet keinen Kosenamen. Da ist sie streng mit mir. Ich begleitete sie in die Schulküche und sah, wie die Angestellten dort ungeduldig mit ihr waren. Das schien sie nicht zu stören. Einmal in der Woche kommt ein junger Koch, und in den verliebte sich meine Tochter. Sie sagt, er ist so schön, so einen schönen Mann habe sie noch nie gesehen. Er ist auch aufmerksam zu ihr. Sie wartet jede Woche auf den Tag, wenn der Koch kommt, und er hat versprochen, sich ein wenig um sie zu kümmern. Er will ihr zeigen, wie ein Spiegelei geht. Oder ein Omelett, und einmal, vielleicht in einem Jahr, darf sie mit ihm einen Kaiserschmarren machen. Sie ist glücklich, und so will ich es auch sein.«

Diese Geschichte erzählte mir eine Frau im Wartezimmer, ein wenig weinte sie beim Erzählen.

187 Bitte nicht tot machen

Ein alter Mann hielt sich am Stiegengeländer fest und tapste vorsichtig ins Erdgeschoss. Er trug seinen Hochzeitsanzug, der ihm wieder passte, nachdem er viele Jahre sehr dick gewesen und dann im Alter wieder mager geworden war. Mager und faltig, wie das halt so ist. Seine Frau sah ihn an und wunderte sich. Er hatte die Anzugjacke zugeknöpft, kein Hemd trug er darunter, man sah seine eingefallene Brust mit dem Rest an Gefieder, das sie so gern gestreichelt hatte, damals.

Am Revers hatte der alte Mann mit einer Stecknadel einen Zettel geheftet, den abgerissenen Teil eines Briefkuverts, darauf stand:

BITTE NICHT TOT MACHEN

Ich muss das erklären. Das Ganze hat nämlich eine Vorgeschichte. Mit sechzig und überstandener Krebskrankheit hatte sich der Mann im Bett seiner Frau anvertraut. Sie lag entfernt von ihm auf ihrem Schlafkissen. Er griff mit der Hand an ihre Schultern und sagte:

»Bitte, Gertrud, hast du einen Satz Zeit für mich?«

»Lass uns schlafen«, sagte sie, »es ist schon spät.«

»Nur ein Weilchen, bitte, Gertrud.«

Sie drehte sich um, so dass sie gerade auf dem Rücken lag, wandte sich aber noch nicht in seine Richtung.

»Dreh dich zu mir um, Gertrud, ich weiß, ich bin kein schöner Anblick.«

Sie drehte sich also und schaute ihn an.

»Gertrud«, sagte er, »ich bitte dich um eines. Wie du siehst und wie ich sehe und auch spüre, geht es abwärts mit mir, ich vergesse so viel und fühle mich nicht mehr dem echten Leben gewachsen. Du bist zwölf Jahre jünger. Also ich bitte dich inständig, solltest du an mir eine beginnende Demenz feststellen, lass mich sterben. Ich will das alles schriftlich machen. Wir können zu einem Notar gehen und das bestätigen lassen.«

Seine Frau atmete tief durch. Sie hatte sich an ihren Mann gewöhnt, über dreißig Jahre hatten sie gemeinsam verbracht, drei Kinder großgezogen, aus denen Ordentliches geworden war. Also nichts Gescheitertes, wie sie bei dem Großen zumindest befürchtet hatten. Die zwei Mädchen waren in guten Händen und hatten ihnen Enkel geschenkt – übrigens, wie ich finde, eine merkwürdige Formulierung. Verschenkt man Enkel? Jedenfalls waren die Kinder eine Freude für die Großeltern. Putzige kleine Menschen mit klebrigen Händchen.

»Also, Getrud, bitte, gib mir Antwort.«

»Nein«, sagte sie, »das mit dem Notar machen wir nicht. Wir warten ab. Dann können wir immer noch entscheiden, wenn es gar nicht mehr geht.«

Da hatte der alte Mann plötzlich das Gefühl gehabt, dass gar nichts mehr geht. Die Frau hatte einen Termin bei einem Anwalt vereinbart.

Und dann, ebendieser Tritt über die Treppe. Mit dem Zettel auf seinem Revers. Gewiss, die Frau erschrak.

Sie machte alles rückgängig und war froh über ihre Entscheidung.

Er sei der liebste Mann, trotz seiner Einschränkung, und er lebe wieder gern, und ihr Essen, besonders der Scheiterhaufen, schmecke ihm.

188 Erinnerung

Ein Mann erzählte mir:

»Als ich ein Bub von sechs Jahren war, fuhr mein Vater mit mir zu dem Eisenbahngeschäft, das KLEINBAHN hieß, und wir schauten zusammen die Southern Pacific an. Ich durfte die Lokomotive in der Hand halten und mir vorstellen, dass ich ein kleiner Reisender wäre. Ich fuhr mit den Rädern über meinen linken Unterarm, und die Verkäuferin schaute mir zu. Wir würden nichts kaufen. Wir wollten nur schauen. Ich erinnere mich, dass die Verkäuferin ein wenig nach Schweiß gerochen hat.

Mein Vater spazierte mit mir durch die Stadt, vorbei an einer Metzgerei. Wir schauten durch das Fenster und sahen Leute hektisch auseinander- und wieder zusammenlaufen. Mein Vater betrat das Geschäft, ich an seiner Hand. Ein Spatz hatte sich im Fenster verfangen und flatterte wie wild über die Fleischstücke und Wurstwaren. Mein Vater machte mit beiden Händen ein Häuschen und fing den Spatz ein und ging mit ihm nach draußen. Der Spatz flog davon.

Mein Vater war ein Held.

Das werde ich nie vergessen.

Ich war verliebt in ein Mädchen mit weichen Haaren. Ich nahm sie mit an den Rhein. Ich wusste, dort singt die Nachtigall. Wir müssen ganz leise sein, dann passiert es, sagte ich. Wir warteten, und lange sang die Nachtigall nicht. Das Mädchen wurde ungeduldig und fragte, ob ich etwas zum Rauchen hätte. Jetzt, sagte ich, hörst du, wie wunderbar. Wie wunderbar, wie süßer Schmerz. Das ist das Nachtigallmännchen. Es sucht eine Frau. Aber das Mädchen mit den weichen Haaren hatte keine Muße.

Totenstille.

Da wusste ich, sie ist die Falsche für mich.

Viel später traf ich eine Frau, und wieder zog es mich zur Nachtigall. Unsere Gesichter waren einander nahe. Die Nacht verbarg den Tag, und wir hörten den Nachtgesang. Da wusste ich, sie ist die Richtige.«

189 Die grüne Tasche

Schnell lief ich aus dem Haus, in zwei Stunden würden die Kinder aufwachen und mich vermissen. Ich fuhr mit der 6er-Linie in die Stadt. In meiner grünen Tasche waren meine Schlüssel, das Geld und der Ausweis. Ich erledigte meine Besorgung, stieg in den Bus und merkte bald, dass es der falsche war. Wir fuhren bereits. Mir zur Seite saß ein Mann in hellem Anzug. Er roch nach gutem Rasierwasser. Er spürte, wie nervös ich war, und hielt meine Hand. Bei der nächsten Haltestelle stieg ich aus. Der Mann begleitete mich, es war, als kennten wir uns. Meine Tasche, ich hatte meine grüne Tasche auf dem Sitz liegengelassen. Der Mann beruhigte mich.

»So eine Tasche«, sagte er, »ist schnell gekauft.«

»Aber mein Wohnungsschlüssel!«, jammerte ich.

»Wir holen einen Schlosser.«

Warum *wir*, dachte ich, sagte aber nichts. Ich wollte die Tasche zurückhaben und wartete beim Busbahnhof. Viele Busse standen herum, und ich wusste nicht, welcher der richtige war. Der Mann tat so, als wüsste er es auch nicht. Ich wandte mich ab und suchte weiter.

Ich fand den Bus, aber die grüne Tasche war weg.

Wieder war dieser Mann da, wir tranken Kaffee und Cognac, er tröstete mich, erzählte mir von Ländern, die er bereist hatte, es gelang ihm, mich zu benebeln, ich kam erst wieder zu mir, als der Kellner an unseren Tisch trat. Der Mann holte seine Brieftasche hervor, da sah ich, dass er meine grüne Tasche unter seinem Sakko hatte. Ich wurde hysterisch und rief um Hilfe. Polizisten standen vor mir und befragten den Mann, der tat, als wüsste er nicht, wovon ich spreche.

»Meine Kinder werden mich suchen«, jammerte ich. »Sie brauchen mich, das Kleinste kann noch nicht gehen, es wird sich vorwagen und fallen, das Große fürchtet sich, weil es die Gefahr kennt.«

Wieso ich sie denn allein gelassen habe, wurde ich gefragt, man werde die Fürsorge benachrichtigen.

»Ich wäre längst zu Hause! Längst hätte ich meine Pflicht getan, wenn nicht der da!«

Ich war ohne Trost. Dabei war schönstes Wetter.

Der Mann war gern dazu bereit, mich zu begleiten, das sagte er zu den Polizisten, und die dankten ihm. Ich wehrte mich, biss ihm in den Arm, aber der Stoff an seinem Ärmel war so fest, dass ich nicht bis an sein Fleisch kam. Er sah mich amüsiert an, nahm mich am Arm und redete auf mich ein. Ich wurde so müde, dass ich auf die Knie fiel.

Ich fand mich in einem fremden Zimmer, sah die grüne Tasche auf einem Glastisch liegen, ich wollte aufstehen, aber die Beine versagten mir. Das Gesicht des Mannes war über mir, sein Atem streifte mein Gesicht, ich öffnete den Mund und konnte nicht sprechen. Vor dem Fenster hörte ich meine Kinder weinen.

Wer ist sie eigentlich, ich habe keine Ahnung, obwohl ich sie schon viele Jahre kenne, ich glaube, sie weiß es selber nicht. Hat sie es als Kind gewusst? Daran erinnert sie sich nicht. Als Kind ist man ein Kind, sonst nichts. Spielt man als Kind, weiß man, dass man spielt. Man spielt zum Beispiel »Vater und Mutter und Hund«, einmal ist man die, dann der, dann bellt man wie ein Hund. Als sie erwachsen wurde und unsicher, fing sie an, die zu sein, die man von ihr erwartete. Sprach sie mit ihrem Vorgesetzten, einem strengen Herrn, spielte sie die Unterwürfige, weil sie dachte, das brauche er. Traf sie nach der Arbeit in der Bibliothek ihren Freund, war sie frech, weil es ihm gefiel, wenn sie frech war. Er fühlte sich gefordert. Sonst, sagte er, spüre er sich nicht, und er fragte, ob sie sich spüre. Sie wusste nicht, was er meinte.

Sie war in seinen Freund verliebt, einen Fußballtrainer, und traf sie ihn, tat sie, als interessiere sie sich für Fußball über alle Maßen. Da riet er ihr, doch zu trainieren und in eine Fußballfrauenmannschaft einzutreten. Das war ihr dann doch zu anstrengend. Sie ging als Zuschauerin zu den Matches, obwohl sie keine Ahnung hatte und sich langweilte. Der Freund war nicht fasziniert von ihr. Sie fand sich gerade perfekt und dachte, da kann er nur schwul sein, wenn er keine Augen für mich hat, wo doch jeder Mann in meiner Nähe sein will.

»Du bist nicht wiederzuerkennen«, sagte ihr Bruder. Er war aus Frankreich angereist, wo er lebte. Lange war er schon fort und hatte sie nur als Mädchen in Erinnerung. »Du bist einmal die, dann wieder die, keiner kennt sich aus«, sagte er.

Er riet ihr, als Schauspielerin vorzusprechen, und sie war begabt, das wurde ihr bestätigt. Sie konnte sich wunderbar in Rollen einfühlen. Einmal spielte sie eine Dichterin und beschloss, selber zu dichten. So leicht stellte sie sich das vor. Sie saß vor dem Computer und überlegte sich einen Titel. Sie sah in den Spiegel und fand, sie sehe wie eine selbstbewusste

Dichterin aus, das hieß, sie hätte schon einige Romane verfasst. Also musste es doch leicht sein, einen Anfang zu finden.

Sie tippte: »Als Kind wusste sie, was sie werden wollte. Eine Mutter mit vier Kindern. Sie fand mit achtzehn einen Mann und heiratete ihn. Sie bekamen ein Kind. Dann wurde ihr langweilig.«

Sie las, was sie geschrieben hatte, und fand, ihr fehle die Begabung zu einer Schriftstellerin. Sie legte sich ins Bett und dachte nach. Sie sehnte sich nach einer Katastrophe, die sie grundlegend verändern würde.

191 *Wieso machst du das?*

Eine nicht mehr junge Frau wartete auf den Zug wie ich, kam zu mir und fragte, ob ich Feuer hätte.

»Ich rauche schon lang nicht mehr«, sagte ich.

»Was tust du dann?«, fragte sie.

»Ich schreibe.«

»Was schreibst du?«

»Alles, was mir so einfällt.«

»Auch Romane?«

»Das auch.«

»Muss ich dich kennen?«

»Niemand muss mich kennen.«

»Ich meine, ob du Geschichten suchst, die du aufschreiben kannst?«

»Wenn sie gut sind.«

»Ich hätte da eine, willst du sie hören?«

Sie setzte sich im Zug neben mich. Wir beide Maskenträger.

»Ich bin erst einmal geimpft«, sagte sie. »Hast du damit ein Problem?«

»Impf dich weiter«, sagte ich, »ein zweites und ein drittes Mal, dann bist du auf der guten Seite.«

»Ich weiß, wie ich auf die gute Seite komme.«

»Fang einfach mit deiner Geschichte an«, sagte ich.

»Es ist, als ob du Jesus küsst«, sagte sie.

Ich wunderte mich, hatte mir gedacht, Heroin nehmen nur die jungen Leute. Sie aber war einmal jung gewesen und hatte nie damit aufgehört. Das hätte ich nie gedacht. Sie sah nicht wie ein Junkie aus. Klar, sie war arbeitslos, aber arbeitslos sind viele Frauen in ihrem Alter. Sie habe noch nie gearbeitet, erzählte sie, sie sei immer halbwegs durchgekommen.

»Ich bin nicht verwöhnt, nicht vergnügungssüchtig, nicht kaufsüchtig, nur das halt …« Sie schaute auf den Boden.

Sie wohnte in einem Zimmer mit Kochnische und Dusche, war vollends zufrieden.

»Haben Sie denn nie versucht aufzuhören?«, fragte ich.

»Kannst mich ruhig duzen, so eine wie mich duzt man.«

Als junge Frau habe sie ihr Vater auf einen Zwangsentzug gebracht.

»Das funktioniert nie, wenn man gezwungen wird, außerdem ist es mir damals unheimlich schlecht gegangen.«

»Waren Sie immer allein?«, fragte ich – ich fand, sie sah einsam aus in ihren abgewetzten Jeans und dem selbstgestrickten Pullover.

»Du hast schon wieder Sie gesagt? Was denkst du dir, wenn du mich so anschaust?«

»Dass du einsam aussiehst«, sagte ich, »als ob du niemand hättest.«

»Das siehst du falsch. Ich habe niemanden, weil ich niemanden brauche. Ich brauche keinen Mann und keine Kinder und keine Tiere. Ich hole mir regelmäßig mein Methadon in der Apotheke, das genügt mir. Esse gern Kartoffeln, einfach so gekocht, bestreue sie mit Salz. Wenn sie noch jung sind, lass ich die Schale dran und esse sie mit. Manchmal hol ich mir einen Leberkäs. Ich trinke keinen Alkohol. Die Leute im Block kennen mich, aber sie lassen mich in Ruhe. Das sind selber welche, die nicht gestört werden wollen.«

»Und das kleine Mädchen, mit dem ich Sie gesehen habe?«

»Die wollte nur einen Bissen von meiner Leberkässemmel. Die kommt manchmal zu mir zum Fernsehen, wenn ihre Mama sie nervt.«

»Und hast du sie gern?«

»Ja, schon.«

Jeder Mensch, so nehme ich an, hat oder hatte eine kleine Flamme im Innersten. Bei vielen ist sie verlöscht, bei anderen ist sie größer, selten leuchtet sie sogar.

Ich meine die Begeisterung. Wofür, kann richtig und auch falsch sein. Entzündet sie sich an Schlechtem, Verdorbenem, wäre es gut, sie würde verlöschen, politisch und privat.

Als Kind flackert die kleine Flamme, wenn der erste Schnee fällt, wenn Mama und Papa sich lieb haben und dem Kind Sicherheit geben.

Es war einmal eine Familie, die lebte in einem kalten Haus, Schimmel breitete sich an den Wänden aus. Die Hausfrau verzweifelte und stellte Wasser auf den Herd, damit der Dampf sie wärme. Da kam der Briefträger mit einem blauen Brief zum Unterschreiben, und der verhieß nichts Gutes. Oder doch? Kündigung. Das Haus sollte abgerissen werden. Die Hausfrau zog ihr bestes Kleid an, schrieb ihrem Mann einen Zettel, nahm ihre beiden Kinder an der Hand, das Mädchen im roten Wollmäntelchen von der Caritas, der Bub in einem geschenkten Anzug, der ihm zu groß war. Sie gingen auf die Behörde. Sie fragten, und man sagte, erst einmal sollen sie warten. Sie setzten sich, und der Bub scharrte mit seinen Sommerschuhen auf den Dielen.

»Lass das!«, sagte die Mutter. »Wir müssen still sein und einen guten Eindruck machen!« Und zu dem Mädchen sagte sie: »Wenn jemand vorbeikommt, mach dein liebes Gesicht, damit man deine Grübchen sieht.«

Das Mädchen lächelte alle Vorbeigehenden an, der Bub schaute geradeaus. Ein Mann stellte sich vor die Familie und fragte nach ihrem Begehren. Die Frau bemühte sich um klare Sätze und berichtete von ihrem Ungemach. Der Mann sah die Grübchen des kleinen Mädchens und das ernste Gesicht des Buben, beide noch nicht schulpflichtig, sah die Mutter mit ihren streng zurückgekämmten Haaren und gab ihr die Hand.

»Ihre Hände sind eisig«, sagte er. »Kommen Sie in mein Büro.«

Die drei folgten dem Mann, der stützte sein Gesicht in die Hände und dachte nach. Er griff zu seinem Handy, stand auf, drehte sich weg und telefonierte. Es klang sehr eindringlich. Dann schaute er den dreien in die Augen und verkündete: »Sie kommen jetzt mit mir, es sind nur wenige Schritte. Ich wohne mit meiner Frau in einem großen Haus. Wir werden zwei Zimmer leer räumen, und dann werden Sie einquartiert. Haben Sie einen Mann?«

Eifrig sagte die Frau: »Er ist fleißig, er kann Ihnen zur Hand gehen, wann immer Sie es wünschen. Er könnte zum Beispiel Ihre Einfahrt neu pflastern.«

»Das gefällt mir«, sagte der Mann.

193 Mein Gewissen

Mein Gewissen ist eine böse Frau, drei Meter hoch, sie reicht bis an meine Schlafzimmerdecke, sie beugt sich über mich, wenn ich noch döse, ich spüre sie, tu aber, als schlafe ich tief. Habe Angst vor dem Aufwachen und vor ihren bösen Augen, die mich dann ansehen werden, zwei schwarze Kugeln, die schimmern. Sie wird garantiert noch weiterwachsen und die Schlafzimmerdecke durchbohren, wird dann im Dachboden, meinem Arbeitsraum, stehen, hinter meinem Sessel. Sie muss nichts sagen, sie hat bisher auch noch nie etwas gesagt.

Ich ducke meinen Kopf in die Schultern und entschuldige mich. Es wird nichts nützen. Sie wird mich vom Schreiben abhalten und in mich hineininjizieren, was ich alles versäumt habe. Oh, Gott, es ist so viel! Und sie ist so erbarmungslos. Sie wird bei meinem vierzehnten Lebensjahr anfangen, in dem Jahr, als ich mit dem Schreiben angefangen habe. Sie zeigt mir alle Mängel auf, so viele sind es. Bitte aufhören, bitte aufhören, sag ich in meine Brust hinein, nämlich dahin ist mein Kopf bereits gesunken. Meine Hände sind kalt. Sie wird die Dinge nicht beim Namen nennen, und ich kann sie nicht beim Namen nennen, so lange ist es her. Aber gestern. Das weiß ich noch. Gestern habe ich, anstatt zu schreiben, drei Viertel der Nacht Netflix geschaut, einen oberflächlichen Film, der mich noch dümmer machen wird. Aber heute, sage ich in den Boden hinein, heute will ich alles gut machen. Den Schreibtisch aufräumen, alles Unnötige wegwerfen, die Briefe beantworten, Tröstungen an Verstorbene schicken, auf den Friedhof gehen, zuerst Blumen besorgen, Tulpen, die zurzeit sehr schön sind, die werden erfrieren. Olivenzweige, vielleicht mit Rosen, die können würdevoll erfrieren. Die Frau in der Gärtnerei hat eine gute Auswahl. Nein, entschuldige, ich werde mich nicht wieder mit Blumen zerstreuen und das Wichtige weglassen, ich werde keine Bücher mit Bildern anschauen, in der Hoffnung, dass sie mich stimulieren und inspirieren. Zum Beispiel das Buch mit den Masken. Da schaue ich und hole meinen Zeichenblock und zeichne ab. Abzeichnen, wie dumm ist denn das! Ich muss mich konzentrieren. Sie steht hinter mir. Ihr Kopf ist noch nicht durch die Decke gesprungen. Gleich fange ich an. Ich verspreche es. Haben meine Mitmenschen auch so ein dominantes Gewissen? Ich meine, so ein Gewissen hat wichtige Funktionen, es erinnert uns ans Menschsein. Du hast mich durchschaut. Ich will dir schmeicheln und dich ablenken …

194 Spinnen

Ein weites Feld, ich weiß wenig.

Alles, was ich weiß, hat mir unser Sohn Oliver erzählt, studierter Arachnologe. Ihn haben Spinnen schon als Kindergartenkind interessiert. Seine Doktorarbeit handelte vom Nervensystem einer bestimmten Spinnenart.

Was mich am meisten faszinierte, war seine Mitteilung, dass das Hirn einer Spinne bis zu 15 Prozent der Körpermasse ausmacht, manche kleine Spinnen haben ein Gehirn, das bis in die Beine reicht. Sie können andere Lebewesen aber nicht als Individuum erkennen.

»Mein lieber Schwan«, konnte ich nur sagen. Ich müsste, um zu begreifen, ein Studium beginnen. Wenn ich nicht bloß schon so verbraucht vom vielen Denken wäre!

Einmal, als Oliver als Spinnenwart in der Uni eingeteilt worden war, fragte er mich, ob ich ihn in den Spinnenkeller begleiten will. Wenn ich keine Angst hätte. Ich sagte angeberisch ja, auch, um als unbesiegbare Mama aufzutreten. Aber dann … Im Spinnenkeller war ich überfordert. Ich konzentrierte mich und riss mich am Riemen, wie man so sagt. Nur hatte ich keinen Riemen. Ich fühlte mich ausgeliefert. Die fetten haarigen Spinnen an der Decke … Ich griff nach der Hand meines Sohnes, und er drückte sie.

»Willst du die Fütterung noch abwarten?«, fragte er. »Oder sollen wir gehen?«

Ich wollte, ich nickte.

Oliver benützte eine Pinzette mit gebogener Spitze, eine ziemlich große, er fasste sich die Heuschrecken, die Schaben und was immer, ich wagte keinen Blick. Dann führte er mich hinaus aus der Höhle wie ein Kind. Er war der Meister.

»Mama, ich bring dir ein Glas Wasser.«

Als Oliver mich einmal in den Garten zog, da war er noch ein Hosenmatz gewesen, und mir eine Kreuzspinne zeigte, eine Gartenkreuz-spinne – das Kreuz besteht aus hellen Flecken und ist eindeutig als sol-ches zu erkennen –, riss ich ihn ins Haus, las in »Brehms Tierleben« nach: Die vorne am Kopf sitzenden Giftklauen seien zu kurz, um in die mensch-liche Haut einzudringen.

Als unser Enkel Anton wieder einmal in den Ferien bei uns war, wusste ich nicht, dass er Angst vor Spinnen hat. In unserem Holzhaus fühlen sich Spinnen wohl, besonders die Hauswinkelspinne ist ein gern gesehener Mitbewohner. Sie vertilgen Stechmücken und Motten. Eine Kreuzspinne frisst bis zu zwei Kilo Insekten im Jahr – Auskunft Oliver. Also ist die Spinne ein Nutztier.

Nur unser Anton, der schrie um Hilfe, verkrampfte sich und wollte nie mehr in dieses Zimmer zurück.

Ich versuchte ihm zu erklären, zeigte ihm Spinnennetze im Lexikon, erzählte ihm, dass sie aus klebrigen Seidenfäden gebaut sind, die die Spinne mit ihrem Hinterleib bildet.

»Ein Wunderwerk, Anton«, sagte ich. »Und schau, Anton, jetzt, wo bald der Herbst kommt, kannst du sehen, wie Spinnennetze zu Kunstwer-ken werden, wenn am Morgen die Tautropfen wie Perlen an den Netzen hängen.«

Anton sagte: »Du vielleicht, Oma, willst dir das ansehen, ich nicht.«

»Du schämst dich doch mit mir!«, sagte mein Vater. Er schob sein Fahrrad an den Straßenrand. »Fahr du vor«, sagte er zu mir.

Ich mit meinem Rad stand hinter ihm, es war Sommer, ich trug ein Kleid mit Rosenmuster und war barfuß in Sandalen.

»Jetzt fahr doch endlich«, sagte er. Er stand in seinen ewigen Hosen vor mir, sein rechter Fuß steif. Nur einen Stumpen gab es noch, an dem die Prothese festgemacht war. Er konnte gut damit Rad fahren, bewegte nur sein linkes Bein.

»Fahr doch du«, sagte ich. »Komm, wir machen ein Rennen, wir schauen, wer schneller beim Sanatorium ist.«

Ein Rennen auf der Straße im Wald, wo einem die Bäume zunickten.

»Wehe, du lässt mich gewinnen«, sagte er, »dann ist es aus mit der Freundschaft.«

War denn mein Vater mein Freund?

Gut. Ich überholte, mein Rock flatterte an seiner Lenkstange vorbei. Ich hörte ihn hinter mir atmen und fuhr ein wenig langsamer. Er fuhr neben mir her.

»Soll ich dir einen Traum erzählen, den Flaubert aufgeschrieben hat?« Ich hörte ihm gerne zu, er wusste sehr viel.

Wir fuhren so langsam nebeneinander, dass er Mühe hatte, das Gleichgewicht zu halten.

»Also, Flaubert ging mit seiner Mutter in den Wald, und dann kamen Affen und umringten sie. Es wurden immer mehr. Einer von ihnen streichelte Flaubert, der sich sehr fürchtete. Er nahm sein Gewehr und schoss ihm in die Schulter. Der Affe blutete und fiel zu Boden. Da sagte seine Mutter zu ihm: Warum wohl hast du das gemacht, er war zärtlich zu dir, er wollte dein Freund sein.«

»Und warum erzählst du mir das jetzt?«, fragte ich meinen Vater.

»Es passt gerade so gut zu uns und dem Wald.«

Wir fuhren weiter. Nebeneinander fuhren wir, redeten nicht. Bauarbeiter besserten die Straße aus und pfiffen mir nach. Das hatte ich total gern, weil ich mir dann so lässig vorkam.

»Du solltest«, sagte mein Vater, »beim Radfahren Hosen anziehen, das eignet sich besser.«

»Erzähl mir«, sagte ich auf der Bank vor dem Sanatorium, »was Flaubert noch sagte.«

»Zum Beispiel war er sich gewiss, dass Verrückte und Tiere eine Vorliebe für ihn hätten.«

»Wegen dem Affentraum?«

»Wahrscheinlich wollte er sich mit dieser Aussage wichtig machen. Schließlich interessiert sich nicht jeder Verrückte für die Normalen.«

Da kam gerade Anton mit schiefem Kopf auf uns zu. Speichel rann aus seinem Mundwinkel. Er sagte etwas, was ich nicht verstand. Mein Vater gab ihm sein Schnäuztuch, und Anton wischte sich den Mund ab.

»Sag, was Flaubert noch sagte!«

»Er stellte sich vor, er sitze zusammen mit einem Löwen in einem Käfig, der Löwe nämlich hatte Flauberts Wörter gefressen, und Flaubert wollte den Löwen überreden, die Wörter wieder auszuspucken.«

»Und, hat er sie ausgespuckt?«

»Ich nehme an, ja, und da hat Flaubert aus ihnen *Madame Bovary* geschrieben.«

»Lange genug schon hat sie mit dem Tod geflirtet«, sagte der Mann. »Jetzt wird gestorben.«

Er konnte es einfach nicht mehr mitansehen, wie seine Frau unter den Erpressungen ihrer Mutter litt. Die hatte sie um viele Freuden ihres Lebens betrogen.

Einmal – da war die Frau noch ein Kind gewesen – löste die Mutter die Wäscheleine von den Haken. »Was denkst du wohl, was ich jetzt mache«, sagte sie. Ging mit der Leine in ihr Schlafzimmer und sperrte die Tür ab. Das Kind zitterte. Es war gerade neun Jahre alt. Es sah die Mutter den Kopf in die Schlinge legen. Seine Fantasie war in dieser Richtung gut ausgestattet. Viele Todesarten hatte es schon durchgespielt – vom Dach des Wohnblocks springen, vor einen Bus laufen, sich unter den Zug legen, Tabletten …

Ein andermal wurde das Kind von der Nachbarin geholt. Es war beim Schaukeln im Hof und sollte sofort mitkommen. Nicht warten, bis die Schaukel ausgeschaukelt hatte. Mit einem Ruck wurde sie angehalten. Das Kind hüpfte auf die Erde und folgte der Nachbarin ins Haus. Die Schultasche lag noch auf dem Blumenbeet. Blumen wuchsen hier keine. Bald würde der Winter die Erde gefrieren lassen. Das Kind verweilte nach der Schule gern noch auf dem Spielplatz und redete mit Freundinnen. Nie beeilte es sich, nach Hause zu kommen. Es war, als drückte es sich an die Ränder des wirklichen Lebens. »Deine Mutter geht nicht an die Tür«, sagte die Nachbarin, das hatte sie schon vor einem Monat gesagt und vor zwei Monaten auch. »Ich weiß, dass sie da ist. Ich höre euer Telefon läuten. Du hast einen Schlüssel. Geh und schau nach!« Das Kind sperrte die Wohnungstür auf – die Hände zitterten, und das Herz pochte schnell. Die Mutter lag auf dem Sofa und röchelte. Ihr Arm hing schlaff vom Kissen. »Mama, sei bitte nicht tot«, jammerte das Kind. Die Rettung brachte die Mutter ins Krankenhaus. Sie wurde wieder ins Leben zurückgeholt.

Es war nicht das letzte Mal ...

Das Kind wurde erwachsen, heiratete, bekam einen Sohn, aber die Mutter hörte nicht auf zu sterben.

»Warum tut sie das!«, sagte die Frau nach vielen Jahren zu ihrem Mann, und er riet ihr, mit der Mutter endlich Tacheles zu reden.

So sagte die Tochter: »Mama, jetzt muss Schluss sein mit dem Sterben, weil ich das einfach nicht mehr aushalte, ich stehe in einem Minenfeld!«

Die Mutter erschrak über diesen Vergleich und kam zur Vernunft, es gelang ihr, vierzehn Jahre nicht zu sterben.

Dann aber starb sie und starb wirklich, ob gewollt oder ungewollt, würde man nie erfahren. Der Mann tröstete die Frau, die endlich keine Tochter mehr sein musste. »Jetzt wurde gestorben. Endgültig.«

197   *Zruck 's Jäckle hola*

Ein Pfleger von den *Beschützenden Werkstätten* spazierte mit zwei Schützlingen auf einer Nebenstraße. Der eine war ein alter Mann, er hatte einen stattlichen Pferdekopf und summte. Es klang teilweise wie »Kommt ein Vogel geflogen, setzt sich nieder auf mein Fuß«. Der zweite Schützling war eine Frau. Sie trug eine Mantelschürze, ihre grauen Haare waren zu Zöpfen geflochten, in der Hand wiegte sie eine Gummipuppe.

Der Pfleger:

»Isch dinem Boppele net kalt?«

Tatsächlich war es frostig, ein frostiger Herbsttag, die Sonne würde irgendwann nach dem Mittagessen über die Stadt fegen. Das hoffte ich. Zum Glück hatte ich Handschuhe angezogen, weil ich gleich so an den Händen friere. Ich stieg vom Fahrrad und schob es, grüßte die kleine Gruppe. Deshalb war ich vom Fahrrad gestiegen, weil ich noch ein bisschen zuhören wollte. So schöne Geschichten nämlich kann ich mir gar nicht ausdenken.

»Isch dinem Boppele net kalt?«

Die Frau mit den Zöpfen verzog ihr Gesicht und griff sich mit der einen Hand ans Herz, die andere Hand klammerte sich an einen Arm der Gummipuppe. Sie drehte sich um und ging zurück. Der Pfleger hielt sie auf.

»Komm, wir gehen weiter, und wenn wir dann zurück sind, dampft es auf dem Tisch vom feinen Essen. Wo willst du denn hin?«

»Zruck 's Jäckle hola.«

Ich setzte mich wieder aufs Rad und fuhr nach Hause.

Schon einige Male habe ich von Leuten aus den *Beschützenden Werkstätten* Besonderheiten erlebt. Dachte dann: Das ist die richtige Bezeichnung für so eine Einrichtung. Es gibt einen sehr alten Mann, der vielleicht gar nicht so alt ist, weil manchmal sieht er auch jünger aus, wahrscheinlich, wenn er einen guten Tag hat. An so einem Tag hat er mir schon nachgerufen, ob ich mit ihm auf den Spielplatz gehe. Wenn ich mutiger wäre, würde ich ihn begleiten. Ich hätte Sorge, dass ich mich falsch verhalte. Wenn ich so täte, als wäre ich ein Kind und würde mit ihm spielen, das wäre nicht recht. Oder wenn ich versuchte, mich wie der mitfühlende Pfleger zu verhalten. Ich bin eben nur eine Radfahrerin.

Zwei Buben in Judoanzügen kamen aus dem Kindergarten. Der Gürtel ihrer Kampfjacken hatte sich gelöst, weil der Stoff rutschig ist. Da hält ein Knoten schlecht. Sie sahen aus wie Pandabären. Ich stellte mir vor, wie sie sich vor dem Kampf gegenüberstehen, sich verbeugen, um dann mit ihren runden Händen Angriffe zu starten, sich verteidigen, aber sanft, nachgiebig. Maximale Wirkung bei einem Minimum von Aufwand.

Siegen durch Nachgeben. Ich schiebe mein Rad in die Garage, in der nur Gartengeräte stehen, ein voller Kartoffelsack als Vorrat für die Wintermonate liegt, und im Eck sehe ich einen toten Vogel. Hatte mir schon am Morgen gedacht: Hier riecht es verwest.

198   Auf dem Friedhof

Ich besuche Paula jeden Tag. Sollte ich einmal unterwegs sein, vermisse ich den Besuch. Fünfhundertsiebzehn Wochen jetzt ist sie tot und liegt unter der Erde. Siebentausendsechshundertdreiundneunzig Tage hat sie gelebt. Sie wollte nie alt werden, ist also für immer jung geblieben. Stehe ich vor ihrem Grab, sage ich, der Papa kommt dich am Abend besuchen, oder, der Papa ist verreist. Ich erzähle, ohne zu reden, was es Neues gibt, woran ich mich noch erinnern kann, dass ich ihr Augenzwinkern vermisse. Waren wir uns einig, zwinkerte sie mir zu.

Ich stelle mir vor, wie es wäre, würde sie noch leben und bekäme täglich unseren Besuch. Sie würde die Tür nicht mehr öffnen. Es wäre ihr einfach zu viel. Sie würde so tun, als wäre sie nicht zu Hause. Oder sie würde es aussprechen. Bitte, nicht schon wieder, und ruft doch nicht ständig an. Wenn ich etwas zu sagen habe, komme ich vorbei, oder ich telefoniere. Das erübrigt sich. Wir können ihr nicht auf die Nerven gehen. Eine Tote ist geduldig. Die Tatsache, dass ich sie besuchen kann, tröstet mich, allein die Gewohnheit lässt mich sicher auf der Erde stehen.

Manchmal sagen Leute zu mir Sätze wie »die Zeit heilt alle Wunden«. Das ärgert mich, weil es so ein verbrauchter Spruch ist, und was soll das überhaupt heißen. Soll es heißen, dass sie irgendwann in der Nacht vor meinem Bett steht, wohlgemerkt nicht im Traum, und mir sagt, dass sie jetzt da ist und auch schlafen geht. So als wäre sie gerade von einem Fest heimgekehrt. Ich würde müde fragen, ob es schön war, würde an ihrem Mantel riechen und sagen, der riecht aber nach Rauch, häng ihn gleich an die Luft. Würde fragen, gehst du jetzt noch ins Bad, scheinheilig wäre das, weil ich nicht will, dass sie sich mit ihrem Lokalgeruch ins frische Bett legt. Sie würde sagen, sicher nicht, Mama, lass mich einfach, ich leg mich sogar mit den Kleidern ins Bett, weil ich zu faul bin, mich auszuziehen. Okay, den Mantel und die Stiefel ziehe ich aus.

Ich erinnere mich, dass ich, wenn sie abends noch weggegangen war, erst einschlafen konnte, wenn ihr Schlüssel sich im Schloss umdrehte und ich wusste, sie ist hier.

Einmal schlug jemand das Kellerfenster ein. Ich war allein im Haus und wurde starr vor Angst. Ich hörte Stimmen und erkannte, dass eine davon Paulas Stimme war. Ich stand mit dem Nachthemd auf der obersten Treppenstufe und sagte: »Was war denn da los?« Sie lachten beide, und ihr Freund sagte: »Montag bekommen Sie ein neues Glas.« »Was um Himmels willen?«, fragte ich weiter. Paula sagte: »Ich habe den Schlüssel vergessen, Mama. Wir wollten dich nicht herausläuten. Es war seine Idee.« Sie zeigte auf seine Brust und zwinkerte mir zu.

199 »*Ich bin mutig, aber ich habe viel Angst*«,

sagte die alte Dame und schaute mir ins Gesicht. Sie tastete mich mit ihren Augen ab. Sie ist eine Künstlerin.

Ich besuchte sie in ihrer Wohnung. Sie schreibt auf die Wände. Manches ist schon verblichen. Sie schrieb von der Decke hinab zum Boden. Jetzt kann sie nicht mehr auf den Knien schreiben, deshalb steht unten nichts mehr. Gestern, erzählt sie, hat sie versucht, einen großen Bogen zu ziehen. Sie hat an einen Stecken einen Bleistift geklebt, und mit der größten Mühe gelang es ihr. Ich habe ihr Erde und Herbstblätter mitgebracht, damit sie ein bisschen Wald hat. Zwei Portraits fallen mir auf. Das erste zeigt sie selbst als junge Frau, das andere ihren Mann, ein Selbstbildnis, auch er war Künstler. Sie sagt: »Auf dem Bild schaut er so streng, deshalb rede ich nur von der Seite her mit ihm.« Sie sammelt Schachteln, weil Schachteln so eine wunderbare Form haben. Man kann sie bemalen. Sie sah einen Film von den gestrandeten Flüchtlingen auf Lampedusa. Seither gehen ihr die Bilder nicht mehr aus dem Kopf. Sie möchte darüber schreiben. »Was«, sagt sie, »kann ich anderes tun als das, was ich immer tue, malend schreiben.«

Sie erzählt von der »verlorenen Zeit«. Aber eigentlich gibt es keine verlorene Zeit für sie. Die Bilder aus der Kindheit imaginiert sie, wenn sie aufsteht, von drei bis fünf Uhr früh ist ihre kreative Zeit. Sie sieht den Feuerofen, ihren Großvater, der Trauben im Dachboden aufhängte, vorsichtig in einem Netz aus Stroh. Dann zu Weihnachten gab es frische Trauben, wo gibt es das schon. Die Mutter versteckte Schokolade, und sie hatte davon abgebissen. Als die Mutter fragte, wer es gewesen sei, war es still. Aber als sie die Schokolade hervorholte, wurde die Künstlerin als kleines Mädchen überführt. Genau sah man ihre beiden schiefen Zähne in dem Abgebissenen.

Die Gerüche aus der nicht verlorenen Zeit wird sie nie vergessen, die Märzluft mit dem weißen Himmel, den ersten Schnee, den Geruch von frischem Brot. Als sie nach ihrer Heirat von zu Hause weggezogen war, ihrem Mann gefolgt war, hatte sie jahrelang Migräne. Die Ärzte wussten sich keinen Rat. Nach Jahren endlich kannte sie den Grund: Heimweh. Besonders gefällt mir, dass die Künstlerin Humor hat. Sie zieht mich in die Küche, zeigt mir ein Kunstwerk. An der Wand hängen mit kleinem Abstand längs zwei vertrocknete Kohlblätter, an den Enden mit wenig Watte unterlegt. Im Abstand steht:»Das sind die Brüste einer alten Frau, aber noch nicht meine.«

Einmal dachte sie auf der Straße, sie würde gleich umfallen. Im selben Augenblick überlegte sie, wie sie dann, auf dem Boden liegend, aussehen würde, mit offenem Mund, sie überlegte, welche Unterwäsche sie trug, wenn sie dann im Spital landen würde, sollte alles seine Ordnung haben.

Sie sagt:»Ich bin wie die Schnecke, die einmal auf meinem Küchenfenster gelandet ist. Langsam, langsam und irgendwann ist sie verschwunden.«

Ich besuchte eine Freundin. Voller Stolz zeigte sie mir ihre makellose Küche. Ich fragte: »Kochst du nicht? Es sieht hier aus, als würde nie gekocht.« »Aber ja, ich koche schon, nur räume ich nachher alles strahlend auf, mach keine Pommes und Sachen, die von Fett spritzen.« »Und der Besen in der Ecke?«, fragte ich. »Den empfinde ich als Makel.«

»Ja, der Besen! Wenn du wüsstest! Der Besen rettet mich. Wenn ich mich verfolgt fühle, kehre ich mit dem Besen das Böse aus der Küche.« »Und wenn das Böse sich im Schlafzimmer versteckt?«, frage ich. »Was meinst du überhaupt mit ›das Böse‹? Ist das eine Primadonna von dir?« Ich sage absichtlich nicht Paranoia, denn das könnte sie kränken.

»Was ich dir jetzt sage«, meint die Freundin und rückt nahe an mich heran, sie zieht die Augenbrauen hoch und flüstert, als wären wir nicht allein. »Da gibt es die Frau, die wünscht mir das Böse in mein Leben, verwünscht mich, und das ist der Grund, warum alles schiefläuft. Eine Sizilianerin hat mir den Rat mit dem Besen gegeben. Seit ich kehre, geht es mir besser.«

»Und wohin kehrst du das Böse«, frage ich und versuche, nicht zynisch zu sein, »vor dein Haus, in den Garten, auf den Parkplatz, auf die Straße? Und was, wenn da draußen sich dann Böses ereignet, bist sozusagen du schuld daran.«

»Du nimmst mich nicht ernst«, sagt meine Freundin. »Pass auf, ich erzähle dir jetzt eine Geschichte. Seit ich ein Kind bin, wollen mir böse Mächte schaden. Vielleicht weil ich immer besonders hübsch war, kann sein, dass ich deshalb das Böse auf mich gezogen habe, weißt du, das ist der Neid. Es ist diese Frau, immer die gleiche, sehr böse Frau, die mir nichts gönnt, die nur böse Gedanken an mich versendet, die erreichen mich dann und machen mich unglücklich.«

»Weiß dein Mann von der Besengeschichte?«

»Mein Mann«, sagt sie, »weiß alles, und er versteht mich. Er hat den Besen auch schon verwendet.«

»Habt ihr es schon mit einem Psychiater versucht?«, frage ich. »Ich meine, könnte doch sein, dass ihr beide, weil ihr so abgeschieden lebt, den Bezug zur Wirklichkeit verloren habt.«

»Es gibt das Übersinnliche«, sagt stur meine Freundin, »und wenn du das nicht glaubst, bist du eine Ignorantin. Ich habe das Schreckliche vorausgesehen, das dir passieren wird, und es ist dir passiert.«

»Das heißt«, schlussfolgere ich, »dass du es mir gewünscht hast, dann sollte ich mir auch einen Besen ins Eck stellen. Kennst du eigentlich die böse Frau persönlich?«

»Ich kenne sie vom Sehen«, sagt meine Freundin, »sie will mir in die Augen schauen, aber das lasse ich nicht zu. Sie wird alles siebenfach zurückbekommen, alles Schlechte, das weiß ich.«

»Dann hoffe ich«, sage ich, »dass sie auch einen Besen hat.«

201 *Erfindung*

Der Automechaniker Jorge Odón aus Argentinien sieht, als er wieder einmal nicht schlafen kann, ein YouTube-Video: Ein Mann führt vor, wie ein Korken aus einer leeren Flasche entfernt werden kann. Das Glas darf dabei nicht kaputtgehen. Er faltet eine Plastiktüte, stopft sie in die Flasche, bläst sie auf, dabei wird der Korken eingeschlossen und lässt sich herausziehen.

Odón überlegt und denkt: Wer braucht das schon, wer will einen Korken aus einer leeren Flasche entfernen? Dann aber kommt ihm die Idee schlechthin, er weckt seine Frau, die darüber ungehalten ist, er bringt ihr starken Kaffee und ihre Lieblingsschokolade, und nachdem sie wach geworden ist, erzählt er, was er sich ausgedacht hat. Zuerst zeigt er ihr das Video mit der Flasche, und sie sagt ärgerlich: »Für so einen Unsinn weckst du mich?« Als er dann aber von seiner Idee berichtet, wird sie neugierig. In seinem Kopf hat sich eine Verbindung hergestellt zwischen dem Korken in der Flasche und einem Baby, das während der Geburt im Geburtskanal feststeckt. Könnte man den Kindern nicht genauso einfach helfen wie dem Korken in der Flasche? Seine Frau sagt: »Du stellst dir das so einfach vor. Hast du schon geboren? Hast du nicht. Hast du getrunken?« Sie selber hatte nämlich ohne Zwischenfall zwei gesunde Kinder auf die Welt gebracht. Odón redet auf sie ein, und ihr wird klar, dass er es ernst meint. So hilft sie ihm bei der Vorbereitung. Es ist wie Basteln.

Sie näht ihm einen Beutel aus Plastiktüten. Seine Tochter überlässt ihm ungern ihre Puppe. Als er ihr verspricht, dass sie eine neue, viel schönere bekommen wird, willigt sie ein. Als Mutterleib dient ein ausgewaschenes Gurkenglas.

»Oft nämlich kommt es vor«, doziert Odón und spielt den Wissenschaftler, »dass eine Frau während der Geburt erschöpft ist und die Wehen dann nachlassen. Wenn der Babykopf auch noch groß ist, kann er im Geburtskanal stecken bleiben. In solchen Fällen wird eine Zange oder eine Saugglocke verwendet, was natürlich eine Gefahr für den zarten Kopf darstellt. Ein Kaiserschnitt, wie in reichen Ländern geläufig, ist bei uns schwer möglich. Die Frauen auf dem Land gebären zu Hause. Du erinnerst dich noch«, sagt er in normalem Ton und Lautstärke zu seiner Frau,»wie Mercedes und ihr Baby gestorben sind.« Weiter spricht er:»Geburtshelfer können Väter, Verwandte, Schwestern sein, wenn sie erst einmal mit dem Prinzip vertraut sind. Ein doppelwandiger Plastikschlauch wird über den Babykopf gestülpt, Luft wird zwischen die Wände der Tüte gepumpt. Erinnere dich an den Korken! Das Babyköpfchen wird vom Luftpolster umschlossen. Es liegt wie in einer Luftblase. Der Geburtshelfer zieht an der Tüte, sie ist mit Gleitmittel eingeschmiert. Mit einem kräftigen Zug kommt das Baby auf die Welt. Billig ist es außerdem.«

Odóns Frau will gleich mit ihrem Mann zum Patentamt. Nach einer Genehmigung käme alles ins Laufen. Bald wäre die Familie reich und von allen geachtet. Sie würden ein gutes Leben führen können. Odón würde nur mehr Erfinder sein.

»Was wären wir ohne Erinnerung«, sagt der Eisenmann. Ich nenne ihn den Eisenmann, weil er so unbeirrbar seinen Weg geht, und wenn er noch so steinig ist. Er war drei Wochen verreist, weit weg, und das Heimweh hatte ihn wieder nach Hause geführt. Ob ich es normal finde, dass er in seinem Alter noch Heimweh habe.

Ich glaube, es gibt wenig Menschen, die kein Heimweh haben, und wenn sie auch ohne Heim herumirren, sehnen sie sich trotzdem nach etwas Vertrautem, einer Hülle, in die sie hineinkriechen können.

»Dann muss ich also nicht zum Arzt deswegen«, sagt der Eisenmann. »Die Erinnerung begleitet mich das ganze Leben, je näher ich der Zukunft bin, umso mehr. Fahre ich am Schwimmbad vorbei, sehe ich die Jugendfreunde, wie sie geschwommen, gesprungen sind und Angeber waren, damals, jetzt liegen schon einige auf dem Friedhof.«

Ich sah zwei Mädchen Tempelhüpfen, gibt es das noch, fragte ich mich, spulte zurück, und ich war es, die zwei Felder auf einmal nehmen konnte und gewann. Ein Schauder lief mir über den Rücken, ich blieb stehen und schaute zu. Der Pferdeschwanz des einen Mädchens hüpfte auf und ab (das war nicht ich), sie lachten, eine war beleidigt, weil sie verloren hatte, sie warf die Kreide hin und scherte aus.

»Und wenn ich am Feld vorbeigehe, wo wir früher Fußball gespielt haben«, sagt der Eisenmann, »ertappe ich mich, wie ich eine Coladose vor mir hertschutte.«

Ich wurde als Zehnjährige in ein Ferienlager geschickt, erst freute ich mich auf die vielen andern Mädchen, nach zwei Tagen überfiel mich das Heimweh, und ich fragte mich: Wonach habe ich Heimweh? Wer wartet auf mich? Sind doch alle froh, dass ich weg bin. Kann die Tante endlich einmal durchschnaufen. Andere Mädchen schrieben Briefe, und eine wurde sogar frühzeitig abgeholt. Ich erzählte den Mädchen, was für ein wunderbares Zimmer ich hätte, ein Himmelbett und Rüschenvor-

hänge, ich konnte schwindeln, so viel ich wollte, sie würden es nicht über-
prüfen.

Ich hielt drei Wochen durch, und als ich dann wieder an meinem Platz
war, gab ich damit an, wie schön es gewesen war, und am liebsten würde
ich gleich wieder weggehen. Das frische Schwarzbrot mit Butter und
Marmelade dort, immer am Nachmittag, man durfte so viel nehmen, wie
man wollte ...

Ich kenne eine Frau, die mit ihrem Mann in eine fremde Stadt gezogen ist. Sie abonnierte unsere Zeitung, las unsere Todesanzeigen, sie
wurde krank vor Heimweh und nie mehr gesund. Sie fand keine neuen
Freunde, weil sie den alten nachtrauerte. Einmal besuchte ich sie und
fand sie mit eingezogenen Schultern in ihrem Wohnzimmer. An den
Wänden hingen Fotografien aus ihrem Dorf.

»Hätte ich Kinder, wäre wahrscheinlich alles leichter, die würden mich
in die fremde Gesellschaft einführen. Dann wäre ich hier zu Hause, aber
so lebe ich nur in der Erinnerung.«

»Ich muss gehen«, sagt der Eisenmann und schreckt mich aus meinen Gedanken auf.

»Ich auch«, sagte ich.

Keine Skrupel hatte Theo, und das lag wohl daran, dass ihm die Frau vermittelte, solche wären überflüssig. Sie war verheiratet, ihr Mann ständig unterwegs, sie fühlte sich als Witwe. Sie ließ ihre Augen in die seinen glühen. Theo war gleich verliebt, wobei gesagt werden muss, dass er ein Schnellverlieber war, ein Sekundenverlieber. Also glühte er zurück in ihre Augen, und sie öffnete ihm die Tür. Es war gemütlich im Zimmer, weiches Licht fiel durch den Vorhang, nur eine Leselampe brannte. Sie kamen ohne Umschweife auf das Wesentliche, heftiges Küssen, und bald lagen sie auf dem Leintuch.

Theo wollte nicht bei ihr übernachten, hätte ja sein können, dass trotz ihrer Versicherungen der Ehemann zurückkehren könnte. Er schrieb ihr Briefe, sie schrieb nicht zurück. Er fuhr vor ihr Haus und sah Licht in den Fenstern, entfernte sich und suchte einen guten Beobachtungsposten. Er sah einen Schatten am Vorhang vorbeihuschen. Nur einen Schatten. Eine Katze miaute an der Haustür. Die Frau kam heraus und ließ die Katze ein. Lange stand er und wagte endlich zu läuten. Die Frau öffnete und fragte ihn, ob er sich verlaufen habe.

»Kennst du mich denn nicht«, fragte Theo.

»Sie müssen geradeaus fahren, das hier ist eine Einbahn«, sagte sie, und da sah er den Mann auf der Treppe, der fragte, was los sei.

»Einer hat sich verfahren«, sagte sie und schloss die Tür.

Theo fuhr nach Hause, wollte aber nicht aufgeben. Das konnte doch nicht alles gewesen sein. Er schrieb ihr wieder Briefe, sie antwortete nicht.

Endlich dann sah er sie auf ihr Haus zugehen, sie trug Einkaufstaschen, und er bot an, ihr behilflich zu sein. Es wiederholte sich, was schon einmal gewesen war, im schummrigen Zimmer und auf dem Leintuch.

Wieder blieb er nicht über Nacht. Dann sah Theo lange nichts mehr von ihr.

Er saß in einem Kaffeehaus, es war ein warmer Oktobertag, er trank heißen Kakao und dachte über Politik nach. Ein Mann fragte, ob er sich zu ihm setzen dürfe. Theo wunderte sich, waren doch noch sämtliche Tische frei. Er las weiter die Zeitung. Da hörte er fragen:

»Sie kennen meine Frau?«

»Ich weiß nicht, wer Sie sind, und wieso sollte ich dann Ihre Frau kennen, Sie haben sich nicht vorgestellt.«

Der Fremde nannte seinen Namen.

»Ich weiß nicht, was Sie von mir wollen«, sagte Theo, »ich kenne weder Sie noch Ihre Frau.«

Der Mann legte Briefe und eine Fotografie auf den Tisch. Theo erkannte die Frau, nach der er sich immer noch sehnte.

»Wollte nur sagen«, sagte der Mann, »dass ich mich scheiden lasse, wenn Sie noch an ihr interessiert sind, sollten Sie sich rasch entscheiden. Es gibt auch andere Bewerber. Allerdings wird sie den nehmen müssen, der ihr etwas bieten kann, von mir bekommt sie nämlich rein gar nichts. Und, haben Sie Vermögen?«

»Nein«, sagte die nicht mehr junge Frau, »nein, sie ist immer noch mein Liebling.« Sie wischte sich über die Augen und schaute an mir vorbei.

»Ich kann mich erinnern«, sagte ich, »du hast nur von ihr geredet, deine anderen Enkel kamen gar nicht vor.«

»Du hast sie gesehen, immer wieder von klein auf, war sie nicht das bezauberndste Geschöpf?«

»Sie hat dich an dich selbst erinnert, du dachtest, sie wird wie du, aber das war deine Einbildung. ›Immer‹ gibt es nicht. Sie war ein scheues Mädchen«, erinnerte ich mich, »sie hat deine Introvertiertheit.«

»Was ist nur geschehen?«, jammerte die nicht mehr junge Frau. »Sie ist in schlechte Gesellschaft geraten, sie hat sich mit ihrer Mutter überworfern. Ihre Mutter sagt, sie hat ein Herz aus Stein, sie ignoriert sie, und wenn sie etwas sagt, wird sie frech. Sie hat in der Schule versagt, wo sie doch so fleißig gewesen war. Sie wusste sich keinen Rat.«

»Sie ist in der Pubertät«, sagte ich. »Vergiss das nicht! Wäre sie noch so brav wie ehedem, dann müsstest du dir Sorgen machen.«

Die nicht mehr junge Frau hatte das Mädchen zu sich eingeladen, sie sollte so lange bleiben, wie sie es wünschte.

»Gib ihr kein Geld«, hatte die Mutter gesagt. »Sie wird sich Drogen kaufen, du wirst sie nicht wiedererkennen.«

Das Mädchen begrüßte die Großmutter distanziert. Gleich nach der Ankunft verkroch sie sich im Bett. Erst am nächsten Morgen gelang es der Großmutter, ihr ein wenig nahezukommen, und das Mädchen fragte:

»Hat dir die Mutter erzählt, ich sei ein Junkie?«

Die Großmutter beruhigte sie, sie gab ihr Taschengeld. Das Mädchen rauchte viel, und das Handy war wie angewachsen in ihrer Hand. Am Vormittag schlief sie, am Nachmittag ging sie zum Baden, am Abend schaute sie mit der Großmutter langweilige Filme an. Als ein Gepard ein Gazellenjunges riss, bedeckte sie ihr Gesicht.

Nach zwei Wochen Harmonie ging das Mädchen kurz weg, wie sie sagte, sie kam erst drei Stunden später. Ihre Oberlippe war geschwollen, und sie hatte einen großen roten Fleck am Hals. Die Großmutter machte Kakao und fragte nicht.

In der nächsten Nacht kam das Mädchen erst um fünf Uhr nach Hause. Die Großmutter hatte nicht einschlafen können, sie war voll Sorge. Um vier Uhr hatte sie ihre Enkelin am Handy angerufen. Sie hatte nicht abgenommen.

Die Großmutter fragte mich um Rat, und ich sagte, sie müsse mit ihr reden.

»Ich glaube«, sagte die nicht mehr junge Frau, »ich kann das nicht. Ich weiß nicht, was ich tun soll. Ich möchte einfach keine Sorgen mehr haben müssen. Kann es kein Gesetz geben, das festschreibt, dass ein Mensch ab einem gewissen Alter keine Sorgen mehr haben darf?«

Tage, die vor dem Frühstück schon altern. Die Nachrichten berichten von einer Erdbebenkatastrophe. Hände, die aus dem Boden nach Hilfe suchen, bedrängen mich. Und dann bei meinem Spaziergang: Die Bergrettung kommt mir mit einem Mann, den ich kenne, entgegen. Er liegt auf einer Bahre, ist weiß im Gesicht, mit einer Silberfolie ist er zugedeckt. Ein paar Kehren denke ich an ihn, der trotz seines hohen Alters bei jeder Witterung auf den Berg gegangen ist. Hoffe, dass er nicht tot ist. Dann kommt mir ein zweiter Mann entgegen, der mir bekannt ist, immer gut aufgelegt, heute sieht er bekümmert aus. Nach achtundzwanzig Jahren ist er gekündigt worden. Er hat in einer Schweizer Firma gearbeitet, jetzt können sie ihn auf einmal nicht mehr brauchen. Vom Großen ins Kleine, denke ich, was kommt als Nächstes. Traurig denke ich an die Verschütteten. Ich kann mich nicht auf den Weg konzentrieren, gehe im Kopf.

Ich muss verreisen, wo ich doch viel lieber zu Hause bleiben würde. Krame mein bestes Kleid hervor, das ich eine Ewigkeit nicht getragen habe. Der Reißverschluss klemmt. Ich schaue im Internet nach: Was tun, wenn der Reißverschluss klemmt? Mit Wachs einreiben. Das tue ich, was zur Folge hat, dass mehr kaputt ist als vorher. Ich trenne den Reißverschluss heraus, nähe stattdessen ein dehnbares Stück schwarzen Stoff ein. Es sieht gewöhnlich aus, deshalb nähe ich noch eine schöne Spitze darüber. Jetzt ist mir das Kleid zu eng. So trenne ich die Seitennähte auf, zerschneide einen fabelhaften Strumpf und nähe unter beide Achseln ein Stück. Sieht sehr ungewöhnlich aus. Ein schlecht genähtes Designerkleid. Ich kürze den Saum. Probiere erneut. Finde noch eine schadhafte Stelle. Spanne das Kleid in die Nähmaschine, meine Hände zittern, das Kleid verrutscht, ich nähe mir über den linken Mittelfinger. Es tut gar nicht weh, blutet aber so stark, dass ich damit eine Spur durch das Nähzimmer, in die Küche, dann ins Bad zum Sanitätskasten ziehe. Ich lege einen Druckverband an. Sehe mich auf dem Fliesenboden sitzen, bin zu erschöpft, das Chaos zu beseitigen, Blut und schwarze Fäden. Ich kann nicht aufstehen, und Tränen laufen mir über das Gesicht. Versagt. Sind das meine winzigen Sorgen? Die Hände winken noch immer aus dem Erdreich, ich höre Kinder schreien, und der alte Mann fällt von der Bahre. Der Mann mit der Kündigung sitzt auf einer Bank und denkt über seine Zukunft nach. Morgen werfe ich das Kleid in den Müll, denke ich, morgen, heute bin ich zu müde. Morgen bringe ich den Müll zum Abholen auf die Straße. Morgen wische ich das Blut weg. Da wird es eingetrocknet sein und schwer weggehen. Ich lege mich auf das Sofa, nur ein paar Minuten, dann will ich den Putzlumpen holen. Ich schlafe ein und kann das Leben nicht in einen Satz fassen.

Als wär ich blind, rieb ich mir die Augen, bis es funkelte, und trat in den Schatten. Da stand ein Kind, das ich nicht kannte, und ich fragte es:
»Wer bist du?«
»Ich bin du«, sagte das Kind, und da wusste ich, dass ich mich in meiner Erinnerung befand.

Ich stand unter der Eiche und fror. Mein Vater und meine Geschwister hatten mich vergessen, waren weitergelaufen. Ich hatte gelogen, weshalb, weiß ich nicht mehr, und so redeten sie nicht mit mir. Ich blieb zurück. Sollen sie mich suchen, dachte ich. Wenn sie weit gegangen sind, werden sie mich vermissen. Ich hörte das Rufen meiner Schwester. Ich hörte das Rufen meines Bruders und meines Vaters. Ich duckte mich. Sollen sie Angst haben und ein schlechtes Gewissen, weil sie mich wegen einer Kleinigkeit ignorieren.

Wenn ich erst einmal von zu Hause weg bin, werden sie sich wundern. Ich werde berühmt werden, sie werden nach meiner Adresse gefragt, weil mir Leute gratulieren wollen, warum, weiß ich nicht. Mein Vater kannte meine Adresse nicht. Kann sein, dass er manchmal an mich dachte. Meine Schwester zog meine Fliegerjacke an, und mein Bruder schnitt die Bilder aus meinem *Lederstrumpf*. In der Nähe wird alles Kleine gewaltig, und die Wirklichkeit verwischt sich. Ich wollte immer ein Findelkind sein aus einem der Bücher von Vaters Wandregal. Vielleicht hatten sie mich ja verwechselt als Säugling.

»Das kommt nur, weil du spinnst«, sagte mein Bruder. »Wärst du normal, würdest du klarsehen. Du bist meine Schwester, bist schlecht in der Schule, und deine Haare sind verfilzt.«

Ich glaube, was ich sehe, und was sehe ich? Ich sitze vor meinem Computer und denke an das Kind, das ich war. Sehe mich mit dem Flügelkleidchen, barfuß im Gras. Gerade ruft meine Mutter, die damals noch lebte, sie ruft, der Pudding sei fertig. Ihr Pudding mit Schokolade.

Sentimentaler Quatsch. Sollte ich doch lieber über die vielen Ertrunkenen schreiben, die im Meer liegen, deren Alltag einfach abgeschnitten wurde, die nie ein Glück haben werden, nie an sich als Kinder mehr denken können, wo man ihnen versprochen hatte, dass bald ein besseres Leben käme, eines mit Vanille und Karamell. Sollte ein Familienangehöriger überlebt haben, muss er um seine Leute weinen. Er ist allein und denkt sich: So dunkel hier, sind denn alle blind? Wer gibt mir ein Bett, wer gibt mir die Hand?

Viel wird geschrieben von den Bootsflüchtlingen. Sie haben keine Namen. Wäre ein Luxusdampfer im Meer versunken, würden die Schicksale der Verstorbenen vermarktet, Filme würden über das Unglück gedreht.

Wir sollen nicht mehr unbeschwert auf dem Meer schwimmen. Wir wissen, dass Tote unter uns liegen.

Sollte es ein Bild sein, das man mit Neugier betrachtet, ein Film, der einen schaudern lässt, oder ein Traum, aus dem man panisch erwacht, was ist das alles gegen die Wirklichkeit.

Einem Ehepaar und ihrem elfjährigen Sohn wird von einem Tag auf den andern das Leben zum Albtraum. Und waren sie doch friedfertig, das heißt, alle, die befragt wurden, berichteten von einer bescheidenen Familie, höflich und zurückhaltend.

Der Unglückstag beginnt entspannt. Erst waren sie in der Frühlingssonne spazieren, der Himmel blau. Ein Streit wird entfacht, worum es ging, wissen wir nicht, war es Eifersucht, Stress um Geld. Ihre Gemüter verdunkeln sich. Stumm treten sie den Heimweg an.

Schon im Stiegenhaus beschimpft der Mann seine Frau, sie geht vor ihm die Stufen hinauf, eine adrette Frau, Mitte dreißig. Ihr Sohn, wortlos, trottet hinterdrein. Der Mann wird lauter und gemeiner, hat er Alkohol getrunken und ist deswegen hemmungslos geworden, wir wissen es nicht. Die Frau fürchtet sich und schließt sich im Wohnzimmer ein. Der Sohn steht im Flur und möchte unsichtbar sein. Der Mann bricht die Tür auf, schlägt die Frau zu Boden, nimmt ein Messer und verletzt sie an Kopf und Hals. Der Sohn schreckt auf, nimmt ebenfalls ein Messer, wirft sich auf den Vater und sticht ihm in den Rücken, mehrmals. Die Mutter auf dem Boden, auf ihr der Vater, auf ihm der Sohn, alle in Blut. Mutter und Sohn flüchten zu den Nachbarn. Der Vater richtet sich blutüberströmt auf, wankt die Treppen hinunter zum Ausgang. Eine Blutspur lässt er zurück. Er geht einige Schritte und bricht zusammen.

Die Nachbarsfrau hat die Polizei verständigt, Polizei und Rettung treffen ein. Der Schwerverletzte wird in die Intensivstation gebracht. Es heißt, man wisse nicht, ob er überleben wird.

Die Frau und ihr Sohn kehren in die Wohnung zurück. Sie ist nicht tragisch verletzt. Gemeinsam sitzen sie im Wohnzimmer und schauen auf das Chaos. Dann holt der Sohn den Putzkübel, füllt ihn mit Warmwasser, holt den Putzlumpen, taucht ihn ein, wringt ihn aus und beginnt, das Blut aufzuwischen. Die Mutter beobachtet ihn dabei. Der Sohn putzt gewissenhaft, Staub verwischt sich mit Blut. Dreimal putzt der Sohn mit frischem Wasser, das dritte Mal ist das Putzwasser nur mehr grau und ohne Blut.

Was passiert weiter? Sie werden warten, bis die Nacht kommt, dann der Morgen, werden den Tag abwarten, Nachricht aus dem Krankenhaus, wieder eine Nacht ohne Schlaf. Wenn der Familienvater überlebt, werden sie über das Unglück nicht reden. Der Mann wird verhaftet werden. Der Sohn wird den unseligen Tag niemals vergessen, er wird ihn wie eine Last sein ganzes Leben lang herumtragen müssen.

»Du sollst dich an einer Spindel stechen und tot umfallen«, sagte die dreizehnte Fee zu der Prinzessin. Sie war gekränkt, weil sie zum Fest nicht eingeladen wurde, angeblich, weil zu wenig Geschirr da war. Eine fadenscheinige Idee. Wäre die dreizehnte Fee wie die anderen zwölf zum Fest gebeten worden, sie hätte sich von ihnen nicht unterschieden.

Wird man ins Abseits gedrängt, benimmt man sich wie jemand, der nicht dazugehört, wie ein Außenseiter, der nichts mehr zu verlieren hat. Die dreizehnte Fee kann böse sein, weil sich sowieso niemand für sie interessiert.

»Eine alleinstehende Frau ist wie ein Baum im Wind, er biegt sich und ächzt, und wenn er umfällt, bleibt er liegen, weil keiner da ist, der ihn aufhebt.«

Diesen Satz schrieb die Frau in ihr Heft. Sie hatte sich angewöhnt, ein Heft zu führen, als wäre es ein Mensch, mit dem man reden konnte. Sie beklagte sich darin über Ungerechtigkeit. Unter wahren Freunden verstand sie solche, die sie nicht kritisierten. Das Leben war so ermüdend. Jeder schien mehr Glück zu haben als sie, schien zumindest etwas zu besitzen, was sie nicht besaß. Was blieb vom guten Leben?

Sollte alles erst nach dem Tod in Erfüllung gehen?

»Freue dich an allem jetzt«, sagte ihr ein Freund, »das könnte deine Rettung sein.«

So freute sie sich über jeden Sonnenfleck auf dem Küchenboden. Sie setzte sich an die Hauswand, und ein Mann kam vorbei, den sie vom Sehen kannte. Er setzte sich zu ihr, und er beklagte sich über sein ödes Leben und dass keine Freude mehr da sei. Die Frau erzählte ihm von den möglichen Freuden, wenn man nur dazu bereit wäre. Wie sollte der Mann das verstehen? Er besuchte sie wieder und wieder, er legte Aftershave auf, bevor er sie besuchte, und die Frau wunderte sich: Tat er es, um ihr zu gefallen? Sie färbte sich die Haare, sie glänzten in der Sonne, und sie trug ihre Bluse mit den Veilchen. »Ein gutes Zeichen«, sagte der Mann. »Du winkst dem Frühling mit deinen Veilchen«, und er strich ihr über den Blusenärmel. Sie fanden Gefallen aneinander und wurden ein Paar, egal für wie lange, jede Stunde war ein Geschenk. Er brachte ihr seine Lieblingsmusik, und es wurde auch ihre Lieblingsmusik. Sie zeigte ihm ihren Zauberstein, und er fand ihn interessant, ob man mit ihm wirklich zaubern konnte, war unwichtig. Er kannte die Namen der Sterne, und sie zeichnete sie, wenn er gegangen war, in ihr Heft. Sie buk ihm seinen Lieblingskuchen, und er aß ihn noch warm und bekam Bauchweh, so dass die Frau ihn massieren musste, bis alles wieder gut war.

Das könnte passiert sein, oder auch nicht.

209 Serviertochter

»Ich war eine Serviertochter, tüchtig, das können Sie mir glauben«, sagte die alte Frau und zog ihre Strümpfe aus. Sie legte sich ins Spitalsbett. »Brustkrebs«, sagte sie. »Ich war immer gesund. Dreißig Jahre habe ich vierzig Zigaretten am Tag geraucht, jeder raucht in dieser Branche, wegen dem Stress. Man kann nur in den kurzen Pausen rauchen, und da raucht man schnell, schnell hinunter, und es gibt viele kurze Pausen. An einem Tag ließ ich die erste Zigarette aus, weil die Pause einfach zu kurz war, und dann war so viel zu tun, dass ich auch die zweite ausließ und so den ganzen Tag nicht rauchte. Am nächsten Tag dachte ich, wieso soll ich eigentlich rauchen, und da habe ich ganz aufgehört. Wissen Sie, Frau«, sagte sie zu mir, »ich habe niemanden verständigt, dass ich ins Krankenhaus muss, habe mein Köfferli gepackt und bin mit dem Bus gefahren. Da war eine Frau, die ich kannte, die wunderte sich, dass ich mit dem Köfferli unterwegs war, da bin ich eine Station vor dem Krankenhaus ausgestiegen und den Weg zu Fuß gegangen. Zwanzig Minuten. Wissen Sie, Frau, ich bin nicht verheiratet, ich habe Bekannte, meinen ehemaligen Chef zum Beispiel, mit dem ich regelmäßig super essen gehe, das ist nämlich unser Hobby. Wir finden die besten Restaurants in der Gegend im Schlaf.

Wissen Sie, Frau, ich wohne allein. Meine Möbel habe ich nach der Pensionierung neu gekauft, den Teppichboden herausreißen lassen, Wiener Parkett wurde verlegt, sehr schön. Ich habe neue Vorhänge gekauft, immer das Beste, habe ja viel gespart in der Zeit als Serviertochter. Nach der Renovierung habe ich meine Topfpflanzen entsorgt. In den Mistkübel. Ade! Einen sehr schönen Efeu habe ich hineingedrückt.«

»Aber«, sage ich und richte mich im Spitalsbett auf, »warum haben Sie denn die Pflanzen nicht verschenkt?«

»Wissen Sie, Frau, hätte ich die Pflanzen verschenkt, wäre da ein Konflikt entstanden, der Beschenkte hätte irgendetwas zurückgeschenkt, wahrscheinlich etwas Kitschiges, was ich nicht aushalte, da bekomme ich eine Depression, also das hätte ich dann heimlich wegschmeißen müssen. Wissen Sie, Frau, ich bin freundlich zu den Leuten, will aber keinen Kontakt. Da wohnt über mir eine ehemalige Krankenschwester, die wollte mich immer einladen. Das nehme ich nicht an. Ich sage nicht, ja, irgendwann, ich sage gleich, nein, danke. Einmal bin ich an meinem Fenster gestanden und habe auf den Rasen vor dem Haus geschaut, da ist aus dem oberen Fenster ein Bügeleisen geworfen worden, bald darauf ein Bügelbrett, Nachttischlampe, Schemel und Fernseher. Der Filmschauspieler, der bei uns im Block wohnt, ist gerade aus dem Haus getreten und wäre um ein Haar getroffen worden. Das war die Krankenschwester, die ist übergeschnappt. Gut, dass ich mich nicht habe einladen lassen. Ich habe auch mein Handy nicht mit ins Krankenhaus genommen. Sicher wird der ehemalige Chef schon angerufen haben, weil er ein neues Speiselokal ausfindig gemacht hat, und er wird sich wundern, dass er mich nicht erreicht. Wissen Sie, Frau, er wird zu der Hausmeisterin gehen und meine Wohnung aufsperren lassen und dann sehen, dass alles wunderbar aufgeräumt ist und keine alte Serviertochter auf dem Perser liegt. So, und jetzt schlafen wir, gute Nacht, Frau.«

»Gute Nacht«, sage ich.

»Was hast du dir erwartet?«, sagte die Frau zu ihrem Mann. »Dass alles so sein wird wie früher? Deine Freunde die gleichen, die Kneipen unverändert? Der Witz hat sich verändert, so wie wir uns nicht mehr gleichschauen, wenn wir am Spiegel vorbeigehen. Dass du jetzt auf mich beleidigt bist, darf ich etwas merkwürdig finden, wenn du gestattest, ja?«

»Lass deine Bosheiten«, sagte der Mann, »ich bin nur traurig und fühle mich unlebendig.«

So war es gewesen. Mutig waren sie in den Zug eingestiegen, hatten die Studierstadt erreicht, ein gemütliches Hotel gefunden und waren dann zur Spurensuche aufgebrochen. Er hat ihr leidgetan. Eine Freundin von früher hat er getroffen, und so glücklich, sie wiederzusehen, hat er sie umarmt, und sie wurde ganz unbeholfen.

»Auch nur auf Besuch, alles schon so lange her«, sagte sie.

Die Kneipen hatten andere Namen, Buchläden waren geschlossen, stattdessen gab es Billigläden. Die Frau überlegte sich Späße, ihren Mann aufzuheitern, zugegeben, es waren auch Späße von früher. Sich ans Bettende setzen, wenn das Licht gelöscht wird, und so tun, als wäre man nicht da. Um dann nach einiger Zeit vor der Stille Angst zu bekommen und zu schreien, halb im Ernst sich dann vor Übermut im Bett wälzen.

»Gibt es hier ein Museum?«, fragte die Frau. Das fasste der Mann als Provokation auf.

»Ich soll wohl das Museum sein«, und er drehte sich beleidigt weg.

Die Frau machte erneut einen Anlauf, frisch gebadet, und sagte: »Dann werde ich dieses Museum besuchen, mal sehen, was sich inzwischen an Schätzen angehäuft hat.«

Es regnete. Das passte dann gut. Die Federdecke war flauschig, ließ sich verschieben wie eine Wolke. Es gab rechten Wein.

»Was war das, wonach du gesucht hast?«, fragte die Frau.

»Denk nicht«, sagte der Mann, »dass ich sage: die Jugend.«

Sagen, sagen, sagte – gibt es keine anderen Worte dafür? Gibt es schon. Aber sie passen mir nicht. Sie halten den Fluss auf. Schon Hemingway war meiner Meinung.

Einen Mann, den ich einmal verehrt habe, erkannte ich nicht wieder. Der ehemals so Fesche hatte sich zum Nachteil verändert. Er sprach mich an, und wir gingen auf einen Kaffee. Wo war sein Witz? Er redete über seine Karriere und über Frauen, aber im Allgemeinen.

»Was sind das, Frauen im Allgemeinen?«, fragte ich.

Nach all den widrigen Sprüngen probiere ich meinen dunkelblauen Faltenrock aus der Schulzeit. Passt. Wenigstens etwas.

Seit ihrer Kindheit kannten sich Ella und Frieda. Ella war die Schönere, und Frida verehrte sie deshalb, auch weil sie sich anscheinend vor nichts fürchtete.

Ella nun, nach vielen Jahren, hatte einen Liebhaber, das empörte Frieda, weil sie nämlich Ellas Mann immer schon ebenfalls vergöttert hatte, ihn selbst gern geheiratet hätte, und jetzt wurde er betrogen und damit sie auch ein wenig. Erschwerend kam dazu, dass Ella ihre Freundin um Alibis bat, jedes Mal wenn sie ihren Liebhaber traf, sollte sie bei Frieda gewesen sein. Frieda war treu, schließlich hatten sich die beiden Freundinnen Treue geschworen, ein Leben lang. Sicher war Frieda klar, dass nur sie ihr Versprechen halten würde, Ella würde sie jederzeit verraten.

Sie verzweifelte an den Alibis. Was, wenn Ellas Mann bei ihr anfragte? Musste sie dann diesen wunderbaren Mann anlügen? In sein schönes, männliches Gesicht hinein, mitten hinein?

Ellas Mann erfuhr die ganze Wahrheit. Er kannte das Hotel, in dem sich seine Frau mit ihrem Liebhaber traf. Auf dem Küchentisch war ein Zettel gelegen: »Bin bei Frieda«. Das erboste den Mann so sehr, dass er, bevor er ins Hotel fuhr, Frieda aufsuchte und sie zur Rede stellte. Frieda sagte: »Ja, sie ist bei mir, nur gerade ging sie zur Apotheke.«

Ellas Mann drohte ihr mit der Faust: »Nie mehr wirst du mich anlügen, du mittelmäßiges Stück!«, und war hinaus zur Tür.

Frieda ließ sich fallen. Ich bin nur ein kaputtes Spielzeug. Sie war nicht verheiratet, hatte keine Kinder. Sie war mit ihrem Kummer allein auf dem Fußboden. Ich muss mich beurlauben lassen, sagte sie sich, ich kann keine Menschen mehr ertragen.

Ellas Mann ging nicht ins Hotel, um seine Frau zu ertappen. Er saß am Küchentisch, rauchte, trank Bier und wartete. Ella kam, frisch parfümiert, küsste ihn leichthin auf die Stirn und stöhnte: »Ach, Frieda, sie kann einem ganz schön auf die Nerven gehen mit ihren Männerwünschen.« Ihr

Mann starrte noch immer. »Wir saßen vor dem Computer und haben einen Mann für sie gesucht, aber nichts, sie ist mit keinem einverstanden!«

Der Mann erhob sich, ging nahe an Ella heran und drückte ihr den Hals zu, bis sie blau im Gesicht anlief. Sie konnte nicht schreien. Sie ließ sich fallen. Er setzte sich wieder und starrte. Ella war nur fast tot. Sie erholte sich und reichte die Scheidung ein. Ihrer Freundin Frieda kündigte sie die Freundschaft auf. »Du bist an allem schuld«, sagte sie. »Ich wünsche dir nur Schlechtes.«

212 »Doch alle, die dich fraßen, werden gefressen«, Jeremia 30, 16–17

Dieses Zitat aus der Bibel las die Frau, und es beruhigte sie.

Folgendes war geschehen: Ihr Mann und sie hatten nach langen Überlegungen das hart ersparte Geld für eine Dachwohnung ausgegeben. Dort wollten sie ihren Lebensabend verbringen. Der Vertrag war abgeschlossen, er hatte ihn durchgelesen, sie hatte ihn durchgelesen, auch die Klausel, dass, wenn der Kauf nicht zustande käme, fünf Prozent der Verkaufssumme zu zahlen wären. Er hatte es ihr vorgelesen und gesagt: »Die müssen das schreiben, um sich abzusichern. Hat nichts zu bedeuten.« Dann geschah es aber, dass der Mann zum Arzt ging, weil er sich seit Wochen nicht gut fühlte, und dort wurde bei ihm Krebs diagnostiziert. Viele Untersuchungen folgten, und es hieß, er habe nur noch ein halbes Jahr zu leben. Also ging er zu der Immobilienfirma und löste den Vertrag auf. Er hoffte auf ein Entgegenkommen. Er war sich sicher, man könnte sich einigen, mit etwas gutem Willen. Fünf Prozent des Kaufpreises war eine Riesensumme. Man blieb hart. Der Mann wollte nicht jammern und seine Krankheit vorschieben, tat es dann aber doch. »Fünf Prozent«, sagte er leise, »ist ein Großteil unserer Ersparnisse.« Man blieb unbeeindruckt. Der Mann ging, ohne sich zu verabschieden. Die Frau Magistra, die er immer so freundlich gefunden hatte, lief ihm nach und sagte: »Vergessen Sie nicht die zwanzig Prozent Mehrwertsteuer.« Das war so viel, wie er in zwei Monaten verdiente.

Wie sollte er das alles seiner Frau erklären? Sie war tapfer und tröstete ihn, es würde irgendwie gehen. Er sollte nicht sehen, wie verzweifelt sie war. Sie rief die Immobilienfrau an und bat, wenigstens auf die Mehrwertsteuer zu verzichten. Man blieb hart. Da ging die Fantasie mit ihr durch. Sie wünschte diesen gierigen Leuten Böses, stellte sich vor, wie die Frau von ihrem Mann verlassen würde, wie er sie aus dem Geschäft warf.

Die Frau würde verarmen, vereinsamen. Sie sah sie weinend auf dem Bett liegen. Auch der Mann würde alles verlieren. Sie sah ihn betrunken im Straßengraben.

Solche Wünsche sind verwerflich, zugegeben, aber es tröstete die Frau, und dann, als ihr Mann gestorben war, fand sie diesen Satz in der Bibel. Der tröstete sie doppelt.

Nach einem Jahr traf sie die Immobilienfrau auf der Straße. Sie zog einen Koffer hinter sich her, ihr Mantel war zu dünn für die Jahreszeit, ihre Haare waren keine Frisur, und im Gesicht war alles nackt. Die beiden Frauen sahen einander an, und was sie sich dabei dachten, war vergebens.

213   Hurtiger Lebenslauf

»Du hast keine Ahnung, von nichts und gar nichts«, sagte der Mann zu seiner Freundin, und sie, im Zorn: »Ich fühle mich ausreichend gebildet. Schließlich muss ich mich dir angleichen. Du bist nicht Einstein.« Einstein privat, vielleicht. Da soll der Meister doch auch unberechenbar gewesen sein. Als man ihn nach seiner Nobelpreisverleihung gefragt hat, was er mit dem Geld machen werde, hatte er geantwortet: »Meine Scheidung finanzieren.«

So unterscheiden sich die Menschen nicht einmal im Besonderen.

Man redet Zeug im Zorn, und nachher tut es einem leid. Man könnte sich versöhnen. Die Frau entschuldigt sich leicht, sie stellt sich vor den Mann und umarmt ihn. Und er? Ist beleidigt, man hat ihm unrecht getan. Kann sein, er schmollt über Tage. Ist das notwendig, fragt sich die Frau. Wie wird es erst sein, wenn es sich um große Kämpfe handelt? Sie sagt ihm das. Er bleibt stumm. Er leidet. Geht in ein Blumengeschäft, besinnt sich auf ihre Lieblingsblumen und kauft einen Strauß. Den legt er auf den Küchentisch. Er weiß nicht, wo die Vasen stehen. Gerade an diesem Tag trifft sich die Frau mit Bekannten. Als sie heimkommt, ist es längst nach Mitternacht. Sie findet die Blumen auf dem Tisch, sie sind welk, sie wirft den Strauß in den Abfall.

Alles fängt von vorne an. Gibt es keine wirklichen Probleme? Zum Beispiel, dass der Magen sich zusammenzieht, der Kopf dröhnt. Darüber reden die beiden nicht. Werfen Tabletten ein. Es gibt Haustiere, zwei Katzen, später noch einen Hund. Überall Haare, auf dem Sofa, im Bett. Dann gibt es Kinder, und die Tiere kommen weg. Viel Geschrei. Auch Freude. Wenn sie das erst Mal »Mama« sagen oder einen winzigen Schritt machen. Das Kopfweh ist weg. Der Magen beruhigt. Vor dem Schlafengehen erzählt man den Kindern Geschichten vom Männlein mit der roten Zipfelmütze. Es trägt einen Sack auf dem Rücken, voll mit feinem Sand. Den streut es den Kindern in die Augen, und sofort schlafen sie ein. »Warum sehe ich das Männlein nie?«, fragt der kleine Kerl, und der Papa antwortet: »Weil du schon die Augen zuhast, wenn es kommt.« So ist das auch mit den braven Bären im Traum, die Honig schlecken, und in Wirklichkeit fressen sie Menschen, wenn sie Hunger haben.

»Mama«, sagt der kleine Kerl, »erzähl mir, wie es war, als du ein Kind warst.«

»Da war ich ein Kind wie du und wollte nur eines, schnell erwachsen sein, um zu tun, was Erwachsene tun.«

»Das will ich auch«, sagt der kleine Kerl.

»Will es nicht«, sagt die Mama, »nicht unbedingt.«

Drei alte Männer, zwei geschiedene und ein Junggeselle, trafen sich jeden Abend in einer Kneipe. Seit Jahren schon. Dabei waren sie gealtert, ohne es zu akzeptieren. Zwei von ihnen fanden sich immer noch in der Blüte ihrer Manneskraft, wie sie es nannten, der dritte allerdings hatte ordentlich abgebaut. Er war ein starker Raucher. Kam er in die Kneipe, stapelte er fünf Schachteln französische Zigaretten neben sich auf den Tisch. Er begann zu rauchen und hörte erst um drei Uhr am Morgen damit auf. Da war das fünfte Paket bereits angerissen. Er hatte mit einer Zigarette angefangen und kein weiteres Zündholz gebraucht. Er trank Weißbier und redete kaum noch.

Vor Jahren hatte einer der drei die Idee gehabt, sich »Trio Infernal« zu nennen und auch danach zu leben. Sie fanden sich bei Frauen sehr beliebt, und stießen sie auf Ablehnung, wollten sie es nicht wahrhaben.

Der Mann mit den Zigaretten kippte bei einem Aufbruch nach Hause um und fiel auf den Asphalt. Die Freunde brachten ihn in die Wohnung, sie dachten, es läge am Alkohol, und würde sich ihr Freund ausschlafen, wäre alles gut.

Sie erreichten seine Wohnung, und als sie die Tür aufsperrten, schlug ihnen ein unsäglicher Gestank entgegen. Sie waren noch nie in der Wohnung gewesen. Wie in anderen Haushalten Nippes herumsteht, waren es bei ihrem Freund volle Aschenbecher. Sie rissen die Fenster auf und legten den Freund auf das stinkende Bett, dabei stießen sie etliche Aschenbecher um. Der Freund lag nun inmitten von Zigarettenstummeln, grau sein Gesicht und die Wangen eingesunken.

Als ihn die Rettung auf die Bahre legte, sagte der Zweite zum Dritten: »Diese Wohnung muss man abfackeln, da kann keiner mehr wohnen.«

Ihr Freund kam nicht mehr aus dem Krankenhaus zurück. Er lag einige Tage im Koma, dann starb er.

Die zwei Freunde wollten ihm ein festliches Begräbnis ausrichten, sie suchten einen Findling und überlegten, darauf folgende Inschrift meißeln zu lassen:

»Hier ruht ein Musketier.«

Schlussendlich stand nur der Name des Freundes, sein Geburtsjahr und sein Sterbejahr auf dem Stein.

Bald wurde auch die Kneipe geschlossen, und die zwei Freunde fanden keine, die zu ihnen passte. Wo sie auch hinkamen, saßen sie unter jungen Menschen, und sich alt zu fühlen, machte sie traurig. Jeder blieb für sich im Privaten und schaute zum Fenster hinaus in einen Innenhof. Kinder lärmten und spielten. Manchmal riefen sie Kommentare in den Hof, wenn ein Ball gut abgefangen wurde oder einer aufs Gesicht fiel. Sie lebten nicht weit auseinander und trafen sich manchmal im Supermarkt. Jeder dachte bei sich: Bin ich es, der vor ihm stirbt?

»Warum«, fragte die Mutter ihre Tochter, »warum um Himmels willen ist dir keiner gut genug? Du bist jetzt achtundzwanzig und lebst wie eine Schülerin. Du kannst nicht nur schlafen und lesen oder studieren, wie du zum Lesen sagst. Du musst der Wahrheit ins Gesicht sehen. Hättest du noch deinen Vater, der Geld nach Hause bringt, könnte ich das alles verkraften, aber so werde ich bald auf dein Geld angewiesen sein, und wenn du nicht arbeiten kannst, heirate einen, der dich erhalten kann. Was ist zum Beispiel mit dem sportlichen Mann, der dich auf eine Motorradfahrt eingeladen hat? Ich habe mich erkundigt, er kommt aus einem guten Haus und arbeitet in der Firma seines Vaters. Etwas mit Computern, Tiffi, ich rede mit dir!«

Tiffi lag im Bett und legte das Buch auf die Seite. Bald würde Abend sein, und sie hatte noch nicht einmal gefrühstückt.

»Willst du verhungern, Tiffi?«

»Ich werde Schriftstellerin«, sagte die Tochter. »Das viele Lesen macht mich klug. Habe ich erst fünftausend Bücher gelesen, werde ich mit dem Schreiben anfangen. Das hier ist mein dreitausendeinhundertelftes Buch. Hab Geduld, Mama!«

Aber die Mutter war mit ihrer Geduld am Ende. Sie hatte in einem Heft die Telefonnummern von Tiffis Freunden aufgeschrieben. Gut, Freunde war etwas zu viel gesagt. Männer, mit denen Tiffi einmal unterwegs gewesen war. Zum Essen. Ins Theater. In die Oper. In ein Konzert. Ins Kino. Zu einem Eishockeymatch. Alle diese Männer wollte sie anrufen und einladen. Erst putzte sie das Haus, kaufte von ihrem Ersparten die feinsten Sachen und kochte und kochte. Sie war eine sehr gute Köchin, vom perfekten Steak bis zur raffinierten Nachspeise.

Tiffi kam aus dem Bad und fragte: »Was hast du ihnen über mich erzählt?«

»Ich sagte: Wir feiern dein Diplom.«

»Mein Diplom, mein Diplom, Mama?«

Es muss unbedingt gesagt werden, dass Tiffi für Männer ein Mädchen voller Geheimnisse war, und das gibt es nicht oft. In keinen dieser Männer hatte sich Tiffi wirklich verliebt, am ehesten in den Polizisten, den sie zum Match begleitet hatte. Er las wie sie, zwar nicht so viel, aber er kannte Schriftsteller und Verlage, und er schrieb selber Gedichte.

An einem Samstagabend trafen fünf Männer mit Blumen ein, sie staunten sich an, und beim Essen langten sie kräftig zu. Tiffi erschien in einem eisblauen Kleid. Die Mutter hatte sie geschminkt und frisiert. Sie sollte eine Konversation führen, aber weil sie noch immer so vertieft in ihr Buch war, das sie gerade las, fiel ihr nichts anderes ein, und sie redete über Forensik, Forensik in der Psychiatrie und in der Rechtsmedizin, sie merkte gar nicht, dass sie einen Vortrag hielt. Sie war barfuß.

Die Mutter sagte verlegen: »Tiffi kann sich nicht von ihrer Arbeit trennen.« Die Männer tranken ihre Gläser aus und verabschiedeten sich.

»Alle die da«, sagte Tiffi, »haben keine Tiefe.«

»Zuneigung« ist ein schönes Wort. Einer neigt sich zum anderen, er verneigt sich vor ihm, weil er ihn achtet.

Eine ältere Frau hatte sich von einem jüngeren Mann anreden lassen und zurückgelächelt. Er folgte ihr und stellte ihren Wohnsitz fest. Die Frau erhielt einen Brief mit schräger Schrift, worin stand, dass der Mann sich in sie verliebt habe. Die Frau fühlte sich geschmeichelt und legte den Brief weg. Ein paar Mal holte sie ihn wieder hervor, um ihn zu lesen. Wie hatte er ausgesehen? Wie viel jünger war er als sie? Abwarten, dachte sie und fragte ihren Mann, worauf er Lust hätte, was sie kochen solle, etwas mit Fleisch oder süß. Ihr Mann wollte süß. Seit er in Pension war, bevorzugte er süß. Er war zehn Jahre älter als seine Frau und schon müde vom vielen Leben.

Eine Woche später richtete es sich die Frau so ein, dass sie auf den jüngeren Mann traf. Sie lachten sich an, und er stellte sich mit einer Verbeugung vor. Es gefiel ihr, dass er Manieren hatte. Eine Zeit später trafen sie sich auf einen Kaffee und noch einen Kaffee und einen Whiskey, und sie ließ sich von ihm erzählen, wie sehr ihn junge Frauen anöden. Sie haben nichts zu bieten. Was er wollte, war Geschichte. Sie boten sich das Du an und tauschten Küsse in der Dunkelheit aus.

Der jüngere Mann lief ihr häufig über den Weg, er schenkte ihr Kleinigkeiten, die gut zu verbergen waren, damit sie ihrem Mann nicht auffielen. Die Frau überlegte sich, ihrem Mann von der Eroberung zu erzählen, sie dachte sich, es wird ihm nicht viel ausmachen. Sie sagte dann doch nichts, und natürlich wäre der Mann in seinem Stolz gekränkt gewesen. Schließlich war sie sein Besitz.

Der jüngere Mann stellte sich hinter die ältere Frau und hielt ihr die Augen zu. Er sagte:»Ich würde gern mit dir ins Bett gehen. Und was ist mit dir?« Darauf gab die Frau keine Antwort. Sie stellte sich zu Hause nackt vor ihren Spiegel und prüfte die Figur. Sie war zufrieden.

Sie sagte zum jüngeren Mann an einem Nachmittag voller Wolken am Himmel: »Du kannst alles haben, was von mir übrig ist.«

Das fand der jüngere Mann sehr großzügig. Er kaufte guten Wein und putzte seine Wohnung. Die beiden hatten sich am Teich verabredet. Die ältere Frau sah ihn ins Wasser schauen. Sie atmete tief durch und kehrte nach Hause zurück zu ihrem Mann, der gerade Buchteln mit Vanillesoße gekocht hatte. Es roch ziemlich gut.

Aber es ließ ihr keine Ruhe. Eigentlich hatte sie sich vorgenommen, dem jüngeren Mann ihre Situation zu erklären. Sie tat es nicht. Eine Option zu haben, beruhigte sie.

217 Gespräch

An einem kalten Wintertag stand eine Frau mit ihren zwei Kindern an der Bushaltestelle. So könnte ein Märchen beginnen. Die Mutter rauchte, ein Kind lag im Kinderwagen, das andere hüpfte von einem Bein auf das andere. Es fror. Ich schätzte es auf fünf. Sein Skianzug sah dünn aus, mit lieblosen Motiven, aus der Kapuze schauten dünne Haare heraus. Die Lippen des Buben waren rau, und an seiner Nase war Rotz, den er mit dem Ärmel wegwischte. Die Mutter zündete sich an der alten die neue Zigarette an, dabei sog sie die Wangen ein. Ihr Gesicht war schmal, die Haut fleckig, ihre Hände rot.

»Mama, meine Finger erfrieren.«

»Selber schuld, hättest sie nicht in den Schnee gesteckt.«

»Mama, und die Handschuhe sind nass.«

»Das hat der Schnee so an sich.«

»Was heißt ›an sich‹?«

»An sich heißt an sich.«

»An sich.«

Der Kleine lehnte sich in den Kinderwagen und steckte seine Finger unter die Decke des Babys. Die Mutter riss sie mit der nicht rauchenden Hand heraus.

»Weg da! Du machst den Wagen kaputt, wenn du dich so dranlehnst.«

»Tu ich nicht, Mama.«

»Und wenn der Wagen kaputt ist, wer kauft einen neuen?«

»Ich, Mama.«

Ich dachte, die Mama ist nicht wirklich böse, nur genervt, sonst würde der Kleine nicht bei jedem Satz »Mama« sagen.

»So, und von welchem Geld kaufst du einen neuen Wagen?«

»Von meinem, Mama.«

»Von deinem Geld, interessant. Hast du Geld? Das weiß ich gar nicht. Hast du es mir aus der Geldtasche geklaut und versteckt?«

»Nein, Mama, selber verdient.«

»Selber verdient, ist ja super. Mit fünf! Wo arbeitest du denn?«

»In Feldkirch, Mama.«

Der Bus hielt. Die Frau zerdrückte ihre Zigarette mit der Stiefelspitze. Sie schob den Wagen mit dem Kind in den vorderen Teil, das zweite Kind stolperte hinter ihr.

»Schön warm da, Mama.«

»Wärmer als bei uns.«

Der Kleine setzte sich auf seine Hände und schaukelte mit dem Kopf.

»Hör auf, hör mit dem Wackeln auf!«

»Warum, Mama?«

»Weil ich es sage!«

»Musik ist in meinem Kopf.« – Das hätte ich gern, wenn er sagt.

Das Baby schrie. Die Mutter beugte sich zu ihm in den Wagen.

Ich stellte mir vor, wo und wie sie wohnten, ob es einen Kindsvater gäbe, einen der spätabends aus der Schicht kommt. Ich sah in ihrem Wohnzimmer Kleider, überall, auf der Lehne, auf dem Tisch, dreckige und gewaschene, ungebügelte. Auf dem Küchentisch lag angebissenes Brot. Sie haben wenig Geld, und das Zigarettengeld muss sie ihrem Mann aus der Geldtasche nehmen. Sie bückt sich und zerrt an ihren Stiefeln. Der Kleine zieht sich von allein aus. Er hat schon ein Stück Brot im Mund. Die Mutter wirft die Babysachen auf einen Kleiderhaufen. Der Kleine bringt ihr ungebeten eine frische Windel und entsorgt die nasse.

Sie würde zu ihm sagen: »Soll ich dir deinen Lieblingsfisch aufmachen?«

Kennen Sie das? Sie stehen ein paar Schritte von zwei Menschen entfernt, die flüstern. Sie flüstern sich ins Ohr und schauen dabei mich an. Ich kenne die beiden Frauen nicht. Müsste ich sie kennen, von früher vielleicht? Nein, kann mich nicht erinnern. Ich durchforstete meine Vergangenheit. Die eine vielleicht, die mit dem Schönheitsfleck über den Lippen.

Nein, die müsste so alt sein wie ich, und die hier war dreißig, maximal vierzig.

Also Einbildung. Alles Einbildung. Aber die Art, wie die beiden Frauen dastanden, die eine, die flüsterte, die andere, die zuhörte. Nein, ich habe keine Paranoia.

Als ich dreißig war, lebte ich mit meinen Kindern in Berlin, in einer Straße mit schäbigen Häusern. Wir kannten niemanden, uns kannte niemand. Die Kinder waren noch klein. An einem kalten Tag klingelte es an der Tür, und ein Mann mit einem Heizgerät unterm Arm stand vor mir. Er wolle mir diesen Ofen schenken, er beobachte mich schon über einen Monat und wisse, dass ich mit zwei Kindern hier untergebracht sei.

»Untergebracht?«, fragte ich. »Niemand hat mich untergebracht, ich habe diese Wohnung gemietet.«

»Aber Sie frieren doch! Ich weiß das, weil ich selber in so einem Haus wohne.«

Er stand schon im Flur, die Kinder kamen angerannt und schauten zu ihm hoch.

»Brauchen Sie Geld?«, fragte er.

Ich hätte Geld gebraucht, dringend, aber ich schüttelte den Kopf und sagte, mein Mann würde jeden Augenblick kommen, ich bitte ihn also, zu gehen.

»Sie haben keinen Mann«, sagte er, »das weiß ich.«

Er betrat das einzige Zimmer und ließ sich in den Lehnstuhl fallen.

»Aber jetzt haben Sie einen Mann«, und er lächelte mich an.

»Bitte«, sagte ich, »ich kann die Polizei holen.«

»Warum sollten Sie die Polizei holen?«, sagte er. »Es ging Ihnen schlecht, Ihre Kinder hatten Hunger, und ab jetzt wird es Ihnen gut gehen.« Er zog ein Bündel Geldscheine aus seiner Tasche und gab einen davon meinem Sohn, der noch kein Schulkind war.

»Geh in die Konditorei«, sagte er, »und kaufe, was du willst für deine Schwester und deine Mutter, und mir kannst du einen Berliner bringen.«

Ich zwinkerte meinem Sohn zu, ich wusste, er war klug und würde uns retten. Er zog seine Gummistiefel an, und ich hörte ihn die Treppe hinunterspringen. Bald darauf kam er mit zwei Frauen. Sie standen an der Tür, und die eine flüsterte der anderen ins Ohr.

Es war schwarz im Zimmer, ich griff auf meine Bettdecke und wusste, das alles hatte ich geträumt.

Ein Psychologe hatte Sorge mit einer Schülerin. Zweimal schon hatte sie versucht, sich das Leben zu nehmen. Die Eltern wollten sie nicht mehr bei sich haben. Eine Tante nahm sie ohne Freude auf. Das Mädchen hatte nur Vertrauen zu dem Psychologen. Der Psychologe vermutete einen Missbrauch.

Immer wieder flüchtete die Schülerin zum Psychologen, was für ihn ein Problem war, er war alleinstehend und wollte sie nicht in seine Wohnung lassen, er sagte, sie könne am Wochenanfang in seine Praxis kommen. Das Mädchen hörte nicht auf ihn. Es setzte sich auf seinen Fußabstreifer. Die Nachbarin wunderte sich, und das Mädchen sagte, der Mann lasse sie nicht in die Wohnung. Ob sie denn verwandt mit ihm sei, fragte die Frau. Das Mädchen nickte. So klingelte die Frau an der Tür des Psychologen, er öffnete nicht, weil er sich dachte, es sei das Mädchen. Die Frau klopfte an die Tür, er hörte ihre Stimme und fragte, was sie wolle.

»Warum lassen Sie das Kind nicht ein?«, fragte die Frau. »Bald wird es Nacht, es ist kalt auf den Fliesen.«

»Ich bin nur ihr Psychologe, und ich darf sie nicht in meine Wohnung lassen, sie kann in meine Praxis kommen.«

Das Mädchen hatte den Kopf gesenkt, die Frau redete auf ihn ein.

»Niemand wird sich etwas Böses denken«, sagte sie, »dafür bürge ich.«

So ließ der Mann die Schülerin ein, kochte ihr Tee und briet Spiegeleier für sie. Sie hatte lange nichts gegessen und großen Hunger. Er versuchte ihr zu erklären, warum sie nicht bei ihm schlafen könne.

»Es weiß doch niemand«, sagte das Mädchen. »Niemand wird es erfahren. Ich kann nicht zu meiner verlogenen Tante und nicht zu meinen Eltern, die stecken alle unter einer Decke, und wenn Sie mich fortschicken, bringe ich mich um. Diesmal wird es mir gelingen.«

Er sah auf ihre Arme mit den tiefen Schnitten, die sie sich zugefügt hatte. Er brachte sie mit Mühe in sein Auto, sie wehrte sich und schrie,

Leute sahen aus den Fenstern. In der Nervenheilanstalt wurde sie aufgenommen, aber nach zwei Tagen stand sie wieder vor ihm. Er rief bei der Fürsorge an, eine Frau holte sie ab, aber am nächsten Tag saß sie wieder auf seinem Fußabstreifer.

Der Psychologe gab ihr zu trinken und zu essen, in die Wohnung ließ er sie nicht. Die Nachbarin lud sie zu sich ein. Ihr erzählte sie, niemand habe sie lieb und der Mann in der Wohnung gegenüber sei genauso schlecht wie alle.

»Was meinst du damit?«, fragte die Frau.

Das Mädchen schaute auf den Boden und antwortete nicht. Die Frau ließ sie bei sich schlafen, nachdem sie gefragt hatte, ob ihre blau gefärbten Haare abfärben. Am Morgen passte sie den Psychologen ab und sagte, er solle sie mitnehmen.

»Wenn Sie mich wieder in die Anstalt bringen, springe ich aus dem Fenster«, sagte sie und fuhr mit ihrem Taschenmesser über ihre Hand. Sie blutete stark, und das Blut sickerte in den Autositz des Psychologen.

Nach einer Lesung sprach mich ein Mann an, er müsse mir unbedingt seine Geschichte erzählen, die gebe es nur einmal. Ich sagte, leider hätte ich keine Zeit, müsse gleich auf den Zug. Er hielt mich am Ärmel fest. »Nur fünf Minuten«, sagte er, »oder wollen Sie, dass ich mich von einer Brücke stürze.«

Er fixierte mich mit seinen stechenden Augen, seine Zunge bewegte sich blitzschnell. Ich schaute mich um, in der Hoffnung, ich würde erlöst, aber keiner sah uns zu.

Dieser Mann begann mit rasender Geschwindigkeit seine Erzählung, noch vor dem Mauerfall geboren, seine Mutter eine Prostituierte, die, wenn sie zur Arbeit musste, ihn, den Dreijährigen, am Heizkörper mit einem Gürtel festband. Sie kam oft Tage nicht zurück, und der Bub war hungrig und durstig und musste sein Wasser lassen, kacken. Er schrie, ohne gehört zu werden.

»Hören Sie auf!«, rief ich. »Bitte, hören Sie auf, ich kann mir denken, wie es weitergeht.«

Er hörte nicht auf, sprudelte weiter, wie hätte es anders sein können, er kam in schlechte Kreise, wurde kriminell, drogenabhängig …

»Bitte hören Sie auf! Ich kann Ihnen nicht helfen, ich kann Ihre Geschichte nicht schreiben, die müssen Sie selber schreiben!«

Er hörte nicht auf – Gefängnis, Verrat, schlechte Frauen –, er stülpte seine Hose über die Knie und zeigte mir seine Narben.

»Bitte!«, jammerte ich ein drittes Mal, »verschonen Sie mich, ich muss auf den Zug! Wenn ich ihn versäume, muss ich hier übernachten, das geht nicht.«

»Ich habe gelitten, und Sie lamentieren über einen Zug?«, sagte er. »Wollen Sie ein schlechter Mensch sein?«

»Ja«, sagte ich verzweifelt, »ich will ein schlechter Mensch sein. Wenn Sie jetzt bitte meinen Arm loslassen und mich gehen lassen!«

»Sie werden es noch bereuen«, sagte er. »Einmal im Unglück, und niemand hört Ihnen zu. Das kann furchtbar enden.«

Ein Fremder kam mir zu Hilfe. Er zog den Arm des Mannes weg und gab ihm einen Stoß. Der Mann fiel um, er wollte umfallen, wollte einen Aufruhr veranstalten, tat so, als wäre er verletzt, könne nie mehr aufstehen.

»Einer soll die Rettung holen, einer die Polizei!«, schrie er.

Der Fremde zog mich weg, zog mich auf die Straße, bestellte mir ein Taxi zum Bahnhof. Ich hatte meinen Samtmantel vergessen, aber das war mir jetzt gerade egal.

Noch im Zug war ich aufgeregt. Ich rief meinen Mann an, erreichte ihn nicht, rief meinen Sohn an, erreichte ihn nicht. Ich drückte die Augen zu und versuchte zu schlafen. Niemals würde ich jetzt einschlafen können. Ich starrte vor mich hin und musste mich disziplinieren, um nicht zu weinen. Also bin ich zu allem hin auch hysterisch, dachte ich. Das darf nicht sein!

Ein alter Mann, der lange Zeit in Burma gelebt hatte, winkte mich zu sich und sagte, ich solle mich setzen, er wolle mir eine Geschichte erzählen. Er saß unter einer alten Tanne, und Nadeln fielen auf ihn nieder.

»Sie war klein und süß wie Zucker, aber sie liebte mich nicht. Wenn ich ehrlich sein soll, liebte ich sie auch nicht, ich wollte sie nur besitzen wie die Schatulle aus Blattgold. Sie zog bei mir ein, und ich musste feststellen, dass sie alles wunderbar konnte. Sie kochte wie ein begabter Koch. Sie bügelte meine Anzüge und parfümierte sie, sie schlug die Augen nieder, wenn ich sie lobte. Sie schlief auf dem Boden vor meinem Bett, und als ich ihr sagte, dass ich das nicht aushalte, kroch sie zu mir. Sie war ein wildes Kätzchen und streichelte mich, biss mich und legte sich wieder auf den Boden. Ich hob sie hoch, sie war ja leicht wie eine Flaumfeder, und sie legte sich auf mich. Ich schlief ein, weil sie so leicht war, als wäre sie fort. Sie schenkte mir ein Kind. Verzeihen Sie diese geschmacklose Formulierung. Sie trug mein Kind aus, und es war schön wie sie. Es war ein Mädchen, und wenn wir am Esstisch saßen und ich zusah, wie sie es fütterte, liefen mir Tränen aus den Augen. Ein zweites Kind gebar sie. Es war ein Junge. Er war wie ich, kräftig und sentimental. Mit jedem Jahr glich er mir mehr. Obwohl er zwei Jahre jünger war als seine Schwester, musste sie ihm gehorchen und bald schon auch seine Mutter. Sie waren Sklavinnen für ihn. Aber so will ich nicht sein. Ich wollte sie zwar nie heiraten, meine Schöne, weil es mein Wunsch war, wieder in mein Heimatland zu ziehen, wenn ich alt bin. Ich wollte auf dem Friedhof begraben werden, in dem meine Eltern auf mich warten. Ich bin ein Europäer und weiß nichts. Ich schäme mich für meine Art. Gern wollte ich sanft werden wie mein Mädchen, das große und das kleine. Aber ich war wie mein Sohn. Wir beherrschten die beiden. Eines Morgens sah ich durch das Fenster die Frauen, die junge und die alte. Sie packten einen Wagen. Das Mädchen setzte sich auf einen Stoffhaufen. Gewiss waren auch meine Anzüge darunter, am nächsten Tag suchte ich sie und fand sie nicht. Die Mutter schob den Karren. Sie sah zu mir hoch und winkte. Der Sohn blieb bei mir. Er wollte mir nicht gehorchen, und bald war er mein Herrscher.«

»Sie erzählen«, sagte ich, »wie aus einem Märchen. Wie viel Funken Wahrheit sind darin enthalten?«

»So viel«, sagte der Mann unter der Tanne, »dass es ein großes Feuer gäbe.«

Der feuchte Dunst findet den Weg in die Häuser. Die Kälte stiehlt sich herein, während sie schlafen, die Kälte ist stumm. Die Kälte ist unsichtbar und geruchlos. Sie haben alles angezogen, was sie an Kleidern besitzen, Unterwäsche, Pullover, Röcke, Hosen, Socken, drei Paar Socken, vier Paar Socken. Sie kriechen unter die feuchte Decke. Wie kann man sich warm machen. Frauen drängen sich in der Küche. Sie schalten die Herdplatte ein und halten ihre Hände darüber, eine Frau ihr Baby. Der Vermieter kommt, schimpft über ihre Verschwendung, mahnt zum Sparen und dreht die Herdplatte auf null. Kinder schreien, sie haben Rotznasen und verfilzte Haare, niemand kümmert sich um sie. Das Licht geht an. Das Licht geht aus. Es gibt noch Reste vom Rosinenkuchen. Sie streiten sich darum. Einer hat die Rosinen aus dem Kuchen gepickt. Der alte Mann beißt in eine Zwiebel. Es gibt im Keller Kartoffeln, die müssen weich gekocht werden. Von einer einzigen Kartoffel wird man nicht satt. Sie finden eine Flasche Wodka, und jeder bekommt einen Schluck. Die dicke Frau mit dem Turban überwacht alle. Kinder dürfen auch einen kleinen Schluck nehmen. Davon wird einem warm. Aber doch nicht von so wenig. Am liebsten würde sie die ganze Flasche austrinken. Draußen hat es zu schneien begonnen. Wenn man Schuhe anzieht, passen nur ein Paar Socken, sonst sind die Schuhe zu eng. Wenn es in den Schuhen zu eng wird, friert man noch mehr. Kinder finden Haferflocken und kauen sie roh. Sie trinken Wasser dazu. Katzen drücken sich an Hosenbeine. Die Gefleckte hat eine Maus gebracht. Hört das denn nie auf! Eine Frau sagt zu ihrer Nachbarin, wenn das alles vorbei ist, lasse ich mir die Haare schneiden. Ich kann das machen, wenn du eine Schere findest, sagt die Nachbarin, jetzt aber nicht, meine Hände sind steif von der Kälte. Ein Kind hat Bauchweh von den Haferflocken. Die Toilette ist verstopft. Wer räumt den Dreck weg. Der Vermieter ist fort, und so können sie kurz das Backrohr aufdrehen und sich davor hinsetzen. So wenig Platz! Geh weg, ruft die eine, ich war noch nicht dran. Sie hören Schritte. Schnell aus mit dem Backrohr.

Wer erfriert zuerst. Wenn morgen zur Mittagszeit die Sonne scheint, können sie sich an die Hauswand drängen. Ein wenig aufwärmen. Ich möchte so nicht mehr weiterleben, weint ein Mädchen, und ihr wird gesagt, sie soll die Klappe halten. Kinder husten. Eines hebt die schwarze Katze auf und drückt sie an seine Brust. Sie will nicht bleiben. Sie will sich mit der Gefleckten um die Maus streiten.

223 *Das Geheimnis*

Mann und Frau, lange waren sie schon beisammen, sie hatten Kinder großgezogen und waren zufrieden, weil jedes auf seine Art ein gutes Leben gefunden hatte. Oft saßen die beiden zusammen in ihrem Nest, das der Mann sich ausgedacht hatte – ein Sofa hinter einem Verschlag. Sehr gemütlich. Sie lasen oder redeten, lasen sich gegenseitig vor, schauten Filme im Fernsehen an und schliefen gelegentlich dabei ein. Der Mann mixte Getränke. Besonders liebte seine Frau, wenn er Personen nachahmte, die sie kannte. Er war unübertrefflich, und sie lachte Tränen.

Einmal fragte die Frau ihren Mann: »Sag, gibt es ein Geheimnis von dir, das ich noch nicht weiß?«

Der Mann lachte. »Ich hoffe. Denn, wenn es kein Geheimnis mehr gäbe, wäre ich ja langweilig.«

»Ich meine, ein kleines Geheimnis, ein harmloses. Aber nicht erfinden!«

»Also gut, du sollst es wissen: Jahrelang hat mich dieses Geheimnis gequält, genau genommen sieben Jahre. Dann vergaß ich es. Gerade jetzt ist es mir wieder eingefallen. Es geschah, als ich fünf war.«

»Und warum hast du es vergessen?«

»Weil mich etwas anderes beschäftigt hat. Geheimnisse nützen sich ab. Ich war mit ein paar Freunden, die alle größer waren als ich, auf Tour, um auf fremde Klingeln zu drücken und Leute aufzuschrecken. Nur ein Spaß. Einmal läuteten wir an einem Haus, in dem der Professor wohnte, ein alter Mann, der sich selten zeigte. Meine Freunde sagten, wir läuten so lange, bis er auftaucht. Wir läuteten, ich nicht, ich stand als Letzter da und schaute. Also, vom vielen Drücken auf die Klingel taten meinen Freunden die Hände schon weh, und sie wechselten sich ab. Da erschien auf einmal der Professor im Schlafrock. Alle waren weggerannt, und ich stand als Einziger vor ihm. Er sagte kein Wort, hob mich auf und stellte mich in sein Treppenhaus. Er schloss die Tür hinter sich, ließ mich einfach stehen und schaute mir direkt in die Augen. Und dann passierte es. Ich wollte es zurückhalten, aber es geschah. Ich machte meine Hose nass, und es tropfte auf des Professors Linoleum. Er öffnete die Tür, hob mich auf und stellte mich zurück ins Freie. Ich habe den Professor nur einmal noch gesehen. Es war im Supermarkt, und er hatte einen Weggen Schwarzbrot gekauft. Ich stand hinter ihm und hoffte, er würde sich nicht umdrehen. Sicher hätte er mich nicht mehr erkannt. Oder wenn doch, dann weiß ich, es ist auch sein Geheimnis.«

»Du, meine Kleine«, sagte der Vater zu seinem Mädchen, dabei war sie schon siebzehn. Sie saß am Esstisch vor ihrem gefüllten Teller und sagte, sie bringe nichts hinunter. Die Mutter hatte aufgegeben, sie zu ermahnen. »Du wirst verhungern«, sagte der Vater. »Wenn du das nicht magst, sag mir, was du magst, und ich koche es dir.«

»Nichts«, sagte sie. Sie fühlte sich schwach und wollte nicht leben. Das war der Grund, warum sie nicht aß. Sie hatte einfach keine Freude am Leben. Gingen die Mädchen aus ihrer Klasse in die Disko, blieb sie zu Hause. Sie wurde nicht mehr gefragt. Immer hatte sie gesagt, sie werde nachkommen, aber nie kam sie nach. Sie war schön, aber spielte es nicht aus. Sie schaffte es einfach nicht. Alles türmte sich vor ihr auf, wurde zu einem Gebirge. Die Mädchen langweilten sie, die Buben langweilten sie. Sie war nicht schlecht in der Schule, hatte aber keine Freude am Lernen. Es gab einfach nichts, was sie anzündete. Sie wäre musikalisch gewesen, hatte als Kind Klavier gespielt, schon war der Vater stolz auf sie gewesen.

»Ich würde immer nur Mittelmaß sein«, sagte das Mädchen, »das will ich nicht.«

Der Vater vereinbarte einen Termin bei einem Psychiater. Ungern ging die Tochter mit. Sie saßen im hellen Wartezimmer, und der Vater versuchte ein Gespräch, den ganzen Weg zum Psychiater hatte er sich ein passendes Gespräch überlegt. Über Filme reden? Über seltene Tiere? Tiere hatte sie immer geliebt. Früher war sie oft empört gewesen, das hatte ihm gefallen. Sich aufzulehnen, ist ein Zeichen von Klugheit. Angepasste Mädchen gab es schon zu viele. Oder hätte er fragen sollen, erinnerst du dich, als wir einmal zusammen in den Wald gingen und eine Nachtigall hörten und du so glücklich warst, weil sie so unscheinbar ausgesehen hat, weil das nämlich, wie du fandest, gerecht war? Sie saßen nebeneinander und sagten nichts. Der Vater konnte die Stille kaum aushalten. Der Psychiater streckte den Kopf durch die Tür, er trug einen dichten Bart und sah damit schwarz aus im Gesicht.

»Kommen Sie!«, sagte er. Vater und Tochter standen auf. »Nein, nicht Sie«, sagte der Psychiater zum Vater. »Ich will sie mir allein vornehmen.« Eine Ewigkeit war seine Tochter hinter der geschlossenen Tür. Würde sie ihm erzählen? Gewiss nicht. Er würde nicht fragen. Sie würde neben ihm im Auto sitzen, den Kopf nach rechts gewandt, hinaus in die heimatliche Welt.

Weißt du was, könnte er sagen, wir suchen die Nachtigall. Erinnerst du dich noch an früher, als wir die Nachtigall gesehen haben? Diesmal würde er es wirklich aussprechen.

Ich rede hier von Menschen, die keine Kinder mehr sind und noch keine Erwachsenen. Sind sie in einem Zwischenbereich?

Der Bub, von dem ich erzähle, Michael, nach dem Erzengel benannt, seine Mutter war gläubig, hatte ihm, als er noch ein Kindergartenkind war, vom Erzengel Michael erzählt, der den Teufel besiegt, und ihr Michael fragte: »Warum?«

Morgens ist er aufgewacht, unter den Achseln war ein Jucken, er griff und dachte, mein Gott, mir wachsen Haare. Er war verwirrt, seine Mutter sah ihn an und streichelte über seinen Klopf, deine lockigen Haare, sagte sie, wie schön, die Mädchen werden dich lieben.

In der Schule dann gab der Lehrer eine Schreibaufgabe, die hieß: »Dein Geheimnis«.

Was für eine Intimität! Dachte er wirklich, seine Schüler würden ihm Geschichten aus ihrem geheimen Leben erzählen?

Mein Geheimnis, redete es Michael im Kopf, ist Ayşe, sie sitzt zwei Reihen vor mir, sie ist schon einen Kopf größer als ich, und ich kann mich hinter ihr verstecken. Sie ist bereits eine kleine Frau. Ihr weiches Kleid – einmal hatte er es zufällig berührt – hatte ein Muster von winzigen Rosenbäumchen. Ihre milchweiße Haut und die samtenen Wimpern! Würde sie kein Kopftuch tragen, könnte er auf ihren Scheitel schauen – er müsste nur auf den Stuhl steigen und so tun, als ob er etwas oben an der Decke nachschauen wolle. Würde man ihn fragen, warum er auf dem Stuhl steht, könnte er sagen: Da war eine Spinne, und ich weiß ja, dass die meisten Mädchen sich vor Spinnen fürchten.

Ayşe muss ihre Haare verstecken, das will ihr Vater. Ayşe ist nicht dünn wie die anderen Mädchen, sie trägt keine Jeans, keine bauchfreien Tops, sie schminkt sich nicht mit den anderen Mädchen in der Pause. Sie hat es nicht nötig. Sie ist weich wie Butter in der Sonne. Er redete nicht mit ihr, wie kein Bub aus der Klasse mit ihr redete. Sie war ein Geheimnis.

Michael dachte, das werde ich garantiert nicht schreiben, aber einmal werde ich an ihrem Haus vorbeispazieren, das ganz unten liegt, wo das Schilf anfängt, und ich werde mein Zündholz anzischen und ein Feuer entfachen. Wahrscheinlich wird ihr Vater mit seinem Wasserschlauch aus dem Haus stürmen und das Malheur beseitigen. Mit dem Feuer würde ich ihr zeigen, wie sehr ich für sie brenne.

Das alles würde nicht geschehen, weil der Bub innerlich scheu war, nach außen hin gab er sich stark. Starksein war nicht etwa, was er beabsichtigte. Seine Stimme war sehr gut, mit dieser Stimme könnte er einiges anstellen. Nicht nur singen. Er wusste auch, dass Mädchen beeindruckt waren, wenn einer gut auf der Gitarre spielen konnte. Deshalb übte er auf seiner schlechten Weihnachtsgitarre stundenlang. Er würde im Sommer arbeiten, um sich dann von dem Verdienst eine Gitarre kaufen zu können, eine respektable. Könnte sein, dass Ayşe daran Gefallen finden würde.

Ein kluger Mann suchte nach gescheiterten Beziehungen eine neue Frau. Er fand keine, sosehr er sich auch bemühte.

»Was ist das große Rätsel?«, fragte er seinen Freund, der lange schon mit derselben Frau verheiratet war. »Du musst es doch wissen.«

»Steig über die Schwelle«, sagte der Freund. Er war ein Dichter und wollte die richtigen Worte wählen.

»Du meinst, ich soll mit der Tür ins Haus fallen?«

»Gerade das nicht«, sagte der Freund. »Lass es geschehen.«

»Wenn aber nichts geschieht?«

»Dann warte.«

»Bevor ich sterbe, wird mich die verbrauchte Pflegerin erhören, aber dann ist es zu spät.«

Da geschah es, dass der einsame Mann in einer Arztpraxis auf eine Frau traf. Sie sahen einander an, er schaute gleich weg, sah sie wieder an, dachte sich, was für eine Krankheit hat sie, warum sitzt sie hier. Sie hatte eine nette Frisur, einen Seitenscheitel, und wenn sie sich drehte, und sie drehte sich, um nach einer Zeitung zu greifen, sah er ihre Narbe, die vom Haaransatz der Wange entlanglief. Keine frische Narbe. Die Frau hatte etwas an sich, das ihn immer wieder hinschauen ließ. Sie musste es merken.

Ihm fiel ein, dass er einmal ein Gespräch unfreiwillig mitangehört hatte, wo zwei Männer sich unterhielten. Der eine sagte zum anderen, er schwöre auf nicht besonders schöne Frauen, weil es nämlich die seien, die sich bemühen, die alles geben müssen, er soll sich das in jeder Lebenslage vorstellen.

So dachte der einsame Mann, wenn ich also diese Frau … sollte sie nach mir die Ordination verlassen, und wenn ich unauffällig auf der Straße warte und wie zufällig zu ihr trete … Was könnte ich sagen? Zum Beispiel: Wieder so ein Tag, wo der Abend noch lange auf sich warten lässt … Nein. Ein gewöhnlicher Satz. Zum Beispiel: Jetzt haben wir es beide hinter uns, ich hoffe, bei Ihnen ist alles gut gelaufen? Die Frau würde antworten: Nur eine Kontrolle, das Ergebnis wird mir geschickt. Und er: Wie bei mir, also beide warten wir auf ein gutes Ergebnis. Dann würde es zu regnen beginnen, heftig, und beide hätten sie keinen Schirm, und er würde ihr seine Jacke um die Schultern legen, und zwar so, als ob es das Normalste der Welt wäre, ohne zu fragen … und sie würden in ein Kaffeehaus eintreten … Sie würde den Regen aus der Jacke schütteln, und er würde sagen: Was halten Sie von einem heißen Kakao, und würde ihre Antwort nicht abwarten. Der Kakao wäre köstlich, sie hätte sich ein wenig die Zunge verbrannt. Er könnte sie fragen, woher die Narbe auf ihrer Wange stammt, und sie könnte erzählen, sie sei von der Schaukel gefallen, als sie noch kein Schulkind gewesen war. Und so würden sich die Gespräche der beiden verschränken, als wären sie längst schon Freunde.

Der einsame Mann wurde aufgerufen.

Die Gehirne von Kleinkindern sind sehr empfindlich. Wenn sie stark geschüttelt werden, kann passieren, was Karin passiert ist. Sie liegt in der Sonne und schaut in den Himmel. Wenn Wolken vorüberziehen, denkt sie: Wohin die wohl ziehen? Kommen sie wieder oder verschwinden sie ganz?

Karin liebt die Musik. Manchmal weiß sie gar nicht, woher sie kommt. Sie hört und denkt: Was für eine leichte Musik, wie ein Lüftchen! Zur Musik wiegt sie ihren Kopf, und dabei wippen ihre Locken. Sie wiegt den Kopf so lange, bis ihr schwindlig wird und sie ins Wolkendunkel fällt.

Karin hat es gern, wenn ein Mensch ihr die Hand hält. Sie hat es gern, wenn eine Katze um ihre nackten Füße schmeichelt und dann auf ihren Bauch hüpft und ein Lied schnurrt. Sie hat es gern, wenn im Frühling die dunkelvioletten Veilchen duften und wenn ihr im August eine Freundin frische Kirschen an die Ohren hängt, dann fühlt sie sich wie eine Prinzessin mit Rubinohrringen. Sie liebt den Schnee, weil er alles so sauber macht wie Wahrheit.

Karin spürt, wenn ein Mensch sie anlügt. Wenn ein Mensch zum Beispiel sagt: Vor der Tür steht deine Mama, die will dich abholen. Die Mama holt Karin nicht ab, weil sie nämlich selber krank ist und in einem Heim für Kranke liegt. Dieser Mensch denkt, Karin sei dumm wie die Tauben. Das denkt er, weil er selbst eine Schlange ist.

Karin liebt es, im warmen Wasser zu liegen und schwerelos zu sein. Wie ein Blatt auf dem See. Es schwimmt und schwimmt, zieht Kreise, ist geduldig und schwimmt bis zum Meer. Nach Afrika.

Afrikanische Frauen in bunten Gewändern treten aus dem Fernsehapparat und bringen Karin Geschenke, die so klein sind, dass nur Karin sie sehen kann. Sonst niemand. Eine Afrikanerin, die schönste von allen, ist mit der Sonne bekleidet, sie hat den Mond unter den Füßen und auf dem Haupt einen Kranz mit zwölf Sternen.

Karin kann schauen, und wenn etwas passiert, was nicht gut ist, kann sie schreien, damit ein Mensch kommt. Zum Beispiel als Bruno einen epileptischen Anfall bekam. Das kann passieren.

Bruno verbringt seine Tage im Heim der Lebenshilfe, wie Karin. Er lag auf dem Boden, und Karin schrie, und da lief die Frau aus der Küche und klemmte ihm ein Paket tiefgefrorene Himbeeren zwischen die Zähne. Damit er sich nicht die Zunge abbeißt. Da lachte Karin, weil das so komisch aussah. Bruno lachte dann auch, ein bisschen später, als es ihm wieder besser ging. Als es Bruno wieder besser ging, brachte die Frau aus der Küche frische Buchteln, die dufteten nach Glück. In einer Schüssel war frische Vanillesoße.

Der Morgen sagt, öffne deine Augen, der Hunger sagt, rufe, damit man dich füttert, der Durst, rufe, damit man dir zu trinken gibt. Am liebsten süßen Kakao. Am liebsten frisches Zopfbrot mit Butter. Die Blase sagt, rufe, dass man dich auf die Schüssel setzt. Der Spaß sagt, erzähl uns, wie es war, als Bruno tiefgekühlte Himbeeren zwischen den Zähnen hatte. Die Traurigkeit sagt, weine einfach. Die Tränen sind salzig und rinnen übers Gesicht in den Kragen der geblümten Bluse. Dann sind sie fort, und alles ist wieder gut. Das Kopfweh sagt, rufe, damit man dich massiert und einölt und knetet wie einen Pizzateig. Leider hat die Himbeermarmelade nur für drei Frühstücke gereicht.

Bruno hat gesagt, höchste Zeit, dass ich wieder einen Anfall kriege. Aber dieses Mal hätte er lieber Heidelbeeren, wenn das möglich ist, und dann eine Familienpackung. Da bekommt man so schöne blaue Zähne und eine Zunge wie ein seltenes Tier.

Eigentlich ganz einfach, alles.

Lange schon hatte ich den kleinen Mann nicht mehr getroffen. Gestern kam er auf mich zu; wie mir schien, noch kleiner als ehedem. Er trug eine Mütze, tief in die Stirn gezogen, und als er mich sah, nahm er sie ab, als wäre sie ein Hut. Er zog den rechten Handschuh aus und reichte mir seine faltige Hand. Sie fühlte sich weich an, und als wüsste er, was ich denke, sagte er:»Hab lang nicht gearbeitet.« Er ließ keine Pause:»Wenn du mich fragst, wie es mir geht, sage ich dir, heute bin ich geschwätzig. Gehen wir auf und ab, es ist kalt. Im Gehen wird uns warm. Sind deine Füße auch kalt?«

Ich nickte, und wir gingen bis zum Damm und wieder zurück und wieder zum Damm und wieder zurück.

»Als ich ein ganz junger Mann war«, sagte der kleine Mann,»bin ich über einen Drahtzaun geklettert. Es ist dunkel gewesen, und keiner hat mich gesehen. Es war so gemütlich hinter dem Drahtzaun, dass ich mich auf die Wiese gesetzt habe und eingeschlafen bin. Weißt du, warum ich aufgewacht bin?«

»Warum bist du aufgewacht?«

»Ein bisschen hat mich gefroren, weil doch Nacht war, obwohl Sommer war.«

»In der Nacht kühlt es ab«, sagte ich.

»Du weißt viel«, sagte er,»wahrscheinlich weil du auch schon alt bist.«

»Das Zweite ist richtig«, sagte ich.

»Verstehe ich nicht«, sagte der kleine Mann.»Ist es wichtig?«

»Erzähl weiter!«

»Wir müssen noch einmal zum Damm und wieder zurück, so lang dauert meine Geschichte. Ich bin aufgewacht, weil mich ein Tier angeschnaubt hat.«

»War es ein Pferd?«, fragte ich.»Weil doch Pferde schnauben.«

»Es war ein Löwe. Sein Kopf war sehr groß. Ich hatte keine Angst. Er legte sich zu mir, und wir sind beide eingeschlafen.«

»Ein schöner Traum«, sagte ich.

»Das war kein Traum. Das war, als ich ein ganz junger Mann war. Du glaubst mir nicht. Es ist die Wahrheit. Niemand glaubt mir die Geschichte. Nicht einmal meine Mutter, als sie noch nicht tot war.«

»Kann es sein«, fragte ich, »dass du, als du über den Zaun geklettert bist, in einem Zoo gelandet bist?«

»Jawoll!«, rief der kleine Mann aus. »In einem Zoo. Daran habe ich nie gedacht.«

»Geht deine Geschichte weiter?«

»Glaubst du, dass ich geschwindelt habe?«

»Hast du geschwindelt?«

»Schwindeln macht Spaß«, sagte der kleine Mann. »Besonders wenn man mir glaubt. Glaubst du mir?«

Wir waren beim Damm angekommen. Schauten beide in das Bachbett und schwiegen.

»Ich habe einmal in dem Bachbett geschlafen«, sagte der kleine Mann.

»Das ist ja auch ein Bett«, sagte ich. »Hast du gut geschlafen?«

»Ich hab von einem Löwen geträumt. Sein Kopf war schwer.«

»Hat er geschnarcht?«, fragte ich.

»Und wie!!«

Als die große Dunkelheit auf den frommen Mann niederbrach, fuhr ihm der Satan in seinen Leib und schlug ihn so sehr, dass er am Morgen geschunden aufwachte. Sein Körper war übersät mit Flecken und Striemen. Der fromme Mann schämte sich und betete vor seinem Privataltar um Gnade. Er wusste wohl, dass er geprüft wurde. Was habe ich in meinem Leben verbrochen, fragte er sich, und Dinge fielen ihm ein, die so bedeutungslos waren wie zum Beispiel, dass er die Haut auf der Milch immer abschöpfte, wenn niemand hinsah, weil ihm das so schmeckte. Dass er gern den Mädchen zugehört hatte, wenn sie ihren Liebeskummer ausbreiteten. Er war auf einer Bank gesessen, nichts weiter. Er hatte keine schlechten Gedanken, oder war ein Gedanke schlecht, sich vorzustellen, dass sich die jungen Mädchen nach Liebe sehnten und diese erfüllt haben wollten? Hatte er sich denn nie nach Liebe gesehnt? Hatte er wohl, aber das war lange her. Er hatte eine Frau geheiratet, weil sie es wollte, sie sprach schön und voller Leidenschaft, doch er empfand keinen Genuss, ihn schmerzte nur die Vorstellung, dass er sie nicht liebte und sie, wenn er sich nicht mehr verstellte, darunter leiden würde.

Er musste sein Chaos organisieren.

Da fingen seine Glieder zu schmerzen an, kein Arzt konnte ihm helfen, und er begann zu beten und versprach dem Herrn, dass, wenn er ihm seine Schmerzen und seine Depression nehme, er für ihn arbeiten wolle. Sein Leben bis zu seinem Tod. Der Herr nahm ihm die Depression, aber die Schmerzen ließ er ihm. Der fromme Mann kümmerte sich um die Armen und Schwachen, viele sahen in ihm einen heiligen Mann.

Woher wussten die Leute, dass ihn der Herr prüfen wollte, indem er ihm den Satan sandte? Jedenfalls erfuhr es der Bischof. Und er legte sich in die Nebenkammer des frommen Mannes. Er presste sein Ohr an die Wand, und ihm wurde gewahr, dass ein Körper geschunden wurde, ein Mal schlug er auf dem Boden auf. Ein zweites Mal, viele Male. Der Bischof hielt sich die Ohren zu. Das Bett im Nebenzimmer rumpelte. Am Morgen wollte der Bischof die Arme des frommen Mannes sehen, und tatsächlich, sie waren zerschunden. Aber der Bischof hielt es für angebracht, nicht darüber zu sprechen. So leicht kommt Hysterie im Volk auf, und das wollte er vermeiden.

Es gab eine Frau, die hieß Vev, was ihr Kosename war. Als Kind wurde sie von den Eltern so genannt. Nie wollte sie den Namen ändern, immer wollte sie die geliebte Vev bleiben. Als ihre Eltern starben, zog sie in eine Weltstadt und ging dort beinahe verloren. Sie hatte Angst vor der Fremde und den Menschen, die sie nicht verstanden. So blieb sie nur in ihrer kleinen Wohnung sitzen, im Winter heizte sie mit einem kleinen Badezimmerofen und lag, eingehüllt in Pyjamas, Jacken und Mänteln, unter ihrer Steppdecke. Die Sommer waren heiß, und da bewegte sie sich nackt bei dem einzigen offenen Fenster. Der Blick hinaus zeigte auf ein graues Gebäude, und sie konnte in ein Fenster sehen, in dem zwei nackte Menschen Federball spielten. Sie lebte bescheiden und von dem geerbten Geld. Ein Entsetzen jagte sie und die Erkenntnis verlorener Jahre. Wozu bin ich auf der Welt? Sie kaufte abends in einem chinesischen Geschäft das Nötigste, manchmal fertig gekochte Gerichte, die sie vorsichtig in Schalen über die Treppe zu ihrer Wohnung hinaufbalancierte. Als das Geld ausgegangen war und nicht einmal mehr für ein Flugticket reichte, setzte sie sich auf den Boden vor einem Schmuckladen und hielt die Hände auf. Sie wurde weggejagt und versuchte es in einem ärmlichen Viertel vor einer Kirche. Es gab Menschen, die Münzen in ihre Hände legten, Hosenknöpfe, ein paar Mal wurde hineingespuckt. Vev hielt den Kopf gesenkt und ließ es über sich ergehen. Einmal gesellte sich ein Obdachloser zu ihr und gab ihr seine Tageslosung. Vev staunte, weil es so viel war.

Sie flog in ihre Heimat zurück und fand in dem Haus der Eltern einen Brief vor, darin stand, sie werde an einer Bergschule gebraucht und solle sich melden. Vev, die keine Ausbildung hatte, dachte an einen Irrtum, meldete sich aber trotzdem. Sie fuhr in dieses Bergdorf und folgte der Karte, die zur Schule führte. Es war ein beschwerlicher Weg. Sie hatte ihr Fahrrad dabei, das sie aber bald abstellen musste. Das Gelände war viel zu steil. Kurz vor Sonnenaufgang war sie losmarschiert, sie wollte auf keinen

Fall zu spät kommen. Einmal versperrte ein Drahtgeflecht ihren Weg, sie schlüpfte hindurch, da merkte sie, dass sie einsank bis zu den Knien, war das ein Sumpf, sie hörte Katzen jammern und dachte, ich werde dem Jammern nachgehen, Katzen können genauso wenig fliegen wie ich und werden den Sumpf meiden. Die Tiere fauchten sie an, aber sie fürchtete sich nicht, sie balancierte auf einer Latte den Katzen nach und kam wieder auf festen Boden. Dann endlich sah sie die Schule. Sie war wie eine Scheune, und die Kinder waren ärmlich gekleidet, sie kamen aus verschiedenen Erdteilen, hatten Rotznasen und verfilzte Haare. Weit und breit gab es keinen Erwachsenen. Sie fragte nach dem Professor, ein Kind verstand sie und führte sie in ein sauberes Zimmer mit palmenartigen Topfpflanzen, Teppichen auf dem Boden und Teppichen an den Wänden. Der Professor sagte, dass er gleich abreisen müsse, sie solle nach ihrem Gefühl die Kinder unterrichten, eine kleine Kammer stehe ihr zur Verfügung, seine Räume allerdings dürfe sie nicht betreten, weil Privateigentum. Die Kammer war eine Schande, und auch das Bett war eine Schande, und das Bettzeug war die dritte Schande. Sie zog die Knie an ihr Kinn und schlief in ihrem Koffer. Noch so eine Nacht wie diese, dachte sie, und ich bin meine Sünden los. Wem habe ich geschadet? Wer sich selbst schadet, schadet den anderen, das hatte sie gelesen und nicht verstanden.

Wie sollte sie anfangen? Unter den Kindern gab es Zwillinge, die an den Händen zusammengewachsen waren und die immer nur kicherten. Was erzähle ich den Kindern, dachte Vev? Da hatte sie die Idee mit den Kosenamen, sie ging von Kind zu Kind und prägte jedem einzelnen einen Kosenamen ein. Dabei sah sie ihm tief in die Augen und streichelte es über die Haare. Ein Knabe biss ihr in die Hand, und sie biss zurück. Als sie die ganze Gruppe gekost hatte, kamen die Kinder zu ihr, sie sagte, nennt mich Vev, und da kosten sie sich, bis die Schulglocke läutete. Sie hatte mit den Kindern im Freien gesessen, und am nächsten Tag regnete es. Da zwängten sie sich alle in die enge Kammer, sie legten das stinkende Bettzeug in den Regen, und als die Sonne kam, wurde es getrocknet und roch nach Erde. Ein Kind nach dem andern wusch sie mit Wasser aus der Regentonne, seifte ihre Haare und weichte ihre Kleider dann im Seifenwasser ein. In der nächsten Unterrichtsstunde spülte sie mit den Kindern die

Kleider im Fluss, und am Abend waren sie frisch wie frisch geerntetes Gemüse. Vev schlief auf ihren Kleidern zusammen mit den Kindern, eines hatte ihren Wintermantel als Matratze, die Zwillinge waren mit dem Sommerkleid zugedeckt, und der Knabe schlief mit dem Kopf in ihrer umgestülpten Tasche.

Was lehrte Vev den Kindern, was lernten die Kinder von Vev? Sie wurden praktisch und menschenfreundlich, kannten sich mit Ungeziefer aus, mit Kräutern und Krankheiten, sie lernten von Vev das Nähen mit Nadel und Faden, und das ist die Wahrheit, sie hatten ein zufriedenes Nest, und sie liebten ihre Vev.

Weil das Gute das Gegenteil verlangt, kam das Böse, und das war eine Kommission von Inspektoren, und sie bemängelten das zufriedene Nest und sagten dazu Sauhaufen. Die Kinder wurden abtransportiert, und Vev blieb allein. Sie war zornig über ihre Demut und fand, dass es damit endgültig ein Ende haben musste. Deshalb öffnete sie gewaltsam die Privaträume des Professors, setzte sich in seinen Schaukelstuhl, benützte sein Rasierwasser, zog seine Anzüge an, rauchte seine Zigarren, trank seinen Cognac, und bald sagten die Leute auf den steilen Wegen zu ihr. »Gut, dass Ihr wieder zurückgekommen seid, Herr Professor, die Lehrerin war der großen Aufgabe einfach nicht gewachsen.«

Ein Vogel sang und klagte: »Schlechte Kunde aus der Wirtschaft!« Was das wohl bedeutet, dachte Vev und schlief im Flanellhemd des Professors ein. Sie pflegte aufs Neue, allerdings mit besseren Rahmenbedingungen, die Tugenden der Demut und Einfalt. Wenn mir langweilig ist, falle ich ins Koma, dachte sich Vev. Vielleicht gelingt es mir auch, eine Methode zu entwickeln, wie ich gehen kann, ohne den Boden zu berühren.

An einem trüben Nachmittag schrieb Isabella K. folgenden Brief an einen Professor, den sie aus der Ferne verehrte, den sie aber nicht persönlich kannte. Sie bildete sich ein, er bemerke sie, und mehr als das, fände sie reizend, lasse es sich aber nicht anmerken. Sie arbeitete in einer Bäckerei, und jeden Morgen kaufte der Professor bei ihr ein. Sie wusste, was ihm schmeckte, und jedes Mal gab sie in seinen Einkaufssack eine Zugabe. Topfentascherl. Berliner, eine neue Backware. Nie bedankte er sich. Einmal sprach er von einem Irrtum und wollte bezahlen.

»Nein, um Himmels willen! Das ist ein Geschenk, weil Sie so ein guter Kunde sind.«

Sie schaute ihm in die Augen. Er schaute ihr in die Augen. Sie bildete sich ein, er wünsche sich sie an seiner Seite. Sie hatte sich erkundigt und hatte erfahren, dass er allein lebte. Sein Bart war so schön. Seine Augen so blau, oder waren sie grün, je nach Stimmung, so schön.

Jedenfalls an diesem trüben Nachmittag saß sie an ihrem Esstisch, ein blütenweißes Blatt edler Güte vor sich und schrieb mit ihrer besten Schrift, die hoffentlich nicht wie eine Schulschrift aussah, diesen Brief. Sie hatte auf gewöhnlichem Papier schon vorgeübt, hatte überlegt, zwischen den Zeilen kaum Abstand zu halten, was ihre Zärtlichkeit symbolisieren sollte. Wäre es angebracht, ihm zu schreiben, wo sie wohnte? Sollte sie ihm sagen, dass sie die aus der Bäckerei sei, die, bei der er einmal ihre dunklen Locken gelobt hatte, nein, er hatte nur gesagt, als sie einmal das Haar aufgesteckt trug: »Weiß der Teufel, warum sperren Sie Ihre wunderschönen Locken ein! Lassen Sie sie fallen!« Dabei war er verlegen geworden, und sie hatte weggeschaut. Hätte sie doch nicht weggeschaut!

So dachte sie es sich: Ihre Haare wären frisch gewaschen, sie trüge das gelbe Kleid mit den schwarzen Punkten. Schwarz für Drama, Gelb für Heiterkeit. Er würde wissen, worum es sich handelt, würde seine Augen zu den ihren hinschlagen … und sie würde nicht wegschauen.

Sie würde die Abendmatura nachmachen und würde ihn davon in Kenntnis setzen, vorausgesetzt, der Abschluss wäre gut verlaufen, hätte ihn um ein Treffen gebeten, bezüglich einer komplizierten Frage (vorgetäuscht).

»Was ist der Unterschied zwischen Regeln der Rechtschreibung und Regeln der Mathematik?«

Keine Anrede – sie schrieb:

Auf Umwegen und über Nacht habe ich beschlossen, die Matura zu machen. Mit fünfundzwanzig! Will nicht immer das Tschopperl sein. Kann dann auch mitreden und spür, wenn etwas von der Sprache lebt. Fleißig war ich immer in der Schule, bin nur nicht so selbstbewusst. Manchmal komm ich mir richtig komisch vor

Ach …

Es lebten vor Jahren Mann und Frau mit neun Kindern, oder waren es zehn. Sie alle wohnten in einem Steinhaus am Bach. Als die Frau nun das zehnte, oder war es das elfte Kind erwartete, wurde im Steinhaus umquartiert. Der Vater rollte Steine ins Haus, um einen zweiten Stock aufzubauen. Die Söhne gingen ihm fluchend zur Hand, denn sie waren ziemlich faul. Als die Zeit der Niederkunft gekommen war, waren sie mit dem Bau lange noch nicht fertig. Da zwängte sich die Mutter mit ihrem Säugling in das schmalste Zimmer. Dort verrichtete sie ihre Arbeit, wenn es draußen regnete. Sie füllte glühende Kohlen in ein Eisen und dämpfte damit die Sachen ihres Säuglings. Die anderen Kinder waren sich selbst überlassen. Sie zogen Schafen das Fell ab und brieten das Fleisch auf der Feuerstelle vor dem Steinhaus. Vater und Kinder aßen gierig, und als die Mutter mit dem Säugling zu der Feuerstelle kam, war kein Bissen mehr übrig. So ging das drei Tage lang. Die Frau verlor an Kraft und Humor. Sie hatte für ihren Säugling keine Milch mehr. So stand die Mutter, als alle schliefen, auf, tötete ein Schaf, zog ihm das Fell ab und briet das Fleisch auf der Feuerstelle. Sie schleppte das gebratene Fleisch in ihr schmalstes Zimmer und versteckte es in der Steinwand.

Mann und Kinder wachten von dem wunderbaren Fleischgeruch auf und stellten die Mutter zur Rede. Sie war gerade dabei, ihren Säugling zu stillen, und tat, als hörte sie nichts. Das erboste den Mann und auch die Kinder, waren es nun neun oder zehn, sie schleppten Steine herbei und mauerten die Mutter mit ihrem Säugling ein. Dann zählten sie die Schafe, trieben sie vor sich her und suchten eine neue Bleibe.

233 Chrysanth

Es begab sich, dass eine Zahl von fünfunddreißig Menschen den Tod fand. Der Omnibus ohne Kennzeichen stürzte in ein Tobel.

Jahre später fand man bei einem Murbruch die Überreste der Insassen. Die Knochen hatten sich vom Fleisch längst gelöst. So konnten sie nicht mehr zugeordnet werden. Ein Grab wurde ausgehoben.

Ein pedanter Privatgelehrter beschäftigte sich mit dem Ereignis. Es ließ ihm keine Ruhe, und in einer mondhellen Nacht schlich er sich auf den Friedhof und grub die Knochen aus. Fein säuberlich schaufelte er die Grabstätte wieder zu und pflanzte darauf ein Rosenbäumchen.

In seinem Keller reinigte er die Knochen mit einem harten Wasserstrahl. Zum Glück gab es im Steinboden einen Abfluss. Sodann bürstete er jeden einzelnen Knochen mit einem harten Stück und legte sie auf die große Arbeitsplatte. Dabei fiel ihm auf, dass unter den vielen Knochen auch relativ kleine dabei waren. Die, glaubte er zu wissen, stammten von einem Kind. Er fand in dem abgebürsteten Abfall eine Kette aus Silber mit einem Anhänger, darauf stand der Name *Chrysanth*. Da reimte sich der Gelehrte Folgendes zusammen: Die Kette, weil sie zart und klein war, hatte einem Knaben namens Chrysanth gehört. Der Gelehrte war ein leidenschaftlicher Forscher am Menschen, er kannte sich bis in den kleinsten Menschenteil aus. Er brachte nach der Studie der Knochen fünfunddreißig Menschen zusammen, vierunddreißig Erwachsene, ein Kind. Der Schädelform nach zu schließen, waren unter den vierunddreißig zwanzig Frauen und vierzehn Männer. Das war allerdings nicht felsenfest zu beweisen.

Das Rosenbäumchen auf dem Grabhügel blühte in blutroter Pracht.

Der Gelehrte ging selten außer Haus und vergaß zu essen, so dass er bald auf den Kellerboden fiel und nicht mehr aufkam. Er verhungerte.

Die Knochen auf der Arbeitsplatte waren sehr trocken, und die Luft im Raum hatte einen Geruch von altem Fett.

Es begab sich weiters, wann, kann nicht festgelegt werden, dass die Knochen zueinanderfanden und sich zu Körpern formten. Aber weil doch nicht alles genau nebeneinanderlag, sahen die Körper merkwürdig aus. Einer hatte ein falsches Kniegelenk, einer einen falschen Ellenbogen, Füße wurden vertauscht, und die Kopfanordnung war zufällig. Nur der Knabe Chrysanth sah perfekt aus. An einem brandheißen Tag krochen die unbekleideten Körper aus dem Keller. Menschen erblickten sie und fielen vor Angst augenblicklich tot um. Denn, es sei, wie es gewesen war, an den Knochen hatte sich Fleisch angesetzt, und auf den Köpfen wuchsen Haare. Mitten unter ihnen ging aufrecht der Knabe Chrysanth. Sein einziger Makel war, dass er nackt war. Er klopfte beim Pfarrer an, und der deckte ihn mit einem Messgewand zu. Weiters ist nichts bekannt.

234 *Blaue Pflaumen*

»Einmal muss Schluss sein!«, sagte der Knabe, seine Haare waren grau-blond und wie Spatzengefieder, er war schmutzig vom Scheitel bis zu den Zehen. Fünf Knaben und zwei Mädchen saßen um ihn herum, er in der Mitte, denn er war ihr Anführer. Er war zwar nicht der Älteste, aber er hatte das meiste in seinem Oberstübchen. Die hochgezogenen Schultern der Kinder und die halbgeschlossenen Augen sagten: »Wir haben Angst.«
Da sprach der Spatzengefiederte:
»Wir geben dem Meister blaue Pflaumen zu essen, die liebt er. Ich weiß, wo wir sie pflücken können. Die wälzen wir in Gift, ich weiß, wo es solches zu finden gibt, wir reiben die blauen Pflaumen, bis sie glänzen, und dann soll er sie fressen. Ich schlage vor, die Mädchen bringen sie ihm in ihren Schürzen.«
»Nein«, sagten die Mädchen wie aus einem Mund, »der Meister wird uns wieder schlagen.«
»Nicht wenn er die blauen Pflaumen gefressen hat«, sagte der Spatzen-gefiederte.
Und so geschah es.
Der Meister fraß gierig die Pflaumen, und bald darauf wand er sich in schrecklichen Konvulsionen auf der Erde. Aber er starb nicht. »Er will nicht verrecken«, sagte der Spatzengefiederte, »wir fesseln ihn und bin-den ihn an die Eisentür.«
Jetzt muss gesagt werden, wer der Meister ist. Gemeine Grausamkeit zeichnet den Meister aus. Er ist vertraut mit Quälerei. Er hat sein böses Lasso ausgeworfen und die ärmsten Kinder von der Straße eingefangen, solche, die keine Fürsprecher haben und die für niemand interessant sind.
»Einer von uns«, sagte der Spatzengefiederte, »muss immer beim Meis-ter sein und ihn bewachen. Du, Rotschopf, bist der Erste.«
»Aber nur«, sagte der Rotschopf, der in Wahrheit der Älteste war, scheu

war und grüne Augen hatte wie ein gefährliches Tier, »aber nur, wenn ich Klebstoff bekomme. Ohne Schnüffeln bringe ich das nicht hinter mich.«

Der Spatzengefiederte holte aus seinem Versteck den Klebstoff mit einer frischen Plastiktüte (gestohlen aus dem Supermarkt) und gab sie dem Rotschopf. »Aber nicht zu viel, wehe, du bist weggedröhnt, wenn wir wiederkommen.«

Die Kinder schwirrten in verschiedene Richtungen aus, um Fressen zu organisieren. Der Spatzengefiederte hatte die günstigsten Supermärkte mit unbedarftem Personal ausgesucht und jedem einen zugeteilt. Sie waren beim Stehlen noch nie erwischt worden. Einmal, zweimal, zwanzigmal wegen Landstreicherei eingesperrt, aber das war eine Kleinigkeit.

So geschah es, dass jeder Einzelne, Knaben wie Mädchen, den Meister bewachen musste. Er stöhnte viel, und Speichel rann aus seinem Mund. Er stank fürchterlich, denn seine Samthosen waren vollgeschissen und trieften vom Urin. Mit dem Klebstoff war das auszuhalten.

Einmal, als die kleine Claire, die hübsch gewesen wäre, hätte man es sehen können, wäre sie in einer Badewanne aufgeweicht und poliert worden, aber so war sie einfach nur ein schmutziges Kind, also, als die kleine Claire, mit der Piepsstimme, den Meister zu bewachen hatte, kam ihr das Elend. Der Klebstoff bewirkte bei ihr, dass sie rührselig wurde. Und bei ihr sprach der Meister. Er flüsterte: »Binde mich los, kleine Claire« – er wusste ihren Namen, denn sie war schon oft auf seinem Schoß gesessen –, »kleine Claire, binde mich los, und du wirst alles bekommen, was du dir erträumst.« Immer wieder zitterte er diese Worte aus seinem blauen Pflaumenmund.

»Was ist ›erträumt‹?«, fragte die kleine Claire.

Sie suchte nach einem Messer und fand eines und begann, an den Fesseln herumzusäbeln. Aber wie sie so am Säbeln war und dabei »Heile Segen« sang, kam der Spatzengefiederte und überraschte sie.

Seinen Zorn kann man nicht beschreiben. Aber er schlug nicht. Er schaute der kleinen Claire so tief in die Augen, dass sie kotzen musste.

»Wir müssen den Meister töten und verscharren.«

Das taten sie auch. Alle gemeinsam und fleißig wie brave Schüler, erledigten sie ihre Arbeit.

Dieser Tage war der Mann, mit dem sie nicht verheiratet war, aber zusammenlebte, von den körperlichen Anstrengungen der Abwasserleitungsgraberei hinter dem provisorischen Haus so erschöpft, dass er ganz dünnhäutig wurde. Er wollte nicht, dass ihm die Frau Eimer schleppte, und so sah sie zum Küchenfenster hinaus und beobachtete ihn bei der Arbeit. Im Haus roch es nach Scheiße, das ließ sie verzweifeln, denn eine Freundin hatte ihren Besuch angesagt.

Seit einem halben Jahr wohnten sie in dem Haus, es war ihnen zugeteilt worden, und sie mussten keine Miete zahlen. Es gab viel zu reparieren. Bereits hatte sie schon Vorhänge von Hand genäht, dazu Spitzen von alten Kleidern abgetrennt, um den schlichten Stoff zu verschönern. Sie hatte eine glückliche Hand.

Ihrer Freundin hatte sie geschrieben, dass sie jetzt verheiratet sei und sie sich auch Kinder wünschten. Dass die Freundin daraufhin ihr Kommen angekündigt hatte, war sehr ungünstig. Wo sollte sie schlafen? Die Frau überzog das einzige Bett mit neuer Wäsche. Sie schlug Teig in einer Schüssel und hoffte, das Backen würde den schlechten Geruch abmildern.

Ich kannte die Frau flüchtig und hatte ihr Hilfe angeboten, sollte sie etwas Geschriebenes benötigen, sie konnte unsere Sprache nur radebrecherisch. Einmal hatte sie mich schon kontaktiert, es ging um ein Gesuch an die Behörde. Diesmal fragte sie mich, ob ich noch mein Hochzeitskleid besitze. Ich hatte nie ein weißes Hochzeitskleid besessen, unsere Hochzeit war unscheinbar gewesen, ich in einer engen Samthose und Pullover, mein Mann mit seinem Samtanzug, vier Leute, wir zwei, die Brautleute, und die Trauzeugen. Als ich der Frau das erzählte, war sie sprachlos, sie sagte, sie habe nicht gewusst, dass wir so arm sind. Ich erklärte ihr, mit Armut habe das nichts zu tun und damals in den Siebzigerjahren sei das nur cool gewesen, wenn nicht so ein Brimborium gemacht wurde. Das wollte sie nicht verstehen. Jedenfalls besaß ich kein Hochzeitskleid. Ob ich denn nicht jemand wüsste, der ein Hochzeitskleid besitze? Ich wusste niemanden. Sie lieh sich in einem Geschäft für Brautwaren eines aus (ihr geheim Erspartes legte sie dafür hin). Sie wollte das Kleid anziehen, und ich sollte ein Foto von ihr machen.

»Aber was ist mit dem Bräutigam?«, fragte ich. Sie sagte, da würde ihr schon etwas einfallen. Sie könnte ja sagen, dass dies nur ein Schnappschuss wäre, die Hochzeitsfotografie hätte sie verlegt.

Die Freundin war gar nicht erschienen. Ihr Mann, erzählte die Frau, sei von dem vielen Arbeiten krank geworden, und sie habe der Freundin geschrieben, dass ein Besuch nicht ratsam sei wegen der Ansteckung.

In unregelmäßigen Abständen sprach ich mit der Frau, die im Erdgeschoss wohnte. Sie war nicht gesellig und hielt den Kopf gesenkt. Meistens ging es darum, ob ich ihr etwas abnehmen könnte, sie war alt und schwach, und ihre Taschen waren schwer. Ich trug sie an ihre Eingangstür. Sie stand unschlüssig da und fragte, ob ich mit ihr einen Kaffee trinken wolle. Ich setzte mich in der aufgeräumten Küche auf den Stuhl und trank Kaffee aus einer Tasse, der war lauwarm und so dünn, dass man den Grund sah. Ich sagte etwas über das Wetter, sie blieb stumm.

Wie mir vorkam, trug die Frau immer dasselbe Gewand, nicht das gleiche, ich nahm an, dass sie ein paar verschiedene Kleider besaß, die haargenau gleich aussahen. Das Kleid der Frau war eine Art Mantelschürze. Als ich ihr die Hand reichte, berührte ich mit dem Finger den Stoff, und er fühlte sich an wie Gummi. Was, wenn dieses Kleid in der Wäsche war. Wartete sie dann in der Unterwäsche? Ich nahm an, dass die Frau von einer Mindestrente lebte. In ihren Taschen war abgepacktes Brot und Haltbarmilch. Sie kaufte auf Vorrat.

Einmal nahm ich mir ein Herz und läutete an ihrer Tür. Ich hatte beim Aufräumen ein sehr hübsches Kleid aus Baumwolle gefunden, eines mit Blumenmuster, und mir gedacht, das bringe ich ihr. Sie kann dann das alte in den Mistkübel werfen. Ich schlug es in Seidenpapier, band es aber nicht zu, es sollte nicht wie ein Geschenk aussehen. Sie öffnete, und ich reichte ihr das Kleid. Sie nahm es, murmelte etwas und schloss die Tür.

Wenige Tage später wäre ich beinahe mit ihr zusammengestoßen. Ich ging die Treppen hinunter, und sie kam herauf. Sie hatte das ausgepackte Kleid über dem rechten Arm hängen wie nach einer Anprobe.

»Das will ich nicht«, sagte sie. »Das ist nicht neu. Das hat schon einmal eine Frau getragen.«

Ich nahm ihr das Kleid ab und entschuldigte mich. Wir sahen uns ab und zu wieder, sprachen aber nicht mehr miteinander.

Dann hielt sie mich eines Tages auf, sagte: »Wäre es möglich, dass ich mir das Kleid einmal ausborge. Ich muss zu einer Beerdigung.« Ich nickte und sagte, ich werde es ihr am Abend vorbeibringen. Sie brauche es gleich, sagte sie.

Ich sagte, besser wäre vielleicht ein schwarzes Kleid für diesen Anlass, ich hätte auch ein schwarzes. Sie aber wollte das Blumenkleid.

Ich sah sie eine Stunde später an der Bushaltestelle. Gut stand ihr das Kleid. Sie trug Patschen. Hatte sie vergessen, Schuhe anzuziehen? Ich wollte nicht, dass sie mich sieht.

Meine Absätze klopften auf dem Asphalt, ich fühlte mich unsicher, als wäre ich eine andere.

237 Die Maske

Die Frau trug eine Maske über dem Gesicht, alles, was schön sein könnte, war verdeckt. Dass sie jung war, sah ich an ihrer Figur. Was mir an ihr gefiel, war ihre Stimme und auch, was sie sagte. Sie war geistreich, nicht geschwätzig. Zum Beispiel fragte sie mich, ob ich Angst vor der Stille hätte. Sie habe nämlich Angst vor der Stille, weil sie sich so ausgeliefert finde, als wäre sie die Einzige auf der Erde, fast so, als würde sie in der Luft hängen. Dann sagte sie noch, es gebe zu viele Spiegel, und ich dachte mir, sie hat einen Makel unter der Maske, dass sie so redet.

Es ist Fasching. Dass ich keine Maske trage, bedeutet nichts. Ich gehe auf ein Fest und schaue mir die Verkleidungen an. Verrückt, was sich da so tut. Und Leute, die im Alltag still und bescheiden sind, höre ich lärmen. Es wird getrunken. Die Frau mit der Maske trank eine Cola. Sie fragte, ob ich mit ihr vor die Tür gehe, um eine Zigarette zu rauchen. Ich rauche nicht. Sie aber raucht, es könnte folgen, dass sie ihren Mund preisgibt. Tatsächlich. Ihr Mund ist in Ordnung. Sie hat die Maske nur ein wenig gehoben, gerade genug, um der Zigarette Platz zu geben. Sie sagte, wenn sie heute Abend im Bett liegt, versucht sie sich haarklein zu erinnern, was geschehen ist. Sie macht das jede Nacht, um das Gedächtnis zu trainieren.

Ich hörte einen Mann sagen: »Wir machen jetzt unsere Oberkörper frei.«

Ich legte meine Hand auf die Fingerspitzen der Frau. Ich wollte es langsam angehen. Ich fragte, ob sie singt, mit ihrer Stimme wäre das gut vorstellbar, vielleicht in einem Chor. Jetzt singen wieder viele Menschen in Chören.

»Das kommt«, sagte die Frau, »weil es einen Film gibt, den sehr viele Leute gesehen haben, und der handelt von einem Chor.«

Ich kannte den Film nicht.

»Ich war in einem Chor«, erzählte die Frau, »ich bin aufgefallen, weil

498

ich falsch gesungen habe, nur ganz wenig, aber doch falsch. Man hat mir nahegelegt, noch zu üben und in einem Jahr wiederzukommen.«

»Und«, fragte ich, »werden Sie das tun?« Ich wartete ihre Antwort nicht ab und überlegte, ob ich im nächsten Satz »Du« zu ihr sagen soll.

Sie war natürlich und sagte auch gleich »Du«.

»Wir könnten eine Runde drehen«, schlug ich vor, »hier ist es so stickig, man bekommt kaum Luft.«

Sie hatte nur einen dünnen Mantel, etwas aus Samt und samtige Stiefel mit rutschigen Sohlen. Sie gab mir die Hand, und wir gingen bis zum Parkplatz. Dort setzten wir uns ins Auto, und ich hoffte, sie würde endlich die Maske abnehmen.

Ich fragte: »Warum willst du die Maske nicht ausziehen?«

Sie sagte: »Weil ich gewöhnlich bin.«

»Das bin ich auch«, sagte ich und löste die Maske von ihrem Gesicht.

Am Geländer steht sie, die junge Frau, auf der Brücke, unter ihr der Fluss, sehr weit unten, Tannen am Rand, zerzauste. »Mich friert, hätt ich doch ein Tuch um den Hals nehmen sollen. Nicht daran gedacht, weil es sich nicht mehr rentiert. Nur für eine Stunde. Dann bin ich eh tot. Die werden sich wundern, wenn sie mich nicht finden. Werden mich suchen im Schlafzimmer, im Bett. Die Mama wird zum Papa sagen, was schaust denn im Kasten nach, ein junger Mensch versteckt sich nicht im Kasten. Die ist einfach nicht mehr da. Vielleicht ausgegangen, sagt der Papa. Ausgegangen, sagt die Mama, wohin denn, bitte schön, kennt doch niemand hier, nur primitive Menschen hier, hat doch selbst immer gesagt, die Mama, dass ich für alle zu gescheit bin. Dabei habe ich die Schule abgebrochen, weil sie Besseres mit mir vorhatten. Was denn? Ich kann doch nichts. Keine Freunde hab ich. Da, wo ich Freunde hatte, sind wir weggezogen. Ach was, waren eh keine richtigen Freunde. Nur Anhängsel, wollten sich mit mir schmücken. Wieso sind die Tannen so zerfetzt? Wahrscheinlich von einem Sturm. Ob ich mich traue, da hinunterzuspringen? Auf den Steinen werde ich aufschlagen, mein Kopf wird zertrümmert sein. Oder eine stolze Tanne fängt mich auf, ich bin nur halb tot und bleib wach und in Schmerzen liegen, bis ich sterbe. Nein. Ich muss zur Mitte. Gerade hinunter. Nicht denken. Da kommt ein Auto, Scheinwerfer an. Ich drück mich ans Geländer. Hoffentlich bleibt es nicht stehen. Fährt weiter. Waren zwei Menschen drin. Einer am Lenkrad, die Frau daneben mit ihrem Kopf an seinem. Hab so etwas nie gehabt. Einmal beim Tanzen, weil ich gut tanzen kann, hat sich einer für mich interessiert. Als er dann mit mir zu reden angefangen hat, hab ich gefunden, dass er nur gewöhnlich ist, nicht, was ich mir vorstelle. Die Mama wollte ja einen verwendbaren Menschen für mich. Der Papa wollte nur, dass ich glücklich bin. Hat er weiter gedacht, wie das für mich aussehen könnte? Glück und Erfolg im neuen Jahr. Das habe ich immer gehasst, den Leuten das neue Jahr anzuwünschen. Wahnsinn! Wie viele Meter sind das bis auf den Grund? Das überlebe ich nicht. Ob die mich finden werden? Ich hätte eine Nachricht hinterlassen sollen. Aber aufregender ist es doch, wenn sie mich suchen müssen und einmal echt Angst um mich haben. Nur um mich Angst, um das, was in mir drinnen ist. Hatten sie nie. Vielleicht der Papa. Aber dem ist ja auch alles zugeschüttet. Ist das kalt. Soll ich vielleicht meine Schuhe auf der Brücke lassen? Das wäre wie ein Rätsel. Vielleicht noch die Strümpfe um das Geländer gebunden, wie eine zarte Fahne? Was rede ich da. Die Jahreszeit zum Sterben passt nicht zu mir. Ich müsste im Frühling sterben. Ach was. Ich nehm den ersten Bus.«

»Hikikomori« heißen in Japan Menschen, die sich in ihr Zimmer über lange Zeit verkriechen. Ich las von einem Mädchen, das, überfordert von der Schule, nach einem ganz gewöhnlichen Mittagessen sich von den Eltern verabschiedete und die Tür zum Kinderzimmer hinter sich abschloss. Sie kam bis zu ihrem Tod nicht wieder heraus. Das dauerte immerhin elf Jahre. Die Tür durfte nur einen Spalt weit geöffnet werden, um die Schüssel mit dem Essen hineinzuschieben und den Kübel mit den Ausscheidungen durchzureichen. Wenn jemand eindringen wollte, schrie sie, sie werde aus dem Fenster springen. So fand ein zweites Leben vor ihrem Schlüsselloch statt, durch das hindurch die Mutter, der Vater, die Schwester, der Bruder, der Lehrer, der Psychiater versuchten, mit ihr zu sprechen. Es half nichts. Das Zimmer war dunkel. Das einzig Helle war der Bildschirm des Computers. Das Mädchen hatte Wolldecken an das Fenster gehängt. Die Luft aus dem Zimmer war undefinierbar schlecht.

Einmal hielt es die Mutter nicht mehr aus, und sie riss, nachdem sie die Essenschüssel durchgeschoben hatte, die Tür auf. Die Tochter schrie so tierisch, dass die Mutter vor Schreck nach hinten über die Treppe stolperte.

Schrieb der Bruder ein Mail an sie, schob sie es ungelesen in den Papierkorb und löschte es. Mit wem hatte sie über den Computer Kontakt? Die Familie wusste es nicht.

Frische Bettwäsche stapelte sich vor der Tür, frische Unterwäsche, neue T-Shirts, alles ließ die Tochter liegen. Tauschte sie die Sachen dann doch gegen ihre alte Wäsche aus, stank das ganze Haus.

Ich erzählte die Geschichte meiner Enkelin. Sie wunderte sich nicht. In ihre Klasse ging ein Mädchen, deren Mutter sich jahrelang eingesperrt hatte, bis sie ihr Mann eines Tages von Pflegern mit Muskeln wie Boxer abholen ließ und in eine Anstalt brachte. Die Türe musste aufgebrochen werden. Die Frau, so erzählte meine Enkelin, sei bis auf die Knochen abgemagert gewesen, ihr Gesicht sei gewesen wie das berühmte Bild von Munch. Die Zimmerwände waren in enger Schrift vollgeschrieben, sogar die Decke.

»Weiß deine Freundin, was ihre Mutter auf die Wände gekritzelt hat?« Sie glaubte, es waren Hilferufe. Sie und ihr Vater besuchen die Mutter einmal im Monat, werden aber nicht erkannt. Die Mutter sehe aus wie eine steinerne Greisin.

»Weil die Lehrer ihre Geschichte kennen«, erzählte meine Enkelin, »kann meine Freundin tun, was sie will. Sie lernt nicht und weiß nichts und wird trotzdem nicht durchfallen. Die Lehrer wollen an einer Störung nicht schuld sein.«

»Und«, fragte ich, »ist deine Freundin gestört?«

»Wir sind doch alle gestört«, sagte meine Enkelin.

»Was willst du damit sagen?«, fragte ich.

»Kleiner Scherz«, rief sie und lief in den Garten und schlug ein Rad.

Er war vierzig und wurde nicht jünger. Er war verliebt in eine Frau, die nicht die seine war. So oft wie nur möglich wollte er sie sehen. Er hatte einen Feldstecher, den benutzte er, wenn sie auf der oberen Terrasse war. Sie saß auf einem Handtuch und lackierte ihre Zehennägel in einem Rot, das genau gleich war wie das Rot ihres Bikinis. In die Mitte des großen Zehennagels klebte sie eine Rose, ein winziges Abziehbild. Seine Frau war zum Arzt gegangen. Sie fühlte sich krank, und bald starb sie auch. Er war traurig, weil er jetzt ganz allein war. Die Nachbarin kam und wünschte Beileid, aber sie bot ihm nicht ihre Hilfe an, was er sich erhofft hatte.

Der Herbst kam und der Winter, und immer weniger sah er die Nachbarin. Er wusch sich nicht mehr, hielt den Vorgarten nicht in Ordnung, die Pflanzen vertrockneten, im Winter erfroren sie. Niemand kümmerte sich um ihn. Er war verwahrlost wie sein Haus, und als einmal eine fürsorgliche Frau von der Gemeinde bei ihm anklopfte, schlug es sie zurück, weil es in dem Haus so fürchterlich stank. Der Mann betonte, er brauche sie nicht, er brauche überhaupt keine Menschen.

Er hatte sich eine Schlange gekauft, eine Boa, die er in einem Terrarium hielt, die meiste Zeit aber lag sie bei ihm auf dem Sofa. Der Winter kam, und die Schlange wurde steif, er dachte schon, sie sei erfroren. Er entfachte ein Feuer im Kamin, legte die Schlange davor, und bald bewegte sie sich wieder. Sie wird Hunger haben, dachte er sich und ging in die Zoohandlung, um sich eine Ratte zu kaufen. Er setzte die weiße Ratte in das Terrarium, und die Schlange rührte sich nicht. Als sie sich aber bewegte, rettete sie der Mann. Er vernachlässigte die Schlange, und sie verendete. Die Ratte aber liebte der Mann, sie war so zärtlich. Er dachte, sie wird einsam sein, und ging in die Zoohandlung und kaufte sich gleich zehn Ratten. Der Verkäufer fragte, ob er sich im Klaren sei, wie schnell sich Ratten vermehren. Er besorgte sich reichlich Rattenfutter. Er liebte die Ratten immer weniger, und bald verlor der Mann die Übersicht und fürchtete sich.

Nach einem weiteren halben Jahr rückte die Feuerwehr an, die Nachbarin hatte sie gerufen, und öffnete gewaltsam das Haus. Entsetzlicher Gestank breitete sich aus. Eine Horde von Ratten floh in alle Richtungen.

Der Mann lag auf dem Boden, er war angeknabbert und sah aus, als schliefe er.

Als Schülerin träumte ich von Paris, sah mich im *Café de la Paix* sitzen und so tun, als gehörte ich dazu. Aber ich hatte kein Geld, um in die Welt hinauszufahren.

Ich erkundigte mich nach einer Arbeitsstelle für die Ferien.

Eine junge Familie suchte für das neue Haus eine Hilfe, die Frau war schwanger mit Zwillingen, sie wollte mit ihrem Mann verreisen und würde zurückkommen, wenn das Haus fertig eingeräumt wäre. Das Haus war neu, durchgeputzt, Kisten standen in jedem Zimmer zum Auspacken bereit. Ich sollte für ein gutes Taschengeld dafür sorgen.

»Was verstehen Sie unter gutem Taschengeld?«, fragte ich die Frau, die dabei war, ihren Bauch zu streicheln. Es käme darauf an, wie gut ich meine Pflicht erfüllt hätte. Ich willigte ein, schließlich war Paris meine Verlockung.

Sie gaben mir den Schlüssel. Ich sah die vielen Kisten und auf jeder eine Anweisung, was mit dem Inhalt zu geschehen hätte.

Weißes Geschirr stand bereit, ich sollte es waschen und dann einräumen. Töpfe, Besteck. Ich holte ein frisches Tuch und begann. Die Küche war gut aufgeteilt, so fand ich für jedes Ding einen Platz. In einer Schachtel lagen Vorhänge, ich musste die Haken einfädeln und sie an den Fenstern anbringen. Weiße Spitzenvorhänge in der Küche. Fertig. Es sah alles unbefleckt aus. Dann das Kinderzimmer. Es machte mir Freude, die kleinen Sachen einzuräumen, für den Bub alles in Weiß, für das Mädchen alles in Weiß. Die Wiege sah aus wie im Lesebuch. Wieder weiße Vorhänge aus Spitze. Eine Okkasion vielleicht?

Im Elternschlafzimmer überzog ich die Betten, nachdem ich, wie angeordnet, das neue Bettzeug gewaschen hatte. Weiß. Vorhänge aus Spitze und weiß. Sehr feierlich. Ich stellte mir die beiden im Ehebett vor, die schwangere Frau und den korpulenten Mann in weißer Nachtwäsche.

Es gab überhaupt nichts Gebrauchtes in diesem Haus. Der Salon, in

Weiß gehalten mit den üblichen Vorhängen, Regale in Weiß. In einem Karton waren Bücher verstaut. Klassiker-Gesamtausgaben im Schuber. Wahrscheinlich zur Zierde. Ich sah zwei heranwachsende Kinder mit marmeladeverschmierten Händen ins Weiße greifen.

An einem Vormittag kam der Elektriker und montierte alle Lampen, es war ein junger Mann, der mit mir flirtete. Wir saßen im Wohnzimmer, und er sagte, er hätte Lust, mit seinen Fingern ein paar Abdrücke zu hinterlassen. Er kaufte Bier, für mich Cola. Ich fragte ihn, was ich mit den leeren Schachteln tun sollte, und er sagte, ich schaff sie dir in den Keller, dort stören sie nicht.

Das Ehepaar kam zurück und lobte mich. Die Frau sah die Kartons im Keller und sagte:»Da gibt es Abzug, die hättest du zerstampfen und entsorgen müssen.«

Sie gab mir Geld, und als sie sich von mir wegdrehte, drückte mir ihr Mann noch einmal denselben Betrag in die Hand. Ich war zufrieden.

Diese Geschichte erzählte mir eine Bekannte, die sie wiederum von einer Bekannten erfahren hatte, die mit ihrem Mann Urlaub in Thailand verbracht hatte:

»Stell dir ein schönes Mädchen vor, wie sie da unten ja alle schön sind, solange sie noch keine Kinder geboren haben. Es lebte bei seiner Familie in einer winzigen Wohnung, zwölf Menschen auf engstem Raum. Als das Mädchen gerade vierzehn geworden war, sagte ihr Vater, dass es nun an der Zeit wäre, Geld nach Hause zu bringen. Es war bisher der Mutter zur Hand gegangen, und die Mutter wollte ihr Kind nicht loslassen. Der Vater sagte, es sei eine junge Frau, er kannte einen Lokalbesitzer, und bei dem sollte seine Tochter arbeiten. Tischmädchen hieß ihr Beruf. Die Mutter gab an, ihre Tochter erledige die Buchhaltung und habe mit dem Lokal an sich nichts zu tun. Juna, so hieß die junge Frau, ging am Morgen aus dem Haus und kam an einem freien Tag mit kleinen Geschenken zurück. Sie war beliebt bei den Gästen. Sie animierte, trank und küsste das eine und andere Mal, aber ging mit keinem auf ein Zimmer. Waren alle Gäste bedient, stellte sich Juna auf die kleine Bühne und sang mit ihrer dünnen Stimme zu einem lauten Song. Ihre Leidenschaft war Karaoke.

Einmal kam der Boss zu ihr und sagte, er habe eine ehrenvolle Aufgabe für sie, sie solle einen Finanzbeamten betreuen und ihn von der Geschäftsprüfung ablenken. Dem Beamten genügten ihre Dienste im Lokal nicht, und so musste sie mit ihm auf ein Zimmer. Er nahm sein Handy und spielte ihr einen Song vor, fragte, ob sie ihn kenne. Sie schüttelte den Kopf, und er spielte einige durch, bis einer dabei war, den sie kannte.

Er spielte den Song in voller Lautstärke, dann zog er sich aus, dann zog er Juna aus und legte sich auf sie. Er tat nichts. Juna dachte, gleich wird er sich bewegen, und sie fürchtete sich davor, weil sie doch noch Jungfrau war. Er aber wollte nur, dass sie Karaoke zu dem Song machte – unter ihm. Sie sagte, im Liegen könne sie nicht singen, da werde ihre Stimme erdrückt, und fragte, ob sie aufstehen dürfe. Der Finanzbeamte erlaubte es nicht. So sang sie mit ihrer dünnen Stimme, kaum dass man es hörte. Er drehte im Liegen den Song lauter und sang mit Juna mit. Es klang wie Musik mit Geräusch.

Juna hatte in dieser Nacht mehr als einen Monatsgehalt verdient, und ihr Chef wurde nicht überprüft. Von da an wurde Juna nur mehr für Spezialaufgaben eingesetzt.«

Ich fragte meine Bekannte, wer ihrer Bekannten diese Geschichte erzählt habe, und sie sagte, es sei Junas Vater gewesen. Stolz sei er gewesen. Auf seine Juna.

243 Immer nur gehen

Dies erzählte er mir: »Immer nur gehen, gehen, gehen, bis ich die Füße nicht mehr spürte. Musste ich an Kreuzungen anhalten, liefen meine Beine im Stehen. Vier Paar Schuhe, nicht die schlechtesten, habe ich ruiniert. Ich habe das Gehen auf zwei Stunden reduziert. Es ist mir nicht leichtgefallen. Wenn mich die Unruhe überkam, griff ich automatisch nach meinen Schuhen und der Regenjacke. Im Gehen wurde ich ruhig, ich musste nicht denken. Zu Hause, am späten Abend dann, fiel ich vor Müdigkeit ins Bett und schlief traumlos. Seit ich nicht mehr so viel gehe, träume ich wieder. Was ich liebe. Die Träume nämlich sind Stoff für mich. Ich bin Schriftsteller. Träume sind für mich Geschichtenmaterial. Ich treffe keine Menschen. Was ein Problem ist. Hat man nämlich mit Menschen nichts mehr zu tun, wird man ihnen fremd und beschreibt sie falsch. Die Menschen in meinen Träumen sind Begleiter, die ich nicht kenne.

Ich nehme mir vor, eine Monatskarte für die Eisenbahn zu kaufen und viel herumzufahren. Dann die Leute zu beobachten. In Zügen, in denen Schüler sitzen, Menschen, die zur Arbeit fahren. In den Nachtzügen sitzen merkwürdige Menschen. Oft sind sie betrunken oder zugekifft oder beides, und sie machen Dinge, die sie nüchtern nicht tun würden. Sprechen Mädchen an, fallen vor ihnen auf die Knie und betteln um einen Kuss. Ich bin süchtig nach solchen Augenblicken. Einmal gab es eine Schlägerei, weil ein Betrunkener über einen Hund stolperte. Der biss ihn ins Bein. Eine Sicherheitsbeamtin in dunkelblauer Montur eilte herbei und nahm ein Protokoll auf, das heißt, sie schrieb auf einen Zettel, und ich sah, wie ihr das Schreiben zu schaffen machte. Dabei schrie sie. Ihre Stimme war schrill und überzeugte nicht. Sie hatte einen Schlagstock bei sich und zog ihn, drohte dem Mann mit dem Hund, der unschuldig war, und verbrüderte sich mit dem Stolperer. Sie kannte sich nicht aus und verschwand bald. Ihr Pferdeschwanz wippte bei jedem Schritt.

Einmal sah ich eine Szene, bei der ich nicht einschritt, wofür ich mich heute noch schäme. Eine alte verwirrte Frau saß mit drei Plastiktüten im Zug. Es war schon spät. Ihr Kopf war zur Seite gefallen. Zwei Burschen spotteten sie aus. Sie reagierte nicht. Einer der beiden leerte ihren Plastiksack aus. Muffig roch, was herausfiel. Kleidungsstücke, eine Banane. Ich schaute zu und schaffte es nicht, die Mitleidsfrage zu stellen. Wie sie Parzival hätte stellen sollen. Und zuerst auch nicht gestellt hat. Bei der nächsten Station stieg ich aus, war noch lange nicht an meinem Endbahnhof angelangt. Ich ging und ging. Mein schlechtes Gewissen ließ mir keine Ruhe. Was war da noch geschehen? Stundenlang ging ich, und dann fiel ich auf mein Bett.«

»Lohnt es sich zu leben?« Das fragte die Frau mit den Zöpfen. Ich wusste keine Antwort. Ich dachte gerade, dass mir mein Leben manchmal wie eine Fiktion erscheint, je älter ich werde. Als ob es eine Kopie von etwas anderem wäre. Ich sagte: »Jeder ist sein eigener Roman und will, dass er gut ausgeht.«

Im Roman der Frau mit den Zöpfen schien einiges schiefzulaufen. Sie hatte keinen Einfluss darauf. Zum Beispiel, dass ihr Mann sie lieber ohne Zöpfe gesehen hätte. Das war nicht nur eine Äußerlichkeit. Mit den Zöpfen meinte er, ihre Art zu leben. Es gefiel ihm nicht, dass sie sich fast täglich mit einer Freundin traf. Er vermutete, sie würde durch die Freundin verdorben. Schlechter Einfluss. Es gab keine Suppen mehr. Früher hatte es vor jedem Essen eine Suppe gegeben. Er war es so gewohnt und liebte es. Seine Frau war eine gute Köchin. Seit sie so viel mit ihrer Freundin unterwegs war, sagte sie Sätze wie: »Wir essen zu viel. Wir müssen das ändern.« Der Mann wollte aber nichts ändern. Er fühlte sich wohl in seinem Körper. Einmal sagte sie ihm im Winter, dass Frühgymnastik im Schnee gesund wäre und er solle es ihr gleichtun. Sie stand mit Leggins und dünnem Pullover knietief im Schnee. Ihr Bademantel lag auf der Stuhllehne.

»Ich will nicht hundert Jahre alt werden«, sagte er ihr. »Lass mich einfach.«

Sie wollte sich von ihm trennen und zu ihrer Freundin ziehen. »Lass aber deine Fantasie nicht mit dir durchgehen«, sagte sie zu ihm. »Sex bedeutet mir genauso wenig wie meiner Freundin.«

»Trockenes Brot, Gemüse aus dem Wasser gezogen, ungezuckerter Tee, das ist nichts für mich«, erzählte der Mann einem Freund. Sie saßen in einem feinen Restaurant und ließen es an nichts fehlen. Sie aßen reichlich scharf und süß, tranken guten Wein, und als sie dann angeheitert in die Nacht hinaustraten, wollten sie, dass der Tag noch kein Ende hätte. Sie luden zwei Frauen ein und verbrachten die Nacht mit ihnen. Am Morgen wachten sie auf und sahen das fremde Gesicht neben sich auf dem Kissen. Sie schlichen davon, frühstückten in einer Kneipe, und der eine Freund sagte zum anderen:»Weißt du, was mich an den Frauen gestört hat?«

»Es war doch eine gute Abwechslung in unserem tristen Leben«, sagte der andere.

»Mich hat gestört, dass sie gleich eingewilligt haben, als wir sie fragten, ob wir sie begleiten dürfen.«

»Du wärst doch frustriert gewesen«, sagte der Freund, »wenn sie uns abgelehnt hätten.«

»Gestern schon, aber heute Morgen fände ich es schöner, wenn sie nein gesagt hätten, von mir aus dreißigmal nein und dann erst ja.«

»Du bist mir ein komischer Vogel«, sagte der Freund.

245 Er hat nur einen Zahn und ist noch jung

Es war Mittag und läutete an der Haustür. Immer öfter läutet es an der Haustür, und ein Bettler steht davor.

Flora öffnete. Sie würde im Herbst ein Schulkind sein und kam sich schon erwachsen vor.

»Bitte«, sagte sie wie eine kleine Geschäftsfrau, »bitte, was wünschen Sie?«

Der Mann, der vor ihr stand, war noch jung und hatte nur einen Zahn. Obwohl es draußen sehr heiß war, trug er einen Anorak. Er öffnete ihn und zeigte Flora das Kreuz um seinen Hals.

»Für die barmherzige Muttergottes«, sagte er und verbeugte sich.

»Moment«, sagte Flora und ließ die Haustür einen Spalt offen. Ihre Mutter hatte zwar angeordnet, dass die Tür immer geschlossen wird und erst wieder geöffnet, wenn man für den Bettler eine Kleinigkeit hat. Flora kam es unhöflich vor, die Tür vor der Nase des Bettlers zuzumachen.

»Wer ist es?«, fragte die Mutter.

»Ein armer Mann, so arm, dass er nur einen Zahn hat.«

»Greif in mein Sakko«, rief der Vater, »und gib ihm einen Fünfer.« Der Vater hatte die Angewohnheit, das Geld einfach lose in sein Sakko zu stecken, er meinte, eine Geldbörse beule die Jacke aus und mache sie schlampig.

»Hast du es?«, rief der Vater. Er las der Mutter gerade einen Zeitungsartikel über Shitstorm vor. »Diese Postings müssten verboten werden. Da gibt es Morddrohungen gegen eine Ministerin, und das funktioniert nur, weil die Schreiber anonym bleiben.«

»Feigheit und Frechheit sind eines«, sagte die Mutter.

Inzwischen hatte Flora ein Bündel Scheine aus der Anzugjacke des Vaters genommen, Zehner und Zwanziger, ein Fünfziger, ein Hunderter, zwei Fünfer. Sie nahm entschlossen den Hunderter, ging zur Tür und übergab ihn dem Bettler. Der konnte es nicht fassen und nahm beide

Hände von Flora und küsste sie. Er ging in die Knie und drückte sein Kreuz an Floras Brust. Das war ihr unangenehm, und sie wich einen Schritt zurück. Fröhlich kehrte sie zu ihrem Salat zurück.

»Und, war er zufrieden?«, fragte die Mutter.

»Er ist so arm, er hat nur noch einen Zahn, obwohl er noch nicht alt ist.«

246   Der Liebhaber

Ein Mann, der Bücher liebte, so als wäre jedes einzelne seine Geliebte, fiel an einem Novembertag auf die Straße. Sein Herz streikte. Er wurde wiederbelebt, immer wieder, kam auf die Intensivstation. Wie durch ein Wunder – so sagt man in solchen Fällen – überlebte er. Seine Frau saß am Krankenbett und las aus dem *Zauberberg* von Thomas Mann. Er wurde wieder ein Mensch.

Einmal, später, saß er in einer Buchhandlung auf einem Ledersofa und weinte. Leute gingen an ihm vorüber und wunderten sich. Er weinte, weil er wusste, er würde kein geeignetes Buch finden. Da sah er vor sich »Böhmen liegt am Meer« von Ingeborg Bachmann. Er nahm es sich auf den Schoß und begann zu lesen. Dieses Gedicht war für ihn geschrieben. Wenn Böhmen am Meer liegt, würde er auch wieder gesund werden.

Oft sagte er sich im Stillen und auch laut dieses Gedicht vor sich her:

Sind hierorts Häuser grün, tret ich noch in ein Haus.
Sind hier die Brücken heil, geh ich auf gutem Grund (…)

Seit seinem elften Lebensjahr las dieser Mann. Wie andere aus Leidenschaft Fußball spielen, so widmete er sich den Büchern. Er las beinahe ohne Unterlass, wenige Stunden Schlaf brauchte er. Er las sich durch die Weltliteratur, hatte er erst einen Autor entdeckt, las er alles von ihm, was es zu lesen gab, auch alles über ihn. Voraussetzung: Der Dichter war gut. Aber es gab und gibt gute Dichter, was für ein Trost. Er näherte sich der neuen Literatur mit Vorsicht, fand Autoren, die ihn begeisterten.

Er schlenderte durch sein Bücherhaus. Alle Bücher waren geordnet, die Romane der Autoren nach Jahreszahlen eingereiht. Jedes Buch fand er auf Anhieb. Er kannte das Leben der Dichter, nichts musste dazuerfunden werden, es war schon erfunden genug.

Sollte er sterben, dann mit einem Buch auf seiner Brust.

Er hatte die Gabe, Bücher mit der geeigneten Musik in Verbindung zu bringen. So wählte er für Haruki Murakami einen bestimmten Song der Beatles.

Sprach er über Josef Roth, dann wurde er traurig, dieser wunderbare Dichter starb bereits mit fünfundvierzig, und er war Jahre nie mehr nüchtern gewesen. Er las in einem Pariser Caféhaus seinen Freunden vor, was er in der Nacht vor sich hin gelallt und dann niedergeschrieben hatte. Es war zum Niederknien ergreifend.

Auf die Frage, ob er schon einmal ein Buch weggeschmissen habe, überlegte der Bücherfreund kurz und sagte:

»Ja, einmal, einen Philosophen.« Er hatte gelesen und sich so sehr geärgert, dass er das Buch in ein Eck schleuderte. Am nächsten Tag entschuldigte er sich vor dem Philosophen und dem Buch. Er nahm es mit in die Stadt und ließ es neu binden.

»Wirft man ein Buch weg, so ist es, als würde man einen Menschen wegwerfen.«

Wer will schon einen Menschen wegwerfen?

247 Es wird ihm doch nichts passiert sein

Lang haben wir ihn nicht mehr gesehen und uns gesorgt um ihn. Gerald ist unser Freund seit über dreißig Jahren. Wir wissen, im Winter fährt er ohne Fahrkarte nach Sizilien zur Orangenernte, er schafft es jedes Mal mit seinem verzweifelten Charme. Er müsste längst zurück sein. Manchmal schrieb er uns einen Brief, etwas wirr, mit großer Begeisterung für die schöne Gegend dort, wo man unter Bäumen schlafen könne und nicht gestört werde. Die Carabinieri waren freundlich zu ihm, und wenn sie ihn betrunken aufgriffen, zeigten sie Verständnis und legten ihn in die Ausnüchterungszelle und sorgten sich am nächsten Morgen um ein Frühstück.

Er kam regelmäßig zu uns, um den Beitrag für die Akademie der Wissenschaft abzuholen. Das war seine noble Umschreibung für eine Spende. Gerald konnte nicht arbeiten, weil er krank war. Er hat als Schüler LSD geschluckt und ist auf einem Trip hängen geblieben. So sagte man uns. Wir gaben ihm nie etwas zu trinken bis auf eine Ausnahme.

Als unsere Paula von einem Stein erschlagen worden war, saß er auf den Stufen zu unserem Haus und klagte. Wir tranken mit ihm zusammen in unserer Küche.

Er bekam den Beitrag für die Akademie der Wissenschaft entweder von meinem Mann, wenn ich nicht da war, oder von mir, wenn mein Mann nicht da war. Gerald sagte, er müsse nicht immer recht haben, aber zweifeln dürfe er nicht. Was er damit meinte, wussten wir nicht. Es war einfach so ein Satz, den er zitierte.

Er hatte eine Mutter, bei der er wohnen konnte, da fühlte er sich aber nicht wohl, wie er sich überhaupt zwischen den Wänden nicht wohlfühlte. Er brauchte Sicht in die Weite. Nichts sollte ihn einengen. Er erzählte, er habe eine Tochter, wir wussten nicht, war es die Wahrheit oder aus Sentimentalität erfunden. Er zeigte das Foto einer jungen Frau und sagte, das könnte seine Tochter sein, aber es sei leider »nur zweidimensional reglos« und so schlecht zu erkennen. Er sagte, er lese die oder die Bücher, brachte manchmal ein paar mit, mathematisch, philosophisch oder was weiß ich. Er spielte auf seiner alten Gitarre und wünschte sich, dass mein Mann mit ihm musiziere. Einmal verwahrte er seine Gitarre im Geäst des Apfelbaums, und als es geregnet hatte, war sie in einem schlechten Zustand, kaum mehr zu spielen.

Einmal im März war er barfuß, in seinem weiß-dreckigen T-Shirt, in die Kirche zur Kommunion gegangen, rauchend auf den Altar zu, und als er bei der Kommunion an die Reihe kam, steckte er die brennende Zigarette hinter sein Ohr. Die Leute um ihn schauten und flüsterten, zu ihm sagten sie kein Wort.

Wir hoffen auf seine Rückkehr. Mein Mann sagte beim Frühstück: »Es wird ihm doch hoffentlich nichts passiert sein.«

Immer wieder hatte die Frau damit gedroht, sich umzubringen. Niemand dachte, dass sie es wahr machen würde. Sie kokettierte mit dem Tod. Sie war ein verwöhntes Kind gewesen, eine fordernde Frau, die nicht mit Niederlagen umgehen konnte. Lief ihr etwas zuwider, sprach sie ihre Drohung aus. Je älter sie wurde, umso mehr sah sie das Umbringen als Lösung ihrer Probleme, dabei wusste sie, sie hätte keine Kraft, zum Äußersten zu gehen.

Als ihr Mann sich von ihr scheiden lassen wollte, richtete sie es so ein, dass sie, als er heimkam, in seinem Sessel im Wohnzimmer lag. Einige Schlaftabletten hatte sie genommen und Whiskey dazu getrunken. Mit dem Schlucken hatte sie gewartet, bis sie seinen Schlüssel im Schloss hörte. Es war nicht ihr erster Versuch. Sie hatte sich zurechtgemacht, ihre Haare auf dem Kissen drapiert. Sie hörte das Aufsperren der Tür und war sehr aufgeregt. Ihr Mann beugte sich über sie, er zog ihre Augenlider nach unten und nach oben und befühlte ihre Stirn. Er war mitleidlos, sagte kein Wort, lud sie ins Auto ein und fuhr mit ihr ins Krankenhaus. Der Magen wurde ausgepumpt, obwohl keine Gefahr bestand, dass sie an den Tabletten sterben würde.

Fünfmal war sie schon auf diese Weise im Krankenhaus gelandet. Wieder kam der Psychiater und verlangte eine stationäre Aufnahme in der Psychiatrie. Ihr Mann willigte ein. Er hoffte, sie würde zur Vernunft kommen. Die erste Zeit blieb sie im Bett und wollte mit niemandem sprechen. Die Sitzungen beim Psychiater absolvierte sie stumm. Sie hätte nie zugegeben, dass es ihr besser ging. Sie spazierte auf den langen Fluren, saß im Park auf einer Bank und sah dem fallenden Laub zu. Ein Patient sprach sie an, er war depressiv und tablettenabhängig. Der Frau gelang es, ihn zum Lachen zu bringen:

»Kennst du den Witz mit dem Tod?«, fragte sie ihn. »Hör zu: Es läutet an der Tür, die Familienangehörigen blicken aus dem Fenster und sehen niemand. Der Mann öffnet die Haustür. Vor ihm steht ein winzig kleiner Tod mit Sichel. Nicht erschrecken, sagt er, ich hole nur den Hamster.«

Sie trafen sich regelmäßig, spazierten in den Wald hinauf, unter einer Tanne versprachen sie sich ewige Freundschaft wie zwei Kinder. Er ritzte ihren Namen in den Baumstamm. Sie wollten in ein neues Leben hinüberwechseln, alles hinter sich lassen, so tun, als gäbe es keine Probleme. Als der Mann entlassen wurde, wartete er auf die Entlassung seiner neuen Freundin. Sie heirateten an einem Wintertag, und ihr Exmann mit seiner neuen Frau waren ihre Trauzeugen.

Probleme gab es, als ihnen das Geld ausging. Da fiel dem Mann eine Lösung ein:»Mindestsicherung«, sagte er,»das steht uns zu, weil wir beide beschädigt sind und nicht arbeiten können.«

249 Der Kellner

Es gibt Menschen, die mit ihren Berufen so eins sind, als wären sie darin geboren. Diesen Eindruck vermittelte mir ein Kellner im *Café Museum* in Wien. Alle Kellner erledigten ihre Arbeit zur vollen Zufriedenheit, aber ebendieser eine stach heraus. Er bewegte sich so sparsam und perfekt wie in einer Ballettaufführung. Bereitete er Tabletts für Bestellungen vor, geschah es flink und ohne Schnörkel. Er war imstande, vier Tabletts, auf denen sich neben kleinen Speisen Gläser und Flaschen befanden, so zu transportieren, als wären sie dort angewachsen. Mit einem eleganten Schwung stellte er das Bestellte an den Tischen ab. Er sah den Gästen nicht ins Gesicht, im Gegensatz zum Oberkellner, der gemütlich daherkam und einige Worte an den Gast richtete, seine Empfehlungen aussprach und geduldig wartete, bis sich der Gast entschieden hatte.

Ich fragte mich, ob die Arbeit für den begabten Kellner ein Wunschberuf gewesen war oder eine Verlegenheitsarbeit, ob er jede Tätigkeit so perfekt ausgeführt hätte.

Es machte mir Freude, ihn zu beobachten. Hatte ich vormals die Cafés je nach Laune gewechselt, so ging ich nur mehr ins *Café Museum*, sei es zum Frühstück, zum Mittag- oder Abendessen. Das würde sich wieder ändern, aber eine Zeitlang wollte ich es so. Ich wollte herausfinden, welche Schichten der begabte Kellner belegte, wie er mit seiner Privatkleidung aussehen würde. Er war geschätzt Mitte zwanzig. Würde sein Gesicht sich verändern, wenn er zu Hause war? Wie wohnte er? Karg würde zu ihm passen. Nackte Glühbirnen. Keine Bilder an den Wänden. Nur das Nötigste. Eine Matratze auf dem Boden. Eine Freundin oder keine Freundin, und wenn eine, würde er bei ihr schlafen, nicht sie bei ihm. Was Schriftstellerinnen sich so denken.

Tatsächlich sah ich ihn in seiner Zivilkleidung. Er trug eine Motorradjacke, schwenkte einen Helm in der Hand, seine Stiefel waren nur zur Hälfte eingefädelt. Welchen Politiker würde er wählen? Er verabschiedete sich bei einem Kollegen, indem er mit seiner Faust einen Gruß andeutete.

In Zivilkleidung hatte er für mich den Zauber verloren. In seiner weißen Berufskleidung wirkte er so professionell, unantastbar, auserwählt, unersetzbar.

Wo hatte er sein Motorrad stehen? In welchem Bezirk war er zu Hause? Ich stellte mir vor, er würde, bevor er seine Wohnung aufsperrte, noch eine Pizza kaufen und ein paar Dosen Bier, er würde seine Post aus dem Briefkasten nehmen, die Schuhe nach dem Betreten der Wohnung nicht ausziehen, sich gleich in einen Sessel fallen lassen, die Post durchsehen, mit den Zähnen einen Umschlag öffnen, die Pizza auspacken, eine Bierdose öffnen, sich zurücklehnen, sich wieder vorbeugen und auf seinem iPod Musik hören. Was für Musik?

Nur wegen seiner Lederjacke gab ich ihm eine solche Biografie. Was, wenn er einen grauen Wollmantel getragen hätte und biedere Halbschuhe? Wäre er dann mit der U-Bahn gefahren, hätte er seine Wohnung betreten und dann gleich wieder verlassen, um ein Speiselokal aufzusuchen, hätte dann Bach gehört und wäre auf dem Sofa eingeschlafen? Wäre er verheiratet, und seine Frau hätte ihm die Tür aufgemacht?

»Wir haben zum Glück gute Gene«, sagte meine Schwester. »In unserem Alter keine Orangenhaut, das soll was heißen.«

»Und sonst?«, fragte ich.

»Wie, sonst? Ach, du meinst im geistigen Sinn. Wie soll man das erkennen? Dass wir noch nicht verblödet sind? Wenn man sich noch an viel erinnern kann?«

»Erinnerung ist das, was ich meine vergessen zu haben«, sagte ich.

»Gib nicht so an«, sagte meine Schwester, »du mit deinen schlauen Sätzen.«

Sie erzählte mir, dass ihre sechzehnjährige Tochter mindestens einmal am Tag frage, ob sie die Gene von ihr habe, dem Vater wollte sie nicht ähnlich sein, er war ihr zu teigig.

Was für ein hässliches Wort für den armen Mann, wollte ich sagen, aber ich sagte es nicht.

Sie erzählte, ihre Tochter sei so unsicher, und seit sie einen Schwarm mit Auto habe, übe sie das Ein- und Aussteigen, es sollte jedenfalls elegant aussehen, wie bei Frauen in Schwarz-Weiß-Filmen.

»Das kommt, weil du ihr das vorlebst, sie will sein wie du.«

»Aber sie will sicher nicht acht Stunden am Tag in einer Kanzlei arbeiten.«

»Außer der Chef nimmt sie bald zur Frau.« Ich war bissig ohne Grund.

»Stimmt«, sagte meine Schwester, »ich bin ihm inzwischen zu alt.«

»Und als du noch jung warst?«, fragte ich.

»Da wollte ich keinen langweiligen Rechtsanwalt.«

Wann gelingt es uns endlich, unsere Mädchen so zu erziehen, dass sie das Glück zuerst bei sich selber suchen?

»Bist du glücklich mit deinem Leben?«, fragte sie mich. Sie saß am Küchentisch, die Ellbogen aufgestützt, bereit zum Kampf. »Aber sag jetzt nicht, dass du zufrieden bist? Sag nicht, das Glück ändert sich ohne Vorzeichen.«

»Sollen wir nicht einen Kuchen backen«, versuchte ich abzulenken. »Ich hab frische Beeren im Kühlschrank. Du könntest deinen berühmten Mürbteig zubereiten, und ich schau dir dabei zu, wir schlecken die Teigschüssel aus, ich putze sie dann. Wir könnten Musik auflegen, und wenn der Kuchen im Rohr ist, könnten wir tanzen, bis er fertig ist. Dann könnten wir ihn warm essen. Kaffee dazu trinken.«

»Und Bauchweh haben«, sagte sie.

»Weißt du noch«, erinnerte ich sie, »du hattest einen Freund, du liebtest Toastbrot, unser Toaster war kaputt, und er musste ihn reparieren.«

»Das war ein Liebesbeweis. Ein Schrottgerät wieder in Schwung zu bringen, war eine Aufgabe.«

»Wie das Köpfen einer Schlange?«

»Ein anderer Freund hat einer Polizistin die Mütze vom Kopf gezogen und sie dann mir aufgesetzt. Das hat mir ziemlich imponiert. Schade, dass die Polizistin nicht wütend wurde. Sie hat nur gelacht.«

»Der Kopf ist der einzige Platz, wo man jung sein kann, das musst du doch zugeben. Das Gehirn arbeitet nicht für einen Stundenlohn.«

251 Klitoris-Beschneidung

»Klitoris-Beschneidung findet nach wie vor statt«, sagte ich zu meinem Nachbarn. Wir trafen uns in der Metzgerei. Wie wir darauf gekommen waren, weiß ich nicht mehr, vermutlich eine Zeitungsnotiz. Er hatte die Metzgersfrau um ein junges frisches Huhn gebeten und darum, es gleich bratfertig zu schneiden.

Der Nachbar wirkte verlegen, und wortlos steckte er die zerschnittenen Hühnerstücke in seine Mappe, als wären sie eine Akte, die er zu Hause kontrollieren wollte. Er arbeitete in einem Amt und war fleißig, so dass er Unerledigtes nach Hause nahm, um es abzuschließen. Dafür wurde er nicht, wie erhofft, befördert, sondern gerügt und bald entlassen. Er hatte im guten Glauben Verbotenes getan.

Ich kaufte eine Hühnerleber, weil meine Kinder das lieben. Zusammen mit Reis würde ich sie servieren. Ich dachte an die verstümmelten Mädchen mit den schönen Gesichtern, den schwarzen Augen und dem dichten lockigen Haar.

Meine Kinder kamen zu spät aus der Schule, das Essen war kalt.

»Macht nichts«, sagten sie später, standen am kalten Herd und aßen friedlich nebeneinander aus der Kasserolle. Das kam mir verdächtig vor, und ich vermutete, dass sie aus irgendeinem Grund ein schlechtes Gewissen hatten. Ich würde es herausfinden.

Meine Schwester kam gerade vom Frauenarzt und aß ebenfalls den kalten Reis mit der blassen Leber.

»Was für einen Tribut verlangt das Leben von uns Frauen«, schrie sie zu mir ins Schlafzimmer. »Ich muss operiert werden und kann dann keine Kinder mehr gebären.«

Ich umarmte sie, wir suchten Likör zum Trost, aber die Flasche war bereits leer getrunken.

»Frauen isolieren mich«, sagte der Mann. Er lag auf seinem Kopfkissen, das Handy vor sich.

»Du isolierst mich von meinen Freunden, irgendwann werde ich keine mehr haben.«

»Nur weil ich dich bitte, etwas mit mir zu unternehmen, wir zwei allein, weil ich Sehnsucht habe, dich einmal für mich zu haben?«

»Genau darum.«

In Wahrheit verhielt es sich so, dass der Mann von seiner Frau verunsichert worden war, zu lange kannten sie sich, zu genau kannte er ihre Allüren, und er wollte sich einfach einmal amüsieren. Schließlich waren sie im Urlaub. Er dachte sich, ihr würde es guttun, sich mit anderen Menschen zu unterhalten, einmal etwas Neues zu erfahren.

Der Mann wählte eine Nummer. Die Frau verschwand im Badezimmer des Hotels, einem Raum, klein wie eine Schachtel. Sie sah in den Spiegel und fand sich hässlich. Das Licht war nicht besonders. Bei besserem Licht würde sie sich noch hässlicher fühlen.

Sie waren in den Urlaub gefahren, um dem Alltag auszukommen – er der Arbeit im Büro, sie ihrem Tag, allein im Haus. Sie waren beide nicht mehr jung. Man sollte meinen, nach dreißig Ehejahren würde einer den anderen kennen, aber immer wieder kam es zu Meinungsverschiedenheiten, bei denen jeder der beiden dachte, der andere hätte Schuld. Der Mann wurde laut und redete über ein winziges Problem, so lange, bis es groß wurde, und die Frau warf ihm vor, nur streiten zu wollen.

»Du hast direkt Entzugserscheinungen, wenn du nicht streiten kannst.«

Muss das sein, dachte jeder für sich.

Saßen sie beim Frühstück, aß der Mann schnell, und die Frau aß noch Rührei. Sie dachte sich, er wird genervt sein, weil ich so langsam esse.

Eine vertrackte Situation. Waren die beiden unter Menschen, glänzte der Mann, er konnte wunderbar diskutieren, was der Frau gefiel und nicht nur ihr. Sie war stolz auf ihn. Lehnte während des Stolzseins an der Wand und hörte zu. Ihr Mann sagte später zu ihr:

»Warum isolierst du dich so, willst du mir ein schlechtes Gewissen machen?«

Die Frau schüttelte den Kopf. Alles, was sie jetzt sagen könnte, wäre falsch.

»Redest du nicht mehr mit mir?«, fragte der Mann, während er sein Hemd auszog und sich dann auf das fremde Bett fallen ließ.

»Du verdrehst mir sowieso alles, was ich sagen werde«, sagte die Frau.

Der Mann nahm sein Buch und las. Die Frau nahm ihr Buch und las.

»Gefällt dir, was du liest?«, fragte die Frau. »Ich wollte dich nicht stören«, sagte die Frau.

»Du störst mich nicht«, sagte der Mann.

»Willst du mir erzählen, was du liest?«

»Ich lese gerade eine Geschichte, in der keine Menschen vorkommen.«

»Das erfindest du jetzt«, sagte die Frau.

»So, und warum erfinde ich das?«

»Weil ich dir auf die Nerven gehe.«

»Dein Problem«, sagte der Mann, und gleich tat ihm leid, was er gesagt hatte, er zog sie an seine Seite und legte den Kopf auf ihren Bauch.

253 Erotischer Verstand

Ein Mann in den mittleren Jahren sagte zu einer Frau, die er seit längerem kannte, er würde nichts lieber tun, als mit ihr ins Bett zu gehen, weil sie so einen erotischen Verstand habe. Die Frau erschrak und dachte, das sagt er, weil mein Aussehen nichts hergibt, mein Mund ist zu schmal, meine Augen zu eng, wie sonst könnte man einen Verstand erotisch finden. Sie schaute ihn befremdlich an, aber er ließ nicht locker, und als sie miteinander unter einer Decke lagen, forderte er sie auf, mit ihm ein Sprechduell zu veranstalten, das hieß, er würde etwas sagen, und gleich würde sie einstimmen, eine kluge Antwort geben und in der Antwort gleich eine Frage einschließen, die ihn anspornen sollte.

»Was ist die Bürde deines Lebens, wenn es nicht Geld ist und wenn es nicht Krankheit ist?«

»Es ist aber Geld«, sagte der Mann und streichelte dabei ihre Hüften, die eckig waren. »Eigentlich ist es die Beschaffung von Geld, das Geldverdienen, und habe ich nicht genug davon, werde ich krank.«

»Liegt es daran, dass du eine Familie hast, von der du mir natürlich nichts erzählen musst, aber die dich anspornt, Geld zu verdienen?«

»Wie wahr«, sagte der Mann und rieb seine Fußsohlen an den ihren, »wie wahr! Hätte ich meine Frau nicht, und hätte ich meine Kinder nicht, könnte ich ein freies Leben führen!«

»Wieso hast du dich entschieden, unfrei zu sein«, fragte die Frau, »wo du doch hättest wissen können, dass Geld bei mehreren Personen ein Problem werden kann?«

»Du hast so liebe kleine Füße, weißt du das?«, sagte der Mann.

»Und hat sie denn große Füße, deine Frau?«

»Zu große«, sagte der Mann, »so große, dass sie meine schwarzen Lackschuhe tragen kann, und sie trägt sie auch, wenn ich sie nicht trage, was mich ärgert.«

»Man kann seiner angeheirateten Frau nicht verbieten, familiäre Schuhe zu tragen, damit musst du dich abfinden.«

»Ich überlege mir allen Ernstes«, sagte der Mann, »sie zu verlassen, die Kinder sind beinahe erwachsen und haben ihre eigenen Gedanken.«

»Und«, fragte sie, »hat deine Frau nicht auch eigene Gedanken?«

»Selbstsüchtige Gedanken«, sagte der Mann. »Das sind nicht wirklich eigene Gedanken, weil sie nämlich einen Zweiten beschädigen.«

»Sprichst du von den wirklichen Schuhen?«, fragte die Frau, und sie schmiegte sich an seine warme Schulter. »Oder sprichst du von Schuhen im übertragenen Sinn?«

»Ich rede von meinem Kummer, der mich mürbe macht und dem ich gern auskommen möchte.«

»Wie sollte das gehen?«, fragte die Frau. »Hast du eine Idee?«

»Die Idee bist du«, sagte der Mann. »Die Idee wärst du, solltest du damit einverstanden sein.«

Dann küssten sie sich, und es wurde draußen schon hell.

Der Mann begleitete mich zu meiner Wohnung, er nahm die Straßenseite und reichte mir seinen Arm. Er war nicht viel größer als ich, wirkte auf mich wie ein Beschützer.

»Waren Sie erschrocken, als Sie mich gesehen haben, enttäuscht?«
»Gar nicht«, sagte ich ehrlich. »Ich hab mich gleich wohlgefühlt, hab mir gedacht, mit den weißen Haaren sieht er aus wie ein Eisbär.«

»Ein Eisbär ist ein Raubtier, wissen Sie das?«

»Dann eben kein Eisbär«, sagte ich.

»Wir müssen ja zum Glück keine Tiere sein«, sagte er und machte einen Steppschritt. Ich fühlte mich wohl an seiner Seite und hätte gewünscht, die Mädchen könnten mich sehen.

Ist doch egal, dachte ich mir, wenn er die Rechtschreibung nicht beherrscht. Wichtiges zählt.

Er war Pensionist, und um den Tag hinter sich zu bringen, nahm er Jobs an.

»Handwerklich bin ich geschickt«, sagte er. »Sollte also ein Schloss klemmen, ich kann helfen.«

Ich sperrte die Wohnungstür auf, und die Frau, deren Namen ich immer wieder vergesse, saß auf dem Sofa und schnitt sich die Zehennägel. Sie ließ die Schere fallen, kam uns entgegen und gab dem Mann, der Ludwig heißt, die Hand.

»Au!«, sagte sie. »Wollen Sie mir die Hand brechen?«

»Setzen Sie sich gar nicht erst wieder«, sagte er. »Packen Sie Ihr Zeug, und Abfahrt!«

Die Frau schaute mich an. »Sie haben richtig gehört«, sagte ich. »Er ist ein Freund und für meine Sicherheit verantwortlich.« Ach, könnten mich nur meine Mädchen hören!, dachte ich.

»Wie komme ich von hier weg?«, fragte die Frau. »Ich habe kein Geld.«

»Das ist nicht unser Problem«, sagte er und schob sie zur Tür hinaus.

»Meine Schuhe!«, rief sie. Er gab ihr die Stöckelschuhe.

Beide standen wir am Fenster und sahen sie weggehen. Sie war barfuß, trug die Schuhe in der Hand.

»Wir hätten ihr Geld geben sollen«, sagte ich.

»So jemand kommt immer durch!« Er wusste es, ich sah es ihm an.

»Ich dachte, Sie wohnen in einem Haus und der Apfelbaum, unter dem Sie gefilmt wurden, sei Ihrer«, sagte er.

»Fernsehen sagt nicht immer die Wahrheit«, sagte ich.

»Was Sie anlangt«, sagte er, »war es korrekt.«

Ich dachte, er kann Schlösser knacken, und er hatte geglaubt, ich besitze ein Haus. Gleich wischte ich den Gedanken weg. Ich hasste mich für meine Engstirnigkeit. Sollten wir ausgehen, werde ich mein Spitzenkleid und meine Turnschuhe anziehen. Sollte ich zahlen oder mich einladen lassen? So viel könnte ich falsch machen.

»Möchten Sie ein Bier?«, fragte ich. Ich sah ihn von hinten und fand, dass er stattlich war. Dabei weiß ich, dass Rückseiten problematisch sein können.

»Also Bier? Ich habe Dunkles und Helles.«

Er mochte beides.

255   Ich habe keine Fahrkarte

Zugegeben, ich war sehr klein für mein Alter, mit acht hätte man mich für eine Erstklässlerin halten können. Trotzdem wollte ich eine Fahrkarte für meine Zugfahrt, weil sich das einfach so gehört.

Mein Onkel, der mich zur Bahn gebracht hatte, sagte: »Du brauchst keine Fahrkarte, siehst nicht aus wie ein Schulkind, so klein, wie du bist.« Das kränkte mich, und ich sagte ihm, dass er mir nur keine Fahrkarte kaufen will, weil er geizig sei.

»Genau«, sagte er, »es ist hinausgeschmissenes Geld, weil kein Mensch wird dich nach einer Fahrkarte fragen.«

»Aber vielleicht der Schaffner«, sagte ich.

Er ließ mich einfach stehen. Ich hatte ihn nie gemocht. Was sollte ich jetzt tun? Ich trug einen kleinen Pappkoffer bei mir, weil ich zwei Wochen bei meiner Tante verbracht hatte. Sie war gut zu mir und hätte mich nie ohne Fahrkarte reisen lassen. Sie hatte ihrem Mann noch nachgerufen: »Vergiss nicht, ihr eine Fahrkarte zu kaufen!«

So saß ich also im Zug, drückte mich ans Fenster und schaute verkrampft auf die vorbeifliegenden Häuser.

Ich steigerte mich so sehr hinein, dass ich, als hinter mir Schritte laut wurden, einen Polizisten vermutete, und zwar einen mit Handschellen für mich. Es war nur ein Ehepaar mit schweren Schuhen. Ausflügler. Sie setzten sich mir gegenüber, und die Frau fragte:

»Darfst du schon allein Zug fahren? Wie alt bist du denn?«

Ich gab keine Antwort und schaute weiter auf die vorbeifliegenden Wiesen mit den gescheckten Kühen. Ich könnte ja eine Fremde sein. Ein Kind aus einem fremden Land.

Die Frau ließ nicht locker: »Magst du einen Apfel?«, fragte sie. »Nimm ihn!« Sie polierte ihn an ihrer Berghose. »Jedes Kind mag einen Apfel.« Sie reichte ihn mir. Ich schüttelte den Kopf.

Der Schaffner kam, und der Mann zeigte die Fahrkarten.

Die Frau sagte zum Schaffner:

»Dieses kleine Mädchen da versteht kein Deutsch, könnte es sein, dass man sie im Zug vergessen hat?«

Ich sprang auf und sagte: »Man hat mich nicht vergessen, ich fahre allein.«

Gerade blieb der Zug stehen, und ich rannte zum Ausgang. Stieg aus. Eine Station zu früh. Ich fragte einen Mann am Bahnhof, wie ich am besten nach Riedenburg komme, zu Fuß.

»Geh der Ach entlang, da ist es schön, aber du hast ja einen Koffer, bist zu früh ausgestiegen. Wart doch einfach auf den nächsten Zug.«

»Nein danke«, sagte ich.

Ich fand nicht gleich den Eingang zum Weg an der Ach. Hunde mit ihren Hundebesitzern waren unterwegs. Ich fluchte und zerrte den Koffer hinter mir her. Ein Mann mit Fahrrad blieb stehen und sagte: »Kannst den Koffer auf den Gepäckträger laden und neben mir herlaufen.«

»Nein danke«, sagte ich.

»Fürchtest du dich vor mir«, fragte der Mann.

»Nein, aber ich renne nicht neben dem Rad her, weil ich nämlich kein Hund bin.«

Nun war ich es, die dachte, die Welt und das Leben könnten ein Ende haben. Zum ersten Mal dachte ich das.

und ich sehe ihnen zu, erinnere mich an die Zeit, als ich so alt war wie die beiden. Lange nicht so schick war ich, meine Kleider, selbst genähte, ein wenig unbeholfen. Aber so schön war ich auch, zwar nicht geschminkt, meine Haare waren lockig, als hätte ich sie eingedreht. Ich war schüchtern. Bin als Schülerin nie in einem Kaffeehaus gesessen.

Die zwei reden über die Schule, über ihr Zeugnis, das schlecht ausfallen wird, über die Angst vor den Eltern, wenn sie mit so einem Zeugnis ankämen. Sie stecken ihre Köpfe zusammen. Ich kann nicht hören, was sie sagen. Denke mir, sie beschließen abzuhauen. Was ist denn so ein Zeugnis schon, sagt die mit den gebleichten Haaren, ungerechte Zahlen, beurteilt von so einem Keks. Ist »Keks« ein Schimpfwort, denke ich?

Sie drehen die Nudeln im Löffel mit der Gabel, sie trinken ihren Rotwein, zahlen und stöckeln davon. Wohin? Ein Mädchen wird zur anderen gehen. Die Eltern sind nicht zu Hause. Sie nehmen den Koffer vom Kasten und füllen ihn mit Kleidern auf. Valerie sagt, sie hat genug für zwei, muss Ulli also erst gar nicht in ihr Zuhause, wo die Mutter schon mit dem Essen wartet. Papiergeld ist in der Schreibtischschublade, Münzen in der Zuckerdose. Valerie steckt alles ein. Schreibt einen Zettel: »Liebe Mama, lieber Papa, bin mit Ulli weg für ein paar Tage zu ihrer Tante nach Amsterdam, sobald wir da sind, melden wir uns. Das Geld zahle ich euch zurück.«

Was kann ich eigentlich über jemanden denken, den ich überhaupt nicht kenne. Die Rücken der beiden Mädchen, da, beim Hinausgehen, verraten nichts. Sie wanken ein wenig, der Rotwein wahrscheinlich, sie sind es nicht gewohnt, zu trinken, ihre Spaghettiträger verrutschen.

Ich sehe ein Zimmer vor mir, vielleicht in Amsterdam, von Männerstimmen erfüllt. Die beiden Mädchen treten ein und werden verschlungen von den Anwesenden, mit den Augen, nicht mit dem Mund. Man bietet ihnen zu kiffen an. Was sonst, in Amsterdam. Diese Männerstimmen sind wie ein Chor, es ist, als würden sie noch proben und gleich lossingen.

Die beiden Mädchen, haben sie Lücken im Leben wie ich, können sie sich an manches nicht mehr erinnern, oder wollen sich nicht mehr daran erinnern? Es gab so viele peinliche Momente. Ich weiß, Zuseher lieben am meisten die Peinlichkeiten. Auf wie vielen Bananen bin ich schon ausgerutscht.

Nie musste ich mir die Haare eindrehen, ein Vorteil in einer Welt von Nachteilen.

Was ist mit den Zeugnissen? Sie werden aufbewahrt, und sind sie gut, zeigt man sie dann den Kindern, sind sie schlecht, findet man sie leider nicht mehr.

257 *Was sie redet*

»Ich verstehe jedes einzelne Wort, aber den Satz verstehe ich nicht.« Das erzählt mir ihr Freund. Er ist verliebt in sie und will sie auch heiraten. Aber er weiß nicht, was er sich denken soll, wie es mit ihr werden wird.

»Ich kenne bereits vier unterschiedliche Lebensläufe von ihr, in jedem finden sich Gemeinsamkeiten, die aber doch grundverschieden sind. Ich machte mir schon die Mühe, alles Gemeinsame zusammenzufassen und aufzuschreiben, aber was sich daraus ergibt, ist keine Geschichte. Ein Durcheinander. Städte ihrer Herkunft gibt es drei. Sie ist sprachbegabt und auch schreibbegabt, und gebildet. Einmal kommt sie aus einer reichen Familie, dann wieder ist sie ein Findelkind, das in einer reichen Familie aufgezogen wurde.«

»Frag sie nach Einzelheiten«, rate ich ihm. »Frag sie, ob man sie auf einem Fußabstreifer vor einem Haus oder in einer Babyklappe gefunden hat. Reise mit Google Earth in ihre drei Städte und suche die Straßen, in denen sie aufgewachsen ist. Frag sie nach ihrem Zahnarzt. Lass dir beschreiben, wie die Matratze in ihrer Kindheit gewesen war, weich oder hart, welchen Geruch sie gehabt hat. Frag sie diese Dinge sehr schnell hintereinander, wie in einem Spiel, so dass sie keine Zeit zum Nachdenken hat.«

Alles dies befolgte der Freund, und es funktionierte. Nie wurde sie verlegen, antwortete schnell und präzis.

»Aber was komisch war«, sagte der Freund, »sie trug einen Kopfverband, und als ich sie fragte, was ihr fehle, sagte sie, sie sei die Treppe hinuntergestürzt.«

Dann sah er sie ein halbes Jahr nicht mehr.

Er suchte das Haus, in dem sie lebte, war noch nie dort gewesen, weil sie es immer vermieden hatte. Er fand die Adresse über Umwege. In diesem Haus wohnte ein alter Mann, der behauptete, nie vermietet zu haben. Er lud den Freund in das Haus ein und bot ihm einen Schnaps an.

Der Freund, naiv war er, begann dem Mann von seiner Liebsten zu erzählen. Mit jedem Schnaps, den er trank, wurde er redseliger. Er schwärmte von ihren goldbraunen Haaren, der Stimme, die dunkel war, als käme sie aus einer Höhle.

Der alte Mann führte ihn zum Fenster und zeigte auf einen Hügel. »Weißt du« – sie duzten sich schon –, »was sich da oben befindet?« Sie sahen auf ein weitläufiges Gebäude. Der Freund wusste es nicht. »Das ist die Irrenanstalt«, sagte der Mann, »da laufen manche weg und werden wieder eingefangen. Oft sind sie zauberhaft in ihren manischen Phasen, und man verfällt ihnen. Mir ist das auch passiert. Das ist so traurig, so traurig.«

Er ging zu einer Schublade, öffnete sie und nahm ein Foto heraus. Man sah ein Mädchen in einer Wiese sitzen, ihren Rock hatte sie um sich drapiert wie ein Seerosenblatt.

Gerade komme ich von meinem Bergspaziergang zurück und bin noch immer ganz gefangen von dem, was ich gesehen habe. Also muss ich es gleich aufschreiben, damit ich es loswerde. Ich war vor der letzten Kehre und hörte Geschrei. Ich sehe eine junge Frau in der Hocke, vor ihr steht ein Mädchen, ich schätze, noch keine vier Jahre alt. Die Frau, ich nehme an, die Mutter, schreit auf dieses Kind ein, in einer Sprache, die ich nicht kenne. Es erschien mir wie eine Folter, was da passierte. Das Kind in einem Hängekleidchen, weiß im Gesicht, mit dünnen Härchen, die Hände im Rücken verschränkt, den Kopf geneigt. Ich sage:»Hallo!« Es sollte klingen wie:»He, was fällt Ihnen ein!«

Die Frau reagierte nicht. Sie fuhr weiter fort mit Anschreien, ich hörte es noch, als ich schon unten war. Es ließ mir keine Ruhe. Sogar hier unten hörte ich das Geschrei! Ich lief zurück bis zur ersten Kehre und sagte zu der Frau:»Was ist hier los?« Als wäre ich durchsichtig, sie schrie weiter. Ich wusste nicht, was ich machen sollte, hoffte auf einen Spaziergänger, der mich unterstützen würde. Es kam niemand. So kehrte ich um. Ich winkte dem Kind unbeholfen zu, da fing es ganz laut zu weinen an.

Was kann geschehen sein?

Ich glaube nicht, dass die Mutter mit dem Kind auf den Berg gehen wollte. Dazu ist es zu klein, zu schwach, zu langsam. Wahrscheinlich musste das Kind aufs Klo, und die Mutter ist mit ihm ein Stück in den Wald hinaufgestiegen. Es hat dann mit dem Wasserlassen nicht geklappt, und die Mutter, die wenig Zeit hat, wurde ungeduldig und hat mit dem Schreien angefangen.

Was geschieht, wenn die beiden zu Hause sind? Gibt es einen Vater? Ist sie verrückt? Das kleine Mädchen ist ihr ausgeliefert.

Wie, denke ich mir, wenn es gar nicht die Mutter war, sondern eine fremde Frau? Die Babysitterin, die sich vorstellt, wie ihr Freund eine Andere küsst? Meine Fantasie galoppiert mit mir davon. Ich zwinge mich zu einem friedlichen Bild, sehe Mutter und Kind gemeinsam am Küchentisch sitzen. Die Mutter zerdrückt mit der Gabel eine süße Banane, nimmt den kleinen Löffel und füttert ihr Kind. Sie schauen sich an, das Mädchen lächelt, man sieht ihre kleinen Milchzähne. Die Mutter streicht ihm die dünnen Härchen aus der Stirn. Sie summt das Lied von der Abendstille, die überall ist, und wie darin die Nachtigall klagt.

Ganz ohne Zusammenhang fällt mir ein Ritual aus der aztekischen Mythologie ein. Das Herz eines Menschen wird herausgerissen, und an seiner Stelle wird ein brennendes Holzscheit eingesetzt.

Erlauben Sie mir, über meine Tante zu schreiben. Sie ist fast hundert Jahre alt geworden und war mit sechsundachtzig Jahren noch auf dem Piz Buin. Sie steht für viele Frauen dieser Generation, die das Leben genommen haben, so wie es eben kam, ohne zu jammern, ohne zu hadern. Als der Erste Weltkrieg begann, wurde sie geboren, sie war das dritte von sieben Kindern, hat ihre Eltern früh verloren und früh Verantwortung übernommen.

Wir knieten in der Kirche, verwelkende Pflanzen, und dachten an die starke Frau.

Als unsere Mama sehr krank geworden war, hat sie mich und meine beiden Schwestern bei sich aufgenommen, zu den drei eigenen Kindern. Zwei Erwachsene und sechs Kinder in einer Dreizimmerwohnung. Meine beiden Schwestern schliefen bei der Cousine im Bett. Ich hatte meine Schlafstatt im Wohnzimmer. Weil ich so unruhig war, stellte meine Tante mir jeden Abend einen Lehnstuhl ans Bett, damit ich nicht herausfalle. Im Wohnzimmer wurde nie geheizt, nur zur Weihnachtszeit. Dort stand dann auch der Christbaum.

Früh am Morgen weckte meine Tante uns, riss das Küchenfenster weit auf, sagte, wir sollen uns bewegen, die Hände zu den Füßen und tief einatmen. Bei ihr war alles blitzblank. Ich weiß bis heute nicht, wie sie das schaffte. Ich sah sie nie im Lehnstuhl sitzen.

Ich sehe sie am Herd stehen, als unsere Mama starb. Sie hatte den Kopf gesenkt und ließ die Tränen rinnen. Meine Schwester schlug ihren Kopf an die Wand. Ich kam gerade von der Turnstunde. Eine Freundin hatte mir erzählt, dass sie sich einen Hund wünsche, das war alles so weit weg. Es gab wie jeden Samstag Kartoffeln mit Gelbrüben und Siedfleisch. Am Sonntag dann tischte sie die gute Suppe auf. Sie kochte, wie Fernsehköche es nie in ihrem Leben schaffen, machte aus wenig viel, und das schmeckte. An diesem Tag versammelten wir uns um den Tisch und beteten einen Rosenkranz für unsere Mama. Ich dachte, davon wird sie auch nicht mehr lebendig, ich war verzweifelt und elf Jahre alt.

Ich sehe mich vor der Wohnungstür sitzen und eine Kompanie Schuhe putzen, das war meine Arbeit. Ich glänzte, bis es spiegelte.

Unsere Tante war gerecht und streng. Sie sagte, alles, was sie für unser Leben mitgeben könne, seien Ehrlichkeit und Ordnung und dazu noch eine gerade Haltung. Wir stolzierten in der kleinen Küche mit einem Buch auf dem Kopf, liefen auf Zehenspitzen, bückten uns unter dem Seil, auf dem die Wäsche hing. Sie gab uns den Rat, den Mann, für den wir uns entscheiden würden, gut anzuschauen, geheiratet ist bald, sagte sie, und das ist dann für das ganze Leben. Wir sollten auch selbständig sein und uns nicht bedienen lassen, unsereins, sagte sie, lässt sich nicht bedienen und bedient auch keinen.

Ich schaute auf ihr Bild – sie steht auf einem Berg, und es sieht aus, als lehne sie an einem Felsen. Sie war ein Fels. Ich verneige mich vor ihr.

Den ganzen Tag hatte sich der Großvater dem Enkel gewidmet, sie hatten montiert und geflickt, Büsche geschnitten und waren am Abend erschöpft vor dem Fernseher gesessen.

»Was willst du sehen?«, fragte der Großvater. Er schaltete durch, und der Bub sollte »Halt« sagen, wenn ihm etwas gefiel. Es war ein Film über französische Klöster, in dem ein Esel zu sehen war.

»Soll ich weiter?«, fragte der Großvater. Der Bub wollte nicht, könnte ja sein, dass sich der Esel nur hinter dem Kloster versteckt hielt und gleich wieder auftauchte. Nach einer halben Stunde wiederholte der Großvater seine Frage.

»Warum hat sich der Esel versteckt?« Das interessierte den Fünfjährigen, und er wollte auf die Auflösung warten. Hatte man ihn an einen Baum gefesselt und geprügelt, weil er störrisch war?

Der Film war zu Ende und der Bub nachdenklich.

»Interessieren dich Tiere mehr als die Menschen?«

Der Bub überlegte.

»Was für ein Tier wärst du gern?«, fragte der Großvater.

»Ich bin ein Mensch«, sagte der Bub, »und aus einem Menschen kann kein Tier werden.«

»Ich meine ja nur im Spiel«, sagte der Großvater.

»Wenn ich im Spiel ein Tiger bin, bin ich trotzdem ein Mensch.«

»Du hast gewonnen«, sagte der Großvater. »Und warum magst du keine Spielfilme, wo wirklich etwas passiert, ein böser Mann gefangen und eingesperrt wird.«

»Nein, ich mag lieber Naturfilme, da sieht man, was die Tiere tun, da sieht man Affen, die von einem Baum auf den andern springen. Affen können lachen wie Menschen.«

Am nächsten Tag regnete es stark. Der Bub wollte trotzdem an den Alten Rhein und dort die Enten füttern, den Raben Nüsse bringen, ihnen dabei zusehen, wie sie die Nüsse knacken, sie fliegen in die Höhe und lassen die Nüsse fallen, so dass sie auf dem Asphalt zerspringen.

»Aber wenn es doch so regnet«, sagte der Großvater. »Spielen wir Karten und gehen morgen.«

»Ich habe es den Tieren versprochen«, sagte der Bub.

Sie liefen durch den Regen, trieften vor Nässe, erledigten ihre Arbeit bei den Enten und den Raben, am Abend saßen sie wieder vor dem Fernseher.

»Und was willst du heute sehen?«, fragte der Großvater. Der Enkel wollte den Film von gestern sehen, über die französischen Klöster mit dem Esel, der nur einen kurzen Auftritt hatte.

»Das war gestern, heute gibt es ein anderes Programm, soll ich durchschalten?«

»Erzähl mir lieber, was mit dem Esel passiert ist«, sagte der Enkel.

Da erfand der Großvater die Geschichte von dem störrischen Esel, der sich weigerte, auf dem Bild zu erscheinen.

»Wurde er bestraft, weil er nicht gefolgt hat?«, fragte der Bub.

»Ich glaube nicht, die Filmleute haben sich entschieden, den Film ohne Esel weiterzudrehen. Und was machen wir jetzt?«, fragte der Großvater.

»Ich gehe mir die Zähne putzen, und dann schlafe ich, und dann habe ich vielleicht den Traum von einem Tierfilm.«

Ein Tischler erzählte mir eine Geschichte, die ich kaum glauben konnte. Eine Frau hatte ihn zu sich bestellt, ihr Mann war vor einem halben Jahr gestorben. Der Tischler kannte die Familie. »Sie öffnete mir die Tür, trug einen Schlafrock, es war schon nach Mittag. Ich fragte sie, ob sie krank sei. Nein, nur aufgeregt sei sie, weil ihr in der Nacht eine so gute Idee gekommen sei. Sie bat mich herein, gab mir Kaffee, der dünn war und zum Einschlafen schmeckte. Ihre Idee?, fragte ich. Ja, ich solle mich festhalten. Sie habe sich vorgestellt, ihr Haus zu teilen, in zwei Hälften, und deshalb habe sie mich bestellt. Da sollten Sie einen Architekten zu Rate ziehen, sagte ich. Ich solle es mir wenigstens anschauen. Das Haus war geräumig. Sie zeigte mir, wo sie gern Wände eingezogen hätte, also hinter der Küche, dem Schlafzimmer und dem Wohnzimmer. Das ergäbe drei zusätzliche Räume. Ich gab zu bedenken, dass sie ja jetzt ganz allein sei, ich wusste, sie hatte keine Kinder, ob sie denn vermieten wolle. Um Himmels willen, nein, bloß keine fremden Menschen im eigenen Haus. Ich fragte nicht weiter, nannte ihr einen Architekten und verabschiedete mich. Nach einem Jahr rief sie mich wieder an, sie habe jetzt alles, so wie sie es sich vorgestellt habe, der Architekt habe gute Arbeit geleistet. Sie bitte mich, das Haus anzuschauen. Ich staunte. Die Wände waren eingezogen, man vermutete nicht, dass sich dahinter etwas befand. Die Tapetentüren waren raffiniert angebracht. Sie öffnete die Tür hinter der Küche. Ich staunte. Da war eine perfekt eingerichtete Küche mit allen Schikanen, die hatte sicher sehr viel Geld gekostet. Ja, sagte ich, Sie haben ja bereits eine Küche, weshalb denn die zweite, nur für Sie allein? Wenn Gäste kommen, sollen sie nur Neues sehen und sich wundern. Diese Küche wie auch das neue Schlafzimmer hinter dem alten Schlafzimmer, und das neue Wohnzimmer, hinter dem alten Wohnzimmer, seien lediglich zur Besichtigung.

Man konnte sie so betreten, dass man nichts von der alten Vorderseite sah. Und erwarten Sie denn Gäste, haben Sie einen großen Bekanntenkreis? Ich muss gerüstet sein für den Fall, sagte sie. Das Wohnzimmer, eingerichtet wie das Gegenteil von ihrem alten, alles in Weiß, das Schlafzimmer, ebenfalls.

Wo sie sich denn aufhalte, fragte ich, wenn sie allein sei. Natürlich in den alten Räumen, die seien auch nicht renoviert worden, dort könne sie schalten und walten, und es sei so wunderbar gemütlich. Ich musste ihr versprechen, niemandem davon zu erzählen, der Architekt würde auch stillschweigen.

Aha, sagte ich und ging.

Sie winkte mir aus dem alten Küchenfenster nach.«

So erzählte mir der Tischler.

Ich erzähle von einem Puppenhaus. Eine sehr alte Frau wohnt darin, große Teile ihres Gedächtnisses sind verschüttet. Sieht sie sich in ihrem Puppenhaus, fühlt sie sich geborgen. In ihren hellen Momenten wird sie aus dem Puppenhaus geworfen, schonungslos ist ihr Tappen auf dem Teppich, zurück in den Lehnstuhl. Ihre Betreuerin nagelt sie in der Wirklichkeit fest, sagt, was zu tun oder zu lassen ist. Sie muss essen, aufessen, sie muss sich waschen, weil sie stinkt, sie muss die Augen offen halten, weil sie sonst in der Nacht nicht schlafen kann. Sie muss sich an das offene Fenster setzen und die frische Luft tief einatmen, als Ersatz für einen Spaziergang. Ein Spaziergang mit ihr ist mühsam, das Anziehen, das Ausziehen, das Schieben, wie bei einem Baby.

Wenn die alte Frau Glück hat, besucht ihre Tochter sie am Abend, und die darf in ihr Puppenhaus, sie ist eingeweiht, kennt die Geheimnisse, mit ihr kann sie reden, was sie sonst nur denken kann. So sagt sie zu ihr: »Heute will ich dein Baby sein. Bring mich ins Bett. Lies mir die Geschichte von der Hexe vor oder die vom gestiefelten Kater.«

Die Tochter hat ein Gespür und spielt mit. Die alte Frau denkt, ihre Tochter sei eine Freundin von früher, und die Tochter sagt auf die Frage, ob sie sich noch an Hans erinnert, ihren ersten Freund: »Aber natürlich kenne ich den, er spielt Ziehharmonika und singt schön tief dazu.«

Die alte Frau fragt: »Ist er mir denn noch treu?

»Aber ja«, sagt die Tochter, »du bist und bleibst seine Liebste.«

Da verwandelt sich die alte Frau wieder in das Baby, rollt sich ein und nimmt den Daumen in den Mund. »Bleibst du über Nacht bei mir?«, fragt sie ihre Tochter. »Bitte bleib, bitte, bitte bleib, ich fürchte mich vor der Dunkelheit.«

Und die Tochter, die ihre Mutter im Traum lassen will, sagt: »Schlaf, mein Kind, musst dich nicht fürchten, morgen komm ich wieder, und dann erzähle ich dir die Geschichte vom bösen Wolf.«

»Die kenne ich ja gar nicht«, sagte die alte Frau. »Ist es die Geschichte, wo ich am offenen Fenster sitzen muss, mich waschen muss, weil ich stinke. Sag, stinke ich? Den Teller aufessen muss und nicht schlafen darf?«

»Nein«, sagt die Tochter, »die ist es nicht, es ist die Geißleingeschichte, weißt du, wo sich das Jüngste im Uhrenkasten versteckt und dann, als der böse Wolf scheinheilig an der Tür kratzt, sich nicht rührt, weil es nicht gefressen werden will wie seine sechs Geschwister. Aber der böse Wolf wird bestraft, und wie, das erzähle ich dir morgen.«

»Dann will ich jetzt brav sein und schlafen«, sagt die sehr alte Frau, und sie schläft ein.

263 *Der Sturm*

Folgende Geschichte erzählte mir eine lebhafte Frau an einem Winterabend:

Ihre Urgroßmutter hatte als Mädchen zusammen mit ihren Eltern und fünf Geschwistern, abseits der Stadt, auf einem Hügel gewohnt. Der Vater war der einzige Mann im Haus, verwöhnte ihn nicht seine Frau, dann war es eines der sechs Mädchen, die ihm die Hausschuhe brachte und das Kissen unter seinen Kopf schob. Sie wohnten friedlich in der friedlichen Umgebung, dunkle Tannen, helle Buchen, grünes Moos, Pilze, Heidelbeeren und Schattenblumen umsäumten das Haus. Die Mädchen wuchsen heran, der Vater liebte alle gleich, wie er betonte, jede für sich hatte ihren Reiz. Bald würden sie schöne Frauen sein, und so wünschten sie sich, in die Stadt hinunterzugehen, um sich dort zu zeigen. Sie zogen ihre feinen Kleider an, die besten Schnürschuhe, ihre Taillen waren schmal, und ihre hochgesteckten Haare lösten sich an den Schläfen und ringelten sich zu Locken. Sie fanden Gefallen, saßen im Kaffeehaus, tranken Kakao und erzählten und schauten, mehr schauten sie, als dass sie erzählten. Sie stellten fest, dass ihnen die Männer nachsahen, was ihnen gefiel. Zu Hause sagten sie ihre Wünsche auf, nichts lieber wollten sie, als in der Stadt Arbeit zu finden, dort in einem Zimmerchen wohnen und nur am Wochenende auf dem Hügel ihre Eltern besuchen. Das größte der Mädchen würde auf das zweitgrößte und das zweitgrößte auf das drittgrößte aufpassen und so fort. Auf das kleinste der Mädchen, das gerade fünfzehn Jahre alt geworden war, sollten alle ein Auge werfen, es war das wildeste, und man musste bei ihm auf vieles gefasst sein.

Der Vater zerstreute die Wünsche, er wollte seine Mädchen nicht der Stadt und den gefährlichen Bewohnern dort überlassen. Seine Mädchen sollten so lange wie möglich bei ihm bleiben. Er hatte für sie eigens ein Stickerei-Häuschen bauen lassen, in dem sollten die Mädchen handarbeiten und sich auf das Leben vorbereiten.

Nun saßen sie in dem hübschen Häuschen und sehnten sich nach der Welt.

An einem Wintertag kam Sturm auf, es wütete und rottelte, Äste stürzten auf das Dach, und Scheiben zersprangen. Da sagte die Jüngste so vor sich hin, allerdings mit Hingabe, es war wie ein Gebet: »Bitte, lieber Gott, lass einen Blitz in das Stickerei-Häuschen fahren und es niederbrennen.«

Es geschah, kaum zu glauben, aber es geschah. Es geschah noch im selben Augenblick.

Schutt und Asche blieben zurück. Vor allen Dingen aber das schlechte Gewissen des jüngsten Mädchens.

Jahre vergingen, alle ihre Schwestern hatten sich bereits verheiratet und wohnten in Städten, nur die Jüngste hatte alle Anträge abgelehnt und war bei ihren Eltern geblieben.

Jedes Mal bei Sturm – und oft gab es Sturm in dieser Gegend – nahm sie einen Sessel und stellte ihn in den Flur. Sie trug ihren Wintermantel, hatte eine Tasche auf ihren Knien, darin befanden sich ihr Ausweis, Geld und das Nötigste, so dass, würde es notwendig sein, sie sofort aufspringen könnte, um aus dem Haus zu fliehen.

Diese Gewohnheit behielt die Urgroßmutter bei, bis sie starb.

Jeden Morgen um halb sechs hole ich die VN vor der Tür, ich schaue in den Himmel und schätze, wie das Wetter werden könnte. Einmal sehe ich zwischen den verwelkten Rosen einen braunen Koffer stehen, ziemlich groß, und ich hebe ihn an, er ist nicht schwer, aber auch nicht leicht, kein Hinweis, wem er gehören könnte. Hat ihn ein Fremder dort abgestellt und wird ihn bald wieder abholen? Ich gehe ins Haus, verrichte, was ich jeden Morgen verrichte, Yoga, Duschen, Frühstück, Mails beantworten, die ganze Zeit über denke ich an den braunen Koffer. Zwei Stunden sind vergangen, und ich gehe vor die Tür, der Koffer steht immer noch zwischen den verwelkten Rosen. Ich telefoniere mit meinem Mann, der gerade in Wien ist, erzähle ihm von dem braunen Koffer, er sagt, ruf die Polizei an, die sollen ihn entfernen, du kannst ja nicht wissen, was in dem Koffer ist, und er lacht und sagt, wenn es die Nuklear-Codes des amerikanischen Präsidenten sind, was dann.

Ich gebe dem unbekannten Kofferbesitzer noch eine Stunde, dann rufe ich die Polizei an. Ich höre sie vorfahren, sie klingeln an der Tür und fragen: »Wo soll bitte ein Koffer sein, den wir inspizieren müssen?«

Der Koffer steht nicht mehr da. Die Polizisten schauen sich an, und ich geniere mich, weil ich mir sicher bin, sie denken, ich spinne, wie eben eine Schriftstellerin spinnt. Gleich rufe ich wieder meinen Mann an, und der sagt: »Hat sich doch alles aufgelöst, mach dir einen schönen Tag.«

Ich ziehe meine Militärhose, den Anorak und die Bergschuhe an, mache mich auf den Weg. In der Garage will ich mein Fahrrad holen, da sehe ich den braunen Koffer, ich bin wie versteinert, verbiete mir, Angst zu haben, fahre meinen Weg und gehe auf den Berg, und wenn ich zurückkommen werde, wird der Koffer nicht mehr da sein. Nach eineinhalb Stunden bin ich zurück, und der Koffer steht immer noch da. Ich hebe ihn an, wie um zu prüfen, ob er leichter oder schwerer geworden ist, keines von beidem ist der Fall.

Wieder rufe ich meinen Mann an, und er sagt: »Ruf noch einmal die Polizei!« Ich sage: »Das will ich nicht, das ist mir peinlich.« »Dann rufe ich die Polizei«, sagt er und tröstet mich.

Ich sehe eine Bombe vor mir, Waffen aller Art, Geldscheine von einem Bankraub, Gliedmaßen einer Leiche, eine tote Katze ...

Ich nehme mir ein Herz und will den Koffer öffnen. Er ist versperrt.

Ich gehe ins Haus und versuche, an meinem Roman zu schreiben, es ist mir aber nicht möglich, einen anderen Gedanken zu fassen. Ich schaue aus dem Fenster, und bei jedem Passanten hoffe ich, dass er es sein wird, er, der mich vom Koffer befreit.

Am Abend nehme ich mir vor, die Polizei zu verständigen, sollte der Koffer noch da sein. Ich gehe in die Garage. Der braune Koffer ist verschwunden.

Eine feine Familie lebte in einer Stadtwohnung. Das Mädchen hatte sich zum Geburtstag zwei Schildkröten gewünscht und sie auch bekommen, dazu ein Gehege, das ein Drittel des Wohnzimmers einnahm. Sie versprach, auf die Tiere zu achten. Gern spielte das Mädchen auf der Dachterrasse. Sie setzte die zwei Schildkröten in die Mitte und baute rundherum einen Zaun aus Legosteinen. Die Schildkröten verhielten sich ruhig. Die Mutter rief mittags zum Essen, Milchreis mit Safran, des Mädchens Lieblingsspeise. Es hüpfte über die Treppe und setzte sich an den Esstisch. Am Nachmittag ging sie mit dem Vater in ein Kaffeehaus, dort trafen sie eine Tante, die viel zu erzählen hatte. Sie fragte das Mädchen, wie es denn ihren Schildkröten gehe, und das Mädchen sagte, denen geht es bestens, die schlafen auf dem Dach.

Zu Hause dann lief sie zu ihnen und fand beide umgedreht, den Schild nach unten, so dass die empfindliche Seite nach oben schaute. Bei einer Schildkröte war nur mehr ein Teil ihres Körpers zu sehen, es sah aus, als hätte jemand die Hälfte aus der Schale gepickt. Bei der zweiten Schildkröte war nur wenig probiert worden. Das Mädchen schrie. Vater und Mutter stürmten auf die Terrasse, sie waren glücklich, dass ihrem Kind nichts passiert war, denn nach dem Schrei zu urteilen, hätte sich etwas Schreckliches ereignet haben können. Es waren nur die Schildkröten. Der Vater untersuchte die Tierkörper und kam zu dem Schluss, dass ein Vogel sie zum Teil aufgefressen hatte. Der Rabe. Oft war er hier gesehen worden. Die Mutter nahm die nur angepickte Schildkröte und fuhr mit ihr zum Tierarzt. Als der den Körper der Schildkröte untersucht hatte, schimpfte er die Frau und sagte, es sei verantwortungslos, so schlecht auf ein wunderbares Tier aufzupassen. Der Arzt wollte das Tier in Obhut nehmen und es besprechen.

»Wie besprechen?«, fragte die Frau.

»Was Sie nicht können«, sagte der Arzt. »Ein Mensch, der ein Tier hält, ist gesetzlich verpflichtet, sich darum zu kümmern, ihm keine Schmerzen, Leiden und Schäden zuzufügen oder solche zu ignorieren.«

»Was geben Sie mir die Schuld«, sagte die Frau, »ich kann doch nichts dafür, dass ein Rabe das Tier angefallen hat.«

»Sie sehen dem Tier beim Leiden zu und unternehmen nichts, ich sollte Sie anzeigen.«

»Aber ich bin ja zu Ihnen gekommen, gleich auf der Stelle, was werfen Sie mir vor?«

»Das, genau das will ich mit der Schildkröte besprechen«, sagte der Arzt.

»Ich schenke sie Ihnen«, sagte die Frau, »ich kann mit Tieren nicht sprechen und sie mit mir auch nicht.«

Der Tierarzt stellte eine Rechnung aus, für alles, was noch zu tun wäre für das arme Tier.

»Soll ich gleich bezahlen?«, fragte die Frau. Sie nahm drei Hunderter aus der Tasche und legte sie hin.

Auf dem Heimweg sagte sie sich: Noch nie in meinem Leben hat mich jemand so schonungslos an den Pranger gestellt. Muss ich mir das gefallen lassen? Und ihr kam der Gedanke, die Schildkröte hätte sie verteidigen können.

Der Professor hatte vor sich auf den Schreibtisch eine Tafel gestellt, darauf stand: »Erinnerung an das Vergessen!«

Es sollte bedeuten, dass er seinen Schreiber, der ihn jahrelang begleitet hatte, vergessen sollte. Er hatte ihn entlassen, weil er ihm nicht mehr nützlich sein konnte, seine Finger waren krumm von der Gicht, und so konnte er nur mehr herumsitzen. Da hatte ihn der Professor gebeten zu gehen. Er hatte kein Kündigungsschreiben verfasst, wollte es dem Schreiber mündlich vermitteln, um ihn zu schonen. Der Schreiber aber wurde böse und verlangte eine schriftliche Kündigung. Die verfasste der Professor mit Vorsicht und überaus schlechtem Gewissen. Er wusste, würde der Mann nicht mehr bei ihm arbeiten, müsste er um Geld anderswo bitten. Hätte der Professor genügend Geld gehabt, wäre alles kein Problem gewesen. Er hätte ihm jeden Monat eine Zahlung leisten können. So aber und weil der Professor wieder einen neuen Schreiber einstellen musste, um sein Werk zu vollenden, und diesen auch bezahlen musste, war es ihm nicht möglich, seinen alten Schreiber in Würde gehen zu lassen.

Nach dem Erhalt der schriftlichen Kündigung hatte der Schreiber seinen Mantel von der Garderobe gerissen und war hinaus in den Schnee geeilt. Es war im Jänner und sehr kalt. Er würde sich in seinem kleinen Zimmer aufhalten und mit Unverständnis und Hass an seinen Professor denken. Sie hatten sich immer gut verstanden. Er hatte die gescheiten Texte fehlerlos in ein großes Heft übertragen, immer zur vollsten Zufriedenheit des Professors. Aber da war die Gicht gekommen wie ein böses Urteil und hatte seine Finger so gekrümmt, dass er nicht mehr leserlich schreiben konnte und somit zu nichts mehr nütze war. Ein Nichtsnutz also.

Als Nichtsnutz saß er in seinem Lehnstuhl, vor sich eine Schale mit heißem Wasser, darin badete er seine Finger. Er hatte nicht gewusst, dass er rachsüchtig sein könnte, hatte nie über solche Dinge nachgedacht, aber jetzt, mit den kranken Fingern im heißen Wasser, hoffte er auf Rache.

Der Professor sollte sich jede Stunde seiner erinnern, und das sollte ihn unglücklich machen. Der Professor dachte tatsächlich sehr oft und mit schlechtem Gewissen an seinen alten Schreiber, auch noch, als der neue Schreiber bereits bestens eingearbeitet war. Er konnte den alten Schreiber nicht vergessen. Jeden Tag befahl er sich, ihn aus seinem Gedächtnis zu streichen. Er musste ihn vergessen! Aber es ging nicht. Deshalb schrieb er auf seine Tafel: »Erinnerung an das Vergessen!«

Ein Dichter liebte ein Mädchen, er wusste, das war nicht einwandfrei, trotzdem machte er ihm den Hof und heiratete es.

Es war gerade vierzehn Jahre alt. Es war entzückt von dem gesellschaftlichen Aufstieg in ein feines Haus mit Dienstboten, kam es doch aus niedrigen Verhältnissen. Seine Eltern waren sehr für die Heirat gewesen, sie erhofften sich ein besseres Leben. Was ihnen auch gewährt wurde von dem Dichter mit dem schlechten Gewissen, denn er hatte ein schlechtes Gewissen. Das Mädchen liebte die Kleider, die raschelten, die Rüschen an den Ärmeln und die Ohrringe mit den roten Korallen. Aber es war sehr einsam. Bis auf die Nacht, in der es der Dichter an sich drückte und mit ihr Liebe machte, war es auf sich selbst gestellt.

Da fand es auf der Straße ein junges Kätzchen. Es nahm es mit sich, es war schneeweiß, hatte Würmer, Zecken und Flöhe. Das Mädchen kaufte in der Apotheke Gegenmittel, bürstete das Kätzchen, das jetzt seines war, verwöhnte es mit den feinen Köstlichkeiten aus der Küche. Sein Mann war Feinschmecker, und so gab es immer das Beste. Der Dichter war vom vielen Essen dick, und beim Tisch rann ihm die Soße aus dem Mund, weil er so gierig aß. Das Mädchen fand ihn abstoßend, sein Kätzchen aber liebte es. Es versteckte es vor ihm, es wusste, er duldete keine Konkurrenz. Tagsüber saß er an seinem Schreibtisch und dichtete. Sie hatte für sich und ihren kleinen weißen Liebling einen Verschlag aus dicken und feinen Tüchern gebaut, darin versteckten sie sich. Katze und Mädchen schmiegten sich aneinander. Am Abend bewahrte es das Kätzchen in dem Verschlag auf und beschwor es, dort zu bleiben.

Einmal in der Nacht, als der Dichter neben ihr schnarchte, schlich sich das Kätzchen zu ihm. Das Mädchen schob es unter ihr dünnes Nachthemd. Halb im Schlaf griff der Dichter nach seiner jungen Frau, spürte das Kätzchen an ihrem Bauch. Er war so voller Zorn, dass er zitterte. Er riss das Tier an sich, drückte ihm den Hals zu, aber Katzen sind zäh, das weiß jedes Kind, er riss die Fensterflügel auf und schmetterte das Kätzchen auf den Bürgersteig. Das Mädchen schrie und jammerte. Es musste seinem Mann gefügig sein.

Am nächsten Morgen schlich das Mädchen aus dem Haus und fand sein Kätzchen beinahe unversehrt in einem Loch sitzen. Es nahm es, trug es ins Haus, säuberte es in der Waschküche und begann dort, wo nur die Waschfrau tätig war, ein neues Versteck zu bauen. Es vertraute sich der Waschfrau an, sie, die den Dichter verachtete, weil sie nicht lesen konnte und alles Geschriebene für wertlos hielt, versprach, dem Mädchen eine Kumpanin zu sein. So wurde der Dichter glücklich hintergangen.

»Wir sollten uns vor uns selbst fürchten, in uns lauert die größte Gefahr.«
Das sagte ein Freund zu mir. Wir sprachen über Angst und Furcht. »Angst
kommt von innen, Furcht von außen. Wenn dich eine Schlange bedroht,
fürchtest du dich, du hast Angst, wenn du an Schlangen denkst.«
Ich fürchte mich auch vor Schlangen, wenn sie mich nicht bedrohen.
Mir wird schon bei dem Wort »Schlange« unbehaglich.
»Ich erzähle dir eine Geschichte«, sagte mein Freund. »Sie handelt von
meinem Stiefbruder, der ein böser Jugendlicher war. Er quälte Tiere, riss
den Fliegen Flügel aus, schmiss meiner Schwester den Nähkorb an den
Kopf. Ich hatte schon damals versucht, mich damit zu beruhigen, dass er
nur mein halber Bruder sei. Als Mann dann war er nicht auffällig. Er heiratete, hat Kinder, führt ein normales Leben. Einmal trafen wir uns und
tranken zusammen. Er sagte, er sei nahe am Platzen. In ihm walte eine
Energie, vor der er sich fürchte. Er könne unmöglich nach Hause gehen.
Wenn er seine Frau sähe, schlampig im Morgenmantel, wisse er nicht, was
er tue. Seine Kinder, beide Schulversager, lägen ihm auf der Tasche. Wenn
ich jetzt heimgehe, wiederholte er sich, und die beiden mit Chips vor ih-
ren Computern sitzen sehe, weiß ich nicht, was ich tue.
Ich fragte: Was würdest du denn tun?
Willst du das wirklich wissen?, fragte er.
Hast du eine Waffe zu Hause?, fragte ich zurück.
Er besaß keinen Waffenschein und keine Waffe.
Ich habe meine Fäuste, sagte er und hielt sie mir entgegen. Ich habe
Angst, ich könnte ihnen wehtun.
Warum trennst du dich nicht von ihnen?, fragte ich.
Sie werden immer noch da sein, auch wenn ich mich von ihnen ge-
trennt habe. Allein die Tatsache, dass sie existieren, macht mich wahn-
sinnig.
Was hältst du von einer Therapie?, fragte ich weiter.

Komm mir nicht damit! Über sie zu reden, steigert meine Wut nur noch.

Zieh trotzdem von zu Hause aus, riet ich ihm. Verlasse die Stadt, beginne ein neues Leben, wandere aus!

Wir waren beide betrunken und gingen in verschiedenen Richtungen davon.

Wenige Tage später traf ich zufällig seine Frau und fragte sie nach ihrem Mann. Er sei wie immer, sagte sie, verschlossen und unbeweglich.

Was meinst du mit unbeweglich?, fragte ich sie.

Er rühre sich nicht von seinem Bett, kaum dass er von der Arbeit zu Hause sei, lege er sich in die Kissen, er esse nicht mit der Familie, stehe um Mitternacht auf und brate sich Eier. Unheimlich fand sie das.

Wollt ihr euch nicht trennen?, fragte ich.

Das sei aus finanziellen Gründen nicht möglich, schließlich habe sie kein eigenes Geld.

Und die Kinder?, fragte ich.

Ein verfahrener Karren, sagte sie. Wir stecken fest.«

Diese Geschichte hat mir mein Freund erzählt.

»Hast du ihn wieder einmal getroffen?«, fragte ich ihn.

»Gott bewahre!«, rief er aus und ließ mich stehen.

Ich stehe in einem Supermarkt, höre ein Handy klingeln. Es liegt in dem Regal beim Katzenfutter. Ich überlege nicht lang und nehme ab. Eine Stimme sagt:

»Warte um achtzehn Uhr beim Postamt.« Soll ich mich darauf einlassen?

Ich kenne nur ein Postamt in der Stadt, und das suche ich um 18 Uhr auf.

Ein fremdes Kind steht dort und sieht zu mir auf. »Warten«, sagt es.

Bald darauf erscheint die Mutter, eine Rumänin, mit langem Samtrock. Sie drückt mir einen Zettel in die Hand. Darauf steht: »Geh morgen wieder in das Geschäft und höre das Handy ab!«

Jetzt bin ich bereits in der Geschichte. Ich tue, was die Frau von mir verlangt, stehe früh auf, kaufe frisches Brot im Laden, das Handy liegt immer noch im Katzenfutterregal, ich bediene die Mailbox: »Heute achtzehn Uhr beim Postamt.«

Vor dem Postamt steht wieder die Frau von gestern, diesmal sagt sie: »Warte auf Mann, der wird dir Zettel geben!«

Ihr Mann, schwarzhaarig und schwerfällig, reicht mir den Zettel. Ich lese: »Geh morgen in das Geschäft, nimm das Handy mit und bring es um achtzehn Uhr zum Postamt!«

Was soll das, will ich sagen, dreht sich denn alles immer nur im Kreis? Soll das mein Leben sein?

Das Handy ist weg. Ich will ausrufen: So ein Glück! Der Bann ist gelöst! Eine Katze schmiegt sich an meine Beine und folgt mir nach Hause. Ich nehme sie zu mir. »Du darfst nun immer bei mir wohnen«, sage ich und drücke sie an mich.

Sie ist hungrig und frisst das Reisfleisch vom Vortag, richtig gesagt, sie sortiert das Fleisch aus und frisst es, den Reis lässt sie beiseite. Sie trinkt Wasser, nicht Milch.

Als ich im Bett liege, springt sie auf meine Brust und sagt: »Ich bin ein Kater. Ich komme in einem Buch vor, nicht in der Wirklichkeit. Aber was ich erlebe, wird dir gefallen.«

»Wie heißt das Buch?«, frage ich den Kater.

»Der Titel steht noch nicht fest. Mein Herr, der mich erfunden hat, überlegt noch. Hast du eine Idee?«

Ich sage, dass ich darüber nachdenken will und dass er seinen Herrn schön von mir grüßen soll.

Dann schlafe ich ein. Ich träume etwas Normales. Eine verstorbene Freundin, sie war Malerin, trägt mir auf, ihre unfertigen Bilder zu vollenden, ich soll Ölfarbe verwenden und abstrakt bleiben. Ich sehe mich auf dem Boden knien und auf ein sehr großes Bild schauen, es liegt unter mir auf dem Boden und bedeckt das ganze Atelier. Ich greife mit meinen Händen tief in die Ölfarbe und male einen Abendhimmel. Er gelingt recht gut.

Die Ölfarbe tropft von meinen Händen, und ich denke, ich muss mich beeilen und Terpentin kaufen, um 18 Uhr schließen die Geschäfte.

Das ist die Geschichte von Maddy.

Sie war ein Mädchen von fünf Jahren, launisch verwöhnt, einmal von der Mutter, einmal vom Vater. Waren die beiden zufrieden mit sich, wurde das Kind belohnt. Es besaß dreiundzwanzig Puppen und liebte keine einzige. Sie hatte bei einem Spaziergang am Fluss mit ihrem Vater ein kleines Holz aus dem Wasser gefischt, es war schön abgeschliffen und griff sich seidig an. Von der Farbe war es silbern, aber nicht wie die Kuchenlöffel der italienischen Großmutter, sondern schiefrig silbrig. Dieses Holz putzte Maddy an ihrem himmelblauen Pullover trocken und küsste es. Es sah aus wie ein kleiner Mensch, fand sie. Der Vater fand das auch, denn er war guter Dinge. Nicht so nachdenklich wie fast immer. Hätte sie ihn dann nach seiner Meinung gefragt, hätte er gesagt, »Ja, ja, du hast recht«, und hätte nicht gewusst, was Maddy gefragt hatte. Der kleine Mensch wurde das Lieblingsspielzeug von Maddy. Die dreiundzwanzig Puppen legte sie auf einen Haufen und warf eine Decke darüber. Darauf setzte sie sich und redete mit dem kleinen Menschen. Er ließ sich alles sagen und war nicht unberechenbar wie die Mutter, die ein Baby erwartete, das Maddy jetzt schon nicht wollte.

»Du wirst dein Brüderchen oder Schwesterchen lieben, du darfst vorsichtig mit ihm spielen.«

Maddy schüttelte nur den Kopf und zog die Mundwinkel nach unten. Ihr Mund war breit, die Oberlippe fein geschwungen, meistens aber rau, aufgesprungen, weil sie die Gewohnheit hatte, heftig daran zu schlecken, besonders wenn die Mutter vom neuen Baby sprach. Einmal hörte Maddy, wie ihre Mutter zum Vater sagte, dass sie den Bauch hasse und dass sie jetzt schon das Baby hasse und dass sie überhaupt Kinder hasse und auch ihn, ihren Mann, hasse sie. Maddy stand hinter der Tür, hatte die Schultern hochgezogen und schleckte am Mund. Der Vater ließ die Mutter schimpfen und schaute ein wenig traurig, versuchte sie auch nicht zu besänftigen, weil er wusste, es wäre vergebens, würde sie sogar noch wütender machen. Alles nämlich war dann falsch. Der Vater arbeitete in einer Autofirma nur am Computer. Kamen Kundschaften mit ihren defekten Autos, schloss er seinen Computer an, und der zeigte dann die Fehler auf. So jedenfalls erklärte er seinen Beruf. Er hatte einen Kollegen in der Firma, mit dem er manchmal nach der Arbeit auf ein Bier ging. Dem erzählte er von seinem Kummer, es war nämlich Kummer für ihn, dass sie noch ein Baby bekamen. Seine Frau war eine schlechte Mutter. Der Mann sagte das nicht, er dachte es sich, laut sagte er: »Verhütungsmittel lehnt sie ab, von der Pille wird sie fett, die Spirale tut ihr weh. Kondomen vertraut sie nicht.« Der Freund sagte, seine Frau lasse sich ein Stäbchen in den Oberarm einpflanzen, das halte drei Monate und verhüte die Empfängnis. Das wollte der Mann dann seiner schwierigen Frau vorschlagen.

»Was hält dich bei ihr, wenn sie so eine Schwierige ist«, fragte der Freund, denn er hatte nach ein paar Bier einiges erfahren.

»Sex«, sagte der Mann, »und Maddy. Der Sex mit meiner Frau ist für mich das Beste überhaupt.«

Dem Mann kam die vergangene Nacht in den Sinn und, obwohl seine Frau schon hochschwanger war, der Sex … ihm fiel kein passendes Wort ein. Als er schon eingeschlafen war, hatte sie sich noch einmal auf ihn gesetzt, und er war aufgewacht und hatte gedacht, er habe geträumt. Das allerdings würde er nicht erzählen. Am Morgen war sie wieder die Schwierige gewesen. Er hatte vorsichtig zu ihr gesagt: »Maddy fürchtet sich vor dir.«

Als dann das Baby geboren wurde, schrie es beinahe den ganzen Tag. Die Mutter konnte nicht stillen, weil alles sie so aufregte, alles, überhaupt alles. Der Vater beantragte zwei Urlaubswochen und buchte eine Reise nach Italien, in das Heimatland seiner Frau, in dem sie sich kennengelernt hatten. Sie war Italienerin, ja, Italienerin, mein Gott, damit hatte er angegeben und war dafür bewundert worden, und er hatte ihre Wutausbrüche lange ihrem Temperament zugeschrieben. Sie würden nicht zu den Schwiegereltern fahren, da gab es nur Streit und zu viel Essen. Er buchte ein Fünf-Sterne-Hotel. Die Frau jammerte, weil sie niemand für die Kinder fand. Die Schwiegermutter sagte ab, fand, dass es gut für die junge Familie wäre, sich zusammenzuraufen, so als ob das ein Kampf wäre. Und es war tatsächlich ein Kampf. Maddy steckte ihren Kopf in das Schlafkissen, und der Vater hob sie hoch, tippte auf ihren Kopf und fragte, was wird da drin gedacht, da, hinter deiner Stirn, was wird da gedacht, sag's mir. Es wurde nichts gedacht, im kleinen Kopf war nur Unsicherheit. Maddy hatte den kleinen Menschen an sich gepresst und gesagt, dass der in den Urlaub mitgehen würde.

Am nächsten Tag dann, die Sachen waren gepackt, das Baby eingewickelt und an Mutters Bauch gebunden, wollte die Familie aufbrechen, aber Maddy fehlte. Sie suchte ihren kleinen Menschen. In einem Anfall von Aufräumwut hatte ihn die Mutter in den Müll geschmissen. Der Vater wühlte in der Tonne. Die Mutter schrie, sie würden das Flugzeug versäumen, das Baby wimmerte. Da machte sich Maddy davon. Erst versteckte sie sich in der Garage, als ihr aber einfiel, dass man sie finden würde, wenn sie alle ins Auto stiegen, lief sie hinter den Reihenhäusern an den Gärten entlang und versteckte sich in einer leeren Regentonne. Sie hatte sie zur Seite gelegt, hatte sich hineingelegt, hatte ihr Gewicht verlagert, dann hatte sich die Tonne wie ein Kreisel in die Höhe gedreht, und nun stand sie da, dunkelblau, unauffällig. Maddy war nicht zu sehen. Sie hörte, wie ihr Namen gerufen wurde. Immer wieder.

So kauerte sie ein paar Stunden in der Tonne, begann auch schon zu wimmern und leise zu rufen. Am Abend entdeckte sie der Polizeihund. Man hatte ihm ein gebrauchtes Höschen von Maddy zu riechen gegeben. Er bellte und stieß an der Regentonne, bis sie umfiel und mit ihr Maddy, verschmiert, verweint, verzweifelt. Der Polizist überreichte sie dem Vater, dem die Tränen in den Kragen liefen. Er drückte Maddy an sich und hatte auch den kleinen Menschen dabei. Glücklicherweise hatte er ihn noch entdeckt, als er die gesamte Tonne ausgeleert hatte …

Seine Frau war klassisch hysterisch, man gab ihr Beruhigungstabletten, und jetzt lag sie schlafend im Bett. Eine junge Polizistin bewachte sie. Was hatten sie sich schon Schreckliches ausgemalt! Maddy entführt und dann die Lösegeldforderungen! Stoßweise kopierte Zettel mit Maddys Gesicht an Bäume geheftet, ganze Alleen entlang. Maddy mit den wasserblauen Augen, das Foto mit dem Bubikopf, hätte auch ein Junge sein können. Es gab so schlechte Menschen, verdorbene Verführer. »Bastardo!«, schrie die Mutter.

Als der Vater mit Maddy vor dem Bett der Mutter stand, weinte sie laut und drückte Maddy so heftig an sich, dass sie kaum mehr atmen konnte. Bald darauf hob sie schon wieder ihren Finger und sagte: »Nie mehr, hörst du: nie mehr, bambino terribile!«

Der Vater holte Rat bei seinem Freund. Sollte er einen neuen Flug buchen oder die ganze Reise absagen, das teure Fünf-Sterne-Hotel?

»Sag alles ab«, riet ihm der Freund. »Geh mit Maddy viel spazieren, nehmt das Baby mit und lasst die Schwierige allein.«

»Sag nicht Schwierige zu ihr!«, sagte der Mann. »Sie ist meine Frau, und sie hat mein Versprechen, dass ich für immer bei ihr bleibe.«

Da sagte der Freund nichts mehr. Gern hätte er ihm vorgeschlagen, sich von ihr zu trennen, Sex schließlich gab es überall, und man konnte danach einfach weggehen, befriedigt und ohne Sorge. Da hätte er auch kein Magenweh mehr.

Wie aber sollte er seiner Frau begreiflich machen, dass es keinen Urlaub geben würde? Alles hatte Nachteile, alles würde von ihr verurteilt werden. Er sagte ab und redete nicht darüber, so als hätte er es vergessen. Seiner Frau sagte er, sie würden die Reise verschieben, er hätte einen großen Teil des Geldes rückerstattet bekommen, was nicht stimmte. Er fasste ihre Hand. Dünne, etwas raue Finger, obwohl sie fünf Mal am Tag dick Creme auftrug. Ihre Augen, groß und glitzernd, und die Haare irrsinnig gefärbt, blond, dazwischen dunkle Strähnen, obwohl die Ausgangsfarbe, Samtbraun, ihr so gut zu Gesicht gestanden hätte. Wir sind weit mehr als unsere Körper, dachte er sich. Er sah Maddy die Zunge herausstrecken, sie stand hinter ihrer Mutter. Gern hätte er es ihr gleichgetan, aber Solidarität musste sein. Offiziell war er auf der Seite seiner Frau. Maddy blinzelte und versuchte ein Auge zuzudrücken. Das konnte sie nicht richtig, und es sah komisch aus.

»Wir bringen Maddy zu meinen Eltern, dann kümmere ich mich ganz um dich und nehme dir das Baby ab«, das auch ein Mädchen war, schwarzhaarig mit den blauen Augen der Neugeborenen.

Die Großeltern wohnten in einer Kleinstadt. Sie nahmen Maddy vorsichtig auf, der Sohn hatte ihnen gesagt, sie sei sehr schwierig geworden. Kann eine Fünfjährige schwierig sein? Die Großeltern hatten sie ein Jahr lang nicht gesehen und fanden, dass sie ein richtiges Mädchen geworden war. Der Vater fuhr gleich wieder ab, und Maddy schien das nicht zu stören. Sie schleckte an einem Eis und hörte dem Großvater zu. Er nahm sie mit auf seine Spaziergänge und erzählte ihr von den Raben. Maddy war beeindruckt. Der Großvater schlug einen Apfel auf den Boden, er zersprang, Maddy leerte Nüsse aus. Beide versteckten sich hinter einer Scheune, und da sahen sie die Raben auffliegen und sich niederlassen, im Nu war alles aufgefressen.

»Die Raben kennen uns jetzt«, sagte der Großvater. »Du kannst mit ihnen reden, auch wenn du sie nicht siehst. Sie werden dich hören. Du kannst, wenn du aufgestanden bist, das Fenster öffnen und hinausrufen: Guten Morgen, ihr Raben! Sie werden dir antworten.«

»Kann ich auch sagen: Hallo, ihr Raben?«, fragte Maddy.

Viel Besuch kam zu den Großeltern, sie waren bekannt als gute Gastgeber. Die Großmutter stammte aus Berlin und vermisste die Stadt, hatte sie Gäste, und es wurde diskutiert, fühlte sie sich wie damals. Der Großvater spielte am Klavier, alle waren bemüht gekleidet. Großmutter trug ihr Kleid mit Spitzen und Brosche. Maddy saß auf ihrem Schoß, aber nur kurz, sie wetzte hin und her, manche Gäste griffen ihr in die Haare, das gefiel ihr nicht. Sie legte sich mit ihrem kleinen Menschen in das Bett, in dem schon ihr Vater als Kind geschlafen hatte. Sie wollte nicht weinen, aber sie weinte doch. Der Großvater fand sie und fragte:

»Was ist denn mit meinem Rabenmädchen?«

»Ich will heim zur Mama!«

Der Großvater wunderte sich, kannte er doch die Launen seiner Schwiegertochter, und sein Sohn hatte einmal gesagt, dass Maddy sich davor fürchte. So kann man sich irren.

»Was an deiner Mama vermisst du denn?«, fragte weiter der Großvater.

»Wie sie riecht und die Spaghetti.«

»Wir rufen sie an«, sagte der Großvater und wählte die Nummer auf seinem Handy. Sein Sohn nahm ab.

»Deine Maddy vermisst ihre Mama, hol sie ans Telefon.«

»Sie schläft mit dem Baby, und ich will sie nicht stören.«

»Immer schläft sie«, sagte Maddy. »Will sie immer nur mit dem Baby schlafen?«

Erklärungen nützten nichts. Maddy wollte das Baby nicht. Sie wollte Mamas Kind sein. Jetzt jedenfalls, an diesem Sonntagabend, wollte sie Mamas Kind sein. Ein paar Gäste trafen sich im Kinderzimmer und redeten auf Maddy ein. Sie wollte keine Geschichten hören. Sie schloss die Augen und stellte sich schlafend.

»Nein, nein, nein«, flüsterte sie, als sie wieder allein war, und warf sich im Bett hin und her. Sie zupfte am Laken, schlüpfte unter die Decke. Am nächsten Morgen war sie verschwunden. Die Großeltern suchten und riefen und flehten, die Eltern sollten noch nicht benachrichtigt werden. Der Großvater hatte es so beschlossen. Erst sollte die Polizei verständigt werden.

Der Großvater fuhr mit dem Fahrrad zum Platz, wo sie die Raben gefüttert hatten. Er sah an einem Strommast einen toten Raben, umgekehrt aufgehängt. Das sollte Abschreckung sein für die Artgenossen. Maddy sollte das nicht sehen. Sie war nicht da.

Eine Zeitlang hatte sie in der Nacht noch den Geräuschen aus dem Wohnzimmer gelauscht. Reden und Singen und Lachen. Dann war sie in ihrem Nachthemdchen zur Tür gegangen, hatte sie geöffnet und war auf die Straße hinausgelaufen. Sie konnte in zwei Richtungen gehen. Sie lief ein Stück, Septemberwind kam ihr entgegen, ein Bus hielt. Zwei alte Frauen stiegen ein, und Maddy tat, als gehöre sie dazu. Sie wurde gefragt, wie sie heiße und wohin die Reise gehe und warum sie so ein kühles Kleidchen trage.

»Und warum trägst du ein Holz mit dir herum?«

»Ich fahre zu meiner Mama, sie holt mich ab.«

»Und wo holt dich die Mama ab?«

»Bei mir zu Hause.«

Vater, Mutter und das Baby kamen, um Maddy abzuholen. Die Mutter legte das Baby einfach so auf das Sofa, wie einen Gegenstand, nahm Maddy, die den kleinen Menschen an sich gedrückt hatte, auf den Arm und schaukelte sie, dabei sang sie:

»Ninna nanna coccolo della mamma.

Ninna nanna coccolo del papa.

Ninna nanna coccolo della mamma.

Ninna nanna coccolo del papa.«

Jahre später, Maddy war gerade vierzehn und hatte bereits die erste Menstruation hinter sich, fuhren sie in den Urlaub nach Italien. Sie wohnten im fünften Stock eines feinen Hotels. Maddy hatte Luca kennengelernt, dem sie gefiel, er war schwarzlockig und frech. Ihre Mutter und ihr Vater saßen beim Abendessen auf einer Veranda, unter ihnen der Sandstrand und das Meer.

Die Eltern stritten. Maddys kleine Schwester hielt sich die Ohren zu. Die Mutter schlug mit dem Messer auf den Tisch. »Basta!«

Maddy hatte sich mit Luca davongeschlichen. Sie saßen im Sand, und Luca sagte träumerisch: »Tiefe Stille herrscht im Wasser.« Er streichelte über Maddys Gesicht und spürte ihre Unruhe.

»Ich habe eine Idee«, sagte sie zu ihm. Ihr Italienisch war das ihrer Mutter, laut und akzentuiert.

»Ich hasse meine Familie! Ich werde sie bestrafen, und du musst mir helfen. Ich gehe jetzt in unser Zimmer im fünften Stock, rufe meinen Eltern auf der Veranda etwas zu. Bleib du hier sitzen. Ich komme dann wieder zu dir. Lege mich in den Sand, es muss aussehen, als sei ich aus dem Fenster gesprungen. Du musst dann losschreien und um Hilfe rufen. Sie sollen richtig Angst um mich haben. Ich will wissen, wer mehr verzweifelt ist, die Mutter oder der Vater. Sicher Papa. Meine Schwester am meisten. Mama schreit nur, weiter nichts. Dann werden sich Leute um mich versammeln. Die Rettung wird kommen. Ich kann meinen Atem lange anhalten und so tun, als wäre ich tot. Habe das oft schon probiert. Dann, wenn die Verzweiflung am größten ist, springe ich auf. Ich werde mit dir schlafen, wenn du das für mich tust. Ich liebe dich, Luca.«

Luca war verzweifelt. Er würde das nicht können. Auch nicht mit Aussicht auf die wunderbare Belohnung. Maddy kam ihm grausam vor. Sein Gesicht war so verzagt. Sie umarmte ihn und küsste ihn.

»Ich kann das nicht«, sagte er und lief davon. Es war, als würde er fliegen.

»Ah, cazzo!«, schrie Maddy und warf sich in den Sand.

275 Der Bär aus Tschita

Mein Mann war in Irland unterwegs, ich wollte weg sein, wenn er zurückkommt, er sollte sich um mich sorgen und mich vermissen. Ich war den
ganzen Juli voller Melancholie gewesen, war mir unnütz vorgekommen,
und darum wollte ich mir ein Gegenprogramm verordnen, indem ich in
der Transsibirischen Eisenbahn einen Platz im Großraumwagen buchte.
Man warnte mich und sagte, das würde mir bald leidtun, denn diese Art
zu reisen sei nur für ganz Harte, arme Russen zum Beispiel, aber niemals
Touristen. Es würden hundertsechzig Stunden in der russischen Hölle
sein. Und für eine Frau werde das mehr als die Hölle sein.

Ob es denn mehr gebe als die Hölle, zumal die russische, fragte ich.
Aber es war aus Angst gefragt, ein Angstscherz sozusagen.

Ich beriet mich mit einem Freund. Der sagte, ich solle mich als Mann
verkleiden, als ein arroganter Herr. Die Russen hätten einen riesigen Respekt vor arroganten Herren, sie seien von jeher Untertanen gewesen, und
ihre Herren seien seit jeher arrogant gewesen. Einem arroganten Herrn
würden sie sich kaum trauen in die Augen zu schauen. Eher würden sie
sich trauen, einem Bären in die Augen zu schauen als einem arroganten
Herrn. Wenn ich schließlich doch nicht ganz wie ein Mann aussähe, würden sie es nicht bemerken.

Ich ließ mir die Haare schneiden, eine arrogante Männerfrisur mit
schneidigem Seitenscheitel.

Meine Friseuse weihte ich ein, sie ist zwar ein regelrechtes Plapper-
maul, die nichts, aber auch gar nichts für sich behalten kann, aber dass
sie irgendwelche Verbindungen zu irgendwelchen Fahrgästen der Sibirischen Eisenbahn haben könnte, war doch wenig wahrscheinlich. Sie
war begeistert von meinem Plan. Sie schenkte mir einen aufklebbaren
Schnauz, der ebenfalls schneidig und arrogant aussah wie meine Frisur
und, wie sie versicherte, sehr gut auf der Haut halte, so dass ich mir keine
Sorgen zu machen brauche, er könne des Nachts im Schlaf abgehen, wor-

aufhin der arrogante Herr am Morgen frisch rasiert aufwache, ich mir auf jeden Fall aber angewöhnen solle, nach dem Aufwachen als Erstes in einen Spiegel zu schauen.

Dann kleidete ich mich neu ein.

Ich gab viel Geld aus. Eine arrogante Garderobe ist nicht billig und nicht einfach zusammenzustellen. Ich bat meinen Freund, mir dabei behilflich zu sein. Selbstverständlich Anzug, sagte er. Nicht bequem. Nicht Jeans und Pullover. Damit würde ich mich auf der Stelle enttarnen. Ich kaufte gleich drei Stück, einen hellen, einen mittleren und einen dunklen. Dazu entsprechende Hemden und Schuhe. Besonders wichtig, um arrogant zu wirken, so hatte mich mein Freund belehrt, sei die Krawatte. Krawatten seien nämlich aus diesem Grund erfunden worden: um den Träger arrogant wirken zu lassen. Mein Freund riet mir zu einer golden wirkenden, mit spärlichen breiten Punkten versehenen, *Beau Brummell* genannten. Jeder andere arrogante Herr, und so einer finde sich in jedem Langstreckenzug, auch in der Sibirischen Eisenbahn, werde sofort diesen Halsschmuck erkennen, besonders jeder arrogante russische Herr, denn diese würfen seit eh und je sehnsüchtige und neidische Blicke nach Westen, vor allem nach England, und George Bryan Brummell, genannt Beau Brummell, sei die Stilikone seiner Zeit gewesen und sei immer noch – und das nach zweihundert Jahren, bitte! – das große Vorbild aller arroganten Herren weltweit. Er sei ein enger Freund des Prinzregenten und späteren Königs Georg IV. gewesen und nach allgemeiner Meinung der erste Dandy, fünf Stunden habe er jeden Tag benötigt, um sich herzurichten, seine Stiefel habe er mit Champagner gereinigt. Dass die Krawatte schließlich der Halsschmuck aller Herren der Welt, zumal der arroganten, wurde, das sei sein Verdienst. Er war der künstliche Mensch schlechthin. Sozusagen das Gegenteil des russischen Bären.

»Aber«, sagte ich zu meinem Freund, »wie wird das aussehen, wenn ein so gut angezogener und obendrein arroganter Herr in einem Großraumwagen fährt, dritte Klasse? Wäre es nicht wahrscheinlich, dass so einer unbedingt erste Klasse fährt?«

»Nein, nein, falsch gedacht!«, rief mein Freund aus. »So ein Herr würde normalerweise überhaupt nicht mit der Eisenbahn fahren, schon gar nicht mit der Transsibirischen. Und wenn er es doch tut, dann sicher nicht, um bequem zu reisen.«

»Sondern?«, fragte ich.

»Sondern, um etwas zu erleben. Ein Abenteuer. Ein Abenteuer in der Transsibirischen Eisenbahn aber kann man nur erleben, wenn man in einem Großraumwagen fährt, dritte Klasse.«

»Aber«, gab ich zu bedenken, »wenn nun tatsächlich ein russischer arroganter Herr im Zug sitzt, der ebenfalls ein Abenteuer erleben möchte, und wenn der die *Beau Brummell*-Krawatte erkennt, dann wird er mich ansprechen, und meine Verkleidung fliegt auf!«

»Nein«, beruhigte mich mein Freund, »das wird nicht geschehen, denn die russischen arroganten Herren leiden unter einem Minderwertigkeitskomplex. Sie würden sich nie trauen, einen arroganten Herrn mit einer *Beau Brummell* um den Hals anzusprechen, denn sie würden immer vermuten, dieser Herr komme aus dem Ausland, wenn nicht gar aus England.«

Auch die Gepäckstücke sollten einschüchtern. Also einen Aluminiumkoffer und eine teure Ledertasche. Zu Hause stellte ich mich vor unseren Schlafzimmerspiegel und sah: einen Herrn im Karoanzug, über einem Arm einen Trenchcoat, an den Händen Lederhandschuhe, auf dem Kopf einen Stetson, zweifarbige Schuhe, getönte Brillengläser, neben sich zwei erlesene Gepäckstücke und unter der Nase einen akkurat ausrasierten Schnauz. Gesamteindruck: arrogant.

Ich hatte mir ein Russisch-Wörterbuch besorgt, hatte vor Jahren einen Russischkurs belegt und konnte ein paar Grußworte, wusste, wie man Essen bestellt und wie man sich entschuldigt.

Mein Daunenschlafsack war während meiner Reise der allerbeste Freund, er schützte mich vor Kälte, vor schlechten Gerüchen und Lärm. Ich war meistens ganz und gar in ihm verkrochen. In meinem Waggon befanden sich vierundfünfzig Betten. Sie standen parallel zur Gangrichtung. In allen Betten lagen Männer. Darunter keiner, der eine *Beau Brummell* von einem Sonntagsbauernbinder unterscheiden konnte. Die unteren Lagen waren Pritschen ohne Bettzeug, irgendwie konnte man sie hoch- oder herunterklappen und einen Tisch daraus machen. Ich hatte zwei Thermosflaschen, Essbesteck und mein Chanel N° 5 bei mir. Damit beträufelte ich in Abständen immer wieder meine Schläfen und die Handgelenke. Mein Freund hatte gesagt, seiner Erfahrung nach wirken Gerüche einschüchternd, besonders auf Menschen, die sich selten waschen.

Mit so vielen Männern auf engem Raum zu verweilen, ist eine Attacke. Ich fühlte mich bestraft, hörte Murmeln und Lachen, als ob jemand gekitzelt würde. Man interessierte sich nur kurz für mich, starrte in mein Gesicht, schnell senkten sich die Augen – wie mein Freund vorausgesagt hatte. Ein kleines Mädchen riss sich die Spange aus den Haaren und schenkte sie mir. Sie hatte die Form einer Blüte. Blieb der Zug stehen, stiegen viele Leute aus. Auf den Bahnsteigen standen alte Frauen und boten dampfendes Essen an, sehr billig und schmackhaft. Pelmeni – Teigtaschen mit Rote-Bete-Füllung – kaufte ich und Medowucha, ein Honiggetränk, bei dem ich erst zu spät merkte, dass ziemlich Alkohol beigemischt war. Es eignete sich zum Einschlafen.

In Tschita stieg ein Mann ein, der sich für mich interessierte. Gleich sprach er mich auf Englisch an. Warum ich unter solchen Bedingungen reise? Ich, ein Mann von Welt. Es war keine Einbildung von mir, dass er es ironisch meinte. Nach Komplimenten, die ich verstand und mit der tiefsten Stimme, zu der ich fähig bin, erwiderte, packte er seine Tasche aus, nahm Babuschkas heraus und stellte sie in der Reihe vor mir auf. Jeder kennt sie. Das sind die aus Holz gefertigten, bunt bemalten, ineinander verschachtelten eiförmigen Puppen. Der Mann wird, dachte ich, ein Vertreter für Matroschkas sein. Er reichte mir seine Wodkaflasche, und wir tranken, dabei ordnete er seine Puppen zu verschiedenen Konstellationen – einsame Puppen, Puppenfamilien, einander hassende Puppen, einander liebende Puppen. Er öffnete die Puppenköpfe und nahm die Figuren bis zur Kleinsten heraus, manche legte er auf meinen Schlafsack, um sie dann wieder wegzunehmen, er ließ sie sich gegenseitig küssen und den Rücken zeigen, als ob sie gekränkt wären. Es war ein Spiel.

Ich trinke gern, aber nicht jeden Tag Schnaps, ich bin es nicht gewöhnt. Mir verschwamm der Mann vor den Augen, ich lag halb, und halb saß ich. Ich blinzelte. Ich wurde müde, schlief kurz ein, der Mann aus Tschita beugte sich über mich und wickelte den Schlafsack enger um meinen Körper. Mir schien, als hätte er plötzlich den Kopf eines Bären, aber anstatt zu erschrecken, wiegte ich meinen Kopf in seinen Armen, um ihm zu zeigen, dass er mir sympathisch war, ich wollte kein arroganter Herr mehr sein. Mir fiel ein, was ich gelesen hatte: Russische Männer sind maskulin und gnadenreich. Russische Männer beleidigen Frauen. Russische Männer weinen ausgiebig. Russische Männer sind aggressiv, benutzen unanständige Wörter und vertragen eine Menge Wodka, sie riechen scharf unter den Armen und aus dem Mund.

Ich hörte den Bären singen, und es war der Mann aus Tschita, der das Lied von den schwarzen Augen sang:

Ach, ihr seid nicht umsonst von so dunkler Tiefe!
Ich sehe in euch die Trauer über meine Seele,
ich sehe in euch das unbezwingbare Feuer,
auf dem mein armes Herz verbrennt.

Ich schlief. Wieder sah ich den Mann über mir, er roch wie aus einem Hundemaul, und dabei war er ja ein Bär. Der Bär aus Tschita. Wieder schlief ich ein, und folgende Geschichte türmte sich vor mir auf:

Ich sah den Mann aus Tschita als ungeborenes Bärchen im Bauch seiner Mutter, der großen Bärin. Er hielt sich an ihrem inneren Bauchfell fest, und sie wollte und wollte nicht niederkommen. Das bereitete der Bärin große Schmerzen, so dass sie nach der Geburt verstarb. Das Bärchen aber fand einen Honigtopf und schleckte ihn leer. Als es größer wurde und ein richtiger Bär, fraß er zwei Nachtarbeiter, die gerade aus der Möbelfabrik kamen. Sein Hunger war gestillt, und er konzentrierte sich in Hinkunft auf Hühner. Der Bär aus Tschita riss aber auch Kälber und schleppte, was er schleppen konnte. Er fand mich im Wald, und mein Kopf war vom Körper abgetrennt. Da nahm er eine Nadel mit großer Öse und schaute sich nach einem Faden um, und als er keinen fand, nahm er die *Beau Brummell* und nähte mit ihr meinen Kopf wieder an meinen Hals. Dann gab er mir zu trinken.

Ein letztes Mal beugte sich der Mann aus Tschita über mich und reichte mir seine Wasserflasche. Er streichelte meine Stirn. Er war gar nicht grob. Er setzte sich mir zur Seite und sang.

Doch ich bin nicht traurig, nicht bedrückt,
glücklich erscheint mir mein Schicksal:
Alles, was Gott uns Gutes im Leben gegeben hat,
hab ich geopfert für diese feurigen Augen.

Als ich erwachte, war der Mann nicht mehr da. Ich fühlte mich leicht. Ich fühlte mich weit. Das lag daran, dass mein Hemdkragen weit geöffnet war. Der Mann hatte mir meine Krawatte abgenommen, die *Beau Brummell*. Auch meinen Schnauz hatte er mir abgerissen. Da lag ich nun – eine Frau, und in den Händen hielt ich eine Babuschka-Puppe. Und hatte Sehnsucht nach zu Hause. Ich vermisste meinen Mann.

»Damit Sie mich verstehen, ich arbeite nicht gern.«

Das sagte ein Familienvater um die vierzig, kräftig, mit Bauchansatz und schlechten Zähnen. Eine Frau, vier Kinder, wohnhaft in einer Dreizimmerwohnung in einer Art Hochhaus. Das Hochhaus zu nennen, war eigentlich ein Witz, hatte nur drei Stockwerke. Aber es war eben das Hochhaus. Der Mann wohnte im dritten Stock. Die Kinder waren noch klein, der Älteste neun Jahre, die Kleinste zwei. Die Mutter arbeitete in der Nacht als Näherin, sie hatte es nicht gelernt, aber Reißverschlüsse einnähen, Hosen kürzen, Röcke enger machen, einfache Kinderkleider mit Gummizug, das konnte sie. Jetzt, da die Seuche über das Land gezogen war, saß der Mann zu Hause, es gab für ihn keine Kurzarbeit. Er war arbeitslos geworden. Musste hoffen, dass er wieder seinen Job als Lagerarbeiter zurückbekam. Er war es leid, zu faulenzen. Um es genau zu benennen, er war es leid, ZU HAUSE zu faulenzen. Das sagte er seiner Frau beim Abendessen.

»Weißt du, was ich vermisse, Adele«, sagte er zu ihr, »ich vermisse meine Kumpels, die Pausen mit meinen Kumpels, verstehst du, Adele, das verstehst du nicht, weil du keine Kumpels hast, die Gespräche mit meinen Kumpels, nach der Arbeit, die Biere.«

»Ich«, antwortete seine Frau, »habe keine Zeit für Freundinnen, weil meine Freudinnen auch keine Zeit für mich haben. Ich freue mich das ganze Jahr auf den Urlaub und weiß, dieses Jahr wird es keinen geben. Einmal nichts tun, in der Sonne liegen, ins Meer schauen. Scheiße!«

»Das«, sagte der Mann, »ist die Scheiße, wir beide wissen das, und unsere Kinder können das nicht begreifen, Chris, dem kann ich es erklären, der ist ein Boxer.«

»Aber«, sagte die Frau, »die Mädchen haben nichts, alle ihre Spielsachen sind ihnen langweilig. Sie streiten nur noch. Keiner will auf Luca aufpassen, alles bleibt an mir hängen. Luca klammert sich an meine

Beine, wenn ich nähe. Sie sitzt unter dem Tisch und weint. Ich kann den Kindern nicht einmal böse sein.«

»Sie brauchen eine Aufgabe«, sagte der Mann. »Lass sie das Waschbecken abseifen, die Badewanne schrubben, lass sie Gemüse putzen!«

»Dafür sind sie noch zu klein, sie machen Dreck bei ihrer Arbeit, und für mich bedeutet das Nachputzen. Kümmere du dich um die Kleine, geh mit ihr um den Block!«

»Adele, ich kenne jeden Stein im Umkreis, jede beschissene Lücke am Parkplatz, die mir sagt, dass ich kein Auto mehr habe, weil ich mir kein Auto mehr leisten kann.«

»Du solltest zum Zahnarzt, Xaver«, sagte seine Frau, »deine Zähne schreien zum Himmel.«

»Superformulierung, mein Schatz. Können wir uns nicht leisten, den Zahnarzt.«

»Warten wir, bis es dunkel ist«, sagte Adele, »dann kümmere ich mich um dich.«

Stellen Sie sich einen 180 Kilo schweren Mann vor. Er sitzt in seinem Antiquitätengeschäft und wartet auf Kundschaft. Sein Körper scheint wie eine zerfließende Masse. Er ist verzweifelt, er denkt: Kann man einen, der so ist wie ich, lieb haben?

Er beschließt, sich eine Frau zu kaufen. Eine aus der anderen, der Dritten Welt, eine, die froh sein wird, versorgt zu werden. Sie kann ihrer Familie jeden Monat Geld schicken. Das, was sie jetzt tut, ist verlässliche Prostitution. Der Mann, der sie geheiratet hat, ist zart mit ihr, sie sagt Liebkosungen in ihrer fremden Sprache. Solange sie noch kein Wort Deutsch kann, ist das in Ordnung. Sie hofft, dass dieser schwere Mann nie auf ihr liegen wird, denn dann würde sie sterben. Sie wohnt in einer hübschen Wohnung in dieser wunderschönen Stadt. Sie kann Geld nehmen, so viel sie will. Sie hat sein Konto zur Verfügung. Er überprüft sie nicht. Er weiß, sie ist anständig und sparsam und würde ihn niemals hintergehen. Kauft sie sich einmal eine Kette, dann hat sie nicht viel gekostet und sieht trotzdem wertvoll aus. Sie reinigt seine Wohnung, putzt seine Schuhe, bügelt seine Hemden, die groß sind wie Leintücher, sie dämpft seine Hosen, die breit sind wie ein Privatweg.

Oft träumt sie, ihr Ehemann wäre jung und nicht fettleibig. Ihr Mann ist Ende fünfzig, sie denkt, dass er nicht mehr lange leben wird, sollte er so weitermachen, und es sieht gar nicht aus, als würde er nicht so weitermachen, so viel essen, so viel trinken und dazu noch rauchen. Sie kauft ein und packt die Waren in einen rollenden Einkaufswagen, das alles könnte sie nicht nach Hause tragen. Jeden Tag kocht sie Unmengen, ihre ganze Familie würde nicht so viel essen, und das sind immerhin acht Leute.

Selten unternehmen die beiden Spaziergänge, er hält sich an seinem Rollator fest, sie geht neben ihm, und er freut sich, weil sie so schön ist. Eine reizende Frau, zart wie das Figürchen auf seinem Fernsehapparat. Er liebt sie wirklich, weil sie ihm Zuneigung schenkt, und sei es auch nur aus Dankbarkeit. Wenn er gestorben sein wird, wird sie alles von ihm erben, er hat ihr gezeigt, wie groß sein Vermögen ist, und Zahlen kann sie lesen.

Dann wird sie ihre große Familie zu sich nach Österreich einladen, sie vortrefflich bewirten. Sie könnte sich überlegen, ob sie ihre Schwestern, die sich jetzt für Geld auf der Straße verkaufen, bei sich anstellen würde, ganz schwesterlich, für die Besorgung des Hauses, das sie sich dann bauen würde.

Ihre Eltern wären ihr zu Dank verpflichtet, und was gäbe es Schöneres, als die Verhältnisse dann umgekehrt genießen zu können. Sie würden sich vor ihr verbeugen, und alle wären glücklich.

Am Morgen begegnete mir ein ausgemagertes Dromedar, seine Höcker waren spitz wie stumpfe Waffen. Ich träumte nicht. Das Tier war völlig ausgehungert. Ein erbärmlicher Zirkus weilte in der Stadt. Nicht einmal Kinder konnten angelockt werden. Sie waren vom Internet verdorben und fanden, was sie sahen, langweilig. Das Dromedar war außerhalb des Zaunes, war durch Abknicken der mageren Beine nach außen gelangt. Jetzt spazierte es neben der Straße. Ich war mit dem Fahrrad unterwegs und wusste nicht, was ich tun sollte. Das Dromedar wieder durch den niedrigen Eingang zu locken, traute ich mir nicht zu. Ich schaute mich um. Weit und breit niemand. Ich stellte mein Fahrrad ab und wartete vor dem Zaun. Einem Buben mit zwei Eimern an den Händen winkte ich zu. Er sah mich fragend an, ich zeigte auf das Dromedar. Er stellte die Kübel ab, aus denen es nach Saufutter roch. Ihm folgte das Dromedar, beugte wieder seine mageren Beine und ging, den Kopf vorgestreckt, durch den Eingang.

Am nächsten Morgen hörte ich auf dem Berg den Zaunkönig rufen. Er sang fröhlich. Ich sah den Storchenschnabel und die Hirschzunge, und wieder fiel mir das arme Dromedar ein. Warum konnte es nicht dort bleiben, wo es zu Hause war? Wir brauchen keine Tiere mehr im Zirkus, wo wir doch die tausend *Universum*-Sendungen anschauen können und die Wildtiere im Wohnzimmer sind und es YouTube gibt.

Bei der Post lagen zwei Freikarten für die Tierschau, wahrscheinlich wurden sie an jeden Haushalt verteilt. Wie traurig, dachte ich. Die Tiere dort wären in der freien Wildbahn verloren, weil sie in Gefangenschaft aufgewachsen sind.

»In Gefangenschaft aufwachsen«, dachte ich während des Tages, und in meinem Kopf sah ich Tiere und Menschen, die mit der Wirklichkeit nichts mehr anfangen konnten. In der Nacht träumte ich von erschossenen Tieren und sah Tierkadaver auf einem Haufen liegen.

Ich fragte meine Enkelin, ob sie die Sendung *Universum* liebe, und sie sagte: »Nein, wirklich nicht, das ist etwas für Menschen im Altersheim. Wenn überhaupt Tiere, dann eine eigene Katze oder einen Hund. Die gehen aus und ein und gehören zu meinem Leben. Wenn ich erwachsen bin, fliege ich in Länder und schaue mir Tiger und Löwen an. Ich sitze in einem Jeep und fahre durch die Gegend, und die Tiere galoppieren an mir vorbei.«

Fühlt sie sich ungerecht behandelt, drückt sie den Teddy, der noch aus meiner Kindheit stammt. Stellt man ihn auf den Kopf, brummt er noch immer. An einer Stelle sieht man das Stroh.

»Kannst du sein Loch flicken, Oma? Er ist meine Dekoration.«

Als sie noch klein war, hätte sie gesagt, mein Bär ist krank, er muss operiert werden, glaubst du, er wird wieder gesund?

Ein Mann von Vermögen war auf Genesungsurlaub in einem Sanatorium in den Schweizer Bergen. Er fühlte sich bereits gesund und lag bei schönem Wetter auf seiner Veranda. Die anderen Gäste langweilten ihn, und er hoffte jeden Tag auf eine interessante Neuerscheinung. So sagte er dazu, als handle es sich um ein Ding zum Vergnügen. An einem Vormittag beobachtete er, wie eine Frau mit einem kleinen Buben an der Hand aus dem Taxi stieg. Zwei Koffer wurden ihr nachgetragen. Er sah kurz auf ihren glänzenden Scheitel und stellte sich ihr Gesicht vor. Er fragte an der Rezeption, wer die Dame sei und woher sie komme. Der Portier gab ihm Auskunft, der Mann würde ihm großzügig Trinkgeld geben.

Also die Frau kam aus Wien, ihr kränklicher Sohn sollte sich in den Bergen erholen. Ihr Frühstück habe sie auf zehn Uhr bestellt.

Um diese Zeit fand sich der Mann ein und nahm an einem benachbarten Tisch Platz. Er schätzte die Frau auf Mitte dreißig, sie wirkte gelangweilt, und fragte sie der Sohn etwas, gab sie ungeduldig Antwort. Dem Mann gefiel sie vom Aussehen, sie war zwar ein wenig üppig und würde im Alter dick werden, aber noch konnte sie punkten.

Nach dem Frühstück stand ihr Sohn in der Hotelhalle, der Mann nahm sich vor, sich mit ihm ein wenig anzufreunden. Er erzählte von Elefanten in Afrika und fragte den Buben, ob er Tiere gernhabe. Der Bub schwärmte von einem Hund, den er sich wünschte, aber die Mutter wollte keine Tiere im Haus. »Ich werde mit ihr reden«, sagte der Mann, »ich könnte dir nämlich einen Hund schenken.« Bei diesem Gespräch würde er der Dame näherkommen, und es könnte sich etwas ergeben. Was sich ergab, war, dass der Bub nichts lieber tat, als dem Mann zuzuhören. Zu dritt spazierten sie in den Wald, und der Bub hielt die Hand des Mannes und war eifersüchtig auf seine Mutter. Ihm fiel nicht auf, dass er verwendet wurde. Am Abend schickte ihn die Mutter früh ins Bett, und sie blieb im Aufenthaltsraum und wartete. Der Mann zog alle Register, um der

Frau zu imponieren, was ihm gelang. Fragte der Bub, wann er denn seinen Hund bekäme, vertröstete ihn sein großer Freund auf den Tag der Abreise.

Die Mutter änderte ihr Verhalten, sie flirtete jetzt ganz offen mit dem Mann, und der Bub kam sich übrig vor.

»Was für eine Farbe hat es denn, das Hündchen?«, fragte er seinen großen Freund. »Gleich werde ich ihm Kunststücke beibringen.«

An einem Wochentag reiste eine neue Dame an, ganz allein, der Portier erzählte dem Mann, was er über sie wusste. Sie war ein heller Typ und auch jünger als die Dame. Da verlegte der Mann sein Interesse auf diese Neuerscheinung und ging der Dame aus dem Weg. Ihr Sohn wurde fiebrig und bekam eine Lungenentzündung. Die beiden wurden mit der Sanität abgeholt.

»Im Halbschlaf«, erzählt der Mann, »kamen mir sämtliche Peinlichkeiten meines Lebens in den Sinn, und ich schämte mich.

Ich sah meinen Vater vor mir, wir waren zum Essen bei seinem Chef eingeladen. Der war ein Emporkömmling und liebte nichts mehr, als seine Angestellten zu demütigen. Er trank viel, und als er völlig betrunken war, befahl er meinem Vater, um den Tisch herumzugaloppieren und zu wiehern. Ich sah meinen Vater an. Er war ein schwacher Mensch, und er hatte immer Angst gehabt, nicht zu entsprechen. Er schaute auf seinen Teller und tat, als hätte er nicht gehört, was ihm befohlen worden war. Ja, befohlen! Sein Vorgesetzter brüllte ihn an, wenn er nicht augenblicklich seinen Befehl ausführe, würde er entlassen, und wenn er ihn ausführe, würde er befördert. Mein Vater stand auf und galoppierte um den Tisch, er wieherte verhalten, bis er angefeuert wurde, dann jagte er um den Tisch wie ein wildes Pferd. Alle lachten bis auf mich, seinen Sohn. Ich schämte mich und verachtete meinen Vater. Auf dem Heimweg redete er kein Wort, und zur Mutter sagte er, er würde befördert. Sie fiel ihm um den Hals und küsste ihn.

Ich hatte geschlafen und das alles geträumt, solche Dinge passieren in russischen Romanen. Mein Vater hätte sich nie so erniedrigen lassen. Und doch stimmten ein paar Dinge. Der Chef meines Vaters war ein Parvenü gewesen und hatte seine Leute schikaniert, zwar nicht russisch und mit Wodka, sondern hinterhältig. Er hatte seine Zuträger, die ihm berichteten. Die Atmosphäre in dem Amt war vergiftet. Ich wusste, mein Vater war ständig auf der Suche nach einer neuen Arbeitsstelle. Er gehörte der A-Klasse an, war Akademiker, aber trotzdem konnte er keine Arbeit finden. Meine Mutter sagte, er schlage alles aus, weil keiner ihn so gut bezahle und die Pension so verlässlich sei. Wem sollte ich glauben? Er hat seine Arbeitsstelle nie gewechselt. Er ging zu den Weihnachts- und Geburtstagsfeiern, kam betrunken zurück, und wenn man fragte, wie es gewesen sei, nickte er nur. Nach der Pensionierung schlug er alle Einladungen seiner ehemaligen Kollegen aus, traf er einen auf der Straße, tat er so, als sehe er ihn nicht. Meine Mutter fand sein Verhalten merkwürdig, sie wäre gern unter Leute gegangen.

Ich bin ein Einzelkind und hatte nie Freunde, warum, weiß ich nicht. Ich war gut in der Schule, man sagte, ich sei ein Streber, aber ich war kein Streber. Das Lernen machte mir Freude und beruhigte meine Nerven. Komische Formulierung, ich weiß. Ich war ein nervöses Kind, was ich auf meinen Vater zurückführe. Ich wusste nie, was er über mich dachte. Nie lobte er mich. Einmal sah ich ihn am Küchentisch vor einer Flasche Wodka sitzen.«

Er ist noch so klein, keine drei Jahre alt. Er weiß beim Kriechen, wo das Zimmer aufhört. Er kennt die Mutter und weiß, dass ihre Hände streicheln. Am besten kennt er ihre Füße, wenn sie barfuß ist. Er tupft auf ihre Zehen, und die Mutter lacht. Er sieht, wo ihr Kleid aufhört, nämlich in der Mitte der Wade. Den Vater erkennt er an seiner Stimme. Wenn er sich zu ihm niederbeugt, weiß er, dass er gleich in die Höhe fliegen wird. Den Himmel sieht er nur an der Hand der Mutter, beim Spazieren, wenn er aus dem Buggy nach oben schaut. Er wundert sich, wenn er neben der Mutter hertappt, dass die Welt nie aufhört. Er kann seine kleinen Schritte machen und stößt nirgends an. Er nimmt Sachen in den Mund, was er nicht darf. Dass er es nicht darf, erkennt er an der lauten Stimme der Mutter. Wenn er am Morgen aus dem Bettchen gehoben wird, ist er noch warm, und auch das Wasser ist warm, mit dem er gewaschen wird. Die Flasche mit der Milch ist warm, aber wenn der Vater die Zeitung aus dem Briefkasten holt und die Haustür offen lässt, weht es ihm kalt um die Beinchen. Er kann keinen Knopf ins Knopfloch fädeln. Seine Händchen sind speckig und ungeschickt. Wenn er auf dem Hochsitz am Mittagstisch sitzt, ist er gleich groß wie seine Eltern. Er greift in den Teller, und seine Finger werden matschig vom weichen Essen. Die Stimme des Vaters mahnt, aber das ändert nichts an der Welt. Er kann denken. Er weiß, dass Wasser kalt und warm sein kann.

Einmal nahm ihn eine Tante mit zu anderen Tanten, die auf ihn einredeten und ihn kitzelten. Er weinte, weil er sich fremd fühlte. Die erste Tante nahm ihn auf den Arm und summte in sein Ohr. Das konnte er nicht leiden, und er weinte weiter. Die Tanten saßen an einem Wirtshaustisch unter einem Kastanienbaum. Er hörte ihr Schnattern. Ein Hund lief ihm nach, er wollte ihn fangen, und der Hund bellte. Schon musste er wieder weinen. Die Tanten neigten ihre Köpfe und ärgerten sich. Er kroch unter den Tisch. Versuchte sich aufzurichten, zog am Tischtuch, und ein

Glas fiel neben ihn ins Gras. Die zweite Tante nahm ihn auf den Schoß und gab ihm einen Schluck aus ihrem Glas. Gleich spuckte er die Flüssigkeit aus. Es war Alkohol und scharf. Alle Tanten lachten. Er kroch wieder unter den Tisch. Eine Ameise biss in seine kleine Handfläche, und er jammerte leise, und leise jammerte er nach der Mama. Die dritte Tante telefonierte so laut, dass er sich die Öhrchen zuhalten musste. Er schlüpfte aus seinen Sandalen. Das war schwierig, weil er sie lange nicht öffnen konnte. Irgendwie gelang es ihm.

Als er wieder in seinem Zimmer war, konnte er feststellen, dass der Geruch ein anderer war als der draußen in der Welt.

282 *Das ist geschehen*

Das sei wirklich geschehen, so jedenfalls versicherte mir eine Freundin, die vor Corona aus New York ausgereist war, als hätte sie die Katastrophe vorausgesehen. Sie war in einem vornehmen Altenheim beschäftigt gewesen, hatte sehr viel Trinkgelder bekommen, was ihr die Ausreise erleichterte. Sie wollte wieder nach Österreich. Immer hatte sie Heimweh gehabt. »Die alten Menschen dort haben alles«, erzählte sie, »nur keine Zuneigung. Bis auf wenige Ausnahmen.« Von einer Frau erzählte sie mir: »Die Dame, Rose mit Namen, vierundneunzig Jahre alt, bewohnte ein geräumiges Zimmer. Sie war bei wachem Verstand, schlief viel, aß wenig. Was auffiel, war, dass sie ständig Besuch hatte, fünf Männer kamen zu verschiedenen Zeiten, regelmäßig, so als hätten sie es untereinander abgesprochen. Die Dame sollte nie allein sein. Ich nahm an, dass es ihre Söhne waren, obwohl sie keine Ähnlichkeiten aufwiesen. Ich sagte ihr, dass ich sie um die treuen Söhne beneide. Du weißt ja, ich habe nur einen Sohn, der lebt in Australien, und ich sehe ihn nie.

Die Dame schüttelte den Kopf. Es waren nicht ihre Söhne. Es waren ihre ehemaligen Ehemänner, die angeblich alle in einem Haus wohnten und sich gut verstanden. Kann man sich das vorstellen? Nie hatte sie Kinder gehabt, und zwar deshalb nicht, weil ihre Männer Zuneigung verlangten, so als wären sie noch Kinder. Die Männer waren alle jünger als die Dame, mehr oder weniger, zehn bis zwanzig Jahre. Sie hatte vergessen, wer der erste, der zweite, der dritte, der vierte, der fünfte war. Es spielte keine Rolle. Sie waren allesamt ihre Lieblinge.

Die Dame fragte mich, ob ich verheiratet sei, ich verneinte, und sie riet mir, sollte ich mich für eine Ehe entscheiden, müsste ich vier Dinge beachten. Mindestens drei Mal heiraten. Den ersten Mann wegen Reichtum, den zweiten Mann wegen Schönheit (um schöne Kinder zu bekommen), den dritten Mann aus Liebe. Und das Wichtigste: Sex.

Ich sei zu alt für Kinder, sagte ich, einen Sohn hätte ich bereits.

Für Männer sei es nie zu spät, sagte sie. Wenige Male kam es vor, dass sich alle ihre fünf Männer in ihrem Zimmer befanden. Einer kämmte ihr Haar, einer massierte ihre Füße, einer las ihr vor, einer lackierte ihre Fingernägel, und der letzte schrieb ihre Wünsche auf. Zum Beispiel, eine glänzende Haarspange in der Form eines Schmetterlings, eine Lotion für ihre Haut, ein Glas mit den handgemachten sauren Drops.

Als es ans Sterben ging, rief ich ihre Männer, und alle kamen, sie trugen dunkle Anzüge und polierte Schuhe. Jeder von ihnen hatte die Hände auf der Decke ihres eingehüllten Körpers liegen. Einmal noch hob sie die Hand und lächelte. Dann war sie tot.

Kannst du dir vorstellen«, fragte meine Freundin, »wie laut es in diesem Zimmer zuging. Fünf weinende Männer!«

Das ist die Geschichte von Emil. Sie ist anscheinend wahr. Emil glaubte einfach alles. Erzählten ihm seine Mitschüler, dass im Gras hinter dem Schulhof eine Mamba gesehen worden sei, ging er hin, um nachzuschauen. Die Schüler sagten ihm, wenn du sie siehst und wenn sie dich sieht, bist du schon tot. Emil dachte, sehe ich sie, werde ich mit ihr reden, und sie wird mich nicht angreifen. Sagte ihm seine große Schwester, Emil, geh hinauf und schau, ob du noch schläfst, und wenn, dann weck dich auf, ging er hinauf und rief: Er ist schon aufgestanden. Sah er seinen Schatten, drehte er sich um und grüßte ihn.

Die Leute dachten, Emil ist dumm, minderbemittelt, sagten sie untereinander. Er lernte gut und schnell, die Lehrer wunderten sich, ein dummer Bub konnte er nicht sein. Ein wenig seltsam. Er redete mit Hunden, die an ihm vorbeiliefen, sie blieben stehen und schauten zu ihm auf. Jede Katze ließ sich von ihm streicheln. Er fütterte die Rehe, und sie fraßen ihm aus der Hand.

Emil ist seit hundert Jahren tot. Geschichten, die über ihn in Umlauf kamen, unterschieden sich. Keine ist wie die andere. Es wurde bezweifelt, dass es ihn überhaupt gegeben hatte. Eine Urkunde beweist die Tatsache.

Mit zwanzig Jahren zog er nach Wien, um zu studieren. Er entschied sich für die Zoologie, er war in seinem Fach ein Phänomen. Gern ging er in den Zoo und redete mit den Affen. Die Schimpansen hatten es ihm besonders angetan. Er schaute mit ihnen in den Spiegel, und sie erkannten sich darin. Er beobachtete die Schimpansenmütter und hätte jedem Menschenkind so eine fürsorgliche Mutter gewünscht. Er machte Spaß mit den Affen, und sie krümmten sich vor Lachen. Er brachte ihnen kaputte Werkzeuge mit, und die Affen reparierten sie.

Emil hatte sich einmal in eine Frau verliebt, eine Pflegerin im Zoo. Sie war für die Tiger zuständig. Einer, der ihr besonders am Herzen lag, wurde krank, und sie behauptete, wäre er frei, würde er wieder gesund.

Man las in der Zeitung, dass ein Tiger aus dem Zoo ausgebrochen sei, und Emil wusste, die Pflegerin hatte ihn frei gelassen. Er wollte sie besuchen, da war sie nicht mehr da. Sie hatte gekündigt.

Emil verbrachte sein Leben mehr mit Tieren als mit Menschen, und mit vierzig Jahren starb er, woran, wusste niemand genau. Es gab viele Vermutungen.

Einer behauptete, er habe sich bei den Meerkatzen angesteckt. Ein anderer sprach von einem Selbstmord, traurig, weil die Menschen ihm nicht geglaubt hatten. Er hatte sie gewarnt. Wovor hatte er sie gewarnt? Jeder sagte etwas anderes.

Als Elfjährige hatte ich die Fantasie, dass Gegenstände nicht älter als zweiundvierzig Jahre alt werden dürfen, nämlich weil unsere Mutter mit zweiundvierzig gestorben war. Ich wollte kein Einsehen haben, dass der Küchentisch sie überlebte, die nichtssagenden Stühle, der alte Wandschrank und alles weitere nicht Lebendige. Ich wollte Gerechtigkeit, und die würde darin bestehen, dass alles mit einer Axt zerhauen wird, was älter als die Mutter ist.

Ich habe nie mehr daran gedacht, und als mir diese Fantasie wieder einfiel, war ich alt. Ich stellte mir vor, wie eine Welt aussähe, wenn nach jedem Tod Gegenstände, die so alt sind, wie der Tote war, vernichtet würden. Es gäbe kein Gerümpel mehr, nur Holz zum Einheizen.

So musste ich mich einfinden, dass Gegenstände mit den Menschen nichts zu tun haben; sie stehen zwar in einem Zusammenhang, weil ja der Mensch die Dinge kauft oder erbt oder geschenkt bekommen hat. Sagt ein Mensch aus Gier, er liebe dieses Kanapee so sehr, es erinnere ihn an seine Großeltern, ist es dem Kanapee gleichgültig, ob es nun zu ihm oder zu einem anderen gelangt, ganz gleich, wer auf ihm sitzt.

Als Kind fantasierte ich weiter, dass alle mir bekannten Menschen gestorben wären, ich selber natürlich auch, und unsere Dinge sich miteinander unterhielten, sich darüber ausließen, wie sehr sie es hassten, abgeschrubbt und neu lackiert zu werden.

Einmal erzählte mir eine Frau von einem Kanapee, auf dem sie nie mehr sitzen wollte, weil ihr Mann darauf gestorben sei. Ihr Mann war kein feiner Mensch gewesen. Er hatte die Frau wie eine Hausangestellte behandelt. Ein Kind sollte auf dem Kanapee gezeugt werden, aber kein Kind kam zustande, und der Mann gab der Frau die Schuld, verweigerte eine Untersuchung. Sie hatte gedacht, als sie ihn tot gefunden hatte, er liegt jetzt auf dem Kanapee, auf dem ich nie mehr liegen kann. Was mache ich damit. Eine Freundin riet ihr, das Kanapee neu überziehen zu lassen, so dass es dann wie ein neues aussehe. Schließlich handelte es sich um ein gutes Stück. Ein Polsterer würde es ausweiden und das Innere herausreißen, nur der Holzrahmen bliebe derselbe. Überlege es dir, und wenn du es nicht mehr willst, gib es mir, sagte die Freundin. Ich könnte mir vorstellen, darauf zu schlafen, zu träumen, mit meinem Freund darauf zu sitzen und einen Film anzuschauen. Was würdest du dafür verlangen?

Die Frau schaute auf das Kanapee und überlegte sich, was sie anstelle dieses Möbels auf den leeren Platz stellen könnte.

Weg mit dem Plunder und weg mit der Erinnerung!

285 *Angst wovor?*

Er kann es nicht benennen. Erst hat er Angst vor der Nacht, Angst, dass er nicht schlafen kann, Angst vor dem Traum, Angst vor dem Aufwachen, vor dem kommenden Tag, Angst vor dem Tod.

Sein Leben ist gesichert, er leidet keine Not, hat keine Schulden. Seine Frau hält zu ihm, die Kinder sind wie die meisten Kinder.

Er kreist um die eigene Achse, sieht nicht nach links und nicht nach rechts. Von hinten kommt das Verderben, eine Krankheit, die er noch nicht kennt. Nein, er will sich nicht testen lassen. Auf keinen Fall. Denn wird er erst getestet sein, wird festgestellt, woran er leidet, da kann es nur noch schlimmer werden. Er will nicht wissen, wie es in ihm aussieht.

Er will nicht bei denen enden, die Bauklötze zählen und über Kreise hüpfen.

Er sieht eine steile Straße vor sich, ein Mädchen rennt, und es sieht so aus, als könnte es nicht abbremsen. Es trägt einen Brotlaib mit beiden Händen, es balanciert und fällt, es überschlägt sich, und der Mann kann es auffangen. Nichts ist geschehen. Alles gut. Er hebt den Laib vom Boden auf und reicht ihn dem Kind. Ist das ein Zeichen, und wenn, von wem? Das Kind sagt kein Wort, ist wie im Schock und läuft an ihm vorbei, weiter in eine Wiese hinein.

Der Mann möchte wissen, wo das Mädchen hingehört. Er geht in seine Richtung, die Gegend kennt er nur von den Sonntagsspaziergängen. Hier wohnen alte Menschen, die einmal in der Fabrik beschäftigt gewesen waren. Die Fabrik ist geschlossen. Die kleinen Häuser wurden für sie gebaut. Sie verdienten wenig, bis sie alles abbezahlt hatten. Jetzt sind sie Hausbesitzer mit einem winzigen Garten, in dem sie Gemüse anpflanzen.

Der Mann sieht eine Frau bei der Gartenarbeit und fragt nach einem kleinen Mädchen, das Brot eingekauft hat. Es ist ihre Enkelin. »Warum fragen Sie, hat das Kind Schaden angerichtet?«

Er schüttelt nur den Kopf und macht kehrt. Er kann es sich nicht erklären, aber er fühlt sich wohl, so als hätte er ein Leben gerettet. Er sieht die roten Mohnblumen und den Ackersenf. Gelb und Rot sind Farben, die ich lange nicht gesehen habe, denkt er. War ich denn blind?

Zu Hause riecht es nach Suppe, und die ist gut.

»Gute Suppe«, sagt er zu seiner Frau.

»Wie immer«, sagt sie. »Brauchst du Salz?«

»Kennst du Kinder, die Schaden anrichten?«, fragt er.

»Kommt darauf an, wie sie erzogen wurden«, sagt die Frau.

Seine großen Kinder sitzen vor ihren Computern und hören nicht, wenn ihnen gerufen wird. Der Mann stellt sich hinter seine Tochter und fragt: »Was spielst du da?«

»Hast du mich erschreckt«, sagt sie. »Kannst du nicht anklopfen? Ich dachte, ein Gespenst steht hinter mir.«

»Dein Vater ist das Gespenst.«

Gestern war der Himmel so blau, da wollte ich ihn zusammenrollen und auf mein Bett legen, für Tage, an denen es regnet und alles grau scheint. Da läutete ein Bub an meiner Tür und wollte Arbeit. Er war nicht älter als sechs Jahre. »Was kannst du arbeiten«, fragte ich ihn. Er sagte, »alles, was du nicht machen willst«, und ich bat ihn herein. Er trank Kakao und aß weißes Brot, dann stülpte er seine Ärmel auf, so dass seine dünnen Arme sichtbar wurden. Er nahm ohne Anleitung ein Tuch und rieb am Abwasch, er glänzte den Boden und tränkte die Pflanzen.

Wo hast du das alles gelernt, wollte ich ihn fragen, aber ich sagte nichts, sah ihm nur zu, wie er flink wie ein Reh durch das Haus lief. Er öffnete die Fenster und schüttelte Teppiche aus. Er öffnete Schränke und überzog die Betten neu, stopfte die gebrauchte Wäsche in die Waschmaschine, und als sie fertig war, hängte er sie zum Trocknen auf. In der Küche schnitt er Zwiebeln fein, ohne nachzufragen, fand er das richtige Gefäß, er gab Butter in die Pfanne, etwas Zucker und karamellisierte ihn, Erbsen leerte er aus der Dose in die Pfanne.

Träumte ich?

Zugegeben, ich träumte, lag unter der himmelblauen Decke, und in meinem Kopf passierten Dinge, die in der Wirklichkeit nicht passieren. Bald war Mittag, und meine Kinder wollten zum Essen kommen. Ich tat, was der kleine Bub in meinem Kopf getan hatte, und die Erbsen schmeckten den Kindern.

Sie erzählten mir von ihren Sorgen, von der Angst, zu wenig von ihren Frauen geliebt zu werden, und ich wusste nicht, wie ich sie trösten könnte. Wir sahen die Abendnachrichten, und was wir sahen, war so überbordend traurig, dass wir kurz unsere eigenen Probleme vergaßen, stattdessen stellten wir uns vor, wären wir an der Stelle dieser Flüchtlinge am Stacheldraht, was würden wir tun, kenterte ein Boot, auf dem sich unter vielen fremden Menschen auch unsere Kinder befänden?

Warum sind wir gerade diejenigen, denen es gut geht? Was folgt daraus? Müssen wir uns den Himmel verdienen? Ich werde besser schlafen, wenn ich anständig bin. »Anständig« ist ein großes Wort und hat viele Äste.

Das Problem ist, dass wir uns an die Bilder gewöhnt haben und sie hinnehmen wie eine Schlechtwetterphase, aber so darf es nicht sein. Ich muss mich selber am Schopf ziehen. Wir fürchten uns vor allem, was wir nicht kennen, so als könnte unsere Existenz gefährdet sein. Denken wir, was in zehn Jahren sein wird. Dann wird nämlich alles, was wir für die Flüchtlinge ausgegeben haben, wieder zurückkommen, und unsere ängstlich bewachten Pensionen werden sicherer sein als jetzt.

Afritz kann an vielen Orten sein. Ich kenne diese Tapete, und ich kenne auch das Holz, das gab es im Wohnzimmer meiner Tante genauso. Darunter war das Sofa, auf dem ich schlief. Es war kalt, Eisblumen wuchsen an den Fenstern. Zu Weihnachten stellte die Tante den Christbaum auf den runden Tisch und heizte »handwarm« und heizte noch zu Silvester und zu Neujahr, dann war Schluss damit. Ich lag auf dem Sofa, daneben stand ein Stuhl, damit ich in der Nacht nicht hinunterfalle, aber ich bin oft über den Stuhl auf den Boden gefallen, wenn mir zum Beispiel von Schlangen träumte. Ich zählte die Blüten an der Tapete, als meine Mutter gestorben war, zählte die Zweiglein und die Rillen im Holz, bis ich einschlief.

Zu Silvester kamen meine Onkel, und ich sollte ihnen nach Mitternacht ein gutes neues Jahr wünschen – »anwünschen«. Meine Schwestern und meine Vettern taten das brav, und sie bekamen dafür zwanzig Schilling. Die Onkel, schwer angeheitert, hatten die Scheine locker in der Tasche. Ich weiß nicht, warum, aber ich weigerte mich, ihnen ein gutes neues Jahr zu wünschen. Ich versteckte mich hinter dem Vorhang. Der Onkel, den ich lieber hatte, redete mir zu. Der andere zerrte mich hinter dem Vorhang hervor.

»Sag es jetzt!«, brüllte er. »Sag es!«, flüsterte er. »Sag es!«, brüllte er. »Bitte, bitte, bitte«, säuselte er. »Verdammtes Miststück!«

Vom Bierrausch stand er unsicher. Er fasste in seine Hosentasche und holte ein paar Scheine hervor, flatterte mit einem Fünfziger vor meiner Nase herum, ich hielt den Blick gesenkt.

Der gute Onkel sagte: »Gib ihr einen Hunderter, dann sagt sie es.«

»Glaubst du, das tu ich nicht? Du glaubst also, das tu ich nicht.«

»Tu's oder tu's nicht«, sagte der gute Onkel ruhig.

Der böse Onkel fächelte mit einem Hunderter erst sein, dann mein Gesicht. Als wär's heiß, als wär Sommer, als lägen wir am Strand von

Caorle. Ich wusste, seine schöne dicke Frau hatte einen Liebhaber, einen Versicherungsvertreter, mit dem sie gern Foxtrott in der Küche tanzte. Ich wusste auch, dass er eine Geliebte hatte, die auf den Strich ging. Der gute Onkel war nicht verheiratet. Er spielte prima Schach. Im Wirtshaus saßen sie an einem Ecktisch, der gute Onkel mit dem Schachbrett vor sich, er wartete auf einen Gegner, den er dann ausnahm. Der böse soff einfach.

»Hört auf!«, fuhr die Tante dazwischen. »Lasst sie! Sie spinnt! Sie wird schon wieder normal.«

»Aber dann ist es vielleicht zu spät«, sagte der böse Onkel. »Mein Hunderter hat Heimweh.«

Ich war in Versuchung, als ich den Schein so knapp vor mir sah. Ich dachte, was könnte ich alles damit kaufen. Aber ich wusste, meine Vettern würden mich zwingen zu teilen, und am Ende hätte ich nicht mehr als einen Zwanziger. Wenn überhaupt.

Als ob der gute Onkel meine Gedanken hören könnte, sagte er: »Versprich ihr, dass sie mit deinen Fratzen nicht teilen muss. Niemand darf ihr den Hunderter nehmen. Versprich ihr das!«

Die Vettern waren älter als ich und waren grob, der eine riss mit Freude den Fliegen die Flügel aus, nur weil das in einem Buch vorkam. Einmal hat er meiner Schwester gedroht, ihr die Zöpfe abzuschneiden, er wollte in der Nacht mit der Schere kommen. Sie hielt sich beide Hände an den Kopf und riss die Augen auf. Da nahm er ihren Handarbeitskorb mit den schön gerollten bunten Wollkugeln, den geordneten Nähnadeln, den feinen Garnen, Häkel- und Stricknadeln und warf ihn ihr mit aller Wucht an den Kopf. Der würde mir das Geld nicht lassen.

»Hast also genug Geld«, sagte der böse Onkel und steckte den Hunderter wieder ein. Und dann zog er seine ganze Banknotenrolle aus der Tasche. »Und wie wär's damit? Wie wär's damit? Das möchte ich jetzt sehen! Ein ganzer Monatslohn!«

»Jetzt hör aber auf, du Idiot«, sagte der brave Onkel, und die Tante sagte das Gleiche. Der böse Onkel gab seinem Bruder einen Stoß, der fiel an die Tischkante, der Christbaum kippte zu Boden, und das Blut rann dem guten Onkel von der Schläfe über den Hals in das weiße Sonntagshemd hinein. Christbaumkugeln lagen in Scherben, die Tante kam schon mit dem Besen. Der brave Onkel sprang auf und versetzte dem bösen einen Schwinger, dass er fiel, und mit ihm fiel sein Geld, es rollte mir sozusagen in den Schoß.

Die Tante sprach ein Machtwort, jagte uns ins Bett, und weil mein Bett ja im Wohnzimmer war, ging ich zu den Schwestern. Die schimpften mich und sagten, wie kann man nur so stur sein und auf so viel Geld verzichten. Zusammen hätten wir uns eine Strumpfhose kaufen können. Sie hatten ihren Tribut an die Vettern bereits bezahlt.

»Wieso wir«, sagte ich, »das Geld gehört mir.« Ich sagte »gehört mir« und nicht »hätte mir gehört«. Der Unterschied fiel ihnen nicht auf. Mir schon.

Das war in Österreich geschehen.

Sie starb und war noch keine dreißig. Der Sarg war schwer gewesen, weil die Frau schwer gewesen war, schwer an Gewicht, schwer an Kummer. Sie wurde krank, und es war wohl die Abwesenheit von Begehrlichkeit, kein Mann wünschte sich eine wie sie. Ärzte konnten keine bestimmte Krankheit feststellen, psychosomatisch, hieß es. Die Luft blieb ihr weg, der Mund wurde trocken, sie konnte nicht mehr sprechen. An einem Sonntag war das alles geschehen. Nach dem einsamen süßen Essen konnte sie ihre Finger nicht mehr bewegen. Sie wollte das Geschirr abräumen, es gelang nicht. Sie legte sich auf das Sofa und sah auf den Tisch mit einem Teller, einem Glas, einer Salatschüssel. War kein Mann für sie vorgesehen? Sie hätte sich einen im Internet suchen können, hätte sich nur mit ihrem Antlitz gezeigt, und Interessenten wären ihr sicher gewesen. Ihr Gesicht war reizend. Hell die Haut, die Augen dunkel, der Mund üppig, ja und das Doppelkinn hätte sie mit einem Schal kaschiert. Aber dann, was wäre geschehen, wäre sie dem Mann gegenübergetreten? Watschelnd war ihr Gang, Schenkel schlugen aneinander, die Arme waren dick, und wie bei Babys bildete sich im Gelenk ein Fettwulst. Ihre Hände sahen gepflegt aus, waren klein wie ihre Füße, wäre sie nicht so schwer gewesen, sie hätte die extravagantesten Schuhe tragen können. Das Gewicht der Welt. Sie las viel. War gebildet, was niemand wusste. An ihrer Arbeitsstelle verrichtete sie Dienst, und sobald die Zeit vorbei war, stieg sie in den Bus. Büroarbeit war gar nicht so schlecht, aber die Frau war unterfordert.

So auf dem Sofa liegend, tröstete sie allein der Gedanke, dass sie sterben könnte, nicht gleich, aber mit intensiver Gedankenleistung vielleicht in einem halben Jahr.

Sie musste in den Krankenstand, dem Amtsarzt vorgeführt werden, das klang so demütigend. Der Arzt befand sie als gesund, zu dick, aber gesund. Abnehmen war das Einzige, was ihm einfiel, vielleicht einen Magenring, dafür finde er sie aber zu jung. Es müsste doch möglich sein mit Disziplin und so weiter. Er rauchte eine Zigarette zum Fenster hinaus.

Sie wurde in die Psychiatrie überstellt, weil die Ärzte sich keinen Rat mehr wussten, bekam Tabletten. Kamen die neuen Ärzte auf Visite, stellte sie sich schlafend, wurde sie gerüttelt, tat sie, als spüre sie nichts.

Im Frühling bettete sie eine Schwester, eingewickelt in Decken, auf den Balkon. Keine Besserung zeigte sich. Die Schwester nahm sich Zeit, setzte sich an ihre Seite und sagte, ihr fehle nichts, die Tabletten, die sie bekomme, seien Placebos, ob sie gesund werden wollte, liege ganz allein an ihr.

Sie lag reglos und konzentrierte sich. Die Schwester fand sie tot.

»Alles ist möglich«, stand auf einer Reklametafel, als das Liebespaar die Apotheke betrat. Sie kauften einen Schwangerschaftstest.

Zuvor hatte der Mann, ein jüdischer Schauspieler, bei einem Casting gute Chancen für eine Rolle in einem Holocaust-Film gehabt, sein Englisch klang dem Produzenten schlussendlich zu englisch, mit zu wenig deutschem Akzent, und so wurde ihm abgesagt. Er hätte so gut gepasst, von der Statur, der Physiognomie. Er hatte seiner Liebsten vor der Absage davon erzählt und gesagt, leider können wir uns dann drei Monate nicht sehen, und sie hatte gejammert und Tränen vergossen. Nach der Absage trafen sie sich, und er sagte zu ihr:

»Ich bleibe bei dir, muss nicht ins Konzentrationslager«, und sie lachten beide. Er machte gerne Witze über den Holocaust, das war seine Art, mit der Vergangenheit umzugehen, seine Großeltern und seine Tanten waren im Konzentrationslager umgebracht worden.

Der Schauspieler war in der Maske, als er seine Liebste kennengelernt hatte, denn sie war die Maskenbildnerin gewesen. Er hatte zu ihr gesagt: »Mach mich jüdischer, als ich bin, noch jüdischer.« Da schminkte sie sein Gesicht bleich, denn sie war der Meinung, er müsse ein Bücherjude sein, der nie sein Zimmer verlässt und immer am Studieren ist, sie strichelte seine Augenbrauen dichter und schwärzer und betonte seine Unterlippe. Ihm war alles recht, so angenehm fand er ihre Hand in seinem Gesicht. Sie sollte nicht aufhören, ihn zu modellieren. Sie sprach kein Wort. Das gefiel ihm besonders, und er fragte sie, was er tun müsse, falls er vorhätte, sie einzuladen, zum Beispiel auf ein feines Abendessen oder nur auf einen süßen Kuchen, angenommen, sie würde wollen, was er wolle – Konjunktiv folgte auf Konjunktiv.

Sie war eine Französin und reizend, wie man sich eine junge Französin in der Fantasie ausmalt, ein Gespinst, sie war viel jünger als er, denn er war schon ziemlich alt.

Er holte weit aus, sagte, es sei alles ohne Hintergedanken, könnte auch nur ein bloßes Sich-Anschauen werden und bleiben, und sie lachte und sagte zu.

Daraus folgte eine gemütliche Liebesbeziehung. Sie stylte ihn um, er kleidete sich nach ihren Vorstellungen, weiche, teure Jacken und Hosen aus guter Wolle, eine Mütze auf seine weißen Haare – seine Haare waren dicht und lockig, was sie liebte. Sie war glücklich, dass er die KZ-Rolle nicht bekommen hatte.

Sie brachte einen Buben zur Welt, der schön war wie sie »und so klug werden wird wie du«, sagte sie. Er nahm sich vor, auf seine Ernährung zu achten, Sport zu treiben, er wollte vermeiden, wie ein Großvater auszusehen.

Der Bub ist inzwischen ein junger Mann. Vater und Sohn wohnen zusammen, in vielem sind sie sich ähnlich. Leider ist die Mutter irgendwann verschwunden. Das Leben mit den beiden war ihr zu eintönig geworden.

Jeder Mensch hat seine Musik, so dachte Phil Glass, der amerikanische Komponist, der mit vier Jahren Violine lernte und als Sechsjähriger bereits in einem Orchester musizierte. Er studierte Mathematik, und in dieser Zeit beschäftigte er sich auch mit der Zwölftonmusik. Er begann zu komponieren, konnte sich nicht vorstellen, dass es Menschen gibt, die ohne Musik leben. Aber er wollte es genau wissen. Er schickte eine Assistentin bis ans Ende der Welt, in Gebiete, wo Fremde nur mit komplizierten Beziehungen Zugang hatten. Dort fand die Assistentin eine Menschengruppe, die lebte, als sei seit Anbeginn keine Zeit vergangen.

Besaßen diese Menschen Musikinstrumente? Sangen sie? Jedenfalls feierten sie ihre Feste, und da wurde, wie die Assistentin erzählte, gebrummt, was als Singen ausgelegt werden könnte. Die Einheimischen bewegten sich im Takt, sie kannten den Rhythmus und tanzten ihre Tänze. Ein Instrument sah sie keines. Sie durchforschte zusammen mit einem Dolmetscher das Gebiet und fand nichts.

Und fand doch. Sie sah einen Mann vor seiner Behausung sitzen, und der hielt ein Ding, das er mit den Fingern bearbeitete. Beim Näherkommen sah die Frau, dass es ein Holzbrett war, und darauf waren Schnüre gespannt. Der Mann zupfte die Schnüre, und sie vibrierten ein wenig, dazu brummte er leise. War das Musik? Es war zumindest der Versuch, Klänge zu erzeugen. Der Mann brummte zu seiner Musik und bewegte den Kopf. Die Assistentin war begeistert.

Ein wenig später betrat sie die Hütte eines Missionars, der schon vor Jahren weitergezogen war, und an der Wand sah sie ein Plakat von Elvis Presley mit seiner Gitarre. Der Dolmetscher erklärte ihr, dieses Plakat sei das Vorbild für das Instrument des Mannes gewesen.

Die Frau erfuhr, dass der Missionar Kinder in seiner Hütte unterrichtet hatte. Ein Bub war dabei gewesen, dem hatte gefallen, was Elvis auf dem Plakat in der Hand hielt. In der Pause ging er nahe an das Plakat heran, Elvis hatte den Mund offen, das hieß doch, er sang, und die Art, mit der er sich bewegte (auch wenn auf dem Plakat keine Bewegung stattfand), ließ doch heftigen Körpereinsatz vermuten. So wollte sich der kleine Junge auch bewegen. Er nahm ein Stück Holz, Hammer und Nägel, bat seine Mutter um Schnüre, mit der sie Netze nähte, und spannte die Schnüre über zwei Stege auf ein Brett. Als er fertig war, versuchte er, damit zu spielen, es war gerade ein Zupfen, und es klang nicht nach Musik. Aber wie hätte der Junge wissen können, wie Musik klingt? Der Missionar hatte ihm gesagt, was Elvis in der Hand hält, ist ein Instrument für Musik, und das gibt es hier nicht. Jetzt gab es dieses Ding, nur sah es völlig anders aus. Der junge Mann nahm verschiedene Gegenstände, um an den Schnüren zu zupfen, stumpfe Klingen und Scherben von Muscheln. Das veränderte seine Musik. Er behauptete, es sei Musik, und deshalb war es Musik. Phil Glass war auch dieser Meinung.

291 Hohlraummasse

»Hohlraummasse« – diese Wortschöpfung stammte von einem bescheidenen Mann, der seine Arbeit am Fließband verrichtete. Er meinte mit »Hohlraummasse« sein Gehirn und fand, das beschreibe präzise, was die Arbeit aus ihm gemacht habe. Wäre seine Arbeit umfassend, arbeitete er zum Beispiel an einem ganzen Stück, von Anfang bis Ende, müsste sein Gehirn einen anderen Namen haben. So aber passte der Name zu den zwei Elektroteilen, die er jeden Tag zusammenfügte. Je länger er über den Begriff »Hohlraummasse« nachdachte, umso mehr fand er ihn philosophisch, und er kam zu dem Schluss, wäre dieser Begriff von einer Geisteskapazität ausgedacht worden, käme er zu den Wortschätzen der Philosophie. Gleichzeitig wusste der arme Mann, dass, wenn einer wie er sich so einen Begriff ausdachte, hieße es maximal, er sei originell.

Mit solchen und ähnlichen Gedanken brachte der Mann seine Stunden am Fließband zu, manchmal träumte er, und Elektroteile kollidierten, und es kam zu einem Lohnabzug.

Zu Hause überlegte sich der Mann, während er die Suppe löffelte und seiner Frau und seinem Sohn beim Reden nicht zuhörte, wie es wäre, würde man zu den Händen »Former« oder »Fühler« sagen. »Er nahm den Löffel in seine Fühler und probierte die Suppe.« War nicht in dem Wort »Fühler« mehr enthalten als in dem Wort »Hände«? Oder man könnte zu den Händen »Former« sagen, was ja auch zutreffend wäre. Gerne hätte er sich mit jemandem darüber unterhalten, aber seine Frau sprach über die Ungerechtigkeit an ihrem Arbeitsplatz, sein Sohn über die Lehrer, die sich für alles interessierten außer für die Schüler.

Der Mann saß immer noch am Küchentisch, das Geschirr war längst abgeräumt, er formte seine Stirn in Falten, stützte die Ellbogen auf den Tisch und legte sein Gesicht in die Hände.

Was hätte aus ihm werden können, wäre er in einer angesehenen Familie groß geworden, hätte gute Schulen besucht, wäre auf die Universität gegangen? Er würde jetzt nicht am Küchentisch sitzen, dessen Platte aus schäbigem Resopal war. Er würde in einem Anzug zwischen Bücherregalen in Bibliotheken herumschwärmen und mit Geistesmenschen reden. Hätte dann auch eine andere Frau geheiratet, keine Supermarktkassiererin, die einmal sehr schön gewesen war, hätte einen brillanten Sohn.

Oder vielleicht wäre der Sohn missraten, das kommt vor, dass es in den besten Familien Ausreißer gibt. Er rief seinen Sohn, und als der gelangweilt fragte, was denn los sei, wollte der Vater wissen, wie er sich seine Zukunft vorstelle.

»Jedenfalls nicht am Fließband«, sagte der Sohn und drehte seinem Vater den Rücken zu.

»Lassen wir ihn schlafen«, sagte die Mutter, »er ist erschöpft, war gestern Abend schon völlig fertig, ich weiß nicht, was mit ihm los ist.«

Die Tochter glaubte nicht, dass ihr Vater krank war. Die Mutter aber wusste Bescheid. Ihr Mann hatte Angst. Einfach nur Angst, und das war schlimm genug. Das ging bereits seit Tagen so. Er tat so, als huste er, um sich ein Alibi zu geben. Seine Frau hatte Mitleid. Sie sah sein verzagtes Gesicht mit den hochgezogenen Augenbrauen.

Die Frau grübelte und dachte, es hänge mit seiner Arbeit zusammen. Sie rief einen Bekannten an, der mit ihm in der Firma arbeitete, der wusste nur, dass auf eine Krankmeldung gewartet werde, man wundere sich bereits. Die Frau bat den Bekannten um ein Gespräch.

Sie trafen sich in einem Café, und die Frau erzählte von der Sorge um ihren Mann.

»Er soll aufstehen, sich duschen, frisch anziehen und zum Arzt gehen und sich dann in der Firma melden«, sagte der Kollege.

Wie herzlos, dachte die Frau, dieser Mensch wird uns nicht helfen.

Sie ging nach Hause und setzte sich zu ihrem Mann ans Bett.

»Steh auf«, sagte sie, »wir gehen zum Arzt, er schaut dich an und gibt dir ein Medikament.«

»Lass mich«, sagte der Mann und verkroch sich unter die Decke.

Die Frau dachte an eine Depression und wie schwierig es wäre, ihren Mann zu überzeugen, dass er Hilfe brauche. Sie ging zum Hausarzt und erzählte ihm von ihrem Mann. Er wollte am Abend einen Besuch bei ihnen machen. Ein feiner Mensch ist das, dachte die Frau.

Der Mann war nie krank gewesen, sie erinnerte sich nicht, dass er auch nur einmal bei diesem Arzt gewesen war.

Mutter und Tochter halfen dem Mann, aufzustehen, es war so mühsam, weil er sich wehrte. Sie setzten ihn in den Lehnstuhl im Wohnzimmer, lüfteten das Schlafzimmer, saugten, die Tochter sprühte Parfum.

Wie brachte man ihn dazu, zu duschen, einen frischen Pyjama anzuziehen?

Die Tochter setzte sich auf den Boden, umfing mit den Armen seine Beine und summte ein Kinderlied. Da stand der Vater ruckartig auf, ging ins Bad, verschloss die Tür und kam lange nicht mehr zurück. Die beiden Frauen waren ängstlich und redeten durch die Tür auf ihn ein. Nach zwei Stunden öffnete er mit einem Ruck, ging mit großen Schritten ins Schlafzimmer, zog seinen Anzug an, so als besuchte er eine Hochzeitsfeier.

»Ich bin gesund«, sagte er, »brauche nur frische Luft.«

Sie sahen ihm nach, wie er die Straße hinaufschritt, Richtung Bahnhof.

»Soll ich ihm folgen?«, fragte die Tochter.

»Lass ihn, wir warten ab, ich rufe den Hausarzt an und sage, ein Besuch sei nicht mehr nötig.«

Als der Mann am zweiten Tag noch nicht nach Hause gekommen war, ging die Frau zur Polizei und gab eine Vermisstenmeldung auf.

293　Die Einbrecher

Ein ahnungsloser Hausherr bastelte frohgemut in seinem Keller, und als seine Arbeit getan war, ging er die Treppen hinauf in sein Haus. Er hörte Stimmen und dachte, unser Sohn wird einen Freund mitgebracht haben, ich will sie nicht stören. Man kennt die jungen Leute, sie wollen unter sich bleiben. So dachte er. Er rief den Namen seines Sohnes und wäre mit seiner Stimme als Antwort zufrieden gewesen, aber es kam nichts zurück. Das sah dem Sohn nicht ähnlich, er hätte auf jeden Fall mit einem kurzen Gruß oder einem »Ich bin's« oder »Bin mit einem Kollegen da« geantwortet.

Die Stille irritierte den Hausherrn. Er ging über die Stufen hinauf, und da kamen ihm zwei fremde Männer entgegen. Einer roch nach Frisör, sah auch frisch geschniegelt aus. Adrenalin strömte durch den Hausherrn, und er packte den ersten am Revers und rüttelte ihn. Sehr unvorsichtig war das, bedenke man, der Fremde hätte eine Waffe bei sich tragen können oder hätte den Hausherrn einfach niedergerannt, von oben nach unten, auf ihn nieder, und dann der zweite Einbrecher gleich dazu. Denn es waren Einbrecher.

Der eine, der nach Frisör roch, riss die Hände des Hausherrn von seinem Jackett, trat langsam auf ihn zu, stellte sich sehr nahe vor ihn hin, Nase an Nase, und brüllte in sein Gesicht. Das war ein Schock. »Afghanistan«, sei ihm durch den Kopf geschossen, erzählte der Hausherr später. »Afghanische Kriegsmethoden.« Nie gekannt, nie erlebt, rein von der Intuition eingeflüstert – dem Hausherrn zitterten die Knie, er konnte keinen Gedanken fassen. Die Männer stürmten an ihm vorbei, und er hörte die Haustür ins Schloss fallen. Er war wie gelähmt. »Afghanistan.« Er ging durch alle Räume, sah aufgerissene Schubladen, verstreute Kleidungsstücke, verstreute Papiere. Er konnte nicht sagen, ob etwas fehlte.

Seine Frau kam abends nach der Arbeit nach Hause und fand ihren Mann: desolat. Beide waren sie freigebige Menschen, schickten nie einen

Bettler fort, ohne ihm etwas gegeben zu haben. Die Nachbarn hatten sie immer wieder gewarnt und prophezeit, dass solche Noblesse ins Auge gehen könnte.

Der Hausherr verständigte die Polizei, die beiden beschriebenen Einbrecher kannte man schon, ihr Bild kursierte in der Stadt, aber gefasst konnten sie nicht werden.

»Und? Bist du jetzt geheilt?«, fragte ein Nachbar. Da sagte der Hausherr, wenn er meine, dass er sich von nun an einkerkern werde, dann irre er.

Im Herbst, als die Äpfel von den Bäumen fielen, kam eine Romni an die Tür und fragte nach Geld und Arbeit. Der Hausherr gab ihr einen Korb und sagte, sie könne die Äpfel auflesen und würde dafür bezahlt. Die Frau rief mit ihrem Handy ihre Schwester an, und gemeinsam erledigten sie die Arbeit.

Der junge Mann saß an einem Tischchen vor dem Kaffeehaus und wartete auf seinen Freund. Der Freund ließ sich in den Korbstuhl fallen und streckte die Beine von sich.

»Ein Bier«, sagte er.

»Und?«, fragte der junge Mann. »Was gibt es?«

Der Freund richtete sich auf, trommelte mit den Fingern auf der Tischplatte: »Elsa ist schwanger, und sie will das Kind. Ich meine, ein Kind an sich wäre nicht übel, aber gerade von ihr, das passt mir nicht.« Er hatte seiner Freundin gesagt, dass er guten Gewissens kein Kind in so eine kaputte Welt setzen könne. »Ich möchte aber auch nicht dafür zahlen, verstehst du, was ich meine?«

»Noch ist es nicht so weit«, sagte der junge Mann.

»Was kannst du mir raten?«, fragte der Freund.

»Wir sind erst dreiundzwanzig. Lass sie einfach machen, entscheide später.« Um ihn abzulenken, erzählte er, was ihm am Wochenende passiert war: »Kannst du dich an meinen roten Lederfußball erinnern? Letzten Samstag, ich war mit meiner Schwester am Fluss spazieren, da sah ich einen Mann, der mit seinem kleinen Sohn Fußball spielte.«

Der Freund unterbrach ihn: »Was macht deine Schwester? Hat sie einen Freund? Ist sie immer noch so schön?«

Der junge Mann antwortete nicht, er erzählte weiter: »Der Ball rollte in meine Richtung, und ich schoss ihn zurück. Ich erkannte den Vater des Kindes, es war ein ehemaliger Schulkollege, und der Ball war mein roter Lederball. Ich sagte ihm, dass mir der Ball bekannt vorkäme, und er sagte, die sehen ja alle gleich aus. Ich sagte, da oben ist ein Name draufgekritzelt und es sieht aus, als ob es meiner wäre. Viele heißen wie du, sagte er. Ich will meinen Ball zurück, sagte ich. Er drückte den Ball gegen seine Brust, nahm das Kind an der Hand, und sie rannten weg. Meine Schwester sagte, ich solle ihm hinterher, aber mir war nicht danach.«

»Den Ball holen wir uns wieder«, sagte der Freund. »Ich finde heraus, wo der Hundling wohnt, und dann wird er gestriezt.«

Ein paar Meter entfernt tollten zwei Buben herum, sie sprangen aufeinander zu, es sah harmlos aus, sie trennten sich, sie sprangen erneut aufeinander zu und bäumten sich voreinander auf, wie junge Bären. Die zwei Freunde schauten ihnen zu, ein drittes Mal stoben die Buben auseinander, um dann wieder aufeinander zuzulaufen. Diesmal hatte der eine Bub etwas in der Hand, man konnte nicht erkennen, was es war, etwas Kleines.

»Er hat etwas in der Hand«, sagte der Freund und stand auf, ging einen Schritt auf die Buben zu. »Er hat eine Schleuder!«

Ein Stein flog dem anderen Buben an den Kopf, er fiel um und rührte sich nicht mehr. Die beiden jungen Männer beugten sich über den Verletzten. Der Angreifer lief davon.

»Ich rufe die Rettung«, sagte der Freund.

Elias war nun in der ersten Klasse. Er war für sein Alter noch recht kindlich, sprach mit seinem Bären, wenn er sich fürchtete, und drohte seinen Geschwistern mit der Stoffschlange. Er sagte, es gefalle ihm in der Schule. Da sei man in einem Kreis gesessen und habe eine brennende Kerze weitergereicht zum Zeichen dafür, dass alle Freunde sein sollten.

Und dann kam Elias eines Tages nach Hause, niedergeschlagen, ohne Appetit, obwohl es seine Lieblingsspeise gab: Grießnockerlsuppe. Er brachte keinen Löffel hinunter. Seine Mutter setzte sich zu ihm ans Bett, denn Elias war vom Tisch aufgestanden und hatte sich auf sein Kissen geworfen.

»Du wirst doch nicht krank werden«, sagte sie, und Elias zeigte auf sein Herz. »Da drin tut es mir weh, da wo das Herz ist.«

Die Mutter legte ihr Ohr auf die magere Brust und zählte die Herzschläge, griff Elias auf die Stirn und sagte:

»Das ist die viele Aufregung.«

Sie legte sich neben ihn, und beide schliefen sie ein, am hellen Nachmittag. Aber auch am Abend wollte Elias nicht aufstehen. Er blieb im Bett bis Mitternacht. Die Mutter hörte ihn weinen.

»Was ist?«, fragte sie. »Sag mir alles.«

»Ich habe vergessen, die Hausaufgabe zu machen, wir müssen mehrere M ausschneiden und sie auf die erste Seite kleben.«

»Bist du sicher, dass es mehrere M waren?«, fragte die Mutter. Elias war sich nicht sicher. Seine Hände zitterten, als er die Schere hielt, und so schnitt die Mutter mehrere M aus und klebte sie auf die erste Heftseite.

»Das darfst du nicht«, sagte Elias, »das ist verboten.«

»Es ist eine Ausnahme«, sagte die Mutter. »Du brauchst nicht zu sagen, dass ich das gemacht habe.«

»Doch, das muss ich sagen. Und das sage ich auch.«

Am nächsten Tag kam Elias verspätet aus der Schule. Die Mutter hatte mit ihm noch in den Ferientagen den Schulweg ausprobiert. Außerdem sollte er mit dem Nachbarsmädchen gehen. Er kam allein. Wieder traurig.

»Mama«, sagte er, »du musst mir neue Farbstifte kaufen und eine neue Bleistiftmappe.«

»Du hast die besten Stifte und die schönste Mappe, wo sind die Sachen?«

»Ich musste sie abgeben, weil ich ein Opfer bin. Und jetzt muss ich dazu noch immer der Feind sein. Erst wenn ich eine Figur mitbringe und sie herschenke, bin ich wieder normal.«

»Was für eine Figur?«

»Den Spiderman.«

»Der gehört mir«, sagte die Mutter, »den habe ich dir nur einmal geliehen.«

»Aber den wollen sie.«

»Wer will den?«, fragte die Mutter.

»Einer von der dritten Klasse. Wenn ich ihm den schenke, gibt er mir die Farben zurück.«

Die Mutter fuhr am nächsten Tag in die Schule und redete mit der Klassenlehrerin. Eine dumme Sache, hieß es, das werde nicht mehr vorkommen. Weiter sagte die Lehrerin, sie würde es ratsam finden, das Kind ein Jahr zurückzustellen, es sei den Anforderungen noch nicht gewachsen.

Im Werkunterricht basteln die Kinder Voodoo-Puppen. Roman hat von seiner Mama bunte Stofffetzen bekommen, eine Nadel mit großer Öse und einen starken Faden. Der Mutter ist nicht ganz wohl dabei. Der Vater wird richtig zornig, als er davon erfährt. Er möchte gern wissen, wer dem Werklehrer ins Hirn geschissen hat.

Die Puppen gleichen einander wie Verwandte. Manche Kinder haben Köpfe aus Fotografien ausgeschnitten und sie auf die Voodoo-Puppe geklebt. Roman sagt, damit kann man Krankheiten heilen. Wenn zum Beispiel die Großmutter sehr krank ist und die Voodoo-Puppe bekommt ihr Gesicht aufgepickt und man wünscht sich gute Gesundheit, dann wird die Großmutter gesund.

Roman kommt eine Stunde früher nach Hause. Der Lehrer hat einen Herzanfall erlitten. Wahrscheinlich, sagt Roman, hat ein schlechter Schüler einer Lehrerpuppe eine Nadel ins Herz gestochen.

Die Kinder sind so verunsichert über diesen Vorfall, dass sie beschließen, die Puppen zu entsorgen. Da fängt das Problem erst an. Was wird aus der Großmutter, wenn die Puppe mit ihrem aufgeklebten Gesicht in den Abfall geworfen wird? Was kann das heißen? Wird die Puppe verbrannt oder gar ertränkt, ist das vielleicht sogar noch schlimmer.

»Ich trenne sie auf«, sagt Romans Mutter, »Fetzen für Fetzen löse ich ab, bis ich wieder die losen Fetzen vor mir habe, dann wasche ich die Fetzen, bügle sie aus und lege sie auf den Platz zurück, auf dem sie vorher gelegen haben. So ist es, als wäre gar nichts geschehen.«

»Es ist aber etwas geschehen«, sagt Roman, »da war eine Puppe mit Großmutters Gesicht – und dann?«

»Alles, was recht ist!«, schimpft am Abend der Vater und schreibt einen Brief an die Schulbehörde: »Noch nie etwas von Aufklärung gehört? Man darf doch wohl erwarten, dass ein Pädagoge sich seines Verstandes bedient, vorausgesetzt, er hat einen.«

Mit seiner Frau hat er wegen dem letzten Satzteil einen heftigen Streit. »Wo ist dieses unselige Ding?«, schreit der Vater. Er nimmt die Puppe und schleudert sie aus dem Fenster. Da ist das Nachbarhaus und dann die Straße.

Die Mutter versucht zu beruhigen. Sie kann sich nur vorstellen, dass der Lehrer besonders originell sein wollte, dass diese Puppen jetzt doch in Mode sind, das ist so etwas wie Zeitgeist.

Roman interessiert sich nicht mehr für die Voodoo-Puppe, er hat andere Sorgen. Er hat sich Vaters Taschenmesser ausgeliehen und es dann verloren. Der Vater verdächtigt ihn, und Roman muss gut lügen, damit es kein Theater gibt.

Die Mutter ist von der Vorstellung geplagt, dass die Puppe jetzt irgendwo liegt und Unheil anrichtet. Sie schaut im Netz unter »Voodoo-Puppe« nach, und was sie findet, ist eine schwarze Seite, auf der es heißt: »Befassen Sie sich nur damit, wenn es Ihnen ernst ist.«

Sie klappt den Computer zu. Es nützt nichts, wenn sie sich sagt, alles ist doch nur Aberglaube, ich bin doch keine Heidin. Was, wenn die Nachbarin die Puppe findet und sich bedroht fühlt, was, wenn die Puppe mit Großmutters Gesicht von einem Auto überfahren wird?

Eine Woche später findet sie die Puppe unter ihrem Johannisbeerbusch. Sie ist erleichtert und macht sich sogleich an die Prozedur des Auftrennens. Sie löst vom Kopf der Voodoo-Puppe das ausgeschnittene Gesicht ihrer Mutter, das vom Regen blass geworden ist. Nach getaner Arbeit ruft sie ihre Mutter an und fragt, wie es ihr geht.

»Ich fahre morgen mit meiner Freundin nach Rom«, sagt die Oma. »Du weißt, dass ich immer schon den Papst sehen wollte.«

297 Wandlung

Die Geschichte handelt von einer Frau, die ziemlich unglücklich war, erstens wegen ihrer Körperfülle, zweitens, weil sie deswegen verspottet wurde, erst von den Schulkindern, dann von vorlauten Männern. Sie arbeitete im Krankenhaus und tat sich schwer mit der Arbeit, sie schwitzte viel. Aber sie wurde von den Patienten, die hinfällig waren, am meisten geliebt. Sie gab ihnen alle Fürsorge, zu der sie imstande war. Sie wusch sie mit Hingabe, grauste sich vor nichts, und deshalb wurde sie für die unliebsamen Arbeiten eingeteilt. Einmal saß sie am Bett einer alten Patientin und hielt ihre Hand. Die Frau würde bald sterben und war darüber nicht traurig. Dann wären die Schmerzen vorbei. Da sagte die Schwester, sie wolle genauso gern sterben, denn nichts im Leben mache ihr Freude. Die Frau sagte mit ihrer schwachen Stimme, sie rate ihr, ein neues Leben zu beginnen. Wie sollte das gehen, sagte die Schwester.

»Sie müssen einen Plan machen, nach dem Aufstehen, eine Stunde marschieren, wie es die Soldaten tun, sich denken, hinter ihnen wäre einer, der treibt sie an. Sie machen das jeden Tag, und nach einem Monat fühlen sie sich ein wenig besser.«

Die Schwester erinnerte sich an diese Worte, als die Frau gestorben war. Jeden Tag marschierte sie nun, erst im Flachen, dann auf einen kleinen Berg. Sie verlor Gewicht und fühlte sich auch leichter, was für ihre Arbeit von Nutzen war. Drei Monate vergingen, da sagte eine Kollegin, du bist dünner geworden, wie hast du das geschafft. Dieses Lob beflügelte sie, und aus dem kleinen Berg wurde ein höherer, und aus einer Stunde wurden zwei, dann drei.

An einem Morgen im Frühling blickte sie in den Spiegel, und das erste Mal in ihrem Leben war sie halbwegs zufrieden. Einiges gäbe es noch zu korrigieren, man nahm ja immer an den falschen Stellen ab. Sie kaufte sich Gewichte und machte Gymnastik. Auf ihrem Weg traf sie einen jungen Mann, der sie auf einen Kaffee einladen wollte. Sie sagte zu, und bei ihrem ersten Treffen bewunderte sie seine vielen Tätowierungen und zog das auch für sich in Betracht. Der Mann wusste einen guten Tätowierer. »Lianen, die sich über deinen Arm schlängeln, würden zu dir passen«, sagte er.

Sie lag in seinem Bett, und ihre beiden Tätowierungen rieben aneinander. Sein Gesicht war nicht so schön wie sein Körper, das war ihr gerade recht, denn wenn er nur gut ausgesehen hätte, wäre sie unsicher gewesen, hätte Angst gehabt, dass er sie verlassen könnte.

Er blieb ein halbes Jahr bei ihr, lebte von ihrem Geld, und als sie ihn einmal bat, den Einkauf zu bezahlen, verschwand er und kam nie wieder.

Ohne Angst kann man nur sein, wenn nie ein Unglück passiert ist, sei es nun groß oder klein.

Bevor die Frau aus dem Haus ging, nahm sie sich vor, behutsam zu sein, mit sich und den Menschen. Unbekümmert zu sein. In diesem Wort versteckt sich schon der Kummer.

Nur nicht daran denken, was alles passieren könnte. Sie sah zwei Schulmädchen Hand in Hand mitten auf der Straße. Am liebsten hätte sie ihnen zugerufen: Geht zur Seite, achtet auf den Verkehr! Gleich dachte sie, zum Glück haben die Kinder den Schutzengel. Sie hätte sich gewünscht, ihren Schutzengel zu kennen, gewiss hatte er sie schon vor Schlimmem bewahrt.

Schluss jetzt. Kopf hoch. Hinaus in die Welt!

Sie zog den Koffer hinter sich her, ihre Hände waren kalt. Eine Katze lief ihr entgegen, sie hatte eine Amsel im Maul. Ein Kind riss sich von der Mutter los und rannte ihr davon.

Am Bahnhof standen rauchende Jugendliche nahe an den Geleisen. Gern hätte die Frau sie ermahnt, sie hielt sich zurück. Ihr war eingefallen, dass vor Monaten ein Schnellzug einen Kinderwagen samt Baby mitgerissen hatte.

Sie stieg in den Zug, suchte einen Platz nahe am Ausgang. Sie hatte wenige Minuten zum Umsteigen. Der Zug blieb unvermittelt stehen – eine Störung. Die Frau würde den Anschlusszug nicht erreichen. Nichts bewegte sich. Fahrgäste murmelten.

Ruhig bleiben, befahl sich die Frau, jetzt ist es schon zu spät, ich werde aussteigen und wieder einsteigen und nach Hause zurückkehren.

Gelassenheit, das wäre der geeignete Zustand, aber den hatte sie noch nicht erreicht. Sie zog sich zu Hause die Schuhe aus, warf die Straßenkleidung über eine Stuhllehne, ging ins Schlafzimmer und legte sich ins Bett. Es dauerte nicht lange, da schlief sie ein. Sie hörte entfernt ihr Handy läuten. Soll es läuten, dachte sie, ich schlafe gleich weiter. Sie hatte ihre Hände nicht gewaschen. Die Türglocke läutete – erst neulich war sie ersetzt worden, die alte hatte zu zart geklungen, die neue machte Lärm. Trotzdem. Sie würde nicht aufstehen. Ein Paket vielleicht, eine Büchersendung, ein Einschreibbrief. Von mir aus, ich werde mich nicht zeigen. Sie trank Wasser, fütterte die Katze und legte sich wieder auf ihr Kissen. Die Hände wieder nicht gewaschen. Die Katze gesellte sich zu ihr. Ihr Fell war ein wenig feucht, wahrscheinlich kam sie aus dem Garten. Die Frau zog die Läden zu, öffnete das Fenster, ein wenig Luft zum Schlafen tut gut.

»Ich hoffe, du jagst nicht nach den Amseln«, sagte sie zu ihrer Katze. »Sie singen so schön.«

»Es liegt alles an dir«, sagte die Mutter zu ihrer Tochter. »Wenn du ihn nicht heiratest, verlieren wir die Wohnung, und du weißt ja, wie das dann endet.«

Die Tochter hielt ihren Atem an. Sollte sie, nur weil der Mann den Eltern eine Wohnung in seinem Haus quasi geschenkt hatte, alles tun, was von ihr verlangt würde? Sollte sie den Mann, den sie eigentlich immer nur als Freund ihres Vaters erlebt hatte, jetzt heiraten? Sie wusste, was »quasi« hieß. Sie sollte einfach verkauft werden wie eine Frau aus dem Orient. Immer noch sagte sie nichts. Sie war gerade neunzehn geworden und hatte nichts erlebt. Sie wollte aber endlich etwas erleben, so sein wie die anderen jungen Leute. Ihr Vater war arbeitslos, die Mutter arbeitete für den Mann, übersetzte ihm Geschäftsbriefe ins Englische. Sie waren von ihm abhängig, und er wollte als Gegenleistung die Tochter. Sie war tatsächlich schön, keine Illustriertenschönheit, aber sie hatte Zauber.

»Du hast mich verzaubert«, hatte der Mann zu der jungen Frau gesagt, er war zwanzig Jahre älter als sie, und sie hatte sich gedacht: Wenn du wüsstest, was ich denke, würdest du augenblicklich verschwinden. Sie war stumm geblieben, hatte aber diesen Text in ihren Blick gelegt. Er hatte falsch interpretiert und gedacht: Das ist die Glut, die mich wärmen wird.

Sie stand immer noch nah an der Mutter, roch ihr süßliches Parfum und dachte: Nur nicht so werden wie sie, ich muss weg, weg!

Am Abend klopfte der Vater an die Zimmertür:

»Darf ich?« Er setzte sich zu ihr aufs Bett, nahm ihre Hand und drückte sie: »Ich danke dir«, sagte er, »dass du uns retten wirst.« Er roch nach Bier, sie rückte von ihm ab.

In der Nacht hatte sie aus Ohnmacht in ihr Kissen gejammert und im Schlaf dann geweint. Beim Frühstück sagte sie zur Mutter: »Ich werde ihn nicht heiraten, ich bin nicht die Kuh, die man mästet und schmückt, um sie dann gewinnbringend zu verkaufen. Das ist mein letztes Wort.«

»Das ist es nicht!« Die Stimme der Mutter überschlug sich.

Das Mädchen stand auf und drehte das Radio sehr laut. Gerade sagte ein Sprecher: »Halten wir an erster Stelle fest: Das intelligente Verhalten von Menschen ist das Ergebnis von Gedanken und anderen geistigen Zuständen ...«

»Der Papa wird wieder zu trinken anfangen«, jammerte die Mutter. »Willst du das?«

Ein Jahr später sah man das Mädchen an der Seite des Mannes in einem Autosalon stehen.

»Such dir das Schönste aus«, sagte der Mann. »Geld spielt keine Rolle.«

»Dann nehme ich den Jaguar für das Wochenende, den Mercedes für die Werktage und ...«

»Willst du dich lustig über mich machen?« Der Mann rückte von ihr ab und schloss einen Kaufvertrag über einen günstigen Mittelklassewagen.

»Sag einfach Krüppel zu mir, das ist mir lieber.« Neben mir sitzt ein behinderter Mann. »Ich bin nicht verhaltenskreativ«, stottert er, schwieriges Wort, »ich scheiß auf diese Ausdrücke, sag Krüppel zu mir. Sag, guten Morgen, Krüppel. Hast du gut geschlafen? Was bastelst du heute? Wieder einen Stern aus Brotteig?«

Der Krüppel an meiner Seite ist ein Spastiker, kann gut denken und sieht, was ich sehe. Er sieht schöne Menschen, die sich unterhalten, beim Zusehen zuckt er und verbiegt sich. Er sieht ein Mädchen, das einen Burschen küsst, da verbiegt es den Krüppel, und Spucke rinnt aus seinem Mundwinkel. Er besteht darauf, sorgfältig gewaschen zu werden, er besteht auf einem Deo, er will nicht nach Schweiß riechen wie ein Bauarbeiter.

»Werde doch Philosoph«, sage ich zu ihm. »Alles, was du sagst, ist überragend klug und weitsichtig. Du hast mehr Zeit zum Denken als ein Berufstätiger.«

»Krüppelphilosoph«, sagt er und verbiegt sich und grimassiert.

Ich höre dem Spastiker zu und habe mich inzwischen an seine komplizierte Aussprache gewöhnt, weiß sie zu deuten. Ich könnte ihm Bücher mitbringen. Er liest alles, was geschrieben ist, Gebrauchsanweisungen, Zutaten bei Lebensmitteln, er kennt sich mit Inhaltsstoffen aus. Als Tier wäre er am liebsten ein Wolf – er habe eine Vorliebe für schwache Beute.

Er hat auch schon die Aufsichtsperson gebissen. Extra, sagt er. Soll sie wissen, wie weh das alles tut. Sein Herz tut weh, und seine Verzweiflung spannt sich weit über die Nacht bis in den Tag hinein, es ist so, dass sie den Tag einmehlt, sich darüber ausbreitet wie zäher Teig und nie mehr aufhört.

»Bring mich um«, sagt er, »es ist ganz leicht, ich bunkere Tabletten, und du machst mir einen guten Mix.«

Ich weiß keine Antwort.

»Sei ruhig stumm«, sagt er und verbiegt sich und zieht Grimassen, »sag dazu nichts, du gesunder Mensch, beleidige mich nicht! Ich kann nicht einmal ein Räuber sein. Die Aufsicht hat mir aus der Zeitung von einem Brüderpaar vorgelesen, das einen Tankstellenraub begangen hat. Die können das, und wenn sie eingesperrt werden, geht es ihnen besser als mir. Einer wird bald Vater. Ich werde nie ein Kind haben. Sonst würde es heißen: Krüppelkind.«

Nächstes Mal, wenn ich ihn treffe, bringe ich ihm einen Chaplin-Film mit. *Modern Times*. Ich weiß, wenn er sieht, wie Chaplin am Fließband steht und das Band immer schneller läuft, wie er in der Essmaschine eingeklemmt ist und die Suppe ihn zuschüttet, wird sich der Krüppel halb totlachen.

Im Rail-Jet 1. Klasse von Wien nach Bregenz fand man am 24. Dezember, Heiliger Abend, in der Gepäckablage einen Säugling. Er war in eine hellblaue Decke eingewickelt, so dass man nur das Oval seines Gesichtchens sah, und das erst, als ein Mann sein Gepäckstück herunterhieven wollte. Es war in Innsbruck.

Der Mann trug das Säuglingspaket vorsichtig auf seinen Armen, setzte sich und legte es auf seine Knie. Er staunte. Und alle, die es sahen, staunten ebenfalls.

Das Oval war blass wie dünnes Porzellan. Der Säugling schlief.

Der Mann war so bewegt, dass er vergaß auszusteigen. Er verständigte den Schaffner, der telefonierte mit seinem Vorgesetzten. Die Menschen in dem Abteil werteten den Fund als Himmelszeichen. Die Tatsache, dass sie dabei sein durften, erhöhte sie und machte sie besser, als sie in Wirklichkeit waren. Der Schaffner überlegte, ob er sich für die Adoption dieses Kindes, das ja wohl ein Christkind war, stark machen sollte, allerdings zweifelte er, ob seine Frau zu den vier Kindern ein fünftes dazu wollte.

Ein dicker Mann stand auf und verkündete lautstark, dass er es eine gute Idee fände, würde man für das Kind Geld sammeln. Alle Anwesenden öffneten ihre Geldbörsen. Keiner wollte mit seiner Spende beginnen. Als der dicke Mann einen Hunderter schwenkte und auf den Sitz legte, gerieten einige Fahrgäste in Verlegenheit. Sie wollten nicht beim Unterbieten gesehen werden, aber hundert Euro fanden sie zu viel. Deshalb wartete der Dritte, wie viel der Zweite geben würde, und als dieser einen Fünfziger hinlegte, legte der Dritte zwei Zwanziger dazu. Als alle gespendet hatten, war die Summe von hundert Euro nicht überboten worden, deshalb fühlte sich der Mann mit dem Hunderter berufen, das Wort zu führen.

Das Kind weinte, und der Mann aus Innsbruck schaukelte es unbeholfen, er wusste nicht, wie.

Der Schaffner kam zurück. Im Abteil zweiter Klasse hatte er eine Frau gefunden, die sich auskannte. Sie hatte vor einem halben Jahr ein Kind geboren, sie stillte noch – das bemerkte sie triumphierend – und hatte Windeln in ihrem Gepäck. Die junge Frau entblößte ihre helle, mit blassblauen Adern überzogene Brust und legte das fremde Kind an. Der Säugling wimmerte kurz, dann aber saugte er gierig.

Gleich, was geschehen würde, das gespendete Geld käme gewiss zur rechten Zeit. »Vielleicht auf ein Sparbuch«, sagte eine ältere Dame. »Einer von uns könnte es einrichten, und das Geld wäre dort sicher.«

»Ausgerechnet ein Sparbuch!«, sagte eine Frau um die vierzig. »Da wäre es besser, wir würden dem Kind die Scheine in die Windel stecken.«

Die junge Mutter knöpfte ihre Bluse zu, legte dem Mann das Kind wieder zurück auf seine Knie und öffnete den Windelpack. Es roch säuerlich. Der Säugling war ein Mädchen.

Carolin und ich schreiben einander regelmäßig Mails. So habe ich über sie erfahren und sie über mich. Hauptsächlich vom Innenleben. Außen passiert so wenig. Sie war verheiratet, dann wieder allein, in einer Beziehung, dann wieder allein, in einer nächsten Beziehung und wieder allein. Ihre Tochter ist für ihr Studium nach Wien gezogen. Folgendes Mail hat Carolin an mich geschrieben:

»Ich bin ein Einzelwesen. Ich sitze allein an einem Tisch mit vier Stühlen, ich schlafe allein in einem Doppelbett. Jetzt muss Schluss sein. Heute habe ich mir eine neue Haarfarbe machen lassen. Keine Angst, ich bin immer noch deine Carolin.«

»Das klingt so, als hättest du einen Mann kennengelernt«, mailte ich zurück.

Und sie: »Wo, liebe Monika, lerne ich einen Mann kennen? Glaubst du, ich setze mich in ein Lokal und warte, bis mich einer anspricht? Glaubst du, ich spreche einen Mann an? Man lernt keinen Mann mehr kennen, als ob man zwanzig wäre. Folgendes habe ich mir überlegt. Ich werde mir übers Internet ein paar Adressen verschaffen. Kann ja sein, dass ein Mann für mich dabei ist. Du hast mir selber gesagt, auf mich wartet noch einer. Denkst du das noch immer?«

Und ich: »Du bist noch viel zu jung, um alt zu sein. Lass es auf dich zukommen.«

Dann hörte ich vierzehn Tage lang nichts mehr von Carolin. Und dann: ein Riesenmail an einem Sonntag. Kopierte Nachrichten ihrer neuen Bekanntschaft. Was ich dazu sage. Er ist Arzt. Er schreibt Gedichte. Hat ein Arzt überhaupt Zeit, Gedichte zu schreiben? Folgendes Gedicht hat er Carolin geschrieben:

In dieser nacht sprach ich mit fremder zunge
Besprach mich mit anderen lang verstummten
Am morgen fand ich sie stumm in meiner höhle.

»Glaubst du«, schrieb Carolin, »hat er das Gedicht selber geschrieben? Er interessiert sich für Ähnliches wie ich. Die holde Kunst. Ich weiß nicht genau, ob er mich auf den Arm nehmen will.« – Übrigens hatte sie fünf Kilo abgenommen. – »Ich bin auf der Überholspur«, mailte Carolin.

Am Abend habe ich in einer Gedichtsammlung geblättert, sein Gedicht fand ich nicht. Wäre ja auch ein Zufall gewesen.

»Er ist Kinderarzt«, schrieb Carolin. »Er fragt mich, was ich so in meinen Schubladen aufbewahre, ob ich Steine sammle.«

Sie hat ihm in einem Mail erzählt, dass sie unter einem Stein im Wald eine winzige Blaskapelle gefunden habe, die gleich wieder verschwunden sei.

»Glaubst du«, fragte Carolin, »ist diese Art von Humor günstig?«

»Denk nicht nach, schreib einfach«, mailte ich zurück. »Mach die Augen zu und hau auf die Tasten.«

Da hatte sie den Arzt gefragt, ob er gerne esse, ob er kochen könne, sie koche nämlich gerne und gut dazu, das sei ihr oft bestätigt worden.

So ging das einen Monat lang. Dann lud sich der Arzt selbst für ein Wochenende zu ihr ein. Das brachte sie in Panik.

»Was soll ich machen, Monika?«

Ich mailte zurück: »Such ihm ein Hotel in deiner Nähe! Lass es erst gar nicht darauf ankommen, dass er sich bei dir einquartiert. Wenn er wirklich der Traummann ist, ist eine vorläufige Distanz deinerseits das Klügste.«

Carolin wollte, dass ich sie in ihrer Kleiderwahl berate. Also besuchte ich sie. Sie hatte wirklich abgenommen. Ihre Haare waren rot und sehr stufig geschnitten, sehr stufig. Sie sah aus, als wollte sie unbedingt jung sein.

»Keine Rüschen«, sagte ich, »keine Streifen, trag uni, kakaobraun passt gut zu den Haaren, der Pullover kann ruhig eng sein bei deiner Figur. Trag Schuhe mit Absätzen, damit deine schönen Beine zur Geltung kommen.«

»Die Fingernägel rot?«

»Nicht unbedingt«, sagte ich. »Sei unbesorgt.«

Ein Gedicht mailte er noch, bevor er anreiste:

Eine kerze wird angezündet
Und es wird dunkel
Die leute sind daheim
Der zarte mensch im bett

Und dieses Gedicht fand ich dann doch. In der Nacht, als ich nicht schlafen konnte. Es stammt von E. E. Cummings. Immerhin liest der Arzt.

Der Arzt war arbeitslos und hatte abgekaute Fingernägel. Carolin hatte Mitleid mit ihm.

303 Richtiger Ton

Er sagte die richtigen Sachen, aber nicht im richtigen Ton. Das warf sie ihm vor. Immer wieder. Aber er, der nur die Sache im Auge hatte, verstand sie nicht oder verstand sie doch und wollte sie nicht verstehen. Es ist viel einfacher, etwas nicht zu verstehen, als zu diskutieren, und er hasste Diskussionen, speziell die mit seiner Frau. Weil sie die wenigen Male, als sie stattgefunden hatten, ausuferten, einmal sogar mit einer Ohrfeige.

Man hätte sich denken können, dass ihr die Ohrfeige den Rest gegeben hätte, dem war nicht so. Sie empfand die Ohrfeige wie eine Erlösung, einen Punkt, einen Abschluss.

Zwei Jahre waren sie erst verheiratet, hatten noch keine Kinder, weil Kinder erst nach einer gesicherten Laufbahn erwünscht waren. Das sagten beide. Die Frau, die nach einem Jahr schon den Kinderwunsch im Herzen trug – obwohl dieser Ausdruck kitschig ist, erlaube ich ihn mir, weil er auf diese Frau zutrifft – also, den Kinderwunsch noch nicht auf der Zunge, wurde sie launisch, weil sie ihrem Mann nicht sagen wollte, was sie so gerne gehabt hätte. Ein Baby zwischen ihnen beiden im großen Ehebett, im »Gräbchen«, wie sie es im Geheimen nannte. Der Mann war eifrig mit seiner Karriere beschäftigt und bemerkte gar nicht oder wollte nicht bemerken, dass seine Frau anders war als zuvor. Sie schliefen nicht mehr miteinander, so wurde das Ehebett in ihren Gedanken zu einem Grab.

Aber einmal beim Nachtmahl – sie verwendete dieses Wort, weil es so biblisch klang – sah sie ihm verträumt in die Augen und ließ ihren Blick nicht mehr los. Er hielt es kaum aus, schließlich senkte er die Lider. Sie streichelte seine Wange und berührte sein Kinn.

»Albert«, sagte sie, »kannst du mir ehrlich sagen, ob du mich noch begehrst?«

»Was für eine Frage!«, sagte er. »Und in so einem Ambiente!«

»Sollen wir uns ins Bett legen?«, war ihre Antwort.

Er: »Es ist erst neunzehn Uhr?«

Sie: »Seit wann spielt die Zeit in diesem Zusammenhang eine Rolle?«

Sie nahm ihn bei der Hand, beide Teller waren noch mit Essen belegt, sie hatte die Gewohnheit, den Salat ins Essen zu kippen, so dass sich Salatsoße mit der Fleischsoße vermengte, die Gläser mit Wein, er weiß, sie rot, waren noch halb voll.

Sie saßen beide auf der Bettkante und sahen einander an.

Filmszenen kamen ihnen in Erinnerung, ein Mann, der eine Frau leidenschaftlich umarmt, eine Frau, die dem Liebhaber das Hemd auszieht.

»Was ist los mit dir?«, fragte der Mann. »Du bist so anders.«

»Wie anders?«, fragte sie. »Wie ich war oder wie ich sein sollte?«

»Komm, sei nicht so kompliziert!« Er schob ihren Oberkörper aufs Bett, ihre Beine sahen aus wie bei einer Turnübung. »Mein Dickerle«, sagte er, »wir haben uns doch.«

Die alte Mutter saß in ihrem Lehnstuhl, den Hörer des Telefons fest um-
klammert, sie gab sich einen Ruck. Jetzt, sagte sie sich, werde ich ihn anrufen. Sie wählte die Nummer ihres Sohnes, er nahm gleich ab, fragte:
»Rufst du wieder vom Festnetz an, oder hast du dich endlich ans Handy
gewöhnt?«

»Reden wir über Existenzielles«, sagte sie. »Ich brauche deinen Segen
für eine wichtige Angelegenheit, komm also, sobald du kannst.«

»Worum geht es?«, fragte der Sohn. »Du weißt, wie beschäftigt ich bin.
Geht es um dein Testament?«

»Es geht um mein Leben«, sagte die Mutter. »Also, wann kann ich dich
erwarten? Soll ich Nussschnecken besorgen?«

»Ich kann erst morgen«, sagte der Sohn. »Brauchst du etwas, was soll
ich mitbringen?«

»Hol den besten Wein aus deinem Keller, mein Junggeselle, beeil
dich.«

»Und? Wie ist das werte Befinden?«, fragte der Sohn am nächsten Tag.
Brav zog er seine Straßenschuhe aus – einmal war er schon mit Scheiße
an den Schuhsohlen durch ihren Salon spaziert, das würde nie mehr geschehen.

»Setz dich!«, sagte die Mutter. »Wie geht es deinem Freund?«

»Schwierig.«

»Ich dagegen«, sagte die Mutter, »bin in einer höchst glücklichen Situation.«

»Und die wäre?«

»Stell dir vor, mein Sohn, ich habe einen Mann kennengelernt, einen
Spanier, er ist fünf Jahre jünger als ich, ein rassiger Mensch, und er will
mich heiraten.«

»Er hat es auf dein Geld abgesehen«, sagte der Sohn.

»Du irrst dich, mein Geld will ich mit ihm auf der Hochzeitsreise nach

Valencia verprassen. Er ist anständig, und er findet mich schön. Ich will ihn dir vorstellen. Ich verlange Respekt ihm gegenüber und kein schiefes Wort, verstanden!«

»Also ist dein Liebster fünfundsiebzig Jahre alt. Er ist ein Betrüger, glaube mir. Wo habt ihr euch kennengelernt?«

»Ein Fünfundsiebzigjähriger betrügt nicht mehr, dafür hat er zu wenig Zeit. Er stand vor meiner Tür, und gleich hat es geleuchtet. Also, willst du ihn nun sehen oder nicht?«

»Mama«, der Sohn ging auf die Knie und legte die Hände in den Schoß seiner Mutter. »Mama, du bist doch eine kluge Frau, hast keine Geldsorgen, du hast mich.«

»Ich will aber einen eigenen Mann. Gönn mir das Glück! Schau, ich hab deinen Vater gerngehabt, geliebt habe ich ihn nicht, und jetzt schickt mir der Himmel diesen Spanier.«

»Ich werde ihn mir anschauen, Mutter. Und wenn er mir nicht gefällt?«

»Dann gefällt er dir eben nicht«, sagte die Mutter und schob seine Hände weg.

»Was weißt du von ihm?«, fragte der Sohn. »Was hat er für einen Beruf gehabt? Ist er mittellos?«

»Er hat ein großes Herz, das genügt mir. Du wirst ihn mir nicht verleiden, komme, was wolle.«

305 *Kann ich bei dir schlafen?*

Sie, fünfzehn Jahre alt, saß im Morgenzug, trug einen Jogginganzug, durchgeschwitzt, die Haare strähnig und feucht, vor ihren Turnschuhen stand ein Kasten mit Bier.

Sie telefonierte: »Kann ich bei dir schlafen?« Sie wiederholte: »Kann ich bei dir schlafen?« Offensichtlich zögerte der Angerufene. »Ja, dann warte ich um eins bei der Trafik auf dich. Komm aber sicher. Es geht um Leben und Tod.«

Das war übertrieben. Es war kalt und regnete. Sie stieg beim Hafen aus, schleppte den Bierkasten aus dem Zug. Stellte sich unter das Dach beim Perron. Hier hatte sie schon Obdachlose gesehen. Ein anderer schlief auf der Bank:

»Brauchst du Bier?«, fragte sie. »Hab einen ganzen Kasten zu verkaufen. Billiger als beim *SPAR*.« Der Mann drehte halb den Kopf. So wollte sie nicht enden. Ein weiterer Obdachloser kam dazu: »Wie viel?«

»Zehn Euro«, sagte sie, sie hatte keinen Cent im Sack.

Irgendwann hatten die Obdachlosen zehn Euro beisammen. »Wir laden dich auf ein Bier ein«, sagten sie.

Bier am Morgen? Sie trank, und ihr wurde übel.

Sie kaufte sich Zigaretten und wartete in der Bahnhofshalle. Um eins stand sie bei der Trafik. Der Bursche kam, lässig. »Und? Was ist los?«

Sie erzählte von ihrer Mutter, die einen Freund hatte und grausam verliebt war. Die Mutter hatte schon in der Nacht einen Streit angefangen, ihr Typ war so etwas von unsympathisch. Er stand unter der Dusche und verbrauchte das ganze heiße Wasser. Kein Tropfen mehr für sie. Früh am Morgen dann ging sie zum Joggen, nahm zum Glück das Handy mit. Kam dann nicht mehr in die Wohnung. War ausgesperrt. Auf der Fußmatte ein Zettel: »Brauchst nicht wiederzukommen.« Das würde der Mutter bald leidtun. Sie hatte vor Zorn den Kasten Bier von einer fremden Haustür weggeklaut.

Der Bursche lud sie zum Mittagessen zu sich nach Hause ein.
»Du weißt aber schon, dass ich eine Freundin habe?«, sagte er.
Sie wusste es. Sie aßen, dann ging er zu seiner Freundin. Sie blieb allein in der Wohnung. Sie ließ sich ein Bad ein, wusch sich mit fremdem Shampoo, parfümierte sich mit fremdem Parfum, cremte sich ein, zog einen fremden Bademantel an. Ihr Jogginganzug drehte sich in der Waschmaschine.

Die Tür wurde aufgesperrt. Ein Mann stand vor ihr. Der Vater des Burschen. Sie erklärte sich. Sie spürte, dass er sie anstarrte.

»Und was willst du jetzt machen«, fragte der Mann, als sie ihm viel erzählt hatte.

»Können Sie mir ein wenig Geld leihen«, fragte sie. »Ich muss mir was zum Anziehen kaufen.«

»Wenn du mir einen Kuss gibst«, sagte der Mann.

Es war im Winter vor vielen Jahren. Meine Schwester und ich hielten uns an der Hand und ließen uns in den glitzernden Schnee fallen. Wir breiteten die Arme aus und stoben Flügel in den Schnee. Es war so kalt, dass an unseren Fenstern Eisblumen klebten. Nur in der Küche war es warm. Unsere Mutter schenkte heißen Kakao ein, wir aßen vom Weißbrot und schnabelten wie Spatzen. »Erst schlucken, dann reden«, sagte die Mutter. Vor kurzer Zeit schickte mir ein freundlicher Mann Fotos von der Tschengla. Sein Vater, ein exzellenter Fotograf, hatte sie aufgenommen. Auf einem Bild sieht man meine Schwester und mich auf einer Rodel sitzen, wir tragen Pumphosen und selbstgestrickte Pullover, dazu Hausschuhe. Die Rodel stand mitten im Schnee. Unsere Mutter hatte uns die schönsten Frisuren gekämmt, die dicken Haare meiner Schwester waren zu Zöpfen geflochten, ich trug mitten auf dem Kopf einen Schwanz, was lustig aussah. Ich weiß noch, dass ich zu meiner Schwester sagte: »Traust du dich vornehm tun?« Sie lachte schüchtern, und ich hob meinen Kopf ein wenig schief und tat, als wäre ich eine Dame. Der Fotograf rief: »Bleibt so!«, und knipste.

Wieder vor kürzerer Zeit schrieb mir ein Mann ein Mail und erzählte, er hätte meine Schwester und mich gekannt, als er sieben Jahre alt gewesen war, meine Schwester sechs, ich fünf. Ob ich mich an ihn erinnere. Neblig fiel mir ein, dass er der Bub sein musste, der einige Meter von uns entfernt gewohnt hatte. Auch erinnerte ich mich an einen Hund aus diesem Haus, der mich gebissen hatte. Ich hatte ihn gefoppt, er schnappte nach mir. Mir fiel wieder ein, dass der Bub einen Kopf größer gewesen war als ich, dass wir zusammen Haus spielen wollten, aber der Heustadel zugesperrt war. Wir beschlossen, uns selber ein Haus zu bauen, und schleppten Latten herbei, die wir in den Boden schlagen wollten, vergeblich. Ich rieche das Heu und sehe die samtenen Wiesen, die hohen Tannen und darüber den Himmel mit den Wolken. Wir lagen im Gras, und ich gab an, was ich in den Wolken sah, meistens waren es Tiere, Löwen und Krokodile.

Dieser Mann nun hatte im Ausland gelebt und war jetzt wieder heimgekehrt. Ob er, beliebig wie ich, die Zeit auch zurückschrauben konnte? Er erinnerte sich jedenfalls an die Chemieversuche unseres Vaters, die ihm gefallen hatten. Jetzt gerade sehe ich uns auf dem flachen Teerdach der Skihütte sitzen, unsere Sohlen sind heiß vom Teer, und wir überlegen, ob wir uns aufs Dach legen könnten, ohne daran festzukleben.

»Ich kapiere nicht«, sagte die Frau zu ihrem Mann, der gerade seine Krawatte ablegte, »warum wir diesmal nicht eingeladen worden sind. Wir stehen doch auf der Liste. Ich meine, wir sind doch immer auf der Liste gestanden. Kannst du dir das erklären? Das verunsichert mich. Kann es sein, dass etwas vorgefallen ist, von dem du mir nichts gesagt hast? Kann es sein, dass du in Ungnade gefallen bist?«

»Dann sind wir eben nicht eingeladen«, sagte der Mann ärgerlich. »Ungnade! Leben wir im Feudalismus? Du tust so, als hänge unser Leben davon ab. Mir ist das vollkommen egal, wenn ich nicht dabei bin. Wir waren jedes Mal zwei von den vielen.«

»Aber mir«, sagte die Frau mit zornigem Unterton, »mir tut das weh, verstehst du! Von den wenigen Einladungen, die wir bekommen, war das meine liebste.«

»Dann geh doch allein hin«, sagte der Mann, »ruf an und sage, dass ich krank bin, ob es recht ist, wenn du allein erscheinst. So können sie nicht nein sagen.«

»Ich bitte dich!« Jetzt schrie die Frau. »Das ist so durchsichtig! Ich werde mich nicht aufdrängen!«

»Du wirst dich nicht aufdrängen, aber du würdest nichts lieber tun, als dich aufzudrängen, nur um dabei zu sein, nur um dein neues Rotes anzuziehen mit formender Unterwäsche darunter.«

»In solchen Situationen zeigt sich dein wahrer Charakter!«

»Und deiner!«

Die folgende Woche streikte die Frau, sie kochte nicht, schlief auf dem Sofa im Wohnzimmer, sie kaufte nichts ein.

Der Mann ging nach Dienstschluss in ein Restaurant, aß, was ihm schmeckte, und machte sich dann auf den Heimweg. Er setzte sich vor den Fernseher, schaute seinen Sport. Begegnete ihm die Frau im Flur, schaute er ihr provokant in die Augen. Sie drehte den Kopf weg.

Es kam der Tag, an dem das Fest stattfinden sollte. Die Frau war beim Frisör, frisch gefärbt waren die Haare, neuer Schnitt. Sie sah fesch aus.

Der Mann kehrte aus seinem Restaurant zurück und fand seine Frau auf dem Sofa, halb liegend. Sie hatte Champagner geöffnet, trug ihr rotes Kleid und war angeheitert. Der Mann setzte sich zu ihr und streichelte ihren Hinterkopf.

»Du ruinierst meine Frisur«, sagte sie und war ganz ruhig dabei.

Sie tranken und lachten, und als sie nicht mehr wussten, worüber sie lachten, ließen sie sich ins Bett fallen und versuchten es mit Liebe.

Am nächsten Morgen saßen sie friedlich beim Frühstück, die Frau schmierte reichlich Butter auf die Semmel und glasierte mit Honig. Der Mann fragte, was er zum Abendessen erwarten dürfe.

Sie sagte: »Alles, was dein Herz begehrt.«

Das war dann Sauerkraut mit Tirolerknödel.

Das versöhnte die zerknitterte Frau mit ihrem Alltag. Das kleine Glück. So viel hatte sie in ihrem langen Leben überstehen müssen, dass sie um das Kleinste froh war. Ihr Hund, der ihr von allem geblieben war, lag im Sterben. Aber immerhin war er noch nicht tot. Sie lud ihn in ihr Auto und fuhr mit ihm in die Höhe, wie man es mit Lungenkranken tut, an die gute Luft. Dort ließ sie ihn ein paar Schritte neben sich hergehen. Schwächelte er, nahm sie ihn auf den Arm und trug ihn auf eine weiche Decke, die sie im Gras ausgebreitet hatte. Sie hatte kleingeschnittene Leber in einer Dose, die blutete noch, so frisch war sie. Ein paar Brocken aß der Hund, dazu schluckte er vom Quellwasser. Sie sprach mit dem Hund – er war geduldiger, als es ihr Mann je gewesen war, geduldiger als der Sohn, der sich nur einmal im Jahr an sie erinnerte, wenn überhaupt. Hätte ich doch nur so einen Gefährten gehabt!

Als Kind hatte ihr Vater, ein viraler Mensch, der seine Frau vernachlässigte und sich mit anderen Frauen wohlfühlte, also der, der seine Tochter liebte, von dem hatte sie ein Hündchen geschenkt bekommen. So eines mit zartem Fell. Die Mutter war eifersüchtig, weil sie die Zuneigung spürte, die der Vater damit seiner Tochter zeigen wollte, und sie gab dem jungen Hund nichts zu fressen, wenn die Tochter einmal nicht da war. Die jedoch schaute gut auf ihr Hündchen. Einmal war sie in einem Ferienlager, und das Hündchen lief verzweifelt herum, weil es nichts Fressbares fand. Es schlich um die Häuser und schnappte fremdes Katzenfutter, immer magerer wurde es, und bald konnten seine Füßchen es nicht mehr tragen. Als die Tochter vom Ferienlager wieder nach Hause gekommen war, suchte sie ihr Hündchen und fand es nicht. Die Mutter sagte, es sei verreckt. Da schrie das Mädchen und wollte ihr Hündchen sehen, so tot, wie es war. Aber, sagte die Mutter, den toten Hund musste ich entsorgen. Seitdem hüpfte das Herz der Tochter, wenn sie einen Hund auf der Straße sah. Sie wusste, sie durfte keinen mehr haben. Der Vater wollte ihr einen neuen Hund besorgen, aber sie wusste, ihre Mutter würde ihn nicht am Leben lassen. Er müsste wieder sterben. Dieses Wissen beleidigte das Mädchen, und sie rächte sich ein klein wenig, indem sie der Mutter ihre heißgeliebten Topfpflanzen ruinierte. Nur ein klein wenig ruinierte sie, aber so, dass die Pflanzen mit der Zeit eingingen, als hätten sie eine unentdeckte Krankheit gehabt.

Und jetzt, nach einem Leben voller Sehnsucht nach so einem Tier, jetzt sah die zerknitterte Frau auf ihren sterbenskranken Hund. Sie schlang die Arme um ihn und flüsterte in sein Ohr. Als es eindunkelte, trug sie ihn ins Auto, deckte ihn zu, und sie fuhren ins Tal. Er lebte noch.

Es gibt Hochzeitscrasher und Beerdigungscrasher.

Hochzeitscrasher gehen auf eine fremde Hochzeit und tun so, als würden sie dazugehören. Sie tanzen mit fremden Frauen und Männern, essen Süßes und trinken, bis sie berauscht sind.

Beerdigungscrasher nehmen am Trauergottesdienst teil, sie sind eine Art Jammerfrauen oder Jammermänner. Folgendes ist mir berichtet worden:

Ein Mann, dem alles durch Spekulationen verloren gegangen war, beschloss eines Tages, sich von nun an nur noch auf Hochzeiten satt zu essen. Er kam durch die Hintertür in ein Haus und wollte sich unter die fröhlichen Gäste mischen. Im Keller dann stand eine weiß angezogene Frau, vermutlich die Braut, ihre Haare waren aufgelöst, und sie weinte. Sie wunderte sich nicht über den Eindringling, sondern vertraute ihm ganz im Gegenteil, sie dachte sich, er würde zu irgendeiner Familie gehören.

»Bitte, bring mich von hier weg«, sagte sie, »niemals werde ich diesen Mann heiraten, ich habe ihn gerade ertappt, wie er sich an meine Cousine herangemacht hat. Heute! Klar, sieht sie besser aus als ich, aber ich bin die Braut. Ich bin die Braut!«, schrie sie und stampfte mit den Füßen auf.

Der Eindringling, der Crasher, wollte nur eines, so rasch wie möglich verschwinden.

»Gleich«, sagte er, »gleich! Warte hier«, so als ob er einen Plan hätte. Er rannte aber nur nach Hause. Setzte sich an den nackten Küchentisch und schaltete das Radio ein. In der Sendung *Im Gespräch* redete Frau Ute Bock über Asylanten, über ihre Not, und sie sagte, jeder wird hier gebraucht. Also rasierte sich der Mann, zog seine besten Kleider an, machte sich übers Telefonbuch nach Ute Bock kundig und verließ das Haus. Er sah einen Leichenzug, der ihn so animierte, dass er die Straßenbahn verließ, nämlich noch vor seiner Bestimmung mit Ute Bock. Er schloss sich der Prozession an. Wer gestorben war, wusste er nicht. Trauernde Leute reden wenig und weinen viel. Es sah aus, als wäre die verstorbene Person über ihr Geld hinaus geliebt worden. Im Trauergottesdienst saß er in der hintersten Bank und tat so, als bete er. Bei der Trauerfeier im Wirtshaus setzte er sich an ein Ende des langen Tisches. Leute reichten ihm die Hand und nickten. Tränen liefen aus den Augen. Lange nicht hatte er sich so wohlgefühlt.

Fortan begleitete er viele Tote, spendete den Angehörigen Trost und aß die Trauersuppe. Nach ca. zwanzig Beerdigungen beherrschte er den Ton so perfekt, dass er angenehm auffiel. Man traute ihm jedes Verwandtschaftsverhältnis zu. Es gibt so viele schwarze Schafe und auch weiße, die man nicht kennt. Seine Sozialhilfe hatte er seit einem halben Jahr fast zur Gänze gespart. Im siebten Monat fuhr er mit der Straßenbahn und hielt vor dem Haus von Ute Bock. Sie öffnete die Tür, trug Strickjacke und einen grauen knielangen Wollrock, es sah aus, als besitze sie nur diese Kleidungsstücke. Der Mann reichte ihr ein Kuvert und verneigte sich.

Sie sagte. »Wollen S' nicht reinkommen auf ein Kaffeetscherl?«

Eine Frau erzählte mir in einer halben Stunde Auszüge aus ihrem Leben. Dabei schminkte sie mich für einen Fernsehbeitrag. Das war ihr Beruf. Sie zog gekonnt Stifte aus ihrem Sortiment. Sie war Französin, redete mit Akzent, was gut zu ihrem dunklen Aussehen passte.

»Also«, sagte sie, »wenn Sie wollen, duze ich Sie, weil es sich dann besser schminkt. Ich mache das sowieso wie im Traum. Ich bin fünfzig Jahre alt, habe keinen Mann mehr und zwei erwachsene Mädchen, ein leibliches und ein angenommenes. Meines ist hellblond wie sein schöner Vater war, das andere ein schwarzes Mädchen, das gern hell wäre. Wie ich zu ihm kam, will ich dir erzählen. Es saß unter dem Dach vor dem verwilderten Haus, egal ob die Sonne schien, ob es regnete, windete oder schneite. Manchmal lag es auf den Dielen.

Ich hatte wie jeden Tag meine Tochter in den Kindergarten gebracht. Einmal ging ich zu dem Mädchen hin und sagte: Du bist so alt wie meine Tochter, warum gehst du nicht auch in den Kindergarten?

Hat mir niemand aufgetragen, antwortete es. Aufgetragen – als ob es sich um ein Geschäft handelte.

Wo ist deine Mutter, fragte ich.

Sie schläft, sagte es.

Ich klopfte an, die Tür ging nicht ganz auf, weil der Besen umgefallen war und Mäntel vom Haken. Alles war eng, und es roch schlecht, wonach, konnte ich nicht genau sagen. Irgendwie modrig, ungewaschen, ungelüftet. Ich trat in den ersten Raum, mühsam, nachdem ich viel Unrat beiseitegeräumt hatte, und öffnete das Fenster. Ich klopfte im zweiten Raum an, niemand meldete sich, ich trat ein. Unter Decken sah ich den Kopf einer Frau, wahrscheinlich die Mutter des Mädchens. Ich trat vor sie hin, stellte mich vor. Sie schaute mich mit verklebten Augen an und sagte: Tun Sie, was sie wollen, mir ist das egal.

Da war ein offensichtliches Problem. Ich ging am nächsten Tag zur

Stadtverwaltung und erkundigte mich. Man sagte mir, in dem Haus wohne eine Frau, sie habe sieben Kinder von sieben verschiedenen Männern, aber nur noch eines wohne bei ihr. Sie sei krank und bereits fürsorgebekannt. Also ging ich zur Fürsorge. Eine Frau begleitete mich in das Haus. Das Mädchen rührte Puddingpulver in einen Topf mit Milch, es roch angebrannt und war klumpig. Die Frau sagte, sie rede mit der Mutter des Mädchens und ich könne sie inzwischen zu mir nach Hause nehmen.

Meine Tochter freute sich über den Besuch. Beide aßen sie gierig meinen Kaiserschmarrn, der angestaubt war von viel, viel Zucker. Es gab dazu gekochte Heidelbeeren. Das habe ich hier in Österreich gelernt.

Die Fürsorgefrau kam zu uns, und sie sagte, die Mutter des Mädchens wäre froh, wenn ich das Kind nehmen würde, bis sie wieder gesund ist. Das Mädchen heiße Kim.

Daraus wurde eine bürokratische Geschichte. Die Frau kam in die Psychiatrie, Kim zu mir.

Wir drei hatten es gut.

So. Ich bin fertig mit Schminken«, sagte sie zu mir, »willst du dich nicht betrachten?«

Ich schaute mich an und sah ungewohnt aus.

Mann und Frau ließen sich nach zehn Jahren scheiden, dann aber heirateten sie wieder, und zu ihrer zweiten Hochzeit schenkten sie einander eine Kreuzfahrt. So ein Schiff ist eine Luxusstadt, alles gibt es dort und nur das Beste, und wer zweimal die gleiche Frau, den gleichen Mann heiratet, der hat das Beste verdient. Die Eheleute fühlten sich wie Auserwählte, aber das Glück währte nicht lang.

Als sie beinahe alles durchprobiert hatten, von den Sportanlagen bis über das Spielcasino, die Bars und den Ballsaal, sagte der Mann, ach, wenn es nur schon vorbei wäre, und die Frau fragte, wie viele Stunden sind es noch. Beinahe tausend, sagte ihr Mann. Von da an zählten sie. Jeder für sich. Die Kreuzfahrt hatte sehr viel gekostet, das ganze Ersparte hatten sie verbraucht, und jetzt musste einfach alles wunderbar sein.

In der Nacht träumte die Frau, ertrunkene Flüchtlinge hätten sich am Schiff festgeklammert und wären hinaufgeklettert. Sie hätten sich zu ihnen ins Zimmer gedrängt und von ihrer Drangsal berichtet.

Am Morgen erzählte die Frau dem Mann von ihrem Traum, sie sagte, wir müssen allen Leuten auf dem Schiff von der Drangsal berichten, ich habe es diesen Menschen versprochen. Wirst du mir zur Seite stehen? Der Mann, der seiner Frau keine Bitte abschlagen wollte, sagte ihr zu.

Bereits beim Frühstücksbuffet erzählte die Frau einem Mann, der gerade dabei war, verschiedene Törtchen auf seinen Teller zu laden, von ihrem Traum, aber so, als wäre alles in Wirklichkeit passiert. Der Mann wurde ärgerlich und sagte, wie um Himmels willen sollen Tote in ihr Zimmer gelangen? Aber sie, mit großer Überzeugung, sagte, es waren die Geister, er solle es einfach glauben. Dieser Mann mit den Törtchen hatte keinen Appetit mehr, und er erzählte seiner Frau von dem Vorfall. Die wurde sehr zornig und sagte, sie lasse sich die Reise nicht verderben, sie werde sich beim Kapitän beschweren. Ihrem Mann aber erschienen in der folgenden Nacht dieselben Geister, und auch er versprach ihnen, den

Menschen zu berichten. Es machte die Runde, es gab die einen, die nicht hören wollten, und die anderen, die von den Geistern heimgesucht wurden.

Der Kapitän machte die Schuldigen ausfindig. Das Ehepaar sollte im nächsten Hafen vom Schiff verwiesen werden.

Es kam, dass die Geister auch dem Kapitän in der Nacht an seinem Bett erschienen. Eine Frau war es mit einem Kind auf dem Rücken, einem im Arm, einem am Rockzipfel. Sie standen vor dem Kapitän und schauten ihn an. Ja, sagte er, ich werde mich darum kümmern.

Am nächsten Morgen begrüßte er wie jeden Tag die Gäste und erzählte, was ihm, immerhin dem Kapitän, widerfahren war.

Seine Kollegen waren am Feuer eingeschlafen, zu viel Alkohol. Nur ich hörte ihn. Ich suchte nach einem Handy, meines lag zu Hause, Harrys auch, in den Hosentaschen der Schlafenden fand ich keines.

»Wenn du«, sagte ich zu Harry, »Interesse an mir hast, dann springst du jetzt mit mir ins Wasser, und wir versuchen, den Mann noch zu retten.«

Wir sprangen, aber es war zu spät. Wir hatten zu lange gewartet. Harry fuhr mit seinem Rad auf die Polizeistation, ich weckte die Männer. Sie waren so blau, dass sie gar nichts begriffen.

»Warum ist Fitzer ins Wasser gesprungen, er kann doch gar nicht schwimmen?«

Was würde Harry bei der Polizei erzählen? Was erzähle ich?

Ich erschrak über meine Mitleidlosigkeit, und ich wusste, ich würde das Gleiche sagen, was Harry sagte. Man würde uns glauben.

Zuerst kam die Rettung. Seine Kollegen wirkten plötzlich nüchtern und einer wimmerte: »Fitzer war unser Boss, was machen wir jetzt?«

Harry war noch vor der Polizei wieder da. Die würde gleich kommen, sagte er, ich solle bestätigen, dass der Mann, weil er so betrunken war, ins Wasser gefallen sei. Mir ging durch den Kopf, dass Harrys Faustschlag von vor zwei Stunden in dem toten Gesicht Spuren hinterlassen haben könnte. Dass danach gefragt werden würde.

Die Polizisten waren sachlich, und wir antworteten sachlich, es gab keine Uneinigkeit in den Aussagen, auch die Betrunkenen, die nun nicht mehr betrunken waren, nickten zu unserer Version. Wir gaben unsere Personalien an. Der tote Mann wurde auf eine Bahre gelegt. Harry löschte das Feuer, wir stiegen auf unsere Räder und fuhren heimwärts.

Vor meinem Haus stieg ich ab, und Harry stieg ebenfalls ab. Er schob das Rad in meine Einfahrt, gerade so, als wäre er hier zu Hause. Er nahm die Post aus dem Briefkasten, sortierte im Gehen die Werbung aus und legte sie auf den Fußabstreifer. Er folgte mir über die Treppe.

»Wo ist das Bad?«, fragte er. »Ich spüle die Badesachen und hänge sie an die Leine. Vielleicht gehen wir morgen ja wieder schwimmen. An einen anderen Platz, wenn es dir recht ist.« Er nahm eine Banane aus der Obstschale, schälte sie und sagte: »Beiß ab!«

In dieser Nacht schliefen wir nebeneinander, ich wollte nicht, dass er mich angreift. Wenn ich die Augen schloss, sah ich den toten Mann auf der Bahre. Jetzt würde das Lügen anfangen. Harry lag ausgestreckt auf der Tagesdecke, er roch nach Sommer. Eine Mücke surrte.

Am Morgen sagte Harry: »Heute spanne ich Mückennetze vor die Fenster. Oder würdest du lieber unter einem Baldachin schlafen?«

Der blinde Bub war gerade ein Jahr alt, da schenkte ihm seine Mutter ein Transistorradio. Sie dachte sich, wenn mein Sohn schon nicht sehen kann, dann soll er wenigstens viel hören. Der Kleine drehte mit seinen Fingerchen am Radio, hörte die Geräusche, und Bilder formten sich in seinem Kopf, von denen wir nichts wissen können, weil wir sehen. Bald kannte er sämtliche Stimmen und fragte seine Mutter, wo sich die befinden, und sie sagte: »Ja, die Stimmen kommen aus diesem Apparat.« Sie erzählte ihm, dass die Stimmen Leuten gehören, die das Sprechen gut gelernt haben und deshalb für diese Arbeit ausgewählt wurden.

Der Winter kam, und der Bub hatte die fixe Idee, dass es den sprechenden Menschen im Transistorgerät sicher kalt sei – er stellte sich die Leute nämlich so klein vor, dass sie in den Apparat passten. Die Vorstellung, dass die Mernschen dort drinnen frieren, gefiel ihm gar nicht, und er montierte mit Geschick den Transistor auseinander und stopfte Heu hinein. So, jetzt war da Wärme. Nun, da konnte er gar nichts mehr hören, und die Mutter setzte sich an sein Bettchen und versuchte zu erklären. Was sie erzählte und was der Bub sich vorstellte, war verschieden. Wenn er seine Mutter betastete, wusste er, dass sich so ein Mensch anfühlt, weil seine Mutter ja ein Mensch war, aber andere Menschen fühlten sich wieder anders an. Zu jedem Geburtstag schenkte ihm seine Mutter ein Radio. Als er in die Schule kam, hatte er bereits sieben Geräte, und er hatte seine helle Freude damit.

Der Bub wurde größer und kam in ein Internat, und da waren keine Radios erlaubt. Seine Geräte wurden konfisziert. Darüber war der Bub sehr unglücklich. Erst mit sechzehn würde er wieder seine Radios bekommen. Und da wurden sie ihm ausgehändigt, alle in einer Schachtel. Er behielt ein Gerät, das sich besonders gut anfühlte, die anderen verschenkte er an seine Mitschüler.

Mit der Zeit wusste er, welche Stimme zu welcher Sendung gehörte, und als ihm einmal eine besonders gut gefiel und er ganz süchtig danach war, bat er seine Mutter, dieser Stimme einen Brief zu schreiben. Bald darauf war in der Post ein Antwort-Brief dieser Stimme, die dem Bub sagte, dass er sich geehrt fühle, von ihm so gern gehört zu werden. Die Stimme schrieb, alles, was er sei, mache seine Stimme aus, sonst sei er sehr gewöhnlich. Das fanden der Bub und seine Mutter sympathisch.

Ich denke oft übers Schreiben nach. Immer. Über Wortwiederholungen. Über Tolstoi und seine vielen glänzenden Augen. In *Krieg und Frieden* gibt es so viele glänzende Augen.

Als ich an meinem ersten Buch schrieb, *Eigentlich bin ich im Schnee geboren*, lebte ich im Bregenzerwald mit zwei kleinen Kindern und einem Mann, der viel auf Reisen war. Ich wusste damals nicht, was ich schreiben wollte, wusste nur, dass ich vorsichtig mit der Sprache umgehen musste. Zuerst genau beobachten, dann erst niederschreiben. Viel schrieb ich damals auf kleine Zettel, was mir gerade einfiel, das wollte ich aussortieren, wenn mein kleiner Bub und das Mädchen schliefen. Sie waren beide noch keine Schulkinder. Wir saßen zu dritt unter dem Küchentisch und spielten Haus.

Ich stellte mir vor, dass ich am Abend hier sitzen würde und über das Haus unter dem Tisch schriebe. Ich tat es nicht. Ich schrieb, was ich sah. Die kaputte Waschmaschine, die welken Hahnenfüße in der Vase. Weil sie so gelb waren, pflückte sie meine Tochter, und als ich ihr sagte, dass sie giftig seien, gefiel ihr das umso mehr. Im Winter war es so kalt, und Eisblumen schmückten die Fenster, ich schaute sie lange an, dabei erfror mir meine Zimmerlinde. Ich hatte Gedanken für Eines und vergaß das Andere. Die Bauern im Dorf waren neugierig und wollten viel von mir wissen. Ich redete nur über das Wetter. Mein Mann, kam er am Wochenende nach Hause, packte seine Kamera aus, um seine Familie zu filmen. Er führte uns in den Wald, ich sollte ein himmelblaues Kleid anziehen, das Mädchen trug das rote Mäntelchen, der Bub den Matrosenanzug, eine Märchenfamilie. Fliegenpilze hätten zu uns gepasst. Ich wollte diese Filme nie ansehen.

Ich dachte über das Leben nach und darüber, wie es zu beschreiben wäre. Ich glaubte an das, was ich sah. In den Wochen, von denen die Leute annahmen, ich sei einsam, dachte ich viel über die richtigen Worte nach.

Ich las zum zweiten Mal *Krieg und Frieden* und sah mich in der Natascha, ich litt mit ihr, und als sie dann Pierre heiratet, nach vielen Mühen und Unglück, war ich erleichtert. Ich verglich mich mit ihr, als sie beinahe ihren Verlobten mit einem Verführer betrog, der sie nur im Augenblick geliebt hatte. Der Verlobte löst die Bindung und Jahre später verzeiht er ihr, er liegt auf dem Totenbett und Natascha pflegt ihn. Der herzensgute Pierre hatte sie schon geliebt, als sie noch ein Kind war. Mit diesen und anderen Personen litt ich über die Tage, ich kochte süßen Brei für meine zwei – er rann nicht über die Schüssel aus dem Haus und über die Straße.

Ein angesehener Mann besuchte mich und sagte, er habe gehört, dass ich gern lese. Ich wunderte mich und sagte, ja, ich lese gern, und am nächsten Tag stand vor meiner Tür eine Kiste mit dänischen Pornoheften. Da fiel mir ein, dass der Mann, als er vom Lesen sprach, mir ein Auge gedrückt hatte. Ich verlangte von meinem Mann am Wochenende, dass er den zur Rede stelle, aber er war zu feige. Er sagte, wir verbrennen den Dreck, und wunderte sich, dass sich die nackten Gliedmaßen so lang dem Feuer widersetzten.

Die Bauern waren auf dem Feld, und sie mähten mit der Sense das Gras. Ich scheute mich, mich vor das Haus zu setzen, dachte mir, es sehe aus wie eine Provokation, den arbeitenden Menschen mein Nichtstun zu zeigen. Meine Kinder waren meine Liebsten. Wir setzten uns an das Bächlein, und sie erzählten mir von frechen Kindern, die sie gekratzt und gebissen hätten.

»Wann denn?«, fragte ich.

»Du hast es gar nicht gemerkt, Mama.«

Darüber, was ich für eine schlechte Mutter war, wollte ich schreiben, und was schlimmer war, dass ich mich als gute Mutter fühlte, darüber wollte ich schreiben.

Ich setzte mich in der Nacht an den Küchentisch, da schaute mich der Mond an, und ich kam mir unwissend vor wie ein Neugeborenes.

Also ich Mensch will eine Schriftstellerin sein, weil es so schön wäre, einen Buchrücken zu streicheln, auf dem mein Name steht. Ich bin eitel, was zur Lebenserhaltung dient. Meine Kinder fanden es lustig, wenn ich im Pyjama durch den Garten rannte, um sie einzufangen. Ich hatte gelesen, dass Natascha ihr viertes Kind, einen Jungen, zur Welt gebracht hat, und er zählte doppelt so viel wie ihre drei Mädchen.

Mein Mann war glücklich, uns gesund vorzufinden. Er packte seine Kamera aus. Ich kochte Nudeln und schnitt Tomaten. Die Kinder kauten an einem Stück Fleisch, und das Mädchen spuckte das Gekaute aus. »Es war einmal ein Tier, was für ein Tier?«, fragte sie.

»Ein Kalb«, sagte ich.

»Ein Kälbchen«, sagte mein Mädchen.

»Fleisch gibt Kraft«, sagte mein Sohn, und sein Vater zeigte den Daumen nach oben.

Meine weißblühende Kamelie ist empfindlich, wie es die Schriftsteller sind. Kaum dass man sie berührt, verliert sie ihre Knospen.

Mehr als drei Viertel meines Lebens habe ich mit Schreiben zugebracht und mit Nachdenken über das Schreiben. Um nichts zu vergessen, trage ich immer ein kleines Buch bei mir. Ich sehe ein Gesicht und dahinter eine Geschichte. Zudem bin ich eine Geständniskünstlerin. Was sollte ich sonst mit den Geschichten aus meiner Kindheit anfangen? Ich versuche, sie zu begreifen. Und was ist mit den vielen Verstorbenen, muss ich ihnen nicht nachspüren? Nie werde ich die schneeweiße Schürze meiner Mutter vergessen, die gestärkte Schleife in ihrem Rücken, den Spaß, den ich hatte, wenn es mir gelang, sie aufzuziehen, so dass die zwei Hälften der Schürze vorklappten, sich die Mutter umdrehte und mir mit dem Finger drohte.

Ich sehe die Buchstaben, und sie sind meine Lebenslinien. Wie lange habe ich noch Zeit? Die Buchstaben murmeln, und manchmal erklingen sie als Melodie. Wenn es ein Vermächtnis ist, was eine Schriftstellerin hinterlässt, dann soll es wahr und zugleich ein Rätsel sein. Es kann von Vorteil sein, sich zu maskieren und so in das Leben fremder Menschen einzudringen, ohne erkannt zu werden.

Diskret ist Schreiben nie.

Dazu die Erfahrung, die mir das Alter beschert, misslungene Versuche, als solche erkannt, gezähmte Fantasie. Gibt es die reine Empfindung? Gab es die reine Empfindung, bevor sie vergiftet wurde mit Schund und Kitsch? Aber was ist Schund? Was ist Kitsch? Schund sei grob, heißt es, primitiv, gewalttätig.

Wann aber kann man sagen, das ist schlecht geschrieben? Wenn die Grammatik nicht stimmt? Wenn der Wortschatz gering ist? Georges Simenon hat damit geprahlt, dass er einen kleinen Wortschatz hat. Dennoch steht er dem Nobelpreisträger Albert Camus nicht nach, manche behaupten, er übertrifft ihn sogar. Und Kitsch? Falsche Gefühle, heißt es, sind Kitsch. Wann aber erkennt man ein Gefühl als ein falsches?

Ein junger Mann hat sie mir erzählt. Er sei sehr selbstbewusst gewesen als Kind, beinahe größenwahnsinnig, und nun mit seinen zwanzig Jahren weine er oft. Eine glückliche Familie seien sie gewesen, der Vater ein erfolgreicher Architekt, die Mutter Biologin, die Kinder, zwei, werden in Montessori-Schulen geschickt. Sie bereiten den Eltern Freude. Die Familie wohnt in einem Haus mitten im Wald. Eine Idylle. Wie sie im Buche steht. Dann kommt der Bruder des Vaters, steht irgendwann mitten im Wohnzimmer. Als wäre er durch den Fußboden gewachsen, aus einer Welt, in der die Menschen größer sind, breiter, mehr Luft in sich einsaugen. Er bittet, am Geschäft des Vaters mitwirken zu dürfen. Kann der Vater Nein sagen? Das kann er nicht. Aber der Bruder des guten Vaters ist nicht gut, er ist nicht ehrlich, er veruntreut. Am Ende ist die Familie ruiniert. Der ehemals gütige Vater wird misstrauisch, missmutig und misslaunig – zu seiner Frau, zu seinen Kindern. Die Mutter beginnt unter Migräne zu leiden, die Kinder versagen in der Schule, verlieren die Freunde, verlieren die Freude. Vor lauter Kummer verbiegt sich das Rückgrat der Tochter. Wie ein langes S sieht es bald aus. Der Sohn will nicht mehr sprechen. Ein Jahr lang redet er kein Wort. Das Haus verkommt. Pflanzen schlingen sich ins Haus.

Ich hatte Mitleid mit dem jungen Mann, der mir diese Geschichte erzählte. Aber ich dachte auch, heimlich dachte ich: Da könnte ein Roman daraus werden. Ich müsste mir jede Figur vornehmen, mir ihre Lebensweise einbilden, bis ich das Gefühl hätte, sie zu kennen. Kennen heißt in diesem Fall: selber sein. Also fragte ich ihn vorsichtig aus. Zu Hause machte ich mir Notizen.

Schreiben ist nicht diskret. Es fordert zu oft einen kalten, gleichgültigen Blick. Alles soll gleich viel gelten. Man muss aufpassen, dass man selber nicht kalt und gleichgültig wird. Ich muss aufpassen, dass ich das Leid fremder Menschen nicht ausbeute. James Joyce soll mitten in einem Gespräch sein Notizbuch gezückt und mitgeschrieben haben. Beliebt macht einen das nicht. Die einzige Rechtfertigung ist ein guter Text. »Einbildungskraft« ist mir ein lieberes Wort als »Fantasie«. Wir sind Bildermaler. Einbildermaler. Wer tief denkt, findet in der Tiefe. Wer oberflächlich denkt, findet an der Oberfläche. Hauptsache, man findet.

Hemingway schreibt in *Tod am Nachmittag*, irgendwann sei er draufgekommen, was die wichtigste Frage beim Schreiben ist, nämlich: Was geschieht eigentlich bei einer Handlung? Erst dachte ich, diese Frage ist absurd, dann, sie ist kokett. Sie ist keines von beiden, es ist einer der klügsten Sätze, die ich je über das Schreiben gelesen oder gehört habe. Der zweitwichtigste Satz stammt von Stendhal: »Wenn du sagen willst, es regnet, sag: Es regnet.« Der erste Satz zwingt zur Ordnung: Ein Erdrutsch für sich ist keine Handlung, ein Gewitter für sich auch nicht. Das Meer handelt, wenn auf ihm ein Schiff fährt, das Schiff handelt, wenn Menschen auf ihm sind oder waren. Der Regen regnet einfach. Wie er sich auf der Haut eines Menschen anfühlt, das ist etwas anderes.

Ähnliche Gedanken gehen in meinem Kopf herum. Sie wandern von Zimmer zu Zimmer und suchen einen Aufenthalt. Ich ordne und mache ein Gedicht daraus:

Wär ich doch klug
Klüger als ich bin
Müsste mich dann nicht
Mit einer Gabel kämmen

Hätt ich doch Stiefel
Weich und warm
Könnte dann
Darin schlafen

Froh bin ich
Keine Waschfrau zu sein
Mit roten Händen

Als junge Frau fragte ich mich, was die Dichtergedanken von den gewöhnlichen Gedanken unterscheidet.

Meine Mutter starb, als ich elf Jahre alt war, das war der Schock, von dem ich mich nie erholt habe, vielleicht sogar der Auslöser für meinen Wunsch, Schriftstellerin zu werden. Weil man dem Blatt ja alles anvertrauen kann, was man dem Menschen nicht anvertrauen will. Mir fällt gerade ein, dass sie mir ein Ringlein mit einem blauen Stein schenkte. Sie hatte es einmal auf der Straße gefunden. Es passte mir gerade auf den Mittelfinger. Ich stellte mir vor, welchem Mädchen das Ringlein gehört hatte und wie traurig es war, es verloren zu haben. Der Ring war mir ein wenig zu groß, und ich verlor ihn auch bald.

Ich denke an Paula, unsere Tochter, wie sie kleine Sorgenzettel an den Fensterladen geheftet hat, in der Hoffnung, dass sie zum Richtigen flögen? An dem Tag, an dem sie starb, räumte ich gerade die gefallene Birke auf. Sie war am Vortag von einem Sturm gefällt worden. Am Morgen spazierte Paula mit einer Freundin auf den Berg, und sie spazierten nicht nur, sie kletterten – Paula in Turnschuhen, und sie stürzte ab. Ein Polizist und eine Polizistin kamen, und bevor sie zu reden begannen, wusste ich schon, dass etwas Schreckliches passiert war. Dann lag sie in ihrem letzten Bett, den Kopf einbandagiert – sie liebte doch die Turbane. Mein Mann und ich, wir schauten sie an, und die Ärztin mit dem schwäbischen Dialekt sagte: »Ich glaube, wir schalten jetzt aus.« Wer ist *Wir*? Ihr Geist flog fort.

Ich kann mich meinen Erinnerungen nicht entziehen. Ich sehe Paulas Wintermantel, der immer noch im Schafzimmer hängt, und ich rieche daran, und ich sehe sie vor mir, wie sie in diesem Mantel zum Bahnhof geht. Ich klopfe an die Scheibe des Küchenfensters, sie dreht sich um und winkt mir.

Das Erinnerungsbuch an meinen Bruder Richard, der sich mit dreißig Jahren vom Leben verabschiedet hat – mich an ihn zu klammern und über ihn zu erfinden, war tröstlich, weil ich mir vorgestellt hatte, er schaut mir über die Schulter und sagt: Alles gut.

So schaue ich und schreibe ich und versuche, den richtigen Ton zu finden. Ich stolpere über Wörter, die vor mir liegen wie Tiere, die ich nicht kenne.

Man kennt ja einen Menschen nie wirklich. Harry habe ich vollkommen falsch eingeschätzt. Er war für mich ziemlich unberechenbar, im Kern ein brutaler Kerl. Jetzt stellte sich heraus, dass er ein sanftes Raubtier war. Domestiziert durch den Tod eines Rockers, an dem er Schuld hatte. Müsste natürlich heißen »traumatisiert«, das ist mir schon klar, aber im Fall von Harry ist »domestiziert« das richtige Wort. Ich würde gern sagen, das *richtigere* Wort, das gibt es aber nicht. Richtig ist richtig. Er akzeptierte alles, was ich tat. Fast schon langweilig.

Huck besuchte uns, er brachte eine Kiste *Fohrenburger* mit, er und Harry betranken sich. Von da an kam Huck jeden Dienstag, und wenn er einmal nicht erschien, machte sich Harry Sorgen.

Ist doch verrückt! Ich hatte in der aufregenden Zeit sechs Kilo abgenommen. Jetzt nahm ich wieder zu. Vor Langeweile essen, das ist mein Problem. Ich ertappte mich bei dem Gedanken, Harry wegzuschicken, wusste aber genau, er würde einfach nicht gehen, würde meine Ungeduld aussitzen. Er würde bleiben und mit Huck Bier trinken.

Mir kamen wieder meine dreißig Ehejahre in den Kopf. Zehn Jahre davon hatte ich einen Liebhaber. Das war ein schwebender Zustand. Ich wurde richtig schön in dieser Zeit. Ich habe drei Kinder. Es gibt aus dieser Zeit Filme und Videos. Ich sehe aus wie ein Mädchen in einem Kleidchen, die Kinder sind wie Spielzeug, die Tannen im Hintergrund wie Attrappen. Dann kamen die komplizierten Kinderjahre, Pubertät, Schulprobleme, Angst vor Drogen, dann das zufriedene Jahr, als sie es geschafft hatten und für ihr Studium aus dem Haus zogen. Ich fing an zu essen. Aber weil ich ein eitler Mensch bin, verbot ich es mir, wurde launisch, machte meinem Mann das Leben schwer.

Ich lernte beim Baden einen frischen Mann kennen. Einen, der mich ordentlich aufmöbelte. Entschuldigen Sie, das klingt ordinär, aber es ist wahr. Er machte mich so lebendig. Zehn Jahre dauerte die Beziehung, dann machte er Schluss mit mir. Weil ich ihm nicht mehr gefiel – so seine Rede. Er hatte eine neue Frau kennengelernt. Und mein Mann, der alles akzeptiert hatte, verließ mich auch. Im gleichen Jahr und auch wegen einer neuen Frau.

Dann zwei Jahre in Trauer und allein und mit viel Appetit. Ich aß Süßes, was ich immer verabscheut hatte. Sogar als Kind schmeckte mir Süßes nicht. Das Weitere kennen Sie.

Und jetzt beginnt es, wieder kompliziert zu werden. Was soll ich machen? Ich habe Angst, allein zu sein. Einen neuen Mann will ich nicht. Harry wäre an sich schon in Ordnung. Ich muss in mich gehen. Will tun, was meiner Natur am nächsten kommt.

Eine Freundin erzählte mir von ihrem Hund, den sie geschenkt bekommen hatte. Sie wollte ihn mir unbedingt zeigen. Gleich. Sofort. Ich sollte sie erst nach Hause begleiten, den Hund bewundern und dann weiter zu meiner Tante zum Mittagstisch laufen. Meine Schwestern und ich wohnten damals bei meiner Tante, weil unsere Mutter im Krankenhaus lag. Es würde Salzkartoffeln mit Karotten und einem Stück Rindfleisch geben, das zuvor in der Suppe gelegen und ausgelaugt war und dessen Fasern in den Zähnen hängen blieben. Es war ein Samstag. Als ich zu Hause ankam, sah ich meine Schwester ihren Kopf an die Wand schlagen, die Tante weinte in die Suppe hinunter, ich wusste nicht, was geschehen war. Ja, dann sagten sie es mir im Flüsterton. Unsere Mutter war gestorben.

Ja und dann beschloss ich, alles aufzuschreiben, was ich mich nicht zu sagen traute. Ich beschloss, Schriftstellerin zu werden.

Wir hatten fast nichts. Zum Anziehen einen Schulfaltenrock, dunkelblau, und zwei Blusen, eine weiß, eine hellblau. Unsere Tante befahl uns Ärmelschoner, die ich aber, kaum war ich aus der Tür, zusammenknüllte, und in die Schultasche steckte. Einmal nahm mich meine Englischlehrerin beiseite, strich mir über die Haare und sagte, ich sei ein armes Waisenkind, dabei gab es meinen Vater ja noch, aber wahrscheinlich wusste sie, dass er nervenkrank vor Unglück über den Tod seiner Frau geworden war und als Vater nicht mehr gebraucht werden konnte. Sie schenkte mir einen rosa Stoff mit bedruckten Schmetterlingen, davon sollte mir die Tante ein hübsches Kleid nähen. Die Tante ein hübsches Kleid nähen, lachte ich innerlich, die Tante, die gar keine Nähmaschine hat, und hätte sie eine Nähmaschine, wäre keine Zeit, zu nähen. In ihrer Dreizimmerwohnung in der Südtirolersiedlung lebte ihr Mann, der jeden Abend zehn Bier trank, zwei Onkel, alle drei als Färber in Rohrschach beschäftigt, ihre drei Kinder, ein Mädchen und zwei Buben, und dann wir drei Mädchen, meine Schwestern und ich. Unser Bruder durfte bei einer anderen Tante sein. Jeden Abend stand eine Armee von Schuhen vor der Tür. Ich war die Putzerin. Das war das Einzige, was ich gern tat. Meine Tante war sehr ordentlich, nie lag Unnötiges herum, sie öffnete am frühen Morgen alle Fenster und machte Turnübungen. Mein Cousin hatte seine Uhr im Turnsaal verloren, und sein Vater holte den Gürtel vom Küchenkasten und prügelte ihn, bis er nicht mehr aufstehen konnte und zwei Wochen daheimbleiben musste, um kein Aufsehen zu erregen.

Aber zurück zum Stoff mit den Schmetterlingen: Kaum war ich aus dem Schultor, ging ich zu den Mulleimern und würgte den Stoff hinein, unter die Bananenschalen und den faulen Salat.

321 Das Mädchen im Brunnen

An einem Morgen im Mai sagte Uma zu ihrer Mutter, die gerade frische Leintücher spannte: »Mama, ich gehe zu Rico, er will mir seinen Hund vorführen.«

Die Mutter nickte nur.

Aber Uma ging nicht zu Rico, sie ging dahin, wo sie schon eine Weile jeden Tag hingegangen war.

Es war ein Brunnen, sechs Meter tief, ein leerer Brunnen. Ein Brett lag darüber, das hatte Uma weggeschoben und dann vor dem Heimgehen wieder hingeschoben. Sie setzte sich an den Rand des leeren Brunnens und schaute ins Dunkle hinunter. Wenn ich da unten wäre, dachte sie, könnte ich über mich nachdenken. Sicher gibt es Dinge, die ich noch nicht weiß. Lange schaute sie in den Brunnenschacht, versuchte etwas zu sehen, sah aber nichts. Zwei Stunden war sie dort gesessen. Niemand bemerkte sie, der Brunnen lag auf einem verwahrlosten Grundstück. Sie zog das Brett wieder über das dunkle Loch und ging rasch auf das Haus von Rico zu. Von weitem hörte sie seinen Hund bellen.

»Willst du sehen«, fragte Rico, »was ich ihm für Kunststücke beigebracht habe?«

Uma schaute zu, aber mit ihren Gedanken war sie auf dem Brunnengrund.

»Rico«, sagte sie, »ich will dir auch etwas zeigen, morgen um zwei, hast du Zeit?«

»Ist es ein Tier?«, fragte Rico, der sich zu dieser Zeit nur für Tiere interessierte.

»Du wirst sehen.«

Am nächsten Maitag, wieder leuchtete die Sonne wie eine Lampe vom Himmel.

Als sie beide vor dem Brunnen standen, zog Uma das Brett beiseite, und beide schauten in den Abgrund.

»Und?«, fragte Rico. »Wo ist das Tier?«

»Schau doch nur wie geheimnisvoll!«, schwärmte Uma. »Nichts lieber würde ich tun, als da hinunterzusteigen.«

»Da kommst du nicht mehr von allein herauf«, sagte Rico. »Willst du da unten verdorren?«

»Wir könnten eine Leiter hinunterlassen, ich würde hinabsteigen und dort so lange bleiben, bis es dunkel wird. Habt ihr eine Leiter zu Hause?«

Am nächsten Tag, wieder ein Maitag mit blinkender Sonne, trugen sie eine Leiter zum Brunnen. Wieder zogen sie das Brett von dem dunklen Loch, und nun ließen sie die Leiter in den Schlund sinken, bis sie fest stand.

»Wenn ich jetzt hinuntersteige, versprichst du mir dann, mich am Abend abzuholen?«, fragte Uma. »Vergiss aber nicht, das Brett über das Loch zu schieben!«

Wenn er mich vergessen sollte, dachte Uma, kann ich immer noch über die Leiter hinaufklettern und versuchen, das Brett wegzuschieben.

Rico versprach, er würde verlässlich sein. Uma glaubte ihm.

Er kam, kaum dass es zu dunkeln begonnen hatte, und half ihr aus dem Brunnen.

»Wie war es?«, fragte er.

»Ich kann noch nichts darüber sagen, aber morgen werde ich mehr wissen.«

So ging das drei Tage. Drei Tage verbrachte Uma auf dem Brunnengrund.

Am vierten Tag stieg sie wieder an der Leiter hinab. Rico aber vergaß, das Brett darüber zu schieben. Uma saß am Brunnengrund und schaute nach oben. Die Wände waren bemoost und feucht. Sie hatte ein Kissen unten liegen, einen Rucksack, in dem sich Proviant befand, zum Trinken Wasser. Es gab nichts da unten, nichts Lebendiges außer Uma.

Sie saß bereits eine Weile, da hörte sie über sich Geräusche, es klang wie ein Scharren, und in diesem Augenblick stürzte ein Ziegenbock in die Tiefe. Gerade konnte Uma sich an die Wand drücken. Er war verletzt. Seine Beine knickten ein, er konnte nicht mehr stehen. Er stank fürchterlich. Sonst war er höflich und belästigte Uma nicht. Er nahm ihr allerdings viel Platz weg. Sie gab ihm Wasser und ihren einzigen Apfel. Sie überlegte, ob es möglich wäre, dass sie sich das alles einbildete. Die Angst, die ich habe, ist eine wirkliche Angst, das Blut auf den Beinen des Ziegenbocks ist wirkliches Blut.

Donner dröhnte vom Himmel, Blitze schossen, und Uma drückte sich an den Ziegenbock, und der Ziegenbock drückte sich an sie. Regen peitschte in den Schlund. Die Luft war klebrig, es roch modrig. Da sagte der Ziegenbock, so als ob er ein Mensch wäre:

»Fürchte dich nicht, Uma, wenn die Welt untergeht, bin ich bei dir.«

Sie lag stumm an seinem Rücken, und auf einmal störte sie sein Gestank nicht mehr. Sein warmer Atem streifte ihren Hals.

»Hast du gerade gesprochen wie ein Mensch?«, fragte Uma den Ziegenbock.

»Ich kann es mir aussuchen«, sagte der Ziegenbock, »ob ich ein Tier oder ein Mensch sein will.«

»Könnte ich mir das auch aussuchen?«

Es war, als stehe die Zeit.

»Ich will ein Mensch bleiben«, sagte Uma. »Werde du auch ein Mensch!«

Wieder donnerte es, und Uma hörte einen Hund bellen. Gleich wird Rico kommen und mich befreien.

»Wie heißt du?«, fragte Uma den Ziegenbock.

»Ich habe keinen Namen, weil ich noch kein Mensch bin.«

Sie hörte Rico ihren Namen rufen.

»Du musst schnell ein Mensch werden, damit du die Leiter hinaufsteigen kannst.«

»Ich weiß nicht, ob ich das will«, sagte der Ziegenbock.

Uma stieg die Leiter hinauf und schaute nach unten. Sie sah nichts. Es regnete nur noch leicht, das Gras war nass wie die Haare von Rico.

»Bitte, Rico«, sagte sie, »leuchte mit der Taschenlampe nach unten, da muss noch etwas sein.«

Der Schein leuchtete den Brunnengrund aus. Da war nichts. Überhaupt nichts.

Pilar war Stockmädchen in einem Vier-Sterne-Hotel. Sie kam aus Venezuela und war auf alles angewiesen, was man ihr anbot. Sie war eine gute Kraft. Sie hatte auf Deutsch zu sagen gelernt: »Ich bin eine gute Kraft.« Und das war sie auch. Sie putzte zur Freude der Hotelleitung, und man schätzte sie über alle Maßen. Es gab einen alten Herrn, der ihr immer wieder Geld zusteckte und versprach, ihr auch mehr zu geben, sollte sie sich ein wenig anfassen lassen. Das ließ Pilar nicht zu. Sie hatte keinen Mann, aber einen Sohn, der ihr mehr wert war als alles in der Welt. Für den sparte sie die paar Euroscheine auf, die ihr der Alte gab.

An einem Morgen im Mai, weiß angezogen, das blauschwarze Haar straff zurückgekämmt, darüber eine reizende Haube, klopfte sie im Zimmer des alten Herrn an. Er schien noch zu schlafen. Lag, die Augen zur Decke gerichtet, auf dem Kissen, gerade auf dem Rücken wie ein Stück Holz. Sie wollte schon umkehren, stutze aber dann und hielt die Hand des Alten, die kalt war. Blinde Augen. Es gab keinen Zweifel: Er war tot. Auf dem Schreibtisch lag ein Notizblock und eine Brieftasche. Sie zögerte, dann öffnete sie die Brieftasche, und weil so viele Scheine darin waren, nahm sie fünf heraus und steckte sie in ihre Unterhose, aber weil die ein wenig locker war, wechselte sie zum Büstenhalter, der saß eng.

Sie ging zum nächsten Zimmer. Das Gewissen plagte sie, sie war eine rechtschaffene Frau, streng erzogen, und auch wenn das Geld nur für ihren Liebling verwendet werden würde, kam ihr das unrecht vor. Sie putzte ein Zimmer nach dem anderen. Als sie ihre Arbeit verrichtet hatte und die Scheine auf ihrer Brust spürte, schwenkte sie um und sagte sich: Ich werde es behalten. Warum sollen nur die Armen anständig sein, während die Reichen betrügen. Sie hatte schon ihre Uniform abgelegt, als sie sich dachte, ich muss den Tod des alten Mannes melden. Sie werden die Brieftasche auf seinem Schreibtisch sehen und mich durchsuchen, nackt würde ich vor dem Hoteldetektiv stehen und verhaftet werden. Sie zitterte vor Angst, zog ihre Uniform wieder an und fuhr mit dem Aufzug in das Zimmer des alten Herrn. Fingerabdrücke! Madonna! Sie bekreuzigte sich drei Mal. Sie zog ihre Gummihandschuhe an und putzte erst feucht, dann trocken. Keine Fingerabdrücke waren auch verdächtig. Sie griff nach allen Scheinen, gab dann wieder einen zurück, was schwierig war, weil der Schein an dem rechten Handschuh klebte. Es gelang. Sie steckte die Brieftasche in das Sakko des alten Herrn. Die Scheine verwahrte sie bei den anderen an ihrer Brust, lief schließlich in die Toilette und versteckte das Geld hinter einer losen Kachel. Nur sie wusste, dass sie lose war.

Sie meldete den Tod des alten Herrn. Sie musste auf die Polizei warten, sich durchsuchen lassen, dann erst wurde ihr erlaubt, das Hotel zu verlassen.

Eine Woche später, der Mann war längst in seine Heimat überführt worden, ging sie in die Toilette, nahm die Scheine aus dem Versteck und stopfte sie in den sehr engen Schlüpfer, den sie extra dafür angezogen hatte. Nach ihrer Arbeit holte sie ihren Liebling bei der Nachbarin ab und legte sich mit ihm ins Bett.

Die Scheine waren blutig, weil Pilar ihre Menstruation bekommen hatte. Sie wusch sie vorsichtig, löste eine Bodenlatte und legte sie hinein, mit einer Glanzpaste glänzte sie den Boden, unter dem ihr Schatz verwahrt war.

323 *Wohin mit dem Affen?*

Schüler einer Gymnasialklasse beschäftigten sich in der Deutschstunde intensiv mit dem Werk eines österreichischen Dichters. Noch besser als das Werk gefiel den Mädchen der fesche Dichter. Es hieß, er habe vor kurzem geheiratet und ein Kind sei bereits auf der Welt. Da hatte ein Mädchen folgende Idee: Es gab eine Stelle in dem Werk des Dichters, wo ein Affe auftaucht, eine starke Stelle, und die Schülerin stiftete ihre Kolleginnen an, einen lebensgroßen Affen zu nähen. Sie stellten sich vor, wie glücklich die Familie sein würde, in ihrer Eintracht noch einen genähten Affen zu haben. Edle Stoffe von Müttern wurden verarbeitet, schwarze Angorawolle, und das Ganze wurde aufgefüllt mit weichen Lumpen. So, stellten sich die Mädchen vor, könnte das Kleinkind sogar darauf schlafen.

Dann kam der Dichter in die Schule, und vor Aufregung konnten sich die Mädchen nicht auf seine Lesung konzentrieren, vielmehr tuschelten sie, und ihre Hände waren feucht vor Aufregung.

Nach der Lesung ging die Initiatorin auf den Dichter zu und reichte ihm den Affen. »Für Sie.«

»Was soll das?«, fragte der Dichter.

»Weil doch«, stammelte das Mädchen, »in einem Ihrer stärksten Texte ein Affe auftaucht, dachten wir, das wäre eine gute Idee.«

»Und was soll ich jetzt mit dem?«, fragte der Dichter. »Denkt ihr, dass ich den im Zug transportieren kann? Der braucht ja eine eigene Fahrkarte.«

»Man kann ihn zusammenschnüren zu einem Paket«, sagte ein anderes Mädchen, »das können Sie dann ins Gepäcksnetz legen.«

»Das ist unmöglich«, sagte der Dichter. »Ich habe einen Koffer, und der genügt mir.«

»Freuen Sie sich denn gar nicht?«, fragte ein drittes Mädchen. »Wir haben viele Stunden an dem Affen gewerkt.«

»Erst denken, dann handeln«, sagte der Dichter, und in diesem Moment hatte er bei den Mädchen verspielt, alles, nämlich wirklich alles, Vergangenes, Gegenwärtiges und Zukünftiges hatte er verspielt. Er könnte schreiben wie ein Nobelpreisträger, die Mädchen würden es einfach nur scheiße finden.

Die Klassenlehrerin, die die ganze Näherei beobachtet hatte, war empört über das Verhalten des Dichters, und sie sagte den Mädchen zum Trost: »So einen schönen Affen verdient dieser Mensch ohne Empathie gar nicht.«

»Was ist Empathie?«, fragte eine, und als es ihr erklärt wurde, verliebte sie sich in das Wort und wendete es oft an. Auch wenn es gar nicht passte. Die Freundinnen machten es ihr nach. »Dieser Rock ist die reinste Empathie!« – »Der hat ja überhaupt keine Empathie in den Haaren.«

Und was geschah mit dem Affen?

Er wurde von einem Klassenzimmer ins nächste verfrachtet. Irgendein Lehrer steckte ihm einen Besenstiel in den Rücken, damit er stehen könne. Schlussendlich stellte man den Affen im Heimatmuseum hinter die Tür als eine Art Stopper.

Ich habe Sumy, ein ägyptisches Mädchen, auf einem Schreibseminar kennengelernt.

»Ist es gut«, fragte sie, »wenn man mit einem Dialog beginnt?«

»Dialog«, sagte ich, »finde ich gut. Reden ist lebhaft, und du bist gleich mitten in der Geschichte. Das ist wie in einem amerikanischen Haus, wo man vom Freien direkt ins Wohnzimmer tritt. Dialog«, sagte ich weiter, »muss alltäglich klingen. Es sollte sein, als ob jemand hinter dir steht und dir einsagt.«

»Und was ist das Edelste?«, fragte Sumy.

»Roman, Lyrik, Drama, was deine Königsdisziplin ist, musst du selber entscheiden.«

»Ist Schreiben Begabung?«, fragte Sumy.

»Unterschätze das Handwerk nicht. Je mehr du ernsthaft schreibst, umso besser wirst du. Virginia Woolf hat gesagt, die ersten tausend Seiten sind für den Papierkorb, dann fängt es an.«

»Wie kann man es lernen?«

»Viel lesen, die richtigen Sachen. Hemingway für das Dialogschreiben, Beckett für die Knappheit, Kafka fürs Geheimnis. Präzision ist in meinen Augen das Wichtigste. Lass alles Unnötige weg. Stendhal sagte: ›Wenn du sagen willst, dass es regnet, sag: Es regnet.‹ Es muss dir gelingen«, schwafelte ich weiter, »keine Schreibpose einzunehmen. Sei du! Beobachte genau. Beobachte die Menschen. Hör ihnen beim Reden zu, schau, wie sie sich bewegen, wie sie sich einander zuwenden, merke, was sie reden, denke aber nicht, du könntest das Geredete einfach übernehmen. Du hörst es, es geht durch deinen Kopf hindurch, du formst es um für deine Geschichte, erfindest eine Person, die diesen Satz sagen könnte. Das überhaupt«, sagte ich zu Sumy, »ist das Heiligste: Stell dir vor, du kannst einen Menschen erfinden, du kannst aus ihm machen, was du willst, du kannst ihn gut oder schlecht machen. Wenn du genau bist, wird er beides in sich vereinen, du kannst ihn sterben lassen, wenn er dir auf die Nerven geht. Nur, man muss dir diese Person glauben.«

»Aber«, sagte Sumy, »was ist, wenn man frei erfindet, ohne Vorbild?«

»Auch gut«, sagte ich. »Erfinde aber so, als sei es nicht erfunden.«

»Und Science-Fiction?«, fragte Sumy.

»Das ist ein anderes Kapitel«, sagte ich, »dafür bin ich nicht zuständig.«

»Und bei historischen Romanen?«

»Sollte alles stimmen. Recherche ist nötig. Recherchiere genau, und wenn du erfindest, muss es möglich gewesen sein.«

»Und was ist mit der Verantwortung?«, fragte Sumy. »Man hat doch Verantwortung als Schriftsteller. Man muss doch die Welt verändern wollen!«

»Du bist siebzehn, Sumy«, sagte ich, »mit siebzehn wollte ich das auch. Wenn du die Welt verändern willst, Sumy, dein Name klingt wie Honig, wenn du die Welt verändern willst, Sumy, entscheide dich für die Politik.«

»Aber ich möchte nicht von Privilegierten schreiben. Du schreibst doch auch über Erniedrigte und Beleidigte.«

»Das ist reine Sentimentalität. Jeder Mensch verdient es, beschrieben zu werden. Es gibt interessante und weniger interessante Menschen. Man kann aber auch über einen interessanten Menschen uninteressant schreiben. Es kommt darauf an, wo du dich am besten auskennst, welches Milieu dir vertraut ist.«

»Und Gedichte?«, fragte Sumy leise. »Wie weiß ich, ob ein Gedicht gut ist?«

»Da fragst du mich zu viel, Sumy«, sagte ich. »Ich weiß, wenn ich Gedichte schreibe, eigentlich nie, ob sie gut oder schlecht sind. Gedichte sind die weißen Bergspitzen, die du siehst, die aber nicht in der Luft schweben dürfen.«

»Ist wieder nur alles deine Meinung«, sagte Sumy.

»Was denn sonst«, sagte ich. »Kommt direkt aus meinem Hirn, lauwarm auf deinen Teller.«

Es gab eine Familie, sie wohnte in einem einfachen Haus, hatte ein paar Hühner, einen Gemüsegarten, einen Hund, Katzen und drei Buben. Alle waren beliebt, besonders die Frau mit den blauen Augen. Ihr Mann arbeitete auf Montage, die Buben gingen in die Hauptschule. Die Frau besuchte regelmäßig den Gottesdienst, es gab einen frischen Pfarrer, mit dem sie sich anfreundete. Die Freundschaft vertiefte sich, und irgendwann war die Frau schwanger. Sie teilte es ihrem Mann mit, und der war zwar fassungslos und traurig, an ihrem Leben änderte sich jedoch nichts. Die Kinder dachten, dass es einen Nachzügler gäbe. Irgendwann aber sagte der Vater den Kindern, dass er nicht der Vater von dem im Bauch sei und wer der Vater sei, nämlich der Pfarrer. Da ließen sich die drei von ihrer Mutter nicht mehr angreifen. Sie kränkte sich und versuchte zu erklären. Eine Abtreibung wäre aus religiösen Gründen nie für sie in Frage gekommen. Der Pfarrer nahm es gelassen, er gab sich den Anschein, als ob er sich auf das Kind freute, allerdings meinte er, es müsse mit dem Mann ein Gespräch geführt werden. Dieser lehnte ab. Als die Zeit der Geburt nahte, ging die Frau zu der Nachbarin, mit der sie bisher wenig zu tun gehabt hatte. Sie tranken Kaffee, und die schwangere Frau erzählte ihren Kummer. Sie freue sich auf das Kind, aber die Situation zu Hause mache sie fertig. Lange redeten sie, und dabei schaute die schwangere Frau mit ihren stechend blauen Augen die Nachbarin an. Das hatte so etwas Zwingendes, dass sie dem Blick nicht ausweichen konnte. Sie bot sich an, nach den drei Kindern zu sehen und ihnen ein Mittagessen zu kochen, wenn sie zur Entbindung ins Krankenhaus müsse.

Die schwangere Frau hatte für das Neugeborene eine Wiege mit Schleifen und Rüschen und einem Baldachin gerichtet. Einmal, als ihr Mann auf Montage war, hatte sie dem Pfarrer gezeigt, wo ihr Kind dann schlafen würde. Der Pfarrer küsste das kleine Kopfkissen und sagte, dass er es kaum erwarten könne.

»Aber wie«, hatte die Frau gesagt, »wie wird das nur werden, mit meiner alten Familie, werden sie unser Kind akzeptieren?«

»Gewiss«, meinte der Pfarrer. Sie glaube gar nicht, an was sich Menschen alles gewöhnen können. Da hatte sich die Frau nicht weiter zu fragen getraut, gerne hätte sie nämlich gewusst, was aus ihnen beiden werde.

Ein zweites Mal ging sie vor der Entbindung noch zur Nachbarin und fragte, ob es vorstellbar wäre, dass ihr Mann sich mit ihrem Mann anfreunde, und ob der ihre denn einmal am Abend zu Besuch kommen könne. Allerdings würde das nur auf eine Einladung hin geschehen. Das könne sie sich nicht vorstellen, sagte die Nachbarin. Aber eines Abends stand der Mann vor der Tür der Nachbarin und fragte, ob er eintreten dürfe. Er bitte sie, nur ein Weilchen ausruhen zu dürfen. Er habe sonst Angst, dass sein Kopf zerspringe. Die Nachbarin bot ihm einen Schnaps an, und kurz bevor ihr Mann nach Hause kam, ging der andere wieder. Es wurde zur Gewohnheit, und zwischen Nachbarin und ihm vertiefte sich eine Freundschaft.

Bald wurde das Kind geboren, und ein Tag folgte dem anderen.

ist kein Wort, das mir gefällt, und was es bedeutet, ist auch nicht sympathisch. Die Frau, von der ich erzählen möchte, kenne ich nur flüchtig, habe mit ihr wenige Worte gewechselt, kann also nicht ausschließen, dass ich ihr unrecht tue. Das erste Mal saßen wir einander im Zug gegenüber, ich nahm an, dass sie zu ihrer Arbeit unterwegs war. Ein muskulöser Mann ging an uns vorbei und grüßte sie auffällig, indem er eine Augenbraue hochzog – sie nickte ihm zu. Ich stellte mir also vor, dass sie an der Rezeption eines Fitnessstudios arbeitete und acht Stunden am Tag von verschwitzten Körpern umgeben war.

Die Frau war Anfang dreißig, zart, hielt ihre Arme am Oberkörper verschränkt, als umarme sie sich selbst. Sie will zeigen, wie zerbrechlich sie ist, dachte ich, lässt aber ihre harten Augen außer Acht. Gebe mir selber zu bedenken, dass dies auch von dem schwarzen Kajal kommen könnte. Ob ihr wohl viele Männer auf den Leim gehen, denke ich. Wie ich mir ausmale, verlangt sie, verwöhnt zu werden. Ich fantasierte mir einen Mann, der ihr einen Saphirring schenkt, der zu ihren aschblonden Haaren passt. Würde sich dann ihre Laune aufhellen? Sie war missgelaunt, lachte nie, wirkte, als öde sie alles an, dieses ganze öde Dasein.

Längere Zeit kam sie mir nicht mehr unter die Augen, und ich vermisste sie, weil ich ja meine Geschichte ohne sie nicht fortschreiben konnte. Als ich sie wiedertraf, saß ich am anderen Ende des Waggons und hatte Mühe, über etliche Köpfe hinweg sie zu beobachten. Ein Mann redete auf sie ein, wieder ein muskulöser, aber nicht derselbe, den ich schon einmal gesehen hatte. Sie hielt ihren Kopf nahe an seiner Brust und trug ihr Haar offen, sah damit jünger aus.

Gern wäre ich zwei Bänke vorgerückt, um zu hören, was sie sprachen, verbot es mir aber. Er redete, wie es schien, auf sie ein, aber ihr war es nicht gleichgültig, sie wischte sich die Augen. Konnte nicht sehen, ob wegen Tränen oder weil sie sich dachte, der Kajal hat sich verschmiert.

Sie stiegen gemeinsam aus, entfernten sich aber in verschiedene Richtungen. Plötzlich drehte sich die Frau um und rannte dem Mann nach. Er sah genervt aus und machte eine entsprechende Handbewegung, weg vom Körper, als wollte er sie gerade mit wegwischen. Sie klammerte sich an sein Kapuzenshirt. Er nahm grob ihre Hand weg, und sie fiel an ihren zarten Körper. Was war geschehen? Saphirring hatte ihr dieser Mann sicher keinen geschenkt. Ich sah der Frau nach, sie hatte den Kopf gesenkt, und ihre Beine wirkten ungeschickt. Ihr Gang war nicht gut. Ein Fuß zeigte nach innen, während der andere gerade ging. Nun tat sie mir leid.

Ich hatte in Berlin meine Schwester besucht und für das Frühstück eingekauft, da sah ich eine alte Frau auf dem Trottoir – sie saß auf einem Gartenstuhl. An der Lehne hatten sich bereits die Schnüre gelöst, alles sah
ziemlich erbärmlich aus. Die Frau hatte einen Behälter vor sich, wie der
Fressnapf eines Hundes. Um ihren Hals trug sie ein Schildchen, auf dem
stand: »Mutti«. Ich schaute der Frau kurz ins Gesicht und gab ihr ein frisches Brötchen. Dieses Gesicht ließ mir keine Ruhe, ich kehrte um und
warf zwei Euro in den Napf. Sie nickte mit dem Kopf. Das Gesicht sah
so rechtschaffen aus, eine Oma vielleicht, der Hartz IV ausgegangen war,
schließlich ging es auf das Monatsende zu. Sicher hat sie keine Angehörigen, keinen, der auf sie schaut, Kinder, vielleicht in Übersee oder keine
Kinder. Was macht sie im Winter, wenn sie nicht heizen kann?

Meine Schwester kannte die Frau. »Mutti kennt man«, sagte sie. »Die
verdient gut. Die macht, dass jeder ein schlechtes Gewissen hat. Sie ist
nicht verwahrlost, hat keine Plastiktüten in ihrem Rücken, jeder weiß, es
könnte die eigene Mutti sein. Eine Woche vor jedem Monatsende sitzt sie
auf ihrem kaputten Gartenstuhl.«

»Kann sich die Fürsorge nicht um sie kümmern«, fragte ich, »damit sie
sich nicht so zu demütigen braucht?«

Meine Schwester wusste, dass Leute von der Wohlfahrtspflege der
Frau schon Hilfe angeboten, sie aber abgelehnt hatte. Die Frau in der Bäckerei wusste das auch. Sie bekam reichlich frische Backwaren geschenkt,
die sie am Abend mit nach Hause nahm.

Zur Bäckersfrau hatte sie gesagt, sie habe die Menschen gern und es sei
eine schöne Abwechslung für sie, auf der Straße zu sitzen. Vorausgesetzt,
das Wetter sei freundlich. Bei Regen blieb sie zu Hause. Im Winter wollte
sie auch nicht draußen sein. Sie wolle auf einen Tiefkühler sparen und
dann das viele Brot einfrieren, dann hätte sie über die kalte Jahreszeit
genug zu essen. Sie könnte Brotsuppe kochen, Scheiterhaufen von den

süßen Stücken, Möglichkeiten gäbe es genug. Einsam sei sie im Winter. Man habe der Frau auch schon angeboten, ihr einen Platz im Altenheim zu geben, das wollte sie nicht. Besonders liebe sie es, den Kindern und den Tieren zuzuschauen. Einmal hatte sie eine asiatische Frau mit zwei Kindern beobachtet, drei und vier Jahre alt. Die Mutter hatte zu der Vierjährigen gesagt, dass sie enttäuscht von ihr sei und dass sie gleich bei Mutti, hier auf der Straße, bleiben könne, sie wolle sie nicht mehr, und der Vater wolle sie auch nicht mehr. Das Kind setzte sich neben Mutti auf den Gehsteig und weinte bitterlich, konnte gar nicht mehr aufhören. Die Frau sei mit dem anderen Kind einfach weitergegangen. Da aber sei Mutti aufgesprungen, ihr Stuhl fiel um, und sie hetzte hinter der Frau her, packte sie am Ärmel und schrie, so laut sie konnte: »Schämen Sie sich!«

Der Bub stand dazwischen. Auf der rechten Seite wurden die Schweine aus dem Stall getrieben, auf der linken Seite wartete der Schlachter. Der Bub hatte Mitleid mit den Schweinen. Auch wusste er, dass es eine Not gab, die Schweine zu schlachten, so verstand er auch den Schlachter. Die Schweine gehörten seinem Großvater. Auch der konnte ihn vom Recht überzeugen. »Es ist eine Kette, mein Enkelsohn«, sagte er. »Alles hat seine Ordnung.« Eines wusste der Bub, niemals wollte er Schweinezüchter werden, niemals Schlachter. Er wollte einen Beruf, der den Menschen Freude bereitet. Pfarrer vielleicht, weil die Großmutter den Pfarrer als Menschenfreund lobte?

Als er erst fünfzehn war, kam ihm die Idee, für ein Schulfest eine Band zu engagieren. Er schrieb Briefe, klebte Plakate und verhandelte schließlich mit den Musikern. Denen imponierte der Bub. Sie spielten ohne Gage, und mehr Leute als erträumt kamen. Weiter knüpfte er Kontakte und war schon eine kleine Firma, allerdings war er noch der Einzige, und die Firma war sein Zimmer.

Nach der Schule studierte er Medien, und nebenher veranstaltete er. Künstler kontaktierten ihn, er bekam schon Geld für seine Arbeit, und er tat alles, um ihnen Erfolg zu bescheren. Kabarettisten waren seine Kunden, Sänger, Musiker.

Einmal kam eine Frau zu ihm, die dachte, sie könnte Sängerin sein, aber leider keine gute Stimme hatte. Viel zu dünn, wie ein Fädchen. Er aber überlegte blitzschnell, wie es anzustellen wäre, ihr einen Job zu verschaffen. Sie war liebreizend. Dieses Wort fiel ihm ein, und gleichzeitig dachte er, dieses Wort ist eigentlich nicht in meinem Repertoire. Er lud sie zu einem Gespräch in das *Schwarze Kamel*, das ihr allerdings übertrieben vorkam, sie war normal angezogen, Pullover und Jeans, er trug sein bestes Stück. Sie war blond und hieß Carmen. Er lachte viel an diesem Abend. Im Bett allein dann hatte er die zündende Idee.

Wieder saßen sie im *Schwarzen Kamel,* er trug diesmal eine Jacke, schwarz mit verziertem Revers, sehr schick, sie, was sie meistens anhatte, und sie sagte:

»Warum wieder das *Schwarze Kamel,* weil du ein schwarzes Kamel bist?«

»Weil ich ein schwarzes Kamel bin, haargenau, sieh mich doch an.« Er strich ihr die Stirnfransen aus den Augen, die blau oder grün waren, oder grau, je nachdem.

Sie verliebte sich in ihn, und gemeinsam arbeiteten sie an ihrer Bühnenshow. Da durfte sie dünn singen, und es war ideal.

»Was soll ich deiner Meinung nach erzählen«, fragte sie, »so allein auf der Bühne?«

»Sing dein Leben«, sagte er, und sie begann mit der Geburt. Es war klug, bizarr, und das Publikum klatschte.

Endlich war es so weit, und der Termin für die Hochzeit stand fest. Die Braut war mit ihren Vorbereitungen beinahe fertig, das Kleid duftete, die Hochzeitsgäste waren eingeladen. Jetzt saß Beate an ihrem Mädchenschreibtisch in ihrem Mädchenzimmer und übte ihre Unterschrift. Beate Bergmann. B.B. wie Brigitte Bardot. Die einst so umwerfende Brigitte Bardot war mittlerweile eine alte Frau, setzte sich für Robben ein und tendierte politisch nach rechts. Alles war gewesen.

Brigitte Bergmann, geborene Schiffer, versuchte ein elegantes B auf ihrem Papier. Schreibschrift, keine Blockschrift.

Man erwartete siebzig Gäste.

»Siebzig Gäste!«, schrie ihre Mutter vor Aufregung. »Ist das nicht übertrieben? Da verliert man die Übersicht. Da kann es sein, dass einige sich gar nicht kennen.«

B.B. saß über ihr Papier gebeugt und versuchte zum x-ten Mal eine neue Variante – sollte sie leicht schräg, gerade oder ziemlich schräg? Dabei überkam sie eine Hitze. Ihr schlechtes Gewissen pochte, und mit Schrecken sah sie ihren Kontostand vor sich, die Überziehung, wie es so harmlos heißt. Sie hatte sich unglaublich verausgabt, von allem das Beste bestellt. Die Gäste sollten sich wundern und der Meinung sein, noch nie so einer großen Hochzeit beigewohnt zu haben. Ihr Bräutigam, Karl Bergmann, wusste von alledem nichts. Er kam aus bescheidenen Verhältnissen, bescheiden deshalb, weil unnützes Geldausgeben nie vorgesehen war. Er dachte sich, schön, dass meine zukünftige Frau Brigitte sich viel mehr leisten kann als wir. Hätte er ihren Kontostand gewusst, wäre er verzweifelt. Wie sollte der je abgedeckt werden? Brigitte war, was nur sie beide wussten, im dritten Monat schwanger und wollte nie mehr arbeiten, nur für ihn, Karl, und das Kind da sein wollte sie.

Also. Sie hatte sich entschieden: Schrift leicht schräg, opulentes B, die Kleinbuchstaben normal.

Die Mutter rief aus der Küche: »Eine sechsstöckige Hochzeitstorte, muss das sein?«

Brigitte tat, als hörte sie nicht. Ihr Vater sollte die Getränke bezahlen, da kam auch einiges zusammen, er würde sich wundern.

Heiratet man denn nicht nur einmal? Karl und Brigitte wollten sich ewige Treue schwören. Seine und ihre Eltern waren schließlich auch bei ihren Partnern geblieben, obwohl große Brocken weggeräumt werden mussten. Ein außereheliches Kind auf der einen Seite, Ungeduld und verhaltener Zorn auf der anderen. Weit und breit keine Liebe mehr.

Brigitte nahm sich vor, treu, sparsam und liebevoll zu sein. Sie und Karl würden ein gutes Leben haben. Und sie eine neue Unterschrift.

Als ich mit meiner Schwester an einem Vorwintertag aufbrach, um die Schule zu besuchen, wehte ein scheinheiliger Wind, der sich bald drehte und sich bald in einen Sturm verwandelte. Da waren wir zwei gerade eine Viertelstunde unterwegs. Der Schulweg von der Tschengla nach Bürserberg dauerte nämlich ziemlich lang. Wir überlegten, umzukehren, und beschlossen dann aber durch das Schneetreiben zu rennen. Der Weg war steil. An klaren Wintertagen fuhren wir mit den Skiern in die Schule. Nicht an diesem Tag. Bald schon fiel ich auf die Knie. Meine Wollstrümpfe hatten ein Loch, ich blutete, kleine Steine klebten daran, und der Schnee stopfte sich in die Strümpfe hinein. Ein Baum fiel um. Dann ein zweiter, nicht weit von uns. Es knarrte und ächzte, als würden alte Männer aufbegehren.

»Nicht so schnell«, rief meine Schwester, »ich komme nicht nach, du wirst wieder fallen!«

Und schon fiel ich. Wieder auf die Knie. Diesmal blutete ich stark, und es tat weh, und auch in den anderen Strumpf stopfte sich der Schnee. Bei jedem Schritt knickte ich ein. Meine Schwester weinte und betete. Beim Bildstöckchen fiel ich ein drittes Mal, und ich konnte nicht mehr aufstehen. Meine Schwester schleifte mich hinter sich her. Mein Gesicht war rotzverschmiert, unsere Haare nass, ich spürte die Beine nicht mehr vor Kälte. Ich raffte mich auf und hinkte hinter meiner Schwester her. Keine Menschen sonst. »Hilfe!«, schrien wir, als könnte uns einer hören. »Hilfe!«

»Die müssen uns doch vermissen«, sagte meine Schwester, »die müssen, wenn wir nicht in die Schule kommen, bei uns zu Hause anrufen.«

Das einzige Telefon war bei uns zu Hause, im Kriegsopfererholungsheim, wo unser Vater der Verwalter war und zudem eine Art Doktor, der Kranke behandelte, mit Pflastern und so, auch ab und zu eine Spritze.

Wir hörten ein Auto, aber das nützte uns nicht. Wir beschlossen, einen Steilhang auf dem Hosenboden hinunterzurutschen, weil gerade wieder ein großer Ast vor unsere Füße gefallen war. Menschen lasen uns auf. Hinterher hieß es, ich sei bewusstlos gewesen. Ich erinnere mich nicht. Man brachte uns ins Pfarrhaus. Die Köchin gab uns heißen Kakao, Wollsocken, wahrscheinlich welche vom Pfarrer. Sie waren so groß, dass die Ferse bis über meine Waden reichte.

Meine Schwester war ganz stumm. Ich redete wie ein Buch. Erzählte, ohne zu übertreiben, aber es klang übertrieben. Es gab frisches Zopfbrot. Du lieber Himmel, dachte ich, die essen am Werktag Zopfbrot! Unsere Mutter, die sonst nie von zu Hause wegging, wartete auf uns. Sie trug eine dunkle Sonnenbrille. Wir schmiegten uns an ihren blauen Mantel. Der Vater hielt ihre Hand. Wir waren müde Helden.

Im Osten geht die Sonne auf. Menschen kriechen aus ihren Betten. Sie sind müde, weil sie nicht geschlafen haben. Konni trinkt verschlafen Milch, die Mutter verschlafen Kaffee, und verschlafen trinkt ihr Vater Tee, ihr Bruder verschlafen Kakao und ihre Schwester verschlafen Orangensaft.

Sie ziehen sich Kleider an. Sie finden ihre Schuhe nicht. Der kleine Sandmann hat sie versteckt, bevor er fortgelaufen ist. Konnis kranke Großmutter bleibt liegen und wartet, bis sie endlich schlafen kann. Der Schulbus holt die Kinder ab. Konnis Mutter weicht verschlafen Linsen ein, Konnis Vater schläft auf dem Schreibtisch in seinem Büro.

Der kleinste Sandmann liegt in der Wiese und schaut. Der Himmel ist eine Glaskugel, riesengroß, dunkelblau, mit hellen Sternen. Die Nacht ist ganz still. Musik tut weh, weil sie so schön ist.

»Wo sind meine Brüder? Verzeihung«, sagt der kleinste Sandmann zum weißen Mann, »haben Sie zufällig meine Brüder gesehen?«

Der weiße Mann hat Schwarzbrot in seiner Hand: »Ich sehe nur Schatten«, sagt er.

Spatzen singen vor dem Fenster in den Bäumen.

»Und wenn in der Erde ein Loch ist?«, fragt der kleine Sandmann. »Was mache ich dann?«

»Dann musst du mutig sein und durch den tiefen Gang kriechen, wir wissen nicht, wohin er führt, vielleicht zu deinen Brüdern.«

Popcorn, Rollschuhe und Haarschleifen brauchen Mädchen, wenn sie verreisen, in den Westen zu den Pferden. – So reden die Frauen.

Knallfrösche und kandierte Kirschen brauchen Jungen, wenn sie verreisen, in den Süden zu den Tigern. – So reden die Frauen.

»Auf der Matratze tanzen die Flöhe«, sagt das Sandmännchen.

Kastanien und Bücher sind Worte, die man angreifen kann.

»Wenn wir tot sind«, sagen die Frauen, »werden wir Feuer.«

Der kleinste Sandmann weint, er läuft und weint und stolpert über Wurzeln und Käfer und ist verzweifelt. Da sieht er von Weitem etwas Schwarzes. Seine großen Brüder sind es.

»Wo ist dein Sandsack?«, fragen sie.

»Ach«, sagt der kleinste Sandmann, »den Sand habe ich verkauft und der Sack ist mir gestohlen worden.«

»Und wo ist deine rote Zipfelmütze?«

»Ach, mit der roten Zipfelmütze habe ich eine Bettlerin zugedeckt. Ihr war so kalt.«

»Ab morgen«, sagen die großen Brüder, »beginnt wieder der Ernst des Lebens.«

»Was meint ihr damit?«, fragt der kleinste Sandmann.

»Das wirst du morgen sehen. Heute kannst du es dir noch schön machen. Wir haben dir deine Mundharmonika mitgebracht.«

Die anderen Brüder kommen, und gemeinsam singen sie das Sandmännchen-Lied. Ein Rabe klappert mit seinem Schnabel. Es klingt wie Klatschen.

Augen zu und Träume träumen,
bis die Meereswellen schäumen.
Bis im Traum die Hose kracht,
dann hast du es gut gemacht.

Meine Hose kracht im Traum,
und der Rabe sitzt im Baum,
und im Westen ist es kalt,
kälter aber ist's im Wald.

Schau, jetzt ist er aufgewacht!
Hörst du, wie die Hose kracht?
Kracht die Hose auf den Po,
muss der Sandmann schnell aufs Klo.

Wo ist seine Zipfelmütze?
Liegt sie in der Regenpfütze?
Und die blanken roten Schuh'?
Geht nach Haus, lasst mich in Ruh'!

»Sei ruhig, bleib ruhig, ich bin bei dir, ich bin dein Papa, hab keine Angst«, sagte Paula, fünf Jahre alt, und drückte den Kopf an Mamas Brust. Sie saßen im Zug, und ihre Zugfahrt endete abrupt. Ein Mann im hohen Alter hatte sich auf das Gleis gelegt und war überfahren worden. Der arme Lokomotivführer!

Wenige Leute saßen im Zug. Es war still. Die Mama nun neigte ihren Kopf und berührte mit ihren Haaren, die frisch gewaschen nach Zitrone dufteten, den Scheitel ihrer Tochter.

»Ich weiß, mein Liebling«, sagte sie, »du bist bei mir.«

Paula wiederum hob ihren Kopf und zitierte ihren Vater: »Kein Blatt passt zwischen uns.«

Ein kleiner Mann ging durch den Zug und versuchte, die wenigen Leute zu beruhigen, die da saßen und murmelten. »Ein Selbstmörder, das dauert garantiert Stunden.«

Der kleine Mann, der nicht zum Personal gehörte, aber informiert schien, stellte sich vor Paula und ihre Mutter: »Ich fürchte, wir müssen aussteigen, zehn Minuten bis zum nächsten Ort, dort bringt uns ein Bus in das einzige Hotel. Morgen kann es dann weitergehen.«

»Das ist unmöglich«, sagte die Frau, »morgen habe ich einen Gerichtstermin in München wegen der Scheidung.«

Gleich wird sie weinen, dachte Paula und krallte ihre scharfen Nägelchen in den Arm der Mutter.

»Ich kann für Sie anrufen, mich für Sie entschuldigen, das gilt. Es handelt sich um ein gültiges Problem.« Er hievte ihren schweren Koffer von der Gepäckablage, beinahe wäre er zusammengebrochen. »Den haben Sie nicht allein da hinaufgebracht«, sagte er.

»Unsere Bleiplattensammlung«, sagte Paula, ein Zitat ihres Vaters.

Der kleine Mann schob den Koffer. Es ging über Stock und Stein. Der Mond schaute von oben herab.

»Morgen, liebe Frau, wird alles gut sein, wenn Sie es wünschen, werde ich Sie begleiten.«

»Das müssen wir uns noch überlegen«, sagte Paula.

Gewiss war das Zimmer ein Provisorium, so wenig Platz im Hotel, die Reisenden kamen noch dazu. Sie lehnten mit geschlossenen Augen an der Wand. Auch der kleine Mann. Mutter und Kind lagen mit einem Kutzen zugedeckt im einzigen Bett.

»Mama, keine Tränen, ich bin dein Papa, ich bin bei dir.«

Ist es verwegen, zu glauben, dass der kleine Mann sich vornahm, sich um die beiden zu kümmern, nicht nur für diese Nacht und den morgigen Tag, nein, für immer? Es könnte eine günstige Entwicklung geben, dachte sich die Frau, und Paula gab ihr wortlos recht.

Es war im Winter, zwar ohne Schnee, aber sehr kalt. An meiner Tür läutete es, ich öffnete. Eine Frau, die ich vom Sehen kenne, fragte, ob sie eintreten dürfe. Sie war barfuß, trug ein dünnes Kleid, oder war es ein Nachthemd. Sie zitterte. Ich wies ihr den Weg in die Küche. Dort ist mein wärmster Platz. Gerade hatte ich Tee aufgebrüht. Auf dem Boden lagen zerstreut Fetzen der Morgenzeitung, die Katze war am Zerfetzen. Ich stellte sie vor die Tür, schenkte der Frau Tee ein. Ich wusste ihren Namen nicht. Sie sagte ihn auch nicht. Sie zitterte am ganzen Leib. Ich holte von der Garderobe die wattierte Winterjacke meines Mannes und legte sie über ihre Schultern. Auch gab ich ihr meine Wolldecke und Hausschuhe mit Fellfutter. Sie zitterte immer noch, hatte Mühe, die Tasse zu halten, trank von dem heißen Tee und bat um Zucker.

Stockend erzählte sie, zwischendurch schluckte sie heftig, und ich dachte, gleich wird sie weinen.

»Was mir passiert ist, kaum zu glauben, aber wahr. Ich habe die Angewohnheit, vor dem Frühstück die Zeitung hereinzuholen. Noch im Nachtgewand und ohne Schuhe. Zur Abhärtung. Dabei lasse ich die Tür einen Spalt offen. Diesmal aber, was mir noch nie passiert ist, schlug die Tür zu. Ein Windstoß. Ich war allein zu Hause, mein Mann ist unterwegs. Kein Fenster, keine Tür, weder Balkon noch Keller waren offen. Ich hatte das Gefühl, meine Fußsohlen kleben am Eis. Ich rannte zum Nachbarhaus, klingelte. Niemand öffnete. Ich rannte zum anderen Nachbarhaus. Niemand öffnete. Ich wusste, da lag eine alte Frau im Sterben, also lief ich weiter. Ich betete und fluchte. Niemand begegnete mir. Es war erst kurz nach sieben, die Schüler würden erst in einer halben Stunde auf dem Weg sein. Kein Mensch auf der Straße. Jetzt bei Ihnen, und Gott sei Dank, haben Sie mir aufgemacht. Ich glaubte, sterben zu müssen, ich bin nicht mehr die Jüngste. Sehen Sie mich nicht an, ich muss furchterregend aussehen.«

Sie wollte nicht, dass ich einen Arzt rufe, zu peinlich die Situation.

»Ich bestelle jetzt den Schlüsseldienst«, sagte ich, schenkte noch einmal Tee nach. In drei Stunden kommen die vom Schlüsseldienst, eher wäre es nicht möglich. Ich gab die Adresse durch.

»Darf ich dann noch so lange bei Ihnen sein?«, fragte die Frau, und sie wirkte wie ein Kind, das noch glaubt, dass Katzen reden können. Die Katze schlich sich wieder in die Küche und hüpfte auf ihren Schoß. Sie redete mit ihr in der Katzensprache, sie gurrte.

»Ich werde Ihnen auf dem Sofa ein Bett machen«, sagte ich, »eine Wärmeflasche dazu.«

Sämtliche Decken, die wir haben, türmte ich über ihr auf, legte die Wärmflasche darunter. Kleinlich, wie ich bin, dachte ich, dass ich die unterste Decke, die mit ihr in Berührung gekommen war, gleich waschen würde.

Als endlich der Schlüsseldienst kam, schlief sie, und ich hatte Mühe, sie wach zu kriegen.

334   Kennst du mich nicht mehr?

»Kennst du mich nicht mehr?«, fragte die Frau vor dem Bankschalter. »Verweigerst du auch das Internetbanking?«

Ich kannte sie wirklich nicht. Irgendwie kam sie mir bekannt vor, aber keine Ahnung …

»Wir sind zusammen ins Riedenburg gegangen. Ich bin die Gudrun.«

»Die Gudrun, ja, jetzt weiß ich es wieder. Wir verändern uns eben.«

»Du nicht.«

»Ich bin eine alte Frau wie du.«

»Du hast mich nicht erkannt, weil ich so dick geworden bin. Aber weißt du, das kommt nicht vom Essen, das liegt am Stoffwechsel. Wenn du wüsstest, bei wie vielen Ärzten ich in Behandlung war und immer noch bin! Sie können mir nicht helfen. Diäten! Weißt du, wie viele Diäten es gibt? So viele, wie es Frauen gibt! Ein Arzt hat mir geraten, meinen Magen verkleinern zu lassen. Ich habe mich erkundigt, das klang alles so grausam, dass ich es nicht machen will. Du hast dann zwar Hunger, kannst aber nur ein Häufchen essen. Und was das Schlimmste ist, du denkst ständig ans Essen.«

Ich wusste nichts zu sagen.

»Ich sehe, du bist schockiert, wie jeder, der mich gekannt hat. Weißt du noch, was ich für eine dünne Geiß war und wie gut am Schwebebalken?«

»Damals waren wir alle dünn.«

»Stimmt nicht. Die Eli war dick, und beim Turnen versagte sie komplett. Und weißt du, wie sie jetzt aussieht? So dünn wie du. Ich fragte sie, was hast du gemacht, und sie sagte, sie habe nichts gemacht. Die Zeit hat sie verändert, sagt sie. Soll man das glauben?«

»Hast du Familie?«, fragte ich.

»Hatte eine Familie, einen Mann, zwei Töchter, jeder lebt für sich allein, und keiner kümmert sich.«

»Wie traurig«, sagte ich. »Und Freundinnen?«

»Eine Selbsthilfegruppe. Lauter fette Frauen und ich mittendrin. Aber denk dir nichts. Wir essen und lachen. Es ist eh schon für alles zu spät. Sollen wir uns ein Glas Wein gönnen?«

Ich begleitete sie in ein Café. Es war schon Abend, und Menschen aus den Büros füllten den Raum. Es wurde laut geredet und gelacht.

»Essen wir einen Lachs, das passt gut zum Weißwein«, sagte Gudrun.

Ich bin so selten unterwegs, so dass ich mir fremd vorkam.

»Noch ein Glas, zur Feier des Tages?«

Drei Gläser Wein hat jede von uns getrunken, und als wir auf die Straße hinaustraten, spürte ich den Schwips. Beide waren wir übermütig. Wir sahen auf dem Asphalt mit Kreide aufgemalte Vierecke, zogen unsere Schuhe aus und hüpften auf einem Bein. Gudrun war gelenkiger, als ich dachte. Zwei kleine Mädchen drängten uns zur Seite. Sie zeigten, wie es wirklich geht. In die Hände klatschen, von einem Fuß auf den andern wechseln, vorwärts und rückwärts.

Uns blieb nur das Bravo-Rufen.

Der Eitle wundert sich, dass die Frau, die er glaubte zu lieben, sich von ihm abgewendet hat. Er sieht ihren Kopfabdruck auf dem Kissen, riecht den vertrauten Zitronenduft und hegt Rachegedanken. Er wird ein böses Gerücht streuen.

Dann wird er krank und bedarf der fremden Hilfe. Er bedankt sich nicht bei der Schwester im Krankenhaus. Sie war aus Thailand hierhergekommen und ist auf ungewohnte Weise schön. Er will sie. Er denkt, sie steht mir zu, sie kann froh sein, wenn sie ihre schillernden mandelförmigen Augen auf mich richten darf. Sie weicht ihm aus. Da wird er zornig und deutet mit dem Zeigefinger auf sie und schüttelt ihn zornig. Ich wäre dein Hauptgewinn, sagt er vor sich her ins Leere hinein. Sein Herz macht Probleme.

Seine Brust schmerzt, die Luft bleibt ihm weg. Er klingelt nach der Schwester. Sie hört die Glocke und tut nichts. Er stirbt, und niemand trauert um ihn.

Die Geizige ist eine Frau um die fünfzig, die, als sie eine Schülerin war, niemanden von ihrem Apfel hat abbeißen lassen. »Aus Prinzip nicht«, sagte sie und hatte noch gar nicht gewusst, was ein Prinzip ist, und hätte sie es gewusst, nicht gewusst, was das mit dem Apfel zu tun hat. Ihre Figur blieb vom wenigen Essen gleich bis herauf in die fünfzig. Sie änderte die Blusen ihrer toten Mutter und zog auch deren Schuhe an. In Hotels steckte sie Duschhaube und Fingernagelreibe ein, montierte sogar die Shampooflasche in der Dusche ab, sie besaß eine ansehnliche Sammlung in Plastik eingeschweißter weißer Hotelpatschen.

Ihr Chef zog sie zur Seite, gab ihr einen Umschlag mit Extrageld und sagte: »Machen Sie etwas aus sich. Sie sind ja nicht unhübsch.« Sie nahm das Geld und schob es unter die Matratze, wo schon viel war, so viel, dass es ihren Schlaf störte.

Im Frühling breitete sie das Eisbärfell, auf dem sie als Kind von ihrem Vater fotografiert worden war, über den Sonnenfleck im Wohnzimmer und legte die Scheine um sich herum auf dem Boden aus, wie ein Federschmuck waren sie, zu Reihen geschichtet, Fünfhunderter, Zweihunderter, Hunderter, Fünfziger, Zwanziger, Zehner, Fünfer. Langsam begann sie zu zählen und zu rechnen und war entsetzt, weil die Summe so hoch war. Sie war eine reiche Frau, sie war nicht zufrieden und nicht unzufrieden, nicht glücklich und nicht unglücklich, sie dachte an den Tod und was das schöne Geld dann ohne sie tun würde.

Eine einzige Verwandte gab es, die Tochter einer Cousine, die sagte zu ihrer Mutter: »Gut, dass die Tante so geizig war.«

Der Wollüstige ist ein Mann von neunzig Jahren und gutem Ansehen, der in seinem Leben das Fell aller Frauen hatte berühren wollen. Seine Angetraute sagte: »Hört denn deine Sucht nie auf!« Durch ihn aber war sie jemand.

Er badete in Öl, zog seinen besten Anzug an, parfümierte sich und setzte sich in seinen Mercedes. In einem Kurort stieg er aus und begab sich auf die Terrasse des feinsten Hotels. Man kannte ihn dort. Er sprach Frauen an, ob sie mit ihm ein Getränk genießen möchten. Sie drehten sich weg. Seine Krawatte hatte inzwischen Flecke. Eine Frau handelte mit ihm. Vor ihr verbeugte er sich, und sie gingen auf ein Zimmer. Er wollte sie nur anschauen, ihren nackten Bauch und so weiter. Er blieb im Anzug vor ihr sitzen. Eine Stunde war festgesetzt. Aber auf einmal fühlte er sich gekränkt. Er gab der Frau fünfhundert Euro, das waren zweihundert mehr als ausgemacht. Er zog sich die Krawatte vom Hals und schleuderte sie aufs Bett. Noch nie hatte er für eine Dame bezahlt. Sein Leben lang hatte er ein Familienvater sein wollen und zugleich ein Verführer. Seine Angetraute hatte gesagt: »Niemals lasse ich mich scheiden!« Das war ihm recht gewesen. Nun verließ ihn alle Kraft.

Wenige Tage vor seinem Tod sah er ein Hochzeitspaar. Die Braut stand auf einer Schaukel, der Bräutigam gab ihr den Schwung. Der alte Verführer saß auf einer Bank und starrte auf die Braut. Jedes Mal, wenn sie den höchsten Punkt erreicht hatte, klatschte er in die Hände. Die Braut trug keinen Slip. Das war seine letzte Freude.

Der Lockruf eines Buchfinken nervte ihn.

Der Zornige hatte schon im Mutterbauch getobt und bei der Mutter heftige Unruhe hinterlassen, so dass sie zum Arzt sagte, etwas könne mit dem Kind nicht stimmen. Sie werde verrückt, es sei, als wäre ein Tier in ihrem Bauch, das nie zur Ruhe komme. »Schauen Sie nur, wie sich mein Bauch bewegt, wie er sich verformt. Das kann nicht normal sein.«

Ein Ultraschall zeigte ein wolkiges Bild, darin sah der Arzt keine Anzeichen zur Beunruhigung. Das Kind kam als gesundes Baby zur Welt.

Aber es konnte nicht stillhalten, bewegte sich, wo immer es lag. Seine Fäustchen blieben nicht ruhig, die Beinchen schlugen aus, in seine Stirn gruben sich Zornfalten. Die Mutter nahm es auf den Arm und wiegte es. Der Vater nahm es auf den Arm und sang ihm vor. Der Kleine schrie nicht, aber sogar wenn er schlief, tobte sein Körperchen. Manchmal stöhnte er, und das klang wie das Stöhnen eines Erwachsenen. Der Arzt fand keinen Schaden an ihm. »Es gibt eben solche und solche«, sagte er.

Lange lernte der Bub nicht sprechen, und als er erste Laute von sich gab, wurde interpretiert: Die Mutter hörte Mama, der Vater hörte Papa. Mit vier Jahren lernte er ganze Sätze sprechen, sie wurden in großer Unruhe zustande gebracht.

Die Mutter räumte ihr Bügelzimmer leer, sicherte alle Steckdosen und sperrte ihren Sohn ein. Vor die Tür stellte sie den Rekorder und spielte ihm laut Mozarts *Requiem* vor. Sie ließ ihn erst frei, wenn sie die Autotür ihres Mannes zuschlagen hörte.

Der Sohn hatte sich auf den Kopf fallen lassen, er blutete an der Stirn, und sein Gesicht war zerkratzt. Der Vater nahm ihn auf den Arm, und der Kleine riss ihn an den Haaren und trat ihn in den Bauch.

In ein Heim wollten sie ihren Sohn nicht stecken. Es gab ja Medikamente. In der Schule konnte er wieder nicht stillsitzen, und die Mutter, die einmal Lehrerin gewesen war, unterrichtete ihn zu Hause. Wenn er tobte, schimpfte sie ihn »Zornteufel«.

Der Vater fragte da und dort, es gab so viele Spezialisten, so viele hatten seinen Sohn schon überprüft. Jede Möglichkeit nahm er wahr. Seine Frau resignierte und ließ die Erziehung sein. Sie zog sich in den Garten zurück und pflanzte wie verrückt.

Ein Bekannter, den der Vater in einer Bar kennengelernt hatte, wusste Rat. Man wollte ihm glauben. Alles musste ausprobiert werden. Er fuhr mit seinem Sohn nach Brasilien, dort hatte der Bekannte einen Bekannten, einen Schamanen, der könne Tiere aus Menschen entfernen.

Der Vater zahlte eine Menge Dollars und ließ seinen Sohn schlechten Gewissens bei dem Zauberer. Das müsse so sein. Der nahm ihn mit in seine Hütte im Regenwald, dort vergrub er ihn und gab ihm zwei Tage nichts zu essen. Der Bub brüllte, wie man noch nie ein Tier habe brüllen hören. Der Zauberer gab ihm Salzwasser zu trinken und grub ihn aus. Er wusch ihn mit einem Sud aus Kräutern, legte ihn auf ein großes Tuch und schleifte ihn in den Wald.

Es wurde erzählt, dass der Sohn nach sieben Tagen wieder zum Schamanen zurückkehrte und ihn mit ruhiger Stimme bat, er möge ihn aufs Neue eingraben, damit er endlich gesund werde.

Die Fresssüchtige hat eine Zwillingsschwester, die ist magersüchtig. Die beiden sind um die fünfzig und waren immer so, wie sie sind. Sie wohnen in einem verwunschenen Haus, ich will damit sagen, sie wohnen in einem Haus, in dem Wünsche erfüllt und nicht erfüllt werden. Ramona ist die Fette, die nie genug kriegen kann, Sophia dagegen wird immer weniger.

Ramonas Wünsche werden augenblicklich erfüllt. Sie haut sich ein Steak in die Pfanne, wendet es in Butter und schneidet sich, noch am Herd stehend, den ersten Bissen ab. Zu ihrer Schwester sagt sie: »Schau nicht so neidisch! Ich bin fix und fertig, hab den ganzen Tag nichts gekriegt.«

Sophia, die Magere, Hagere, Ausgezehrte, ist nicht neidisch, schon gar nicht auf den Appetit ihrer Schwester. Sie sagt: »Das ist gut. Das tut dir gut. Wer Gewicht haben will, muss essen.«

Sie lässt sich von Ramona über die Gabel ein Stück Fleisch, innen blutig, in den Mund schieben.

»Runterschlucken!«, befiehlt Ramona.

Sophia schluckt. Sie setzt sich an den Tisch zu dem Teller Nudeln. Ihre Schwester bleibt beim Herd stehen, sie isst das Fleisch aus der Pfanne und die Nudeln aus dem Topf. Sie meint, das heißt: Ich probiere ja nur.

Sie bewacht ihre Schwester streng wie ein abgerichtetes Tier. »Runterschlucken!«, sagt sie wieder, zeigt mit dem Finger auf die cremigen Nudeln. »Sonst wird nichts aus dir, und mir macht man die Vorwürfe.«

Niemand macht Vorwürfe. Die beiden leben allein.

Nach dem Essen muss Ramona sich hinlegen und von Würsten träumen, die von Bäumen hängen. Sophia aber kniet vor der Toilette, als wollte sie beten, und steckt den Finger in den Hals. Sie dankt dem Haus, dass es ihren Wunsch erfüllt. Am liebsten würde sie den ganzen Tag kotzen.

Im Supermarkt freut sich Romana über die verschiedenen Rottöne von Fleisch. Sie liebt das Wort »Schweinelende«. Sophia wartet in der Obstabteilung. Sie trägt nur ihr selbergehäkeltes Täschchen bei sich, gerade drei Marillen und ein Pfirsich passen hinein. Zu Hause schluckt sie ein paar Schlucke vom Kamillentee, weil der Magen krampft.

Die Dicke und die Dünne haben keine Männer. Sophia putzt das Haus mit Seifenwasser und Essig, Ramona steht am Herd und rührt. Sie haben es in ihrem Leben nicht einmal probiert, nicht einmal probiert.

Sophia sagt: »Wie könnte mich ein Mann ertragen!«

Ramona sagt: »Wie könnte ich einen Mann ertragen!«

Heute riecht es in der Küche nach Safran. Ramona hat den besten Rotwein gekauft, den trinkt sie, während sie rührt. Was gerührt wird, riecht süß und ist blau. Ein Mus mit Heidelbeeren und Safran. Extra für Sophia. Heidelbeeren hat Sophia doch immer geliebt.

»Alle Mühe mache ich mir nur für dich«, sagt Ramona zu ihrer Schwester. Sophia ist eine Stunde nach Ramona zur Welt gekommen. »Ich bin die Ältere von uns beiden. Ich habe die Brust von der Mama schon leergetrunken, als du kamst. Das tut mir leid. Aber jetzt koche ich für dich.« Sagt sie und isst dann alles selber auf.

Als Kinder waren sie oft mit der Mama zum Heidelbeerpflücken. Einmal ist ein Eimer voll umgekippt, da haben sich die Mutter und die Zwillinge auf die Erde geworfen und haben sehr geweint.

Zum Glück sind die beiden reich, die Eltern haben viel Geld zurückgelassen. Dünnsein und Dicksein kann man sich hierzulande nur leisten, wenn man reich ist. Das meiste wird für Essen ausgegeben. Keine Reisen ins Ausland. Das Haus erfüllt alle Wünsche. Hin und wieder ein teures Fähnchen für Sophia, das ihren mageren Körper verdecken soll. Ramona steht auf dehnbare Kleider. Die lassen sich auseinanderziehen, wenn wieder ein Polster dazugekommen ist.

Die Zwillinge sagen, dass sie sich von Herzen lieben. Gegenteiliges ist nicht bekannt.

Der Eifersüchtige kann nur denken: Wo ist sie, was macht sie, was denkt sie? Und er geht los, sie zu suchen. Sie ist eine Frau, die seine Eifersucht nicht verdient und ihm noch nie einen Anlass dazu gegeben hat. Diesen Mann, der ihr erst heute das Seidenkleid, das ihre Figur so schön betont, zerschnitten hat, diesen Mann hat sie einmal geliebt, seinen Körper gern gestreichelt. So gern, dass er sich gedacht hat, sie streichelt grundsätzlich Männerkörper gern. Und wenn sie dabei die Augen schloss, dachte er, jetzt denkt sie an die anderen. Die Fetzen des Kleides hat er über das Bett verteilt. Die Absätze ihrer besten Schuhe hat er abgesägt, die Stumpen auf das Kopfkissen gelegt, man könnte meinen, sie bluten.

Und nun überlegt sie sich tatsächlich, ob sie die Anträge eines anderen annehmen soll. Sie hat ihm oft schon abgesagt, und er blieb beharrlich, das beginnt ihr zu gefallen. Ihr Ehemaliger – schon denkt sie so über den Eifersüchtigen – nimmt sie ins Verhör. Ganz egal, wo sie sich befindet, im Bett, am Tisch, auf der Stiege, vor Leuten mitten auf der Straße. Vor allem auf ihre Gedanken ist er eifersüchtig, denn er weiß, was Gedanken anrichten können. Was sie inzwischen denkt, wenn er das wüsste, er würde sie umbringen. Sie denkt sich: Ich werde ausziehen, wenn er bei der Arbeit ist. Davonschleichen. Kein Abschiedsbrief. Aus. Sie hat sich schon ein kleines Zimmer gesucht. Sie überlegt sich, ob sie zu dem Neuen ziehen soll. Ein guter Mann mit Manieren. Schon nennt sie ihn den Neuen. Erst aber will sie es mit sich allein versuchen. Mit ihren Gedanken, die sie in den letzten Jahren vernachlässigt hat.

Wie es der Teufel will, hat der Eifersüchtige in Erfahrung gebracht, wo sie jetzt wohnt. Er legt ein Messer auf ihren Fußabstreifer. Sie ruft ihre Mutter an, und obwohl das Verhältnis zu ihr schwierig ist und sie schon dreißig Jahre ist, zu alt, um zur Mutter zu kriechen, tut sie es. Sie versteckt sich in ihrem Mädchenzimmer.

»Zeig ihn an«, sagt die Mutter.

Das will sie tun. »Danke, Mama.«

Der Eifersüchtige klingelt, und die Mutter öffnet die Tür. Er ist charmant. Fragt nur, wo sie ist. Will gar nicht eintreten. Hat der Mutter einen Strauß Tulpen mitgebracht.

»Ach«, sagt er, »wir haben gestritten. Aber streitet nicht jedes Paar einmal? Ich bin gekommen, um mich zu entschuldigen.«

»Ich glaube dir nicht«, sagt die Mutter.

Aber es fällt ihr schwer. Zwanzig Jahre jünger, denkt sie, und ich würde mich in ihn verknallen. Sie ist eifersüchtig auf ihre Tochter. Die sitzt in ihrem ehemaligen Kinderzimmer und beißt sich in die Knöchel.

Schon als Kind war Chester Greenwood einer, der sich verlangsamt bewegte und auch verlangsamt dachte, was aber seiner Intelligenz keinen Abbruch tat, eher im Gegenteil, durch das schlafende Denken kam er oft zu bedeutsamen Ergebnissen, die zwar kaum einer verstand, aber immerhin. Das war in Framington im US-Bundesstaat Maine in den Sechzigerjahren des 19. Jahrhunderts. Chesters Eltern, zwei studierte Köpfe, waren in Sorge um ihren Sohn. Sie verstanden ihn nicht, wussten aber, dass aus ihm etwas Bedeutsames werden konnte. Oder soll ich sagen: könnte.

»Eine Art Isaac Newton«, sagte die Mutter, »wo immer das auch hinführen mag.«

»Ein Physiker kann Gutes wie auch Schlechtes anrichten«, sagte der Vater. »Warten wir ab, er ist erst neun Jahre alt.«

In eine gewöhnliche Schule konnten sie Chester nicht schicken.

»Ich will versuchen, ihn zu unterrichten«, sagte die Mutter, und das tat sie auch.

Sie konsultierten zudem einen Arzt. Der meinte, Chester könnte zum Beispiel an Melancholie leiden, war sich aber nicht sicher. Er passe ganz und gar nicht in das Schema. Man könne einige Versuche mit ihm anstellen. – Das wollten die Eltern nicht.

Die Mutter verzweifelte in ihrem Unterricht, weil sie ihrem Sohn nicht nahekam, nicht erkennen konnte, was der Bub sich dachte, wie er dachte, ob er überhaupt dachte.

Manchmal ähnelt die Melancholie dem Zorn.

Ihr Mann gab zu bedenken, dass es viele Arten von Menschen gibt. »Vielleicht ist er ja auch nur faul«, sagte er, »unser Chester.«

Im kalten Winter im Jahr 1873 wollte die Mutter dem Buben das Schlittschuhlaufen zeigen, Frischluft würde ihm guttun, merkte aber bald, dass es für Chester unmöglich war, sich auf dem Eis zu bewegen. Ihn fror an den Ohren. Er hatte einen weichen Schal um den Kopf gewickelt, der immer wieder verrutschte, weil er die kratzende Wollmütze nicht ertragen konnte. Zu Hause kam ihm die Idee mit den Ohrenschützern. Er bog sich einen Draht zurecht, den seine Mutter mit einem Stück Fell ihres ausrangierten Pelzmantels umwickelte. Der Vater ließ die Erfindung patentieren und verdiente damit einiges an Geld, so dass sich die Familie eine Reise nach Europa leisten konnte und einiges mehr. Das war aber auch schon die einzige Erfindung, auf die Chester verweisen konnte.

»Viele Erfinder sind faul«, sagte der Beamte auf dem Patentamt, »denn der Herr gibt es den Seinen im Schlaf.«

Die Mutter hatte gekocht, was die Ihren liebten, Gerstensuppe mit einem ordentlichen Stück Speck, die Bohnen so glänzend braun, die graue Gerste, fünf Lorbeerblätter, das Grün des frischen Liebstöckels. Es roch fantastisch. Sie probierte und war zufrieden.

Sie wartete auf ihre Leute. Keiner kam. Sie rief ihren Mann an, der musste länger arbeiten. Kein Problem. Im Warten wurde die Suppe noch besser. Sie hätte so gern die Ihren am Tisch gehabt und das Lob entgegengenommen, wie wunderbar, noch nie so gut …

Das Mädchen kam zwei Stunden zu spät aus der Schule. Ihr verweintes Gesicht erbarmte die Mutter. Sie schloss die Kleine in ihre Arme und fragte: »Rate, was es gibt?«

»Ich kann nichts essen«, sagte das Mädchen, »ich bin gedemütigt worden.«

»Was für ein Wort du verwendest!«, wunderte sich die Mutter. »Wer hat dir etwas angetan?«

»Meine Mitschüler finden mich zum Kotzen.«

»Weil du die Schönste bist«, sagte die Mutter, »das neiden sie dir, und darum sind sie böse. Komm, setz dich.«

»Nein, Mama, lass mich!«

Der Sohn erschien, da war es bereits Zeit fürs Abendessen.

»Ich kann nichts essen, Mama, mir ist alles vergangen. Ich habe meine Zulassung zur Meisterschaft nicht bekommen, ich bin eine Niete.«

»Du und eine Niete!«, empörte sich die Mutter. »Du bist begabt, und weil sie dir nichts gönnen, sind sie voller Missgunst, lieber würden sie selber hinken, als dir den Erfolg zu gönnen. Komm, setz dich zu mir und deiner Schwester, wonach riecht es?, nach etwas, das du liebst.«

»Mama, lass mich, ich kann nichts essen.«

Der Mutter war übel vor Hunger, aber sie wollte in Anbetracht ihrer Lieblinge nichts essen.

Die große Tochter kam und war stumm wie ein Stein. Die Mutter rüttelte sie und pries ihre Suppe an. Die Tochter schüttelte heftig den Kopf.

Was war geschehen?

Es wird wegen ihrem Freund sein, dachte die Mutter, der sie verlassen hat, weil er neben ihr nicht bestehen kann, er verdient sie nicht.

Als endlich ihr Mann erschien und seine Aktenmappe in die Ecke warf, was er noch nie getan hatte, brachte seine Frau keine Silbe heraus. Sie sah in sein Gesicht und wusste alles. Sie kannte ihn seit zwanzig Jahren. Er war entlassen worden. Und warum? Weil er überqualifiziert war, weil seine Chefs zu dumm waren, sein wahres Können richtig einzuschätzen.

»Mein Darling«, sagte die Frau und wollte ihren Mann umarmen, »riechst du nicht, was ich für euch gekocht habe?«

»Lass mich einfach«, sagte ihr Mann und verschwand im Schlafzimmer.

Da öffnete die Frau das Fenster, nahm die inzwischen lauwarme Suppe vom Herd und schüttete sie in das Kräuterbeet. Katzen kamen und machten sich an den Speck.

»Long, mach die Tür auf, ich bin es, Bao, deine Schwester. Wenn du die Tür nicht aufmachst, klettere ich durch das Dach.«

Nichts rührte sich im provisorischen Haus. Das war so einfach gesagt. Wie sollte sie auf das Strohdach klettern? Sie fand nichts, wo sie hätte hinaufsteigen können. Rund um das Haus war es sumpfig, und ihre Beine waren bis zu den Knien voll Schlamm. Long hatte sie gesehen und sich auf den Boden gesetzt. Er wusste, seine Schwester wollte von ihm aufgenommen werden. Weil sie nicht zufrieden mit dem Inder war. Der Inder hatte nicht schlecht bezahlt, und hätte er Bao zurückgenommen, müsste er auch das Brautgeld zurückgeben. Das war nicht mehr da. Er hatte damit einen neuen Computer gekauft.

Weil Long nicht öffnete, setzte sich Bao in den weichen Dreck, direkt vor die Tür. Irgendwann würde er über sie stolpern. Sie sang das Lied von den Tierkreiszeichen:

Ratte fett,
Ochse stark,
Tiger, Tiger,
Hase bin ich und Drache bist du,
Schlange, die Schwester,
Pferd, Schaf, Affe sind meine Freunde,
der Vater Hahn,
die Mutter Hund.
Wer das Schwein?
Das Schwein wird mein Mann sein,
wenn ich einmal groß bin,
wenn ich einmal groß bin.

Bao hatte sich ganz dicht an die Tür gedrückt, mit angezogenen Beinen, ihre Füße waren ziemlich klein, für diese Füße gab es nur Kinderschuhe. Sie sah den Inder auf das Haus zukommen. Ich werde mich totstellen, dachte sie sich. Gleich höre ich auf zu atmen, gleich, wenn er über mir ist. Sie spürte seinen Fußtritt in ihrem Bauch. Sie rührte sich nicht. Ich werde tot sein, und Long wird sein ganzes Leben nicht mehr froh. Der Inder schrie und hämmerte auf die Tür, sie öffnete sich, mit einem weiteren Tritt schob er Bao in das Haus. Long saß auf dem Boden und stellte sich ebenfalls tot, im Sitzen gestorben, das hat es schon gegeben. Der Inder kippte ihn um, wie man ein Möbel umkippt. Long lag nun zusammengerollt neben Bao. Auf der Feuerstelle kochte Suppe. Der Inder übergoss die beiden, da sprangen sie auf und liefen zum Fluss. Sie ließen sich in den Fluss fallen und treiben. Long sagte: »Verschwinden wir, bevor uns die Krokodile verschlingen.«

Eng aneinandergeschmiegt, warteten sie bis zur Mitternacht. Da ging Long, um den Europäer zu suchen. Er wusste, bei der Bar im Freien würde er ihn finden. Bao grub sich ein Erdloch und legte sich hinein.

Der Europäer saß auf dem Hintern umgekippter Schwarzer und trank Bier aus einer Tasse.

»Ich bin auf deine Hilfe angewiesen, Europäer«, sagte Long. »Du musst meine Schwester bei dir aufnehmen, bis ich den Inder beseitigt habe. Vielleicht gefällt sie dir ja auch.«

Gemeinsam gingen sie zum Fluss. Anstelle von Bao lag ein Hase im Erdloch.

»Den brate ich dir, Europäer«, sagte Long. »Ich habe da ein verführerisches Rezept aus meiner Heimat.«

344 *Wer bist du?*

»Wer bist du?«, fragte das kleine Mädchen und schaute hinauf zu der Frau, die seine Mutter war. Trübe Augen hatte die Mutter wie ein kranker Vogel. »Ihr müsst euch wieder kennenlernen«, sagte die Kontaktperson.

Das kleine Mädchen drehte den Kopf zur Seite und rief: »Weg, weg!« Der Mutter war an diesem Tag erlaubt worden, die Klinik zu verlassen. Sie wollte weinen, aber sie verbot es sich und wurde unwillig. »Dann eben nicht«, sagte sie und drehte ebenfalls den Kopf zur Seite.

Die Kontaktperson wusste sich im Moment auch keinen Rat. Sie saßen zu dritt um einen Tisch. Die Kontaktperson hatte Getränke geholt, für das Kind Limo, für die Mutter Cola light. Dem Kind fiel das Glas aus der Hand. Alles klebte.

»Das war Absicht«, sagte die Mutter und wurde noch eigensinniger.

Wie war das alles gekommen?

Die Mutter hatte mit vierzehn ihren ersten Freund gehabt. Sie war sehr verliebt in ihn gewesen. Er war fünf Jahre älter, und sie dachte, er sieht so gut aus, dass er nicht nur mir gefällt. Beim ersten Mal hatte sie Angst, mit ihm zu schlafen. Er sagte, sie sei nur blöd. Er löschte das Licht, und das fand sie sehr lieb. Sie schlief mit ihm, um ihn zufriedenzustellen. Sie wusste gar nicht, ob es ihr gefallen hatte. Eher nicht. Sie hatte Stress, ihm nicht zu genügen. Was er verlangte, tat sie.

Sie verblödete und dachte, verblöde ich oder war ich immer blöd.

Als sie schwanger wurde, kam sie sich fett und hässlich vor. Sie fragte ihn, ob er sie jetzt nicht mehr leiden könne, und er sagte: »Das geht ja vorbei.«

Er interessierte sich nicht für andere Frauen.

»Er konsumiert Gift«, sagte eine Freundin. »Wusstest du das nicht?« Sie sagte nicht Rauschgift, sie sagte Gift, als ob es in einer Apothekerflasche mit Totenkopf aufbewahrt würde. »Er macht das schon ewig. Wusstest du das nicht?«

Da konsumierte sie ebenfalls Gift, nämlich aus der Spritze, und es gefiel ihr. Der Freund dealte und kam ins Gefängnis. Die Frau vernachlässigte das Kind. Oft schrie es stundenlang. Die Nachbarn gingen an der Tür vorbei und sagten, hier stinkt es wie auf einem Bahnhofsklo. Eine Nachbarin rief bei der Polizei an. Die Beamten öffneten gewaltsam die Wohnungstür. Sie sahen das Kind an einer Brotrinde kauen. Mitten in einem Wäschehaufen saß es. Die Mutter lag daneben. Sie wurde in die Klinik gebracht. Auf den Entzug geschickt. Das Kind zu Pflegeeltern gesteckt.

Dieselbe Nachbarin sagte, gerade habe sie gelesen, und das sei nicht zu unterschätzen, dass alles Böse durch falsche Ernährung in die Welt komme. »Die frittierten Sachen und der Zucker, Mangelernährung, kein Obst, kein Gemüse, das verstopft die Zellmembranen der Nerven. Dann funktioniert nichts mehr. Und diese Frau«, sagte die Nachbarin, »das wusste man ja, hat sich nur von Junkfood ernährt und ihr Kind auch.«

A. Niedertracht ist einer aus der Gespensterarmee des Cyberspace. Jede freie Minute sitzt er vor seinem Computer und verschickt Postings. Er kann seiner Wut freien Lauf lassen. Leute demütigen, beleidigen, niemand wird ihn erkennen. Er unterschreibt niemals mit seinem Namen. Trifft man ihn auf der Straße und gibt ihm die Hand, bleibt nichts an einem kleben. Er ist total unverdächtig. Er ist ein Gedankenrowdy, wenn er verprügelt. Er muss vor keiner Autorität zittern.

A. Niedertracht unterhält sich im Buchladen mit einer Schriftstellerin und findet sie stockdumm. Er lässt sich nicht anmerken, dass er sie stockdumm findet, vielmehr geigt er auf und versucht sein bestes Gesicht. Er kennt ihre Mailadresse. Dann, am Abend, beugt er sich über die Tasten. Ja, er ist der Größte, und was ihm fehlt, ist nur ein geregeltes Privatleben.

A. Niedertracht tritt mit der Schriftstellerin in Mailkontakt.

Er schreibt: »Wenn du Material für deinen Scheiß brauchst, kann ich dir welches beschaffen.«

Sie schreibt: »Weil du keine Liebe hast, musst du den Hass in die Welt hinaustragen?«

»So einen Satz«, schreibt er zurück, »kann nur eine stockdumme Schriftstellerin schreiben. Sie kann sich nicht vorstellen, dass ein Mann wie ich darunter leidet, ständig unter seinem Niveau behandelt zu werden.«

»Was bringen dir die Postings, Mann?«, schreibt die Schriftstellerin. »Ist das, wie wenn du eine Scheibe zertrümmerst und nicht bestraft werden kannst?«

»Es ist einfach ein gutes Gefühl, wie wenn du Pilzsuppe kochst und weißt, dass der Esser es nicht überleben wird.«

Das jagt einem doch ziemlich Angst ein. »Du bist ein armes Schwein«, antwortet die Schriftstellerin, und als das Mail bereits versendet ist, greift sie sich an den Kopf und sagt: »Warum schreibe ich ›Schwein‹. Kein wirkliches Schwein soll beleidigt werden!«

Gemailt ist gemailt.

Folgendes gibt A. Niedertracht zurück: »Sie sind das klassische Beispiel eines Menschen, der noch nie einen kreativen Gedanken gefasst hat. Kommen Sie niemals auf die Idee, dass Ihre Meinung gefragt ist. Gehen Sie lieber auf eine Botox-Party. Lernen Sie schießen!«

Die Schriftstellerin ist verwundert, weil A. Niedertracht sie gesiezt hat, und verärgert über den arroganten Ton. Was bildet sich dieser Mann ein? Wie hatte sie sich ihn denn vorgestellt? Als einen Mann in Uniform, bewaffnet, mit einem Sack über dem Kopf, in den zwei Augenschlitze gerissen sind? Einer aus der Geisterarmee des Ku-Klux-Klan? Als einen Neandertaler? Hätte sie ihm zurückmailen sollen, dass sie für ihre Selbstachtung arbeitet, hauptsächlich jedenfalls? Hätte sie so tun sollen, als wären ihr diese Angriffe gleichgültig? Aber sie waren ihr nicht gleichgültig. Sie wusste, dass A. Niedertracht ihren Heiligenschein zertrümmern wollte.

Alles ist würdig, beschrieben zu werden. Auch wenn es nur ein Kiesel in der Sandale ist – oder die Fahrradglocke, die im Gedächtnis bleibt, weil man damals, auf dem Gepäckträger des ersten Freundes, so glücklich gewesen war.

Er hat nach *Rexona* gerochen. Es war das Deo seiner Freundin. Ich aber hatte gedacht, er ist allein und wartet auf mich. Er hat sich frisch gemacht, um mir zu gefallen. Ich war seine Verlegenheit. Seiner Freundin war ein anderer Mann ins Leben getreten. Diese Formulierung hatte er wörtlich übernommen. Jetzt roch ich sein *Rexona*.

»Wir können über alles reden«, sagte ich, »ich bin keine, die an dir kleben bleibt.«

Das gefiel ihm. Denn Geklebtes bekommt man nur durch Reißen und Verletzen weg. Er wollte nicht reißen und nicht verletzen. Ich dachte, es könnte sich etwas entwickeln zwischen uns beiden, etwas ohne Schmerzen. Ich war erst siebzehn und wollte nicht gebunden werden. Weder an einen Mann noch an ein Tischbein. Einer Freundin war so etwas passiert. Ihr Mann hat sie, bevor er das Haus verließ, an ein Tischbein gebunden. Aus Liebe. Ein massiver Tisch, Vollholz. Sie hat den Tisch mit ihrem Bein quer und mühevoll durch das Wohnzimmer geschoben und geschleppt, vorbei am Teppich bis zur Tür. Aber dann. Der Tisch verkeilte sich im Türrahmen. Was blieb ihr anderes übrig, als zu warten. Aber weil sie sich vor ihrem Freund fürchtete, schob und zerrte sie und schleppte schließlich den Tisch wieder zurück. Als er kam, fand er alles vor wie gehabt. Als wäre sie brav gewesen.

Das wollte ich vermeiden. In Geschichten vorzukommen, bei denen andere sich den Bauch halten vor Lachen, das wollte ich vermeiden.

Rexona – ich nannte ihn im Stillen so – war der Meinung, dass ich unfertig sei und noch zu formen. Das wollte er. Mich formen, bis es ihm passte. Ohne dass ich schreie. Ich war nicht zugänglich genug, nicht so freizügig, wie er es sich wünschte, er sagte dazu: verklemmt. Er kam einfach nicht mehr. Ich wartete. Die Tatsache, dass er mich wie Luft behandelte, so als wäre ich nie da gewesen, kränkte mich.

Ich lag in meinem Bett und fühlte mich elend. Las Dostojewski und nahm mir vor, auf den Richtigen zu warten.

Die Freundin mit dem gefesselten Bein am Tisch heiratete ihren Peiniger, sie sagte, er sei schwer in Ordnung und Eifersucht bedeute schließlich doch nur, dass man geliebt wird.

»Lasst euch Zeit«, sage ich zu meinen Kindern. »Es ist gut, einen Partner in einer verletzlichen Situation kennenzulernen. Zum Beispiel bei Misserfolg, wie reagiert er? Studiert es«, sage ich zu ihnen, »bevor ihr euch bindet. Merkt es euch, schreibt es auf! Alles ist würdig, beschrieben zu werden.«

Ihr Mann hatte sie verlassen. Sie saß viel in ihrem Zimmer und starrte zum Fenster hinaus. Sie wusste, es würde immer schwieriger werden, unter Leute zu gehen. Sie hatte Essensvorräte, die reichten ein halbes Jahr. Würde sie ein halbes Jahr ihre Wohnung nicht verlassen, wäre sie Patientin für die Psychiatrie. Sie hielt keine Menschen aus. Keine alten, keine jungen, keine Kinder. Was ihr blieb: Tiere.

Also ging sie in den Zoo.

Als sie bei der Gorilladame stehen blieb, die hinter Gittern lebte, begann sie mit ihr zu sprechen. Kamen Leute dazu, verstummte sie. Gingen sie weg, fing sie wieder an. Ihre Stimme war mild. Sie klagte ihr Leid.

Die Äffin hatte Mitleid mit ihr. Sie sah ihre vom Weinen geschwollenen Augen und die ungesunde Gesichtsfarbe.

»Komm näher«, sagte die Äffin und umklammerte die Gitterstäbe, »es gibt nichts, wovor du dich fürchten müsstest«, und ließ zu, dass die Frau ihre Finger berührte.

Die Äffin hieß Cosima und war ein Flachlandgorilla. Das las die Frau auf der kleinen Tafel unterhalb ihres Gefängnisses. Weit und breit sah sie keinen Besucher mehr, keine Aufseher, man hatte die Frau übersehen und den Zoo für die Nacht hinter ihr abgeschlossen. Cosima kam an die Tür und deutete ihr, einzutreten. Die Frau glaubte die Tür verschlossen, aber als sie dagegenschlug, sprang sie auf. Cosima umarmte sie mit ihren Fellarmen, sie waren wie ein überlanger Gürtel, der sie zweimal umschlang. Was für eine Spannweite, dachte die Frau. Sie erinnerte sich, gelesen zu haben, dass Gorillas anhand ihres Nasenabdrucks identifiziert werden.

»Mein zweites Ich bist du«, sagte Cosima.

»So einen schweren Gedanken kannst du fassen?«, fragte die Frau.

»Es sind nur Worte, mehr nicht«, sagte Cosima.

Die Frau setzte sich auf ihren Schoß und schloss die Augen. Käme eine Sintflut, ihr würde nichts geschehen.

»Glaube nicht«, sagte Cosima, »ich schütte Wasser durch einen Draht-korb, um ihn zu füllen.« Sie war sehr klug. Die Frau hatte noch nichts ge-sagt, nichts von Bedeutung.

»Längst schon sollte ich gestorben sein«, fuhr die Äffin fort. »Ich bin über der Zeit, deshalb werde ich wie ein Unikum gepflegt. Sie wollen Sa-chen an mir ausprobieren, die dann eurerseits interessant sein könnten. Lebensverlängernde Maßnahmen.«

Da sagte die Frau: »Ich bitte dich, Cosima, zähle mich nicht zu den Menschen, lass mich bei dir auf dem Schoß sitzen, bis alles vorbei ist.«

Die Äffin lachte, dabei verzog sich ihr Gesicht, und ihr Mund wurde breit und groß wie eine Höhle. Alle ihre Schwestern und Brüder waren schon Jahre tot. Im Oktober würde sie achtundsechzig Jahre alt werden. Beinahe so alt war die Frau.

Am Morgen kam ein Pfleger zu Cosima, der Äffin. Die Frau versteckte sich unter ihrem Bauch. Der Pfleger trug einen weißen Kittel, nahm der Äffin eine Speichelprobe ab und sprach kein Wort mit ihr.

»Unsereins«, sagte die Äffin, als der Pfleger gegangen war, »unsereins steht auf der roten Liste, wir sind vom Aussterben bedroht.«

»Ich auch«, sagte die Frau.

Sie hätte gern ihr graubraunes Fell gestreichelt, traute sich aber nicht. Es war noch zu früh für solche Vertraulichkeiten.

»Mein Mann«, sagte die Äffin, »hatte eine Silberfärbung auf dem Rücken, er war sehr eitel.«

»Wie mein Mann«, sagte die Frau leise. »Er war auch sehr eitel. Und hat sich deiner auch ständig nach anderen Weibchen umgesehen?«

»Das ist eben ihre Art«, sagte Cosima, »das sollte uns nicht kümmern.«

Cosima hatte ihr Zuhause mit den Nebel- und Regenwäldern nicht vergessen. Der Käfig, in dem sie saß, maß wohl nicht mehr als fünf Meter in der Breite und zwei Meter in der Tiefe. Am Boden lag schmutziger Sand. Es war eine Beleidigung für die reinliche Cosima. Manchmal verrichtete ein Wärter seine Notdurft in ihrem Käfig. Dann nahm sie den Besen und verteilte den Sand. Sie war wütend, setzte sich wieder und lauerte in den Wahnsinn hinein. Wie die Frau es tat, seit ihr Mann sie verlassen hatte. Cosimas Augen waren keine Lichter mehr.

»Dieses Höllengrauen muss aufhören«, sagte die Frau zu Cosima.

Sollte sie die Äffin mit Tabletten töten, am liebsten solche für den Schlaf, so dass sie hinüberdämmert zu ihrer Sippe?

»Was du denkst«, sagte Cosima, »ist falsch, du bist kleingeistig, zu töten ist feige, und wir Frauen müssen ein Vorbild für die vielen Frauen sein, die gefangen sind wie wir.«

»Was meinst du«, fragte die Frau, »wenn du sagst, wir sind gefangen? Du bist gefangen, aber ich nicht.«

»Du fühlst dich gefangen und bist damit nicht weniger gefangen als ich hinter den Gitterstäben.«

So redeten sie. Beide hatten müde Augen. Man hatte der Frau eine Spritze in den Augapfel versetzt, damit wollte man ihr krankes Auge retten. Cosima sagte, sie sei froh, wenig zu sehen, alles Schleierhafte gehe ihr nicht so nahe wie das klare Krasse. Sie habe schon versucht, kein Essen mehr zu sich zu nehmen, so dass sie des Hungers sterben könnte, sie hielt es aber nicht durch. Der Hunger war stärker, und so aß sie wieder mit großem Appetit.

Cosima rollte sich zusammen, so gut, wie sich eine Gorillafrau eben zusammenrollen kann, sah aus wie ein gemütliches Kanapee. Die Frau tippte mit ihrem Zeigefinger auf Cosimas Nasenspitze und verließ den Zoo, den Kopf gesenkt wie eine Sünderin, dabei fühlte sie sich ohne Schuld.

»Komm«, sagte mein Mann, »ich rufe ein Taxi, und dann lassen wir uns zum Kummenberg fahren. Dort hören wir uns die Nachtigallen an.« In der persischen Literatur ist die in die Rose verliebte Nachtigall das Symbol für die Liebenden. Oscar Wilde hat ein sehr trauriges Märchen darüber geschrieben. Es ist so traurig, dass es schon terroristisch ist – es zwingt einen zu weinen.

Es war im April, am späten Nachmittag, sonnig und frisch. Und tatsächlich, kaum waren wir ein paar Schritte gegangen, hörten wir sie in den Sträuchern und Bäumen singen; nicht nur eine, es seien, sagte mein Mann, sicher fünf Nachtigallen. Wir hatten dem Taxifahrer gesagt, er solle uns in zwei Stunden abholen. Dann fing es heftig zu regnen an, wir hatten kein Handy dabei und keinen Schirm, und als nach zwei Stunden der Taxifahrer wiederkam, waren wir tropfnass. Wir waren so aufgezwirbelt und blödelten, zum Beispiel über Varianten von Kopfbedeckungen – Zauberhut, Hauberzut, Zipfelkappe, Kipfelhappe, Baskenmütze, Maskenpfütze. Wir lachten uns schief. Ich sagte, man kann vom Herzklopfen Nasenbluten bekommen. »Glaub mir, ich bin im Besitz meiner geistigen Abwesenheit.« Und mein Mann antwortete: »Gegen Schlaflosigkeit hilft Apfelstrudel.« Und ich fragte: »Ist ein Simpel ein Unikum?« Der Taxifahrer trug eine Schildkappe, es war kein Zauberhut, keine Zipfelkappe und keine Baskenmütze, er dachte wahrscheinlich, wir seien betrunken, aber wir waren nur kindisch selig, sindisch kehlig.

Ich träumte, Paula sei bei William Shakespeare eingeladen, in seiner himmlischen Villa. Zur Begrüßung verbeugte sie sich und sagte: »Diesen Augenblick habe ich oft herbeigesehnt.« Sie wunderte sich über die vielen Vogelkäfige und fragte: »Warum haben Sie Nachtigallen eingesperrt?« Shakespeare antwortete: »Nein, nein, es sind nur Lerchen. Ich habe sie für deinen Besuch eingefangen, extra für dich. Ich wollte wissen, was du dazu sagst. Öffne jetzt die Käfige und lasse die Vögel frei.«

»Und«, fragte Paula, »war meine Frage korrekt?« Shakespeare zwinkerte ihr zu.

»Kommen denn keine anderen Gäste?«, fragte Paula. »Ich weiß, dass Thomas Mann sich nichts lieber wünscht, als bei Ihnen eingeladen zu werden.«

»Heute sind wir nur zu zweit«, sagte Shakespeare. »Da können wir Unsinn reden, so viel wir wollen, und keiner interpretiert uns. Wir beide, bier weide.«

Sie diskutierten über die Frage, wie ein Auftritt in einem Theaterstück zu rechtfertigen sei. Ein Auftritt, so dozierte Shakespeare, dürfe nie unbegründet geschehen, er müsse ganz selbstverständlich erfolgen.

»Könnte es sein«, fragte Paula, »dass Sie eine Frau sind?«

Sie erzählte, dass ihre Mama auch eine Schriftstellerin sei. Shakespeare nickte. »Sie schreibt zurzeit an einem Kriminalroman«, sagte Paula.

Ja, das stimmt, ich schreibe an einem Kriminalroman. In erster Linie möchte ich herausfinden, ob ich es kann. Mein Kommissar soll ein schlafsüchtiger Mensch sein, tüchtig in seiner Arbeit, aber kaum dass er über seine Türschwelle tritt, überfällt ihn die Müdigkeit. Er stürzt auf sein Bett und schläft zwölf Stunden ohne jedes Medikament. Den Plot weiß ich auch schon, will ich aber nicht verraten, weil ich mich sorge, dass ihn mir jemand wegnimmt.

350 *Ich liebe ihn!!*

Als ich ihn liebte und vor Liebeskummer nicht schlafen konnte, da war ich dreizehn. Mein Liebster, der nicht wusste, dass er mein Liebster war, wohnte in unserem Block einen Stock unter uns. Er war ein großer, blonder Mann mit so einem Schlendergang – dass jemand so lässig schlendern konnte, hatte ich nie gesehen. Er war Ende zwanzig. Seine Freundin war die, von der man sagte, sie sei eine Schwedin, die mit den langen ewig glatten Haaren, die mit seinem lässigen Schlendern Schritt hielten. Ich sah sie vom Küchenfenster aus und seufzte. Ich hatte meine Haare mit Wasser frisiert, aber keine Chance, sie waren und blieben einfach lockig, hoffnungslos. Und außerdem: Ich war klein, eine Flunder, wenig, fast unsichtbar. Ich glaube, er wusste gar nichts von meiner Existenz. Wenn ich ihm begegnete, senkte ich den Kopf wie eine Sünderin, und er, weil er ja groß war, sah nur den Himmel und von mir nichts.

Ich polierte einen Apfel, den schönsten aller Äpfel, und legte ihn vor seine Fußmatte. Er wohnte bei seinen Eltern, wenn er im Land war, und er war oft nicht im Land. »Er ist oft nicht im Land.« Wie wunderbar das klang! Es gab noch zwei Brüder, einen mittleren und einen kleinen, die kamen nicht an ihn heran, nie im Leben, nicht einmal im Traum. Ich rutschte am Stiegengeländer hinunter, und da sah ich gerade den Zweitältesten, wie er in meinen glänzenden Apfel biss. Am liebsten hätte ich ihm eine verpasst. Er grinste mich schief an.

Der andere Bruder, der kleine, war sehr dick und sehr sanft, und ich hatte mir vorgenommen, ihn vorsichtig über seinen großen Bruder auszufragen. Der Jüngste wusste nämlich, dass ich existierte.

Ich sagte zu ihm: »He! Was machst du so? Wartest du auf jemand?«

Und er: »Ich warte, bis das Rindfleisch billiger wird.«

Er war sicher der Witzigste von den dreien, aber das kapierte ich damals nicht.

Und vor ein paar Jahren schlug ich die Zeitung auf, sah die Todesanzeige des großen Blonden mit dem Schlendergang. Er hatte zuletzt im Urwald gelebt, sich dort eine Einheimische genommen, und es gab auch Kinder, zwei oder drei, Urwaldkinder mit Urwaldnamen. Ich sah Schlangen auf Bäumen und kreischende Affen. Ich saß in der kleinen Küche und dachte an den Blonden. Erlöse ihn, wünschte ich mir und schaute über die Telefondrähte hinweg, hinauf in den einheimischen Himmel.

Das Zimmermädchen öffnete die Tür, legte die frische Wäsche auf den Tisch und begann mit ihrer Arbeit. Sie zog die Daunendecke von der Matratze, und da fand sie auf dem Leintuch einen Ring. Ein Ringlein wie von einem Kind mit einem roten Stein. Sie steckte es in ihre Mantelschürze. Ihr war bekannt, dass dieses Zimmer von einem Mann für eine Woche reserviert worden war. Sie war einmal von ihm überrascht worden, als sie sein Waschbecken geputzt hatte. Er war groß, sie schätzte ihn auf vierzig, er lächelte sie an und gab ihr fünf Euro.

Im Hotel gab es ein Mädchen, Rosa, vier Jahre alt, die der Liebling aller war. Ihr wurde erlaubt, im Speisesaal herumzuspazieren. Sie war die Tochter der Speisesaal-Aufsicht. Die Gäste waren entzückt, wenn sie sie sahen. Sie war nicht gerade wie die süßen Mädchen in den Kalendern, sie hatte eine herbe Ausstrahlung, mit der sie aber jeden bezauberte. Ihr Zauber würde wahrscheinlich verschwinden, wenn sie erst erkannt hätte, was die Menschen fühlten, wenn sie sie ansahen. Manchmal wurde sie an einen Tisch geladen und durfte die Nachspeise probieren. Um 19 Uhr brachte die Mutter sie in das Zimmer im Keller des Hotels, das den beiden als Wohnung diente.

An dem Tag, als das Zimmermädchen den Kinderring auf dem Leintuch gefunden hatte, traf sie Rosa weinend im Speisesaal. Sie war traurig, weil sie ihren Ring verloren hatte. Das Zimmermädchen griff in ihre Schürzentasche:

»Ist es vielleicht der?«, fragte sie.

So war es geschehen, dass der nämliche Mann Rosa entdeckt und sie mit auf sein Zimmer genommen hatte. Die Mutter hatte nach ihr gesucht, und als das Kind nicht auffindbar war, fragte sie das Zimmermädchen. Die erzählte ihr von dem Ringlein auf dem Leintuch und ihrer Vermutung.

Die Mutter überlegte. Das Zimmermädchen überlegte und wollte die

Beobachterin spielen. Die Mutter von Rosa überlegte sich weiters, dass mit Rosa Geld zu verdienen wäre, und wenn der Mann nichts weiter als das Kind beschenken wollte, sollte man unbedingt mit dem Mann sprechen. Das Zimmermädchen wies ihr die Tür mit der Zimmernummer 9.

Rosas Mutter klopfte an, der Mann öffnete, sie sah durch den Türspalt Rosa mit einer Stoffkatze auf dem Bett sitzen.

Der Mann erzählte der Frau, er habe gerade vor einem Monat seine Tochter durch einen Unfall verloren. Er öffnete die Brieftasche und zeigte ein Foto. Er fragte, ob es möglich wäre, dass Rosa eine Stunde noch bei ihm bliebe, er würde sich erkenntlich zeigen. Er gab der Frau drei Scheine und sie verabschiedete sich.

Vor dem Schlafengehen ging die Mutter in ein leeres Hotelzimmer und setzte Rosa in die Badewanne. Sie ließ Wasser einlaufen, seifte das Kind ab und schaute es dabei genau an.

»Was schaust du so komisch«, fragte Rosa. »Lass mich! Ich will allein sein.«

Der Mann verlängerte seinen Aufenthalt im Hotel, und die kleine Rosa spazierte ungeniert in sein Zimmer, ob er nun da war oder nicht. Sie hatte glitzernde Dinge von dem Mann geschenkt bekommen, Krönchen, Armreifen und Fußkettchen, die probierte sie nacheinander an und drehte sich im Kreis. Auch die Mutter ging in Abwesenheit des Mannes in das Zimmer und legte sich auf das Bett. Sie durchsuchte seinen Koffer, durchsuchte seine Taschen, fand aber nichts, was ihr verdächtig vorkam. Die Hotelbesitzer waren informiert über die traurige Unfall-Geschichte, bei der auch die Frau des Mannes gestorben war, und sie hatten Mitleid mit ihm. Was sie nicht wussten, war, dass der Mann Rosas Mutter bezahlte. Das Zimmermädchen war neugierig und fragte Rosa aus, ob der Mann sie anfasse, Rosa wusste gar nicht, was gemeint war. Sie sagte: »Ich hab ihn lieb und er hat mich lieb.«

Das Zimmermädchen machte Rosas Mutter mit ihren Vermutungen ganz verrückt, so dass sie einwilligte, mit Rosa zu einem Arzt zu gehen. Der sollte kontrollieren, sollte feststellen, ob der Mann Böses mit dem Kind getan habe.

Der Arzt untersuchte das Kind und sagte, es sei alles in Ordnung, dem Kind sei kein Unrecht geschehen.

Den ganzen Sommer blieb der Mann im Hotel, schlief in dem Bett, das jeden zweiten Tag neu überzogen wurde. Am Morgen war das Leintuch faltig und die Zudecke zerknüllt. Ein Kissen lag auf dem Parkettboden, und Rosa sagte, da schlafe sie und jeden Abend erzähle ihr der Mann Geschichten, die er für sie allein erfunden habe. Was nicht stimmte. Rosa schlief nicht auf dem Parkett. Sie schwindelte oft, konnte nicht unterscheiden, was wahr ist und was nicht.

Sie hüpfte auf dem Bett herum, kroch unter die Daunendecke und sagte zu dem Mann, der jetzt ihr Freund war: »Komm!«

»Meine sehr verehrten Damen und Herren, denken wir an die unzähligen zerlumpten Kinder, die uns jeden Abend den Fernsehspaß verderben! Sie sind eine Last und ein Ärgernis, für uns und auch für ihre Eltern und das womöglich 34,1 Jahre lang. durchschnittliche Lebenserwartung in Swasiland. Wenn allerdings der Plan besteht, sie nur für ein Jahr zu füttern und nicht länger, wäre das für alle Beteiligten ein Segen. Deshalb stelle ich den Antrag, dass ein gewisser Prozentsatz der armen Kinder nach dieser Frist den Reichen zum Kauf angeboten wird. Die Mütter sollen für dieses Jahr ausreichend bezahlt werden. Sie können weiterhin nach Herzenslust, wie es bei den Armen Brauch ist, ungeschützten Sex betreiben und einen Haufen Kinder werfen, denn sie müssen sich um keinerlei Zukunft mehr grämen. Zu Recht heißt es: Kleine Kinder, kleine Sorgen, große Kinder, große Sorgen. Durch die Bezahlung der Schwangerschaft und des ersten Lebensjahres des Kindes wird den Eltern ein fröhliches Leben gegönnt und Ärger und Schande erspart, ist doch abzusehen, dass die Kinder, würden sie länger leben, zu Schwachsinnigen, Kriminellen oder lästigen Bettlern werden, die allein durch ihre Existenz die Reichen, Schönen und Guten dieser Welt in Depressionen stürzen. Man muss den Müttern die Anweisung geben, das Kind besonders im letzten Monat vor dem Verkauf reichlich zu säugen, um es fleischig und fett zu machen. Ein gesundes, wohlgenährtes einjähriges Kind bietet ein höchst schmackhaftes Nahrungsmittel und eine gesunde Speise, ob geschmort, gebraten, gebacken oder gekocht, und ich zweifle gar nicht, dass es ebenfalls als Fricassée oder Ragout sich wird anwenden lassen. Ein Exemplar kann bei einer Bewirtung von Freunden zwei Gerichte bilden. Speist die Familie allein, so wird das Vor- oder Hinterviertel eine gute Schüssel abgeben und, mit Pfeffer und Salz gewürzt, sich noch am vierten Tag, besonders während des Winters, gut kochen lassen ...«

Oft dachte der Mann an seinen Schulfreund, mit dem er viele Abenteuer teilte. Sie waren Blutsbrüder gewesen wie Winnetou und Old Shatterhand, Arm geritzt, Blut getauscht.

Sie hatten sich aus den Augen verloren. Der Mann wohnte mit seiner Frau in einem freundlichen Haus, zwei Kinder suchten sich gegenseitig im Garten. Alle waren liebevoll zueinander. Wenn sie am Mittagstisch saßen, achteten sie darauf, dass jeder sein Lieblingsstück auf dem Teller hatte.

Nun also, der Schulfreund kam vorbei, es war an einem Vormittag. Er wartete bei der Frau in der Küche, der Mann war noch in der Arbeit. Er war Baumeister. Die Frau hobelte Kraut. Sie sagte dem Schulfreund, dass sie schon viel von ihm wisse, ihr Mann erzähle von ihm in den höchsten Tönen, also in den Himmel hinauf. Er spielte mit den Kindern ein Spiel, das sie nicht kannten. Er sagte einen Reim, und sie sagten ihn nach.

Der Mann kam nach Hause, und als er den Freund erblickte, musste er an sich halten, um nicht vor Freude zu weinen.

Drei Wochen blieb der Schulfreund. In dieser Zeit wurde viel gelacht, am Feuer gesessen, Wein getrunken. Da sagte der Freund, dass es nun Zeit wäre, zu gehen. Der Mann wollte ihn überreden zu bleiben.

»Bleib doch noch, dir rennt nichts davon, du hast keine Verpflichtungen.«

Die Kinder zogen an seinem Jackett, jedes hatte eine kleine Hand in jeweils einer Tasche. Das sah komisch aus, weil der Freund von links nach rechts gezogen wurde und wieder umgekehrt.

Er könne nicht bleiben, sagte der Freund, zu lange schon wäre kein Geld durch seine Hände geflossen, er wolle, da er nun gesehen habe, wie schön eine Familie sein könnte, auch eine gründen, eine gute Frau suchen und auf Kinder hoffen, solche wie die zwei da, und er boxte in die zarten Kinderbrüste.

Er packte seinen Koffer und stand schon bei der Tür, als sein Freund ihn bat: »Noch einen Tag«, und am nächsten Tag, »noch einen Tag«, und am übernächsten Tag, »den letzten Tag«.

Der Mann sagte zu seiner Frau: »Bitte du ihn, du möchtest doch auch nicht, dass er geht.«

»Dir zuliebe«, sagte seine Frau, und sie redete mit dem Freund, so lange, bis er zusagte, noch eine Woche zu bleiben. Sie würden alles Schöne wiederholen.

»Er bleibt«, sagte die Frau am Abend zu ihrem Mann, er wusch sich gerade seine Hände.

»Er bleibt?«, fragte der Mann ungläubig. »Was hast du getan, dass er bleibt?«

»Ich habe ihn gebeten, wie du mich gebeten hast.«

»Was du getan hast, will ich wissen! Dafür getan, dass er bleibt. Hast du dich ausgezogen und ihm deine Brüste gezeigt?«

Die Frau empörte sich, und beleidigt verließ sie die Küche. Im Mann aber loderte die Eifersucht, und er packte seinen Blutsbruder am Kragen.

An einem ganz gewöhnlichen Tag sah ich auf meinem Weg zum Bäcker den Mann auf der untersten Stufe seiner Leiter stehen. Die Leiter lehnte an der Buchsbaumkugel, die so licht war, dass ich mit meiner Hand hätte hineingreifen können, um dem Mann einen guten Morgen zu wünschen. Er sah so verzweifelt aus. Ich hätte ihm zurufen mögen: Glauben Sie wirklich, Sie könnten der Natur den Kampf ansagen? Er würde bald ins Haus gehen und mit seiner Giftflasche in die Buchskugel sprühen.

Schulkinder kamen mir entgegen, Erstklässler mit glänzenden Schultaschen und gekämmten Frisuren. Dahinter trödelten gelangweilt die, die alles schon kannten. Viele Äpfel waren in den Gärten vom Baum gefallen und verfaulten. Es roch nach Most, und ich dachte an meinen betrunkenen Igel, der nachts seinen Rundgang machte und schnaufte, wie ich mir vorstelle, dass ein Wildschwein schnauft.

In der Unterführung wurde ein Fahrrad die Treppen hinuntergestoßen, ich hörte Schreien und Schimpfen. Oben angekommen, sah ich dann ein Mädchen, das mit Fäusten auf einen Burschen einschlug.

»Hört auf«, sagte ich im Vorbeigehen, und sie riefen mir nach: »Misch dich da nicht ein!«, und am Schluss ein Wort, das sich anhörte wie »Doppelnull«. Wenigstens sind sich die beiden jetzt einig, dachte ich mir und führte meinen Weg fort.

Vor dem Altersheim kehrte ein Insasse gemächlich die Auffahrt. Er tanzte mit seinem Besen und schaute dabei in die Luft.

Eine verschleierte Frau kam aus einem Haus, sie war hochschwanger, der Mann folgte ihr, ging zu seinem Auto, die Frau setzte sich auf den Beifahrersitz, und sie fuhren los, ich schätzte, ins Krankenhaus, Entbindungsabteilung. Ich stellte mir ein neugeborenes Kind vor mit schwarzen Haaren wie ein Helm. Und wenn es schon einen Schnurrbart hätte?

In der Bäckerei duftete es nach frisch Gebackenem, alles sah so appetitlich aus, dass ich mehr einkaufte, als ich brauchte.

Beim Rückweg überlegte ich mir, was ich heute schreiben würde, und ich nahm mir vor, eine nur freundliche Geschichte zu schreiben, vorausgesetzt, es passierte auf dem Rückweg nur Gutes oder gar nichts.

Wieder in der Unterführung sah ich zwei Mädchen zum Zug gehen, beide rauchten, eine davon sah modisch aus wie von einem Cover. Sie musterte ihre Freundin, und die sagte: »Sag nichts, ich weiß, ich sehe heute scheiße aus.«

Musste das sein, dachte ich, kann ich also wieder nicht nur Fröhliches schreiben.

Dann kam die Sonne durch, und Xavi, meine Tigerkatze, wartete vor der Tür. Ich gab ihr Futter, und als sie gegessen und getrunken hatte, bürstete ich ihr Fell und freute mich, weil es so glänzte. Vom offenen Nachbarfenster tönte Harfenmusik.

Kim sprach es aus: »Seelenverwandtschaftserkennung«. Was für ein Ungetüm von einem Wort! So ungetüm aber auch war die Erkennung einer verwandten Seele. Nichts lieber würde sie tun, als eine solche zu erkennen. Sie ging auf der Straße, einer querte ihren Weg, und sie brachte dieses Instrument der Seelenverwandtschaftserkennung zum Klingen. Gab es so ein Instrument, außer in ihrer Einbildung?

Sie musste einen Menschen sprechen hören, musste seine Stimme als angenehm wahrnehmen, so dass sie sich wünschte, er würde nicht zu sprechen aufhören. Auch sollte das, was er sagte, klug sein, am besten, wenn es noch nie so formuliert worden wäre. Ein Unikat in diesem Fall. Wie wunderbar könnte das sein!

So geschehen im Wiener Stadtpark. Das Mädchen aus der Provinz schaute in alle Gesichter, sie würde den Richtigen erkennen. Seit sie von zu Hause weg war, nannte sie sich Kim und wollte fortan so genannt werden. Als Kim würde sie sich in der Universität einschreiben. Schließlich war der Anfangsbuchstabe ihres alten Namens auch ein K.

Ein Neuanfang also.

Früh schon war sie aufgestanden, hatte dann gemerkt, dass die Leute am Morgen sich nicht zum Erkennen eignen, weil sie ihre Köpfe noch halb auf dem Schlafkissen haben und zur Arbeit hetzen. Dann später am Nachmittag war keiner unter den Passanten gewesen, der sie angezündet hätte, kein seelenverwandtes Gesicht kam ihr unter. Am Abend reagierten viele auf ihre Blicke, es waren aber nicht die Richtigen, außer bei zweien, bei denen wollte sie es wissen. Dem Ersten folgte sie, betrachtete ihn, er blickte zurück, er gefiel ihr außerordentlich, aber sein Blick war nur begehrlich, keine Spur von seelenverwandt. Was wollte sie eigentlich. Wollte sie einen fürs Herz oder einen für die Seele? Lange dachte sie darüber nach. Gab es da überhaupt einen Unterschied? Außerdem, für die Seele könnte es auch eine Freundin sein, eine Frau, gleich welchen Alters, nur eine, die sie verstand, der sie ihre Sorgen mitteilen könnte. Aber ideal, wenn es ein Mann fürs Herz wäre, offen für ihre Seele. Übertreibe ich, dachte sie. Sie hatte keinen Dunst vom Leben.

Es war schon dunkel geworden, da sprach sie ein Mann an, er war nicht jung und war nicht alt, und der fragte sie, ob er ihr helfen könne.

»Mir helfen? Warum? Sehe ich so aus, als ob ich Hilfe bräuchte?«

»Ja, finde ich schon«, war seine Antwort. »Kommen Sie, wir gehen auf ein Getränk.«

Diese Formulierung »auf ein Getränk gehen« hatte sie noch nie gehört, und ihr fiel ihre Oma ein, die immer davor gewarnt hatte, einfach mit einem Mann mitzugehen. Ich weiß nicht einmal seinen Namen, dachte sie.

»Ich heiße Viktor«, sagte der Mann, und sie sagte: »Ich heiße Kim.«

Else wollte ein gutes Kind sein – was sehr anstrengend ist.

Sie hatte von Mutters Lieblingspflanze ein Blatt abgezwickt. Eigentlich wollte sie es gar nicht. Ihre Hand hat es gemacht. Die Lieblingspflanze hieß Zimmerlinde, und ihre Blätter waren weich, lindgrün mit feinen Härchen, die sich bewegten, wenn die Tür aufging. Elses Schwester dagegen war immer ein gutes Kind, und es fiel ihr leicht. Sie glänzte den Abwasch und kämmte die Teppichfransen.

Es gab dann noch einen kleinen Bruder, der in der Wiege schlief. Wenn er still dalag, konnte Else es kaum aushalten, und sie musste ihn an den Fußsohlen kitzeln. Er wachte nicht auf. Da zwickte sie ihn, und er weinte.

»Else«, rief die Mutter, »sing ihm das Schlaflied!«

Vor dem Küchenfenster wuchs ein Vogelbeerbaum mit seinen roten Beeren. Die Mutter aß sie roh, und ihr Mann sagte: »Blausäure in den Kernen, meine Liebe, tu das nicht. Wir brauchen dich noch.«

In das Vogelhäuschen legte die Mutter zum Futter eine Scheibe Butter dazu. Wie beim Pudding, den sie den Kindern zubereitete. Die Butter schmolz, und die Kinder rührten um.

Außerdem hatte die Mutter eine Beziehung zu den Rehen, die hinter dem Haus am Waldrand auf sie warteten. Sie zerkleinerte einen Kohlkopf und verfütterte ihn. Else durfte nicht mitgehen, die Mutter sagte, weil die Rehe so scheu sind. Sie redete mit den Rehen. Else fragte die Mutter, was sie redet, und sie sagte, sie erzählt den Rehen von ihren Sorgen. Das wollte Else hören, und sie hat sich angeschlichen und zugehört.

Die Mutter sagte: »Was soll ich nur mit Else machen, ich weiß, sie ist ein gutes Kind, aber sie ist furchtbar. Sie zwickt das Baby, und dann küsst sie es.«

So. Und dann hat sie Else hinter der Tanne gesehen, und sie hat sie zu sich gerufen. Else hat zu ihr gesagt: »Mama, ich liebe dich mehr als den lieben Gott.«

Da bekam die Mutter ein schlechtes Gewissen, so ist das mit dem schlechten Gewissen, es wird weitergegeben und hört nicht auf. Die Frau sagte am Abend zu ihrem Mann, dass sie sich schuldig fühle, weil sie ungerecht sei, und ihr Mann sagte: »Ach, meine Liebe, wer ist denn nicht ungerecht. Das sind wir doch alle. So ist der Mensch. Besonders die Frauen. Sie fragen nach allem. Das ist nicht gut. Davon wird man krank. Lass alles so stehen, wie es ist.«

Seine Frau fragte: »Aber du hast doch auch oft ein schlechtes Gewissen, oder?«, und ihr Mann zuckte mit den Schultern und sagte wieder: »So ist der Mensch.«

Die Frau hakte nach und fragte: »Kennst du Menschen, die kein schlechtes Gewissen haben?«

»Und ob!«, sagte ihr Mann. »Denk an die Verbrecher, die über Leichen gehen.«

»Über Leichen gehen«, fragte die Frau, »im übertragenen Sinn?« Denn sie stellte es sich im wörtlichen Sinn vor.

Else hatte auch dieses Gespräch belauscht. Und sie lauschte, als die Mutter am nächsten Tag den Rehen von diesem Gespräch erzählte.

Zwei mittellose Menschen, Mutter und Sohn, kamen unverhofft zu Geld. Sie wussten nicht, wie ihnen geschah. Ein Verwandter, von dem sie gar nicht geahnt hatten, dass er existiert, hatte ihnen Geld vermacht. Sie zogen aus ihrer Höhle – so sagten sie nämlich zu dem winzigen Zimmer, in dem sie beide bis dahin gewohnt hatten, ohne Wasser, ohne Strom, und nahmen sich ein Zimmer in einer Pension.

»Erst einmal«, sagte der Sohn zu seiner Mutter, »musst du dir die Zähne richten lassen, dann siehst du zwanzig Jahre jünger aus.«

»Ja aber«, sagte die Mutter zu ihrem Sohn, »dann hätte ich gern, dass du dir ein perfektes Haarteil kaufst, mit dem du deine Glatze abdecken kannst. Dann wirst du eine Frau finden.«

Zuerst mussten sie sich neu einkleiden, und das führte wieder zu einem Problem. Sie mussten, so wie sie waren, schlecht gekleidet, in ein Geschäft gehen, und sie wollten in ein teures Geschäft. Da würden sie garantiert nicht bedient, man würde meinen, sie kämen zum Betteln.

Der Sohn kannte einen Mann, der einen Computer besaß, den wollte er um Rat fragen. Der wiederum, weil er selber keine Ahnung hatte, wies die beiden zu seiner Enkelin, die kenne sich aus. Die Vermittlung allerdings koste einen Fünfziger. Erst musste die Erbschaft abgeschlossen sein und ein Konto eröffnet, auf dem das geerbte Geld überwiesen werden konnte.

Sie trafen das Mädchen, eine vierzehnjährige Schülerin, der teilten sie mit, wobei sie Hilfe brauchten. Sie wollten sich gute Kleider aus dem Internet bestellen. Dazu müsse sie erst einmal Maß nehmen, sagte sie, und wissen müsse sie auch, an welche Preisklasse gedacht war.

»Ein Anzug für meinen Sohn«, sagte die Mutter, »darf dreihundert Euro kosten, die Schuhe fünfzig Euro.«

»Für die Mutter ein Mantel für zweihundert Euro, ein Kleid zweihundert, Strümpfe und Schuhe hundert.«

»Ja«, fragte die Schülerin, »haben Sie denn so viel Geld, und haben Sie eine Adresse, wo man die Sachen hinschicken kann?«

Sie bot ihre Adresse an. Wenn die Sachen nicht passten, könnten sie zurückgeschickt werden. Das alles würde sie tun, koste allerdings hundert Euro, weil das viel Arbeit sei.

Die Kleider passten nicht zu 100 Prozent, sie waren ein oder zwei Nummern zu groß, bei der Mutter eher günstig, weil ihr Körper etwas unförmig war.

Jetzt ging es noch zum Frisör und zur Nagelpflege und in einen Drogeriemarkt, Parfum und Seife wurde gekauft, und der Sohn bekam eine Teilperücke aus dunkelbraunem Echthaar.

Mutter und Sohn spazierten als neue Menschen in der Stadt herum und schauten sich schöne Häuser an.

»So eines würde mir gefallen«, sagte die Mutter und wischte einen Flussel am Ärmel ihres Sohnes in die Luft.

Das Wetter heute ist so abweisend, will nichts mit mir zu tun haben, lehnt mich ab. Ich kann heute nicht in den Nebel hineingehen wie in ein helles Tal. Auch fällt mir nur Ärgerliches ein, diese gierigen, machtbesessenen Geldanhäufer, denen ich keine Freude an ihrem Geld wünsche. Ich will nicht an sie denken, weil mich das in Unruhe bringt. Solche maßlosen Ungerechtigkeiten vermiesen mir den Tag. Ich meine, wer ist nicht ungerecht. Wenn es sich um kleine Ungerechtigkeiten handelt, ist das menschlich. Weg damit.

Also, soll ich im Zimmer bleiben, soll ich meinen warmen Anorak anziehen, die gefütterten Schuhe und in den Wald marschieren. Das Schönste, was mir begegnen könnte, wären die Alpensalamander, diese flinken Tierchen. Ich hebe sie sachte vom Weg auf und setze sie ins Moos. Soll niemand aus Versehen auf sie treten. Ich entscheide mich für den Schreibtisch. Schiebe alles Unnötige beiseite. Zu beantwortende Briefe, zu unterschreibende Verträge. Zeitungsausschnitte, einen Artikel über die Gewalt in Somaliland. Mit der Erinnerung an einen grausamen Bürgerkrieg leben. Ein Gedicht gegen ein Regime zu schreiben, war mutig. Jetzt finden die Bürger Trost in diesen Gedichten.

Davorsitzen und nachdenken, warten, bis der zündende Gedanke kommt. Müssen Gedanken zünden? Im Leben nicht, nur in der Literatur.

Ich bin unruhig, trinke die fünfte Tasse Kaffee, die mich innerlich hohl macht.

Ich habe so viele Ausreden, dass ich etwas nicht tun muss, nicht tun kann, eigentlich nicht tun will.

Ich prüfe Redewendungen, viele sind mir zu überladen, andere wiederum zu ungenau, die schlichten sind die besten, wie denn. Soll ich sagen, das Gras ist grün, der Himmel blau?

Ich öffne das Fenster und sehe hinauf in den Himmel, der ein grauer Schleier ist. Und wenn ich schreibe, der Himmel ist ein grauer Schleier, was folgt darauf? Ich klappe den Computer zu. Lese in der *Kreuzersonate* und werde bald wieder staunen, wie präzise Tolstoi schreiben konnte. Sollte ich so meine Moralpredigt anlegen?

Wieder fällt mir die Notiz aus der Zeitung ein, dass ein Bankmanager in fünf Tagen so viel verdient wie eine Durchschnittsfamilie in einem Jahr. Ich fordere eine Obergrenze für Spitzengehälter. In den Wald hineingerufen ist das weniger wie das Rufen eines Uhus?

359 Verzweiflung

Eine Mutter, die ihren Sohn mit aller Liebe und allein aufgezogen hatte, rief ihre Schwester an und bat um eine Unterredung. Lange Zeit hatte sie sich überlegt, wem sie ihre Verzweiflung mitteilen könnte. Sie wollte nicht als Versagerin dastehen, gerade aber bei ihrem Problem fühlte sie sich als solche. Ihr Sohn, der lange Zeit ihr braver Liebling gewesen war, hatte eine Lehre in einer Autowerkstatt begonnen, er hasste seinen Chef, ein Oberarschloch, wie er sagte, auch die andren Mitarbeiter seien Arschlöcher. Ein paar Mal wollte er schon alles hinschmeißen. Keinem könne man es recht machen. Der Chef hatte sie angerufen und gefragt, was mit ihrem Sohn los sei, er käme seit einer Woche nicht zur Arbeit. Als die Mutter nachfragte, sagte er, er gehe da nicht mehr hin, dort würde er nur gedemütigt.

Die Mutter redete auf ihn ein, aber der Sohn weigerte sich, noch einmal in die Werkstatt zu gehen. Ihm wurde gekündigt, er lag bis Mittag im Bett, rauchte, wusch sich nicht mehr, und die Mutter versuchte es mit Gutmütigkeit und Versprechen – er bekomme ein Mofa, wenn er wieder arbeite. Alles nützte nichts. Sie bemerkte, dass er nach Mitternacht das Haus verließ und erst in den Morgenstunden wieder heimkam. Er sagte nicht, wo er gewesen war. Das ging schon eine Weile so, und die Mutter beschloss, ihm zu folgen. Sie zog einen schwarzen Kapuzenpullover ihres Sohnes an und schlich ihm nach. Er ging nicht weit. An einem Parkplatz blieb er stehen. Er näherte sich einem Auto, legte den Rucksack ab und nahm ein Werkzeug heraus. Die Mutter stand hinter den Büschen. Ihr Sohn bückte sich zu einem Rad und drehte mit einem großen Schlüssel an den Schrauben. Er lockerte sie. Das machte er bei zwei Rädern. Dann ging er zum nächsten Auto. Die Mutter wusste nicht, sollte sie ihn jetzt gleich zur Rede stellen oder erst zu Hause. Sie tat beides nicht. Sie hatte Angst, ihn ganz zu verlieren. Und er hat doch nur mich. Sein Vater kümmerte sich nicht, er hatte keine Freunde. Als er nächste Nacht wieder unterwegs war, schwieg sie abermals. Dann hörte sie in den Regionalnachrichten einen Aufruf: Es wurde nach einem Mann gefahndet, der bei Autos auf Parkplätzen Schrauben lockere. Ein paar Mal schon waren bei der Polizei Anzeigen eingegangen. Die Autofahrer hörten beim Fahren ein schlagendes Geräusch, sie fuhren an den Rand und bemerkten die lockeren Schrauben. Bei einem Auto wurden lockere Schrauben auf allen vier Rädern festgestellt. Das alles in dem nämlichen Umfeld. Hinweise wurden erbeten, und die Frau überlegte sich, zur Polizei zu gehen, verwarf es aber wieder. Sie redete vorsichtig mit ihrem Sohn, erzählte ihm von dem Aufruf, der tat, als hätte er keine Ahnung. Sie beschwor ihn, damit aufzuhören, dann wäre alles wieder gut. Sie stellte sich die schlimmsten Unfälle vor, verletzte Kinder, verletzte Väter, tote Mütter.

Und dann traf sie sich mit ihrer Schwester. Die begleitete sie zur Polizei, und knapp davor nahm sie beide Hände ihrer Schwester und sagte: »Ich kann meinen Liebling nicht verraten. Ich kann ihn nicht ausliefern, er ist alles, was ich habe.«

»Du siehst so traurig aus. Was ist mit dir?« Das fragt der Mann seine Frau, wenn er am Abend nach Hause kommt. »Was ist mit dir? Hat dich jemand gekränkt?«

Sie ist nicht frisiert, trägt immer noch den Morgenmantel. »Nichts«, sagt sie, »es ist nichts, alles wie immer.«

»Ich seh dir doch an, dass etwas mit dir ist. Sag es mir.«

»Es ist wie immer.«

»Wenn du meinst«, sagt der Mann, und er schaut sie an und sieht, dass sie feuchte Augen hat. Er tut so, als hätte er es nicht bemerkt.

Die Frau geht zur Spüle, gießt das Nudelwasser in das Sieb, richtet die Nudeln an, reibt Parmesan.

»Also komm«, sagt der Mann, »setz dich auf meinen Schoß.«

Sie dreht sich weg. Er zieht sie zu sich.

»Ich war noch nicht im Bad«, sagt sie. »Lass mich!«

»Du weinst«, sagt der Mann.

»Es ist nur der Dampf vom Nudelwasser, ich weine nicht.«

Diese Szene wiederholt sich in Abständen in diesem Haushalt. Obwohl der Mann weiß, dass seine Frau zu Depressionen neigt, will er es nicht wahrhaben. Er versucht, sie aufzuheitern. Macht Späße. Zieht ein Gesicht. Schaut wie ein Hund. Bellt wie ein Hund.

Sie lacht nicht. Sieht nicht, dass er sie ablenken will.

Kurz braust er auf: »Tust du das extra? Willst du mich fertigmachen?«

Sie schüttelt den Kopf. Sie bewegt sich automatisch, man könnte meinen, sie geht an einer Leine.

Er liebt seine Frau, gewiss. Aber sie geht ihm in diesem Zustand auf die Nerven. Er steht nach dem Essen auf, räumt seinen Teller weg und sagt: »Ich geh noch einen Sprung.«

»Geh nur«, sagt sie.

»Und wenn ich nicht wiederkomme?«, fragt er. »Macht dir das etwas aus. Würdest du überhaupt merken, wenn ich nicht mehr wiederkomme?«

Er geht. Sie sitzt vor ihren Nudeln. Sie fühlt nichts. Sie denkt nichts. Es wird vorbeigehen.

Es ist immer vorbeigegangen. Der Mann wird nach Mitternacht heimkommen, wird ganz leise sein. Sie wird ihn hören, aber so tun, als schlafe sie. Er weiß es.

Er sagt: »Ich weiß, dass du wach bist. Hast du auf mich gewartet?«

Sie macht die Augen nicht auf. Wenn sie einen Grund hätte, traurig zu sein, er würde es verstehen. Er will mit ihr zum Arzt gehen. Jedes Mal. Und jedes Mal sagt sie: »Ich brauche keinen Arzt. Es geht vorbei. Es ist immer vorbeigegangen.«

»Ich halte das aber nicht mehr aus«, sagt der Mann. Er redet lauter als sonst, er schüttelt sie an den Schultern.

»Hab Geduld«, sagt sie, »bald ist es vorbei.«

»Nein«, sagt er, »nicht bald! Jetzt ist es vorbei!«

Sie weiß, das sagt er jedes Mal, und dann kommt er doch wieder. Er ist mein Mann, denkt sie, er muss wiederkommen.

Er arbeitete in der gleichen Firma, in einer höheren Position. Seine Anzüge waren tadellos, seine Hände fein, seine Erscheinung vornehm. Seit einem Jahr war Elvira in ihn verliebt, verschossen, wie man bei uns sagt. Als sie ihn das erste Mal sah, war es tatsächlich wie ein Schuss in ihr Herz gewesen. Sie war nicht schön, falsch ihre Proportionen, so als hätte sie ein vierjähriges Kind gemalt. Aber sie war klug, und sie konnte »gescheit daherreden« – sagte ihr Vater. Das klang abschätzig und war ungerecht. Elvira wäre als Mann an jedem Tisch ein erwünschter Gesprächspartner gewesen.

Der Mann in der höheren Position hatte sie eines Tages zu sich gebeten – zu einem Arbeitsgespräch. Bis dahin hatten sie einander nicht wahrgenommen. In der Forschungsabteilung war sie bekannt für ihr umfassendes Wissen. Das war ihm zugetragen worden. So war der Schuss ins Herz geschehen. Sie musste sich vorbeugen, als hätte sie einen Bauchkrampf, wollte aber so tun, als wäre alles in bester Ordnung.

Er zog einen Stuhl heran. »Atmen Sie tief durch«, sagte er und schaute ihr in die Augen. Er war besorgt.

Dann sprachen sie über ein Thema, bei dem sie sich besser auskannte als er. Er war begeistert. Von ihrem Wissen. Von ihrer Art. Er beantragte, dass sie in seine Abteilung versetzt wurde. Sie arbeitete wie eine geölte Maschine. Niemals sah sie auf die Uhr.

Einmal brachte er eine Zimmerlinde mit und stellte sie an ihr Fenster.

»Achten Sie auf die feinen Härchen«, sagte er und zeigte auf ein vom Sonnenlicht erleuchtetes Blatt. »Sie verträgt keinen Durchzug, mir geht es ebenso. Ich finde, die Pflanze passt zu Ihnen.« – Ein Ding, das wie er war, passte zu ihr …

Künftig richtete sich Elvira eine Garderobe zusammen, die zu seinen Anzügen passte. Er lud sie zum Essen ein. Und dann noch einmal. In das gleiche Lokal. Sie saßen am selben Tisch. Es war bereits ihr Tisch. Es folgte ein Theaterbesuch. Dann ein Opernbesuch. Sie bereitete sich vor. Las Inhaltsangaben im Wikipedia, formulierte um, wenn sie darüber sprachen. Immer interessanter erschien sie ihm. Musste eine Frau unbedingt gut aussehen? Ihre Klugheit machte sie schön. Das redete er sich ein. Außerdem könnte sie ihm nützlich sein. Er ertappte sich in verschiedensten Situationen dabei, dass er an sie dachte, beim Rasieren, in der Badewanne, an der roten Ampel.

Er beschloss, ihr einen Antrag zu machen. Sie zitterte und nahm an. Er brach ihr das Herz. Bereits nach einem Jahr.

Dass ich übers Fernsehen einen Mann kennenlernen wollte, habe ich Ihnen erzählt. Die Moderatorin gab sich Mühe mit mir. Sie redete mir zu, weil ich aussteigen wollte. Sie stöberte in meinem Kleiderschrank nach passenden Teilen, meine ausgewählten waren ihr zu unspektakulär. Sie sagte: »Liebes Mädchen, das hier ist Fernsehen!«

Das klang für mich komisch, weil die Moderatorin in meinem Alter ist. Ich hätte sie gern gefragt, ob sie einen Mann habe. Sie wollte, dass ich mein dunkelrotes Kleid anziehe und hohe Schuhe dazu, so dass meine Beine zur Geltung kommen.

»Die sind ja wirklich sensationell«, sagte sie.

Das Kleid war ärmellos, und ich bin mit meinen Oberarmen gar nicht einverstanden. Sie fand, das passe unbedingt.

Eine Visagistin schminkte mich, während ich den Spiegel vor mir hatte und mich über die Veränderungen in meinem Gesicht wunderte. Die können das schon. Ich sah anders aus. Mein Haar ist zudem ein Problem. Aber auch das bekamen sie hin, es wurde toupiert und gesprayt, ich griff mir auf den Kopf, und es fühlte sich an, als trüge ich einen Helm. Allen gefiel ich. Jetzt brauchte ich nur noch den Mut, mich zu präsentieren. Sie ließen mich auf und ab gehen, ich war die hohen Schuhe nicht mehr gewohnt und stellte mich ungeschickt an. Die Moderatorin meinte, wir machen das alles im Sitzen.

»Schlagen Sie die Beine übereinander, das sieht gut aus.«

Einmal wenigstens sollte ich mich umziehen, ein schwarzes Kleid mit Spitze. Am Schluss würde sowieso alles zusammengeschnitten, tröstete man mich. Musik wählten sie für mich aus, weil ich mich nicht entscheiden konnte, etwas Klassisches, Leichtes. Ich sagte meine einstudierten Sätze, und die Moderatorin spielte sie mir vor. Unmöglich. Ich müsse mir Zeit lassen, meinte sie. Richtig betonen. Ein paar Mal probiere ich, ich trank zwei Gläser Prosecco.

Mein Wohnzimmer ist schlicht eingerichtet, die Mädchen haben viel mitgenommen, als sie auszogen. Die Bücherwand ist das Einzige, was heraussticht. Die Moderatorin wollte, dass ich zur Auflockerung ein paar Kleinigkeiten zwischen die Bücher setze, Püppchen und Tiere, viele haben Elefanten gern. Das lehnte ich ab. Ich ließ mich dazu überreden, einige Familienfotos aufzustellen und die Fächerpalme neben meinen Sessel zu rücken. Ganz locker sollte ich sein. Ich bemühte mich. Sie versprachen mir, vor der Ausstrahlung einen Stick mit dem Ganzen zu schicken.

Mit der Post kam der Stick, aber ich war zu aufgeregt, um mir den Beitrag anzuschauen. Ich dachte, sehe ich es, muss ich Einhalt gebieten. Deshalb wartete ich auf die Sendung. Ich kam als Erste ins Bild. Mein Herz klopfte wie wild.

Ich bin einsam. Ich bin ein soziophober Mensch. Ich möchte nicht einsam sein. Ich möchte Freunde haben, die mich lieben. Ich liebe Pflanzen. Pflanzen lieben mich. Mein Nickname bei Facebook lautet »Robert Blatt«. Ich suche Freunde, die auch Pflanzen lieben. Bei VirtualPlantz. com stehen eine Egyptian Pine und eine Wüstenpflanze mit Namen Kleopatra. Ich fand Eintragungen einer Person mit dem Nickname »Heimat«, der hatte die allerschönsten Pflanzen. Noch nie hatte ich so herrliche Pflanzen gesehen: Edelweiß mit pelzigen Blütenblättern, tintenblauer Enzian, Alpenrosen von kräftigem Rosa mit holzigen Stielen. Könnte ja sein, dachte ich, dass hinter diesem Nickname eine ebenso herrliche Frau steht. Ich schrieb an Heimat und bot ihm an, sollte er verreisen, mich um seine virtuellen Pflanzen zu kümmern – liebend gern. Das funktioniert so: Bei Zimmerpflanzen tippe ich auf die grüne Gießkanne, wenn sie Wasser brauchen, bei Pflanzen im Freien tippe ich auf das Symbol »Regen«. Heimat hat seine Pflanzen auch schön passend drapiert. Das Edelweiß versteckt sich in Bergnischen, die Alpenrose unterhalb eines Gipfelkreuzes, der tintenblaue Enzian auf einer steilen Bergwiese. Ich schrieb: »My dear, I will take care of your wonderful plants.« Deshalb schrieb ich Englisch, weil es ja sein könnte, dass Heimat aus einem fremdsprachigen Land stammt. Heimat antwortete mir, und leider war er keine wunderbare Frau, sondern ein Politiker mit diesem netten Hobby. Ich fragte nach, ob er sich im Falle eines Urlaubs meinerseits um meine Egyptian Pine und um meine Wüstenpflanze kümmern wolle. Zu meinem Entsetzen lehnte er ab – sowohl, dass ich seine Pflanzen, als auch, dass er meine gieße. Grund für Letzteres: Er kümmere sich grundsätzlich nicht um fremdländische Pflanzen, jedenfalls nicht, solange es in seiner Heimat noch bedürftige Pflanzen gäbe. – Daher also sein Name!

Ich war deprimiert und zornig. Gibt es denn auf der Welt niemanden, der mich lieben will? Ich war so naiv zu glauben, ein Mensch, der Pflanzen liebt, liebe auch Menschen.

Zum Glück verreise ich nie, sondern schaue viel aus dem Fenster. Lange war ich schon nicht mehr richtig an der Luft. Ich werde meine Nachtspaziergänge wieder aufnehmen. Ich kann es ja sagen: Ich bin dunkelhäutig und in meiner Art nicht gerade der Schönste. Ich hätte so viel zu geben! Ich würde alles geben für eine Frau. Würde für sie kochen. Ich wäre der perfekte Hausmann. Könnte unter Umständen auch den Macho spielen, wenn sie das lieber hätte. Ich bin stark. Meine Stimme ist kräftig. Ich kann singen. Oft singe ich zu Radiomusik.

Heimat habe ich nicht mehr kontaktiert. Er liebt die Menschen nicht. Man kann nämlich nicht nur eine Sorte von Menschen lieben – die ureigenen. Entweder liebt man die Menschen, oder man liebt sie nicht. Ich weiß nicht, ob Heimat sich selber liebt. Würde er die Menschen lieben wie sich selbst, wäre das gut oder schlecht? Bei mir wäre das schlecht für die Menschen, weil ich mich nicht lieben kann. Oder doch? Bin ich denn nicht liebenswert? Ich dusche mich zweimal am Tag, ich überziehe mein Bett jede Woche frisch. Ich bügle alles, sogar meine Unterwäsche und die Geschirrtücher. Ich könnte, sollte das Glück mir endlich begegnen, Lieder komponieren, Geschichten erfinden, Samen säen, Pflanzen großziehen, vielleicht irgendwann einmal Kinder. Verzeihen Sie mir alles. Ich bin schuld. Ich bin schuld. Ich bin schuld.

Der Mann war sehr gewissenhaft. Das beruhigte die Frau, denn nach seiner Krebserkrankung gab es nichts Wichtigeres, als dass er seine Tabletten regelmäßig einnahm.

An einem Morgen fand er die Tabletten nicht. Sie waren nicht mehr dort, wo sie gelegen hatten. Mann und Frau suchten die ganze Wohnung ab, ohne Erfolg. Der Arzt schrieb ein neues Rezept. Die Tabletten lagen wieder im Küchenschrank. Am Morgen darauf waren sie schon wieder verschwunden. Das brachte den Mann und dann die Frau völlig aus der Fassung. Am übernächsten Tag wiederholte sich der Albtraum.

»Wer will mich umbringen?«, sagte der Mann. »Du weißt, wenn ich die Tabletten nicht regelmäßig nehme, werde ich endgültig sterben.«

Die Frau war wie Stein.

»Ich weiß auch«, sagte der Mann, »dass du Alternativmethoden im Kopf hast. Könnte ja sein, dass du mich auf diese Art heilen willst? Aber du heilst mich nicht damit, du tötest mich!«

»Ich habe sie nicht angerührt«, sagte die Frau. »Glaub mir doch einfach! Könnte es sein, dass Fanny sie weg hat?«

Fanny war das Nachbarskind, und die Frau betreute die Achtjährige. Sie war ein lustiges Mädchen, und wenn der Mann für sie das Ungeheuer spielte, lachte sie die Tonleiter auf und ab. Da war sie direkt musikalisch.

Vorsichtig fragte die Frau: »Sag, Fanny, du weißt doch, dass mein Mann jeden Tag seine Tabletten nehmen muss, damit er gesund wird?«

»Aber er ist doch schon gesund«, sagte Fanny.

»Nein, ist er nicht. Hör zu, Fanny«, redete die Frau weiter, »mein Mann braucht die Tabletten, die verhindern, dass der Krebs sich noch einmal ausbreitet.«

»Den Krebs hat man doch schon herausgeschnitten.«

»Aber zur Sicherheit muss weiter behandelt werden«, sagte die Frau.

»Also, Fanny, ich frage dich: Hast du die Tabletten aus dem Küchenkasten genommen?«

Fanny sagte nichts und schaute auf den Boden.

»Ich habe dich nach den Tabletten gefragt«, sagte die Frau. Sie war ziemlich gereizt und hätte Fanny gern an den Haaren gezogen. »Dreimal hat der Arzt ein neues Rezept geschrieben, zweimal davon mussten wir die teuren Medikamente selber zahlen, du darfst nie mehr zu uns kommen, Fanny. Ich werde das deiner Mutter sagen. Muss sie sich halt einen anderen Platz für dich aussuchen.«

»Ich hab doch gar nichts getan«, sagte Fanny. »Das war der Georg. Der hat sie für seinen Papa mitgenommen. Weil der nämlich auch krank ist, aber nicht zum Arzt gehen will. Sein Papa ist viel jünger als dein Mann, der braucht sein Leben noch. Wenn er nicht mehr für die Familie arbeiten kann, geht alles den Bach hinunter, hat der Georg gesagt. Sein Papa ist bereits so dünn wie ein Blatt und wird bald sterben, wenn er keine Tabletten nimmt. Dein Mann, das hast du selber gesagt, ist auf dem guten Weg, der hat sogar schon Appetit auf Torten. Georgs Papa kann gar nichts mehr essen. Darum habe ich dem Georg gezeigt, wo die Tabletten liegen.«

»Wann war der Georg in unserem Haus?«

»Als du so ewig telefoniert hast.«

»Du weißt, Fanny, was du zu tun hast. In zehn Minuten bist du mit dem Georg bei mir, und er bringt die Tabletten mit.«

»Aber wenn er sie doch schon für seinen Papa in Tee aufgelöst hat?«

Sie ist älter geworden, dachte er, aber ich werde mir nichts anmerken lassen, Figur ist noch fest.

Nur, sie hatte sofort bemerkt, dass er ihre Falten um den Mund registriert hatte. Ich werde so tun, dachte sie, als wäre alles so wie damals, als wir uns verabschiedet hatten. Vor elf Jahren. Sie drückte ihren Rücken durch und warf den Kopf zurück und lächelte die Falten weg.

Er ist derselbe geblieben, ein bisschen schief geworden vielleicht, sein Gesicht, ein bisschen trockener vielleicht.

»Erinnerst du dich an den Fluss«, sagte sie, »er war wild und reißend, jetzt ist er fast ausgetrocknet.«

»Das ändert sich garantiert, wenn das Schmelzwasser kommt«, sagte er, und sie dachte: Nur noch mein Herz schmilzt hier, nur noch mein Herz.

Sie war die ganze Zeit über in diesem Haus, dachte er, beim Saubermachen, beim Verschönern, während ich Affären hatte – Affären mit einer Chinesin, einer Perserin und einem Schweden. Er griff in seine Hosentasche und klappte sein Messer auf, spürte die scharfe Klinge.

»Die Rosen«, sagte sie, »hast du meine Rosen gesehen? Sie duften wie vor elf Jahren.«

»Und außerdem?«, fragte er. Für nichts weniger als für Rosen interessierte er sich. »Hast du meine Briefe erhalten?«, fragte er.

»Den einen mit dem Brieföffner aus Elfenbein. Der Kopfschmuck des Häuptlings ist abgebrochen. Ich wollte ihn kleben, aber dann gefiel er mir so besser, und außerdem passte er ohne Kopfschmuck besser zu mir.«

»Hast du damit schon Briefe geöffnet?«, fragte er.

»Nur deine fünf Briefe habe ich damit geöffnet«, sagte sie. »Alle sind gut verwahrt.«

Sie dachte, immer hat er die Gewohnheit gehabt, in seiner Hosentasche mit seinem Messer zu spielen. Am liebsten hätte sie geschrien: Hör augenblicklich auf, mit deinem Messer zu spielen! Er ist fünf Jahre älter als ich, dachte sie weiter, und sicher ist er verliebt, nur nicht mehr in mich, sicher in ein Mädchen, das seine Tochter sein könnte.

Sie nahm sich zusammen und fragte: »Du bist doch nicht etwa verliebt?«

»Sehr verliebt. Es wird verschwinden, je weiter ich von ihr getrennt bin.«

Zorn kam in ihr hoch. Nur ja keine Tränen!

»Was wirst du tun?«, fragte sie mit fester Stimme, ein wenig zu laut vielleicht. »Was wirst du hier tun? Wo wirst du zum Beispiel wohnen?«

»Ich dachte«, sagte er, »ich dachte, ich könnte vielleicht bei dir« – Pause – »bis ich etwas Geeignetes gefunden habe.«

»Ich habe kein Gästezimmer«, sagte sie. »Wenn du mit dem Sofa im Wohnzimmer zufrieden bist?«

»Wunderbar«, sagte er. »Ganz, ganz wunderbar!« Er hatte gewusst, dass sie Platz für ihn haben würde. Jetzt wollte er nur noch schnell aus dem Schließfach sein Gepäck holen.

Sie atmete tief durch und nahm sich vor, am Wochenanfang die Haare schneiden zu lassen. Sie wollte sich als neue Frau präsentieren, vielleicht ein rötliches Kleid kaufen und Schuhe. Was für Schuhe? Exotische Schuhe? Schlangenlederschuhe. Wo kriegt man die bei uns? Ich bin noch nicht alt, sagte sie und schaute aus dem Fenster einer Wolke zu, die sich über die Sonne zog.

Er lief aus dem Haus. Empfänglich, wie er war, nahm er bald Blickkontakt zu einem Mädchen auf. Er fasste nach der Messerklinge und folgte ihr. Bliebe sie stehen, würde er ihr ein Kompliment machen. Irgendetwas an ihr war garantiert außerordentlich. Sie bog in eine Nebenstraße ein, drückte auf eine Türglocke, die Tür öffnete sich, und sie verschwand.

Gut, sagte er sich, habe ich eben bescheiden Spaß gehabt. Er machte kehrt und schlenderte in Richtung Bahnhof zum Schließfach Nummer 23.

Inhalt

Ein Gutteil der Geschichten war in den letzten Jahren in den *Vorarlberger Nachrichten* abgedruckt. Dafür meinen großen Dank an Herausgeber und Redaktion.